地方自治法の現代的課題

Modern Problem of Local Government Law

板垣勝彦 著

第一法規

はしがき

『地方自治法の現代的課題』とは、我ながらずいぶん大きく出た書名だと思う。研究書として3冊目になる本書は、過去に刊行した『保障行政の法理論』、『住宅市場と行政法—耐震偽装、まちづくり、住宅セーフティネットと法—』とはだいぶ毛色が異なる。『保障行政の法理論』は筆者が初めて取り組んだ本格的な論文であり、その執筆は、助教としての3年間の任期内に仕上げなければならない重圧と常に向かい合わせであった。『住宅市場と行政法』は、期せずして国土交通省住宅局に配属されたという縁と、郷里を襲ったあの忌まわしい災害のことが脳裏から離れず、どこか宿命を背負いながら取り組んだ業績であった。これらに対して、本書に収録した諸論稿は、本格的に研究を開始してから約12年間、テーマ設定も自由に任せて、伸び伸びと好きなことをしてきた成果物が中心である。

前二著が長大な論稿を収録していたのに対して、本書に収録したのは、若干の例外を除いて、10,000〜20,000字程度の小稿ばかりでもある。筆者を知る人からすれば、最も個性が表れているというか、筆者らしい論文が集まっていると思われることだろう。これまで、研究報告においては意識的に地方自治に関係するテーマを選んできたこともあり、本書の構想はすんなりまとまった。

判例研究を基にした論稿が多いのは、もはや筆者の研究スタイルといって良いかもしれない。頼まれると断れず、判例研究の業績ばかりが積み上がってきたことを立ち止まって整理する必要もあった。筆者の性格上、読んでいて陰鬱になるような事件はほとんど取り扱っておらず、自分以外は見向きもしないような地裁判決を主に研究したものである。研究者が注目しない、目立たない地裁判決の中にも、良くみると奥深い法理が隠れている。見過ごされがちな裁判例を拾い集めた本書を通じて、判例研究のおもしろさを伝えられれば幸いである。

本書の大きな柱は、「地方政治の法」、「地域産業の法」、「国・地方公共団体関係法」の3つに整理される。まず、「地方政治の法」についてみると、研究報告や判例評釈を準備していて気付くのは、専決処分、政務活動費、補助金支出、給与条例主義など、理論的にも実務的にも非常に重要であるにもかかわらず、意外なほど研究者の手による論文が見られないテーマが多いことである。

本書では、実際の裁判例を素材として、専決処分や議員除名決議の効力を争う訴訟のように、地方政治を法的紛争に投影した事案を積極的に取り扱っている。「地方政治の法」の中には、自治体周辺法人の法的考察や、近年導入された内部統制体制のように、組織（ガバナンス）論に関係する研究も含まれる。

次に、「地域産業の法」についてみると、本書では、政策法務の視点から、民泊条例、空き家条例、ごみ屋敷条例、ソーラーパネル条例、指定ごみ袋条例のように、実務で注目を集める各論的テーマに積極的に挑んだ。共通するのは、地域産業への眼差しである。かねてより、筆者は、産業に関する法律の話題が、独占禁止法、M＆A、知的財産、国際標準といった「空中戦」ばかりであることに不満を抱いていた。それらの重要性を否定するわけではないが、本書では、第三セクター、地方交通、農家レストラン、バイオマス、汚水処理、ごみ袋の製造・販売など、人口減少社会の中でもがいている地域の産業を手助けする方法を、地に足を付けていろいろ考えた。今風に言えば、「地方創生」である。筆者のライフワークである保障行政（市場と法）研究の守備範囲は、民営化・民間委託に限られず、行政による産業の支援の全般にも幅広く及ぶ。民泊やソーラーパネル対策のような現在進行形の話題に取り組んだのも、産業振興を後押しする意図からである。保障行政研究のバリエーションを、地域に根差した形で表現したものと理解されても構わない。地域産業の研究は、自分でも不思議なほど肌に合っており、筆者の本分がここにあるのかもしれない。

「国・地方公共団体関係法」は、国と地方公共団体、あるいは地方公共団体相互間の法関係について研究したものである。近年の関心が集中している問題でもあり、本書では程々の分量にとどめているが、「条例による事務処理の特例」のように、地方分権によって生じた権限の隙間ないし空白という問題には、もっと考察を深める必要がある。

以上の３つの柱に収まり切らない論稿も、いくつか収録した。人口減少社会の到来を受けて、地理的な「選択と集中」の法的可能性を探るという地方自治の将来像に関係する研究、濫用的情報公開請求と行政対象暴力のような公共サービス提供の意義について再考を迫る研究、指定管理者や市道の管理といった公共施設管理の研究である。いずれも、現場の行政職員が頭を悩ませている問題であり、ある意味では、『地方自治法の現代的課題』という書名に最も相応しいテーマであるとも言えよう。

最後に、本書では、刊行から数年来、好評を博している『自治体職員のため

の ようこそ地方自治法』との連携を強く意識した。教育書を先に刊行した以上、その基盤となる研究の蓄積に努めることは、研究者としての責務である。本書では、『ようこそ地方自治法』の中では十分に提示できなかった学説の対立や判例の動向について、参考文献も含めて、可能な限り丁寧にふれている。『ようこそ地方自治法』を契機に地方自治法への興味をもった読者の問題関心に応える内容となれば幸いであるし、執筆中に考えた『地方自治法の現代的課題』に対する一応の回答は、今後の『ようこそ地方自治法』の改訂に生かしていくことにしたい。

地方分権の時代、個々の都道府県や市区町村は、国からの自立を強く促されている。しかし、頼るものがなく不安な行政職員も少なくないことと思われる。本書が、一人一人の行政職員が創意工夫を凝らした施策を行うための縁となることを願っている。

大学院・助教の時分から変わらぬご指導を賜っている東京大学の諸先生方、本書に収録した諸論稿の基となった報告の機会を与えてくださった行政判例研究会、財政法判例研究会（日本財政法学会）、都市住宅学会、日本不動産学会などの諸学会・研究会の諸先生方には、この場を借りて厚く御礼を申し上げたい。そして、特段の意図はなかったにもかかわらず、結果として、本書も、阿部泰隆先生の学問的影響を色濃く反映した内容となった。わが師である交告尚史先生は、北村喜宣先生ほどには阿部政策法学の正統な後継者ではないが、筆者が隔世遺伝で受け継いでしまったのかもしれない。その遠い目標を追い駆けながら、新しい時代の行政法学を担う責任を噛みしめていく所存である。

本書の企画から刊行に至るまで、第一法規の木村文男さんと大庭政人さんには並々ならぬご尽力を賜った。小野寺佳奈子さんと和久井優さんには、丁寧な編集作業を行って頂いた。筆者の希望で図や写真をたくさん入れて頂き、親しみやすい内容にして頂いたことも含めて、心から御礼を申し上げたい。本書に掲載した論稿を執筆するに当たっては、公益財団法人村田学術振興財団（平成19年・20年）、公益財団法人LIXIL住生活財団（平成27年・28年）、および科学研究費補助金（平成28年～現在、課題番号：16K16984、19K13493）の支援を受けた。この機会に、改めて深く感謝の意を表する。

令和元年7月

板垣　勝彦

目　次

はしがき ……………………………………………………………………… i

第1部　地方自治の将来

第1章　地方自治の本旨と国の関与 ……………………………… 2
第1節　地方自治の本旨 ……………………………………………… 2
第2節　国の関与はなくなったか …………………………………… 5
第3節　国と地方の係争処理制度について ………………………… 8

第2章　地理的な「選択と集中」の法的可能性 ……………… 12
第1節　はじめに ……………………………………………………… 12
第2節　インフラ行政の法的根拠付け ……………………………… 13
第3節　法的な「権利」としての段階
　　　　──プログラム規定、抽象的権利、具体的権利── …… 16
第4節　地理的な「選択と集中」の可否 …………………………… 19
第5節　展　望 ………………………………………………………… 23

第3章　特色ある条例の制定による地域おこし
　　　　──これからの「中小都市」に向けたエール── ……… 25
第1節　大都市の特例 ………………………………………………… 25
第2節　取り残されがちな中小都市 ………………………………… 26
第3節　提言──特色ある条例の制定を── …………………… 28
第4節　条例制定を通じた住民意識の改革・人材集め ………… 31
第5節　中小都市へのエール──「できない」と諦めずに！── … 34

第4章　濫用的情報公開請求と行政対象暴力 ………………… 36
第1節　問題意識 ……………………………………………………… 36
第2節　事案の概要 …………………………………………………… 37
　　第1款　概　要 … 37

第2款　Xの対応と仮処分決定…*39*

第3款　訴訟の提起…*40*

第3節　判　旨 ………………………………………………… *40*

第4節　濫用的情報公開請求 ………………………………… *44*

第1款　濫用を判断する基準…*44*

第2款　下級審の裁判例…*46*

第3款　本件との関係…*49*

第5節　地方公共団体に対する業務妨害 ………………… *49*

第1款　法人に対する業務妨害…*49*

第2款　行政権の行使と業務妨害…*50*

第3款　加害者の正当な権利行使と業務妨害…*52*

第4款　損害額の算定…*53*

第6節　展　望 …………………………………………………… *53*

第2部　地方公共団体の組織、長と議会

第1章　自治体周辺法人の法的考察 ……………………… *57*

第1節　自治体周辺法人とは ………………………… *57*

第2節　事務・事業 …………………………………………… *59*

第1款　地方公営企業…*59*

第2款　地方三公社…*60*

第3款　地方独立行政法人…*61*

第4款　第三セクター…*61*

第5款　指定法人…*61*

第3節　ガバナンス・財務 ………………………………… *62*

第1款　分析の視点…*62*

第2款　地方公営企業のガバナンス・財務…*62*

第3款　自治体出資法人の特則…*63*

第4款　地方三公社のガバナンス・財務…*64*

第5款　地方独立行政法人のガバナンス・財務…*65*

第6款　第三セクターのガバナンス・財務…*66*

第7款　指定法人のガバナンス・財務…*69*

第4節　情報公開・個人情報保護 ………………………… *71*

第1款　自治体と情報公開・個人情報保護…71

第2款　出資法人の「実施機関」性…71

第3款　協定を用いた情報公開…72

第5節　人事管理（職員派遣）………………………………………　73

第1款　地方公営企業の人事管理…73

第2款　特定地方独立行政法人…73

第3款　自治体周辺法人への職員派遣…74

第4款　公営競技における課題…75

第6節　損害賠償…………………………………………………………　76

第1款　地方公営企業と自治体の損害賠償責任——私経済作用——…76

第2款　法人格が異なる法人と自治体の損害賠償責任…77

第3款　指定法人の事務・事業と自治体の損害賠償責任…78

第7節　結　語……………………………………………………………　79

第2章　地方公共団体における内部統制体制 ……………………… 80

第1節　内部統制の基本的な考え方 ……………………………………　80

第2節　内部統制に関する方針の策定・公表 ………………………… 83

第3節　内部統制体制の整備 …………………………………………… 86

第4節　内部統制に関する方針およびこれに基づき整備した体制
について評価した報告書の定期的な作成 ………………… 87

第5節　報告書の監査委員による監査、議会への提出、公表 …… 87

第6節　先行事例の紹介——静岡市の取組み—— ………………… 88

第7節　内部統制の展望…………………………………………………… 94

第3章　長等の損害賠償責任の見直し ……………………………… 96

第1節　法改正の概要とその背景 ……………………………………… 96

第2節　条例による一定額以上の損害賠償責任の免除①
改正の趣旨 ……………………………………………………… 97

第1款　職務遂行上の萎縮効果の懸念…97

第2款　国家賠償法上の求償権との不均衡について…99

第3款　法改正の概要…99

第3節　条例による一定額以上の損害賠償責任の免除②
　　　　実務運用のポイント ……………………………………… *101*

第4節　権利放棄議決における事前の監査委員の意見聴取①
　　　　改正の趣旨 …………………………………………………… *103*

　第1款　権利放棄議決と最高裁判決…*103*

　第2款　法改正の方向性…*104*

　第3款　住民訴訟係属中の権利放棄議決の可否…*105*

第5節　権利放棄議決における事前の監査委員の意見聴取②
　　　　実務運用のポイント ……………………………………… *106*

第4章　教員採用試験の不正に関係した幹部職員への求償……… *109*

第1節　問題の所在 ……………………………………………… *109*

第2節　事案の概要 ……………………………………………… *111*

　第1款　不正の全体像…*111*

　第2款　関係者の処分、損害賠償金の支払い、寄附および弁済…*112*

　第3款　訴訟の経緯…*113*

第3節　判　　旨 ………………………………………………… *114*

第4節　組織的な不正の土壌が存在したことの評価………………… *116*

　第1款　本判決における評価…*116*

　第2款　様々な先例
　　　　　——騎西町事件、佐賀商工共済事件、国立マンション事件——
　　　　　…*117*

　第3款　類型化の上での検討…*118*

第5節　退職金返納命令に基づき返納がなされたことの評価 …… *120*

第6節　第1寄附と第2寄附の評価 ……………………………… *122*

　第1款　山本意見による問題提起…*122*

　第2款　私　　見…*124*

　第3款　寄附の性質による取扱いの差異…*124*

第7節　おわりに ………………………………………………… *125*

第5章　専決処分の許容性について ………………………………… *127*

第1節　専決処分とは…………………………………………………… *127*

目　次　ix

第2節　北総鉄道運賃値下げ問題と白井市議会の紛糾……………… *129*

第3節　第1審判決……………………………………………………… *130*

　第1款　争点1について…*131*

　第2款　争点2について…*133*

　第3款　争点3について…*133*

第4節　控訴審判決……………………………………………………… *135*

　第1款　争点1について…*136*

　第2款　争点2について…*137*

第5節　本件専決処分の違法性について（争点1）………………… *137*

第6節　市長の損害賠償責任について（争点2）…………………… *140*

第7節　専決処分が違法な場合の契約の私法上の効力について

　　　　（争点3）……………………………………………………… *143*

　第1款　専決処分の違法性と契約の私法上の効力…*143*

　第2款　相手方の信頼保護？…*144*

　第3款　表見法理の検討…*146*

第8節　結　語…………………………………………………………… *148*

第6章　議員報酬と政務活動費　……………………………………… *150*

第1節　問題意識………………………………………………………… *150*

第2節　議員報酬、費用弁償、期末手当……………………………… *151*

　第1款　沿　革…*151*

　第2款　議員報酬…*152*

　第3款　費用弁償…*154*

　第4款　期末手当…*155*

　第5款　公法上の権利？…*156*

第3節　政務活動費……………………………………………………… *157*

　第1款　沿　革…*157*

　第2款　相次ぐ不祥事と対策…*159*

　第3款　裁判例の分析…*161*

第4節　展　望…………………………………………………………… *168*

第7章　議員除名決議の司法審査 ……………………… 170
　第1節　議員への懲罰処分に対する取消訴訟
　　　　　　──部分社会の法理── ……………………… 170
　第2節　事案の概要 …………………………………………… 173
　　第1款　概　要…173
　　第2款　原審判決…175
　　第3款　控　訴…177
　第3節　判　旨 ………………………………………………… 177
　第4節　本判決の分析 ………………………………………… 179
　　第1款　懲罰事由の有無について①　「無礼の言葉」の該当性…179
　　第2款　懲罰事由の有無について②　議会運営委員会の権限…181
　　第3款　比例原則について…182
　第5節　（補論）議員の資格の決定との関係 …………………… 185
　第6節　判例法理の動揺？ …………………………………… 186

第8章　給与条例主義──鳴門市競艇臨時従事員訴訟── …… 188
　第1節　給与条例主義 ………………………………………… 188
　第2節　事案の概要 …………………………………………… 190
　　第1款　概　要…190
　　第2款　訴訟の提起…192
　　第3款　別件訴訟…193
　第3節　判　旨 ………………………………………………… 194
　第4節　一連の最高裁判決との関係 ………………………… 196
　第5節　給与支給条例の制定による瑕疵の治癒（別件訴訟）…… 198
　第6節　本判決の評価と展望 ………………………………… 200

第3部　国と地方公共団体、地方公共団体相互の関係
第1章　条例による事務処理の特例と都道府県の是正要求権限
　　　　……………………………………………………………… 204
　第1節　問題意識 ……………………………………………… 204
　第2節　広島地判平成24年9月26日 ……………………… 206
　　第1款　事　案…206

第2款　争点①　本件土砂の搬入は宅地造成法の規制対象に当たるか
　　　　　…207
第3款　争点②　県と市は規制権限不行使による国家賠償責任を
　　　　　負うか…208
第3節　本判決の分析……………………………………………211
第1款　県の規制権限不行使…211
第2款　権限が委譲されることの意味…213
第3款　是正要求の法的性質と結果回避可能性…215
第4款　本件土砂の搬入は「宅地造成」に該当するか？…217
第4節　展　望……………………………………………………219

第2章　行政不服審査法と地方自治法の原則からみた辺野古紛争
　　　………………………………………………………………220

第4部　まちづくりと地域産業
第1章　民泊推進条例の提案
　　　──イベント民泊や農家民宿といった「お試し民泊」
　　　から始めよう──　239
第1節　課題設定…………………………………………………239
第2節　民泊を可能とする諸制度（1）旅館業法の許可を得る方法
　　　………………………………………………………………241
第1款　総　論…241
第2款　旅館・ホテル営業──規制緩和が進む主力事業──…243
第3款　簡易宿所営業──近年のルネッサンス？──…244
第4款　下宿営業──定期借家の創設で衰退──…247
第5款　旅館業法下における民泊の課題…248
第3節　民泊を可能とする諸制度（2）特区民泊……………249
第1款　概要・実施地域…249
第2款　特定認定…250
第3款　賃貸借契約…251
第4款　小　括…252
第4節　民泊を可能とする諸制度（3）住宅宿泊事業法　………252

第1款　概　要…252

第2款　「住宅」に「人を宿泊させる」事業…252

第3款　新規の設備投資と用途地域の規制…253

第4款　行政監督、その他…254

第5節　民泊を可能とする諸制度（4）農林漁業体験民宿業

　　　　（農家民宿）……………………………………………… 255

第1款　概　要…255

第2款　旅館業法（特に簡易宿所営業）の大幅な規制緩和…256

第3款　建築基準法・消防法・都市計画法上の特例…257

第4款　旅行業法・道路運送法・食品衛生法の特例…257

第6節　民泊を可能とする諸制度（5）イベント民泊 ………… 259

第1款　概　要…259

第2款　「年数回程度（1回当たり2～3日程度）のイベント開催時」

　　　　（要件①）…260

第3款　「宿泊施設の不足が見込まれる」（要件②）…260

第4款　「開催地の自治体の要請等により自宅を提供する」

　　　　（要件③）…261

第5款　小　括…262

第7節　民泊を可能とする諸制度（6）ボランティア型（農家民泊）

　　　　………………………………………………………………… 262

第8節　民泊推進条例の具体案 …………………………………… 264

第1款　登録制度…264

第2款　治安、衛生、風紀など外部不経済への対応…264

第3款　組織の構築、財政的支援、情報収集・提供…269

第4款　住宅宿泊事業法上の民泊への移行…270

第5款　災害時の活用…271

第9節　展　望 ……………………………………………………… 271

第2章　国家戦略特区を活用した農家レストランの試み………… 274

第1節　はじめに ………………………………………………… 274

第2節　国家戦略特区とは ……………………………………… 276

第3節　農振法の特例……………………………………………… 277

第4節　藤沢市による農家レストランの認定制度 …………………… *280*

第5節　開発許可 …………………………………………………………… *283*

第6節　今後の展望 ………………………………………………………… *285*

第3章　地方自治と「所有者不明土地」問題 …………………… *287*

第1節　はじめに ………………………………………………………… *287*

第2節　基本的な方向性 ………………………………………………… *287*

　第1款　財産法のパラダイム転換？──長期の視点── …*287*

　第2款　公共目的の土地利用と外部不経済の是正──短期の視点──
　　　　　…*288*

第3節　長期の視点 ……………………………………………………… *289*

　第1款　地籍調査 …*289*

　第2款　固定資産税の徴収不全 …*290*

　第3款　国・地方公共団体による管理 …*291*

第4節　短期の視点 ……………………………………………………… *293*

　第1款　不明裁決 …*293*

　第2款　外部不経済の是正 …*295*

　第3款　探索費用の所有者負担の導入を …*297*

第5節　おわりに ………………………………………………………… *298*

第6節　（追記）その後の法改正の動き ……………………………… *299*

第4章　商工共済協同組合の監督──佐賀商工共済訴訟── … *302*

第1節　問題意識 ………………………………………………………… *302*

第2節　事案の概要 ……………………………………………………… *302*

第3節　判　旨 …………………………………………………………… *304*

第4節　中小企業等協同組合とは ……………………………………… *307*

第5節　商工共済理事の責任と県の責任の関係 …………………… *308*

第6節　具体的な裁量判断の妥当性審査のあり方 ………………… *310*

第7節　被害者の救済──政治過程の一環としての訴訟の活用──
　　　　………………………………………………………………… *314*

第8節　残された問題──県の幹部職員への求償── ……………… *315*

xiv

第5章　竹バイオマス事業への補助金支出 319

第1節　問題意識 319

第2節　事案の概要 319

第3節　判　旨 321

第1款　争点①　本件各支出の違法性について 321

第2款　争点②　本件返還の違法性について 324

第3款　争点③　本件怠る事実1の違法性について 325

第4節　争点①（本件各支出の違法性）について 326

第1款　破綻処理・破綻回避目的の補助金交付 326

第2款　事業開始時における補助金交付 328

第3款　支出時点の区切り 329

第5節　争点②（本件返還の違法性）について 330

第6節　争点③（本件怠る事実1の違法性）について 331

第7節　展　望 331

第5部　地域環境

第1章　ソーラーパネル条例をめぐる課題 335

第1節　はじめに 335

第2節　エネルギー政策の見直しと様々なソーラーパネルの普及促進策 335

第1款　再エネ特措法 335

第2款　農地転用の特例 338

第3款　農山漁村再生可能エネルギー法 339

第4款　「太陽光発電バブル」 341

第3節　ソーラーパネルの設置が引き起こす問題 345

第1款　近隣トラブルの増加 345

第2款　住民運動の活発化 347

第3款　ソーラーパネルの設置が引き起こす外部不経済と現行法制 353

第4節　ソーラーパネル問題への政策法務上の対処 360

第1款　要綱・ガイドラインによる対処——茨城県の事例—— 360

第2款　ソーラーパネル条例の制定による対処 363

第3款　後続する由布市型ソーラーパネル条例 368

第4款　景観法制（景観条例・景観計画）による対処…373

第5款　自然環境保全条例による対処——佐久市の事例——…377

第5節　検　討 …………………………………………………… 381

第1款　外部不経済の定義・把握の困難性…381

第2款　義務者の捕捉の困難性…384

第3款　強制的な措置（実効性確保措置）を執る上での困難性…386

第6節　結　論 …………………………………………………… 388

第2章　空き家条例とごみ屋敷条例 ……………………… 390

第1節　管理不全不動産への対策 ……………………………… 390

第2節　空き家条例・空家特措法 ……………………………… 390

第3節　空き家対策とごみ屋敷対策の異同 …………………… 392

第4節　命令・強制の措置 ……………………………………… 395

第5節　事後の費用徴収、緊急安全措置、罰則・過料………… 398

第6節　展　望 …………………………………………………… 401

第3章　汚水処理方式の選択と最少経費最大効果原則

　　　　——合併処理浄化槽、集落排水、下水道—— ………… 403

第1節　はじめに ………………………………………………… 403

第2節　汚水処理方式の選択 …………………………………… 403

第3節　事案の概要 ……………………………………………… 405

第4節　判　旨 …………………………………………………… 406

第5節　最少経費最大効果原則 ………………………………… 408

第6節　本件の具体的な判断のポイント ……………………… 411

第7節　行政裁量の観点からの検討 …………………………… 413

第8節　展　望 …………………………………………………… 414

第4章　ごみ袋有料化条例の合憲性 …………………………… 416

第1節　はじめに ………………………………………………… 416

第2節　指定ごみ袋の一括購入・一括販売方式 ……………… 417

第3節　判　旨 …………………………………………………… 420

第4節　ごみ処理手数料と憲法84条 …………………………… 424

第5節　指定ごみ袋一括購入・一括販売方式と憲法22条 ………… *426*

第6節　従量制実現のための他の方策 ……………………………… *430*

第7節　展　望 …………………………………………………………… *433*

第6部　民間委託・公共施設管理

第1章　指定管理者制度15年の法的検証 ………………………… *436*

第1節　問題意識 ………………………………………………………… *436*

第2節　指定管理者制度の概要 ……………………………………… *437*

　第1款　公の施設の維持・管理…*437*

　第2款　設置自治体による指定法人の活動のチェック…*440*

　第3款　指定管理者の業務…*441*

第3節　PFIとの制度間比較 ………………………………………… *443*

　第1款　PFIとは…*443*

　第2款　指定管理者とPFI…*444*

　第3款　公共施設等運営権（コンセッション方式）…*446*

第4節　協定（委託契約）による保障責任の具体化 ……………… *448*

第5節　指定管理者と損害賠償 ……………………………………… *456*

　第1款　民間委託と損害賠償…*456*

　第2款　公の施設で生じた事故の場合…*456*

　第3款　利用不許可処分の違法が問題となる場合…*457*

第6節　展　望 …………………………………………………………… *459*

第2章　公共調達の法理
——価格競争入札と総合評価・プロポーザル方式—— … *460*

第1節　公共調達と契約 ………………………………………………… *460*

第2節　契約自由の原則の修正 ……………………………………… *461*

第3節　「やすきに流れる」選択への問題提起 ……………………… *462*

第4節　公共調達と地方自治法・会計法 …………………………… *465*

　第1款　一般競争入札の原則…*465*

　第2款　指名競争入札…*467*

　第3款　例外としての随意契約…*468*

第5節　総合評価方式、プロポーザル方式 ………………………… *469*

第6節	公共調達と政策誘導	………………………	*473*
第7節	展　望	………………………………	*476*

第3章　契約による猟友会への有害鳥獣駆除の委託 ……… *478*

第1節	問題意識	……………………………	*478*
第2節	事案の概要	…………………………	*479*
第3節	判　旨	………………………………	*483*
第4節	ヒグマに関する従事者証の返納命令について（行為1）…		*487*
第5節	所属部会員の不祥事に関する部会全員の「連帯責任」について（行為2）	……………………	*489*
第6節	町職員の報道機関への情報提供について（行為3）………		*491*
第7節	有害鳥獣駆除をめぐる新たな動き	………………	*493*

第4章　大規模災害時における市道の管理 ………………… *495*

第1節	問題意識	……………………………	*495*
第2節	事案の概要	…………………………	*496*
第3節	判　旨	………………………………	*497*
第4節	本判決の論理	………………………	*501*
第5節	道路の陥没（穴ぼこ）と国賠法2条の「瑕疵」…………		*503*
第6節	自然災害と国家賠償責任	…………………	*506*
第7節	おわりに──災害に直面した際の行政の行為規範──	…	*508*

初出一覧	………………………………………	*511*
判例一覧	………………………………………	*514*
事項索引	………………………………………	*527*

第1部　地方自治の将来

　第1部の論稿は、人口減少社会に向かうわが国の地方自治が向かうべき将来像を指針として示したものを中心に収録しており、本書各部のプロローグを兼ねている。

　第1章「地方自治の本旨と国の関与」は、「自治実務セミナー」誌の地方自治法施行70周年記念特集に寄稿したものである。特に後半の内容は第3部と重なるが、憲法および地方自治法上の基本理念である「地方自治の本旨」に関する内容であることから、本書の冒頭に置くこととした。

　第2章「地理的な「選択と集中」の法的可能性」は、平成29年に「都市住宅学」96号に掲載し、同年度の都市住宅学会賞（研究奨励賞）を受賞した論稿である。『保障行政の法理論』で論じたことを公共インフラの提供水準の「切り下げ」という文脈からまとめ直したものであり、理論的な背景は『保障行政の法理論』を参照されたい。その性質上、政治の領域からは発しにくい——本当は政治の領域からこそ発するべきなのだが——意見であり、異論も多いことと思われるが、1つの方向性を示したものとして、議論が喚起されればと思う。

　第3章「特色ある条例の制定による地域おこし——これからの「中小都市」に向けたエール——」は、平成24年に「政策法務Facilitator」誌に掲載したものであり、同誌の記事にふさわしく、政策法務を手助けし、促進するような内容とした。その後の7年間、この章で述べたことを実行する趣旨で、筆者も「ごみ屋敷条例」「ソーラーパネル条例」「民泊推進条例」など、政策法務にかかわる研究を意識的に行っており、それらの多くは本書に収録している。

　第4章「濫用的情報公開請求と行政対象暴力」は、窓口で業務妨害を繰り返した市民に対して市が提起した民事差止め・損害賠償請求が認容されたという注目すべき裁判例の分析を通じて、現在多くの地方公共団体で問題となっている情報公開の大量請求の問題と行政への不当要求の問題について論じたものである。行政実務の最前線ではかなり尖鋭化している問題であるが、研究はそれほど多くはない。この事例をどこまで一般化できるかはともかく、行政の物的・人的資源が希少となっている時代において、行政サービスをいたずらに費消する者に対しては、毅然とした対応が求められるべきである。

第1章

地方自治の本旨と国の関与

第1節　地方自治の本旨

　地方自治とは、国から独立した地方公共団体という団体が、自分たちの地域に関することは可能な限り自分たちで決めるという理念である。地方自治が要請される理由は、次の3点に整理できる[1]。

　第一が、自己決定・自己実現の理念である。憲法13条は、自分のことは自分で決めるという自由主義・個人主義に立脚している。この発想は、地域レベルにおいては、「自分たちのことは自分たちで決める」という自治の理念へと繋がる。

　第二が、権力分立の要請である。権力が集中すると、濫用されるおそれが高まる。国の場合、立法権を国会に、行政権を内閣に、司法権を裁判所に分配して、相互に抑制・均衡を働かせている（水平的権力分立）。それに対して、地方自治は、権力を国と地方に分担させることに眼目がある（垂直的権力分立）。

　第三が、補完性の原理である。地域住民にいちばん身近なところにある市町村こそ、住民の需要を最も的確に把握して、住民のために迅速に動くことができるのだから（いわゆる認知的・試行的先導性）[2]、まず市町村が地域住民に関わる事柄を決めていくことが、住民の権利を守り、その福利を増進していくことに一番役立つと考えられる。市町村では手に負えない事柄のみ、それを補完するかたちで、より広域の団体である都道府県や国が決定することが望ましい（地方自治法1条の2第2項）[3]。

　この3つの存在理由に導かれて、地方自治の基本的な考え方ないし内容を示

---

1) 斎藤誠『現代地方自治の法的基層』有斐閣（2012）61頁以下。
2) 角松生史「自治立法による土地利用規制の再検討」原田純孝（編）『日本の都市法II』東京大学出版会（2001）321頁以下。
3) 塩野宏「地方自治の本旨に関する一考察」『行政法概念の諸相』有斐閣（2011）343頁（354頁以下）は、輸入概念である「補完性の原理」と、戦後の日本で連綿と説かれてきた「総合行政主体論－役割分担論」との類似性を指摘する。

したのが、「地方自治の本旨」（憲法92条、地方自治法1条）である。「地方自治の本旨」とは、住民自治と団体自治のことを意味するとされる。[4]

(1)　住民自治

　住民が、自らの所属する地方公共団体のことを、誰かに指図されるのではなく、自分たちで決めるという考え方を、住民自治という。具体的には、住民自身が自分たちの代表である長や議会の議員を直接選挙でえらび（憲法93条2項）、そこで選ばれた長や議員たちが、地方公共団体の事柄を決めていくことを指す。長や議会といった代表によって地方公共団体の意思決定が行われることは、憲法前文が「日本国民は、正当に選挙された国会における代表者を通じて行動し」と謳っているのと同様、基本理念として代表制民主主義（間接民主主義）を採用するという趣旨である。[5]

(2)　団体自治

　国から独立した地方公共団体という団体が、団体内部のことを決めるという考え方を、団体自治という。[6]これは、住民1人1人が個別的に国と向き合うよりも、団体でまとまった方が、国との関係で、自分たちの意見をより強力に通すことが可能となるからである。団体自治には、様々な根拠が提唱されており、保障のレベルが高い順に、(a)＞(c)≒(b')＞(b)と整理される。

(a)　固有権説　団体自治を、近代国家成立以前から存在する地方公共団体固有

---

4)　芝池義一「団体自治と住民自治」法学教室165号（1994）16頁、塩野・前掲注（3）349頁以下、南川諦弘『「地方自治の本旨」と条例制定権』法律文化社（2012）3頁以下、宇賀克也『地方自治法概説［第8版］』有斐閣（2019）2頁以下。近年では、「地方自治の本旨」に補完性の原理を加える見解もみられる。小早川光郎「地方分権改革―行政法的考察―」公法研究62号（2000）170頁は、「国と地方の適切な役割分担」を読み込むべきであるとするが、そのねらいとするところは補完性の原理と基本的に同様であろう（ただし、「役割分担」の方が、国、都道府県、市町村の権限に空白も重複も生ぜしめてはならないという趣旨を含むために、その射程は広い。詳細は、第3部第1章で検討する）。

5)　これについては、地方自治法自身が例外として町村総会（同法94条）を認めているほか、条例によって行われる住民投票に法的拘束力を認めるべきかという論点がある。ただし、「町村議会のあり方に関する研究会」報告書（平成30年3月）が指摘するように、町村総会の淵源である明治21（1888）年の市制・町村制が想定していたのは、「選挙権を有する町村公民の集会」であり、数人～数十人規模で構成される、実質的な討議が可能な程度の極めて少数の「公民」による集会であったことには留意しなければならない。藤井延之「「町村議会のあり方に関する研究会」報告書について」地方自治847号（2018）76頁（85頁以下）。

6)　従来は、「政治的自治」である住民自治と「法律的自治」である団体自治の関係が説かれてきた。後者について、とりわけ法人論の視点から興味深い分析を行ったものとして、西貝小名都「二つの団体自治論」地方自治839号（2017）2頁。

の権利と考えるのが、固有権説である。[7]固有権説に立つと、地方自治は非常に強力に保障されることになるが、わが国では、明治政府の成立以降に地方自治制度が整備されてきたのであり、地方公共団体には前国家的な固有権があるという主張は、歴史的にみて採り得ない。近年、新固有権説とよばれる見解も提唱されている。

(b) 伝来説　団体自治は、法律によって初めて承認された（法律から伝来した）ものと考えるのが、伝来説である。[8]伝来説からは、法律により自由に地方自治のしくみを改廃し得るという帰結が導かれる。しかし、わざわざ1章を設けて地方自治を保障した日本国憲法の下では、伝来説は採り得ない。

(c) 制度保障説　団体自治を、憲法が制度（Institution）として保障したものと考えるのが、制度保障説である。憲法によって保障されている以上、制度の本質的部分を法律によって侵害することは許されない。[9]現在の通説といって良く、最判平成7年2月28日民集49巻2号639頁も制度保障説を想起させる判示を行っている。

(b') 憲法伝来説　近年では、(b)説を発展させて、法律ではなく憲法によって団体自治が承認されたのだとする憲法伝来説も有力である。憲法伝来説では、憲法よりも下位の規範である法律によって憲法で保障された地方自治のしくみを自由に改廃することはできないことになり、具体的な帰結は制度保障説と変わらない。[10]

(3)　2つの理念

　2つの理念について比較すると、住民自治は、地方公共団体内部の物事をその住民によって決める民主主義の原理であるのに対して、団体自治とは、地方

---

7) アメリカでは、ミシガン州の裁判官であるクーリーらによって提唱され、のちに自治憲章（Home Rule Charter）制定の運動（ホーム・ルール運動）へと結び付いていく考え方である。薄井一成『分権時代の地方自治』有斐閣（2006）113頁、北見宏介「アメリカ地方自治の法とその動向」大津浩（編）『分権改革下の地方自治法制の国際比較』有信堂（2019）41頁以下。

8) アメリカでは、アイオワ州最高裁判事であったディロンの名前を冠して、「ディロンズ・ルール」と称される。ホーム・ルール運動は、もともとディロンズ・ルールに対抗するものとして発生してきたという歴史がある。薄井・前掲117頁。ただし、北見・前掲47頁の調査によると、今日においても、ディロンズ・ルールは、アメリカの地方政府の権能に係る解釈を形成するものとされる。

9) 成田頼明『地方自治の保障』第一法規（2011）73頁以下。本来、近代中央集権国家における中間団体の固有権との関係で描かれた「制度体」について、石川健治『自由と特権の距離——カール・シュミット「制度体保障」論・再考［増補版］』日本評論社（2007）。戦後ドイツの制度的保障と地方公共団体の財政高権との関係について、上代庸平『自治体財政の憲法的保障』慶応義塾大学出版会（2019）29頁以下。

10) 原田尚彦『新版　地方自治の法としくみ［改訂版］』学陽書房（2005）21頁。

公共団体が団体としてのまとまりをもって国に対峙することで、その立場を対外的に国政に反映させていく自由主義の原理として整理される[11]。国は国全体のことを考えて動くので、1つの地域が——何の見返りもなしに——特定の負担を強いられる可能性がある。そのようなとき、負担の軽減や何らかの見返りの確保のために、地域を代表して意見を通すには、地方公共団体が必要になるということである。言うなれば、地方公共団体は、国による権利侵害の防波堤として機能する。

　そして、地方公共団体が団体としていかなる立場を採るか（負担を受け入れるか、拒絶するか、見返りの内容として何をどの程度要求するか、しないか）について決める際には、選挙を通じて住民の意見を反映させることになる（住民自治[12]）。住民自治と団体自治は、2つが一体となって「地方自治の本旨」の意味内容となっており、そのいずれが欠けても、地方自治の保障として不十分であると考えるべきである[13]。

第2節　国の関与はなくなったか

　普通地方公共団体の事務処理に関する国（都道府県）の行政機関の行為を、関与という（地方自治法245条[14]）。その事務の根拠法令を所管する各大臣が、普通地方公共団体による事務の遂行が適正・妥当に行われているかという視点から、あれこれ口を出すわけである[15]。

　そうはいっても、国が地方に対して好きなように口を出すことが認められるのでは、とても「地方自治の本旨」が実現されているとはいえない。明治時代

---

11) 宮沢俊義『公法の原理』有斐閣（1967）278頁以下。

12) 筆者は、労働組合と使用者との関係に準えた説明を試みている。労働組合は、各労働者が組合として団結することで、使用者との交渉を優位に進めるための団体自治のしくみである。他方で、賃上げ要求をするか否か、いくらくらい賃上げを求めるかといった組合としての方針は、組合の内部で、組合員である各労働者の合議によって決められる。組合内部でいかにして方針を決めるかというガバナンスの問題が、組合員自治（≒住民自治）であるといえる。

13) 極論すれば、宮沢・前掲280頁以下が説くように、国レベルでの民主主義が貫徹されるのならば、団体自治は不要であるという考え方も成り立ちうる。これに対する批評として、西貝・前掲9頁。

14) 塩野宏『行政法Ⅲ［第4版］』有斐閣（2012）238頁以下、宇賀・前掲391頁以下。第2号法定受託事務においては、市町村に対する都道府県の機関の関与方法が問題となる。本章では、市町村および都道府県に対する国の機関の関与（第1号法定受託事務）を念頭に置く。

15) 関与の存在意義を問う研究として、金崎剛志「国家監督の存続理由——理念としての自治と制度としての監督（1）～（9・完）」法学協会雑誌133巻2号157頁、3号353頁、5号623頁、6号675頁、7号892頁、8号1220頁、9号1351頁、10号1507頁、11号1719頁（以上、2016）。

の府県知事は、国の各大臣の下級行政機関として、その指揮・監督に服していた。戦後も長らく、機関委任事務を執行する限りにおいて、都道府県知事・市町村長は、国の各大臣の下級行政機関であるとされ、特に通達を介して、その指揮・監督に服するという構図は変わらなかった。[16]

　そこで、分権改革の際、国が関与を行うには、(1)法律の根拠を必要として、(2)不必要な関与を抑制し、(3)公正・透明な原則に則って行わなければならないことが法定された[17]。どうしても関与を行う必要があるときは、「地方公共団体の自主性及び自立性が十分に発揮されるように」（地方自治法1条の2第2項）、様々な原則や要件に従うことが求められる。とりわけ自治事務については、国の関与が抑制され、地方公共団体の判断がより尊重される[18]。

(1)　法定主義の原則

　法定主義とは、国は、法律（または、これに基づく政令）の根拠がなければ、普通地方公共団体の事務処理に対する関与を行ってはならないという原則である（地方自治法245条の2）。

　機関委任事務の時代に認められていた一般的・包括的な指揮・監督権は廃止され、法令に基づく関与が要求されている。機関委任事務においては、事務を遂行する限りにおいて、普通地方公共団体の長は国の大臣の下級行政機関として位置付けられていた。盛んに発出された通達が、機関委任事務を象徴付ける。上級行政機関が下級行政機関に指示を出す場合、いちいち法令の根拠を要しない（地方自治法旧150条参照）。

　しかし、機関委任事務が廃止された現在では、国の大臣と普通地方公共団体の長は対等・独立である。対等・独立の関係にある他者から、事務の遂行について指示を受けることを義務付けるには、相応の根拠が必要となる。したがって、立法者が、一定の局面に絞って、普通地方公共団体の長が事務の遂行について国の大臣から口を出され得ることを——国の大臣の側からみれば、口を出

---

16)　長が住民によって公選され、地方公共団体の代表であるにもかかわらず、機関委任事務にかかる限りでは、国の下級機関となるという自己矛盾がかねてより問題とされていた。成田頼明『地方分権への道程』良書普及会（1997）129頁以下、小幡純子「改正地方自治法の概観」小早川光郎＝小幡純子（編）『あたらしい地方自治・地方分権』有斐閣（2000）60頁。

17)　地方分権改革の推移を同時代の視点から語ったものとして、成田・前掲注（16）3頁以下、事後的に振り返ったものとして、髙橋滋「地方分権改革の現状と課題——第二次地方分権改革後の動き」法学志林115巻4号（2018）45頁。立案担当者の回顧として、佐藤文俊「地方分権一括法の成立」『地方自治法施行70周年記念自治論文集』総務省（2018）851頁。

18)　この点が、自治事務と法定受託事務を区別する最大の意義である。出石稔「自治体の事務処理と国の関与」髙木光＝宇賀克也（編）『行政法の争点』有斐閣（2014）210頁。

す権限を——承認した限りにおいて、関与は正当化される。法定主義の原則は、権限行使の局面を立法者が認めた局面に限る点で、行政法学における法律の留保を想起させる[19]。

(2) 一般法主義の原則

一般法主義とは、関与は、地方自治法の定める基本原則に則って行われるとともに、その目的を達成するために必要最小限のものにとどめなければならないという原則をいう（地方自治法245条の3）。対等・独立の関係にあるはずの国と地方公共団体において、一方が他方から事務の遂行の仕方について口を出されることは、例外でなければいけないからである。したがって、関与方法は地方自治法に書いてある類型しか認められず、個別法で関与方法を設けることは許されないとされた。個別法でなし崩し的に新たな関与方法が設定されることを阻止する趣旨であり、関与権限の抑制的な行使という意味では、行政法学における比例原則と同様の発想である[20]。

(3) 公正・透明の原則

関与を実施する際には、書面の交付、許認可等の基準の設定・公表、許認可等に係る標準処理期間の設定・公表、届出の到達主義といった一定の手続をふむ必要がある。これを公正・透明の原則（地方自治法247条～250条の6）とよぶ。行政手続法が、公正・透明な権限行使が確保されるために、申請に対する処分、行政指導、届出などについて手続的規律を及ぼしているのと同じ趣旨に理解される[21]。

(1)法定主義の原則、(2)一般法主義の原則、(3)公正・透明の原則は、それぞれ、行政法学の一般法理である(1)法律の留保（＝権限行使の局面の明確化）、(2)比例原則（＝権限の抑制的な行使）、(3)適正手続（＝公正・透明な権限行使）に対応している。ただし、行政法学の一般法理が行政（国・地方公共団体）と私人との関係を定めた原則であるのに対して、関与の三原則は国と地方公共団体の関係を定めた原則である。関与の三原則が行政法学の一般法理と酷似しているのは、分権改革当時の立法者が、行政と私人との間にある法状況は国と地方公共団体の関係でも同様であると考えたためである。とりわけ、両者の間に横たわる事

---

19) ただし、侵害留保原理においては（行政庁と私人間の関係で）法律の根拠が不要であるとされる助言・勧告のような非権力的な類型についても、法律の根拠が求められる。宇賀・前掲400頁。

20) 宇賀・前掲400頁以下。検討として、須藤陽子『比例原則の現代的意義と機能』法律文化社（2010）172頁以下。

21) 背景にある考え方について、斎藤・前掲97頁以下。

実上の力関係の格差は、行政手続法に着想を得た(3)公正・透明の原則を通じて是正されなければならないとされた点が注目される。

表　関与の基本類型と具体例

　国は、原則として、自治事務について4類型、法定受託事務について7類型の関与を行うことができる。自治事務の場合は(a)法的拘束力を持たない類型が基本となるのに対して、法定受託事務では(b)法的拘束力を有する類型が基本となる。

	関与の基本類型（地方自治法245条）
自治事務	(a)　努力義務を課すにとどまり、法的拘束力を持たない類型 ①助言・勧告（1号イ）、②資料の提出の要求（1号ロ）、③協議（2号） (b)　法的拘束力を有する類型（厳重な要件の下に認められる） ④是正の要求（1号ハ）
法定受託事務	(a)　努力義務を課すにとどまり、法的拘束力を持たない類型 ①助言・勧告（1号イ）、②資料の提出の要求（1号ロ）、③協議（2号） (b)　法的拘束力を有する類型 ⑤同意（1号ニ）、⑥許可・認可・承認（1号ホ）、⑦指示（1号へ）、⑧代執行（1号ト）

第3節　国と地方の係争処理制度について

　分権改革の際に、国と地方の間で生じた紛争を第三者的な立場から処理する機関として、国地方係争処理委員会（以下、単に「委員会」とすることがある。）が設けられた。当時、国と地方の争いが政治的な取引等の不透明な形で解決されているという批判が相次いでおり、国と地方が法的にも対等・独立となったことを契機に、両者の間の紛争を第三者的に処理する機関として、総務省に設置されたものである（地方自治法250条の7）。委員会は、5人の委員で構成される（同法250条の8）。委員会を構成する5人の委員は、優れた識見を有する者のうちから、両議院の同意を得て、総務大臣が任命する（同法250条の8・250条の9第1項）。その任期は、3年である（同条第5項）。

　審査の対象となるのは、国の関与である。普通地方公共団体の長その他の執

22）設置の背景について、斎藤・前掲98頁以下、髙橋・前掲47頁以下、村上裕章「国地方係争処理・自治紛争処理」『あたらしい地方自治・地方分権』82頁。

行機関は、①国の関与のうち、是正の要求、許可の拒否その他の処分その他公権力の行使に当たるものに不服があるとき（同法250条の13第1項）、②国の不作為に不服があるとき（同条2項）、③法令に基づく協議の申出を行い、当該協議にかかる地方公共団体の義務を果たしたと認めるにもかかわらず、当該協議が調わないとき（同条3項）は、関与を行った国の行政庁を相手方として、審査の申出をすることができる。

　これまで国地方係争処理委員会が動いた事案は、横浜市が馬券の売上げに対して課税しようとして総務大臣と協議したものの、その同意が得られなかったために申出を行った横浜市勝馬投票券発売税事件（平成13年7月24日勧告判時1756号24頁）がほぼ唯一であった[23]。ところが、最近になり、国と沖縄県の間で生じた紛争が持ち込まれたことで、この係争処理の制度が俄かに脚光を浴びることになった[24]。

　問題となったのは、平成27年10月13日、翁長雄志・沖縄県知事が仲井眞弘多・前知事の行った国への公有水面埋立法に基づく埋立承認を取り消した処分（本件処分）である。翌14日、沖縄防衛局長は、国土交通大臣に対して、本件処分の取消しを求める審査請求とともに本件処分の執行停止を申し立てた。公有水面の埋立承認は法定受託事務であるため、この審査請求に対しては、国土交通大臣が審査庁として裁決を下すことになる（いわゆる裁定的関与——地方自治法255条の2第1項1号）。同月27日、国土交通大臣は申立てに基づき本件処分の執行停止を認める決定をした[25]。11月2日、沖縄県知事は、執行停止決定について、国地方係争処理委員会に審査の申出を行った。しかし、委員会は、裁定的関与はその審査の対象となる「関与」には含まれないという理由で、同年12月28日付けで、申出を却下した[26]。これについては、「関与」の定義の中で、「審査請求、異議申立てその他の不服申立てに対する裁決、決定その他の行為を除く」（同法245条3号かっこ書）と明確に定められている以上、致し方ない結論

---

23) 国土交通大臣による独立行政法人鉄道建設・運輸施設整備支援機構への北陸新幹線工事実施計画の認可に対して、平成21年11月6日に新潟県知事が行った審査の申出は、国地方係争処理員会の審査の対象外であるとして却下されている。宇賀・前掲438頁以下。

24) 一連の経緯については、紙野健二＝本多滝夫（編）『辺野古訴訟と法治主義』日本評論社（2016）に詳しい。本書第3部第2章も参照。

25) 平成27年12月25日、沖縄県は、執行停止決定の取消訴訟を那覇地裁に提起したが、翌年3月4日、和解により訴えを取り下げている。

26) 裁定的関与については、塩野・前掲注（14）45頁以下、宇賀・前掲379頁以下。平成28年2月1日、沖縄県知事は、却下決定の取消訴訟を福岡高裁那覇支部に提起したが、3月4日、和解により訴えを取り下げている。

である。沖縄県知事は、国は審査請求を行うこと自体が認められない「その固有の資格」にあるとも主張したが、委員会は、「その固有の資格」ではなく民間事業者と同じ資格であるという国の主張は、一見、明白に誤りとはいえないとしている。

　上記の訴えはすべて裁判所に係属したものの、平成28年3月4日の和解によって一旦すべて取り下げられた。仕切り直しとして、改めて国土交通大臣から本件処分を取り消すようにと沖縄県知事に是正の指示（同法245条1号ヘ・245条の7）が行われ、沖縄県知事から、再度、国地方係争処理委員会に審査の申出がなされた。今度こそ委員会の判断が示されるかと、その動向に注目が集まったのだが、同年6月20日、委員会は、是正の指示が適法かどうかについては判断しないと結論付けた。

　委員会は、この争論の本質は普天間飛行場代替施設の辺野古への建設という施策の是非に関する国と沖縄県の対立であるとした上で、国と沖縄県の両者は、普天間飛行場の返還が必要であることについては一致しているものの、それを実現するために辺野古沿岸域を埋め立てて代替施設を建設することについては、その公益適合性について大きく立場を異にしているとし、議論を深めるための共通の基盤づくりが不十分な状態のまま一連の手続が行われてきたことが、紛争の本質的な要因であるとする。この一連の過程は、「国と地方のあるべき関係からかい離して」おり、この状態の下で、是正の指示の適法性について判断したとしても、「国と地方のあるべき関係を両者間に構築することに資するとは考えられない」というのである。

　是正の指示の適法性の判断について保留する（Pending）という結論は、国と沖縄県の双方にとって予想外であったと思われる。しかし、双方とも気を取り直して、自身に都合の良いように解釈し、紛争の解決は再び先送りされた。国土交通大臣からは不作為の違法確認の訴え（同法251条の7）が提起され、最判平成28年12月20日民集70巻9号2281頁は、沖縄県知事が是正の指示に従って本件処分を取り消さないことは違法であるとした。しかし、最高裁判決が下

27）　村上・前掲83頁。
28）　この事件に適用される旧行政不服審査法では、明文規定はないものの、国などが「その固有の資格」において処分の相手方となる場合には、審査請求を行うことはできないと解されていた。平成26年改正後の新行政不服審査法7条2項では、その旨が明記された。
29）　本文でふれたものに加えて、国土交通大臣が本件処分を取り消すための代執行の手続として、平成27年11月17日、福岡高裁に提起した訴えがある。

されても、「国と地方のあるべき関係からかい離」した状態について、改善の兆しはみえないのが現状である。

地方自治法施行70周年を迎えた今日において、「地方自治の本旨」と国の関与のあり方をめぐる尖鋭な紛争に出口が見えないことに、寂寥感は拭えない。厄介なのは、辺野古沖の埋立承認の取消しをめぐる「公益適合性」の判断は、法的論点の体をなしてはいるが、その実質は極めて政治色が強いことである。委員会であれ、裁判所であれ、紛争に白黒つけることが——政策的にみて——妥当か否かは、常に問われる必要がある。法的紛争に持ち込むことで、却って収拾のつかない状況にした者の罪咎は深い。国と沖縄県の双方が歩み寄って、現実的な解決策を探っていくことを願わずにはいられない。

第２章

地理的な「選択と集中」の法的可能性

第１節　はじめに

　どんどん豪華になっていく「ふるさと納税」の返礼品や[1]、「ご当地ゆるキャラ」、「ご当地Ｂ級グルメ」の叢生から窺えるように、自治体間の競争は、私たちが想像するよりも活発である。しかし、「地域おこし」や住民誘致策が行き過ぎると、過度な競争による非効率がもたらされる可能性がある（囚人のジレンマの問題）。各自治体が独自にインフラ投資を行うことで、図書館、スポーツ施設、公民館など、同じ機能をもつ公共施設が隣接地域に立ち並ぶことの不経済は、３ルートとも整備された本四連絡橋や、各県に建設された地方空港の例を引くまでもなく[2]、明らかである。

　人口減少社会が到来し、経済の先行きも不透明で、国・地方とも財政難の現在、そう遠くない将来には、都道府県や広域連合といったレベルで、多かれ少なかれ、「選択と集中」の意思決定が要請されていくものと予想される[3]。しかし、こうした地理的な「選択と集中」は、いかなる程度まで法的に許容されるのか。たとえば、人口減少地域に対して、インフラ整備の面で、何らかの不利

---

1) 競争の激化を受けた総務省は、技術的助言（平成27年４月１日総税企第39号）の中で、①換金性の高いプリペイドカード等や②高額または寄附額に対し返礼割合の高い返礼品（特産品）を送付する行為を行わないようにという方針を示すに至った。

　　さらに、平成31年の地方税法改正により、総務大臣は、①返礼品の返礼割合は３割以下とし、②返礼品は地場産品とするという要件を満たした地方公共団体に限り、「ふるさと納税」の特例控除の対象として指定することとなった（地方税法37条の２・314条の７）。法改正の政策的な妥当性に異議はないけれども、①②のような要件は、あらかじめ「ふるさと納税」制度の考案時に付しておくべき事項であったはずで、日本の官僚の政策立案能力の高さにかんがみると、不可解と言うほかない。

　　かねてより高額のAmazonギフト券などを返礼品とすることで年間数百億円の寄附を集めてきた大阪府泉佐野市長は、総務大臣の指定を受けられなかったため、国地方係争処理委員会に審査の申出を行った。国地方係争処理委員会令和元年９月３日勧告は、過去の寄附の募集態様が是正を要するものであったことを理由として指定を拒否することはできないとして、泉佐野市長からの指定の申出について、再度の検討を行うことを勧告した。

2) 岡本亮介「地方空港の市場淘汰と政策淘汰」都市住宅学58号（2007）28頁。

3) 構想される道州も、これに含まれる。北海道における道州制特区の試みについて、小磯修二＝村上裕一＝山崎幹根『地方創生を超えて──これからの地域政策』岩波書店（2018）137頁以下（小磯修二）。

益を与えるような判断は可能なのだろうか。本章では、広域行政のレベルで地理的な「選択と集中」を行うことの法的可能性を探ることとする。

　この問題は、理論的には２つの段階に分かれる。(1)国の政策として、法律で一定地域のインフラ整備の水準を切り下げる判断を行うことは（憲法上）許されるのか。(2)自治体独自の判断により、その自治体（圏域）内の一部におけるインフラ整備の水準を切り下げる判断を行うことは（現在の法律上）許されるのか、という段階である。(2)は現行法との適合性の問題であるので（憲法94条）、法律が変われば局面は変わり得る。また、自治体の施策によって行い得るのは、実際のところ、公共施設の整理、自治体（圏域）内部での道路交通ネットワークの縮小、上下水道（汚水処理）の料金引き上げ程度であろう（理由は後述する）。普遍的な議論を行うためにも、本章では、(2)を視野に入れながらも、(1)に焦点を当てることとする。

第２節　インフラ行政の法的根拠付け

　インフラの整備・維持・管理、それを利用した財・サービスの供給にかかわる行政活動のことを、インフラ行政（Infrastrukturverwaltung）という。インフラ行政は、道路、鉄道、郵便、電気通信、ガス、上下水道に関係する行政活動を包括し、病院、図書館、スポーツ施設、公民館の提供なども広く含まれる。社会保険、社会福祉、公的扶助などを担う社会行政と密接に関連しており、これらは、伝統的な警察行政（規制行政、侵害行政）に対して、給付行政と総称される[4]。インフラ行政と社会行政は、日本国憲法では、ともに憲法25条１項の定める生存権として保障される。エルンスト・フォルストホフは、「生存配慮（Daseinsvorsorge）」という概念の下に、給付行政をまとめあげた[5]。

　インフラにかかわる財・サービスの提供を行う場合、初期投資が莫大であるため、国家行政が整備を担うことが少なくない。そして、その性質上、収益性の低い過疎地域であっても、収益性の高い都市部とある程度まで同様の品質・量を維持したサービス（ユニバーサル・サービス）を及ぼす必要がある[6]。

---

4) 板垣勝彦『保障行政の法理論』弘文堂（2013）32頁以下。
5) Ernst Forsthoff, Verwaltungsrecht, 10.Aufl., 1973, S.368 ff. 成田頼明「企業と行政」ジュリスト578号（1975）61頁、村上武則「給付行政の諸問題」雄川一郎＝塩野宏＝園部逸夫（編）『現代行政法大系１　現代行政法の課題』有斐閣（1983）81頁。
6) 板垣・前掲注（４）81頁。

OECDは、ユニバーサル・サービスについて、①地理的な利用可能性、②経済的な負担可能性、③一定品質の保障、④同一料金の保障を満たすものと定義する[7]。フランス公役務では、①継続性、②平等性、③品質への適応性として整理するが[8]、めざす着地点は同じである。

収益性の問題が出てくることからも分かるように、——社会行政においても自己負担の問題が全く顔を出さないわけではないが——インフラ行政の場合、サービスにかかる費用について、その一定程度を対価として利用者に負担させるしくみが採られている。山奥の一軒家に送電線や下水管を引く場合ならば、受益者負担金として、その住人に相応の対価を支払ってもらわなければいけない[9]。水道料金のように、対価を支払わない場合には[10]、サービスを停止することも一般に認められている（水道法15条3項）。対価を支払わない場合を超えて給水を停止できるかは、後述するように1つの問題である。

インフラの整備が一段落した先進国においては、行政コスト削減の観点から、公企業の民営化が進められている。しかし、これまで公企業であった時分には、採算を度外視した経営が（一定程度）許容されていたのとは異なり、民営化によって民間資本が導入されれば、収益をあげて株主に還元することが至上命題となり、不採算部門の切り捨て、サービス水準の低下がもたらされかねない。この問題に対処するためにドイツ公法学で提唱されたのが、国家の保障責任（Gewährleistungsverantwortung）という概念である。これは、民営化によっても国家の役割が完全に終わってしまうのではなく、立法措置や行政の監督を通じて、必要なサービス提供の水準が確保されなければならないという議論である[11]。保障責任の議論は、憲法上保障されている生存配慮の水準を割り込むこ

---

7) OECD (1991), "Universal Service and Rate Restructuring in Telecommunications.", ICCP Series No.23 (Paris : OECD), pp.84-85.

8) Kay Waechter, Verwaltungsrecht im Gewährleistungsstaat, 2008, S.196 ff. 椎名慎太郎「公役務概念について」法学論集5号（1982）24頁（49頁）。

9) 特定の公共事業と特別の関係をもつ者に、その事業に必要な経費の全部または一部を負担させるために課されるもの。分担金とよばれる場合もある（地方自治法224条）。板垣勝彦「工業用水道の使用の廃止負担金と地方自治法上の分担金（最判平成29年9月14日判時2359号3頁の判例解説）」地方財務770号（2018）163頁。

10) 上水道料金や公営住宅の家賃が債務者から支払われない場合、行政から強制的に徴収するには、私法上の債権と同様、裁判所に給付訴訟を提起した上で、確定判決を債務名義にして強制執行手続を行う必要がある。それに対して、下水道料金の場合には、租税債権と同様、行政は滞納処分により自力執行を行うことができる。阿部泰隆『行政法再入門（上）［第2版］』信山社（2016）362頁以下は、このような強制徴収のしくみの差異は合理的なものとはいえず、公平性と公金管理コスト削減の観点から、滞納処分に統一すべきであると説く。

11) 板垣・前掲注（4）43頁以下。

とは許されないと説くことで、民営化の限界を画するものといえる。

　わが国では、鉄道、郵便、電気通信、ガス事業などの主要インフラの供給を私企業が担っており、自治体間競争の許容性という(2)のレベルの議論を行う余地はあまりない。むろん、第三セクターで運営される鉄道事業のように自治体が経営権を握っている場合はあるし、送電設備などの維持・管理には自治体の支援が不可欠であるから、自治体による継続の意思が失われれば、インフラが維持される可能性は実際のところゼロになる。

　憲法的保障についてみると、ドイツの憲法にあたるボン基本法は、その87e条で連邦鉄道について、87f条で郵便と電気通信について、独立した条項を設けて保障している。同法87e条3項では、ドイツ鉄道の企業形態（私法的形態における経済企業とすること）、財産の帰属（連邦の所有）、株式の持分の留保（過半数は連邦の所有とすること）が定められており、同条4項では、その路線網を拡張・維持するにあたっては、公共の福祉とりわけ交通の需要が考慮されることを保障するとされている（むろん、細かい規定は法律に委ねられている[13]）。

　これに対して、日本国憲法には、インフラの整備・維持・管理に関する規定は置かれていない。規律は法律レベルで行われており、各事業法において、運賃の認可制や事業廃止の届出制などが定められている。電気通信事業法（昭和59年法律第86号）によれば、事業を始めようとする者は総務大臣に申請して登録を受けなければならず（同法9条以下）、命令や処分に違反して公共の利益を害すると認められたときは登録が取り消される（同法14条）。事業者が事業の全部または一部を休止・廃止したときは、遅滞なく総務大臣に届け出なければならず（同法18条1項）、利用者に対しても、その旨を周知しなければならない（同法26条の4第1項）。これは事業の継続性に配慮した規定である。平等性については、不当な差別的取り扱いは禁止され（同法6条）、基礎的電気通信役務については、「正当な理由」なく役務提供を拒否することが禁じられている（同法25条1項）。提供するサービスの内容は約款で定められているが、約款の内容は事前に総務大臣に届け出なければならず、料金の額の算出方法が適正かつ明確に定められていないときや、特定の者に対し不当な差別的取扱いをするものであるときなどは、総務大臣は変更命令を出すことができる（同法19

---

12) 官民が共同出資した企業のことを、第三セクターとよぶ。県と地方銀行などが主な出資者となって運営されることが多い。本書第2部第1章を参照。

13) 手近な文献として、高橋和之（編）『世界憲法集［新版］』岩波書店（2007）226頁以下（石川健治訳）。企業形態については、板垣・前掲注（4）413頁。

条1項・2項・20条1項・3項)。利用者の利益に及ぼす影響が大きい特定電気通信役務の料金については、総務大臣の認可が必要となる(同法21条2項)。[14]

かつて国の直営で行われていた事業を民営化する場合、事業法の規制以外に、特殊会社の設置法で規律がなされることがほとんどである。日本郵便株式会社法(平成17年法律第100号)6条1項は、民営化後の会社に対して、「あまねく全国において利用されることを旨として」郵便局を設置する義務を課しており、同法施行規則(平成19年総務省令第37号)4条1項は、すべての市町村内に1以上の郵便局を設置することを義務付けた。[15]同条2項では、郵便局設置の基準が定められており、①地域住民の需要に適切に対応することができること、②交通、地理その他の事情を勘案して地域住民が容易に利用することができること、③過疎地においては、現に存する郵便局ネットワークの水準が維持されることが掲げられている。

保障責任の議論は、安易な民営化によるサービス水準の低下の抑制を説く点で示唆的である。しかし、その判断基準は、結局、求められる「生存配慮」の水準をどこに置くかに依るところがあり、一義的な結論が導かれるわけではない。日本郵便株式会社法の例も、維持・管理にコストがかかる山間部・離島など過疎地の郵便局が廃止されるのではないかとの懸念に応えるために、郵便配達は国民の生存に不可欠なユニバーサル・サービス事業であるとして、事業の継続義務を強力に課したという政治的背景を無視することはできない。

第3節　法的な「権利」としての段階
——プログラム規定、抽象的権利、具体的権利——

果たして、求められる「生存配慮」の水準はどこに置かれるべきか。この点、憲法25条によって保障される生存権は、法的な「権利」としての段階に争いがある権利であることに注目したい。制定当初に有力であったのは、憲法25条は国家に対する政治的義務以上のものは定めていないとする(a)プログラム規定説であった。[16]これに対して、学会の通説は(b)抽象的権利説とよばれており、直接憲法25条を根拠として立法や行政の不作為の違憲性を裁判で争うことは

---

14) 友岡史仁『要説経済行政法』弘文堂(2015)228頁以下。
15) 友岡・前掲282頁。板垣勝彦「日本における民営化と規整改革」梨花女子大学法学論集19巻4号(2015)53頁(60頁)。
16) 法学協会(編)『註解日本国憲法(上)』有斐閣(1953)488頁以下。

認められないが、この規定を具体化する法律を根拠として憲法25条違反を主張することは許されるとする。(c)具体的権利説とよばれる少数説は、憲法25条の権利内容は行政権を拘束するほどには明確ではないが立法府を拘束するほどには明確（具体的）であり、これを実現する方法が存在しない場合には、不作為の違憲性を確認する訴訟を提起することができるとする[17]。

　朝日訴訟にかかる最大判昭和42年5月24日民集21巻5号1043頁は、「何が健康で文化的な最低限度の生活であるかの認定判断は、いちおう、厚生大臣の合目的的な裁量に委されており、その判断は、当不当の問題として政府の政治責任が問われることはあつても、直ちに違法の問題を生ずることはない」と述べて(a)説に親和性を示しつつも、「現実の生活条件を無視して著しく低い基準を設定する等憲法および生活保護法の趣旨・目的に反し、法律によつて与えられた裁量権の限界をこえた場合または裁量権を濫用した場合には、違法な行為として司法審査との対象となることをまぬかれない」とした[18]。続いて、求められる「生存配慮」の水準について重要な示唆を与えるのが、堀木訴訟最判である。すなわち、最大判昭和57年7月7日民集36巻7号1235頁は、「「健康で文化的な最低限度の生活」なるものは、きわめて抽象的・相対的な概念であって、その具体的内容は、その時々における文化の発達の程度、経済的・社会的条件、一般的な国民生活の状況等との相関関係において判断決定されるべきものであるとともに、右規定を現実の立法として具体化するに当たっては、国の財政事情を無視することができず、また、多方面にわたる複雑多様な、しかも高度の専門技術的な考察とそれに基づいた政策的判断を必要とするものである」として、どのような立法措置を講ずるかの選択決定を、立法府の広い裁量に委ねた[19]。

　(b)説と(c)説のいずれの見解であっても、具体的な法律の根拠規定がないときにも直接憲法を根拠に請求権が生じるとは考えず、具体的な法律の根拠規定がなければ請求権を行使し得ないとすることには、注意が必要である。これは、損失補償請求権が直接憲法29条3項を根拠に（具体的な法律の規定がなくとも）

---

17) 学説の整理について、野中俊彦＝中村睦男＝高橋和之＝高見勝利『憲法Ⅰ［第5版］』有斐閣（2012）502頁以下（野中俊彦）。
18) 朝日訴訟で争われたのは保護基準の引き上げであったのに対して、今日では保護基準の引き下げの可否が争点となっている。木下秀雄「判例解説（最大判昭和42年5月24日）」社会保障判例百選［第5版］5頁。
19) その射程は、行政立法にも及ぶと解されている。棟居徳子「判例解説（最大判昭和57年7月7日）」社会保障判例百選［第5版］7頁。

18　第2章　地理的な「選択と集中」の法的可能性

行使し得るとされているのとは対照的である[20]。つまり、生活保護法が制定されていない状況下では、「うちは生活が貧しいから援助してくれ」と裁判所に訴え出ても、法的請求としては認められない。インフラ行政においても同様で、憲法25条のみを根拠にして、「うちの地域は道路が貧弱だから整備してくれ」と請求することはできないのである（そして、生活保護とは異なり、現状においても請求権の根拠となる法律はない）。

　本章の論題は、不足している給付水準を引き上げよという主張の可否ではなく、財政難に直面した現代において、行政がこれまでの給付水準を切り下げることの可否であり、状況はさらに複雑である。1つの立論としてあり得るのは、ある種の防御権（ないし既得権）的に、水準切り下げは許されないと主張することである。まさにその可否が争われたのが、生活保護の保護基準改定による老齢加算廃止訴訟であった。学説では、これまで認められてきた生活水準を切り下げる改正については裁量の幅は狭まり、ある程度厳格な審査がなされるべきであるという主張も有力であったが[21]、最判平成24年2月28日民集66巻3号1240頁は、老齢加算に相当するだけの「特別な需要」は認められないことから、老齢加算の廃止に裁量権の逸脱・濫用はないとして、この問題への正面からの回答を避けた形となった[22]。

　自由権、国務請求権（請願権、裁判を受ける権利、国家賠償請求権）、参政権といった諸権利と社会権の決定的な違いは、「国の財政事情を無視することができ」ない（堀木訴訟最判）点にある。国の借金が膨れ上がってどうにもならなくなったとき、福祉水準が切り下げられるのは違憲とはいえない（(1)のレベル）。これは、財源との兼ね合いがある以上、やむを得ないことであり、いくら国家財政が窮乏しても、表現の自由や信教の自由、裁判を受ける権利、参政権が過度に制約されれば違憲であることとの大きな違いである。

20）若干の争いはあるが、国家賠償法が施行される以前に発生した公務員の不法行為に基づく損害賠償請求権も、憲法17条を直接の根拠として請求し得るとする説が有力である。法学協会編・前掲388頁。

21）芦部信喜（高橋和之補訂）『憲法［第6版］』岩波書店（2015）271頁。

22）文献の参照も含めて、菊池馨実「判例解説（最判平成24年2月28日）」社会保障判例百選［第5版］8頁。

第4節　地理的な「選択と集中」の可否

　社会行政についてみると、生活保護の水準は、「全国的に統一して定めることが望ましい国民の諸活動若しくは地方自治に関する基本的な準則に関する事務」（地方自治法1条の2第2項）の典型として例示されるほどであり、自治体間競争に委ねられるべきではないとされる。ある自治体が人を集めるために生活保護の水準を引き上げれば、そこにばかり貧困者が集中し、財政が悪化する（囚人のジレンマ）。これを競争に委ねれば、競争に加わったすべての自治体で財政力が低下するという、誰も得をしない状態になる。したがって、生活保護においては、せいぜい物価の違いが等級によって考慮される程度で——ゆえに実際の支給額には都市部とそれ以外とで当然差異が生じる——基本的には全国一律の決まりが要請される。それでは水準を切り下げて財政に余力をもたせることはどうかというと、際限なく切り下げが行われて生存権が侵害される事態を防ぐために、「健康で文化的な最低限度の生活」が歯止めとして機能しており、自治体の判断で水準の切り下げを行えば、違憲・違法となる（ただし、「健康で文化的な最低限度」というのも、国の財政状況や社会通念によって変わり得ることは、堀木訴訟最判が示す通りである）。全般的に社会福祉は、かつて自治体の長が厚生大臣の下級行政機関として事務を執行してきた機関委任事務の領域であり、分権改革以降も、国の関与が比較的強い法定受託事務（地方自治法2条9項）として整理されており、自治体の裁量の余地が乏しい領域である。これは、社会福祉の領域が自主財源では賄えず、国の補助金がかなり投入されていることとも関係する。

　インフラ行政の場合にも、水準の引き上げ競争は囚人のジレンマ状態を招く。「うちはこんなに便利だからどうぞ来てください」といった勧誘は、新幹線の駅や高速道路のインターチェンジの例を引くまでもなく、これまで連綿と行わ

---

23) それ以外には、私法秩序の形成等、公正取引の確保、生活保護基準などが挙げられる。松本英昭『新版逐条地方自治法［第9次改訂版］』学陽書房（2017）16頁。
24) 八田達夫「どのような住宅補助政策ならば正当化できるか」都市住宅学11号（1995）269頁（272頁）。
25) これに対して、阿部・前掲注（10）182頁は、国は最低基準を定めるにとどめ、それを超える分は自治体の裁量に任せることとして、財政力や生活水準を考慮して判断すべきであるとする。

れてきた。では反対に、サービス水準の切り下げを売りにすることはどうか。[26] 財政状況に余裕があるのに、何か別の行政目的を達成するためにインフラの水準を切り下げることの可否である。今後、租税公課の負担が重くなっていけば、サービスの水準を切り下げる代わりに住民負担を減らすという宣伝文句を打ち出して、積極的な移住をよびかける自治体が出てこないとも限らない。手厚い行政サービスをそれほど必要としない独身世帯や子育ての落ち着いた壮年世帯には、一定の需要が見込まれよう。これについて、生活保護の場合と同じように考えるべきだろうか。

インフラ行政について考える際に重要なのは、「いずれの地域に住むか」によって出発点が大きく異なることである。[27] 現在、喫緊の課題となっているように、ネットワークを引いて維持・管理するコストは到底無視することができず、ある程度、費用対効果の視点に晒されるのはやむを得ない。[28] この点、近年、「新しい人権」として提唱されている「交通権」ないし「移動の自由」が、考察の手がかりとなり得よう。[29] この権利は多義的な内容だが、字義通りに認めることは難しい。すぐに、山奥や離島の人にも高速で快適な交通手段を保障することになるのかという問題に突き当たるからである。この権利が認められるのは、大きく見積もっても、高齢者や障害者にとってバリアフリーの移動が保障されるという限度においてである。[30] その理由をもう少し考えると、国民に広く居住・移転の自由（憲法22条1項）が認められていることの裏返しであろう。つまり、都会でも田舎でも、どこに住んでも構わないのに、わざわざ不便な山奥に住んでおいて、国家行政に対し道路や鉄道を都会並みに通せというのは、直感的にみても無理な（法的）要求ということである。この理屈は、交通だけではなく、エネルギー供給や通信のインフラについても当てはまる。山奥の一軒家に住む自由は憲法上保障されているが、相応の生活必需サービスを享受し

26）ただし、地方税法が厳しく税率を縛っていることや、国の官庁から是正の要求（地方自治法245条の5）が行われる可能性を考えると、実際上の差はさほどつけ難いと思われる。

27）医療サービスなど、社会福祉においても地域間格差が厳然と存在する分野はあるが、医療サービスに地域間格差が生まれるのは、病院設備や医師の確保などインフラ行政的な要素に依る部分が大きい。

28）インフラ行政の場合に厳しく費用対効果の視線が注がれる理由は、民間でも同種のサービスを提供し得るためであろう。が、僻地におけるインフラの提供を行い得るのは実際上公的主体に限られることを思えば、若干の疑問の余地はある。

29）多義的な権利であるが、さしあたり参照、交通権学会「交通権憲章（1998年版）」http://www.kotsuken.jp/charter/preamble.html

30）「高齢者、障害者等の移動等の円滑化の促進に関する法律」（平成18年法律第91号）はこの理念に基づく。

ようとすれば高額の対価が必要になる。それで事実上住めないのは居住・移転の自由の侵害という問題になるとは思われない。考えてみれば、多くの者が抱く「都心の一等地に住みたい」という願望についても、超高額な家賃・地代その他の支払いとの兼ね合いで事実上断念せざるを得ないが、それと論理的には異ならないからである。[31]

　国民にとって、インフラのサービス水準を引き上げよという請求権は、法的に保障されていない。それでは、切り下げを禁止せよと請求するのはどうか。自治体（圏域）内部での道路ネットワークを縮小すること（それまで自治体内部の集落同士を結ぶ市町村道が３つあったものを２つにするとか、車線を減らすなど）は、住民にとって不便にはなるだろうが、基本的には政策レベルの当・不当の話であって、法的な適否の問題ではないと思われる。むろん、切り下げにも限度があり、離島にあるただ１つの港の維持を取りやめるとか、山奥の集落に通じる唯一の道路を壊すといった、あまり極端な切り下げを行えば、「健康で文化的な最低限度の生活」は維持できなくなることから、憲法25条に違反する。しかし、——複数の自治体に跨る道路ネットワークは国道や県道が担っているため、市町村の政策で行われることは想定しづらいが——これまで村から１時間かければ地域の中心都市まで行くことができたのが、迂回ルートだけが残されたために２〜３時間かかるようになったという程度では、違憲・違法とまではいえないだろう。

　次に、サービス水準の「切り下げ」とはいっても、水道水の消毒を省いたり汚水処理の程度を落とすわけにはいかないのだから、実際に行われることの多くは、サービスの質の低下よりも、サービスの質を維持したままでの対価の大幅な引き上げであると考えられる。サービスを維持するために支払う対価が跳ね上がっていって住む人が誰もいなくなるという状況は、政策的にみれば好ましいとはいえない。しかし、平成18年に財政再建団体となった夕張市の例をみれば明らかなように、財政が逼迫している状況において、公共料金を引き上

31）唯一異なる点があるとすれば、山奥や離島には先祖代々——その人にとっては生まれたときから——住んでいた人が存在する点であろう。高度成長期からわが国では国土のほとんどの部分でインフラが整備されてきており、彼らの要求は現状おおむね満たされていると思われる。そうした地域において、今後、サービスを切り下げていくことが許されるかについては、慣れ親しんだ土地に住み続けることの（人格的）権利についていかに考えるべきかという難問である。

げることが法的に禁止されるわけではない。[32] インフラ行政の対価的性格が、ここで顔を出すことになる。

　この点、現行の水道法は、サービス水準が切り下げられる局面の安易な拡張を制限していると考えられる（(2)のレベル）。同法15条1項は「正当な理由」なく給水契約の締結を拒否することを禁じているが、最決平成元年11月8日判時1328号16頁（武蔵野マンション訴訟）は、行政指導に従わない事業者に水道を引かないとした市長の所為は、この規定に違反するとした。他方で、最判平成11年1月21日民集53巻1号13頁（志免町マンション訴訟）は、420戸分の給水契約の申込みに対し、水道需要が逼迫しておりこのままでは深刻な水不足が避けられないといった事情があるときは、申込みを拒否することにも「正当な理由」があるとした。資源不足で「無い袖は振れない」といった事情がある場合には、「正当な理由」が認められるということである。[33] この法理は、「料金が、能率的な経営の下における適正な原価に照らし公正妥当なものであること」（同法14条2項1号）の解釈にもあてはまる。他のインフラ関連法令はともかく、水道法に限っていえば、自治体の財政が危機に瀕しているときならば、やむなくサービスの水準を切り下げること（対価を引き上げて、サービスの質を維持するor対価を据え置いて、サービスの質を切り下げる〔むろん、水質の安全確保の見地から限度はある〕）も許されようが、財政に余裕があるにもかかわらず、公共料金を安くして自治体に人を呼び込むといった行政目的のためにサービスの水準を切り下げること（対価を低くして、サービスの質も切り下げる）は、資源が逼迫していない以上、現行法では認められないであろう。[34] しかし、水道法を改正して資源逼迫の要件を外し、自治体間競争を容認した場合、憲法25条違反とまでいえるのか（(1)のレベル）。自治体間競争により、「健康で文化的な最低限度の生活」を割り込まない程度のサービス切り下げを行うことは、容認せざるを得ないと思われる。

　堀木訴訟最判が述べた内容は「健康で文化的な最低限度の生活」に関係する

32）阿部・前掲注（10）183頁は、「こうして失敗も成功も、住民の自己責任となれば、地方の政治は住民の強い関心のもと、地方の官僚と政治家の実際上の独裁政治に任せることなく、住民自治が発揮される」として、このような動きを肯定的に評価する。

33）塩野宏『行政法Ⅰ［第6版］』有斐閣（2015）264頁以下。

34）注意すべきは、志免町マンション訴訟最判は、すでに水が枯渇した状況でなくとも、将来の需要を見越して深刻な水不足が避けられない状況ならば、給水拒否が許されるとしたことである。財政が逼迫している状態で（まだ財政が破綻していない状態で）予防的にサービス水準の切り下げ（料金の引き上げ）を行うことは、最高裁の法理でも認められるであろうし、政策的にみればむしろ望ましいとさえ思われる。

こと一般にあてはまることであり、インフラ行政の水準も、最終的にはその時代の社会通念によって決める以外にない問題である。考慮すべきことは、おおよそ、次の3点に整理される。①必需性。水や電気などは、生存に不可欠なものであり、一定のコストがかかっても、確保されなければならない。離島で唯一の航路や、山奥から平地に抜ける唯一の道路も、必需性は極めて高い。②コストの問題。これは代替性を模索すべきということである。山奥の集落ならば汚水処理は下水道でなく合併処理浄化槽で対応すれば足りるし[35]、自家発電の可能性も探る必要がある。鉄道の廃止でバス輸送になっても、やむを得ない場合もあろう。③技術革新の程度。とりわけ電気通信の領域では、技術の進歩に目まぐるしいものがある。いうまでもなく、①②③は相互に密接に関連し合っており、①必需性が高ければ、②多少のコストには目を瞑るべきであるし、③技術革新が起きれば、②コストが安くなる上に、①生活必需品ともなり得る。

　サービス受給者の負担能力の問題も、考慮されるべきだろう。②について、インフラの供給にコストがかかる場所の住民ほど、産業構造の問題などから、負担能力が見込めない可能性がある。逆に、最判平成18年7月14日民集60巻6号2369頁（旧高根町簡易水道事業条例事件）のように、夏の間しか住んでいない別荘居住者について、一般住民との間に水道料金に格差を設けることも、政策的には検討されて良い[36]。

第5節　展　望

　「国土の均衡ある発展」の名の下にインフラの水準を引き上げていくという『日本列島改造論』の描く将来像は、高度経済成長期という特殊な時代にのみ通用するモデルであった。低成長・人口減に転じた21世紀の日本において、昭和の時代の「遺産」は続々と更新時期を迎えつつあり、インフラの維持・管理にかかる多額の費用が財政を圧迫している。集住を促進して都市インフラの集約を図るコンパクトシティ構想は、このような現状に対処する試みであるが、長期的な視野での取り組みが不可欠である。現在でも、上下水道や医療・消防などは、一部事務組合（地方自治法286条以下）や広域連合（同法291条の2以下）

35）阿部泰隆『政策法務からの提言　やわらか頭の法戦略』日本評論社（1993）70頁以下。本書第5部第3章も参照。
36）ただし、この事案では、最大3.57倍の格差を設けたことは、地方自治法244条3項が禁止する不合理な差別的取扱いに該当するとされた。

などの広域連携で対応されているが、これを正面から取り上げたのが、定住自立圏構想であり、それを引き継いだ連携中枢都市圏構想である。経済・財政が縮小している以上、切り下げを一切許さないとすることは現実的でない。インフラをめぐる自治体間競争は、法的な可否の問題ではなく、政策とモラルの問題として整理すべきである。むろん、縮小社会に入った現代において、広範な国民的議論の下で、わが国の地域インフラの将来像をどのように描いていくか、一層、知恵を絞る必要があることは言うまでもない。

---

37) 広域連合の立法経緯について、成田頼明『地方分権への道程』良書普及会（1997）205頁以下。広域連携については、木村俊介『広域連携の仕組み［改訂版］』第一法規（2019）が詳細である。

38) 横山彰「連携中枢都市圏構想の一考察」『地方自治法施行70周年記念自治論文集』総務省（2018）437頁。

第3章

特色ある条例の制定による地域おこし
──これからの「中小都市」に向けたエール──

第1節　大都市の特例

　「大阪都」構想が、連日、新聞やテレビを賑わせている。[1] これは、指定都市である現在の大阪市と堺市を解体して東京23区のような特別区へと再編し、現在の大阪府と大阪市・堺市に相当する自治体が一体となって機能的な行政を展開しようというねらいから提唱されたもので、目下の大きな政治的課題になっている。[2] このように、「大都市のあり方」については、第30次地方制度調査会にて諮問され、討議に付されたのち、平成24年の第180回通常国会において、道府県に特別区を設けるための手続規定を整備することを内容とする「大都市地域における地方公共団体の設置等に関する特例法案」と「大都市地域における特別区の設置に関する法律案」として上程されるに至った。[3]

　地方自治法の規定を見渡すと、人口50万人以上の市を予定した指定都市（同法252条の19以下）、同30万人［現在では20万人］以上の市のために用意された中核市（同法252条の22以下）といった大都市に関する特例を見つけることができる。[4] 一定以上の規模を有する大都市は、政令の指定によって、社会福祉、公衆衛生、生活保護、食品衛生、都市計画など、様々な事務を都道府県から移管される。これらは、二重行政を解消し、国や都道府県からの権限移譲の受け

---

1) 本章は平成24年8月に脱稿したものである。あれから7年が経過して、元号も変わったわけだが、都構想は残り続けている。

2) 特別区のしくみ自体も、分権改革に伴う地方自治法改正で、①特別区が基礎的な地方公共団体として位置付けられ、②財政自主権が強化され、③一般廃棄物の収集・運搬・処理事務などが都から特別区へ移譲されるなど、大きく変容している。成田頼明『地方自治の保障』第一法規（2011）323頁。

3) 前者は後に撤回されたが、重要な課題として認識されていることには変わりがない。後者は平成24年法律第80号として成立し、指定都市と隣接する市町村の人口が計200万人以上の地域においては、住民投票を行うことで、市町村を廃止して特別区を設置することができることになった。宇賀克也『地方自治法概説［第8版］』有斐閣（2019）80頁以下。

4) 中核市は平成6年の法改正により、特例市は平成11年の地方分権一括法により設けられた。成田頼明『地方分権への道程』良書普及会（1997）188頁以下、亘理格「中核市・特例市」小早川光郎＝小幡純子（編）『あたらしい地方自治・地方分権』有斐閣（2000）92頁。

皿となるべく、自治体の基盤を強化する法的しくみである。

　市にばかり特例が設けられている理由は、町や村と比べて、市の場合は、同じ「市」というカテゴリー内部での格差が、非常に大きいからである。最も小さい自治体である村と、少し大きい自治体である町についてみると、町は大半が人口1～2万人、村は全体の9割が人口1万人未満であり[6]、大きな町村と小さな町村とで、それほど実情に差は見られない。これに対して、市の場合はどうか。最も人口の少ない歌志内市(4,387人)、三笠市(10,221人)、夕張市(10,922人、以上はいずれも北海道)の例は極端にしても、全国に800近くある市のうち、人口20万人を超えるものは100余りに過ぎず(うち指定都市が20、中核市が41、特例市が40)、500以上は、人口10万人未満の小規模な市なのである[人口は平成22年の総務省国勢調査に基づく。以下に同じ]。

　「平成の大合併」で誕生した多くの「市」についても、そのほとんどは、人口数万人の中小規模の「市」にとどまっている。山梨県でいえば、特例市[7]なのは県庁所在地の甲府市だけで[8]、従来から存在する上野原市、大月市、都留市、韮崎市、富士吉田市と、合併で誕生した甲斐市、甲州市、中央市、北杜市、南アルプス市、山梨市[9]は、みな人口数万人である。これらの中小都市と、横浜市(368万人)、大阪市(266万人)、名古屋市(226万人)といった大都市との間には、人口、財政規模、職員の質・量において、非常に大きな格差がある。これらの多様な「市」に一律の決まりを当てはめたのでは、かえって妥当性を欠くことになるために、大都市の特例が設けられているのである。

第2節　取り残されがちな中小都市

　しかし、人口も多く、財政規模も大きく、その動向が国民の注目を集めやすい大都市とは異なり、中小都市は、政治的な情勢から取り残されがちである。読者の中にも、そうした中小規模の「市」の関係職員は少なくないと思われる

---

5) なお、町となるべき要件については、法律の規定はなく、都道府県の条例で定めが置かれることになっている(地方自治法8条2項)。宇賀・前掲41頁。

6) 沖縄県読谷村や茨城県東海村のように、数万人の人口を有するものは極例外的である。岩手県滝沢村は、平成26年1月1日付で町を飛び越して市制が施行された。

7) 本章執筆時、筆者が山梨県甲府市に在住していたためである。

8) 特例市の制度は平成27年の法改正により廃止され、中核市へと統合された。中核市の指定要件は人口20万人以上に引き下げられ、甲府市も平成31年4月をもって中核市に移行した。

9) 従来の山梨市は、平成17年に牧丘町、三富村との合併により、新山梨市となった。

が、果たして市の運営はうまくいっているだろうか？

　今世紀に入ってから行われた、地方自治の大改革を振り返ってみよう。「平成の大合併」が行われたのは、地方分権一括法により国の権限を地方へと移譲するに際して、受け皿となる自治体にも一定規模の体力（なかんずく組織的・財政的な能力）が求められたからである[11]。そのために、町村を合併して、「市」を増やす必要があった[12]。「三位一体の改革」は、①地方交付税を削減し、②国庫補助負担金を削減し、③地方へ税源を移譲することで、地方公共団体の自主財源を拡充する試みであった[13]。地方公共団体の財政的な体力を強化することが目的であり、「平成の大合併」と軌を一にする。

　ここで地方分権の主役として念頭に置かれているのは、いずれも、国や都道府県から自立した中小規模の「市」なのである。だが実際のところ、こうした中小都市では、特筆すべき産業がなく財政基盤が弱い、経済的に大都市に依存している、合併により誕生してから日が浅く住民の共同意識が固まっていない等々、悩みは尽きないことと思われる[14]。目下の課題に忙殺されて、国や都道府県からの自立どころではないというのが本音かもしれない。

　こうしてみると、あの「平成の大合併」は、自治体のニーズから行われたものではなく、国主導の、お仕着せの合併ではなかったか……と感じざるを得ない部分があることは否めない[15]。しかし、ともかく合併を行った以上は、元に戻すわけにもいかないし、現実的な解決策を探るべきであろう。そうはいって

10）幾次に渡る分権改革を簡潔にまとめた論稿として、高橋滋「地方分権改革の現状と課題——第二次地方分権改革後の動き」法学志林115巻4号（2018）45頁。

11）「明治の大合併」や「昭和の大合併」と比較した上での「平成の大合併」前夜の状況を記録したものとして、成田・前掲注（4）224頁。

12）横道清孝「市町村合併と地方行政体制の将来」『地方自治法施行70周年記念自治論文集』総務省（2018）325頁（334頁）によると、ヨーロッパ流の「補完性の原理」では、下位の政府に事務処理を行うだけの能力がなければ、上位の政府が事務処理を行うだけのことであるが、日本の場合、それならば合併により下位の政府を強化してしまおう（それでも不十分な箇所は共同処理や圏域行政で補おう）と考えた点が特色であるとする。

13）「三位一体の改革」が行われる直前、国庫補助負担金の整理合理化が至上命題となっていたことについて、櫻井敬子「国庫補助負担金の整理合理化及び統合補助金制度の新設」『あたらしい地方自治・地方分権』107頁。担当者の回顧として、林省吾「三位一体改革のねらいと課題」『地方自治法施行70周年記念自治論文集』791頁。

14）いわゆる「総合行政主体」論とその問題点について、高橋・前掲53頁以下。

15）成田・前掲注（4）234頁は、「赤字会社をいくつか寄せ集めて合併しても黒字会社になるはずはないわけで、弱小町村をいくつか合わせてみてもどうにもならないと思うのです」と懸念しているが、この懸念が的中していないことを願うばかりである。
　　ただし、諸外国でみられる強制合併ではなく自主的合併が選択されたこと、本来義務付けられていない住民投票が盛んに行われたり、住民主導で合併協議会が設置されたりするなど、比較的、住民参加が保障されたものであったことは、事実として注記する必要がある。横道・前掲328頁以下。

28 第3章 特色ある条例の制定による地域おこし

も、一朝一夕に住民意識を涵養したり、財政難や人口減を改善するのは無理な話なので、ここでは中長期的な視野に立って、令和の時代の中小都市が進むべき道を、政策法務の視点から示すことにする。[16)

第3節　提言——特色ある条例の制定を——

　行政の無駄を省け、増税の前にやるべきことがある……と、国政レベルで叫ばれて久しい。しかし、民間活力の利用など、行政運営に係る経費の節減は、すでに何年も取り組まれ続けている。公務員の給与を削減したり、非常勤職員の比率を増やすなど、人件費の削減に取り組んでも、限度というものがある。それに経費の節減は、どうしても後ろ向きな感が否めず、気分が湧き立つものではない。そこで前向きな施策として提案したいのが、市長、議会、職員で知恵を出し合って、政策課題を解決するための条例を制定することである。

　地方自治の根底には、住民に最も身近なところにある市町村こそが住民のことを一番よく分かっているのだから、その市町村に住民の暮らしについて第一に委ねることが、住民の福利増進にとって最も役立つはずだという考え方がある（補完性の原理、地方自治法1条の2第2項）。[17) 国全体の決まりごとは、国権の最高機関である国会が法律の形式で制定するが（憲法41条）、自治体には地域の実情に合わせて条例を制定する権能が認められている（憲法94条、地方自治法14条1項[18)）。住宅地における駅前の放置自転車に悩んでいれば、放置自転車対策条例を制定する。山間部を抱えており、山奥での産業廃棄物の不法投棄が課題となっていれば、産業廃棄物条例を制定してみる。市税など公租公課の滞納に悩んでいれば、滞納者の氏名公表条例を制定したり[19)、債権管理条例を

---

16) 多角的な検討として、小磯修二＝村上裕一＝山崎幹根『地方創生を超えて——これからの地域政策』岩波書店（2018）。

17) 角松生史「自治立法による土地利用規制の再検討」原田純孝（編）『日本の都市法Ⅱ』東京大学出版会（2001）321頁以下は、住民のニーズをくみ取り、住民のためにいち早く動くことができるという市町村の特質を「認知的・試行的先導性」と名付ける。認知的・試行的先導性は、補完性の原理のみならず、中央集権国家における地方自治の意義を感覚的にも最も効果的に説明することができる、優れた概念である。広域的な公共団体である都道府県についても、市町村だけでは手に負えない仕事を補完的に担うにとどまることになる（地方自治法2条5項）。

18) 分権改革による条例制定権の拡大について、芝池義一「条例」『あたらしい地方自治・地方分権』68頁。

19) 具体例は、阿部泰隆『政策法務からの提言　やわらか頭の法戦略』日本評論社（1993）、阿部泰隆『やわらか頭の法戦略——続・政策法学講座』第一法規（2006）に豊富に掲載されている。

制定してはどうかといった具合である[20]。

　近年では、空き家の増加に悩んだ埼玉県所沢市で、平成22年10月に制定された「空き家等の適正管理に関する条例」が瞬く間に全国400以上の自治体へと広がり、国の「空家対策の推進に関する特別措置法」（平成26年法律第127号）に結び付いたことが特筆される。同じ管理不全不動産の対策として東京都足立区が制定した「ごみ屋敷条例」も、郡山市、京都市、横浜市など、後に続く動きが現れている[21]。平成24年7月から太陽光発電において固定価格買取制度（Feed-in Tariff：FIT）が導入されたことで野立てのソーラーパネルが激増したけれども、眺望や景観を害するとか、適切な管理がなされないのではないかといった地域住民の不安の声を受けて、由布市で制定されたのが、ソーラーパネル条例である。この動きは高崎市、富士宮市、志摩市などにも広がる一方、景観計画によって対応する道・県があったり、佐久市のように独自の「自然環境保護条例」の中で措置命令の発出権限を付与して環境破壊に対処するところもある[22]。

　これらの先進自治体を見ると、そのすべてが人口、税収、組織の充実した大都市ばかりではないことが分かると思う。職員全員で、知恵を絞って考えてほしい。晴れて条例を制定できれば、市長、議会、職員が自治体の運営に真剣に取り組んでいることを、天下に知らしめることになる。昭和57年に全国の自治体に先駆けて情報公開条例を制定したのは、人口6,000人余りの山形県金山町であった。町長や議会の熱意が実って、実現まで漕ぎ着けたのである。このように、特色ある条例の制定は、トップが明確な展望を示して職員を焚き付ければ、どんな中小自治体にとっても、今すぐにでも実現可能な施策であることが分かる。町にできることが、市にできないわけがない。

　もちろん、条例を制定したところで、人口や税収の増加に直結するわけではない[23]。しかし、中長期的な視野で考えてもらいたい。「住民協働のまちづくり」といった美しい標語が叫ばれているが、実際には、多くの住民に、「自分たちこそ自治の担い手である」という自覚を持ってもらうところから始めなければ

---

20) 青田悟朗（著）＝前川拓郎（監修）『裁判例から読み解く 自治体の債権管理』第一法規（2016）は、芦屋市債権管理条例を初めとした行政実務と裁判例を結び付けた著作である。

21) 宇賀克也（編）＝辻山幸宣＝島田裕司＝山本吉毅＝清水雅彦『環境対策条例の立法と運用』地域科学研究会（2013）。本書第5部第2章も参照。

22) 本書第5部第1章。

23) 市税滞納条例が功を奏すれば、その限りで税収は回復するだろうが、この話はそういう趣旨ではない。ただし、「お試し民泊条例」が軌道に乗れば、1つの地域産業になり得る可能性はあろう。

ならない自治体が大半であろう。第一に、住民の意識を高めなければならない。第二に、財政難の時代において必要なのは、自治体のために働く人材である。地場産業や観光の呼び物といった物的資源に恵まれなくとも、人々が知恵を出し合えば、困難な課題もなんとか解決できよう。ここでは、住民の意識を高め、人材を集めるための手法として、条例の制定を提案しているわけである。言うなれば、「条例を通じた町おこし」である[25]。

「町おこし」というと、多くの関係者の脳裏には、熱心に工業団地を誘致したり、観光施設を整備しても、思うような効果が得られなかったという、あの苦い記憶が過ることであろう[26]。ご当地グルメや「ゆるキャラ」は、その現代版かもしれない。だが、もう潤沢な資金が確保できる時代ではない。条例の制定なら、現在の職員が知恵を出し合えば可能である。流行のソフト・パワーである。むしろ中小都市の方が、小回りがきくために、住民のニーズをきめ細かく汲み取ることが可能だし、利害関係を有する住民の意見を斟酌することも容易であろう。何よりも、長や議員との距離も近い。大都市では、このようにはいかない。中小都市の利点を、最大限に生かすべきである。

それならば条例まで制定しなくとも、目下の政策課題に粛々と取り組めば十分ではないか、との反論もあろう。それは、そのとおりである。特色ある施策を実行に移す手法は、何も条例の制定に限られない。条例制定は議会を通す必要があることから活動が目に見えやすいというだけのことである。東京都足立区のように事務・事業の民間委託を積極的に試みたり、静岡市のように「行政

---

24) 金がないなら知恵を出すというのは、昭和54年に大分県で始まった「一村一品運動」や、平成元年に竹下登内閣が行った「ふるさと創生」事業とも通底する考え方である。当時の担当者の回顧として、内貴滋「継承されるべき地域づくりの理念と自治のこころ――村一品運動、ふるさと創生、地方創生そして地域主義へ――」地方自治841号（2017）2頁、岡崎浩巳「梶山静六自治大臣と「ふるさと創生一億円事業」」『地方自治法施行70周年記念自治論文集』817頁。小磯ほか・前掲27頁以下（小磯修二）も参照。

25) それにしても「〇〇おこし」という表現は日本語的に好まれるようで、平成21年には、意欲ある都市住民の定住を人口減少に悩む農山漁村が受け入れて、地域活性化の切り札とする「地域おこし協力隊」が創設された。池田憲治「地域おこし協力隊の展開」『地方自治法施行70周年記念自治論文集』911頁。

26) 「ふるさと創生」事業は、全市町村に一律1億円を交付するとともに、国は一切口を出さず、地方が「自ら調べ、自ら考えて、自ら実行する」ことをねらいとした。内貴・前掲19頁。何かと新聞やテレビから批判を受けた同事業であるが、公共投資などハードの面が中心であった地域振興の主眼を、ソフト・パワーの視点からみた人材・政策づくりへと転換させた画期として評価すべきである。兵庫県津名町（現在の淡路市）などは、1億円の金塊を購入して展示するという使い方をして批判を浴びたが、観光客が大幅に増えたこと、役割を終えた平成22年に1億円を現金化したことを考えると、適切な施策であったと言える。阿部泰隆『地方自治法制の工夫』信山社（2018）22頁も、論者にしては珍しく、国の当該事業を高く評価している。

リーガルドック」を行ってみたり——奇しくも、この両自治体は内部統制（コンプライアンス）体制も先駆けて導入している——、岡山市のように違法建築物の除却命令・代執行の実務を進展させるというものでも良い。

　とはいえ、条例の制定が持つ、政策実現に向けたシンボルとしての意味合いは看過できない。国の法律の中にも、「〇〇基本法」というような、別に法的拘束力を伴って強力に政策を実現していく内容を持つわけではないものが、数多く制定されている。男女共同参画社会基本法（平成11年法律第78号）などが代表的である。しかし、男女共同参画社会基本法の制定によって、国が両性の本質的平等の実現に向け尽力していることを内外に示し、国民の意識変革に寄与したことは確かである。政策課題への取り組みの基本方針を示す「基本条例」を制定するだけでも、その意味は小さくない。全国初の自治基本条例である「ニセコ町まちづくり基本条例」（平成13年4月施行）で有名な北海道ニセコ町は、人口5,000人足らずの小さな町であるが、自治基本条例を制定したことが、住民意識の向上に計り知れない効果をもたらしたと言われている。

第4節　条例制定を通じた住民意識の改革・人材集め

　むろん、法律の実施のために国から発出された通知やガイドラインに従って他の市町村との横並びで制定すれば良いタイプの条例（委任条例ないし法律規

27）稲葉博隆『争訟リスク回避のための自治体リーガルチェック——法務の心得21か条』第一法規（2018）。
28）詳細は、第2部第2章を参照。
29）その知見は、宇那木正寛の一連の著作に見出される。代表的なものとして、北村喜宣＝中原茂樹＝宇那木正寛＝須藤陽子『行政代執行の理論と実践』ぎょうせい（2015）。鈴木潔『強制する法務・争う法務　行政上の義務履行確保と訴訟法務』第一法規（2009）は、研究者の手で実例を丹念に分析した労作である。
30）菊井康郎「基本法の法制上の位置づけ」法律時報45巻7号（1973）8頁、小早川光郎「行政政策過程と"基本法"」成田頼明先生退官『国際化時代の行政と法』良書普及会（1993）59頁、川﨑政司「基本法再考（1）～（6・完）」自治研究81巻8号48頁、10号（以上、2005）47頁、82巻1号65頁、5号97頁、9号（以上、2006）44頁、83巻1号（2007）67頁、塩野宏「基本法について」『行政法概念の諸相』有斐閣（2011）23頁。住生活基本法の分析として、板垣勝彦『住宅市場と行政法——耐震偽装、まちづくり、住宅セーフティネットと法——』第一法規（2017）53頁。
31）詳細は、神原勝『［増補］自治・議会基本条例論』公人の友社（2009）46頁以下。議会活性化の一環として注目される「議会基本条例」も、人口約1万人の北海道栗山町が全国に先駆けて制定したものである。

定条例）とは異なり、特色ある条例（自主条例）を制定するには、相応のノウハウが必要である。国や都道府県との調整は不可欠であろうし、法律専門家の助言を仰ぐ機会も増えよう。法的な検討が不十分なまま見切り発車すると、法律と条例の抵触という問題が生じたり（憲法94条、地方自治法14条1項[33]）、さらには、ごみ袋有料化条例のように、合憲性に疑念のある条例を制定する危険がある[34]。最初は、特色ある施策を行っている先進自治体に見学に行くだけでも十分かもしれない。

　困難な営為であるが、職員一丸となって取り組むことで、得難い達成感が生まれることは間違いない[35]。筆者は、『「ごみ屋敷条例」に学ぶ条例づくり教室』の中で[36]、「ごみ屋敷条例」の制定過程を通じて、自治体政策法務にとって必要な知見を紹介することを試みたが、1つの条例を世に出すためには、憲法や法律との抵触関係のみならず、法律の留保、行政処分と事前手続、行政の実効性確保など、行政法の分野に限っても、様々な前提知識が必要になることを実感した。職員全員が法律知識に精通する必要はないけれども、2～3人の中核となる職員は、判例の動向も含めて、猛勉強することが求められる。

　ただし、実績を積んだ職員が、そうした得難い経験を学会で発表したり、学術誌など各種媒体に論文を掲載することで、行政法学のみならず、自治体行政学や政治学など、多くの学問の対象になることを見逃してはならない。全国の大学の授業で、中小都市の取り組みが採り上げられることになるのである。「自分も、こんな自治体で働いてみたい」と考える志の高い学生は、どんな大学にも必ず一定数存在する。職員の奮闘ぶりが幅広く周知されれば、新採用の試験にも、志のある人材が集まってくるに違いない。特色ある条例を制定して、政策で注目を集める。優秀な人材を集めるのに、これほど効果的な宣伝もないと

---

32) とはいえ、実際に運用を行う上では、様々な創意工夫を要することは言うまでもない。出口裕明『行政手続条例運用の実務』学陽書房（1996）は、神奈川県における行政手続条例の運用上の課題を1つずつ乗り越えていったことの克明な記録である。

33) 宇賀・前掲218頁以下。ただし、法律先占論が支配した昭和30～40年代とは異なり、徳島市公安条例最高裁判決（最大判昭和50年9月10日刑集29巻8号489頁）以降は、条例が法律の趣旨・目的と矛盾抵触することがないかどうかという、比較的きめ細かい基準で適法性が審査されている。近年の論稿として、渡井理佳子「地方分権の時代における市町村と自主条例」『地方自治法施行70周年記念自治論文集』203頁。

34) 詳細は、第5部第4章。

35) 鈴木庸夫（編）『自治体法務改革の理論』勁草書房（2007）17頁以下は、様々な手法を組み合わせた政策法務空間（フォーラム）としての自治体法務改革について説く。

36) 板垣勝彦『「ごみ屋敷条例」に学ぶ条例づくり教室』ぎょうせい（2017）。そのエッセンスは、本書第5部第2章にまとめている。

思われる[37]。

　せっかく集めた能力のある人材は、やる気が失せてしまわないうちに、積極的に育成し、活躍の場を提供する必要がある。そのためには、官公庁や民間企業との積極的な人事交流を行うことが望ましい。また、自治大学校、市町村アカデミー、政策研究大学院大学などで全国の自治体職員と交流させてほしい[38]。身近なところにある大学・大学院も、研修の場として大いに活用すべきである。現在でも、先進的な自治体は、近くの大学院に積極的に職員を派遣して、政策法務のあり方を習得する機会を設けている[39]。

　注目を集めることで、住民の意識にも好影響を及ぼすことになるだろう。何も長や議会の選挙の争点にしたり、住民投票を行うまでの必要はない。条例を制定するにあたり、住民からパブリック・コメントを募るだけでも、地域の実情に即した有益な意見が集まるであろうし、住民の間にも、「自分たちのことは自分たちで決める」という、自治にとって最も大切な意識が涵養される。そして、特色ある条例が制定された暁には、学界だけでなく、幅広くメディアからも注目が集まる。注目が集まることによって、住民の意識も向上していくことは間違いない。「風が吹けば桶屋が儲かる」式の、ずいぶんと調子の良い算段だが、注目が集まって、「人から見られている」という意識が普段の振る舞いまで変えてゆくというのは、よく聞かれる話である[40]。

　筆者の実家の近く、福島県の県北地域に、聖光学院という私立高校がある。下りの東北新幹線に乗れば、福島駅を過ぎてすぐに右側に見えてくる学校であ

---

37) 成田頼明『分権改革の法システム』第一法規（2001）142頁以下も、人材の育成と意識の改革の重要性を強調する。

38) 分権改革後の自治大学校の役割の変化と研修の実態について、有岡宏「地方行政の変容と自治大学校の役割の変化」『地方自治法施行70周年記念自治論文集』1013頁。

39) 法科大学院の修了者を積極的に登用することも、検討に値しよう。法科大学院では行政法が必修なので、自治体法務にとって必要最小限の素養は身についている。それだけではなく、悪質な租税の滞納者への対応や、公有地の不法占拠に対する法的執行といった課題に対応するためには、租税法や民事執行法の知見を身につけた法科大学院修了者の助力が有益である。平田彩子「公務員弁護士と規制行政」地方自治851号（2018）2頁では、弁護士資格を有する職員が念頭に置かれているが、別に弁護士資格は必須ではない。法学部卒業生の役割について、塩野宏「地方行政の活性化に果たす法曹の役割」『行政法概念の諸相』383頁（393頁以下）。宇那木正寛「大規模自治体における法務人材活用の現状および課題について──自治体の視点から」自治研究95巻4号（2019）86頁（103頁以下）では、浜松市が名古屋大学法科大学院に職員を派遣する制度を設けていることを紹介する。

40) 「まち・ひと・しごと創生法」（平成26年法律第136号）に基づく「まち・ひと・しごと創生事業」の根底にある発想も、本章と同様であると考えられる。髙橋・前掲64頁以下。
　本文で述べたことは、近年では、シティプロモーションとかシビックプライド事業として行われている。牧瀬稔＝読売広告社ひとまちみらい研究センター（編著）『シティプロモーションとシビックプライド事業の実践』東京法令出版（2019）2頁以下（牧瀬稔）。

る。設立から50年くらい経つのだが、長い間、進学やスポーツ活動の実績も
なく（平たくいえばガラが悪く）、地元では決して評判の良くない高校であった。
ところが、10年前［平成13年］に高校野球で県大会を制し、甲子園に初出場し
てから、雰囲気が一変したのである。初出場の際は、大分の強豪校に20対0
の大差で敗れた。これが余程悔しかったのか、その後は全国制覇を目標に掲げ、
今年も6年連続で甲子園に出場し、そのうちベスト8が2回、プロ野球選手も
輩出する、かなりの強豪校となってしまった。⁴¹⁾野球が強くなっただけではない。
高校で不祥事が起きると、甲子園への出場が閉ざされる場合がある。とりわけ
強豪校での不祥事は、世間の注目を集めやすい。そのためなのか、あるいは自
分たちの高校に誇りを持つようになったのか、近年、地元での聖光学院の生徒
の評判は、すこぶる良くなった。意識が変わったのであろう。来校者には気持
ちよく挨拶をするし、東日本大震災の際には率先してボランティア活動を引き
受けてくれた。積極的な募集をかけていないにもかかわらず、優秀な人材（生
徒および教員）も、県の内外から数多く集まるようになっている。初出場のこ
ろは少し醒めた目で見ていた筆者も、最近では地元の誇りとして、熱心に応援
している。

　自治体も同じことではないか。聖光学院の例は、決して科学的な実証研究で
はない。あくまで地元の評判である。しかし、地元の評判であるがゆえにこそ、
重要な意味を持つ。住民意識の向上というのは、結局、気分の問題だからであ
る。つまり、ここで主張したいのは、特色のある条例を制定すると、先進自治
体として世間の注目が集まり、気をよくした住民の参加意識も向上する。そし
て、志の高い人材が集まるということである。

第5節　中小都市へのエール
――「できない」と諦めずに！――

　新聞やテレビに出てくる評論家は、公務員は悪いことばかり企んでいるとか、
責任を取りたくないから、住民のためになることはやろうとしないといった批
判に終始する。しかし、とりわけ市町村職員と接した実感では、住民のために
なる新たな施策に取り組もうとする意欲はあるけれども、必要な知識や経験が
不足していて、本当にできるのか不安があるという方々が圧倒的に多数である。

41）令和元年段階では、13年連続にまで記録を伸ばしている。

第5節　中小都市へのエール　　*35*

　教育書の表題のようだが、決して「できない」と諦めてはいけない。市長、議会、職員が一丸となって、政策課題に本気で取り組んでいる姿勢をみせることが、何よりも大切なのである。それによって、全国からの注目が集まり、住民の意識が向上して、志の高い人材が集まるのだから。少子高齢社会の到来と、日本経済が先行き不透明な現在の状況下において、中小都市の将来の展望は厳しいものがある。しかし、中小規模だからこそ、住民のニーズをきめ細かく把握して、目下の政策課題にも機動的に取り組むことが可能なのである。

　いつでも、学界からの助力の準備はできている。その準備の一端を示したのが本書である。中小都市の皆さんが、中小都市ならではの利点を生かして、創意工夫に励んで頂くことを大いに期待したい。

第4章

濫用的情報公開請求と行政対象暴力

第1節　問題意識

　行政に対する執拗なクレームや実力を用いた妨害活動が社会問題となっている。一般に「行政対象暴力」という場合、反社会的勢力が暴行や威迫を用いて行政に対し不当要求を行う行為を指すけれども[1]、問題はそれにとどまらず、特定人が公的扶助申請に際し極めて非協力的な態度で応じたり[2]、大量の審査請求や情報公開請求を行うなど[3]、度を越した行政サービスの要求が行政事務を停滞・疲弊される事象も、決して無視することはできない。

　人口減少社会において行政の人的・物的資源がますます限られる中で、特定人が行政資源をいたずらに費消することは許されない。しかし、正当な権利行使との判別が難しいことから、行政が対抗措置として司法上の手段に訴えるには様々なハードルがあり、現場の対応を困難にしている[4]。

　大阪地判平成28年6月15日（平成26年（行コ）第18号）判時2324号84頁（以下、本章において「本判決」とよぶ。）は、管見の限り、公刊物登載判例として初めて、地方公共団体から、濫用的情報公開請求などによりその業務を妨害した者に対して行われた損害賠償および差止めの請求を認容した判決である。本章では、本判決の分析を通じて、行政対象暴力と濫用的情報公開請求の問題について、検討を深めることにする。

---

1) 宇都木寧「行政対象暴力対策とコンプライアンス」法律のひろば2010年5月号42頁。
2) 調査した範囲では、生活保護の受給者が医療扶助の申請をしておきながら必要な書類を提出しないため行政庁が回答を延期していたところ標準処理期間の徒過の違法を訴え出たという事案が存在するそうである。
3) 調査した範囲では、生活保護決定の内容に不満をもった受給者が毎月審査請求を繰り返し行ったという事案が存在する。生活保護が継続していても、保護決定は理論上毎月行われる建前になっているため、このような請求も許容されるのだという。
4) 宇那木正寛「不当要求行為に対する岡山市の組織的取組」法律のひろば2010年5月号11頁では、岡山市において「行政執行適正化推進課」を設置し、県警本部との密接な連携の下で全庁横断的に組織的な対応を行った実績が紹介されている。

第2節　事案の概要

第1款　概　要

(1)　発　端

　昭和50年代から平成25年11月ころまで大阪市住吉区内に居住していたYは、平成21年頃、大阪市（X）における不適正資金問題の発覚をきっかけに、住吉区役所等を訪れるなどして、市長に対する情報公開請求を行うようになった。Yは、平成22年9月13日に、住吉区役所の窓口で対応した職員に対し、胸ぐらをつかんで押す暴行を加え、当該暴行を制した職員や、Yに退去を命じた職員に対しても、それぞれ胸ぐらをつかんで押し、または顔面を平手打ちするといった暴行を加えたとして、同年11月22日、公務執行妨害の罪によって、懲役1年6月執行猶予4年の判決を受けた（以下、本章では、この判決を「刑事事件判決」とよぶ）。

(2)　Yによる情報公開請求

　ア　平成24年3月30日から同年12月10日までの間、Yは、Xに対し、合計53件の情報公開請求を行った。その頻度は、1か月当たり平均すると6〜7件程度であるが、1日に数件の情報公開請求を行うこともあった。公開請求書の「請求する公文書の件名又は内容」欄には、「〜に関する全文書」「〜が分かる全文書」などといった記載が多く、その対象となる公文書中には、個人識別情報の記載も数多く含まれていたことから、Xの職員は、対象文書の選別や、非公開情報のマスキング作業のため、相当程度の時間を費やした。また、Yは、[5]刑事事件判決の言渡日に、「住吉区役所全職員の平成22年4月〜10月分の市内出張交通費請求明細書・市内出張届出データ一覧」についての情報公開請求を行ったところ、その対象文書の枚数は、740枚以上にも上った。

　イ　Yは、対応の仕方が悪いと感じた特定の職員[6]等について、その採用から現在までの経歴・略歴、出退勤状況が分かる文書、採用時に署名した宣誓書の写し、市内出張交通費等に係る書類等についての情報公開請求を行った上、当

---

5)　なお、Yの情報公開請求は、平成24年3月以前から行われており、XがYの情報公開請求に応じて交付した文書の総枚数は、平成21年1月19日から平成24年7月24日までの間だけでも、約8,360枚に上っていた。

6)　この中には、上記刑事事件の際にYから暴行を受けた職員が含まれている。

該職員に対して、そのようにして取得した経歴に関する情報に基づき、「あなたも略歴聞いたわ。（中略）もう大体わかったから、あんたの大体人間性が。」「高校出の人は大きな間違いをするからおれかちっとくんねや。」「高卒のな、おまえ、俺は高卒大嫌いやねん、ほんまに。」「高卒女のな、浅知恵や言うねや。」などといった発言をするなどした。

ウ　Yは、ゴールデンウィークの直前である平成21年4月30日に、1日で6件の情報公開請求をしたが、その対象文書は合計297枚にも上るものであった。また、年末である同年12月24日にも、対象文書が数百枚にも上る文書についての情報公開請求をした[7]。

エ　Xが閲覧の方法で情報公開請求に対する公文書の開示を行う場合、請求者に担当局の会議室等まで出向いてもらい、職員が立ち会った上で、対象となる文書を公開しているが、Yは、対応した職員に対し、「お前には能力がないから辞めてしまえ」「バカ」などと暴言を吐いたり、公開された公文書について、独自の見解に基づく意見等を延々と繰り返し述べるなどすることから、その対応には、1回当たり1時間以上を要するのが通常であった。また、Yは、公開・交付された文書に誤記等が存在した場合には、内容に影響がないような些細なものであっても、Xの職員に頻繁に電話をかけ、誤記等を指摘した上で、謝罪を要求したり、罵声を浴びせるなどした。

オ　なお、Yが情報公開請求によって入手した資料によって、Xが第三者との間で締結した業務委託契約に際して、本来負担する必要のない費用を負担していることが判明したり、市営公園の管理を行っている地域団体が市民から徴収していた使用料について不適切な処理をしていたことが発覚したりして、Yによる公益通報等の結果、その是正が図られたこともあった。

(3)　Yによる質問文書の送付等

　Yは、平成24年4月から同年12月までの間に、住吉区役所に対して質問文書を送付したり、電話をかけたりするなどして、質問に対する回答を求め、そのうちの一部のものについては、「市民の声」制度に基づく回答を行うことを

7）Yの意図は不明であるが、仮に情報公開請求から開示・不開示の決定を行うための処理期間の算定において、休日を算入しないという運用をしているとすれば、Xの職員にとって多大な負担である。

求めた。Yの質問の中には、情報公開請求によって公開された情報に関する質問や、公開された文書に関する誤記の指摘などがある他、防犯パトロール中の職員がガムを噛んでいたことについて、当該職員の氏名の報告を求めるもの、特定の職員の昼食の弁当の中身になぜニンニクが入っていたのかや、特定の職員がいつも長袖の服を着ている理由に関する回答を求めるもの、住吉区役所の市民協働課のゴム印の一部を職員が手書きで修正していることについて、Yが新しいゴム印を作ってあげるように申入れたにもかかわらずこれを無視した理由についての回答を求めるもの、Yからの電話に対して、Xの職員が折り返し電話をする約束をしたところ、約束の時間よりも早く電話をかけてきた理由についての回答を求めるもの、特定の職員について退職や更迭を要求するもの、区長が使用したキャッチフレーズについて「パクリ」ではないかなどと指摘しこれに対する回答を求めるものなどもあった。

(4) Yによる住吉区役所に対する電話

　平成24年4月3日から同年8月30日までの間、Yは、住吉区役所に対し、平均して週に2～3回程度、多い時には1日に連続して5～6回の電話をかけるなどし、上記期間中の電話の回数は合計95回、その所要時間は合計約23時間に上った。その内容は、Yが行った情報公開請求や質問文書に対する回答に関連して、更なる質問や要請を行ってこれに対する回答を求めたり、住吉区役所の活動に関する苦情等を述べたりするものが大半を占めていたが、この際、Yは、特定の職員に対応させるよう執拗に要求したり、応対中の職員に対して、学歴を理由に能力が低いなどとして罵倒したり、容姿等を理由に侮蔑的な発言をしたり、大声で暴言を吐いたり、脅迫的な発言をしたりすることを繰り返した。

第2款　Xの対応と仮処分決定

　Xの職員は、Yが行う情報公開請求への対応（文書の特定やマスキング作業）、送付された質問文書に対する回答の作成、Yからの電話対応等のために相当の

---

8)「市民の声」制度というのは、Xにおける広聴活動の一環として、市民から寄せられた行政の施策および事業運営に対する意見に対して、所管部署が回答案を作成し、申出人に回答を行う制度である。「市民と市政をつなぐ広聴ガイドライン」では、市民から意見が寄せられた場合には、受付日の翌々日までには申出内容を所管部署に伝達し、所管部署は、伝達を受けた日から起算して7日以内に回答案を作成して広聴担当部署へ送付し、広聴担当部署は遅くとも受付日の翌日から起算して原則として14日以内に、所属長等名で、申出人への回答・供覧を行わなければならないものとされている。

時間を費やさざるを得なくなっており、その他の業務が滞ったり、中断を余儀なくされるなどしていた。勤務時間中に行うことができなかった業務を行うために、複数回にわたって1日当たり1～4時間程度の超過勤務を行うことを余儀なくされた者もいた。Yによる侮蔑的な発言や暴言等によって、精神的な苦痛を覚え体調不良を訴える者まで出てくる有様であった。

そこで、Xは、Yを債務者として、平成24年11月9日、Xおよびその職員に対し、架電し、面談を強要し、大声を出し、もしくは罵声を浴びせ、Yの質問に対する回答もしくはYとの交渉を強要し、または濫用的な情報公開請求をする行為の禁止を求める仮処分の申立て（本件仮処分申立て）を行い、大阪地方裁判所は、同年12月28日、上記申立てを認容する旨の仮処分決定（本件仮処分決定、同裁判所平成24年（ヨ）第1273号）をした。

しかし、本件仮処分決定の後も、Yは、Xに対する情報公開請求を繰り返した。また、住吉区役所を始めとするXの担当部署に対して電話をかけ、特定の職員に対応させるよう強要したり、対応した職員に暴言を吐いたりしており、このうち平成25年10月8日の電話の回数は、1日のうちに9回にも上った。

第3款　訴訟の提起

平成26年2月12日、Xは、Yが情報公開請求を多数回にわたって濫用的な態様で行ったり、質問文書の送付や架電等による不当な要求行為を繰り返したりして、Xの平穏に業務を遂行する権利を侵害しており、今後も、Yによる同様の権利侵害行為が繰り返されるおそれがあるとして、Yに対し、面談強要行為等の差止めを求めるとともに、不法行為に基づく損害賠償（主位的に職員給与および超過勤務手当相当額、予備的に職員の超過勤務手当相当額および弁護士費用相当額）を請求する訴訟を提起した。訴状は、同年4月29日、Yに送達された。

第3節　判　旨

大阪地裁は、次のように述べて、請求を一部認容した。この判決は確定している。

「二　争点(1)（Yの行為がXの平穏に業務を遂行する権利を侵害したといえるか、また、YのXに対する侵害行為が継続するおそれがあるといえるか）について

(1)……Xは、普通地方公共団体（地方自治法1条の3第2項）であるところ、地方公共団体は、法人とされている（同法2条1項）。

法人の業務は、固定資産及び流動資産の使用を前提に、その業務に従事する自然人の労働行為によって構成されているところ、法人の業務に対する妨害が、これら資産の本来予定された利用を著しく害し、かつ、業務に従事する者に受忍限度を超える困惑・不快を与えるときは、これをもって法人の財産権及び法人の業務に従事する者の人格権の侵害と評価することができる。しかしながら、法人の業務に従事する者の使用者である法人は、その業務に従事する者に対し、上記の受忍限度を超える困惑・不快を生じるような事態を避けるよう配慮する義務を負っていることに加え、業務の妨害が犯罪行為として処罰の対象とされていること（刑法233条、234条）等に鑑みると、当該法人が現に遂行し、又は遂行すべき業務は、当該法人の財産権やその業務に従事する者の人格権をも包含する総体として法的保護に値する利益（被侵害利益）に当たるというべきである。そして、法人の業務が、前記のとおり、当該法人の財産権やその業務に従事する者の人格権をも包含する総体としてとらえられることに鑑みると、法人に対して行われた当該法人の業務を妨害する行為が、当該行為を行う者による権利行使として相当と認められる限度を超えており、当該法人の資産の本来予定された利用を著しく害し、かつ、その業務に従事する者に受忍限度を超える困惑・不快を与えるなど、業務に及ぼす支障の程度が著しく、事後的な損害賠償を認めるのみでは当該法人に回復の困難な重大な損害が発生すると認められるような場合には、当該法人は、上記妨害行為が、法人において平穏に業務を遂行する権利に対する違法な侵害に当たるものとして、上記妨害行為を行う者に対して、不法行為に基づく損害賠償を請求することができるのみならず、平穏に業務を遂行する権利に基づいて、上記妨害行為の差止めを請求することができるものと解するのが相当である。

(2)本件において、Xが主張する、YによるXの業務に対する妨害行為は、Yが、Xに対して、条例によって権利として認められた情報公開請求を行ったり、Xが広聴活動の一環として行っている「市民の声」制度等を利用して質問等を行ったりしたことに関するもの、及びこれらに関連してYが住吉区役所に対して電話をかけて回答を求めるなどしたことに関するものであり、Yのこれらの行為は、いずれもその権利行使としての側面を有するものということができる。

しかしながら、……〔1〕Yが行った情報公開請求の中には、Yに対する対

応の仕方が悪いと感じた特定の職員に対する、その採用から現在までの経歴・略歴、出退勤状況の分かる文書、採用時に署名した宣誓書の写し等に関するものが含まれており、Ｙは、これによって得た情報を基に、Ｙと対応した職員に対し、侮蔑するような発言をすることがあったこと、〔２〕Ｘが閲覧の方法で公文書の開示を行った際、Ｙは、対応したＸの職員に対し、暴言を吐いたり、独自の見解に基づく意見を延々と繰り返し述べるなどして、１回当たり１時間以上の時間を要するのが通常であったこと、〔３〕開示された公文書に誤記があった場合には、内容に影響がないような些細なものであっても、Ｘの職員に頻繁に電話をかけ、謝罪を要求したり、罵声を浴びせるなどしたこと、〔４〕Ｙは、Ｙが行った情報公開請求及び質問文書に対する回答に関連して、更なる質問や要請を行ってこれに対する回答を求めたり、住吉区役所の活動に対する苦情等を述べる目的で、住吉区役所に平成24年４月から同年８月までの間に、合計95回にわたって電話をかけているところ、その所要時間は合計約23時間に上ったのみならず、その際、特定の職員に対応させるよう執拗に要求したり、対応に当たった職員に対し、その学歴を理由に罵倒したり、容姿等を理由に侮蔑的な発言をしたり、大声で暴言を吐いたり、脅迫的な発言をすることを繰り返していたこと等の事実を指摘することができる。そして、……Ｙの上記のような行為によって、Ｘの業務は遅滞や中断を余儀なくされ、Ｘの職員の中には、複数回にわたって１日当たり１〜４時間程度の超過勤務を行わざるを得なくなったり、Ｙによって繰り返し行われる侮蔑的な発言や暴言等によって、精神的な苦痛を覚え体調不良を訴える者もいたというのであるから、Ｙの上記行為は、原告の業務に著しい支障を来す態様のものであったということができる。さらに、……Ｙは、平成24年12月28日に、本件仮処分決定を受けたにもかかわらず、その後も、住吉区役所を始めとするＸの担当部署に対して電話をかけて、特定の職員に対応させるよう強要したり、対応した職員に暴言を吐いたりしているというのである。

　以上によると、Ｙの上記の各行為は、そのほとんどが情報公開請求や、その権利行使に付随して行われているものとはいえ、その頻度や態様等に照らすと、正当な権利行使として認められる限度を超えるものであって、Ｘの資産の本来予定された利用を著しく害し、かつ、その業務に従事する者に受忍限度を超える困惑・不快を与え、その業務に及ぼす支障の程度が著しいもので、今後も、このような行為が繰り返される蓋然性が高いということができる。そうすると、

Yに対して事後的な損害賠償責任を認めるのみでは、Xに回復の困難な重大な損害が発生するおそれがあるというべきである。

　したがって、Xは、平穏にその業務を遂行する権利に基づいて、Yに対し、Yが、Xの職員に対し、電話での対応や面談を要求してYの質問に対する回答を強要したり、大声を出したり、罵声を浴びせたりする行為の差止めを請求することができると解するのが相当である。」

　「三　争点(2)（Xに生じた損害及びその額）について

　(1)……Yの上記のような行為によって、Xの業務に遅滞や中断が生じ、Xの職員の中には、複数回にわたって1日当たり1～4時間程度の超過勤務を行うことを余儀なくされた者がいるというのであり、また、Xの職員の中には、Yによって繰り返し行われる侮蔑的な発言や暴言等によって、精神的な苦痛を覚え体調不良を訴える者もいたというのである。

　先に説示したとおり、Yの上記の行為は、その権利行使に付随して行われたものとはいえ、上記諸事情に鑑みると、Xの業務の平穏な遂行を妨害するものとして不法行為に当たるというべきであるから、Yは、Xに生じた有形・無形の損害のうち、Yの行為と相当因果関係のある範囲の損害について賠償義務を負うべきである。

　(2)この点について、Xは、主位的に、Yの行為に対応するために要したXの職員の労働行為の対価たる賃金に相当する額が、予備的に、Xの職員が超過勤務を行ったり、勤務時間中の時間を費やしたことで、その他の業務を行うために残業せざるを得なくなったことによる超過勤務手当相当額が、それぞれXに生じた損害となる旨主張するが、先に認定・説示したとおり、Yの行為が、Yによる権利行使に付随して行われたものであることに鑑みると、Xの職員が行った労働行為の対価たる賃金相当額や、超過勤務手当相当額が、そのままYの行為と相当因果関係のある損害となるものではない。

　(3)そして、上記で説示した損害の内容・性質に照らすと、本件においてはその額を立証することが極めて困難であるということができるので、民訴法248条に基づき、本件に現れた一切の事情を考慮して、Xに生じた損害として相当な額を検討すると、Yの行為によってXに生じた損害の額は、80万円（本件訴訟の追行を弁護士に委任したことによって生じた弁護士費用相当額を含む。）と認めるのが相当である。」

第4節　濫用的情報公開請求

第1款　濫用を判断する基準

　本件は情報公開の事案ではないが、その背後には、濫用的情報公開請求について行政が対策を講じるようになり、裁判所もそのような運用について一定の判断を示してきたという経緯がある。国の行政機関情報公開法が制定された平成11年から20年近くが経過し、情報公開制度は国民の中にすっかり定着したと言ってよく、不適正な会計処理の発見など、地方自治における法治行政の適正化に役立てられた事例は数え切れない。

　しかし、一部の請求者から、とても事務処理が追いつかないような大量の開示請求がなされて、それ以外の行政事務が停滞を余儀なくされるケースが、近年、深刻な問題となっている。対応策として、情報公開条例を改正し、権利濫用的な情報公開請求を認めないという旨の明文規定を置く地方公共団体も増えている。廃案となった平成24年行政機関情報公開法改正案5条1項でも、権利濫用的な開示請求を禁止する明文規定が置かれていた。だが、権利濫用（民法1条3項）は一般法理であり、個別の案件をみて判断すべき問題であることから、条例に明文規定が置かれるか否かで解釈・運用が左右されるわけではない。解釈・運用にかかる基準の中で、権利濫用的な情報公開請求への対処を想定すれば足りる問題であろう。

　こうした濫用的な情報公開請求に対処するために、いくつかの地方公共団体が定めた取扱指針を参照すると、①開示請求により通常業務の遂行に著しく支障が出るような大量の公文書開示請求が行われた場合、あるいは、②情報公開法・条例の趣旨・目的を逸脱していることが明らかに認められる場合のいずれ

---

9) 宇賀克也『行政法概説Ⅰ［第6版］』有斐閣（2017）55頁、まさにX市における具体的な事例として、宮之前亮「濫用的な情報公開請求への大阪市の対応について」季報情報公開・個人情報保護51号（2013）31頁。

10) 全国市民オンブズマン連絡会議「情報公開条例　権利濫用で「拒否・却下できる」規定　調査結果」によると、平成25年4月1日時点で、情報公開条例に請求権の濫用禁止規定を置くものは、全都道府県・市区のうち、72に上るという。奈良県下の動向について、小林直樹「奈良県下の情報公開条例の考察」社会科学雑誌6巻（2012）1頁（91頁以下）。

11) 塩野宏＝秋山幹男＝藤井昭夫＝藤原靜雄「情報公開法の10年～法制化と運用　第3回」季報情報公開・個人情報保護46号（2012）2頁（17頁）〔塩野宏発言〕。むろん、同座談会においても、実務的には明文規定があった方がやりやすいのかもしれないといった意見は示されている。

かを満たす場合には、開示請求権の濫用として、非公開決定を行うというものが目立つ（兵庫県、香川県、三重県、富山県、和歌山県など）。和歌山県では、平成24年の条例改正により、著しく大量の請求については、まず一部についてのみ開示決定を行うと同時に、残りの部分についての費用負担の見込額を請求者に通知して、一定期間に予納して開示を受けることとするか否かを請求者に決めてもらうという、興味深いしくみを導入している[12]。

①については、大量請求であって、期間の延長の規定（参考として、行政機関情報公開法10条2項では、通常の30日を60日まで延長することが可能とされる）を遥かに超えた事務処理の期間を要するような場合には、権利濫用として開示請求を退けることができるとする指針が多い。何をもって大量であると評価するかについては、「特定の部局が保有している文書の全て」とか「特定の法律の施行に係る文書の全て」といった請求が該当し得るとされており[13]、担当職員1名が1年を越えて開示請求の事務に専念しなければならない場合には濫用的請求であるなどといった目安が示されている。

②については、(a)過去の公開決定において、正当な理由なく閲覧を行わない（閲覧したとしても、ごく一部しか閲覧せず、自己の主義・主張を述べ続ける）といった行為を繰り返した者から開示請求がなされた場合、(b)正当な理由がないのに、同一の公文書の開示を繰り返し請求する場合、(c)特定部局に集中して請求するなど、実施機関の事務遂行能力を著しく減殺させることが目的である場合（これは①の大量請求とも関係する）、(d)開示請求により得た情報を特定の職員を誹謗・中傷する内容に加工して、インターネットなどで公表するといった意図が、その発言から認められる場合などが挙げられる[14]。

言うまでもなく、権利濫用による非公開決定という判断が恣意的に行われる（濫用される）ことのないように、制度的な歯止めは必須である。各地方公共団体では、一定の手続を遵守することで、適正な運用を担保しようとしている。兵庫県の取扱指針では、公文書の大量開示請求がなされているときは、まず、(1)文書の閲覧が可能となるまでに相当の期間を要し、通常業務の遂行に支障が及ぶことについて請求者に対し説明して理解を求めた上で、(2)請求者が必要とする情報の内容を十分に聴取し、公文書目録検索システムやファイル基準表な

---

12) 横田明美「和歌山県情報公開制度改革」季報情報公開・個人情報保護48号（2013）2頁。
13) これは後述する不特定性の問題でもある。
14) 中川丈久「情報公開・個人情報開示制度における権利濫用について」季報情報公開・個人情報保護55号（2014）15頁。

46 第4章 濫用的情報公開請求と行政対象暴力

ど文書特定の参考となる情報を提供して、(a)事業の範囲や年度など、公文書を特定した請求、(b)無作為抽出による請求、(c)分割請求といった方法で、より合理的な請求方法をとるよう要請するように求めている[15]。それでも応じてもらえないときは、(3)権利濫用の根拠となる条項および権利濫用と判断した根拠となる事実等をできる限り詳しく記載して、非開示決定を行うことと定めている。(3)の理由の提示こそ、開示請求者からの不服申立ての便宜を図るとともに、恣意的な権利濫用の判断がなされないようにするための実務上の鍵になるだろう[16]。

第2款 下級審の裁判例

下級審においては、初期の事案である東京地判平成15年10月31日（平成14年（行ウ）第422号）では、「開示請求に係る行政文書が著しく大量である場合又は対象文書の検索に相当な手数を要する場合に、これを権利濫用として不開示とすることができるのは、請求を受けた行政機関が、平素から適正な文書管理に意を用いていて、その分類、保存、管理に問題がないにもかかわらず、その開示に至るまで相当な手数を要し、その処理を行うことにより当該機関の通常業務に著しい支障を生じさせる場合であって、開示請求者が、専らそのような支障を生じさせることを目的として開示請求をするときや、より迅速・合理的な開示請求の方法があるにもかかわらず、そのような請求方法によることを拒否し、あえて迂遠な請求を行うことにより、当該行政機関に著しい負担を生じさせるようなごく例外的なときに限定されるものといわざるを得ない」として、①大量請求かつ②趣旨・目的の逸脱が認められなければ、情報公開請求を濫用しているとはいえないとした。平成15年東京地判は、大量請求による非開示を認める明文の規定がないことを重視しており、実務的な懸念に対しては、請求者に「開示請求の範囲を減縮することを求めたり、一部分ずつ開示するほかないと通知することにより、請求者から請求の減縮や検索をより容易にするような当該文書に関する情報の提供等の協力が得られる場合もある」としている。明文の規定がないと大量請求を拒めないとするのは、あまりに硬直した法

---

15) 横浜市情報公開・個人情報保護審査会が平成21年7月にまとめた「行政文書開示請求権の適正な利用について（意見）」では、「開示請求者にも自身が求める情報の内容を明確にするよう実施機関に協力する責務がある」として、大量請求の場合には、実施機関は開示請求者に絞込みを要請することができるとしており（同意見5頁）、注目される。

16) 小林・前掲97頁。

解釈であるが、この判決は、後の裁判実務には、請求者から協力が得られない場合には権利濫用とするという「含み」を込めて受容されているようである。

　後続する裁判例をみてみよう。東京地判平成23年5月26日訟月58巻12号4131頁は、警察の不正等の真相を解明するとしたジャーナリストが、平成11年度から同13年度における警察庁の一般会計証明書類の各開示請求をしたところ、対象文書の特定が不十分であるとして不開示処分を受けたことの取消しを求めた事案において、対象文書が特定されていないとは言えないが、(1)対象文書が数百万枚に上るなど、その量が余りに膨大であり、処分行政庁の通常業務に著しい支障を生じさせるものである上（①の大量請求の視点）、(2)第一次的にはその対象文書の廃棄を阻止するという情報公開法の趣旨・目的に沿わないことを目的とするものであり（②の趣旨・目的の視点）、さらに、(3)警察の裏金づくりの解明・検証という目的との関係でみても、事業の種類等によって対象文書を限定するなどの迅速・合理的な開示請求の方法によることを拒否してされたものであるから、もはや情報公開法が予定する開示請求とはいえず開示請求権の濫用であるとして、請求を棄却した。[17]①かつ②の要件が必要であるとした平成15年東京地判の枠組みは維持しつつ、事案としては権利濫用を認めたものといえる。

　横浜地判平成14年10月23日判例自治349号6頁も、過去3年分の国庫補助金を受け入れた事業の経費の使途が明らかになる書類という大量請求に対して、対象文書が大量であり、極めて膨大な事務量となること、市から、「対象文書に係る事業の種類を限定するとか、無作為抽出、年度限定等の方法により請求件数を絞る方法等の提案がされたが」、請求人が頑なに請求に係る本件文書全部の公開を求めたこと、請求の目的は事業対象を絞ったり無作為に抽出することでもある程度達成できることなどの事情に照らせば、権利濫用であるとした。この判断は、控訴審である東京高判平成15年3月26日判例自治246号113頁でも維持されている。どうやら下級審裁判例では、①大量請求かつ②趣旨・目的からの逸脱が認められ、請求者が件数を絞るという提案にも応じないときに、権利濫用が認定されているようである。このことと、先述した地方公共団体の運用指針では、①または②が満たされれば、権利濫用を認めるとされていることとの整理は必要であろう。

　近年では、大量請求の場合は文書の不特定性を理由に開示請求を退けること

17）この判断は、控訴審である東京高判平成23年11月30日訟月58巻12号4115頁でも維持されている。

が許されるとする裁判例も現れている。「平成13年度に土木部用地課の業務によって生じた公文書及び資料等・工事、業務委託、買収、物件等の契約書類すべて」とする、段ボール約120箱分にも及ぶ開示請求を行ったという事案について、横浜地判平成22年10月6日判例自治345号25頁は、それまでの裁判例に倣い、段ボール120箱分に及ぶとはいえ、請求の対象は外形的・客観的にみて他の文書と識別可能な程度には明らかにされているのであり（識別可能性説）、開示請求にかかる公文書が多岐にわたり、または大量であることのみを理由に、対象文書が特定されていないということはできないとした。これに対し、控訴審である東京高判平成23年7月20日判例自治354号9頁は、このような記載では、「公文書を指定するために必要な事項」には当たらないとした。[18]客観的に見て閲覧の意思を疑わせるような請求はやはり何を閲覧したいのか不明であり、特定を欠いていると言ってよいであろう。[19]

　東京高判平成23年7月20日のような手法は、包括的請求の処理に際して、権利濫用という概念を持ち出さずに、文書の「特定」という文言を機能的に解釈することで、事案を解決するアプローチ（機能的解釈説）と評価することができる。こうした不特定性ゆえに開示請求を退けるというアプローチは、①大量請求のみを理由とした権利濫用・開示請求拒否と同じ結論を導くことが可能である。[20]

　なお、営利目的の情報取得については、高松高判平成19年8月31日（平成19年（行コ）第8号）（情報公開請求によって取得した建築計画概要書の情報を有償の不動産情報として提供していた事例）、佐賀地判平成19年10月5日季報情報公開・個人情報保護29号22頁（同左）、さいたま地判平成19年10月31日（平成19年（行ウ）第1号）（住居表示台帳の情報公開請求）など、揃って、情報公開法制が公文書公開の目的を問わないとしていることから、権利の濫用には当たらないとしている。

18）東京高判平成23年11月30日と重なり合う事案にかかる内閣府情報公開・個人情報保護審査会平成20年11月5日答申（平成20年度（行情）308号）で採用された立場でもあり、審査会は、このような開示請求自体、法の想定外のものであるとした。
19）藤原静雄「権利濫用の法理と判例の動向」季報情報公開・個人情報保護47号（2012）15頁。
20）曽我部真裕「濫用的な情報公開請求について」法学論叢176巻2＝3号（2014）305頁（316頁）は、権利濫用という解決法と不特定性を問題とする解決法は補完関係にあり、適宜使い分けられるべきものであるとする。

第3款　本件との関係

　本件は情報公開の案件ではなく、それよりもさらに進んだ業務妨害への差止め請求の案件であるが、濫用的情報公開を図る基準である①大量請求と②法の趣旨・目的からの逸脱という視点でYの行動を評価することには意義がある。①大量請求については、Yによる情報公開請求の時期（連休前や年末年始の繁忙期である）や1件当たりの対象文書の数は事実認定に挙げられるにとどまり、直接、業務妨害と評価されたわけではない。しかし、②法の趣旨・目的からの逸脱は、〔1〕Yが特定の職員の経歴・略歴、出退勤状況の分かる文書、採用時の宣誓書の写しなどについて情報公開請求を行い、その職員を侮蔑するような発言をしたこと、〔2〕閲覧の方法で公文書の開示を行った際に、暴言を吐いたり、独自の見解を延々と繰り返し述べるなどして、1回当たり1時間以上の時間を費やしたこと、〔3〕公文書の些細な誤記を見つけては、電話して職員に謝罪を要求したり、罵声を浴びせるなどしたこと、〔4〕情報公開請求に関連した更なる質問や要請を行う上で、職員を罵倒、侮蔑、脅迫を行ったことなどとして認定されている。こうしてみると、濫用的情報公開請求への対処について、Xを初めとする多くの地方公共団体が検討していたことと、そのような運用が裁判所によっても是認される傾向にあることが、本判決の伏線になっているといってよいだろう。

第5節　地方公共団体に対する業務妨害

第1款　法人に対する業務妨害

　法人が、業務妨害に対して不法行為に基づく損害賠償・差止めを請求し得ることは争いのないところである。風営法の距離制限規定に着目したパチンコ業者が、児童遊園を設置することにより競業他者が出店予定地において営業許可を受けられないようにしたというパチンコ出店阻止事件（最判平成19年3月20日判時1968号124頁）では、競業他者（株式会社であり、法人である）の営業の自由（憲法22条1項）の侵害を根拠として、損害賠償請求が認められている。

　本判決は、地方公共団体も法人であり、「平穏に業務を遂行する権利」を有していることを根拠に、妨害行為の業務に及ぼす支障の程度が著しく、事後的

な損害賠償を認めるのみでは回復困難な重大な損害が発生するような場合には、不法行為に基づく損害賠償のみならず、その差止めを請求することができるとした。「（平穏に）業務を遂行する権利」という言い回しを用いて、法人への業務妨害に対する差止めを認めた先例としては、加害者が保険金請求にかかる交渉に関連して損保会社に多数回かつ長時間にわたり電話をした三井ダイレクト損保事件（東京高決平成20年7月1日判時2012号70頁）がある。この決定の論理は本判決と同様であり、法人が遂行する（または遂行すべき）「業務」とは、財産権および業務に従事する者（従業員）の人格権をも内容に含む総体としての保護法益（被侵害利益）であるとした上で、「業務」に対する妨害が固定資産・流動資産の本来予定された利用を著しく害し、かつ、従業員に受忍限度を超える困惑・不快を与えるときは、法人の財産権および従業員の人格権を根拠に、予期される侵害の差止めを請求することができるとした。

同時期に下された日弁連事務局事件（東京地判平成19年7月20日判タ1269号232頁）では、執拗な架電と訪問行為について差止めが認められているが、ここでの「平穏に業務を遂行する権利」は、財産権行使の一内容として評価されている。明治大学事件（東京地判平成26年6月10日判時2309号138頁）は、労働組合の大学への情宣活動が毎年のように入学試験当日になされていることは、受験生にとって適切な環境を確保して入学試験を実施することを妨げられないという大学の権利を侵害するものであるとして、その差止めが認められた事案である。平穏に業務を行う権利の根拠は、法人にも一定の人格的利益が認められると解されていること（天理教事件：最判平成18年1月20日民集60巻1号137頁）、および営業の自由が侵害されたときには不法行為に基づく損害賠償を請求し得ること（前掲最判平成19年3月20日）に求められている。

第2款　行政権の行使と業務妨害

ただし、法人一般に対して認められる「平穏に業務を遂行する権利」が行政権にも及ぶのかは、重要な論点である。2点に分けて検討する。

第一に、刑事の議論であるが、実力をもって妨害を排除する権限を有しうる行政権は、公務執行妨害罪（刑法95条2項）に基づき暴行・脅迫といった強度の妨害から保護されるにとどまり、業務妨害罪（同法233・234条）が対象とする偽計・威力による妨害からは保護されないのではないかという疑問が古くか

ら提起されている[21]。しかし、地方公共団体の一般的な事務の遂行は、警察などとは異なり、実力を備えた妨害排除の組織を有しているわけではないから、公務執行妨害罪と業務妨害罪によって二重に保護されるというのが判例である（限定積極説、新潟県議会事件：最決昭和62年3月12日刑集41巻2号140頁、最決昭和59年5月8日刑集38巻7号2621頁）。裁判例でも、議会の議事妨害（前掲最判昭和62年3月12日）、教育委員会の研究協議会の参加者への入室妨害（札幌高判昭和59年5月17日判時1156号160頁）、管理職試験妨害（福岡地判昭和57年3月24日刑事裁判資料246号546頁）などで、地方公共団体への威力業務妨害罪の成立が認められてきた。ただ、本件のように地方公共団体の一般的な事務の遂行を妨害したとされる事例は僅少で、消防署長の机の引き出しに猫の死骸を入れたことについて威力業務妨害罪を適用した最判平成4年11月27日判時1441号151頁が見出される程度である。

　第二に、行政権がいかなる権利に基づいて妨害を排除し得るのかという、その根拠付けが問題となる。学校法人やパチンコ店のように、営業の自由をストレートに差止め請求の根拠とし得る一般の営利法人とは異なり、地方公共団体は当然にはこれらの主体とはならないからである[22]。

　この点、本判決は、地方公共団体を財産権の主体と構成するとともに、職務に従事する職員の有する人格権の総体をも含めて、被侵害法益と構成している。しかし、本件で業務妨害が問題となったのは、情報公開、苦情処理、市民参加の事務であり、別に財産の最大化を目指して行う活動ではない。それなのに、財産権の主体という表現が出てきたのは、裁判官が新公共管理（New Public Management）モデルに傾倒していたからではなく、行政権の適正な行使のために司法権による救済を求めているという本件の状況と、宝塚パチンコ条例判決（最判平成14年7月9日民集56巻6号1134頁）のいう「国又は地方公共団体が専ら行政権の主体として国民に対して行政上の義務の履行を求める訴訟」との関係が気になったためかもしれない。しかし、本件では、相手方に対して「行政上の義務の履行」を求めているわけではないから[23]、そもそも宝塚パチンコ条例判決の射程外であると思われる。

---

21) なお、Yはすでに公務執行妨害罪で処罰されてはいる。
22) むろん、地方公営企業や地方公社の業務妨害であれば、営業の自由を根拠とする差止め請求が素直に成立しうる。
23) 行政権の行使を邪魔しないという「不作為の義務」について履行を求めていると構成することは不可能でないが、技巧的である。

地方公共団体が財産権に基づき妨害排除請求権を行使するという構成を貫くことに若干の無理を感じたためなのか、本判決は、職員の有する人格権の総体という被侵害法益を登場させている。自治体職員も当然に個人として尊重されるべきであり、職務遂行の上で過度のストレスにさらされることからは保護されなくてはならないから[24]、この判断自体は支持できる。

私見では、行政権にはその権限を平穏かつ適正に遂行する権利が備わっており、司法権を用いてその権利を実現することについて、――宝塚パチンコ条例判決を前提としても――何らの障害もないと考える。しかし、そのような権利を行政権に特有のものとみる必要もないので[25]、大阪地裁は、過去の裁判例でも用いられてきた「平穏に業務を遂行する権利」という無色な概念に頼ったのであろう。

第3款 加害者の正当な権利行使と業務妨害

それでも、地方公共団体が本件のような業務妨害に対して司法的な権利救済の手段に打って出ることは[26]、よほどの場合でなければ憚られよう。とりわけ、情報公開請求それ自体は正当な権利の行使であり、実際にYの行動によって不正な取扱いが正された実例もあったというのであるから、尚更である。

しかし、権利の行使だからといって、無制約な行使が許されるとする事理はなく、著しく大量の開示請求に職員が対処するために時間をとられ、通常の行政事務に支障が生じたり、行政コストが増大することは、住民全体にとって大きな損失である[27]。

明治大学事件では、労働基本権という憲法28条で保障された正当な権利行使であっても、「同条に基づく法的保護は、当該団体行動の正当性が認められる場合に限って与えられるべきもの」であって、正当性の有無の判断においては、「行為の目的、態様、被侵害利益の侵害の程度その他の事情を考慮し、社会通念上相当と認められるか否か」を検討する必要があるとされており、度を

---

24) 松村享「住民自治の充実に向けた情報公開制度の方向性」自治総研442号（2015）55頁（72頁）。

25) 現に営利法人である三井ダイレクト損保事件でも、法人の財産権と従業員の人格権の総体が根拠とされている。

26) 濱西隆男「行政法における権利濫用禁止の原則についての覚書」行政管理研究122号（2008）35頁（41頁）は、行政国家から司法国家への移行の過程で、行政側から権利濫用が持ち出され争われる可能性が高まることを予想しており、本件についても示唆的である。

27) 松村・前掲73頁では、強要的、圧力的開示請求に対しては、本件のような仮処分を行い得ることを条例で規定することが許されるのではないかとする。

超した権利行使は自ずから制約されることが明言されている。Ｙの情報公開請求等も、何ら変わりがない。事実認定において、Ｙが情報公開請求を通じて違法行政の是正に寄与した面もあったことに言及しながらも、それを超えて余りあるほどにＸの業務を妨害した種々の言動を摘示して差止めを認めた点に、裁判所の強い姿勢を窺うことができる。

第4款　損害額の算定

　しかし、本判決の損害額の算定に関する判示については、賛成できない。Ｙの行為が権利行使に付随して行われたものであると、なぜ、職員の賃金相当額や超過勤務手当相当額との相当因果関係が否定されるのだろうか。この手の行政への業務妨害が大きな問題となっているのは、職員への多大な負担となって、行政資源を費消しているからである。一部の地方公共団体では、外部化などを検討する際、ある事務・事業について、何人の職員が何時間従事したかを調査することによって、事務・事業の実施の対価を計る「見える化」の取組みが広がっている。職員の賃金等相当額の算定は不可能でないし、何よりも、本判決が法人への業務妨害を認定するに当たり援用した財産権侵害という論理にも整合する。Ｘからは、賃金相当額や超過勤務手当相当額が損害であるとして立証がなされていたのであり、法解釈として、「損害の性質上その額を立証することが極めて困難であるとき」（民訴法248条）には該当しない。法政策的に見ても、一部の市民による強要がいかに税金を浸食しているのかについて警鐘を鳴らす意味で、裁判所は正面から損害額を認定すべきであったと思われる。

第6節　展　望

　情報公開請求は国民の知る権利に奉仕する重要な権利であり、行政活動の透明性を高め、ガバナンスを実効的たらしめるためにも不可欠な制度である。しかし、だからといって、無制約な利用が許されるわけはない。近年の行政法の概説書において、情報公開の大量請求に苦慮する実務の現場について言及するものが現れているのも、その疲弊が――「必要悪」として許容される程度を超えて――由々しきレベルにまで達していることを、行政不服審査会の委員など

の経験を通じて実感しているためと思われる[28]。筆者も同感である。

　むろん、本章の事案のように、行政が国民の権利行使に対して民事差止め・損害賠償請求という手段に訴え出るなどというのは、本当に最後の最後の手段（ultima ratio）であり、その行使に際しては、繊細な考慮が求められることは言うまでもない。Yの振舞いが常軌を逸していたからこそ、Xの請求が認められたのである。

　理想を言うなら、清浄な空気や水などと同様に、正確な行政サービスもタダでは得られないという事実を国民全員が認識しなければならない。しかし、全員が認識するなどというのはどだい不可能であり、いくら意識を高めても、行政資源を費消する者は少なからず現れる。最も大切なのは、そのような者に対して行政が毅然とした態度をとることを、国民の大多数が了解することであろう。

28）宇賀・前掲55頁のほか、曽和俊文『行政法総論を学ぶ』有斐閣（2014）429頁以下、中原茂樹『基本行政法［第3版］』日本評論社（2018）231頁。最新の論稿として、藤原静雄「情報公開個人情報保護制度における濫用判例の分析」西埜章先生・中川義朗先生・海老澤俊郎先生喜寿『行政手続・行政救済法の展開』信山社（2019）101頁。

第2部　地方公共団体の組織、長と議会

　第2部には、地方公共団体の組織論とともに、長と議会の権限分配ないし権限行使の適法性に関する論稿を収録した。伝統的な論点にも留意しながら、これまで案外研究が少ない領域にも目を向けた。

　第1章「自治体周辺法人の法的考察」は、地方公営企業、地方三公社、地方独立行政法人、第三セクター、指定法人のことを「自治体周辺法人」と名付け、実務的には多用されながらあまり法的な研究の見られないこの領域について、事務・事業、ガバナンス・財務、情報公開・個人情報保護、人員管理（職員派遣）、損害賠償責任の視点から、多角的な分析を試みたものである。

　第2章「地方公共団体における内部統制体制」は、平成29年の地方自治法改正で導入された内部統制体制について、制度導入の経緯、制度趣旨、先進事例の紹介に分けて論じたものである。現在進行形の事象を取り扱っていることの限界はあるが、可能な限り最新の情報を採り入れて、ガバナンスに関する普遍的な立論を行うとともに、先進事例を参照しながら実務運用上のポイントを摘示することに努めた。

　第3章「長等の損害賠償責任の見直し」は、やはり平成29年の地方自治法改正で導入された長等の責任制限を定める条例制定と住民訴訟債権の議会による放棄について、その導入の経緯と趣旨を検討したものである。最高裁判決の下された経緯やその評釈も含めて、この論点は盛んに論じられているので、本格的な考察というよりも、今後の実務運用上のポイントを簡明に提示することに重きを置いた。

　第4章「教員採用試験の不正に関係した幹部職員への求償」は、国賠法1条2項の求償権の行使について正面から扱った最高裁判決を素材として、長や幹部職員が行った組織的な違法行為における各人への求償権行使について類型化を試みるとともに、損益相殺の手法について論じたものである。佐賀商工共済訴訟（第4部第4章）、国立マンション国賠訴訟（『住宅市場と行政法』第8章）に続いて、筆者の1つの研究領域となりつつある国賠法1条2項の求償権行使に関する中間総括である。

　第5章「専決処分の許容性について」では、鉄道路線の運賃引下げのために鉄道会社に補助金を交付すべきかをめぐり市議会が紛糾して収拾がつかなく

なった状況下で行われた市長の専決処分の適法性が争われた裁判例の分析を通じて、法定代理的専決処分の許容性について検討した。「議会において議決すべき事件を議決しない場合」という要件の充足、市長の損害賠償責任、専決処分が違法となった場合の対象行為の私法上の効力について、それぞれ論じている。専決処分の可否の研究は一般的・抽象的に論じても深みが得られにくく、具体的な事例に引き付けて考察を行う本書のスタイルが生かされる領域である。

　第6章「議員報酬と政務活動費」は、議員報酬を中心に地方議会議員の待遇について改めて問い直した論稿である。政務活動費は、かねてより会派に対して交付されてきた「県政（市政）調査交付金」に対し実定法上の根拠を与えたものであるが、その使途については疑惑が絶えない。政務活動費について、それぞれの使途基準適合性にまでふみ込んで端的にまとめた一覧性に富む論稿は意外と少なく、実務・研究の手引きとして活用してもらうことを想定した。

　第7章「議員除名決議の司法審査」では、高裁判決の分析を通じて、懲罰事由該当性の判断として、いかなる場合が「無礼の言葉」に当たるのかとともに、議院運営委員会には謝罪文の提出を求める権限が存するのかについて検討した。続いて、議会の処分が裁量権を逸脱・濫用したものと判断される基準として、①発言内容など違反の態様、②計画性の有無、③党派性の有無、④適正手続の保障という観点を示した上で、高裁判決の結論を妥当なものと評価した。議員の資格決定も含めて、地方議会の内部の対立が裁判所（都道府県知事に対する審査請求を含む。）に持ち込まれる事案は後を絶たない。本書で示した明確な判断基準が、議論を喚起する1つの素材となれば幸いである。

　第8章「給与条例主義──鳴門市競艇臨時従事員訴訟──」は、市が条例による裏付けなく共済会に補助金を交付することで実質的に退職手当を支給していた運用を違法と判断した最高裁判決の判例評釈を基にしている。職員への手当の支払いは税金を原資とする以上、議会のコントロール下に置かれなければならず、給与条例主義への適合性の判断を形式に則って厳格に行った最高裁の判断は適切であると考える。

第1章

自治体周辺法人の法的考察

第1節　自治体周辺法人とは

　「自治体周辺法人」というのは、法令用語ではなく、講学上の概念であって、取り立てて定義はない。国の政府においても、独立行政法人、特殊法人（公社、公団、NHK など）、認可法人、指定法人、政府出資法人（特殊会社）といった政府周辺法人についての分類がなされるが、やはり確立した定義はない。本章では、自治体周辺法人について一般的に用いられている分類を最初に示した上で、(a)事務・事業、(b)ガバナンス・財務、(c)情報公開・個人情報保護、(d)人員管理（職員派遣）、(e)自治体が負担する可能性のある損害賠償責任という視点から、それぞれの法人について分析を行うこととする。

(1)　地方公営企業

　地方公営企業とは、自治体と法人格は同一でありながら、地方公営企業法（昭和27年法律第292号）に基づき、独立採算の下で、病院、鉄道、水道、バス事業などを行う組織をいう。自治体と同一法人であるため、「周辺法人」というよび方は不正確であるが、企業会計に基づく独立採算が採られているなど、事業の独立性が高いことから、本章の考察に含める。公営競技も、地方公営企業の形式で行われる。

(2)　地方三公社

　地方公社は、自治体が全額出資して設立した法人である。とりわけ、公有地の拡大の推進に関する法律（公拡法、昭和47年法律第66号）に基づいて設立さ

---

1) 独立行政法人通則法（平成11年法律第103号）に基づき設立される法人のことを指す。宇賀克也『行政法概説Ⅲ［第5版］』有斐閣（2019）271頁以下。

2) 特別の設置根拠法に基づき設立される法人のことを指す。宇賀・前掲注（1）295頁。行政改革に伴う民営化や独法化により、特殊法人の多くは改組された。紙野健二「政府周辺法人」髙木光＝宇賀克也（編）『行政法の争点』有斐閣（2014）178頁。

3) 自治体による経済活動の許容性について、斎藤誠「地方公共団体の経済活動への関与」阿部泰隆先生古稀『行政法学の未来に向けて』有斐閣（2012）175頁（177頁以下）。公共目的の他に財政目的をも認めるべきかについては争いがあるが、民主的コントロールの下に置かれなければならないことには異論がない。野田崇「自治体と収益事業」『行政法の争点』（前掲注（2））182頁以下。

れる土地開発公社、地方道路公社法（昭和45年法律第82号）に根拠をもつ地方道路公社、地方住宅供給公社法（昭和40年法律第124号）により設立される地方住宅供給公社がいわゆる「地方三公社」とよばれて、大きな比重を有している[4]。法人格が自治体とは別であることから、会計も当然独立しているが、出資と債務保証を通じて、自治体との財政的な繋がりを保持している。

⑶　地方独立行政法人

　地方独立行政法人は、地方独立行政法人法（平成15年法律第118号）に基づき設立された法人である。国の特殊法人改革で独立行政法人が相次ぎ設立されたことに伴い、地方における特殊法人的な位置付けの法人も、相次いで地方独立行政法人へと改組された[5]。国の独立行政法人に倣った組織となっているが、地方三公社と共通する点も多い。

⑷　第三セクター

　第三セクターも講学上の概念であり、法的な定義はない。一般には、民法や会社法に基づき設立される法人であって、自治体が出資を行うものを指す[6]。本章では、実務的に重要である会社法に基づき設立される類型を想定する。思い浮かべることが多いのは、廃線となったかつての国鉄の赤字路線や新幹線開業後の並行在来線を運営する鉄道会社である。その他、まちづくりやリゾート開発などにおいても、第三セクターは多用されている。ガバナンス・財務や情報公開は会社法の所定の手続によって行われるため、その限りでは民間企業との差異はない。ただし、金融の必要性から、やはり自治体が損失補償契約を通じて実質的な債務保証を行っている場合が多く、住民訴訟の争点となってきた。

⑸　指定法人（指定確認検査機関、指定管理者）

　指定法人は、講学上の概念の中でも、特に定義の一致をみない概念である。本章では、特別の法律に基づき特定の事務・事業を行うものとして行政庁により指定された民法上の法人のことを指定法人とよぶことにする[7]。その中でも

4）宇賀・前掲注（1）328頁以下。
5）宇賀・前掲注（1）319頁以下。
6）その輪郭について、山下淳「第三セクターの性格と位置づけ」『行政法の争点』（前掲注（2））180頁。これに対して、田中孝男「第三セクターに関する争訟」岡田正則ほか（編）『現代行政法講座Ⅳ　自治体争訟・情報公開争訟』日本評論社（2014）103頁では、本章にいう地方三公社も含めて第三セクターと定義している。
7）塩野宏「指定法人に関する一考察」『法治主義の諸相』有斐閣（2001）449頁（451頁）。宇賀・前掲注（1）310頁。

行政事務代行型法人[8]、とりわけ、行政庁から指定を受けて建築確認権限を行使する指定確認検査機関（建築基準法6条の2・77条の18以下）と公の施設の管理を行う指定管理者（地方自治法244条の2第3項）に注目する。両者とも、営利を目的とする株式会社であっても指定を受けられることが特徴である。

　端的にまとめると、①～③は行政的な組織体・法人（かつての公法人）が民間でもなしうるサービス業務を行う点に特徴があり（いわゆる行政私法）、⑤は私法人が本来行政の担う事務を代行して行っている点に特徴がある（いわゆる私行政法[10]）。

第2節　事務・事業

第1款　地方公営企業

　これら自治体周辺法人の特徴として、その多くが、行政権にしか行うことのできない侵害作用（規制行政）の事務ではなく、私経済事業とかサービス行政（給付行政）に分類される事業を担っていることが挙げられる。

　地方公営企業の行う事業は、(a)公共性の原則、(b)経済性発揮の原則、そして(c)独立採算の原則に服するとされる。(a)公共性の原則についてみると、民間企業との競合性が低く、サービス供給が継続的・安定的に行われるべき要請が強いものについては、高い公共性が認められる。(b)経済性発揮の原則は、最少経費最大効果原則（地方自治法2条14項）を反映したものといえよう。(c)独立採算の原則とは、自治体の一般会計で負担すべき経費を除いて、当該地方公営企業の特別会計に係る経費は、その経営に伴う収入をもって充てなければならないという原則であり、自治体周辺法人に一般的にあてはまる事理である（地方公営企業法17条の2第2項[11]）。

　地方公営企業において、最も普遍的に行われているのは、水道事業（地方公営企業法2条1項1号）である。水道事業は、原則として市町村が経営するものとされ（水道法6条2項）、厚生労働大臣から料金等について認可を受けた上

---

8) 塩野・前掲454頁。

9) 行政庁が行う指定は、一般的に、行政処分としての性格をもつと考えられている。

10) 私行政法については、米丸恒治『私人による行政』日本評論社（1999）。

11) 宮脇淳（編著）＝佐々木央＝東宣行＝若生幸也『自治体経営リスクと政策再生』東洋経済新報社（2017）139頁以下（東宣行）。

で、事業が行われる。水道事業は、①生活必需財である上に②地域独占がなされていることから、事業の休止・廃止には厚生労働大臣の許可が必要であり（同法11条1項）、料金、給水装置工事の費用の負担区分その他の供給条件について、厚生労働省令に従い供給規程を定めなければならない（同法14条1項・2項）といった制約を課せられる。また、事業者は、「正当の理由」がなければ、需要者からの給水契約の申込みを拒否してはならない（同法15条1項）。武蔵野マンション判決（最決平成元年11月8日判時1328号16頁）では、行政指導に従わせるために給水契約の締結を留保した市長の行為が違法とされた。[12] このような水道・工業用水道事業の他にも、地方公営企業法は、路面電車などの軌道事業（同法2条1項3号）、バスなどの自動車運送事業（同項4号）、地下鉄などの鉄道事業（同項5号）、電気事業（同項6号）、ガス事業（同項7号）、そして病院事業（同条2項）を予定している。[13]

公営競技は、いわゆる公営ギャンブルのことを指し、地方競馬、競輪、競艇、およびオートレースが、それぞれの根拠法である競馬法（昭和23年法律第158号）、自転車競技法（昭和23年法律第209号）、モーターボート競走法（昭和26年法律第242号）、および小型自動車競走法（昭和25年法律第208号）に基づいて、自治体や一部事務組合により行われている。[14] 公営競技は、法令に基づく正当行為（刑法35条）として、賭博罪（同法185条）や富くじ罪（同法187条）の適用を受けない。[15]

第2款　地方三公社

地方三公社の担う事業は、読んで字のごとくである。[16] 土地開発公社は、次年度以降に着工する予定の用地をあらかじめ取得するために設立される法人であり、先買権を付与されて、土地の優先的な買受けを行う（公拡法4条以下）。地方住宅供給公社の業務は、住宅の積立分譲とその附帯業務（地方住宅供給公社法21条1項）、住宅の建設、賃貸その他の管理および譲渡（同条3項1号）、

---

12) これに対して、志免町マンション判決（最判平成11年1月21日民集53巻1号13頁）のように、このままでは深刻な水不足が避けられないといった事情があるときは、水道水の需要の著しい増加を抑制するために給水契約の締結を拒否することにも「正当の理由」が認められる。

13) 斎藤・前掲179頁以下。

14) 公営競技の実施が自治体によって行われることになった経緯は、GHQの指導によるところが大きいとされる。三好円『パチンコと自治体』集英社新書（2009）40頁以下。

15) 萩原寛雄「公営競技の歴史と現在」都市問題2015年4月号42頁。

16) 地方三公社の設立が相次いだ経緯について、成田頼明「地方公共団体の公社ブーム」ジュリスト226号（1961）70頁。

宅地の造成（同項２号）などである。公営住宅の管理も、地方住宅供給公社によってなされていることが多い[17]。地方道路公社は道路の新設、改築、維持、修繕、災害復旧を担うほか（地方道路公社法21条１項）、国、自治体、各高速道路株式会社から委託を受けて、国道、都道府県道、市町村道、高速道路の管理やパーキングエリア等の建設・管理も行っている（同条２項）。

第３款　地方独立行政法人

　地方独立行政法人についてみると、法令上は、研究所における試験研究（地方独立行政法人法21条１号）、大学・高専の設置・管理（同条２号）、社会福祉事業（同条４号）、公共施設の管理（同条６号）と並んで、地方公営企業と同種の事業が列挙されている[18]。すなわち、水道事業（同条３号イ）、工業用水道事業（同号ロ）、軌道事業（同号ハ）、自動車運送事業（同号ニ）、鉄道事業（同号ホ）、電気事業（同号ヘ）、ガス事業（同号ト）、病院事業（同号チ）である。このことは、地方公営企業の法人格を独立させて（法人成り）、その事業を地方独立行政法人に担わせるという立法意図があったことを窺わせる。なお、国立大学が国立大学法人という独立行政法人とは別建ての法人となったのに対して、公立大学法人は地方独立行政法人という位置付けである（同法68条以下）。

第４款　第三セクター

　第三セクターとは自治体が出資している民法・会社法の法人のことを幅広く指すため、その事業についても法律の定めはない。第三セクターが現実に担う事業は実に多様であり、農林水産、観光・レジャー、教育・文化で半分以上を占めている[19]。

第５款　指定法人

　以上の自治体周辺法人が担う事業は、採算の点を度外視すれば、いずれも民間でも行うことのできるものばかりである（公営競技のように、刑法との関係を

17）板垣勝彦『住宅市場と行政法―耐震偽装、まちづくり、住宅セーフティネットと法―』第一法規（2017）44頁。

18）平成29年の法改正で、地方独立行政法人の事業に、「公権力の行使」を含む窓口業務である申請等関係事務が加えられた（地方独立行政法人法21条５号）。宇賀克也（編著）『2017年地方自治法改正』第一法規（2017）66頁以下（大橋真由美）。

19）宮脇淳（編著）『第三セクターの経営改善と事業整理』学陽書房（2010）７頁以下（石井吉春）。

整理すべきものを除く）。これに対して、指定法人の担う事務は異色であり、許認可にかかる行政処分を行う権限をもつことがある。たとえば、指定管理者には、公の施設の使用を許可する権限が付与されている（参照、地方自治法244条の4第1項[20]）。指定確認検査機関は、建築主事（建築基準法4条[21]）の代わりに建築確認事務を行う権限を有する指定法人である[22]。

第3節　ガバナンス・財務

第1款　分析の視点

　ガバナンスと財務は、相互に密接に関連することから、あわせて分析を行う。この視点においては、組織形態において公的な性格が付与されている①地方公営企業、②地方三公社、および③地方独立行政法人の類型（かつて「公法人」とよばれたもの）と、組織形態において民間の法人と差異のない④第三セクターおよび⑤指定法人の類型（かつて「私法人」とよばれたもの）に分けて理解するのが有益である。

第2款　地方公営企業のガバナンス・財務

　まず、地方公営企業のガバナンスについてみると、事業ごとに管理者が任命

---

20) もっとも、指定管理者の行う使用許可処分は、実態としては施設の利用契約の申込み－承諾／拒否と同様であるが、不服申立ての便宜の観点から、申請に対する許可／不許可のしくみを採用したという、講学上の形式的行政処分である。指定管理者に使用許可処分を行う権限を委ねることも、本質的に契約と変わらないという観点から正当化される。阿部泰隆『行政法再入門（上）〔第2版〕』信山社（2016）198頁。

21) 都道府県（建築基準法4条5項）や一部の市町村（同条1項・2項）に置かれる、建築確認事務をつかさどる行政機関のこと。

22) 指定確認検査機関の行う建築確認も、裁量性の低い確認的な処分であるという理由で、民間開放が認められたという経緯がある。三宅博史「1998年建築確認・検査の民間開放の成立過程」都市問題103巻9号（2012）87頁。なお、建築確認については、品川マンション事件にかかる最判昭和60年7月16日民集39巻5号989頁が、一定の裁量性を前提とした判示を行っている。
　　なお、筆者は、「判例解説（後掲横浜地判平成24年1月31日）」自治研究89巻6号（2013）137頁（147頁）において、建築確認は国民の生命、身体という重大な基本権的法益に関係する「公権力の行使」であるから、そもそも民間開放したことの是非について再考しなければならないと主張し、榊原秀訓「行政民間化と現代行政法」岡田正則ほか（編）『現代行政法講座I　現代行政法の基礎理論』日本評論社（2016）231頁（263頁以下）でも好意的に引用されている。しかし、自動車検査登録制度（道路運送車両法58条以下）における指定工場（民間車検場）のように、保安基準への適合性の確認を民間事業者に委ねた立法例（同法94条の2以下）がすでに存在し、幅広く普及していること、その政策的な妥当性もほぼ疑いはないことにかんがみると、建築確認を民間開放したこと自体は問題ないとする見解へと改める。

されて、その業務を執行する（地方公営企業法7〜9条）[23]。事務処理のための組織は、条例の定めに委ねられる（同法14条）。自治体の長は、住民の福祉に重大な影響がある業務の執行に関しその福祉を確保するため必要があるとき、または自治体の他の機関と地方公営企業の業務の執行との間の調整を図るため必要があるときは、管理者に対して、必要な指示をすることができる（同法16条）。

地方公営企業の財務については、自治体と法人格が同一であっても、一般会計とは異なる特別会計が事業ごとに採られる（地方公営企業法17条）[24]。費用・収益は、発生主義により計上される（同法20条）。一般会計からの補助は例外的にのみ行われるが、地方公営企業の経営の不振が本体の自治体財政を圧迫することも皆無ではなく、地方公共団体の財政の健全化に関する法律（平成19年法律第94号）では、連結実質赤字比率という形で、公営事業会計も指標に含めることとなった。

公営競技のガバナンス・財務は、基本的に地方公営企業と同じであるが、収益を得て自治体の財務の足しにすることが正面から目的に掲げられていることが特徴である。公営競技の施行者（地方競馬の場合は、主催者）は、投票券の売得金の75％を払い戻し、残りの25％が粗収入となる。売得金の一定割合は、公営企業金融公庫（平成21年に地方公共団体金融機構へと改組）に納付され、その原資をもって地方公営企業に係る地方債の利子の軽減に充てられてきた。粗収入から開催経費などを差し引いた残りが、施行者の収入である[25]。しかし、長年にわたり自治体の財政を潤し、公共施設の整備や社会福祉などに役立てられてきた公営競技も、娯楽の多様化などに伴い、収益は減少の一途を辿っている。

第3款　自治体出資法人の特則

最初に、自治体が出資する地方三公社、地方独立行政法人、第三セクターに共通する規律をいくつか掲げる。自治体が4分の1以上を出資している法人に

23）なお、水道や病院などの事業に特化した一部事務組合（企業団）が設立されることも少なくないが、この場合、組織形態は単独自治体で行われる地方公営企業と同様である（地方公営企業法2条3項・39条の2・39条の3）。木村俊介『広域連携の仕組み［改訂版］』第一法規（2019）334頁以下。

24）上水道の場合の水道料金債権は民事債権という扱いであるのに対して、下水道料金は滞納処分が可能であるという違いがある。この差異は合理的なものとは思えず、債権管理条例など徴収不全の問題が厄介なので、取扱いを同じくするように法整備すべきである。

25）石川義憲『日本の公営競技と地方自治体』財団法人自治体国際化協会・政策研究大学院大学比較地方自治研究センター（2010）5頁。

ついては、監査委員が必要があると認めるとき、または自治体の長から要求があるときは、出納その他の事務の執行について監査をすることができる（地方自治法199条7項後段、同法施行令140条の7第1項）。4分の1以上というのは相当な割合であり、自治体がこの程度の支配権をもつ法人の経営が破綻した場合にはかなりの影響を受けることを想定した規定である[26]。

続いて、自治体の長は、(a)当該自治体が設立した地方三公社および地方独立行政法人、(b)2分の1以上を出資している一般社団法人および一般財団法人ならびに株式会社、(c)4分の1以上2分の1未満を出資している一般社団法人および一般財団法人ならびに株式会社のうち条例で定めるものについて、収入・支出の実績もしくは見込みについて報告を徴し、予算の執行状況を実地について調査し、またはその結果に基づいて必要な措置を講ずべきことを求めることができる（地方自治法221条3項、同法施行令152条）。

そして、自治体の長は、地方自治法221条3項の法人について、毎事業年度、当該法人の事業の計画および決算に関する書類を作成し、議会に提出しなければならない（地方自治法243条の3第2項、同法施行令173条1項）。ただし、このような書類を毎年度議会に提出しても、議会の側が財務諸表の内容を分析する意識や能力に欠けていては実効性に乏しいであろう[27]。

第4款　地方三公社のガバナンス・財務

地方三公社については、設立団体が2分の1以上の出資をしなければならず、また自治体しか出資することはできない。公社ごとに若干の差異はあるものの、一般社団法人・一般財団法人に準じて、自治体の長によって任命される理事や監事などの役員が置かれ、設立団体から人事面での関与を受けるという点では共通する。理事や監事は設立団体の職員OBが務める場合が多く、しばしばガバナンスの欠如が問題とされる。青森県住宅供給公社の経理担当職員が犯した巨額の横領事件は、当時非常に世間の耳目を集めたが、この事件に関して問われた公社役員の監督責任について、青森地判平成18年2月28日判時1963号110頁は、おおむね大和銀行代表訴訟判決（大阪地判平成12年9月20日判時1721号3頁）の枠組みを参照して、役員が委任契約に基づき公社に対して負う善管

---

26) 礒崎陽輔「地方公社・第三セクターと地方行政」山下茂（編著）『特別地方公共団体と地方公社・第三セクター・NPO』ぎょうせい（1997）317頁（360頁以下）。

27) 礒崎・前掲注（26）363頁。

注意義務への違反を認定した。役員の担う役割について、株式会社の取締役・監査役の類推で理解する方向性は妥当であろう。これに対して、住民が直接地方三公社の違法な財務会計行為について住民監査請求を行ったり住民訴訟を提起することは認められない（最判平成3年11月28日集民163号611頁[29]）。

　さらに問題を大きくしているのが、地方公社が融資を受ける際、自治体が金融機関との間で締結する債務保証である。地方公社は独自の資産をほとんど持たないため、担保融資（アセット・ファイナンス）が使えず、銀行から融資を得る際には、自治体に保証人となってもらう以外にない。こうした事情から、「法人に対する政府の財政援助の制限に関する法律」（財政援助制限法、昭和21年法律第24号）3条の規定にもかかわらず、土地開発公社（公拡法25条）および地方道路公社（地方道路公社法28条）については、自治体が債務保証を行うことが明文で認められている[30]。明文で債務保証が認められていない場合にも、自治体が損失補償契約を結んでいることが通例である。

　土地開発公社についていえば、民間の金融機関から資金を自由に借り入れることができるとか、用途が未確定の土地についても将来の事業のためにあらかじめ確保することができるなど、手続的な制約を受けずに土地を先行取得するのは、地価が右肩上がりの時代には有効なしくみであった[31]。だが、その特性ゆえに、バブル崩壊以後は膨大な含み損を抱えることになり、自治体の債務保証とも相俟って自治体財政を強く圧迫した。そこで、地方公共団体財政健全化法の指標である将来負担比率を算定する際には、地方公社も含めることになった。

第5款　地方独立行政法人のガバナンス・財務

　地方独立行政法人のガバナンス・財務については、国の独立行政法人と同様に、通則法である地方独立行政法人法によって規律されている。地方独立行政法人は、おおむね、地方三公社と共通する性格と、国の独立行政法人と共通する性格が付与されており、それらを整理すると理解しやすい。

　まず、設立団体には2分の1以上の出資が求められること（同法6条3項）、

28）宇賀・前掲注（1）328頁以下。

29）田中・前掲111頁。

30）財政援助制限法3条は、戦前の市町村がしばしば出資法人の負債を抱え込むことで極めて財務状況を悪化させたことの反省から設けられた規定である。債務保証の事例は、碓井光明『公的資金助成法精義』信山社（2007）323頁以下で精細に紹介されている。

31）礒崎陽輔「地方三公社」山下茂（編著）『特別地方公共団体と地方公社・第三セクター・NPO』ぎょうせい（1997）367頁（368頁以下）。

自治体しか出資できないこと（同条2項）、理事長と監事は設立団体の長が任命すること（同法14条1項・2項）などは、地方三公社と共通する。企業会計原則が適用されること（同法33条）、設立団体の財源措置を受けること（同法42条1項）は、規定そのものは国の独立行政法人通則法37条・46条に倣ったものであるが、地方三公社にも通ずるところがある。

次に、国の独立行政法人と同様の特色として、目標の設定と評価が挙げられる[32]。設立団体の長からは、住民サービスなど業務の質の向上、業務運営の改善・効率化、財務内容の改善などに関する事項が記載された中期目標が示される（地方独立行政法人法25条）。中期目標を受けて、地方独立行政法人は目標を達成するためにとるべき措置、予算、収支計画および資金計画が記載された中期計画を定め、設立団体の長から認可を受ける必要がある（同法26条1項）。そして、毎事業年度の開始前に中期計画に基づく年度計画を定めて、設立団体の長に届け出るとともに、これを公表しなければならない（同法27条1項）。各事業年度および中期目標の期間における業務の実績については、設立団体の長の評価を受けなければならず（同法28条1項・30条1項）、中期目標に係る事業報告書を提出し公表することが義務付けられている（同法28条2項）。

第6款　第三セクターのガバナンス・財務

これらに対して、第三セクターや指定法人は民間法人であるから、ガバナンスや財務については実にシンプルである。まず、第三セクターも指定法人も、自治体から直接に経営について関与を受けることはない。たとえば株式会社である場合には、その出資割合に応じて、株主の意向が反映されるのみである。したがって、自治体出資の第三セクターであっても、自治体が経営権に影響を及ぼすことができるのは、その出資割合の限度においてである[33]。大株主の意向で役職員が送り込まれることも、通常の株式会社と同じように理解すれば、

---

32) 宇賀・前掲注（1）321頁。

33) 高知地判平成27年3月10日判時2322号49頁は、第三セクターの株主である町の代表者である町長が、第三セクターの財産を第三者に売却等する旨の議案を承認したことにつき、その売却価額が不相当に安価であり、この議案を承認すべきではなかったのに、その承認をしたことにより、第三セクターの財産的価値が減少し、町に損害が生じたから、町長に損害賠償を請求せよと主張して提起された4号請求の住民訴訟について、町長の行為が財務会計行為であるとはいえないとして、訴えを却下した。詳細な解説として、船渡康平・自治研究94巻8号（2018）126頁。

東京地判平成27年7月23日判時2315号37頁も、特別区が発行済株式の全部を保有する株式会社の元代表取締役に対して区長が株主代表訴訟を提起しないことは、違法に財産の管理を怠る事実に該当しないとしている。

いわば当然ともいえる。自治体の長が関係私企業の役員を兼任することは禁止されているが、第三セクターについては規制が外されている（地方自治法142条かっこ書[34]）。

しかし、第三セクターの場合には、損失補償契約を通じて自治体に費用負担が発生し得ることに注意しなければならない。なお、設置根拠法で自治体の債務保証が明文で認められる土地開発公社や地方道路公社とは異なり、第三セクターにはそのような法的根拠はないから、損失補償契約の有効性をめぐる判断が死命を決することになる[35]。損失補償契約は財政援助制限法3条違反であるとして無効とする下級審判決（かわさき港コンテナターミナル事件：横浜地判平成18年11月15日判タ1239号177頁）が現れたことは、銀行実務に波紋をよんだ。注目が集まる中、安曇野市トマト園事件において最判平成23年10月27日判時2133号3頁は、第三セクターについての損失補償契約が財政援助制限法3条の類推適用で直ちに違法・無効となると解することは妥当でなく、その適法性・有効性は、「普通地方公共団体は、その公益上必要がある場合においては、寄附又は補助をすることができる」と定める地方自治法232条の2の趣旨等にかんがみ、当該契約の締結に係る公益上の必要性に関して、自治体の執行機関の判断に裁量権の逸脱・濫用があったか否かによって決せられるとした。

損失補償契約が締結されておらず、自治体には法的に第三セクターを再建する責任がないにもかかわらず、政治責任を回避するといった目的から、追加出資を決定するなど無理な再建策を模索して、さらに自治体財政の悪化を招く場合も少なくない[36]。代表的なのが日韓高速船事件であり、山口県下関市が民間企業との共同出資で第三セクターである日韓高速船株式会社を設立し、下関～釜山間での高速船を就航させたところ、会社の経営は早々に行き詰まり、破産するに至ったため、市長が日韓高速船株式会社に対して借入金返済など8億円余りの支払いに充てるための補助金を交付したことの「公益上〔の〕必要」（地

34）なお、自治体が株主であることを根拠として、その住民が住民訴訟を通じて株主代表訴権を代位行使することは認められない。金沢地判平成12年1月20日（平成11年（行ウ）第1号）、名古屋高金沢支判平成12年8月30日（平成12年（行コ）第2号）。田中・前掲111頁。

35）山下（淳）・前掲181頁。損失補償契約とは、たとえば第三セクターが銀行から受けた融資について返済不能となった場合に、地方公共団体が第三セクターに代わって銀行の損失分を補償する契約をいう。保証契約（民法446条以下）とは、主たる債務への付従性・補充性・随伴性が認められない点で異なるとされる。しかし、損失補償契約は、経済的な機能は保証契約と何ら変わらないことから、脱法行為ではないかという批判が根強く存在した。

36）礒崎・前掲注（26）349頁。

方自治法232条の2）の有無が問われた住民訴訟である[37]。山口地判平成10年6月9日判時1648号28頁が市長に対する8億円余りの損害賠償請求を認容したのに対し、最判平成17年11月10日判時1921号36頁では、事業の目的、連帯保証がされた経緯、補助金の趣旨、市の財政状況に加え、市長は補助金支出について市議会に説明し、市議会において特にその当否が審議された上で予算案が可決されたものであること、補助金支出は事業清算とは関係のない不正な利益をもたらすものではないことなどに照らすと、市長の補助金支出決定について裁量権の逸脱・濫用はないとされた[38]。

　このように、第三セクターの経営状況は、出資する自治体の財政に大きな負担を与え得るため、損失補償契約を結んでいるなどその者のために自治体が債務を負担している法人に対しても、前述した監査委員の監査（地方自治法199条7項前段）と長の調査権（同法221条3項）は及ぶ。さらに、やはり第三セクターの倒産を引き金として夕張市が財政破綻したことを受けて制定された地方公共団体財政健全化法では、将来負担比率を算定する際には、第三セクターの経営状況も考慮に入れられることとなった[39]。

37）同条の淵源について、斎藤・前掲190頁。

38）福岡高判平成19年2月19日判タ1255号232頁は、熊本県荒尾市が経営難に陥っていた第三セクター「アジアパーク」に対して行った①補助金の交付と②同社に融資していた銀行との間の損失補償契約の締結および③補償の支払いについて、同会社を破綻させた場合に出資者である国、県、地場企業との間で信頼関係が喪失することによる悪影響や、市の今後の地域振興対策事業に対する国・県の支援・協力に支障が出るおそれ等を考慮すると、裁量権の逸脱・濫用は認められないとしている。碓井・前掲345頁以下。

39）将来負担比率を超えると、その自治体は早期健全化団体に指定され、健全計画に基づいて歳出等の削減を進めなければならなくなる。そのため、平成21年4月の地方公共団体財政健全化法の全面施行を前に、赤字の第三セクターについて、民事再生法や会社更生法に基づく法的整理や「特定債務の調整の促進のための特定調停に関する法律」に基づく特定調停を用いた債務整理が進められた。宮脇編著・前掲注（19）148頁（中島弘雅）。「第三セクター等の抜本的改革の推進等について」（総務省自治財政局長平成21年6月23日総財公第95号）も参照。その後、平成21年度から25年度にかけて、第三セクターの債務整理のための財源として自治体に特別な起債を認める第三セクター等改革推進債の発行が認められている。田中・前掲112頁。

図　健全化判断比率等の対象について

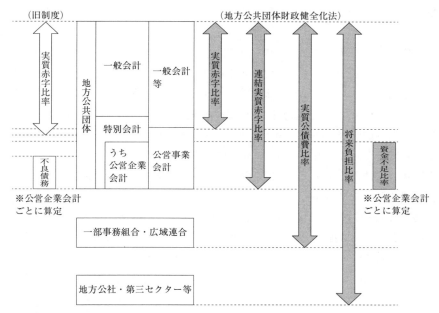

【出典】総務省ウェブサイト「健全化判断比率等の概要について」
　　　　http://www.soumu.go.jp/iken/zaisei/kenzenka/index2.html

第7款　指定法人のガバナンス・財務

　指定法人も、第三セクターと同様に、ガバナンス・財務上、自治体からは独立している。ガバナンスについてみると、基本的に当該指定法人の設立根拠法（一般社団法人及び一般財団法人に関する法律、会社法）に従うことになるが、公的事務を遂行するという性格上、一定の制約に服する。なお、指定管理者については、前述の特則が設けられており、監査委員の監査が及ぶ（地方自治法199条7項後段）。ここで重要なのは、自治体が任務の遂行責任を手放した後にも、その事務・事業が的確に行われているか委託先に対し指示・監督を及ぼすという保障責任（Gewährleistungsverantwortung）が残される点である[40]。最も強力なのは、自治体が問題のある指定法人の指定自体を取り消す権限である（指定確認検査機関について、建築基準法77条の35。指定管理者について、地方自治法

---
40) 詳細は、板垣勝彦『保障行政の法理論』弘文堂（2013）。

244条の2第11項[41])。ただし、これは不祥事が相次いだ場合などに行使される権限であって、個々の事務・事業に対して逐一監督を及ぼすことが予定されているわけではない。

　指定管理者の場合には、条例の中で指定の手続、管理の基準、業務の範囲などを定め（地方自治法244条の2第4項）、指定に際しては事前に議会の議決を要するものとし（同条6項）、毎年度終了後に指定管理者から事業報告書の提出を受け（同条7項）、指定管理者の管理の業務または経理の状況に関する報告・聴取、実地の調査、必要な指示を行うこと（同条10項）など、自治体の指示・監督権限について、地方自治法に諸々の規定が置かれている。指定確認検査機関の場合には、特定行政庁に指定確認検査機関の交付した確認済証の効力を失効させる強力な権限が付与されてはいるが（建築基準法6条の2第6項）、個々の建築確認に対して逐一、特定行政庁が監督を及ぼすという関係にはない[42]。このことは、第6節　損害賠償との関係で、重要な意味をもつ。

　次に財務については、指定管理者の場合、自治体から公の施設の管理にかかる委託費が支払われているけれども、裏を返せば、財務上の繋がりはその限りである。場合によっては、指定管理者には、条例の定めるところにより、あらかじめ自治体の承認を得た上で、利用料金を自らの収入として収受することが認められており、この場合、財政的な独立性は高い（地方自治法244条の2第8項・9項）。

　なお、公共施設の管理という意味で、指定管理者と密接に関係するPFI事業についてもふれておく。PFI事業とは、民間資金を活用して公共施設の設置、維持・管理、運営を特別目的会社（SPC）に委ねるものを指す。PFI事業の場合には、事業の運営から生ずる利益を引き当てとして銀行から融資を得るので（プロジェクト・ファイナンス）、アセット・ファイナンスの場合よりも一般的にみて高い金利が設定される一方、自治体が損失補償契約を締結するといった状況はみられない。その分だけ、メイン・バンクからの経営状況に関する監督は、自治体からの監督よりも遥かに厳しいといわれる。

41）指定確認検査機関への指定が行政処分であることから、指定の取消しは、講学上の「撤回」であると理解される。

42）指定確認検査機関が行った個別の建築確認の案件ごとに特定行政庁が再審査していたら、単なる二度手間となって負担は少しも軽減されず、建築確認事務を民間開放した意味がないといわれる。金子正史『まちづくり行政訴訟』第一法規（2008）276頁、阿部泰隆『行政法解釈学Ⅱ』有斐閣（2009）447頁。

指定確認検査機関の場合は、そもそも委託費の支払いは予定されておらず、もっぱら建築確認の対価としての手数料収入によって運営が成り立っているから、財務上は自治体から完全に独立している。しばしば、建築主事よりも指定確認検査機関の確認検査の手数料は高いものの、その分だけ迅速な検査を行うことで、顧客の選好を獲得しているとされる。

第4節　情報公開・個人情報保護

第1款　自治体と情報公開・個人情報保護

情報公開には、事務・事業が適法に行われているか国民が監視して透明性を高めることで、不正の芽を事前に摘み取るという意義がある（行政機関情報公開法1条）。行政の保有する自己情報について開示、訂正、利用停止の請求権を付与することで、その適正な利用を確保するのが、行政機関における個人情報保護の意義である（行政機関個人情報保護法1条）。各自治体においても、対応する条例が制定されており、自治体自身が保有する情報については、これら情報公開・個人情報保護法制が整備されている。しかし、自治体周辺法人については、情報公開・個人情報保護法制は十分に保障されているとは言い難い。

第2款　出資法人の「実施機関」性

地方公営企業の場合は、自治体の制定した情報公開・個人情報保護条例に服することに争いはない。これに対して、いわゆる自治体出資法人（本章の例でいえば、地方三公社、地方独立行政法人、第三セクター、指定法人）の場合は、法人格が自治体から独立していること、出資関係も多様であることを理由に、特段の規定がない限り、自治体の情報公開・個人情報保護条例の実施機関とはならない。[43]たとえば、神奈川県情報公開条例（平成12年条例第26号）では、県の出資団体（同条例26条）および指定管理者（同条例27条）について、「財政上の

43）個人情報保護条例に関する詳細な研究として、塩入みほも「個人情報保護法制の体系と地方公共団体における個人情報保護の現状」駒澤大學法學部研究紀要76号（2018）1頁（20頁以下）。
　　そのように考えると、指定法人は「個人情報の保護に関する法律」による民間事業者の規制に服するにとどまる。指定管理者の運営する図書館の貸出リストの管理は、「個人情報の保護に関する法律」にしたがって行われるために特に問題は生じないが、もし指定管理者が変更されて、別の民間事業者に対し貸出リストを引き継ぐ必要が生じた際には、委託者である行政の保有個人情報として扱うなど、ひと工夫必要である。

72 第1章 自治体周辺法人の法的考察

　援助」ないし「公の施設の管理を行うこと」の公共性にかんがみ、情報の公開について努力義務を課すにとどまっている。それでも自治体周辺法人の情報公開について言及がなされているだけ良い方で、全く規定を置いていない自治体も相当数に上る[44]。まず、地方三公社と地方独立行政法人については、情報公開条例の実施機関とすることに特段の問題はなく、地方三公社（大阪市情報公開条例2条1項、後述する福岡市情報公開条例2条1号）や地方独立行政法人（東京都情報公開条例2条1項）のように実例がある[45]。受託事業の性質や自治体による出資ないし組織における関与のあり方によっては、第三セクターも含めた自治体周辺法人も実施機関に含まれ得るとする見解は魅力的であるが、いまだ少数説にとどまる[46]。指定管理者が公の施設の管理業務を行うに際し保有する文書を公開請求の対象文書に含める立法例（草加市情報公開条例2条4号イ）などは、大いに注目されるところである[47]。

　株式会社の場合、会社法に基づいて株主に対し財務諸表の公開が行われることで、適法な経営が行われているか否か、市場による監視がなされる。内部の監査役による監査も行われるし、それに加えて、債権者である銀行による監視が実務上は極めて重要な意味をもつ。ただし、営利を追求する意味での監督と、公的事業を的確に実施する意味での監督では異なるのではないかといった批判はあり得よう。

　となると、先に紹介した(a)地方三公社および地方独立行政法人、(b)2分の1以上を出資している第三セクター、(c)4分の1以上2分の1未満を出資している第三セクターのうち条例で定めるものに対する長の調査権（地方自治法221条3項、同法施行令152条）と、毎事業年度長が作成し議会に提出しなければならない財務諸表（地方自治法243条の3第2項、同法施行令173条1項）の意義は決して小さくない。

第3款　協定を用いた情報公開

　福岡市では、平成14年の条例改正により、指定都市において初めて、明文

44）三野靖「公の施設における指定管理者制度と公共性確保ルール」自治総研440号（2015）1頁（40頁）。

45）宇賀・前掲注（1）340頁、塩入・前掲21頁以下。

46）斎藤誠『現代地方自治の法的基層』有斐閣（2012）500頁。指定管理者に関する実例として、塩入・前掲26頁。

47）塩入・前掲28頁以下。

で地方三公社（および議会）が実施機関に加えられた（同条例2条1号[48]）。そして、出資法人についても、実施機関に加えるのではなく、協定を用いる方法で、情報公開を実現するという方策が練られた。つまり、出資法人等に関する文書の情報公開請求がなされた場合において、実施機関（長）が当該情報公開請求に係る文書を保有していないときは、当該出資法人等に対し、当該文書を提出するよう求めることができるとされたのである（同条例39条3項）。文書の提出に係る事務が円滑かつ適正に行われるようにするため、市と出資法人との間では、法的な義務を伴った文書提出協定が締結される（同条4項）。この方法は、出資法人を正面から実施機関に加えることの難点を避けるとともに、むしろ自治体の機関が責任を持って情報公開の手続を実施することで、名より実を取ったものと評価することができる[49]。出資法人については、設立形態や事業内容が多種多様であることから、一定の出資割合（2分の1ないし4分の1）以上のものについて、情報公開についての協定を締結することで対応するのが適切であろう。

第5節　人事管理（職員派遣）

第1款　地方公営企業の人事管理

地方公営企業の場合、自治体の一般職の職員と現業職員が混在している。近年の財政緊縮の関係もあり、現業職員は民間企業のリストラに倣って、整理・合理化の対象になりやすい。バス事業でいえば、現業職員の仕事の内容は民間のバス会社と変わらないのであり、民間に倣って合理化された勤務体系を採用する意義は認められよう。

第2款　特定地方独立行政法人

地方独立行政法人は、国の独立行政法人と同様に、その役職員が公務員の身

---

48) 大橋洋一『都市空間制御の法理論』有斐閣（2008）167頁。同171頁では、自治体からの100％出資を受けていることと役員が自治体により任命されることという2点から、地方三公社は自治体の一部を構成するとみられるほど自治体に従属した法人であるとして、「実施機関」であることを根拠付ける。

49) 三野・前掲41頁も、対応を指定管理者等に任せきりにするのではなく、指定管理者等が保有する文書を情報公開条例の対象文書に含めた上で、自治体が責任をもって情報公開に関する事務を実施するのが望ましいとする。

分を保持する特定地方独立行政法人（地方独立行政法人法47条以下）と、それ以外の通常の地方独立行政法人に分かれる。組織改編に際して、公務員の身分を保持したまま行うか否かが政治的な争点となったことの妥協策である。

第3款　自治体周辺法人への職員派遣

　自治体周辺法人については、設置団体の定数規制との関係などから、場合によっては給与の負担を伴った広汎な職員派遣が行われている[50]。とりわけ職務専念義務（地方公務員法35条）を免除して職員を自治体周辺法人などに派遣し、その間の給与を支払うことの適法性は、平成に入った頃から住民訴訟で争われるようになった。商工会議所への職員の派遣の適法性が争われた茅ヶ崎市商工会議所事件（最判平成10年4月24日判時1640号115頁）では、派遣の目的、派遣先である商工会議所の性格および具体的な事業内容ならびに派遣職員が従事する職務の内容のほか、派遣期間、派遣人数等諸般の事情を総合考慮した上、職務専念義務を免除して派遣職員を市の事務に従事させず、それに加えて市で勤務しない時間につき給与を支給することが給与条例の趣旨に反しないものといえるかどうかを慎重に判断しなければならず、派遣の目的の正当性だけでなく、目的の達成と派遣との具体的な関連性が明らかにされなければならないという一般論が示された。倉敷チボリ公園事件（最判平成16年1月15日民集58巻1号156頁）では、第三セクターへの職員派遣が違法とされている。

　こうした判例の動きをふまえて制定された「公益的法人等への一般職の地方公務員の派遣等に関する法律」（平成12年法律第50号）では、商工会議所のような公益法人等への職員派遣に際しては、職員の身分を有したままの派遣が行われ、自治体からの委託業務や共同業務を遂行するためなど、一定条件の下において、当該自治体から給与を支給することが認められた（同法6条2項）。派遣期間満了後には、職員は復職する（同法5条2項）。これに対して、第三セク

---

50) 石龍潭「いわゆる第三セクターに関する行政法学的考察（3）」北大法学論集56巻2号（2005）801頁（806頁以下）によると、かねてより職員派遣には、(a)退職による場合、(b)休職による場合、(c)職務専念義務を免除する場合、(d)職務命令による場合という法律構成がとられていた。(a)退職は、自治体からすれば最も問題は少ないが、職員からすると復職される保障がなく、退職手当や年金が通算されないおそれがあるという難点がある。(b)休職は、職員としての身分は保証されるものの、派遣の場合には分限処分としての休職はなし得ないのではないかという法律構成上の問題がある。(c)職務専念義務の免除は、職員にとっては最も不利益が少ないが、長期にわたる派遣を職務専念義務の免除という形で行うことは難しいという難点がある。(d)職務命令は、やはり職員にとっては全く問題がないが、第三セクターの事務を自治体の事務と同一視できるかという問題がある。

ターなど特定法人への職員派遣は退職を条件に認められ、自治体からの給与の支給は許されず（同法6条1項）、派遣終了後の再採用が予定されるにとどまる（同法10条1項）。

第4款　公営競技における課題

　近年、公営競技では、収益性の悪化に伴う事業の廃止が相次いでいる。自治体から派遣されている職員は元の自治体に戻ればよいだけであるが、地方競馬における厩務員、騎手、調教師のような専門職員はそのようにはいかない。これまでは可能な限り同種競技への再就職が斡旋されてきたが、全国的な公営競技の規模の縮小もあり、今後は厳しいと思われる。かつては職人芸とされた発券業務なども、電子化された現在では見る影もない。赤字続きの公営競技が廃止にふみ切ることのできない最大の理由は、行き場を失う職員の処遇が解決されていないことにあるという指摘もある。

　補助金を支出して公営企業の従事員の退職手当に充てていたことが問題となったのが、鳴門市競艇臨時従事員判決である。公営競技として競艇事業を実施してきた徳島県鳴門市では、日々雇用される臨時従事員の離職せん別金（離職せん別金は、市から直接ではなく、臨時従事員で組織される共済会から支払われる。）に充てるため、市から共済会に対する補助金の交付（地方自治法232条の2）が行われていた。つまり、実質的にみると、市が共済会を経由して臨時従事員に退職手当を支給するために、補助金を交付していた――共済会をトンネルとして利用した――わけである。しかし、臨時従事員に対して退職手当を支給する旨を定めた条例は制定されておらず、給与条例主義（同法204条2項・3項）に違反するのではないかが問題となった。

51）　当該地方公共団体が出資している株式会社のうち、その業務の全部又は一部が地域の振興、住民の生活の向上その他公益の増進に寄与するとともに当該地方公共団体の事務又は事業と密接な関連を有するものであり、かつ、当該地方公共団体がその施策の推進を図るため人的援助を行うことが必要であるものとして条例で定めるものをいう（公益的法人等への一般職の地方公務員の派遣等に関する法律10条1項）。

52）　渡邊賢「職員の交流・派遣」『行政法の争点』（前掲注（2））192頁。

53）　小川一茂「公営競技廃止に伴う損失の補填と競技場跡地の利活用」都市問題2015年4月号51頁。神戸地判平成16年12月16日（平成14年（ワ）第2738号）は、競輪事業の廃止に伴い被った損害賠償の支払いを求めて競輪選手らが運営主体である一部事務組合を訴えた事案において、選手と組合との間には競輪出場につき法的義務を伴う継続的契約関係が成立しているとは認められず、その他、宜野座村事件（最判昭和56年1月27日民集35巻1号35頁）が示唆するような信義則上の義務もないとして、請求を棄却した。競輪事業からの撤退をめぐる法的問題の包括的検討として、碓井光明「地方公共団体の競輪事業撤退をめぐる紛争」明治大学法科大学院論集7号（2010）507頁。

最判平成28年7月15日判時2316号53頁は、「臨時従事員は採用通知書により指定された個々の就業日ごとに日々雇用されてその身分を有する者にすぎず、給与条例の定める退職手当の支給要件……を満たすものであったということもできない」から、臨時従事員の就労実態のいかんを問わず、給与条例主義に反する違法な補助金の交付であったとした。給与や諸手当の支出が財政負担を伴うものである以上、議会のコントロール下に置くことは当然であり、給与条例主義を厳格に適用した最高裁の判断は妥当であろう[55]。最高裁判決を受けて、条例の根拠を欠く退職手当の支払いを打ち切った自治体が相次いでおり、職員の処遇という点で困難な問題を提起しているが、法治主義の観点からはやむを得ないと思われる。

第6節　損害賠償

第1款　地方公営企業と自治体の損害賠償責任——私経済作用——

地方公営企業の場合は、自治体と法人格が同一であるから、その事業を遂行する上で、職員が他人に損害を与えた場合、自治体が損害賠償責任を負うことに争いはない。たとえば、市営バスの運転手の過失により、歩行者に怪我を負わせた交通事故の場合などである。

ただし、公営企業が行うのは私経済活動であることから、通説である広義説[56]では、この場合には国家賠償法（国賠法）1条は適用されない。広義説では、私経済活動については、自治体は民法715条1項に基づく使用者責任を負うものと構成される。

ただし、国家賠償責任ではなく使用者責任という構成になることで、自治体の負うべき責任の内容が変化するわけではない。ここで差異が生じるのは、職

54）茨木市事件にかかる最判平成22年9月10日民集64巻6号1515頁は、非常勤職員であっても職務内容の性質からみて常勤職員に準ずるものとして評価できるような場合には、期末手当を支給しても給与条例主義には反しないとみる余地があるという一般論を提示している。茨木市事件とは異なり、鳴門市競艇事件の場合には、日々雇用である以上、常勤職員に準ずるものとみる余地はないということであろう。

55）阿部泰隆「鳴門市競艇従事員共済会への補助金違法支出損害賠償等請求事件」法学セミナー746号（2017）53頁。

56）公権力の行使の性質を帯びる活動（行政処分や権力的事実行為）のほか、行政指導や学校での教育活動についても、国家賠償法1条が適用されるという説。宇賀克也『行政法概説Ⅱ［第6版］』有斐閣（2018）416頁。

員の個人責任の帰趨である。というのも、国賠法が適用される場合には、職員個人は損害賠償責任の追及を免れる（最判昭和30年4月19日民集9巻5号534頁）のに対して、国賠法が適用されない場合には、職員個人は、原則通り民法709条に基づく損害賠償責任を追及されるからである[57]。言ってみれば、市営バスの運転手は、民間のバス会社の運転手と同じ責任を負うことになる。公立病院に勤務する医師が医療過誤により患者に損害を与えた場合も、同様に医師個人が損害賠償責任の矢面に立たされる。

第2款　法人格が異なる法人と自治体の損害賠償責任

地方公社、地方独立行政法人、第三セクターの場合は、自治体とそもそも法人格が異なるので、これらが負った損害賠償責任については、法人格の濫用が認められるような極めて例外的な場合を除いて[58]、自治体が負担する関係にはない[59]。法的スキームは異なるものの、自治体は出資者であるにすぎず、出資先が経営破綻してそれまで出資した分が紙切れになるという以上の責任は負わないのである。むろん、自治体周辺法人の債務については、多くの局面で設置自治体が債務保証ないし損失補償契約を締結している——損害賠償債務をその内容に含むかについては解釈が必要になるが——ので、そのような場合は別である（参照、信楽高原鉄道判決：大阪地判平成23年4月27日判時2130号31頁）。

ただし、自治体がこれらの法人の監督者としての責任を負う場合はあり得る。つまり、監督官庁として規制権限を適切に行使していれば被害の発生を防ぐことができたのに、それを怠ったことで被害が生じ、規制権限の不行使が裁量権の消極的な濫用と評価されるような場合である（宅建業法判決：最判平成元年11月24日民集43巻10号1169頁[60]）。とはいえ、自治体がこの意味の責任を負うのは、何も自治体周辺法人の監督に限ったことではなく、業法規制を及ぼすべき民間法人の監督を怠った場合と理論構成に違いはない。この視点から得られるのが、指定法人が負う損害賠償責任と自治体との関係である。

57）広義説に対して、私経済活動も含めて、およそ国・公共団体の行う一切の活動が国家賠償法1条の対象となる最広義説も唱えられているが、少数にとどまる。

58）自治体が出資した会社が実際には形骸化したペーパー・カンパニーであったり（法人格の形骸化）、あるいは自治体が負うべき多額の損害賠償債務を免れることを主な目的として会社が設立されていたような場合（法人格の濫用）を指す。

59）板垣勝彦「保障国家における私法理論——契約、不法行為、団体理論への新たな視角」行政法研究4号（2013）77頁（104頁以下）。

60）板垣・前掲注（59）110頁以下。

第3款　指定法人の事務・事業と自治体の損害賠償責任

　指定確認検査機関の行った建築確認（ないし拒否）の判断に過誤があった場合、被害者はまず指定確認検査機関に対し損害賠償責任を追及するけれども、姉歯事件のように大規模になると、指定確認検査機関が無資力化し、被害者は事実上救済を得られないという事態が生じた。このように被害者に指定法人の無資力リスクが帰せられたことは制度設計の不備と称する以外になく、様々な理論構成により、被害者の救済が図られた。[61] 理論構成は、おおむね、(a)国賠法1条の解釈上、指定確認検査機関・職員を特定行政庁の所属する自治体に帰属して公権力を行使する行政機関・職員であるとして、指定確認検査機関の行う建築確認は自治体の国賠法1条の「公務員」の行う公権力の行使であるとする見方（一体的把握）と、(b)あくまで指定確認検査機関は特定行政庁とは別個独立に建築確認を行う機関であるとして、特定行政庁の所属する自治体の責任は指定確認検査機関に対する指示・監督権限の懈怠（規制権限不作為型の国家賠償）に限られるとする見方（分離的把握）の対立軸で把握される。[62] 最決平成17年6月24日判時1904号69頁は、被告の変更（行政事件訴訟法21条1項）が問題となった事案において、一体的把握に立つようにみえる判断を行ったが、一体的把握では、指定確認検査機関自身が損害賠償責任を負わないことから、モラル・ハザードが生じるおそれがある。[63] 平成18年の建築基準法改正により、指定確認検査機関としての指定を受けるためには損害保険への加入が義務付けられるようになった現在では（同法77条の20第3号、建築基準法に基づく指定資格検定期間等に関する省令17条1項・2項）、横浜地判平成24年1月31日判時2146号91頁のとる分離的把握が適当である。

　指定管理者の管理する施設で事故が起きた場合には、自治体の保有する「公の施設」の管理の問題であるため、委託自治体が損害賠償責任（営造物責任）

61）参照、角松生史「行政事務事業の民営化」『行政法の争点』（前掲注（2））187頁。

62）板垣・前掲注（17）72頁以下。

63）ただし、指定確認検査機関の職員を「公務員」とみて、その給与を負担する指定確認検査機関と自治体をともに共同不法行為責任を負う「公共団体」とみることで、「公共団体」同士で費用負担に応じた求償（国賠法3条2項）を行えば、分離的把握と同様の結論を導き出すことは可能である。米丸恒治「行政の多元化と行政責任」磯部力＝小早川光郎＝芝池義一（編）『行政法の新構想Ⅲ』有斐閣（2008）305頁（319頁以下）、板垣・前掲注（17）86頁、宇賀克也＝小幡純子（編著）『条解国家賠償法』弘文堂（2019）47頁以下（板垣勝彦）。

を負うことになる（国賠法2条1項）。ただし、指定管理者の管理のミスに起因する損害であるときには、当然、委託自治体から指定管理者に対する求償は妨げられない（同条2項）。

第7節　結　語

　もともと、国と比較して自治体の運営は企業経営（マネジメント）の発想に親和的なところがある。地方公営企業が契約に基づき幅広い住民サービスを提供していることは象徴的であるし、住民訴訟の淵源であるアメリカの納税者訴訟も、株式会社において株主が経営者の責任を追及する株主代表訴訟の発想からきている。そのように考えれば、財政難に直面した為政者が、民間の企業経営の発想を自治体の運営に採り入れようとしたNPM改革の試みは、自然な流れでもあった。サービスの受け手にある住民を「消費者」「顧客」と把握することで、成果や満足度の向上を目に見えやすい形で理解することができるようになった点は、相応に評価すべきであろう。しかし、公共の利益に深くかかわる事務・事業を行う点で、やはり自治体の性格は民間企業とは一線を画するところがある。そして、自治体の行ってきた事務・事業が幅広く民間主体により実施されることになったとしても、公共の利益に関わる限りにおいて、一定の法的制約に服する。住民は、「市場」化によって商品化された「サービス」の単なる「消費者」たる地位においてのみ、その受け手となるわけではなく、「主権者」たる地位を失ってはいない。民間の発想の良さを柔軟に採り入れるとともに、公共の利益を損なってはいないか、不断の見直しと創意工夫が求められている。

---

64) これに対して、指定管理者が恣意的な施設の使用不許可処分を行うなど、国家賠償法1条が問題になる局面では、損害賠償責任を負うのは同条の「公共団体」である指定管理者ということになろう。上尾市福祉会館事件にかかる最判平成8年3月15日民集50巻3号549頁や、東京都青年の家事件にかかる東京高判平成9年9月16日判タ986号206頁の事案において、当該施設の設置・管理が指定管理者に委ねられていた場合を想起すれば良い。宇賀＝小幡編著・前掲49頁（板垣）。
65) 田村達久「地域公共事務事業における「市場」の可能性と「公共性」」公法研究70号（2008）163頁（165頁）。

第2章

地方公共団体における内部統制体制

第1節　内部統制の基本的な考え方

　平成29年6月9日に公布された地方自治法等の一部を改正する法律（平成29年法律第54号）では、監査制度の充実強化とともに、内部統制制度の導入が高らかに謳われている。すなわち、都道府県知事および指定都市の市長は、内部統制に関する方針を定め、これに基づき必要な体制を整備することとされたのである。方針を策定した長は、毎会計年度、内部統制評価報告書を作成して、議会に提出しなければならない。その他の市町村長については、内部統制体制の整備は努力義務ではあるが、地方行政においてもコンプライアンスの充実強化が叫ばれる昨今において、その趣旨を正確に理解しておくことには少なからず意義があることと思われる。

　第31次地方制度調査会が提出した「人口減少社会に的確に対応する地方行政体制及びガバナンスのあり方に関する答申」（平成28年3月16日）では、平成26年4月に「地方公共団体における内部統制の整備・運用に関する検討会」（座長：小早川光郎成蹊大学法科大学院教授）が取りまとめた「地方公共団体における内部統制制度の導入に関する報告書」（以下、「内部統制制度報告書」とする。）を受けて、適切な役割分担によるガバナンスの意義が強調されている。すなわち、

① 人口減少社会において、資源が限られる中で、地方公共団体は、合意形成が困難な課題について解決することが期待されている。
② 地方公共団体の事務の複雑・多様化や行革の進展により、その行政サービス提供体制は変化しており、住民の福祉の増進に努めるとともに、最少の経費で最大の効果を挙げることができるよう、事務の適正性の確保の要請が高まっている。
③ 多様な行政サービスの提供形態について、それらが適切かどうかチェックすることが必要になっている。

という認識の下で、地方行政体制におけるガバナンスの役割はいよいよ増しており、それぞれの地方公共団体ごとに、その規模などに応じた体制の構築が要請されているというのである。こうした要請に応えていくためには、長、監査委員等、議会、および住民が連携して、その役割に漏れや重複を生じさせることなく、役割分担の方向性を共有しながら、それぞれが有する強みを活かして事務の適正性を確保していくことが不可欠であると考えられる。

　地方公共団体のガバナンスにおいては、何よりも、その事務を全般的に統括し、地方公共団体を代表する立場にある長（地方自治法147条）の意識が重要である。この点、民間企業においては、すでに会社法等により内部統制制度が導入されていることが、大いに参照されるべきであるとされた。

　内部統制とは、基本的に、①業務の効率的かつ効果的な遂行、②財務報告等の信頼性の確保、③業務に関わる法令等の遵守、④資産の保全という４つの目的が達成されないリスクを一定の水準以下に抑えることを確保するために、業務に組み込まれ、組織内のすべての者によって遂行されるプロセスのことを指し、①統制環境、②リスクの評価と対応、③統制活動、④情報と伝達、⑤モニタリング（監視活動）、⑥ICT（情報通信技術）への対応という６つの基本的要素から構成されると言われる。

　株式会社の取締役には、株主から預かった資金を適切に運用する権限と責任が課せられているところ、会社法では、株主や監査役等による経営のチェックが効果的に行われるべく、内部統制制度が導入されている。内部統制の基本方針を決定する権限は、株主から経営を任されている取締役会にあるという理解の下に、会社における法令遵守の体制の整備を決定する権限および責任は取締役会にあることが、法改正により明確にされた（会社法362条4項6号）。

　ひるがえって地方公共団体をみると、住民から徴収した公金を、その福祉の増進のための事務の実施に用いており、資金の規模は、一般的にみて、多くの民間企業よりも遥かに大きい。地方公共団体においても、その事務が適切に実施され、住民の福祉の増進を図ることを基本とする組織目的が達成されるように、事務を執行する主体である長自らが、行政サービス提供等の事務上のリスクを評価・コントロールし、事務の適正な執行を確保する体制を整備・運用することが求められるのである。このような体制のことを、「内部統制体制」と称するのである。

　ただし、地方公共団体は民間企業とは異なり、「法律による行政の原理」に沿っ

て活動する必要があるから、法令遵守（コンプライアンス）が求められるのは
いわば当然のことであり、何を今更という感も否めない。思うに、その背景に
は、地方行政に対する捉え方がかつての権力主体からサービス提供主体へと変
化してきたというアメリカの新公共管理（New Public Management）ないしド
イツの新制御モデル（Neue Steuerungsmodell）の考え方が存在する[1]。営利事業
を通じて株主から預かった資金を最大化する責任が課せられる会社の取締役
と、住民から預かった税金を「公共の福祉」の増進・維持のために活用する責
任が課せられる地方公共団体の長という相違点はあれど、預かっている資金を
適切に管理・支出する過程において法令遵守が求められる点には違いはないと
いう思想である。

　地方公共団体において内部統制を制度化し、その取組みを進めることには、
①マネジメントの強化、②事務の適正性の確保の促進、③監査委員の監査の重
点化、質の強化、実効性の確保の促進、④議会や住民による監視のために必要
な判断材料の提供といった意義が認められる。

　長と議会という二元代表制の下において、地方公共団体の事務を適正に執行
する義務と責任は、基本的に事務の管理執行権を有する長にある（地方自治法
148条）。執行に関わる事項であっても重要な事項には議会の関与が認められて
いるとはいえ、地方公共団体の事務を適正に執行する権限と責任は長に属する
のであり、議会の主な役割は、長の執行を監視することにある。このことから、
内部統制体制を整備・運用する権限と責任も、議案提出権や予算調製権などと
同様に、長に専属するものと考えられる。今般の法改正では、このような考え
方に立ち、内部統制体制の整備・運用について決定する権限と責任が長に属す
ることが明確にされた。

　なお、①一般社団法人、一般財団法人、②特例民法法人、③会社法法人（い
わゆる第三セクター）のように、地方公共団体が出資する等して一定の関係が
ある団体についても、事務の適正性の確保が求められることには変わりない。
基本的には、それぞれの法人設立の根拠となる法律によって内部統制が図られ

---

1) たとえば、板垣勝彦『保障行政の法理論』弘文堂（2013）98頁。しかし、田村達久「地域公共事
　務事業における「市場」の可能性と「公共性」公法研究70号（2008）163頁（165頁）が鋭く指摘
　するように、住民は単なるサービスの「消費者」にとどまるものではなく、なお「主権者」の地位
　を失ってはいないことに留意する必要がある。

るべきであるが、長による調査権（地方自治法221条）や監査委員による監査（同法199条）を通じた内部統制の取組みを促していくことも考慮されてよい。

　内部統制制度の具体的な内容については、各地方公共団体が、それぞれの実情をふまえて検討することとされているが、そのスムーズな導入を手助けするために、総務省では、「地方公共団体における内部統制・監査に関する研究会」（座長：宇賀克也東京大学大学院法学政治学研究科教授）が開催され、その成果として、平成30年7月に、「地方公共団体における内部統制制度の導入・実施ガイドライン（たたき台）」（以下、「ガイドライン（たたき台）」とする。）が公表されている。本節では、ガイドライン（たたき台）の内容まで視野に入れて、内部統制制度の実効的な導入に向けた課題を整理していくことにする。

第2節　内部統制に関する方針の策定・公表

(1)　内部統制に関する方針の策定

　各地方公共団体における内部統制についての組織的な取組みの方向性を示すものとして、長は、内部統制に関する方針を策定しなければならない（地方自治法150条1項・2項）。内部統制に関する方針に記載する事項は、各地方公共団体において、団体ごとの状況や課題、運営方針、過去の不祥事、監査委員との意見交換等をふまえた検討を行った上で、必要と思われる事項を決めていくべきものである。ただし、ガイドライン（たたき台）では、㋐内部統制の目的、㋑内部統制の対象とする事務、㋒内部統制に関する方針である旨の記載、㋓長の氏名については、少なくとも記載すべきとされている。

(2)　様々なリスクの中から評価すべきリスクの選択

　これらのうち、最初に行うべきことは、㋑内部統制の対象とする事務の的確な選別である。内部統制体制の整備・運用を進めるに当たっては、地方公共団体の組織目的の達成を阻害する事務上の様々なリスクのうち、内部統制の対象

---

2) 詳細は第2部第1章で述べたところに委ねるが、一般社団法人及び一般財団法人に関する法律（平成18年法律第48号）、公益社団法人及び公益財団法人の認定等に関する法律（平成18年法律第49号）、会社法（平成17年法律第86号）および地方三公社の設置根拠法に基づいて、情報開示などの義務が課せられる。

3) 最終的にとりまとめられる確定版のガイドラインの法的性格は、内部統制制度を導入・実施する際に参考となる基本的な枠組みや要点を示す技術的助言（地方自治法245条の4第1項）である。陸川論「地方公共団体における内部統制制度の導入・実施ガイドライン（たたき台）について」自治実務セミナー2018年9月号5頁。

とするリスクを的確に設定することが重要である。設定に際しては、内部統制の取組みの段階的な発展を促すという観点も考慮して、地方公共団体が最低限評価すべき重要なリスク（可能であれば、内部統制の取組みの発展のきっかけとなるようなもの）を選択することが考えられる。

　最も優先して取り組まれるべきなのが、財務に関する事務の執行におけるリスクであることには、異論がないと思われる。財務に関する事務の執行におけるリスクは、①その影響が大きく発生頻度も高いこと、②地方公共団体の事務の多くは予算に基づくものであり、明確かつ網羅的な捕捉が可能であること、③民間企業の内部統制を参考にしながら内部統制システムの構築を進めることができることから、最低限評価すべき重要なリスクとされた（地方自治法150条１項１号）。併せて、総務省令で定める事務について、地方公共団体が最低限評価すべき重要なリスクとすることとなった（同項１号）。

　それ以外のリスクについては、たとえば、個人情報の大規模な流出のように、情報の管理に関するリスクがあり得よう。こうしたリスクは、地方公共団体の判断により内部統制の対象とすることが考えられる。長が、財務事務執行リスク以外のリスクについて、その影響や発生頻度を勘案した上で、それに対する内部統制体制を整備・運用することは、大いに推奨されるべきことである（参照、同項２号[4]）。

(3)　内部統制体制の整備・運用についての具体的な手続等の制度化

　内部統制体制を整備・運用する権限と責任は、すべての地方公共団体の長について帰属する。しかし、そのあり方については、地方公共団体の規模等によって多様であると考えられることから、当該多様性をふまえて、具体的な手続等を制度化すべきである。

①　都道府県および指定都市について

　都道府県や指定都市等、組織や予算の規模が大きく、制度化された場合にも十分に対応できる体制が整っていると考えられる大規模な地方公共団体については、長に内部統制体制を整備・運用する権限と責任があることを明確にした上で、具体的な手続も制度化すべきであり、その運用を通じた結果として、内

---

4) 先灘朋子「足立区における内部統制の取組み」自治実務セミナー 2018年９月号14頁では、専管組織設置１年目において調査に基づくリスクの洗い出しを行い、２年目では「主管課契約における口頭発注」と「郵便物の誤送付」を全庁リスクとして指定し、３年目になって「契約事務における口頭発注」、「郵便物の誤送付」、「電子メールの誤送信」、「印刷物等の記載内容誤り」または「所属独自に設定したリスク」を全庁リスクとして指定したことが紹介されている。

部統制体制の整備・運用の標準となるモデルが確立していくことが期待される。

こうした趣旨から、都道府県知事および指定都市の市長は、その担任する事務のうち、

　ア　財務に関する事務その他総務省令で定める事務

　イ　アに掲げるもののほか、その管理および執行が法令に適合し、かつ、適正に行われることを特に確保する必要がある事務として当該都道府県知事または指定都市の市長が認めるもの

について、その管理および執行が法令に適合し、かつ、適正に行われることを確保するための方針を定め、およびこれに基づき必要な体制を整備しなければならないとされた（地方自治法150条１項）。

② 　市（指定都市を除く）または町村について

それほど大規模ではない市または町村については、長に内部統制体制を整備・運用する権限と責任があることは制度的に明確化しながらも、具体的な手続きについては努力義務にとどめ、都道府県や指定都市を参考にしつつ、各地方公共団体で工夫をしていくことが望ましい。

こうした趣旨から、市町村長（指定都市の市長を除く。）は、その担任する事務のうち、

　ア　財務に関する事務その他総務省令で定める事務

　イ　アに掲げるもののほか、その管理および執行が法令に適合し、かつ、適正に行われることを特に確保する必要がある事務として当該市町村長が認めるもの

について、その管理および執行が法令に適合し、かつ、適正に行われることを確保するための方針を定め、およびこれに基づき必要な体制を整備するよう努めなければならないとされた（地方自治法150条２項）。

特に、小規模な市町村については、具体的な手続きや取組み内容等について、国や都道府県が必要な情報提供や助言等を行っていくべきである。

(4)　内部統制に関する方針の公表

都道府県知事または市町村長は、内部統制に関する方針を定め、またはこれを変更したときは、遅滞なく、これを公表しなければならない（地方自治法150条３項）。内部統制に関する方針を、住民を含めた広く外部の目にさらすことで、内部統制の実効性や有効性を高めることになり、ひいては、地方公共団体に事

務の処理を付託した住民に対する説明責任にも繋がるという趣旨である。[5]

第3節　内部統制体制の整備

(1)　内部統制の責任者

内部統制を充実させるためには、全庁的な体制を整備しつつ、組織内のすべての部署において、リスクに対応するために規則、規程、マニュアル等を策定し、実際の業務に適用する必要がある。以下では、ガイドライン（たたき台）が示す内部統制体制の整備について紹介する。

まず、地方公共団体における内部統制の整備および運用の最終的な責任者は長である。ただし、必要に応じて、実務上の責任者として副知事ないし副市町村長を実務上の責任者として任命することが考えられる。副知事等は、内部統制の整備および運用について、長を補佐する役割を担うことになる。

(2)　内部統制を推進する部局

内部統制を推進する部局（以下、「内部統制推進部局」とする。）は、地方公共団体として取り組むべき内部統制について検討を行い、内部統制に関する方針の策定の実務を補助し、当該方針に基づき内部統制体制を全庁的に整備し運用していくことを推進する役割を担うこととなる。

新たに内部統制推進部局を設置することが望ましいことは言うまでもないが、総務担当部局、行政改革推進部局、人事ないし監察の担当部局など、既存の組織が担うことも考えられる。また、各部局の職員を構成員とするプロジェクトチームによることも考えられる[6]。

(3)　内部統制を評価する部局

内部統制を評価する部局（以下、「内部統制評価部局」とする。）は、モニタリングの一環として内部統制の整備および運用状況について独立的な評価を行うとともに、内部統制評価報告書を作成する役割を担う。内部統制評価部局は、第三者的な視点でより効果的なモニタリングを行うという観点からは、内部統

---

5)「内部統制体制報告書」11頁。
6)　岐阜市では、内部統制の統括部署として行政部行政課を位置付けるとともに、同部に「行政部危機管理審議監」を置き、県警OBが就任して、県警とも連携した上で、専門的知識および経験によるリスク管理に取り組んでいる。また、各部には「法務・危機管理統括責任者」を置いて、各部の内部統制の推進や事案発生時の指導・指示を行っている。堀内威宏「岐阜市における内部統制の取組み」自治実務セミナー 2018年9月号20頁。

制推進部局と異なる部局が担うことが望ましいが、人的資源等の制約から、両者を同一の部局で兼ねる場合には、職員の間での適切な職務分掌を定めることが必要である。

第4節　内部統制に関する方針およびこれに基づき整備した体制について評価した報告書の定期的な作成

内部統制体制について不断の見直しを行うという観点からは、長に対して、その運用状況を自ら評価する義務を課すべきである。それによって、当該地方公共団体において内部統制体制が定着し、洗練されていくことが期待されるという趣旨である[7]。

株式会社においても、取締役会が、内部統制体制の整備を決定した事業年度に、内部統制基本方針を事業報告に記載することとされている。

そこで、都道府県知事、指定都市の市長および内部統制に関する方針を定めた市町村長（以下において、「都道府県知事等」という。）は、毎会計年度少なくとも1回以上、内部統制に関する方針およびこれに基づき整備した体制について評価した報告書（以下、「内部統制評価報告書」とする。）を作成しなければならないとされた（地方自治法150条4項）。

第5節　報告書の監査委員による監査、議会への提出、公表

内部統制体制について不断の見直しを行うという観点からは、都道府県知事等は、①自ら行った評価の内容について監査委員の監査を受ける必要があり、加えて、②その評価内容と監査結果を議会に報告するとともに、③それらを公表して住民への説明責任を果たす必要がある。

そこで、都道府県知事等は、作成した報告書を監査委員の監査に付し、その意見を付けて議会に提出し、かつ、公表しなければならないものとされた（地方自治法150条5項・6項および8項）。これは、決算について、監査委員の審査に付した上でその意見を付して議会の認定に付する制度（地方自治法233条1項

---

7)「内部統制体制報告書」15頁。

～3項）に倣ったものである[8]。

　作成された報告書について、①監査委員の監査、②（監査結果を含めた）議会への報告、③住民への公表という3つの段階を経ることで、多角的な観点からの意見、批判および反論が寄せられて、内部統制体制の改善に向けたフィードバック効果が期待されるという趣旨である[9]。

　決算については、議会の認定に付するに当たり、当該会計年度における主要な施策の成果を説明する書類を併せて提出するとされていることから（地方自治法233条5項）、通常は、これらに加えてさらに内部統制状況を評価した報告書も議会に提出されることになると予想される。それにより、結果として、内部統制状況評価報告書が決算認定時期に全国で出揃うことになり、全国の地方公共団体における取組みを一覧して比較することを通じて、さらなる運用の改善を図ることが期待されている[10]。

第6節　先行事例の紹介──静岡市の取組み──

　静岡市では、平成20年以降、会計検査院の検査や市の監査委員の監査を通じて不適正経理が発覚したことをきっかけに、平成23年から、内部統制機能を充実させるための取組みが進められてきた。具体的には、(1)法令等の遵守、(2)有効性・効率性の確保、(3)財務事務の信頼性の確保、(4)資産の保全という4つの目的が掲げられている。

　(1)法令等の遵守については、内部統制の役割に係る意識の啓発および調査が掲げられており、法令、条例、規則に則った事務処理をすることの周知徹底およびマニュアルの作成が進められている。職員の一人一人に法令遵守の意識を

---

8)「内部統制体制報告書」15頁。

9) 今般の法改正でともに導入された内部統制体制の整備と監査制度の充実は、相互に密接に関係している。長等の部局において予算執行等の財務会計事務に関する体制（内部統制体制）が十分に整備され的確に運用されてさえいれば、そもそも予算の不適正執行が行われる可能性自体が、格段に減少するからである。内部統制体制を構築する目的が事前または事後にリスクをコントロールすることにあるのに対して、監査制度の目的は予算執行を事後的にチェックすることにある。内部統制体制が十分に整備され的確に運用されていれば、監査委員や外部監査人はそのことを前提にして──いわば、内部統制体制を信頼して──よりリスクの高い箇所を中心に監査を行うことが可能となり、監査の実効性も高まるはずだからである。
　「内部統制体制報告書」18頁では、これからの監査委員の役割について、計算突合や確認等の定型的な業務は内部統制システムに委ねて、より効果的に質問を投げかけることに専念するなど、「より質の高い監査を実施すること」や「監査の実効性を高めること」を重視すべきであるとされている。

10)「内部統制体制報告書」15頁。

徹底させるために、パソコン画面を起動したときに庁内の内部統制担当委員会からの分かりやすい告知が表示されるしくみとなっているとのことで、非常に興味深い（**図1**を参照）。

図1　新年度が始まりました

【提供】静岡市

　(2)有効性・効率性の確保については、①事務事業に係るリスク管理の実施、②注意喚起を含めた確認調査の実施、③庁内ネットワークの活用、④制度的改善、⑤各種監査結果の活用、⑥内部統制の役割に係る意識啓発、調査、⑦事故・ミス、不祥事の未然防止、再発防止が掲げられている。具体的には、各部局で「リスク分析及び対応等のチェックリスト」を作成し、職場のリスクを認知してもらうとともに、自己点検を行うという手法を採っている（次頁の**表2**を参照）。

　こうした「職場で起こり得るリスクの洗い出し」と「全庁的に取り組むべきリスクの選定」こそが、最優先で取り組まれるべき課題である。リスクの洗い出しとしては、たとえば、各課に対して、「事務の進捗に係る調査」、「金券類

90 第2章 地方公共団体における内部統制体制

の管理に係る調査」（資産管理）、「現金収納業務に係る調査」（監査からの指摘）、「個人情報の外部持出しに係る調査」（情報セキュリティ）といった項目ごとの調査を行う。その上で、リスクの発生可能性、リスクが発生した場合の影響、リスク対策の優先度、想定される被害とその対策、関係する規定などを考慮して、チェックリスト（リスクチェックシート）を作成するといったことが考えられる。[11]

表2　リスク分析及び対応等のチェックリスト

【サンプル】下記チェックシートは、一例です。このようなリスクを各課の業務に応じて、抽出し、リスクの可視化、情報共有を各課ごと行っています。

リスク分析及び対応等のチェックリスト（リスクチェックシート）【　　　課】

No	分類	チェック項目（リスク）	発生可能性			重大性			事故発生に伴い想定される被害等	対策の難易度			対　策	関係する係
			高い	普通	低い	高い	普通	低い		困難	普通	容易		
1	管理監督	決裁等におけるチェック機能の不全												
2		健康状態等が不安定な職員に対するフォロー不足												
3	文書管理	電子メール・FAXの誤送信（個人情報等の漏洩問題）												
4		文書等の誤送付（個人情報等の漏洩問題、誤封入・宛名誤りなど）												
5		窓口での文書の交付誤り（個人情報等の漏洩問題）												
6		文書等の発送漏れ												
7		文書等の受領漏れ												
8		【職場内】文書等の盗難・紛失（個人情報等の漏洩問題）												
9		【外出先】文書等の盗難・紛失（個人情報等の漏洩問題、情報の受渡時におけるものを含む。）												
10		ホームページ、ソーシャルメディア等への非公開情報等の掲載誤り（個人情報等の漏洩問題、リンク先ファイルの誤りなど）												
11		電子メールを利用しての個人情報等の不適切な取扱い（個人情報等の漏洩問題、メール本文での個人情報の受発信及び添付ファイルの非暗号化など）												

【提供】静岡市（原本を元に作成）

---

11) 先灘・前掲15頁。

表3 事務事業事故等発生報告シート

【様式 2】

□事務事業危機管理本部事務局（コンプライアンス推進課・内部統制係）あて
□情報セキュリティインシデント責任者（ＩＣＴ推進課）あて
□静岡市情報公開・個人情報保護審議会長（政策法務課）あて

　　　□　事務事業事故等発生報告シート
　　　□　情報セキュリティインシデント報告書
　　　□　個人情報漏えい報告書（静岡市情報公開・個人情報保護審議会）

報告者	所　属（局部課）				
	危機管理責任者（氏名）			電話番号（内線/外線）	
	危機管理責任者への報告日時	平成　　年　　月　　日（　）午前・午後　　時　　分			
	コンプライアンス推進課への報告	平成　　年　　月　　日（　）			
	所属窓口	係名		職氏名	内線　－

1	件　　名	
2	発生又は覚知日時	平成　　年　　月　　日（　）　午前・午後　　時　　分
3	発生場所	（施設名等） （所在地）
4	原因者	□正職員 □非常勤職員 □臨時・パート職員 □委託・指定管理 □その他（　　）
5	概　　要	（簡潔に記載してください）
6	被害範囲・状況	（被害者、被害の状況を記載してください）
7	漏えいした又は可能性のある個人情報	□あり　　漏えい情報　　（○○○名・○○○○○○リストなどを記入） 【含まれる個人情報】 （住所・氏名・生年月日・年齢・性別・　　　　　　　　　） □なし
8	対応経過	（事故発生直後から、報告時までの対応について時系列で簡潔に記載してください）
9	想定される原因	（報告時点で考えられる事故原因を簡潔に記載してください） 【マニュアル等　あり・なし】【関係根拠法令等　　　　　　　　　】
10	今後の対応策 （再発防止対策、職員への研修計画等）	（応急対策と恒久対策に分けて簡潔に記載してください） ※「事務事業事故発生報告シート」を提出の場合は、恒久対策は対応検証シートへ記載 □事務事業事故対応検証シートの提出 □情報セキュリティ業務実施手順（各課版）の修正・提出
	添付資料	□有り（□補足資料　□写真　□報道資料等）　　□無し
	公　　表	平成　　年　　月　　日（　　）　午前・午後　　時　　分 □記者会見　　□報道投込み　（□済み・□予定）　　□公表なし

※ 情報セキュリティインシデントとは、以下のいずれかを含むものをいいます。
　・情報漏えいだけではなく、行政情報が管理外に置かれたもの（機密性）。
　・ウェブサイトの改ざん等、行政情報の正確さや完全さが損なわれたもの（完全性）。
　・システム障害等により、行政サービスが利用できないもの（可用性）。

【提供】静岡市

しかし、いかに注意を払っていても事故はつきものであり（リスク管理において100点満点はあり得ない。）、費用対効果をふまえた上で既存の組織を上手に活用して、いかにして最悪の事態を防ぐか、いかにして再発防止を図るかが重要である。この点、静岡市では、事務事業事故等発生報告シート、情報セキュリティインシデント報告書、個人情報漏えい報告書を作成・提出してもらうことで、事故の原因を究明するとともに、対応経過に問題はなかったか検証し、今後の対応策へと生かしている（前頁の**表3**を参照）。

(3)財務事務の信頼性の確保については、①庁内ネットワークの活用、②内部統制の役割に係る意識啓発、調査が掲げられている。とりわけ、重大なミスに繋がる4つの項目（金額の誤り、債権者の誤り、支払遅延、源泉徴収漏れ）については、徹底してチェック機能を働かせることにしており、赤色の返戻書（レッドカード）により伝票を返戻することにしたそうである。結果として重大なミスに至らなかった「ヒヤリ・ハット事例」についても、「支出事務ヒヤリ・ハット記録票」に記録を残すことで、危うい事例に対する注意を喚起するなど、工夫がなされている（**表4**を参照）。これにより、平成27年度に94件あったレッドカードの件数は、翌年度には50件に激減したとのことである。

(4)資産の保全については、①事務事業に係るリスク管理の実施、②注意喚起

表4　平成29年度　支出事務ヒヤリ・ハット記録票

平成29年度　支出事務ヒヤリ・ハット記録票
（コンプライアンス推進課）

	発生日	起案者	発見者	科目	ヒヤリ・ハットの内容	発生原因	課長確認印
例	4月20日	鈴木	田中	消耗品費	起案日が納品日より後になっていた。	思い込みによる確認漏れ	印
例	5月28日	鈴木	レッドカード	旅費	支払金額に誤りがあった。	算定誤り	
1							印
2							
3							
4							
5							
6							
7							
8							
9							

（確認欄：課長補佐　係長　副主幹　主任主事　主任主事　主任主事　非常勤）

【提供】静岡市

を含めた確認調査の実施（とりわけパソコンのソフトウェアのライセンス保有状況調査）、③IT資産管理やアセットマネジメントなど、資産管理の制度的改善、④庁内ネットワークの活用、⑤財産・物品管理に関する各種監査結果の活用、⑥内部統制の役割に係る意識啓発および調査、⑦事故・ミス、不祥事の未然防止、再発防止が掲げられている。

　こうした数年間に及ぶ取組みの成果は、平成29年4月12日に全国に先駆けて制定された「静岡市内部統制基本方針」へと結実している（**図5**を参照）。今般の地方自治法改正について各地方公共団体がいかに対応していくか考えていく上で、静岡市の取組みは大いに参考になるものと考えられる。

図5　静岡市内部統制基本方針

【提供】静岡市

第7節　内部統制の展望

　地方公共団体における内部統制の取組みの先行事例として、先に挙げた静岡市や鳥取県の取組みが知られているが、全体としてみると課題の多さが指摘されるところである。たとえば、平成25年6月に47都道府県と20指定都市を対象として行われた調査では、内部統制の基本方針を策定している団体は4分の1にとどまり、内部モニタリングはほとんど見られないこと、内部統制の取組みが外部に公開されていないことが明らかになっている[12]。

　内部統制の制度化は、地方公共団体の事務の適正化に向け、業務の大きな改善が期待される一方、非定型業務への対応が困難な場合もあるなど、一定の限界があることに留意する必要がある。たとえば、先行する民間企業について、企業会計審議会が取りまとめた「財務報告に係る内部統制の評価及び監査の基準並びに財務報告に係る内部統制の評価及び監査に関する実施基準」では、内部統制には一般的に次のような限界があると指摘されている。

① 　内部統制は、判断の誤り、不注意、複数の担当者による共謀があると、有効に機能しなくなる場合がある。

② 　内部統制は、当初想定していなかった組織内外の環境の変化や非定型的な取引（地方公共団体の場合は「事務」である。）等には必ずしも対応しない場合がある。

③ 　内部統制の整備・運用に際しては、費用と便益の比較衡量が求められる。

④ 　経営者（地方公共団体の場合は「首長」に対応する。）が不当な利益のために内部統制を無視ないし無効ならしめることがある。

　内部統制システムも万能ではなく（①）、環境の変化などに対応した不断の見直しが必要であるし、また、個別事情に応じた柔軟な対応が必要な場合もある（②）。内部統制への過大な期待により、評価される側の職員が報告書の作成に忙殺されるといった「評価疲れ」を起こすなど、コストと効果が見合わない過度な内部統制体制が整備・運用されることのないようにしなければならない（③）。住民の支持を背景に内部統制を無視ないし無効ならしめる首長が現れることのないように、不断の監視が求められる（④）。

　内部統制制度報告書では、内部統制に関する方針の具体的な作成時期につい

---

12)「内部統制制度報告書」3頁。

ては、地方公共団体の人事異動や首長選挙等のタイミングもあることから、地方公共団体の判断に委ねられるべきであるとされた。[13] 施行期日までに一定の猶予が置かれた（令和２年４月）のは、そのような準備にかかる期間を考慮したものと考えられる。

　内部統制体制も万能ではないことを自覚した上で、防ぐことができるリスクを可能な限り小さくすることを第一に置かなければならない。イメージとしては、40点、50点の生徒を70点、80点まで引き上げるように努めるのが肝要であり、100点にこだわらないことである（リスク制御において100点満点はあり得ない）。いくら内部統制体制を整備したところで、不可避的に起きる事故は存在する。社会の側にも、事故が起きた際に、それは容易に防げる事故であったのか、それともいかに注意を払っても防ぎようがない事故であったのかを冷静に受け止める姿勢が必要であろう。

13）「内部統制制度報告書」10頁。

第3章

長等の損害賠償責任の見直し

第1節　法改正の概要とその背景

　平成29年の地方自治法改正（平成29年法律第54号）では、住民訴訟制度（地方自治法242条の2）について、重要な改正が加えられた。住民訴訟制度は、住民自らが地方公共団体の財務の適正性の確保を図ることを目的として、住民監査請求（地方自治法242条）を経た上で、違法な財務会計行為等について訴訟を提起するというしくみである。第31次地方制度調査会答申は、平成25年3月に「住民訴訟に関する検討会」（座長：碓井光明明治大学法科大学院教授）が取りまとめた「住民訴訟に関する検討会報告書」をふまえて、住民訴訟制度をこのように位置付けた上で、長、監査委員、議会、および住民が連携して地方公共団体の事務の適正性を確保する体制を強化する見直しを全体として行うこととあわせて、住民訴訟制度等をめぐる課題を解決するための見直しが必要であるとした。さらに、第31次地方制度調査会答申を受けて、住民訴訟制度の具体的な方向性について議論し、同答申を捕捉する趣旨から、「住民訴訟制度の見直しに関する懇談会」（座長：碓井教授）が開催され、平成29年1月に「取りまとめ」（以下、「住民訴訟制度取りまとめ」とする。）が公表されている。

　現在の住民訴訟制度には、不適正な事務処理の抑止効果をもつものとして、一定の評価が与えられている。だが、その一方で、地方自治法242条の2第1項4号に基づくいわゆる4号訴訟（地方公共団体の執行機関または職員に対して、違法な行為によって地方公共団体に損害を与えている長や職員等に対して損害賠償請求等をすることを求める訴訟）における長や職員の損害賠償責任のあり方については、様々な課題が指摘されている。

　第一に、職務の遂行にかかる判断のミスに重い損害賠償責任が課せられる可能性があることで、長や職員が積極的に職務を遂行するにあたり萎縮するのではないか（萎縮効果）という指摘である。第二に、国家賠償責任において、国または公共団体から公務員に対する求償権の行使を彼らに故意または重過失が

ある場合に限っていること（国賠法１条２項）との均衡で、住民訴訟において、長や職員の損害賠償責任が軽過失の場合にも認められるのは、責任の程度が重すぎるのではないかという指摘である。第三に、長や職員に対する４号訴訟の係属中あるいは確定後に、議会によって長や職員に対する損害賠償債権を放棄するという議決が相次いでいるところ、このような権利放棄議決は住民訴訟の趣旨を没却するものではないかという指摘である[1]。

　今回の法改正は、それぞれの指摘に応える形で、住民訴訟制度の見直しを中心に行われたものである。大きく２点に分かれており、１点目は、条例において、長や職員等の地方公共団体に対する損害賠償責任について、その職務を行うにつき善意でかつ重大な過失がないときは（善意・無重過失）、賠償責任額を限定してそれ以上の額を免責する旨を定めることができることとされた。条例で定める場合の免責に関する参酌基準および責任の下限額は、国が設定する。２点目は、議会は、住民監査請求があった後に、当該請求に関する損害賠償請求権等の放棄に関する議決をしようとするときは、監査委員からの意見を聴収することとされた。

　以下、本章では、法改正に至る議論の経緯を紹介した上で、今後、実務上問題となり得る論点について、それぞれ解説を加えることとする。

第２節　条例による一定額以上の損害賠償責任の免除①　改正の趣旨

第１款　職務遂行上の萎縮効果の懸念

　まず対処が求められたのは、第一の萎縮効果についての指摘と、第二の国家賠償法上の求償権との不均衡についての指摘である。すなわち、第一に、長や職員に重い損害賠償責任が課せられることで、その職務の遂行に対する萎縮効果が生じることが懸念されている。地方公共団体からは、①財務会計行為の先行行為や非財務会計行為が違法とされたときに厳しい過失責任が認められる場合があること、②長は最少経費最大効果原則（地方自治法２条14項、地方財政法４条１項）などの裁量逸脱の違法の有無を事前に判断することはできないこ

---

1) 特に、阿部泰隆『住民訴訟の理論と実務』信山社（2015）303頁以下が精細である。

と、③職員については、政策判断として決定された事項については、明らか
に違法なものでない限り職務命令として従わざるを得ないことなどから、住民
訴訟によって問われる責任の程度が重すぎるという指摘が強く寄せられたので
ある。

　これらの指摘については、①最高裁は、住民訴訟で職員が賠償責任を負うの
は先行行為について著しく合理性を欠き予算執行の見地から看過しがたい瑕疵
がある場合に限られるとしていること、②補助金の支出のような執行機関の
政策的判断については、裁量が広汎に認められる傾向にあること、さらには、
③長は法務担当の部下を駆使して法令コンプライアンス体制を公費で整備・運
用することができるのであるから、素人考えで判断したりせずに適切に法務部
門を活用すれば、過失が認定されることはないこと、とりわけ最高裁は、財
務会計行為の適法性に関して、法律の解釈等が判例や学説で分かれているとき
には、過失を否定する方向で判断を行っていることなどを理由として、萎縮
する必要はないという反論もなされている。

　しかし、裁判所の判断はもっぱら事後的な視点からなされるために、政策判
断が行われた当時のやむにやまれぬ事情を必ずしも十分かつ適切に汲み取るこ
とができないことや、住民訴訟では組織の責任が個人の責任として追及される
ために、長や職員にとっては職務執行に関する萎縮効果が完全には払拭されな
いという現実については、率直に受け止める必要があると考えられた。

　つまるところ、住民訴訟には、それを通じて過失責任が問われるからこそ、地
方公共団体が行き過ぎた施策を講じることの歯止めになっているという正の側面
と、人口減少社会において資源が限られる中で創意工夫を凝らした積極的な施策

---

2) 最少経費最大効果原則については、本書第5部第3章を参照。
3) このような指摘は、過去にも繰り返し寄せられてきたものであり、とりわけ日韓高速船事件の第1
　審：山口地判平成10年6月9日判時1648号28頁が当時の下関市長に対する8億円余りの損害賠償
　請求を認容したことは、4号訴訟に関する平成14年の地方自治法改正に大きく影響したといわれて
　いる。
4) 一日校長事件にかかる最判平成4年12月15日民集46巻9号2753頁など。
5) 前掲日韓高速船事件においても、上告審である最判平成17年11月10日判時1921号36頁では、事
　業の目的、連帯保証がされた経緯、補助金の趣旨、市の財政状況に加え、市長は補助金支出につい
　て市議会に説明し、市議会において特にその当否が審議された上で予算案が可決されたものである
　こと、補助金支出は事業清算とは関係のない不正な利益をもたらすものではないことなどに照らす
　と、市長が補助金を支出することに公益上の必要（地方自治法232条の2）があると判断したことは、
　裁量権の逸脱・濫用には当たらないとされた。
6) 阿部・前掲19頁。
7) 「住民訴訟に関する検討会報告書」10頁。

を講じることが求められる状況において、長や職員に及ぼす萎縮効果によって本来行われるべき施策が行われないことになってしまうという負の側面がある。正の側面を生かしつつ、負の側面に配慮することが求められているのである。

第2款　国家賠償法上の求償権との不均衡について

　第二に、被害者に対して損害賠償を支払った国または公共団体から担当公務員に対する求償権の行使が担当公務員に故意または重過失がある場合に限られていること（国賠法1条2項）との均衡で、住民訴訟における長や職員への損害賠償責任が軽過失の場合にも認められるのは責任の程度として重すぎると指摘されている。この指摘については、あらゆる行政活動が対象になる国家賠償法と、財務会計行為が対象となる住民訴訟とでは、その対象となる活動の範囲が異なることから、当該不均衡を考慮する必要はないという反論もある。しかし、長や職員が行政活動の結果として地方公共団体に損害を生じさせた場合に負う損害賠償責任は、地方公共団体が長や職員といった個人に対して金銭の支払いを請求するものであるという点において、国家賠償法に基づく公務員個人への求償債権の行使と変わりはない。そのため、国家賠償法との関係について、住民訴訟にも一定の配慮が必要であると考えられた。

第3款　法改正の概要

　このような議論をふまえて、今般の法改正では、善意・無重過失の長や職員等について、一定額以上の損害賠償責任を免除する条例を制定することが認められた。[8]普通地方公共団体は、条例で、当該普通地方公共団体の長もしくは

---

8) この点、「住民訴訟制度取りまとめ」においては、以下の2案が提示されていた（住民訴訟制度取りまとめ2頁）。
　① 損害賠償額の上限を実体法上において設ける案
　　長や職員個人が負担する損害賠償額について、職務を行うにつき故意・重過失がないときは、法律で定める額を上限とする。
　② 責任免除の範囲を事前に条例で明示する案
　　条例において、長や職員個人の損害賠償責任について、職務を行うにつき故意・重過失がないときは、賠償責任額から、職責等を考慮して条例で定める額を控除して得た額を免除する旨を定めることとする。
　　今般の改正法においては、②案が採用された。これは、①案については、長や職員個人が負担する損害賠償額の上限が実体法上明確になるメリットがある一方で、不法行為法の一般原則では相当因果関係の認められる損害の全額について賠償責任が発生することとの整合性が取れないという課題があったためである。
　　これに対して、②案は、現行制度においても、長や職員個人の損害賠償責任を条例または議会の議決により免除することが可能な場合があり、現行制度とも親和性があると考えられる。

委員会の委員もしくは委員または当該普通地方公共団体の職員（地方自治法243条の2第3項の規定による賠償の命令の対象となる者を除く。以下「普通地方公共団体の長等」という。）の当該普通地方公共団体に対する損害を賠償する責任を、普通地方公共団体の長等が職務を行うにつき善意でかつ重大な過失がないときは、普通地方公共団体の長等が賠償の責任を負う額から、普通地方公共団体の長等の職責その他の事情を考慮して政令で定める基準を参酌して、政令で定める額以上で当該条例で定める額を控除して得た額について免れさせる旨を定めることができるものとされた（地方自治法243条の2第1項）。

つまり、条例において、長や職員等が善意・無重過失である場合には、賠償責任額を限定してそれ以上の額を免責する旨を定めることができるようになったのである[9]。なお、免責に関する参酌基準および責任の下限額は、政令に委ねられる。意見公募手続に付された地方自治法施行令（案）によると、最低責任限度額が長の場合給与の6年分、副知事、副市町村長、教育委員、公安委員、選挙管理委員、監査委員で給与の4年分、その他の委員会の委員で給与の2年分、一般の職員で給与の1年分となっており、妥当な水準といえよう。このような免責条例が定められれば、長や職員等に軽過失があるに過ぎない場合には免責が認められることになり、第一の萎縮効果に向けられた批判と、第二の国家賠償法上の求償権（同法1条2項）との均衡を欠くという批判の、いずれに対しても応えることができるものと考えられる[10]。

なお、地方公共団体の議会は、善意・無重過失の長や職員等について一定額以上の損害賠償責任を免除する条例の制定または改廃に関する議決をしようと

9）損害賠償責任の限定は、地方公共団体の有する債権の処分に関するものであり、条例に委ねるのが適当であると考えられた。武富可南「地方自治法等の一部を改正する法律について（下）」地方自治840号（2017）17頁（21頁）。

10）これまでにも、会計管理者等の職員については、金銭を取り扱うものでありミスが生じやすいというその職責にかんがみて、地方公共団体の簡易迅速な損害の回復と公正な手続による賠償責任の免除を図るという趣旨から、その保管する現金、有価証券、または物品等を亡失または損傷したときは、故意または重大な過失があるときに限り、長の賠償命令に基づき、地方公共団体に損害賠償をしなければならないものとされる一方で（地方自治法243条の2第1項・3項）、当該損害が不可抗力によるものであるときなどは、議会の同意を得て、賠償責任の全部または一部を免除することができるとされていた（同条8項）。

長が地方自治法243条の2の適用を受ける職員に該当するかについては争いがあったものの、最判昭和61年2月27日民集40巻1号88頁では否定的に解されたことから、今般の法改正によって、賠償責任の制限ないし免除について立法的な解決が図られたとみることができる。

これに対して、阿部・前掲383頁以下は、長は、会計管理者等の職員とは異なり、長には権限が広汎に認められていることや、法務部門等の多数の補助職員により違法性の有無について的確かつ慎重に判断する法令コンプライアンス体制を整備・運用しうるはずであるから、軽過失免責を導入すべきではないと説いていた。

するときは、あらかじめ監査委員の意見を聴かなければならないとされた（地方自治法243条の2第2項）。その職責や年収等に照らして免責の程度が妥当か否かなど、免責条例の内容について、独立性を有する監査委員が関与する手続を設けることで、政治判断に全面的に委ねることなく、その客観性および合理性を担保する趣旨である[11]。

第3節　条例による一定額以上の損害賠償責任の免除②　実務運用のポイント

(1)　参酌すべき基準や責任の限度額について

詳細は政令の定める限度額に従うこととなるが、参酌すべき基準や責任の限度額については、会社法および独立行政法人通則法等における役員等の最低責任限度額との均衡や、長等の職責および任期等もふまえ、さらには学識経験者等の意見を聴くなどして、慎重に定めることとすべきである[12]。

(2)　「重過失」の定義

実務上、最も問題となるのは、個別・具体的な局面における重過失の認定であると思われる。重過失について、最判昭和32年7月9日民集11巻7号1203頁は、「通常人に要求される程度の相当の注意をしないでも、わずかに注意さえすれば、たやすく違法有害な結果を予見することができた場合であるのに、漫然とこれを見過ごしたような、ほとんど故意に近い著しく注意欠如の状態」であるとする。ただし、この判例は、失火責任法における失火時の重過失について判断したものであることには注意しなければならない。

(3)　国家賠償法1条2項の求償権の行使と重過失

国家賠償請求の事案ではあるが、この点において注目されるのが、佐賀商工共済協同組合事件である。当時の佐賀県知事（前知事）は、佐賀商工共済協同

---

11)　武富・前掲25頁。
12)　（参考）会社法および独立行政法人通則法における役員等の最低責任限度額

・会社法	代表取締役、代表執行役	報酬の6年分
	それ以外の取締役、執行役	報酬の4年分
	社外取締役、会計参与、監査役、会計監査人	報酬の2年分
・独立行政法人通則法	代表権を有する役員	報酬の6年分
	それ以外の役員	報酬の4年分
	監事、会計監査人	報酬の2年分

※　いずれも、役員等の損害賠償責任の限定についての規定は置かれているが、従業員等の最低責任限度額については定められていない。

組合（商工共済）が多額の債務超過を粉飾経理によって隠蔽したまま事業を継続していることを知りながら、中小企業等協同組合法によって付与された規制権限を行使せずに漫然とこれを放置したために、商工共済が破産するに至った。商工共済の組合員らは、佐賀県に対して規制権限不行使を理由とする国家賠償請求訴訟を提起し、佐賀地判平成19年6月22日判時1978号53頁は、組合員らからの4億9000万円余りの請求を認容した（確定）。損害賠償金を支払った県は、今度は前知事に対して求償権の行使（国賠法1条2項）として4億9000万円余りの支払いを求めたところ、佐賀地判平成22年7月16日判時2097号114頁は、前知事の重過失を認めて、請求をそっくり全部認容した。[13]

(4) 内部統制体制の整備・運用と重過失

　重過失については、今般の法改正で、内部統制体制の整備・運用義務が課せられるようになったことと関連付けて判断すべきである。長が適切な内部統制体制[14]を整備して法務部門の職員の助言に耳を傾けてさえいれば当然に避けられたはずの判断の過誤については、改正法の下でも――改正法の下でこそ――重過失があると認定されよう。すなわち、内部統制体制の整備・運用には、職員の不正や財務事務処理上のミスを防止するという効果に加えて、長に集中している権限および責任を適切に各職員に分担するという効果が期待されるのであり、想定し難い不正やミスが発生した場合には、内部統制体制を整備し、適切に運用している限りにおいて、長等は指揮監督上の注意義務を果たしたものとして過失が否定されるなど、責任の所在が明確になるといえる。その反面、内部統制体制を適切に整備・運用せず、その結果として判断の過誤を招いた場合には、長の責任を加重する根拠ともなり得るのである。[15]立案担当者の解説でも、専門家への意見聴取や議会の議決など、事前に適正な手続を経ていたかどうかといった事情が、重過失の有無についての評価において重要な考慮要素となるとされている。[16]

---

13) 請求が全部認容されたのは、前知事が責任制限の主張を怠ったためである。控訴審である福岡高判平成24年2月16日（平成22年（ネ）第844号）では、信義則上、前知事への求償権の範囲は、県の組合員らに対する賠償額の10分の1に相当する額に制限されるのが相当であるとして、4900万円まで減額された。最決平成26年1月16日（平成24年（オ）第898号、平成24年（受）第1093号）により上告棄却・上告不受理決定がなされている。詳細は、本書第4部第4章を参照。

14) 阿部・前掲384頁にいう「法令コンプライアンス体制」と同義である。

15) 「住民訴訟に関する検討会報告書」5頁。

16) 武富・前掲22頁以下。

第4節　権利放棄議決における事前の監査委員の意見聴取①　改正の趣旨

第1款　権利放棄議決と最高裁判決

近年になり、長や職員に対する4号訴訟の係属中あるいは確定後に、議会によって地方公共団体の長あるいは職員に対する損害賠償債権を放棄するという議決（権利放棄議決）が相次いだことで、住民訴訟の趣旨を没却するものではないかという批判が高まった。[17]

注目が集まる中、平成24年になり、権利放棄議決に係る3つの事件で、相次いで最高裁判決が下された。

① 最判平成24年4月20日民集66巻6号2583頁（神戸市事件）

② 最判平成24年4月20日裁民240号185頁（大東市事件）

③ 最判平成24年4月23日民集66巻6号2789頁（さくら市事件）

これらの中で、最高裁は、権利放棄議決について、基本的には議会の裁量判断に委ねながらも、次のような判断枠組みを示して、権利放棄議決が地方公共団体の民主的かつ実効的な行政運営の確保という地方自治法の趣旨に照らして不合理であって裁量権の逸脱・濫用に当たるときは、違法・無効となるとした。

「地方自治法においては、普通地方公共団体がその債権の放棄をするに当たって、その議会の議決及び長の執行行為（条例による場合は、その公布）という手続的要件を満たしている限り、その適否の実体的判断については、住民による直接の選挙を通じて選出された議員により構成される普通地方公共団体の議決機関である議会の裁量権に基本的に委ねられているものというべきである。もっとも、……住民訴訟の対象とされている損害賠償請求権又は不当利得返還請求権を放棄する旨の議決がされた場合についてみると、このような請求権が認められる場合は様々であり、個々の事案ごとに、当該請求権の発生原因である財務会計行為等の性質、内容、原因、経緯及び影響、当該議決の趣旨及び経緯、当該請求権の放棄又は行使の影響、住民訴訟の係属の有無及び経緯、事後の状況その他の諸般の事情を総合考慮して、これを放棄することが普通地方公共団体の民主的かつ実効的な行政運営の確保を旨とする同法の趣旨等に照らし

17）阿部・前掲303頁以下。

て不合理であって上記の裁量権の範囲の逸脱又はその濫用に当たると認められるときは、その議決は違法となり、当該放棄は無効となるものと解するのが相当である。そして、当該公金の支出等の財務会計行為等の性質、内容等については、その違法事由の性格や当該職員又は当該支出等を受けた者の帰責性等が考慮の対象とされるべきものと解される。」

　最高裁の示した判断枠組みは、次のように理解することができる。

①　地方公共団体が長や職員に対して有する損害賠償請求権の放棄の是非についての実体的判断は、基本的に議会の裁量に委ねられている。

②　しかし、当該放棄を行うこととした議会の判断が政治的関係等に影響を受けたものであり、客観性や合理性が認められない場合には、議会の判断に裁量権の逸脱または濫用があったものとして、その議決は違法・無効となる。

③　放棄議決の客観性や合理性を判断するに当たっては、個々の事案ごとに、当該請求権の発生原因である財務会計行為等の性質、内容、原因、経緯および影響、当該議決の趣旨および経緯、当該請求権の放棄または行使の影響、住民訴訟の係属の有無および経緯、事後の状況その他の諸般の事情を総合考慮しなければならず、その判断は、当該請求権を放棄することが普通地方公共団体の民主的かつ実効的な行政運営の確保を旨とする地方自治法の趣旨等に照らして不合理であるか否かという視点から行われなければならない。

　しかし、最高裁の示した判断枠組みに対しては、総合判断であって明確な指標とは言い難いといった批判がある[18]。さらに、下級審においては、市の元市長に対する国家賠償法上の求償権にかかる権利放棄議決がなされた後に議会の構成が変わり、一転して権利行使議決がなされた事案が現れるなど[19]、権利放棄議決については、立法的な解決の必要性が強く認識されていた。

第2款　法改正の方向性

　そこで、第31次地方制度調査会答申においては、損害賠償請求権の放棄が客観的かつ合理的に行われるべく、普通地方公共団体の議会が損害賠償請求権

---

18) 飯島淳子「判例解説（神戸市事件）」論究ジュリスト3号（2012）133頁は、考慮事項を分節化することで、一見すると裁量統制の実効性確保を目指しているようにも見えるが、このような総合考慮には、ふみ込んだ判断をむしろ拒絶する機能があるとする。

19) 東京高判平成27年12月22日判例自治405号18頁は権利行使議決の効力を優先させ、市の元市長に対する求償権の行使を容認した。参照、板垣勝彦『住宅市場と行政法―耐震偽装、まちづくり、住宅セーフティネットと法―』第一法規（2017）246頁以下。

を放棄する場合には、あらかじめ監査委員等の意見の聴取を行うことが必要であるとされた。

　これを受けて、今般の法改正では、普通地方公共団体の議会は、住民監査請求があった後に、当該請求に係る行為または怠る事実に関する損害賠償または不当利得返還の請求権その他の権利の放棄に関する議決をしようとするときは、あらかじめ監査委員の意見を聴かなければならないものとされた（地方自治法242条10項）。権利放棄議決について、独立性を有する監査委員が関与する手続を設けることで、政治判断に全面的に委ねることなく、議決に至る議論の適正さおよび公正さを担保することで、権利放棄議決の合理性を高める趣旨である。[20]

　これに関連して、住民監査請求があったときは、監査委員は、直ちに当該請求の要旨を当該普通地方公共団体の議会および長に通知しなければならないこととなった（地方自治法242条3項）。住民監査請求がなされたという事実について、議会および長の間で情報ないし認識を共有する必要があるためである。

第3款　住民訴訟係属中の権利放棄議決の可否

　とりわけ、住民訴訟が係属し、長や職員に対する損害賠償請求権の有無が争われている間に当該権利を放棄するようなことは、長や職員の賠償責任の有無を曖昧にするものであり、禁止すべきであることが有力に主張されてきた。[21]
第31次地方制度調査会答申においても、住民訴訟のもつ不適正な事務処理の抑止効果を維持するために、4号訴訟の対象となる損害賠償請求権については、訴訟の係属中における権利放棄議決を禁止することが必要であるとされている。

　しかし、今般の法改正では、訴訟の係属中における権利放棄議決の禁止は盛り込まれなかった。このような立法者の判断には賛否が分かれることと思われるが、最高裁が示した「個々の事案ごとに、当該請求権の発生原因である財務

20）住民訴訟に関する検討会報告書16頁。なお、権利放棄議決の要件を法律で規定すべきであるという意見に対しては、国会答弁の中で、住民訴訟で問題となる事案が様々であることから、どのような場合に放棄を禁止して、どのような場合に許容すべきかということについて明確に規定することが極めて困難であるという理由で見送られたと説明されている。松谷朗＝内海隆明＝野路允「地方自治法等の一部を改正する法律について（上）」地方自治838号（2017）14頁（22頁）。

21）これに対して、必要性の高い施策を推進するために、要件を絞って、議会の事前の同意により損害賠償責任を免除する議決を得ておくことについては、その必要性・有用性が指摘されている。阿部・前掲72頁以下。

会計行為等の性質、内容、原因、経緯及び影響、当該議決の趣旨及び経緯、当該請求権の放棄又は行使の影響、住民訴訟の係属の有無及び経緯、事後の状況その他の諸般の事情を総合考慮」しなければならないという判断枠組みからすれば、「住民訴訟の係属の有無及び経緯」は、あくまでも考慮すべき諸般の事情の1つにすぎず、絶対視すべきではないという趣旨であると思われる。訴訟が係属中であっても権利放棄議決を認めるべき局面は可能性として皆無とはいえないから、法律で一律に訴訟の係属中における権利放棄議決を禁止することは憚られたのかもしれない。

　むろん、「住民訴訟の係属の有無及び経緯」は、考慮すべき諸般の事情の1つにすぎないとはいっても、多くの事情の中でも格段の重みをもつ事情であることは間違いない。訴訟の係属中であるという一事をもって権利放棄議決が違法・無効とされることはないけれども、訴訟の係属中にもかかわらず裁判所の判断を待たずに権利放棄議決を行うことには国民からの厳しい視線が注がれることは覚悟しなければならないし、監査委員の意見もそのことを十分に斟酌した上で提出する必要があろう。

第5節　権利放棄議決における事前の監査委員の意見聴取②　実務運用のポイント

(1) 概　要

　初めての試みであるので、様々な事態が想定されるが、実務上、最も関心が高いと思われるのは、実際に権利放棄議決を行った場合において、裁判所で当該議決が有効と判断されるか否かの基準であろう。①監査委員の意見を聴取しなかった場合、②監査委員が権利放棄議決に反対した場合、③監査委員が権利放棄議決に賛成した場合に分けて、それぞれの留意点を説明することとする。

(2) 監査委員の意見を聴取しなかった場合

　まず、事前に監査委員の意見の聴取を行うことが法律の明文で定められた以上、監査委員の意見を聴かずに行われた権利放棄議決は、重大な手続的瑕疵があるものとして、違法・無効と判断されることは疑いない。可能性としては、事後的に監査委員の意見を聴くことで瑕疵が治癒されるか否かが問題となり得るが、法改正の趣旨にかんがみれば、否定的に解すべきであろう。

(3) 監査委員が権利放棄議決に反対した場合

　問題は、監査委員の意見を聴きさえすれば、いかなる場合であっても権利放棄議決は有効となるのかである。この点について、立法者は、監査委員の同意を権利放棄議決の効力発生要件とするしくみは採用しなかったため、監査委員が損害賠償請求権の放棄に反対したからといって、そのことだけを理由に権利放棄議決を行うことが不可能になる――監査委員の反対を押し切って権利放棄議決がなされた場合にはすべて無効となる――わけではないと解される。

　しかし、事前に監査委員の意見を聴くこととした趣旨が権利放棄議決の客観性・合理性を担保するためであることを考えれば、監査委員が損害賠償請求権の放棄に「反対」という意見を述べたにもかかわらず、その反対を押し切って議会で権利放棄議決がなされたような場合には、住民訴訟においては、議会の裁量権の逸脱・濫用があったことが推定され、被告の側で議会の判断に裁量権の逸脱・濫用がなかったことを主張・立証していく必要があるものと解されよう[22]。

(4) 監査委員が権利放棄議決に賛成した場合

　また、これとは逆に、監査委員が損害賠償請求権の放棄に「賛成」という意見を述べた場合であっても、その一事をもって、権利放棄議決にかかる議会の判断に裁量権の逸脱・濫用が認められなくなるわけではない。たしかに、今般の法改正の審議でも検討されたように、監査委員が権利放棄議決に賛成したことは、議会の判断が客観的・合理的なものであり、裁量権の範囲内といえることを示す1つの重要な要素である。しかし、①監査委員は議会の同意の下に長によって選任されるというその選任過程（地方自治法195・196条）にかんがみれば、監査委員が重要な議題をめぐって議会と意見を違えたり、長の責任を厳格に追及するといったことは一般に想定しにくいという構造的な課題を抱えていること、②監査委員は住民監査請求において当該財務会計上の行為について一定の判断をすでに行っているのであり、このような立場にある監査委員が権利放棄議決について意見を述べることの妥当性には一定の留保が必要であることといった事情は、やはり看過できないと思われる[23]。したがって、監査委員の賛成を絶対的な指標とすることは妥当でなく、裁判所が「当該請求権の発生

---

[22]　武富・前掲26頁では、「議会は、監査委員の意見に拘束されるものではないが、仮に、監査委員の意見を踏まえずに放棄の議決をした場合には、裁量権の逸脱・濫用と評価されるおそれがある」といった程度の表現にとどめられている。

[23]　「住民訴訟に関する検討会報告書」17頁。

原因である財務会計行為等の性質、内容、原因、経緯及び影響、当該議決の趣旨及び経緯、当該請求権の放棄又は行使の影響、住民訴訟の係属の有無及び経緯、事後の状況その他の諸般の事情を総合考慮」した結果、議会の判断について裁量権を逸脱・濫用したものとして違法・無効と判断する可能性を一切排除したものとはいえないであろう。

(5) 手続上のポイント

　手続上のポイントを考えると、第一に、監査委員については、監査委員がいかなる趣旨で権利放棄議決に賛成するのか、その具体的な理由を示すことが運用の鍵になると思われる。具体的な理由を示すことができないならば、適切に考慮した上で権利放棄議決に賛成したものとはみなされない。

　第二に、議会の議決については、①議案において財務会計上の違法行為に基づく損害賠償請求権の放棄であることが明確に示された上で、②損害賠償請求権の発生原因および賠償額等について的確かつ十分な情報提供がなされ、③損害賠償請求権を放棄することの是非について十分な審議が行われた上で、議決が行われることが不可欠となろう。

第4章

教員採用試験の不正に関係した幹部職員への求償

第1節　問題の所在

　違法な行政活動により被った損害について被害者から国家賠償訴訟が提起され、公共団体が多額の損害賠償金を支払ったにもかかわらず、公共団体から違法行為に関与した公務員（以下、「担当公務員」とする。）に対して求償権（国賠法1条2項）が行使されないので、住民訴訟の3号および4号請求（地方自治法242条の2第1項3・4号）が提起された。良くありそうな事案であるが、実際に公刊物登載判例として残されている例は意外と少なく、いずれも下級審裁判例であった。[1]

　田無市長が市の施行する駅前の再開発事業に反対の立場を採っていた事業者に対して水道の給水を留保したことが問題となった東京地判昭和58年5月11日判タ504号128頁では、事業者からの国家賠償請求に応じて市が支払った27万円と同額の旧4号請求が認められている。国立市長（前市長）がマンションの建設を阻止するために執った諸施策が事業者に損害を与えたとして、市が事業者に対して3123万円余りの損害賠償金を支払ったという事案（国立マンション事件）では、後任市長が前市長に対して求償権を行使しないことから住民訴訟が提起され、東京地判平成22年12月22日判時2104号19頁において、やはり市が支払ったのと同額の新4号請求が認容された。[2]

　求償権は、地方公共団体が有する財産ないし債権であり、地方自治法240条、同法施行令171条から171条の7までの規定によれば、地方公共団体には、客観的に存在する債権を理由もなく放置したり免除したりする裁量はなく、債権が客観的に存在する以上は、原則として、それを行使しなければならない（はみ出し自販機事件に係る最判平成16年4月23日民集58巻4号892頁）。ただし、債

---

1) 戸部真澄「判例解説」新・判例解説Watch vol.22（2018）51頁が精細である。
2) 板垣勝彦『住宅市場と行政法—耐震偽装、まちづくり、住宅セーフティネットと法—』第一法規（2017）221頁以下。その他、飯島淳子「行政組織とその構成員の責任に関する一考察」法学81巻6号（2018）665頁。

権の存否自体が必ずしも明らかではない場合もあるため、その不行使が違法な「怠る事実」に当たるというためには、少なくとも、客観的に見て不法行為の成立を認定するに足りる証拠資料を長が入手し（得た）ことを要する（最判平成21年4月28日判時2047号113頁[3]）。

　本章で取り扱うのは、平成20年に発覚した大分県教育委員会の教員採用における大規模な不正事件（本件不正）について下された最判平成29年9月15日（平成28年（行ヒ）第33号）判時2366号3頁である（以下、本章において「本判決」とする）。本件不正については、採用決定を職権で取り消された者から提起された別件訴訟も行政法学の重要な論点を提示しているが、本章では措くこととする[4]。

　本判決は、事例判断ではあるが、最高裁として初めて、求償権の不行使と住民訴訟という問題に正面から向き合ったものであり、その意義は小さくない[5]。また、田無市や国立市における先例では首長の専行的な色彩が強かったのに対して、本件不正は多くの幹部職員が組織的に関与していたという点で、ある意味、根深い問題であるともいえる。

---

3) とはいえ、本章でふれる大分県教委事件は、証拠資料の入手に支障はない事案であった。先立つ国家賠償請求訴訟の中で、求償権の相手方である担当公務員に故意が認定されていた事案として、熊本地判平成25年10月11日（平成25年（行ウ）第3号）。他方で、大分地判平成28年12月22日判例自治434号66頁は、公共団体が証拠資料を入手し（得）たと認められる場合であっても、求償権を行使せず、その行使を見合わせることとした判断に合理性があると認められるような例外的な場合には、違法な怠る事実があるとはいえないとする余地を認める。

4) 教員採用試験における得点操作を理由として、試験の結果としての採用決定が職権で取り消された者からその取消しが請求された別件訴訟では、行政処分の職権取消しの可否が争われている。別件訴訟は複数あり、①訴訟が、第1審：大分地判平成28年1月14日判時2352号13頁、控訴審：福岡高判平成29年6月5日判時2352号3頁であり、②訴訟が、第1審：大分地判平成27年2月23日判時2352号36頁、控訴審：福岡高判平成28年9月5日判時2352号25頁である。別件訴訟の論点は、不正が発覚する以前の年度に同様の得点操作で採用された者との平等原則違反の主張の可否、相手方に対する授益的処分であるはずの採用処分に基づく国家賠償請求の認容など（この問題は建築基準法の保護法益が争われた最判平成25年3月26日裁時1576号8頁とも共通する。）、多岐にわたる。詳細な検討として、阿部泰隆『行政法の解釈（3）』信山社（2016）77頁。齋藤健一郎「公立学校職員の採用処分の職権取消し」商学討究69巻2＝3号（2018）309頁は、「時際法」の視点から興味深い分析を行っている。

5) 先駆的な研究として、阿部泰隆「国家賠償法上の求償権の不行使からみた行政の組織的腐敗と解決策」自治研究87巻9号（2011）3頁。

第2節　事案の概要

第1款　不正の全体像

(1)　概　要

　この事件は、大分県教育委員会（以下「県教委」という。）の職員らが行った大規模な教員採用試験の不正に関係して支払われた損害賠償金の求償をめぐる住民訴訟である。最初に、平成19年度および同20年度に行われた教員採用試験における受験者の得点を操作するなどの不正（以下「本件不正」という。）の概要について説明した上で、関係者の処分、和解と損害賠償金の支払い、寄附と求償、住民訴訟の提起、原審判決の順番で、時系列を追うことにする。

(2)　Aらによる不正

　本件不正当時、小・中学校教諭などの教員採用試験の事務は県教委の義務教育課人事班が担当しており、合否の決定は教育長が行っていた。平成19年度採用に係る試験（以下「平成19年度試験」という。）の当時、教育長を補佐し義務教育部門を統括する教育審議監であったAは（以下、役職名はすべて事件当時のものとする。）、特定の受験者を試験に合格させてほしいなどの相当数の依頼を受け、人事班の主幹Gに対し、これらの依頼に係る受験者の中からAが選定した者を合格させるよう指示した。その中には、Aが、市立小学校の教頭Bと教諭Cの夫妻（以下「B夫妻」という。）から100万円の賄賂を供与された上で、B夫妻の子を合格させるよう依頼を受けたことによる指示もあった。

　義務教育課長Hは、上記依頼のほかにも相当数の同様の依頼を受け、Gに対し、これらの依頼に係る受験者の中からHが選定した者を合格させるよう指示した。

　Gは、上記の指示を受け、受験者の得点を操作した上で教育長に合否の判定を行わせ、上記指示に係る受験者（B夫妻の子を含む。）を合格させた。

(3)　Aの退職後の不正

　Aの退職後に教育審議監となったHは、平成20年度採用に係る試験（以下「平成20年度試験」という。）についても、相当数の者から同様の依頼を受け、人事班の課長補佐となったGに対し、上記依頼に係る受験者の中からHが選定した者を合格させるよう指示した。

112 第4章 教員採用試験の不正に関係した幹部職員への求償

Gは、上記の指示を受けたほか、市立小学校の教頭Dから400万円の賄賂を供与され、同人の子を試験に合格させるよう依頼を受けたことから、人事班の副主幹Iに指示して、上記と同様の方法により、これらの者（Dの子を含む。）を合格させた。

第2款　関係者の処分、損害賠償金の支払い、寄附および弁済

⑴　関係者の処分

Aは、平成18年11月頃、県を退職したことに伴い、退職手当3254万5896円の支給を受けていた。しかし、本件不正に係る収賄の罪により有罪判決を受けたことで、平成20年12月、県教委から、県の条例に基づく退職手当全額の返納を命じられ（以下、この命令を「本件返納命令」という。）、同21年1月、県に対し、全額を返納した（以下「本件返納」という）。

H、G、B夫妻およびDは、いずれも懲戒免職処分を受けたことで、退職手当の支給はされなかった。

⑵　和解と損害賠償金の支払い

本件不正により、本来合格していたにもかかわらず不合格とされた者（以下「該当者」という。）から、県に対して損害賠償が請求された。県は、和解に基づき、平成23年3月までに、平成19年度試験の該当者のうち31名に対して、総額7095万円の損害賠償金を支払い、平成20年度試験の該当者22名に対して、総額1950万円の損害賠償金を支払った。これで、損害賠償金の総額は9045万円となった。

⑶　寄附と弁済

県は、該当者に対して支払われるべき損害賠償金の財源の一部として、県教委の幹部職員等から、合計4842万4616円の寄附（以下「第1寄附」という。）を受けた。

県教委は、平成23年8月、損害賠償金の総額9045万円から第1寄附の合計額である4842万4616円および本件返納に係る額（以下「本件返納額」という。）である3254万5896円を控除した947万9488円について求償することとし、平成19年度試験における本件不正への関与者に対する求償額を739万8320円、平成20年度試験における本件不正への関与者に対する求償額を208万1168円と決定した。

その後、県は、平成19年度試験に関する求償額739万8320円のうち、B夫

妻から44万4687円、Aから195万3633円の各弁済を受けるとともに、平成20年度試験に関する求償額208万1168円のうち、Dから20万8648円、Ⅰから187万2520円の各弁済を受けた。これによって平成20年度試験に係る求償額についてはすべて弁済が行われたことになるが、平成19年度試験に係る求償額については、なお500万円が不足する。

この点について、県は、平成24年2月、県教委の教育委員有志等から、求償金の財源の一部として、500万円の寄附（以下「第2寄附」という。）を受けた。

第3款　訴訟の経緯

(1)　住民訴訟の提起

大分県の住民であるX（上告人、控訴人兼被控訴人、原告）らは、適法な住民監査請求を経た上で、Y（大分県知事、被控訴人兼控訴人、被上告人）を相手に、Yが本件不正に関与した者に対する求償権を行使しないことは違法に財産の管理を怠るものであると主張し、地方自治法242条の2第1項3号に基づく請求（3号請求）として、本件不正に関与したとXらが主張するE、F等に対する求償権行使を怠る事実の違法確認を求めるとともに、同項4号に基づく請求（4号請求）として、A、B、CおよびDならびにEおよびFに対する求償権に基づく金員の支払を請求することを求めて、住民訴訟を提起した。

(2)　第1審判決

第1審（大分地判平成27年3月16日判例自治429号35頁）は、第1寄附と第2寄附については、実質的に損害の補填を受けたものと認められるから、各寄付に相当する金額について求償権を行使しないことは違法でないとしながらも、Aから退職金相当額が返納されたからといって、それを求償額から控除することを相当する具体的な理由が認められない場合には、求償権の行使は制限されないとした。

(3)　原審判決

これに対して、両当事者から控訴がなされ、原審（福岡高判平成27年10月22日判例自治429号53頁）は、要旨次のとおり判断して、Xらの請求をいずれも棄却すべきとした。

県教委には、従前から、小・中学校教諭の選考に試験の総合点以外の要素を加味すべきであると考える幹部職員が存在するなどの事情があり、県教委がこれに対して確固とした方針を示してこなかったことが本件不正の土壌となった

ことは否定し得ず、県教委には本件不正について一定の責任がある。また、公務員の退職手当には賃金の後払いという性格があること等をも考慮すると、求償権の行使に当たり、退職手当の返納や不支給の事実を合理性の認められる限度で考慮することは許容されるところ、Aが本件返納命令を受けたのは退職手当の支給を受けてから2年が経過した後であり、返納の実現は必ずしも確実ではなかった。したがって、本件返納額を求償権行使に当たって考慮することは、過失相殺又は信義則上の制限として合理性を有するから、県がこれに相当する額を求償しないことは違法ではない。

　そうすると、県が本件不正に関与した者に対して求償すべき金額は947万9488円であり、これは各弁済および寄附によってその全額が回収されているから、県がAらに対して求償すべき金額はなく、また、県がEらに対する求償権を取得したか否かについては判断をする必要がない。

⑷　上　告

　原審判決に対して、Xらが上告した。

第3節　判　旨

　最高裁は、次のように判示して、一部破棄差戻、一部上告棄却の判決を下した。

　「4……本件不正は、教育審議監その他の教員採用試験の事務に携わった県教委の職員らが、現職の教員を含む者から依頼を受けて受験者の得点を操作するなどして行われたものであったところ、その態様は幹部職員が組織的に関与し、一部は賄賂の授受を伴うなど悪質なものであり、その結果も本来合格していたはずの多数の受験者が不合格となるなど極めて重大であったものである。そうすると、Aに対する本件返納命令や本件不正に関与したその他の職員に対する退職手当の不支給は正当なものであったということができ、県が本件不正に関与した者に対して求償すべき金額から本件返納額を当然に控除することはできない。また、教員の選考に試験の総合点以外の要素を加味すべきであるとの考え方に対して県教委が確固とした方針を示してこなかったことや、本件返納命令に基づく返納の実現が必ずしも確実ではなかったこと等の原審が指摘する事情があったとしても、このような抽象的な事情のみから直ちに、過失相殺又は信義則により、県による求償権の行使が制限されるということはできない。

したがって、上記の事情があることをもって上記求償権のうち本件返納額に相当する部分を行使しないことが違法な怠る事実に当たるとはいえないとした原審の判断には、判決に影響を及ぼすことが明らかな法令の違反がある。

5　以上のとおりであるから、論旨は理由があり、原判決中、上告人らのAらに関する4号請求並びに上告人Ｘ１らのEらに関する3号請求及び4号請求に関する部分は破棄を免れない。そして、県の教員採用試験において不正が行われるに至った経緯や、本件不正に対する県教委の責任の有無及び程度、本件不正に関わった職員の職責、関与の態様、本件不正発覚後の状況等に照らし、県による求償権の行使が制限されるべきであるといえるか否か等について、更に審理を尽くさせるため、上記部分につき本件を原審に差し戻すこととする。」

＊　山本庸幸裁判官の意見

「私は、原判決を破棄し、本件を原審に差し戻すとの多数意見に賛成するものであるが、その理由については考えを異にするところもあるので、意見を申し述べたい。それは、〔第１寄附〕に相当する金額を、Aらに対する請求額から差し引く根拠があるのかという点である。というのは、第１寄附に係る寄附金を集めた趣旨は、その実施概要に係る書面によれば、本事件によって損害を被った被害者に対する迅速な賠償に充てるとともに、これにより県の財政にも過度の負担をかけないようにというものではないかと考えられる。それが寄附者の自主的な善意に支えられて集められているのであれば、それ自体は、被害者の救済等に資するので誠に結構なことである。

ところが、そうした寄附者の善意によるはずの寄附金相当額が、原判決によれば、いつの間にかAらに対する請求額から差し引かれ、結果的にその分だけ損害賠償責任を免除するように使われている。特にAは、収賄という重大な犯罪を犯して有罪が確定した者である。〔第２寄附〕は、そういう者であっても、これまでの同僚が寄附金を出し合って個人的に支えようという趣旨で寄附されたものと認められるので、第２寄附を請求額から差し引くのは、まだ理解できる。

しかしながら、第１寄附は、少なくとも上記書面を見る限り、そのような趣旨であったとは、全くうかがえないものである。したがって、原審は、第１寄附を請求額から差し引いた理由及び根拠として、第１寄附は本来合格していたにもかかわらず不合格となった者に対して県が支払った損害賠償金の財源に充当してほしいとの趣旨を示して拠出されたものであること等から、県が実質的

にその補てんを受けたと評価できるという事情を挙げるが、このような事情だけではとても納得することができない。

ところで、Aは、県の教育審議監として、人事権その他県の教育界を動かす権限があった者であることは、容易に推察できる。見方によれば、そのような立場にあった者のかつての影響力を慮った元部下たちが、その傘下の県教委職員や公立学校の校長等から事実上強制的に寄附金を集め、最終的にはAの損害賠償義務の軽減に用いられるようにもっていったと解釈できなくもない。仮にそれが事実であるとすれば、私はあるまじき行為であると考える。とりわけ組織の長あるいはこれに準ずる立場にある者は、自らの不祥事に基づく損害賠償責任は自ら果たすべきであり、仮にもその責任が一部にせよ部下に押し付けられるようなことはあってはならないと考える次第である。

本事件の第1寄附をいかに取り扱うかによっては、このような形でトップあるいはこれに準じる者の損害賠償責任が部下に押し付けられるというやり方が、今後、全国にまん延しかねないとも限らないし、今回の判断でそれを裁判所が追認する結果となることを懸念している。

そこで、多数意見が更に審理を尽くすべきであるとする本件返納額に相当する部分についての求償権の制限に加えて、以上のような点を含めて、更に審理を尽くさせるために原審に差し戻すべきものと考える。」

第4節　組織的な不正の土壌が存在したことの評価

第1款　本判決における評価

往々にして、担当公務員が単独で一から違法行為を行うようなことは例外的であり、ほとんどの場合には、構築されていた組織体制についても、違法行為を誘発ないし助長した原因が認められる。そのような場合、支払われた損害賠償金の全額を担当公務員に対して求償することは信義則に反するのではないか、あるいは過失相殺を認めるべきではないかといった疑問が浮かぶ。

原審は、県教委には、従前から、選考に試験の総合点以外の要素を加味すべきであると考える幹部職員が存在するなどの事情があり、これに対して確固とした方針を示してこなかったことが本件不正の土壌となったという側面について言及し、過失相殺ないし信義則による求償制限を認めた。これに対して、最

高裁は、そのような抽象的な事情のみから直ちに、求償制限は認められないとした。

　組織的な不正の土壌が存在した場合、先例はいかなる判断で応じているのか、代表的な裁判例を分析していくことにしよう。

第2款　様々な先例——騎西町事件、佐賀商工共済事件、国立マンション事件——

　国賠法上の求償権行使に関する先例を紐解いてみると、浦和地判平成8年6月24日判時1600号122頁では、騎西町の税務課長がエセ同和団体の圧力に屈して不実の宅地課税証明書を交付したために、その課税証明書を信頼して取引に入った宅地開発業者に対して町が損害賠償を支払うこととなり、町から税務課長に求償がなされたという事案において、エセ同和対策を十分に講じていなかった町にも組織的な責任があるとして、2割の過失相殺が認められている。

　大掛かりな事例としては、佐賀商工共済事件が見出される[6]。当時の佐賀県知事（前知事）は、佐賀商工共済協同組合（商工共済）が多額の債務超過を粉飾経理によって隠蔽したまま事業を継続していることを知りながら、中小企業等協同組合法によって付与された規制権限を行使せずに漫然とこれを放置したために、商工共済は破産するに至り、組合員は多額の損害を被った。商工共済の組合員から佐賀県に対して国賠訴訟が提起され、佐賀地判平成19年6月22日判時1978号53頁は、組合員らからの4億9000万円余りの請求を認容した（確定）。損害賠償金を支払った県は、前知事に対して求償権を行使したところ、佐賀地判平成22年7月16日判時2097号114頁では、県が組合員らに支払った4億9000万円の全額について、求償が認められた。これは前知事が責任制限についての主張を怠ったためであり、控訴審である福岡高判平成24年2月16日（平成22年（ネ）第844号）では、信義則上、求償権の範囲は、賠償額の10分の1に相当する額に制限されるのが相当であるとして、4900万円まで減額されている。減額の理由として、①監督権限の行使を含む商工共済関連の事務は商工労働部商工企画課長の専決に委ねられており、知事の決裁を受けるべき事務ではなかったこと、②知事の職務は膨大で多岐にわたるものであるがゆえ

6）本書第4部第4章を参照。その他、安藤高行「首長であった者に対する国家賠償法1条2項に基づく求償権の行使をめぐる2つの事件——国立市事件と佐賀県事件（1）（2）（3・完）」自治研究91巻12号（2015）30頁、92巻2号52頁、4号（以上、2016）3頁。安藤（2）62頁以下は、事実認定について疑問を呈する。

に、専決事務については、基本的に専決権者の権限と責任において実施するものであるといえること、③商工共済の粉飾経理問題については、商工企画課から県に正式なルートでの報告はなく、その決裁書類も存在しないなど、県職員が全体として問題解決に積極的であったとはいえないこと、④前知事が、商工共済の経営状況の改善に期待して、長期的な観点から問題の解決を目指したこと自体、不当な目的や動機があったとは見られず、専決権者であった課長から、試算上経営再建は全く不可能というわけではない旨の報告を受けていることといった事情が掲げられている[7]。なお、①②④の事情からすれば、県は、前知事のみならず担当課長にも求償権を行使すべきであったことになるが、これは行使されていない[8]。

東京地判平成22年12月22日は、前市長は普通地方公共団体の長として行政目的を達成する上での中立性・公平性が要請される立場にありながら、建築基準法に違反しない適法建築物の建築・販売を阻止することを目的として、少なくとも重大な過失により、自ら主体的かつ積極的に一連の違法行為に及び、これにより事業者に損害を与えたことから、国立市において損害賠償金を支払わなければならない事態を招いたものであるといった事実を認定して、なお国立市が前市長に対して求償権を行使することが信義則に反するとはいえないとした。

第3款　類型化の上での検討

学説には様々な見解が存在するが[9]、一般論として、担当公務員の落ち度のみを追及するのが公平の見地からみて妥当ではなく、不法行為を生み出す土壌が公共団体内部の組織体制にも存在したような場合においては、過失相殺ないし信義則による求償権の行使の制限（求償制限）は認められるべきであるし、

---

7) この判断は、最決平成26年1月16日（平成24年（オ）第898号、平成24年（受）第1093号）により上告棄却・上告不受理決定がなされている。ただし、櫻井龍子・横田尤孝裁判官から、重過失とは、ⓐその注意を甚だしく欠いていたか、ⓑ僅かな注意をすれば有害な結果の発生を容易に予見することが可能であるか、の2つの観点から判断しなければならないところ、控訴審の事実認定には審理不尽の違法があるとして反対意見が出されており、僅差の判断である。
8) 阿部泰隆『住民訴訟の理論と実務』信山社（2015）386頁は、首長は、誤った助言をしたり、原案を作った部下や、違法な議案を可決した議員に対して賠償請求することで、自らの責任を軽くすべきであるとする。
9) 学説の整理として、下山瑛二『国家補償法』筑摩書房（1973）89頁以下。

多くの下級審判決もそのように解している[10]。

　類型化した上で検討を加えると、国立マンション事件は、ⓐ首長が自身の正しいと信じて疑わない施策を率先・主導して行った事案であり、公共団体内部の組織体制が首長の独断・専横を放置したといえる特段の事情がある場合を別として、過失相殺ないし信義則による求償制限を認めるべきではない[11]。なお、首長以外にも、副市長や総務部長などが極めて大きな権限を持ち、事実上、組織を意のままに動かしているような場合には、ⓐタイプに分類されよう。本件のＡがそのような者であった可能性は排除できないが、退職後は後任であるＨがその権限を行使しており、また、ＨやＧも賄賂を供与されていることにかんがみると、Ａの独断・専横があったと認定するまでには至らないと思われる。

　これに対して、佐賀商工共済事件は、ⓑ組織的な規制権限不行使（不作為）の責任をトップが取らされたという意味で、「日本的な」組織原理が表に出た事案といえる。専決権者に対する監督責任が問われている事案でもあり[12]、トップ（ないし実質的な決定権者）が全責任を抱え込むことは公平の見地からみて妥当とはいえず、一定の求償制限が認められるべきであろう。

　本件についてみると、ⓒ組織的な作為が問題となった事案であるという点では騎西町事件と共通するが、具体的な様相はだいぶ異なる。騎西町事件では、エセ同和団体からの不当な圧力に晒された税務課長について多少なりとも酌量の余地があるのに対して、本件における県教委の幹部職員が人事権限を笠に着て私腹を肥やした行為に酌量の余地はないからである。なお、平成19年度試験におけるＨ、Ｇと平成20年度試験におけるＧ、Ｉのような中間管理職については、影響力のある上司からの指示に抗しきれなかったという事情が想定され得るが、一見して刑法犯罪であることが明らかな法令違反の指示に対しては

10）最判昭和51年7月8日民集30巻7号689頁は、被用者がタンクローリーの運転中に起こした自動車事故について、使用者からの求償（民法715条3項）を、損害の公平な分担という見地から、信義則上制限されるとした。北島周作「判例解説（本判決）」法学教室448号（2018）125頁、板垣・前掲注（1）232頁以下。

11）ただし、市民や議会から一定の支持を受けていたといった事情があれば、そのことを理由とした一定の責任制限は認められて良いと思われる。

12）この点において、有名な最判平成3年12月20日民集45巻9号1455頁が示す、「右補助職員が財務会計上の違法行為をすることを阻止すべき指揮監督上の義務に違反し、故意又は過失により右補助職員が財務会計上の違法行為をすることを阻止しなかったときに限り……右補助職員がした財務会計上の違法行為により当該普通地方公共団体が被った損害につき賠償責任を負う」という定式は参考になるが、この定式ではトップの免責が広範に認められ過ぎるきらいがあり、あくまでその射程は財務会計上の行為にとどまると理解すべきであろう。

毅然と断る姿勢が求められるのであり[13]、本件では中間管理職に対してそのような姿勢を求めることに支障はない。教員採用試験における不正が恒常的に行われていたという退廃的な雰囲気が組織に蔓延していたとしても、信義則や過失相殺による求償制限が認められるべきとは考えられない。

　仮に、平成18年度以前にも本件不正のような運用が連綿と行われていたとすれば[14]、大規模不正が発覚した年度の幹部職員であったAらは「不公平感」を覚えるかもしれないが、それは過去の県教委の幹部職員が責任追及を免れることの是非という問題であって、本件におけるAらが責任追及を免れることの根拠にはならないと思われる。

第5節　退職金返納命令に基づき返納がなされたことの評価

　本件不正に関与していた職員は、退職の時期が少し食い違ったことで、退職手当の支払いにおいて重大な差異が生じている。すなわち、H、G、B夫妻およびD（以下、「Bら5人」ということがある。）は、いずれも懲戒免職処分を受けたことで退職手当が支給されなかったのに対して、Aは、本件不正の発覚前に退職していたことから、退職手当3254万5896円の支給を受けていた。これではBら5人との関係で取扱いに均衡を欠くことから、Aに対して退職手当の全額につき返納命令が下されたわけで、返納命令を下した判断自体は正当であろう。

　問題は、Aから返納された額（本件返納額）を求償債権に充当することの是非である。その取扱い次第では、Bら5人よりもAの方が有利な帰結となりかねないからである。第1審は充当を一切否定したのに対して（以下、「充当否定説」とする。）、原審は全額についてこれを認めた（以下、「充当全面肯定説」とする）。本判決は、「求償すべき金額から本件返納額を当然に控除することはできない」という曖昧な言い回しを用いている。

　退職手当には、一般に、賃金の後払い的な性格と、功労報償的な性格が併存しているとされており、公務員の勤務関係においても同様である（国家公務員

---

13)　塩野宏『行政法Ⅲ［第4版］』有斐閣（2012）315頁。

14)　福岡高判平成29年6月5日は、「県教委において長年にわたり（遅くとも平成14年以降）、口利きによる組織的な不正行為が行われてきた」ことに言及している。

退職手当支給法について、最判昭和43年3月12日民集22巻3号562頁、地方公務員法と香川県職員退職手当条例について、最判平成12年12月19日判時1737号141頁）。

1つの考え方として、Aに支払われていた退職手当のうち、賃金の後払い的な性格を有する部分は、就労の対価として本来支払われるべきものが返納を求められたわけであるから、求償債権への充当が認められるべきであるが、功労報償的な性格を有する部分は、不正を行ったAに対して本来支払われてはいけなかったものであるから、返納したからといって、求償債権への充当を認めることにはならないという見解があり得る（以下では、このように退職手当の二元的性格のうち、賃金の後払い的性格の部分を重視して、退職手当の賃金の後払い的性格に限り充当を認める——充当否定説と充当全面肯定説の中間に立つ——考え方を「充当一部肯定説」とする[15]）。これは、賃金の後払い的な性格の部分について損益相殺を認める見解ということができる[16]。

しかし、充当一部肯定説や充当全部肯定説（以下、あわせて「充当肯定説」ということがある。）では、やはりAとBら5人との間で均衡を欠く帰結になる。つまり、数千万円にも上る退職手当を（一部にせよ）求償額に充当することが認められるAが求償割合を決める上で相対的に有利となり、Bら5人が不利となるのである。Bら5人については、債権・債務関係が発生する前に懲戒免職となったために、そもそも退職手当の支払い債務を県が負っておらず、この点について考慮すべきでないとも考えられるが、充当肯定説は「賃金の後払い性格」部分について一定の権利性を認める思考である以上（だからこそ、Aについて［少なくとも一部については］返納額の求償債権への充当を認めるのである。）、Bら5人についても、懲戒免職処分を受けたことで県が支払いを免れた「潜在的な賃金の後払い的部分」ともいうべきものを観念し、県はその支払いを免れた分だけ、Bら5人に対する求償額から個別に差し引くというのが、論理的帰結となる[17]。そうでなければ、Aとの間の不均衡を免れないからである。ただし、充当肯定説はかなり複雑な計算を要するだけでなく、懲戒免職処分を受けたB

---

15) むろん、このような取扱いは、賃金の後払いの部分と功労報償の部分が可分であるという前提に基づく。なお、充当一部肯定説にせよ、充当全部肯定説にせよ、返納額を（一部にせよ）求償額から差し引く操作は、個々人が行った返納の帰結なのであるから、担当公務員全員に対する求償額の総額から行われるべきものではなく、各担当公務員に対する個別の求償額を決定してから行われる必要がある（第6節第3款で検討する）。

16) 戸部・前掲53頁。

17) この考え方では、県がBら5人を懲戒免職処分にしたことと「賃金の後払い的部分」の支払いを免れたことの間に事実的な因果関係がある以上、求償債権への充当は認められなければならない。

らに「潜在的な賃金の後払い的部分」が支払われたのと実質的に同じ帰結となることについて、強い抵抗感がある。[18]

これに対して、充当否定説では、返納命令によりＡへの退職手当は「最初から支払われていなかった」ことと同じ取扱いになり（いわば、「退職後になされた懲戒免職処分」とでも言うべき扱いになる。[19]）、Ｂら５人についても、退職手当が支払われるべき事由（懲戒免職ではない通常の退職）が事実として存しない以上、最初から一切、県と各人との間で、退職手当の支払いに係る債権・債務関係は生じていないことになる。前掲最判平成12年12月19日は、禁錮以上の刑に処せられたことを理由とする失職（地方公務員法28条4項）の場合に退職手当を不支給とする条例の趣旨を、「当該地方公共団体の公務一般に対する住民の信頼を損なう行為をしたものであるから、勤続報償の対象となるだけの公務への貢献を行わなかったものとみなして、一般の退職手当を支給しないものとすることにより、退職手当制度の適正かつ円滑な実施を維持し、もって公務に対する住民の信頼を確保することを目的とし」たものとしているし、福島地判平成27年6月23日判時2287号39頁は、退職手当返納命令について、同最判を引用した上で、同様の言い回しを用いて正当化している。不正に関与した担当職員の全員について、退職手当に係る金銭的利益を一切もたせないという公平なスタート・ラインに立たせることができる点で、充当否定説は簡明かつ便宜であり、従来からの裁判例や実務運用とも整合すると思われる。

第6節　第1寄附と第2寄附の評価

第1款　山本意見による問題提起

寄附については、山本意見が興味深い議論を提起している。すなわち、第2寄附を求償額から差し引くことはともかく、第1寄附を求償額から差し引くことを認めるためには、「本来合格していたにもかかわらず不合格となった者に

---

18) 斎藤誠「判例解説（本判決）」平成29年度重判50頁も、退職金返納命令の制裁的性質から、充当否定説を支持する。

19) 国家公務員については、平成20年の国家公務員等退職手当法の改正により、退職手当の支払い後に、在職期間中に懲戒免職を受けるべき行為があったと認められた場合、当該退職者に対して退職手当の返納を命ずることができるとする明文規定（同法15条1項3号）が設けられ、退職金返納命令の「退職後になされた懲戒免職処分」という性格が明確にされている。宇賀克也『行政法概説Ⅲ［第5版］』有斐閣（2019）427頁。

対して県が支払った損害賠償金の財源に充当してほしいとの趣旨を示して拠出されたものであること」を認定するだけでは不十分だというのである。

　寄附がなされたことを、求償額の算定においていかに考慮するか。一般論としては、寄附を行った当事者の意思解釈によって決すべきであろう。この点、東京地判平成22年12月22日では、損害賠償金を受け取った被害者がその全額に相当する額を市に寄附したことから、損害の填補がなされたといえるのではないかが問題となったところ、東京地裁は、①被害者は損害賠償金に係る債権の放棄・返還という構成を明示的に拒絶しており、市の教育環境の整備や福祉の施策に役立ててほしいという趣旨を明示して拠出されたものであること、②市においても、これを損害賠償金の返還ではなく一般寄附として取り扱ったものであることなどから、当該寄附は損害賠償金として市が支払った金銭相当額の填補として支払われたものとはいえないと認定している。

　本件についてみると、第2寄附については、山本意見が述べるとおり、本件不正に関与した担当公務員について、犯罪を犯した者であっても、これまでの同僚が寄附金を出し合って個人的に支えようという趣旨で寄附されたものということができるので、いわば損益相殺とみて、求償額から差し引くことに異論はないと思われる[20]。

　これに対して、第1寄附の相当額を求償額から差し引くことについて、山本意見は疑問を向ける。しかし、公共団体から担当公務員に対して求償がなされる趣旨は、損害賠償金を支払った分だけ公共団体の財産が目減りしたのだから、その目減りした分を担当公務員に負担させるというものである。したがって、損害賠償金の填補という趣旨[21]で、目減りした財産の填補がなされている場合には、結果的に担当公務員に対する求償額は減るという帰結になる。「本来合格していたにもかかわらず不合格となった者に対して県が支払った損害賠償金の財源に充当してほしいとの趣旨を示して拠出されたものであること」さえ認定できるのならば、求償額を減らす根拠としては十分なのである。

---

20) 戸部・前掲53頁は、被害者が受け取った損害保険の保険金の他に、外部からの寄附や担当公務員による個人賠償も、それが当該損害を補填する趣旨である場合には、損益相殺の対象とみて良いとする。教諭の生徒に対する体罰による傷害について、教諭自身が示談金の大半を支払い、市はその残余の部分についてのみ損害賠償を支払ったという事案において、横浜地判平成14年6月26日判例自治241号67頁は、その残存金額がそれほど多くない反面、その回収が困難と見込まれるという事情の下では、市が求償権を行使しなかったとしても、財産管理を「怠る事実」があったとはいえないとした。

21) 東京地判平成22年12月22日においては、被害者からの寄附が、損害賠償金の填補という趣旨でなかったために、前市長に対する求償債権はそのまま残存し、当然、求償額も減らなかった。

第2款　私　見

　山本意見の背景には、求償権の行使の中に担当公務員に対する制裁的な性質を見出す思考が垣間見える。しかし、求償権の行使にそのような性質が含まれているとしても、それは公共団体と担当公務員の間の内部の負担割合で考慮すべき事項である。仮に公共団体の支払った損害賠償金が1000万円であるとすると、損害賠償金を填補する趣旨で200万円の寄附を受け取ったならば、担当公務員がいかに非道であろうとも、求償できるのは800万円までに限られる。寄附がなされたことを理由に求償割合まで減らすこと（800万円の内部負担割合を、担当公務員の総体：公共団体＝100：0から、寄附がなされたことを理由にして、たとえば公共団体：担当公務員＝70：30などとすること）は許されないが、本件ではそのような計算がされたわけではない[22]。

　言うまでもなく、山本意見が懸念するように、組織のトップ等が部下に事実上の圧力をかけて寄附を集めるといった運用が横行することは論外である。しかし、それは事案ごとに寄附の趣旨についてきめ細かな事実認定を行うことで対処すれば十分であろう。

第3款　寄附の性質による取扱いの差異

　山本意見のように、国家賠償訴訟に関連して集められた寄附を、【タイプA】公共団体の財政を助ける見地から、損害賠償金の填補という趣旨でなされる寄附と、【タイプB】担当公務員に対して、かつての同僚などが個人的に支えようという趣旨でなされる寄附に分類することが可能ならば、求償は次のようなプロセスを辿るはずである（山本裁判官は、本件の第1寄附を【タイプA】に、第2寄附を【タイプB】とみている[23]）。

① 　被害者に対して支払った損害賠償金が確定する。

② 　①から、【タイプA】の寄附を差し引く。

③ 　②から、担当公務員（の総体）と公共団体との間で、内部の負担割合を決める。

---

22)　参照、斎藤・前掲50頁。

23)　なお、東京地判平成22年12月22日で責任を問われた国立市の前市長に対しては、市からの求償請求が行われて、最判平成28年12月13日（平成28年（オ）第580号、同年（受）第734号）により請求認容で確定したところ、前市長の支持者らがその弁済に充てるための寄附を募り、求償額とほぼ同額が賄われた。ただし、これは、①～⑥のプロセスがすべて終了した後の話である。

過失相殺などは、ここで考慮される。内部の負担割合に応じて、②に掛け算を行う。

仮に、担当公務員の総体：公共団体＝70：30ならば、70/100を乗じる。

④　③で得られた担当公務員が総体として負担すべき額から、【タイプB】の寄附を差し引く。

⑤　④で得られた額から、個別の担当公務員の責任割合に応じた配分を行って、個別の求償額が決定される。

充当否定説では、退職手当の返納額などは考慮せず、ここで求償額が決定される。

充当肯定説に立てば、ここで各公務員が懲戒免職によって支給されなかった退職手当の「潜在的な賃金の後払い的部分」を加味した上で、それぞれの責任割合を決めることになる。

⑥　充当肯定説では、⑤の操作を行った上で、退職金の返納などの事情を、個別の職員ごとに考慮する。懲戒免職処分を受けた職員も、退職手当の「潜在的な賃金の後払い的部分」について考慮する。

しかし、本件では、このようなプロセスを経てはおらず、①で損害賠償金を確定してから、第1寄附を差し引き（山本意見でいえば、②の段階になる。）、Aからの退職金の返納を差し引くことで（⑥）、個別の求償額を決定してから（⑤）、第2寄附を差し引いている（山本意見でいえば、④の段階になる）。

ただし、実は①〜⑥の順番を入れ替えたとしても、本件では、最終的に得られる額は変わらない。それは、③において、担当公務員の総体：公共団体＝100：0として、全額を担当公務員に対して求償することに決定しているからである。以上要するに、すべて引き算のみが行われているので（そして、④の段階で残額が0になっているので）、計算の順番を入れ替えても本件の結論は変わらない。本章では非常に単純な求償のプロセスを提示したが、第1審判決のように、きめ細かな計算を行うことが望まれる。

第7節　おわりに

本判決は、県の教員採用試験において不正が行われるに至った経緯や、本件不正に対する県教委の責任の有無および程度、本件不正に関わった職員の職責、関与の態様、本件不正発覚後の状況等に照らし、県による求償権の行使が制限

されるべきであるといえるか否か等について、さらに審理を尽くさせるために、原審へと差し戻した。そもそも退職金返納による求償制限が認められるか否かという問題に加えて（本章では全面否定説を是とした。）、求償制限をするとして何割くらい内部負担割合を減ずるか、③の段階の計算をいかに行うかが、判断のカギとなろう。

平成29年の地方自治法改正により、公共団体の長には、内部統制体制の整備・運用義務が課せられ、職員の不正や事務処理上のミスを未然に防ぐ組織体制を構築しなければならないことになった[24]。しかし、本件のように複数職員が故意によって行った不正についてまで未然に防ぐことができるかは、明らかでない。

ただし、内部統制体制の整備を促すためにも、想定し難い不正やミスが発生した場合には、内部統制体制を整備し、適切に運用している限りにおいて、長等は指揮監督上の注意義務を果たしたものとして免責されると解すべきであろう。その反面、内部統制体制を適切に整備・運用しなかったがために不正を招来した場合には、長等の責任を加重する根拠ともなり得る[25]。免責を得るために内部統制体制の整備を促すというのも後ろ向きな発想ではあるが、本件のような組織的不正を少しでも減らすための苦肉の策とみれば、やむを得ないと思われる。

---

24) 本書第2部第2章。阿部・前掲注（8）384頁は、これを「法令コンプライアンス体制」と表現する。
25) 「住民訴訟に関する検討会報告書」（平成25年3月）5頁。

第5章

専決処分の許容性について

第1節　専決処分とは

　専決処分とは、議会の権限に属する事項を議会に代わって決定する権限を長に与えるしくみである[1]。地方自治法（以下、本章では単に「法」とする。）は、法律の規定による法定代理的専決処分（法179条1項）と、議会が軽易な事項を長に委任する任意代理的専決処分（法180条1項）を用意している。本章では、前者に着目することにしたい（以下、本章で特に断りなく「専決処分」というときは、法定代理的専決処分のことを指す）。地方自治法は、議会の議決案件を限定して列挙しており（法96条）、執行機関としての長の権限もまた、個別に規定している（法147条〜149条）。厳格な職能分担が法定された趣旨にかんがみれば、長と議会が相互の権限を侵犯することは、基本的に許されない。しかし、何らかの理由で議会の議決が得られないけれども、長が議会のなすべき判断を代わりに行うことで、事態の打開が求められる局面も、現実には確かに存在する。そのような局面に備えて設けられた例外的なしくみが、専決処分なのである。

　法定代理的専決処分が許容される局面は限定列挙されている。①普通地方公共団体の議会が成立しないとき。これは、法113条が議員定数の半数以上が出席しなければ会議を開くことはできないと定めていることとの関係で、在籍議員総数が議員定数の半数に満たない場合を指す。②法113条ただし書が定める定足数の例外が認められる場合において、なお会議を開くことができないとき。③普通地方公共団体の長において議会の議決すべき案件について特に緊急を要するため議会を招集する時間的余裕がないことが明らかであると認めるとき。

---

1) 沿革につき、（財）地方自治総合研究所（監修）、今村都南雄＝辻山幸宣（編著）『逐条研究地方自治法Ⅲ』敬文堂（2004）732頁以下。坂野恵三「専決処分」髙部正男（編）『最新地方自治法講座⑥執行機関』ぎょうせい（2003）251頁。

そして、④議会において議決すべき事件を議決しないとき、である。[2]

　専決処分を一躍有名にしたのは、鹿児島県阿久根市の事例であった。平成22年、当時のＴ市長は、定例会を招集せず、議長からの臨時会の招集要請にも応じずに、前記③に該当するとして、期末手当削減条例、議員報酬日当制条例、税・手数料引下げ条例、行政委員会委員日当制条例、補正予算、副市長の選任等を、次々と専決処分で行ったのである。この一連の経緯が大きな議論を生み、その後の法改正へと繋がったことは、記憶に新しい。[3]こうした制度設計の穴――病理現象と言い換えても良い――から、あるしくみが注目を浴びることは、決して望ましいものとは言えないが、社会政策が進行していく１つの断面をあらわしている。

　ところが、この同じ時期に、千葉県白井市においても、専決処分の許容性が争われる事態が発生していた。[4]ただし、阿久根市長の行った専決処分が文字通り濫発と評価する以外になかったのとは異なり、白井市の事例は、苦境に立たされた市長の立場も一定程度理解しうるものであった。また、前記④要件への該当性が争われた点でも区別される。本章では、白井市の事例を主な素材として、法定代理的専決処分の許容性について論じることにしたい。第１審は千葉地判平成25年３月22日（平成22年（行ウ第42号））判時2196号３頁であり（以下、単に「第１審」とする。）、控訴審は東京高判平成25年８月29日（平成25年（行コ）第189号）判時2206号76頁である（以下、単に「控訴審」とする）。Ｙは上告したが、最決平成27年１月15日（平成26年（行ツ）第13号、平成26年（行ヒ）第

---

2) 松本英昭『新版逐条地方自治法［第９次改訂版］』学陽書房（2017）628頁以下。なお、③要件は、従前は「議会を招集する暇がないとき」とされていたが、制度本来の趣旨に即した要件の明確化等を図るべきであるとの第28次地方制度調査会の答申を受けて、平成18年に現在のように改められた。

3) 具体的には、副知事・副市町村長の選任を専決処分で行うことはできなくなり（法179条１項ただし書）、また、議会が条例の制定・改廃または予算に関する処置にかかる専決処分を不承認とした場合には、長は、必要な措置を講じて議会に報告しなければならないとされた（同条４項）。参照、三野靖「専決処分（地方自治法179条）」法学教室361号（2010）２頁、角田雅博「専決処分制度について」関東学園大学法学紀要35号（2012）53頁、宇賀克也『地方自治法概説［第８版］』有斐閣（2019）307頁。

4) 阿部泰隆『地方自治法制の工夫』信山社（2018）461頁以下（初出2010）が、当時、阿久根市と白井市で生じていた市長と議会との対立状況について、同時並行的な解説を行っている。Ａ元市長は当時、議会で「専決処分については考えていない」と答弁していたことから、同論文ではあくまで仮定の話として、もし専決処分がなされた場合の推移を占っているが、その予想はあたかも予言者のように的中している。その他、奥宮京子＝高橋哲也「はんれい最前線　専決処分をめぐり相次ぐ判決　自治体に戸惑いも？」判例自治384号（2014）４頁。

22号）は上告棄却・上告不受理決定を行っている。[5]

第2節　北総鉄道運賃値下げ問題と白井市議会の紛糾

　事の発端は、別件の抗告訴訟で知られる北総鉄道株式会社（以下、「北総鉄道」とする。）の運賃値下げ問題であった。[6] 北総鉄道の運賃は全国的にも非常に高い水準であったために、県と沿線自治体が同鉄道に補助金を交付することで、定期運賃等を引き下げる合意が平成21年に成立していた。北総鉄道は、それに基づいて平成22年7月17日から、すでに運賃を引き下げ済みであった。しかし、沿線自治体のうち、この白井市議会だけが補助金交付に反対していたために、Aは専決処分にふみ切ったのである。[7]

　裁判で問題となった具体的な経緯を記す。Aは、平成22年第3回市議会定例会（9月議会）の会期最終日である同年9月28日、北総鉄道株式会社に対し補助金2363万2000円を支出する旨の補正予算案を提出した。しかし、議長（および仮議長に選出された者）が討論を希望するなどして議事が混乱したため、同補正予算案は議決に至ることなく、審議未了のまま、9月議会は会期満了により閉会となった。なお、議事が混乱したのは、議員総数20名のうち、補正予算案に賛成する者が10名（ただし、法116条で議決権を有しないとされる議長1名を含む。）、反対する者が10名で勢力が伯仲しており、議長に選出された側が敗退するという奇妙な状況にあったところ、市議会の会議規則で討論を行ったものは議長席に座れない決まりになっていたので、両者が相互に相手方から仮議長を選出し合い、仮議長に選出された者は討論を希望してこれを辞退すると

---

5) 現白井市長からAに対して2363万円の支払いを求めて地方自治法242条の3に基づく訴訟が提起されたところ、平成29年10月、Aが1129万円を支払うという内容で和解が成立した。阿部・前掲注（4）471頁。

6) 東京地判平成25年3月26日判時2209号79頁。事案は、鉄道事業法上の旅客運賃認可処分の取消しが求められたというものである。同判決は、旅客運賃認可処分が違法になされた場合、日常の通勤・通学のために反復継続して当該鉄道路線を利用している者には、仕事や居住場所などといった日常生活の基盤を揺るがすような重大な損害が生じかねないとして、原告適格を認めるという画期的な判断を下した（本案の請求は棄却されている）。経緯につき、阿部泰隆「鉄道運賃値下げ命令義務付け訴訟における鉄道利用者の原告適格（1）（2・完）」自治研究87巻6号3頁、7号（2011）3頁。参照、高田実宗「判例解説（東京地判平成25年3月26日）」自治研究91巻4号（2015）144頁、板垣勝彦「原告適格──行政過程における私人」法学教室401号（2014）15頁（22頁）。

7) 第1審でも言及されているように、市議会も、北総鉄道の運賃が高額にすぎ、何らかの手当てが必要であるとの認識では一致していた。しかし、費用対効果の関係からか、市長が提案するように、北総鉄道に補助金を交付して運賃値下げに結びつけるか、そうではなく個々の通勤・通学者に対して直接定期代を補助するかという具体的な手法において、意見の相違がみられたとのことである。

いったことが繰り返されたためである。私見では、総議席数でみたときに過半数の賛成が得られない以上、補正予算案は否決されたものと同視すべきと考えるが、この点にはこれ以上立ち入らない[8]。

そこでAは、同年10月13日に北総鉄道からなされた補助金交付の申請に対し、補助金の支出をする旨の債務負担行為を専決処分（以下、「本件専決処分」とする。）によって行った。これは、9月議会における一連の経緯が、前記④、すなわち法179条1項の「議会において議決すべき事件を議決しない場合」に該当すると判断した上での行為である。

白井市は、翌14日、北総鉄道に補助金交付決定を通知し、同日、両者の間で贈与契約（本件贈与契約）が締結された。本件贈与契約に基づき、同月から翌年2月にかけて、白井市から北総鉄道に対し、3回に分けて、合計2363万2000円が支払われた。市議会は、翌11月1日、平成22年第3回臨時会において、本件専決処分につき不承認の決議をした。

白井市の住民であるXらは、本件専決処分には法179条1項の要件を欠く違法があり、本件贈与契約は私法上無効であるから、公金の支出も違法・無効であると主張して、適法な住民監査請求を経た上で、白井市長Yに対し、法242条の2第1項4号により、A元市長に対しては債務不履行または不法行為に基づき補助金支出額の損害賠償請求を、北総鉄道に対しては不当利得返還請求をするように求めた。なお、平成23年4月に市長が交代したため、被告である市長Yの地位に就いている者は、Aの後任である。

第3節　第1審判決

第1審は、本件専決処分の違法性を認定し、A元市長については2363万2000円の不法行為責任を認めて、損害賠償請求を認容した。しかし、北総鉄道については、本件贈与契約が私法上無効であるとまではいえないから、贈与分の返還は不要であるとして、請求を棄却した。原告の請求がほぼ認められたわけだが、北総鉄道からの補助金返還については不要であると判断されたので

---

8) 阿部・前掲注（4）468頁は、過半数の賛成が得られない以上、本件は議案が否決されたものと考えるべきだが、争いが起きるのであれば、立法で明示すべきであるとする。
　平成30年10月に沖縄県与那国町議会で定数10に対し与野党の議員が5人ずつで拮抗し、議長の選出をお互いに譲り合ったことで議長選挙が99回も繰り返されたというのも、議長は採決に加わることができない（法116条2項）という規定のためである。

ある。

　争点は、本件専決処分の違法性について（争点1）、A元市長の損害賠償責任の有無について（争点2）、本件贈与契約の私法上の効力（北総鉄道の不当利得返還義務）について（争点3）の3点に分かれる。以下、判決文を順に紹介する。

第1款　争点1について

(1)　「法が、議事機関としての議会の議決事件を重要なものに限定して列挙する（法96条）とともに、執行機関としての長の権限（法147条ないし149条）を規定することにより、それぞれの権限の分立を図っていることからすれば、専決処分制度（法179条）は、議会がその機能を十分に果たさない場合の補充的手段として、長に、議会の権限に属する事項を議会に代わって決定する権限を例外的に与え、もって、議会と長との関係の調整を図り、地方行政の渋滞を防止することをその趣旨としているものと解される。そして、法179条1項が、普通地方公共団体の議会が成立しないとき、法113条ただし書の定める定足数の例外規定によってもなお会議を開くことができないとき（議会が議長ほか2名の出席者すら得られない場合を意味する。）、長において、特に緊急を要するため議会を招集する時間的余裕がないことが明らかであると認めるときという、相当例外的な場合を列挙していることからすれば、同項の「議会において議決すべき事件を議決しないとき」という要件を形式的に満たすとみえる場合であっても、普通地方公共団体の長が、議会が議決することができないような状況をことさら作出・利用して専決処分をした場合や、その案件の経過や内容等客観的な事情に照らして、議会が議決しないことが社会通念上相当なものとして是認されるべきであるのに、あえて専決処分をした場合等、上記専決処分の制度の趣旨を潜脱することが明らかである場合には、「議会において議決すべき事件を議決しないとき」に該当せず、当該専決処分は違法となることがあるものと解するのが相当である。」

(2)　「そこで、本件専決処分が「議会において議決すべき事件を議決しないとき」に該当するかを判断する。」

ア　「まず、本件補正予算案は、法96条1項2号により議会の議決事項とされているので、「議会において議決すべき事件」に当たる。また、本件補正予算案は、議決に至らないまま、本件9月議会は閉会となった。これによれば、本

件専決処分は、法179条1項の要件を形式的に満たしているようである。」

イ 「しかしながら、……①議会は、本件値下げ合意について反対する決議をした後、2度にわたり本件補正予算案と同旨の予算を削除した上で予算を議決するなど、3度にわたって補助金に反対する意思を明らかにしていたこと、②A元市長は、本件9月議会に先立って、補助金に係る予算案の提出はしない旨表明し、実際に会期初日にはこれを提出せず、同年9月10日の議員全員協議会で当会期中に予算化したい旨表明したものの、反対派議員が議長を除く議員の多数を占め、本件9月議会の最終日である平成22年9月28日の段階でも反対派議員の理解は得られておらず、そのままでは成立の見込みがほとんどない上、同日の審議日程が立て込んでいたにもかかわらず、当日の朝になって、突如として予算案を提出する旨の意向を表明し、これに反発する反対派議員による緊急質問により午前中一杯が費やされ、本件補正予算案が提出されたのは同日午後であったこと、③その後、会期終了まで6時間余りを残して審議が開始、進行したものの、議長の突然の討論希望表明を受けて議事が混乱し、議運をはじめとする議会が正常化の努力をしたものの、時間が足りずに会期満了となったこと、④本件9月議会終了後、反対派議員全員から臨時会の招集を要求され、これに応じる時間的余裕があるにもかかわらず、これに応じることなく、あえて、本件専決処分をしたこと、⑤してみると、A元市長は、本件補正予算案を提出した時点で、B議長を除く議員の多数が一貫して反対しており、そのまま否決されるであろうこと、そうならないとすれば、議事の混乱により審議未了のまま会期が満了すること以外にはありえないことを承知の上で、あえて、本件補正予算案を提出し、実際に議事が混乱して会期が満了したことを利用して、専決処分をしたものにほかならないことが認められる。」

ウ 「以上のような本件専決処分に至る経緯に加え、予算の議決は議会の本来的な権限であって、本件補正予算案は突発的に発生した事態に緊急に対処するためのものでもないことも考慮すると、議会が本件補正予算案を議決しないことは社会通念上相当なものとして是認されるべき場合にあたるというべきであって、本件専決処分は、「議会において議決すべき事件を議決しないとき」に該当しないにもかかわらずなされたものとして、違法であるといわざるを得ない。」

第2款　争点2について

(1)　「本件専決処分は違法であって、A元市長は、その前提となる事実を認識していたものと推認できるところ、そうである以上、本件専決処分の違法性を認識するべきであるし、認識することができたものというべきである。その上で、A元市長は、総務省及び千葉県の担当部署に対し、本件専決処分の適法性を問合せたが、いずれも専決処分に関する一般論として回答を得るにとどまり、本件専決処分が適法であるとの見解を示したものがなかったことは、A元市長自身が、本件専決処分が許されないものであることを疑っていた証左であり、その疑問が氷解しないままに本件専決処分を行ったことを裏付けるものである。その他、本件のような事例において、専決処分を行うことを適法とする裁判例や学説が、本件専決処分以前に存在していたと認めるに足りない。よって、A元市長は、市長として尽くすべき注意義務を怠り、過失により、違法な本件専決処分をしたものと認められる。」

(2)　「Yは、補助金を支出しなければ、北総鉄道が値下げ前の運賃に戻すことが確実であって、早期に専決処分を行い、補助金を支出する必要性があったので、A元市長が本件専決処分をしたことには過失は認められない旨主張する。しかし、本件値下げ合意当初から反対派議員が議長を除く議員の多数を占めており、成田新高速鉄道開業日までに議会の賛成が得られなければ、本件値下げ合意の前提条件が破綻することは初めから当然予想されていた。A元市長は、それを承知で本件値下げ合意に踏み切った上、本件9月議会の閉会から本件専決処分まで約2週間の期間があったのであるから、十分に検討し、本件専決処分の違法性を認識しうる時間的余裕があったものといえる。」

(3)　「したがって、A元市長は、不法行為に基づく損害賠償責任を負う。」

第3款　争点3について

(1)　「支出負担行為は、法令又は予算の定めるところに従い、これをしなければならず（法232条の3）、また、予算を定めることは議会の議決事項とされているところ（法96条1項2号）、その趣旨は、地方公共団体の財政負担となる歳出及び債務負担行為を住民の代表機関である議会の統制の下に置くことで、長等の執行機関による地方公共団体の行政活動を統制する点にあるものと解される。上記趣旨に加え、……専決処分の制度は、例外的に、議会の権限事項に

つき長に決定権限を与えるものにすぎないことに照らせば、予算に関する議会と長との権限の調整を図った上記法の趣旨を全うする必要上、違法な本件専決処分に基づいてなされた本件贈与契約も違法となると解すべきである。」

(2)ア 「もっとも、本件専決処分は、白井市補助金等交付規則３条に基づく補助金交付申請に対する、同規則５条に基づく交付決定として、具体的権利を発生させる処分であるところ、……議長を入れれば、賛成・反対の議員が同数という極限状態にあった帰結として形式的な要件を満たしたものである上、その内容においても、各議員とも北総鉄道の運賃値下げを実現することには賛成であり、それを実現する方法として補助金の交付が相当かという点で議員間に考えの違いがあり、賛否が分かれていたにすぎず、他の自治体がいずれも本件値下げ合意に基づき補助金を支出していることに照らし、将来的には白井市や同市市民の一層の利益につながると期待しうるものであったことがうかがえる。そうすると、本件専決処分は、……手続的な見地からすると、要件を欠いた違法なものであるものの、その実質に照らすと直ちに無効とまではいい難く、したがって本件贈与契約も直ちに法232条の３に違反する行為であるとはいえない。そして、法令等に違反する行為の効力について、法２条17項によれば、法令違反の行為は無効とするとされているものの、軽微な法令違反をも全て無効とするのは不当な結果となりかねないことや、法には個別の無効を定める規定があること（例えば法238条の３第２項等）からすると、同項の趣旨は、法令に違反してされた地方公共団体の行為が無効となる場合があることを注意的に規定したにすぎず、違法な行為の効力も、当然に無効となるものではなく、具体的な法令等の趣旨、目的、違反行為の性質や相手方の取引の安全を考慮して判断すべきものである。」

イ 「専決処分は、地方公共団体内部における権限の分配や手続の問題であって、実際上も、一般的に、取引の相手方からはその適否についてまで容易に認識することができないことからして、取引の相手方を保護すべき必要性が優先する場合があるというべきであり、違法な専決処分に基づく契約が私法上当然に無効になると解すべきではない。」

ウ 「本件贈与契約に先立ち、本件値下げ合意がされ、白井市以外の自治体は特に問題もなく補助金を交付し、これを受けて北総鉄道は運賃値下げを実施したこと、本件９月議会が議決に至らずに閉会したことにより専決処分をなす形式的要件は存すること、白井市は、北総鉄道に対し、補助金につき交付決定を

した旨の通知を送付し、特段本件専決処分の適法性を疑わせるような事情を何ら付記していないこと等の事情が認められ、その他、……北総鉄道に本件専決処分が違法であることを知りながらあえて贈与契約を締結したことをうかがわせるに足りる事情があるとは認められないことを合わせて考慮すれば、北総鉄道は本件専決処分により本件贈与契約が適法に締結されたものと信じ、そう信じるにつき正当な理由があるというべきである。」

エ　「そして、適法な専決処分を前提として本件贈与契約を締結するに至った北総鉄道の利益に配慮する必要がある一方で、Ａ元市長がその責任を免れない以上、本件贈与契約を私法上無効としなければ、専決処分に係る法の趣旨を没却する結果になるとは認められないことにかんがみれば、本件贈与契約が私法上無効とまではいえない。」

オ　「なお、仮に本件専決処分及びこれに基づく契約が無効となると解するとしても、上記のとおり、専決処分においては、取引の相手方を保護する必要がある場合があり、本件においてもその必要性が認められること、一定の範囲で費目の流用や予備費の使用も許される場合があり、このような範囲では、長は別途予算措置を講ずることなく補助金の交付に係る贈与契約を締結しうることからして、それは絶対的無効ではなく、Ａ元市長は、その権限を超えて代表行為を行ったことから市に効果が帰属しない状態であるにすぎず、北総鉄道が本件贈与契約は適法な契約であると信じたことには正当な理由があったものと認められるため、民法110条類推適用により、本件贈与契約の効果は市に帰属するというべきである。」

(3)　「以上によれば、本件贈与契約は、違法ではあるものの、私法上無効とはいえず、北総鉄道が、法律上の原因なく補助金を利得したとは認められないので、北総鉄道は、不当利得返還義務を負わない。」

第4節　控訴審判決

　第1審判決に対して、Ｙからのみ控訴がなされた。東京高判平成25年8月29日（平成25年（行コ）第189号）判時2206号76頁は、争点1および2についてのみ判断を下して、控訴を棄却した。

第1款　争点1について

(1)　「専決処分制度（法179条）は、法が重要な事項を議会の議決事件と定める（法96条）一方で、必要な議決又は決定が得られない場合の補充的手段として、普通地方公共団体の長……に議会の権限に属する事項を代わって決定する権限を与え、議会と長との関係の調整を図り、地方行政の渋滞を防止する制度と解される。上記趣旨に鑑みれば、長は、議会の権限に属する事項については議会の意思決定に従うのが本来であり、専決処分は、議会の意思決定を得ようとしても得られない場合に例外的に認められる手段であると解される。これに加えて、法179条1項の定める専決処分をすることができる事由のうち、本件で問題となる「議会において議決すべき事件を議決しないとき」以外の事由が、いずれも普通地方公共団体の執行機関である長にとって議会の議決を得ることが不可能ないし著しく困難な場合に当たることをも考慮すれば、「議会において議決すべき事件を議決しないとき」の意味するところについても、議決を欠く事態が出現すれば直ちにこれに当たるのではなく、外的又は内的な何らかの事情により長にとって議会の議決を得ることが社会通念上不可能ないしこれに準ずる程度に困難と認められる場合、例えば、天災地変等の議決を不可能ならしめる外的事情がある場合、議会が議決しないとの意思を有し、実際にも議事が進行せずに議決にまで至らない場合などでなければならないと解される。」

(2)　「そこで、……本件専決処分が法179条1項の「議会において議決すべき事件を議決しないとき」に該当するかを検討する。まず本件補正予算案は、法96条1項2号により議会の議決事項とされている予算に関するものであるところ、本件9月議会がこれを議決するに至らないまま閉会しているから、形式的にみれば、本件9月議会終了時に本件補正予算案についての議決を欠く事態となっていることになる。しかしながら、……本件9月議会において本件補正予算案の議決にまで至らなかったものの、これについての結論をめぐる対立が深く、議事の混乱を収束させるだけの時間的余裕を欠いて閉会に至ったものであって、議会が故意に議決を回避したものではないことはもちろん、議決を怠ったものでもないことに加え、北総鉄道への補助金交付を目的とする予算について過去2回議会で否決されており、本件専決処分が議会の意思に反する可能性が相当高かったこと、さらに、閉会直後、A元市長は一部の議員から臨時議会の招集を求められているところ、本件専決処分が行われた同年10月13日まで

に臨時議会を招集するなどすることも十分可能であったと認められること等に照らせば、当日中に議決にまで至らなかったという一事をもって議会の議決が得られないと即断し、本件専決処分を選択したことは、著しく相当性を欠く判断であったとみるべきである。……以上によれば、本件補正予算案については、白井市市議会の内的事情によりＡ元市長にとって同議会の議決を得ることが社会通念上不可能であったとか、これに準ずる程度に困難であったとすることはできず、法179条１項の「議会が議決すべき事件を議決しない」との事由に当たらないので、本件専決処分は要件を欠き違法であるというべきである。」

第２款　争点２について

「Ａ元市長は、本件補正予算案を提出した市長として、それが議決に至らないまま閉会になるまでの事実経過を知悉していたのであるから、上記説示の基礎となる事情を認識し又は認識し得たと認められるのであり、本件専決処分が法179条１項の要件を欠き違法であることを認識し、本件専決処分を行うべきではなかったにもかかわらず、市長としての注意義務に反して違法な本件専決処分を行い、これにより白井市に北総鉄道に対する補助金……を支出させて損害を与えたのであるから、不法行為による損害金……につき賠償義務を負う。Ｙは、Ａ元市長が本件専決処分の前に弁護士や総務省等に問合せをした事実を指摘し、Ａ元市長が本件専決処分を違法でないと信じるにつき相当な理由があったと主張するけれども、専決処分の適否は、これを執行する市長自ら判断すべき事柄である上、その発言に照らすと、専決処分をすることができるような状況にないことを十分知っていたとみるべきであり、したがってその適否につき判断をすることが困難であったとも認め難いから、第三者の意見を聴いたことをもってその過失を否定することはできない。また、Ｙは、補助金を支出する必要性が高かったことを指摘するけれども、予算に関わる事項である以上は、その必要性につき議会の意思決定に従うべきことはいうまでもなく、必要性が高いことを理由に本件専決処分の違法性が否定されるものではないし、Ａ元市長の過失を否定し得る事情にも当たらない。」

第５節　本件専決処分の違法性について（争点１）

果たして、本件専決処分は適法であったのか。専決処分の制度趣旨にかんが

みれば、専決処分が許容されるのはごく例外的な局面に限られる[9]。第1審・控訴審とも、この点の認識は共通しており、専決処分は、あくまで議会がその機能を十分に果たさない場合の補充的手段と理解されている。

A元市長は、市議会の行為を、「議会において議決すべき事件を議決しないとき」要件に該当すると判断して、本件専決処分を行った[10]。しかし、この要件がいかなる場合に満たされるのかについて、第1審と控訴審が提示した判断枠組みは微妙に異なっている。第1審は、この要件を形式的に満たすとみえる場合であっても、普通地方公共団体の長が、議会が議決することができないような状況をことさら作出・利用して専決処分をした場合や、その案件の経過や内容等客観的な事情に照らして、議会が議決しないことが社会通念上相当なものとして是認されるべきであるのに、あえて専決処分をした場合等、専決処分の制度の趣旨を潜脱することが明らかであるような場合には、この要件には該当しないとした。これに対して控訴審は、専決処分の要件として法179条に列挙された他の事由が、いずれも執行機関である長にとって議会の議決を得ることが不可能ないし著しく困難な場合に当たることとの平仄を考慮している。すなわち、議決を欠く事態が出現しさえすれば直ちにこの要件にあてはまるというのではなく、外的・内的な何らかの事情により長にとって議会の議決を得ることが社会通念上不可能ないしこれに準ずる程度に困難と認められる場合でなければならないというのである。具体的には、天災地変等の議決を不可能ならしめる外的事情がある場合、議会が議決しないとの意思を有し、実際にも議事が進行せずに議決にまで至らない場合などが想定される。

他の事例をみてみよう。甲府地判平成24年9月18日判例自治363号11頁は、山梨県忍野村長が学習供用施設建設工事請負契約の締結や副村長・監査委員の選任等につき専決処分を行ったことについて、報酬等の差止めや請負代金の返還請求が求められた事案である。同判決では、議員2名がヨーロッパ旅行中であったために議長が議会（臨時会）を開会せず流会とする見込みが強かったという事情を長があえて利用して議会を招集し、その議決がない状態を作出したものと認定され、法定された形式上の要件が現れただけで専決処分を行ったも

9）平成18年法改正前の事案であるが、釧路地判平成12年3月21日判例自治206号27頁及び千葉地判平成19年3月9日判例自治304号15頁は、いずれも専決処分について補充的手段であると明言している。その他、専決処分により条例改正が行われたという珍しい事案に係るものとして、青森地判昭和52年10月18日判時895号65頁。

10）他の要件には該当し得ないことについては、参照、阿部・前掲注（4）468頁。

のであり、執行機関と議決機関との間の調整を図るという専決処分の制度趣旨を潜脱しているとして、これを違法と判断した。それに対して、控訴審である東京高判平成25年5月30日判例自治385号11頁では、長は臨時会を招集しており、議会を開会するかそれとも流会とするかは長ではなく議長の権限であるのだから、長が「議会の議決がない状態」を作出したとは認定できないとして、一転、専決処分を適法とした。

判時2196号の匿名コメントでは、「議会において議決すべき事件を議決しないとき」（法179条）の解釈として、①およそ議決が得られない場合がこれに該当する、②文言に該当しても、専決処分の趣旨を潜脱する目的でこれを行使した場合には違法とする、③専決処分の趣旨から文言自体を限定解釈するという3つの解釈が提示されている。しかし、長が議会の議決を得られない局面を殊更に作出・利用して行う専決処分が許されないことは常識的に見て明らかであり、①は採り得ない。②③も、専決処分の趣旨を潜脱してはならない点では同じであり、違いは見出せない（匿名コメントは、甲府地判を②に、本件第1審を③に分類しているが、あまり意味があるとは思われない）。

ともかく、専決処分の制度趣旨から、「議会において議決すべき案件を議決しないとき」という要件について、解釈によって絞りをかけなければならないことは明らかなわけで、その解釈を端的に論じることこそ、優先すべきであろう。まず、「議会において議決すべき案件」についてみると、補正予算案は法96条1項2号により議会の議決事項と定められているので、疑いなく該当する。

問題は、「議会において……議決しないとき」に該当するか否かである[11]。これについて、(a)説は、議会の議決が求められているにもかかわらず、議会が故意または意図的に議決しないことが客観的に明らかである場合を指すとする。たとえば、議会に悪意・害意があることが公的に表明されたり、これに類する事実が明らかである場合などが挙げられる[12]。それに対して、(b)説は、議決を得ることができない一切の場合を指すのであり、その原因が(a)説のように議会の故意に基づく場合のみならず、天変地異など外的事情により相当の期間内に

---

11) ところで、議会が否決した場合をどう考えるかであるが、「否決」も一つの議決であり、「議決しないとき」には該当しないとされる。今村ほか編著・前掲758頁、坂野・前掲255頁。

12) 室井力＝兼子仁（編）『基本法コンメンタール地方自治法［第4版］』日本評論社（2001）177頁（紙野健二）。

議決を得ることができないような場合も含まれるとする。第1審の意図する[13]ところは明らかではないが（ただし、「本件補正予算案は突発的に発生した事態に緊急に対処するためのものでもないことも考慮すると」との言い回しは、(b)説を想起させる。）、控訴審は明確に(b)説に立っている。制度趣旨からも、天災地変などの緊急事態において議会が本来の役割を果たすことができないときに、長が議会に代わって機動的な対応を行うことを期待した面は否定しがたい。専決処分をなしうる局面を相対的に広く認める(b)説が妥当と思われる。

　いずれにせよ、専決処分の対象範囲の広さと重要性に鑑みれば、この要件への認定は、長の違法・不当な専決処分権限の濫用を防ぐ観点から、具体的事情の下で客観的根拠に基づきなされなければならない（行政実例昭和26年5月31日地自行発第143号[14]）。本件では、第1審・控訴審とも共通して、議会が補助金の支出を内容とする予算案を2度に渡り否決していたという局面で、長が議会の会期最終日になり突如として補正予算案を提出したことは、審議未了のまま会期が終了することを見越して「議会において……議決しないとき」という状況を意図的に作出したかの如くである――それを裏付けるかのように、長は臨時会の招集を拒絶した――ことを認定して、同要件に該当することを否定した。予算の承認は議会の重要な権限であり、その議決が得られない以上、効力を発生させてはならないと思われる[15]。議会が事実上「否決」した予算を専決処分で執行しようとするのは、実質的にみると、議会の権限を奪う脱法行為に他ならない。本件専決処分は違法とみるべきである。

第6節　市長の損害賠償責任について（争点2）

　争点2は派生的な論点であるが、近年、自治体の長の個人責任が追及される

---

13) 長野士郎『逐条地方自治法［第12次改訂新版］』学陽書房（1995）534頁、室井力＝兼子仁（編）『基本法コンメンタール地方自治法［第3版］』日本評論社（1995）170頁（高寄昇三）、今村ほか編著・前掲758頁、村上順＝白藤博行＝人見剛（編）『新基本法コンメンタール地方自治法』日本評論社（2011）201頁（渡名喜庸安）、松本・前掲628頁以下。

14) この点、室井ほか編・前掲注（13）［第3版］170頁（高寄）は、合併処分、超過課税など当該団体の根幹に関わるような重要な決定は、議会制民主主義を擁護尊重する立場から、専決処分の対象には含まれないと解すべきであるとする。

15) 阿部・前掲注（4）464頁。寺田友子「判例解説（控訴審）」判例自治391号（2015）29頁（32頁）は、第1審は議会が議決しなかったことに何ら問題はないから元市長の専決処分は違法であるとしたのに対し、控訴審は元市長の行為が問題であることを理由にしている点が異なるとする。土井翼「判例解説（控訴審）」自治研究91巻10号（2015）130頁は、これを「長の悪しき意図」と表現して、精緻な分析を行う。

案件は相次いでおり、その意義は決して小さくない。[16] Aに不法行為に基づく損害賠償責任を認定するためには、本件専決処分が違法であったことにつき少なくとも過失が必要である。この点、第1審・控訴審ともに、Aは本件補正予算案を提出した市長その人であり、それが議決に至らないまま閉会になるまでの事実経過を知悉していたことを共通して指摘し、違法性の認識（およびその可能性）を肯定する。[17]

　しかし、Aが本件専決処分の前に弁護士や総務省・千葉県の担当部局に問い合わせていたという事実をいかに評価するかについて、両判決は分かれている。第1審は、この事実を、A自身、本件専決処分が許されないものであると疑っていた証左であり、その疑問が氷解しないままに本件専決処分を行ったことを裏付けるものとして、注意義務違反を基礎付ける事実として援用している。だが、このような認定手法を一般化することは、最判昭和46年6月24日民集25巻4号574頁が、「ある事項に関する法律解釈につき異なる見解が対立し、実務上の取扱いも分かれていて、そのいずれについても相当の根拠が認められる場合に、公務員がその一方の見解を正当と解しこれに立脚して公務を執行したときは、のちにその執行が違法と判断されたからといって、ただちに右公務員に過失があったものとすることは相当でない」とすることとの関係から、慎重でなければならない。担当の行政職員が、「相当の根拠」を求めて法律の専門家や国・県に問い合わせを重ねることは、あってしかるべきだからである。第1審の認定手法では、法解釈の疑義を解消するために専門家等に念入りに問い合わせるほど、注意義務への違反が認定されることに繋がりかねない。これに対して、控訴審では、「Yは、A元市長が本件専決処分の前に弁護士や総務省等に問合せをした事実を指摘し、A元市長が本件専決処分を違法でないと信じ

---

16) 佐賀県知事（前知事）は、佐賀商工共済協同組合（商工共済）が多額の債務超過を粉飾経理によって隠蔽したまま事業を継続していることを知りながら、中小企業等協同組合法によって付与された規制権限を行使せずに漫然とこれを放置したために、商工共済は破産するに至った。国賠訴訟である佐賀地判平成19年6月22日判時1978号53頁と、前知事への求償訴訟である佐賀地判平成22年7月16日判時2097号114頁については、本書第4部第4章を参照。
　　また、東京高判平成17年12月19日判時1927号27頁では、いわゆる国立マンション訴訟において、明和地所株式会社が市による違法な営業活動の妨害によって信用が毀損され損害を受けたことを認定し、国立市に3100万円余りの賠償を命じている。これを支払った国立市が前市長に国賠法1条2項の求償権の行使を怠っていることが違法とされた事例（東京地判平成22年12月22日判時2104号19頁）については、参照、板垣勝彦『住宅市場と行政法―耐震偽装、まちづくり、住宅セーフティネットと法―』第一法規（2017）201頁。その他、阿部泰隆「国家賠償法上の求償権の不行使からみた行政の組織的腐敗と解決策」自治研究87巻9号（2011）3頁。
17) 阿部・前掲注（4）467頁も、市長の判断に過失があることは明らかであるとする。

るにつき相当な理由があったと主張するけれども」とある。この主張がYから
なされていることから解るように、専門家に問い合わせを重ねた事実は、むし
ろ注意義務違反を軽減しうる事情として働くとみるべきであり、控訴審の用法
が適切と思われる[18]。心配性の職員ほど注意義務違反が認定されては、いかに
も不合理である。

　Yは、第1審・控訴審を通じて、専決処分によって補助金を支出する必要性
が高かったことを主張しているが、いずれも退けられている。第1審・控訴審
とも述べているように、必要性が高いからといって専決処分の違法性が否定さ
れるものではないし、Aの過失が否定される事情にもならない。もちろん、こ
れは程度問題であって、必要性が極限まで高まり、業者を雇って違法工作物を
撤去するなど、直ちに予算措置を講じないと住民の生命・身体が害されるといっ
た局面は想定されうる。しかし、そのようなときは、前記(b)説に立てば、「天
変地異など外的事情により相当の期間内に議決を得ることができないような場
合」に含まれて、専決処分は許容されるであろう（当然、契約は有効に成立する）。
ここで参考になるのは、浦安町ヨット杭撤去事件にかかる最判平成3年3月8
日民集45巻3号164頁が、住民の窮迫の危難を防止するためにやむを得ない予
算の支出は、緊急避難の法意（民法720条）に照らして違法性が阻却されると
したことである[19]。

　なお近年、住民訴訟債権の議会による放棄が注目を集めている[20]が、専決処
分で揉めている時点で長と議会が対立構造にあるということなので、議会が長
を庇い立てすることは考えがたい。仮に両者の関係が好転した場合を想定する
としても、まずは議会が長の施策を追認すること——本件に即していえば、補
正予算案を改めて可決すること——から始めるべきである。専決処分をめぐる
紛争は長と議会が内部的に拗れていることが発端であり、追認によってほとん

18）むろん、専門家等に形だけ「問い合わせた」という事実が単純に注意義務違反を解消させると認
　定されてもいけないが、それはまた別の話である。

19）浦安町ヨット杭撤去事件の場合は、町が漁港管理規程を制定していなかったことから、町長には
　強制撤去を行う法的権限が帰属しないことは明白であり、長への権限帰属が僅かでも認められ得る
　専決処分よりもさらに法治国原理から乖離している。磯部力「判例解説（最判平成3年3月8日）」
　地方自治判例百選［第4版］80頁。

20）最判平成24年4月20日民集66巻6号2583頁は、「個々の事案ごとに、当該請求権の発生原因であ
　る財務会計行為等の性質、内容、原因、経緯及び影響、当該議決の趣旨及び経緯、当該請求権の放
　棄又は行使の影響、住民訴訟の係属の有無及び経緯、事後の状況その他の諸般の事情を総合考慮して、
　これを放棄することが普通地方公共団体の民主的かつ実効的な行政運営の確保を旨とする同法の趣
　旨等に照らして不合理であって……〔議会の〕裁量権の範囲の逸脱又はその濫用に当たると認めら
　れるときは、その議決は違法となり、当該放棄は無効となる」とする。本書第2部第3章も参照。

どの事案は解決されると思われる。

第7節　専決処分が違法な場合の契約の私法上の効力について（争点3）

第1款　専決処分の違法性と契約の私法上の効力

争点3について判断を下したのは、第1審のみである。前掲平成24年甲府地判が、専決処分が違法である以上、議会の議決を欠いた状態であり、請負契約も私法上無効となるとしている以外に、専決処分の違法性が契約の私法上の効力にもたらす影響について扱った先例は見当たらず、注目される。まず第1審は、違法である本件専決処分に基づいている以上、本件贈与契約も違法であるとする。しかし、そのことと私法上の有効性は、直ちに結び付くものではない。

ア段落では、①本件専決処分に付着した瑕疵は手続的なものにとどまり、北総鉄道の運賃値下げの実現には議員もみな賛成しており、その実現方法として補助金の交付が相当であるかという点で意見の相違があったにすぎないとされる。つまり、「その実質に照らすと」、本件専決処分は直ちに無効とまでは言い難く、したがって本件贈与契約も直ちに法232条の3に違反する行為とはいえない、というのである。しかし、このような解釈を採ると、地方公共団体の法令違反行為は無効であると定める法2条17項に正面から抵触することになる。そこで第1審は、抵触を回避するために、②軽微な法令違反をもすべて無効とするのは不当な結果となりかねないこと、立法者が法令違反行為の私法上の効力を当然に無効としたい場合には、法238条の3第2項のような、個別的に無効を定めた規定を置いていることを挙げる[21]。かくして法2条17項は、法令違反の行為については無効となる場合があり得るという注意規定に退いてしまい、違法行為の私法上の効力は、具体的な法令等の趣旨、目的、違反行為の性質や相手方の取引の安全を考慮して判断すべきとされることになる。

これを承けたイ段落では、以下のように説かれる。つまり、専決処分とは、地方公共団体内部の権限分配・手続の問題にすぎず、取引の相手方からみても、

---

21) 同項は、公有財産に関する事務に従事する職員が自らの取り扱いに係る公有財産の買受人となったり交換の当事者となった場合について、その私法上の効力を当然に無効とする規定である。松本・前掲999頁以下。

144　第5章　専決処分の許容性について

その適否の認識は容易ではない。ゆえに、違法な専決処分に基づく契約であっても、私法上当然に無効となると解すべきではなく、「契約を無効としなければ、専決処分に係る法の趣旨を没却する結果になる」程度にまで達していなければ、取引の安全が優先され、違法な専決処分であっても、契約は有効である、と。

　軽微な法令違反をも一律に無効とすると不当な結果となることは確かであり、個々具体の事例において諸々の要素を総合考慮して決すべきであるとの第1審の立論には、一般論として同意せざるをえない（参照、倉敷チボリ公園判決：最判平成16年1月15日民集58巻1号156頁）[22]。しかし、専決処分についての法令不遵守は、議会と長の権限分配という、地方自治の根本にある組織原理に違反する重大なものである。また、第1審は、北総鉄道の運賃値下げの実現自体には議員にも異論がなく、その実現方法として補助金の交付が相当であるかという点で意見の相違があったにすぎないというけれども、運賃値下げのために北総鉄道に補助金を交付するのがよいか、それとも通勤・通学者に個別に定期代を補助するのがよいか——つまり北総鉄道への補助金交付の是非——が長と議会の対立点であったわけで、このような判断が下されるのでは、議会など不要である。さらに、議会と長との紛争は社会的な注目を集めるので、取引の相手方が知らないはずはない。やはり専決処分における法令違反は重大であり、よほどの事情が認められない限り、私法上も無効とすべきである。

第2款　相手方の信頼保護？

　ウ段落では、北総鉄道が本件専決処分により本件贈与契約が適法に締結されたものと信じ、そう信じるにつき正当な理由があることが認定されている。そこでは、①本件贈与契約に先立ち本件値下げ合意がされ、白井市以外の自治体は特に問題なく補助金を交付し、北総鉄道が運賃値下げを実施したこと、②9月議会が議決に至らず閉会したことで、専決処分の形式要件は存すること、③白井市は、北総鉄道に対し、補助金交付決定の通知を送付し、特段本件専決処分の適法性を疑わせるような事情を何ら付記していないこと、④その他、北総鉄道に本件専決処分が違法であることを知りながらあえて贈与契約を締結したことをうかがわせるに足りる事情があるとは認められないことが列挙されている。

　しかし、表見法理の成立とは別に、相手方の信頼によって契約の有効・無効

22）松本・前掲73頁。

第7節　専決処分が違法な場合の契約の私法上の効力について（争点3）　*145*

を決するというのは、あまり聞かない議論である。食品衛生法に違反してなされた食肉売買契約について、同法は取締法規にすぎないとしてこれを有効とした最判昭和35年3月18日民集14巻4号483頁と、臨時物資需給調整法・加工水産物配給規則によりその配給が統制下にあった煮干いわしの売買契約を無効とした最判昭和30年9月30日民集9巻10号1498頁を比較するまでもなく、法律違反の契約の有効性は、あくまで当該法律の趣旨といった客観的な事情によって決められるはずである。[23] 両判決には、取引の相手方の主観的事情への配慮など微塵も現れない。大体、契約は無効と判断する以外にないが、相手方の信頼をどうしても保護すべきと思しき局面に備えて、表見法理が用意されているのではなかったか。もし法治国原理よりも取引の安全が優先するというのならば、別途、説得的な根拠を示す必要があるだろう。

　その信頼の中身も、本件では、保護に値するとは考えがたい。①について、他の自治体が補助金を支出してくれたのだから、白井市も当然支出してくれるだろうと受贈者が期待すれば、贈与契約の効力が認められるというのだろうか。いくら自治体行政に横並びの意識が強いとしても、受贈者のこのような期待を法的に保護するのは行き過ぎである。次に、②③9月議会が補正予算の議決に至らぬまま閉会したことは、新聞報道もなされるなど世間の耳目を集めており、受贈者としては当然知っておくべき事情である。議決がなされていないのに、補助金交付決定通知が送付されたのは、Aによる専決処分がなされたからであるが、その専決処分が適法であるか微妙な事案であることは、2千数百万円が動く重要案件なのだから、受贈者として知らなかったでは済まされない。少なくとも、知らなかったことへの落ち度は否定しがたい。[24] 奇しくも、阿久根市の事例も重なって、専決処分の制度が世間的な注目を集めていたのだから、尚更である。

　エ段落では、北総鉄道の利益に配慮する必要があることに加えて、A元市長が不法行為責任を免れない以上、本件贈与契約を私法上無効としなければ、専決処分に係る法の趣旨を没却する結果になるとは認められないとして、契約の効力が承認されている。他に損害賠償責任を負担するAが存在するのだから、北総鉄道に贈与分の返還を求める実質的な必要はないというわけだが、契約の

---

23) 文献の参照を含めて、玉井克哉「判例解説（最判昭和35年3月18日）」行政判例百選I［第7版］28頁。

24) 駒林良則「判例解説（控訴審）」判例評論668号（2014）7頁（10頁）も同様の見解を示す。

146 第5章 専決処分の許容性について

有効・無効を判断する際に、他の賠償責任負担者の存在など考慮するものなのだろうか（百歩譲って、北総鉄道から贈与分の返還が現実になされた場合に、もはや市には損害がないから、A元市長の不法行為責任が消滅するという逆の論理関係ならば、まだ理解できるが[25]）。

第3款　表見法理の検討

オ段落で言及された表見法理の適用についても、疑問がある。たしかに、匿名コメントが引用する最判昭和34年7月14日民集13巻7号960頁は、村長が行った法定権限外の借入金受領について、民法110条の類推適用があり得ることを一般論として認めた判例である。しかし、同最判の結論は、借入金の受領は収入役のみの権限であり、村長にその権限がないことは法令上明らかだとして、相手方貸主に「正当な理由」があったとは認めがたいというものであった。注目すべきは、同最判の事案では、村議会が村長に借入金をなすことのできる旨を決議し（そのような決議は法令上認められていなかったのだが）、その決議書を相手方貸主に提示していた点である。議会の決議書まで示されれば、相手方としてもそれなら村長に借入金の受領権限が法的に認められたのかなと誤信してもやむをえないところがあり、実質的には表見法理の成立を認めても不具合はなかったとさえ思われるのに、最高裁がこれを拒絶したことの意味は、軽視してはならないだろう。学説でも、代理権に法令上の制限が及んでいる場合には、相手方の「正当な理由」は容易には認められないという見解が根強く、筆者もこれに賛成である[26]。

ただし、本件は昭和34年最判とは異なり、贈与契約の締結行為それ自体は長に認められた権限であることには注意しなければならない。この差異に着目すれば、本件で議会による補正予算の決議が得られていないことは内部的な制

---

25) なお、旧4号請求時代の裁判例であるが、奈良地判昭和57年3月31日行集33巻4号785頁は、①違法な公金の支出等を行った当該職員（本件ではA元市長に相当する。）に対する損害賠償請求と②その相手方（本件では北総鉄道に相当する。）に対する不当利得返還請求について、①②の双方を提起しても、いずれか一方を提起しても適法であるとした。いずれの請求も認容された場合は、当該職員と相手方のいずれに対しても執行することが可能であり、あとは内部関係の問題として処理すべきであろう（自由選択説）。阿部泰隆「住民訴訟4号請求相互の関係」判タ595号（1986）10頁。この問題状況は、新4号請求の下でも、基本的に変わりがない。碓井光明『要説住民訴訟と自治体財務［改訂版］』学陽書房（2002）23頁。

26) 参照、潮見佳男『民法総則講義』有斐閣（2005）445頁、近江幸治『民法講義I民法総則［第6版補訂版］』成文堂（2012）303頁以下、道垣内弘人「判例解説（最判昭和34年7月14日）」民法判例百選I［第4版］71頁、池村好道「判例解説（同最判）」行政判例百選I［第7版］27頁。

限にすぎず、昭和34年最判のように長の権限が法令で対外的に制限されていた場合とは異なると立論することも可能である。借入金の受領が収入役にしか認められていなかったのに対して、契約の締結はれっきとした長の権限ではないか、というのである。しかし、この立論は、裁判所には受け容れられないだろう。町議会の議決を欠いたままなされた町長の約束手形振出行為について、最判昭和35年7月1日民集14巻9号1615頁は、予算の裏付けがない以上、無権限の行為として無効であると判断しているからである（むろん、昭和35年最判は、民法110条類推適用によって相手方の信頼を保護する可能性まで否定したものではない[27]）。

　では、いかなる場合ならば民法110条の「正当な理由」が認められるのか。これを結論として認めた数少ない判例が、最判昭和39年7月7日民集18巻6号1016頁である。この事案では、条例において、町長が（競争入札以外の方法による）町有不動産の売却につき、予定価格20万円未満のものについては町議会の議決を要しないが、その価格をこえるときは原則として議決を要する旨の内部的制限が付されていた。ただし、「内部的制限」とはいっても、条例に基づく制限なので、制限の存在自体は、相手方も十分に認識しておく必要があった。むしろ、結論を左右したのは、以下の事情であろう。つまり、同最判の控訴審（大阪高判昭和36年12月4日民集18巻6号1035頁）の認定によれば、町議会議員のほぼ全員において同不動産の売却に異論はなく、慣例的に設けられていた議員の全員協議会ないし特別委員会の場では、売却について了承が得られていた。むろん、その了承をもって町議会の決議に代替することは許されないのだが、「地方自治法や条例に対する意識が低〔い〕」議員らは、そのように取り扱っていた。さらに、議長らの認証の下、町議会議事録にも土地売却につき議員全員の賛成による議決があった旨記載されており、売買契約の相手方との間で公正証書を作成した際には、同契約の締結につき議会の議決があったことを証する議決書謄本が提出されていた、というのである。これならば外観上、長には当該不動産の売買契約を締結する権限が法的に認められたことになる。こうした事情が認められたからこそ、相手方にとって、町長には売買契約を締結する権限があると信じるにつき「正当な理由」があったと認定されたのであ

27）当時の法96条1項8号は、予算外義務負担は議会の議決を要する旨を定めていた。なお同号は、昭和38年改正により、同条1号の「予算を定めること」に含めて取り扱うことになった。大山礼子「判例解説（最判昭和35年7月1日）」地方自治判例百選［第4版］221頁。

ろう。昭和34年最判と昭和39年最判の差異は、法令等により長に付された権限の制限をクリアしたという証憑が作出されていたか——そして相手方がそれを信じるのもやむを得ないといえるか——否かにある。

　ひるがえって、本件を考察してみると、市議会が補正予算を議決しないまま閉会したことは、贈与契約の相手方である北総鉄道も当然に知っている（知っていなければならない）。市議会の議員が実質的に補正予算の支出を承認していたわけでも、承認された旨の議事録作成に同意していたわけでもない。本件で予算支出を適法ならしめるための唯一の手段である専決処分は、かなり限定的な局面でのみ容認される非常の手段である。本件専決処分が行使された事実それ自体をみれば、法令等により長に付された権限の制限をクリアする状態が作出されてはいる。しかし、本当に制限がクリアされているのかについて、相手方がそれを信じるのもやむを得ないといえる状況にはない。従来の判例の基準で「正当な理由」が認定されるとは考えられない。[28]

第8節　結　語

　筆者は、争点1と2については、控訴審が論理構成・結論ともに適切であると考える。第1審は、争点1と2については論理構成に難点があり、争点3は結論も妥当でない。

　いつの頃からかわが国にも劇場型政治家が生まれ、この動きは国政から地方へと波及してきた。特に自治体の首長選挙は、地方議会選挙が有権者人口に占める利益集団の構成比率を反映する——そうであるがゆえに、極端な政策を掲げる政党が多数を占めることは起こりにくい——のとは異なり、劇場型政治家を生みやすい。

　確かに、政治に決断は必要である。その意味で、果敢に決断を行う劇場型政治家が信望を集める心理も理解できないことはない。だが、政治の大部分は、異なる意見を有する者たちが、それぞれの代表者を通じていかに互いの政策をすり合わせ調整していくかという、妥協の過程である。どこかに敵をつくり、共通の敵に敢然と立ち向かう自身を演出することで、有権者の信望を集める劇

---

28) 阿部・前掲注（4）464頁も、市長が補助金を出すと約束しても、議会の議決が得られないうちは単に政治的な公約に過ぎないわけで、そのことは北総鉄道も承知していなければならないから、民法的な表見代理などは成立しないと喝破する。

場型政治家の手法とは、本質的に相容れない。

　専決処分は、いかにも劇場型政治家が飛びつきそうな手段であるが、法治国家のルールは、彼らの暴走を許さない。しかし、阿久根市長の所為が典型的な劇場型政治家のそれであったのとは異なり、白井市長についていえば、政策調整が暗礁に乗り上げてしまったがために、やむなく専決処分という"力技"に頼ったというのが実相であろう（ただし、9月議会の最終日まで、専決処分を行うことは考えていないと答弁していたことからすると、駆け引きの要素も排斥できない）。最終的な負担がＡ元市長の一身にのしかかるという結論について、心情的に割り切れないところは残る。白井市の事例は、劇場型政治家の暴走とは決めつけられないところがあり、本件が先例となるのは皮肉ではあるが、ともかく、地方自治における議会と長のあり方を再考する1つの機会となればと思う。[29]

---

29) 阿部・前掲注（4）472頁以下では、平成28年から翌29年にかけて、名古屋市で名古屋城天守閣木造再建築をめぐる補正予算について繰り返し継続審議が行われていたという状況下において市長が専決処分を行うことは是か否か、予防法学的な見地から詳細な意見書が提示されている。最終的には議会に対する説明が功を奏して、専決処分を行うという「リスクある究極の決断」は回避されたとのことであるが、議会の説得が功を奏した背景に、専門家による意見書とそれに基づく市長サイドの綿密な準備が存在したことは、想像に難くない。このように長が専門家に対して意見を求め、法令に基づいて仔細に検討を行うことこそが、実務と学問の理想的な連携のあり方といえよう。

第6章

議員報酬と政務活動費

第1節　問題意識

　地方議会における不祥事が後を絶たない。議会の存在感は低下するばかりか、長に対する抵抗勢力として、既得権益に溺れる「悪役」を演じ（させられ）ることも少なくない。しかし、地方議会は、本来、わが国の地方自治制度において、長とならぶもう1つの柱のはずである。地方公共団体に議事機関として議会を設置すべきこと（憲法93条1項）、長とならんで住民の直接選挙に付されるべきこと（同条2項）は、全体的に簡潔な日本国憲法において、わざわざ明文で規定されている。長と議会の二元代表制が、わが国の地方自治の特色なのである。

　地方議会の役割は、分権改革以後、確実に増大している。議事機関としての地方議会の最大の権限は、条例制定権（自主立法権）にある。条例制定権は、①徳島市公安条例判決（最大判昭和50年9月10日刑集29巻8号489頁）が、かつての法律先占（専占）論から脱却し、地方の実情に応じた条例制定の可能性をひらいたこと、②分権改革により機関委任事務が廃止され、自治事務（地方自治法2条8項）と法定受託事務（同条9項）のいずれについても条例を制定することが可能となったことにより、飛躍的に拡大した。[1]

　このように、地方議会にさらなる役割が求められているにもかかわらず、その信頼が地に堕ちているのは、地方自治の保障の観点から、大いに問題であると言わざるを得ない。劇場型政治家が長に当選して、抵抗勢力である議会との対決を演出するという光景も珍しくはなくなったが、権力の抑制と均衡の視点からは、議会にしっかりしてもらわないと困るのである。[2]

---

1) さらに、自治事務であると法定受託事務であるとを問わず、地方公共団体の事務である以上、100条調査権（地方自治法100条1項以下）が及ぶことも、かつての機関委任事務との重要な相違点である。

2) 江藤俊昭「地方議会の役割——住民・議会・首長の新たな関係」幸田雅治（編）『地方自治論——変化と未来』法律文化社（2018）82頁、大山礼子「地方議会に未来はあるか？」『地方自治法施行70周年記念自治論文集』総務省（2018）339頁以下も、このような問題意識を示す。

第2節 議員報酬、費用弁償、期末手当 *151*

むろん、地方議会は旧態依然としているとの批判を意識して、改革の動きも確実に芽吹いている。平成18年に北海道栗山町で「議会基本条例」が制定されたことを皮切りに、実質的討議の促進、議会の公開、住民への活動報告・意見交換、議決事項の拡大など、議会活性化の取組みが広がっていることは、その一例である。[3] 議員の「口利き」を規制する政治倫理条例の制定も、議会が自律的にモラルを確保するための取組みといえよう。[4] 本章では、これまで実務で争われた問題を紐解きながら、地方議会・議員の活動にかかる経費について考察することとしたい。

第2節　議員報酬、費用弁償、期末手当

第1款　沿　革

戦前の地方自治において、地方議会の議員はいわゆる名望家が務める名誉職とされた。つまり、他に職業あるいは恒産をもっている者が、議会が招集されるたびにそこへ出かけていって公のために無給で働くという建前であった。[5] ただし、当時から費用弁償は認められており、しかも1日ごとに定額で支払われていたようである。[6]

戦後になり、現行の地方自治法（昭和22年法律第67号）によって、議員報酬が支払われるべきことが法定された。そればかりでなく、地方自治法が施行されてしばらくの間は、法律に基づかずに条例によって、通信費、交通費、調査研究費、退職金、弔慰金等が支給されるという運用が常態化していたとされる。しかし、このような運用は昭和31年改正地方自治法により改められ、議員個人に対して、報酬（同法203条1項）、費用弁償（同条2項）、期末手当（同条3項）以外の支給を行うことは一切禁止された（このことが、政務活動費の前ふりとなっ

---

3) 神原勝『自治・議会基本条例論［増補版］』公人の友社（2009）126頁以下、江藤・前掲88頁以下。
4) 佐藤雄一郎「政治活動と財政法―政治倫理条例の視点から―」財政法叢書34号『政治活動と財政法』日本財政法学会（2017）61頁。
5) 沿革につき、（財）地方自治総合研究所（監修）、今村都南雄＝辻山幸宣（編著）『逐条研究地方自治法Ⅲ』敬文堂（2004）1083頁以下。その実態について、石川一三夫『近代日本の名望家と自治』木鐸社（1987）。
6) 最判平成2年12月21日民集44巻9号1706頁の解説である毛利透・法学協会雑誌110巻11号（1993）1785頁（1793頁）は、「名誉職＝無報酬という考え方の根づかなかった日本では、名誉職への費用弁償についてもやはり、それが厳密に費用に一致しなければならないという発想が薄かった」からではないかとする。

ている）。

　ところが、厳格な給与法定主義を採用した昭和31年の法改正後にも、しばしば「記念品料」などの名目で、実質的な退職金を支払うという動きがみられた。最判昭和39年7月14日民集18巻6号1133頁は、競輪開始10周年記念品料として市会議員1人について1万円を支給したことについて、記念品料などとして支出を行う場合であっても、社会通念上儀礼の範囲を超えて、実質的にみて給与に該当すると判断されれば、違法となり得るのであり、支給の趣旨、態様、金額、人員等の点からみて、当該支給は儀礼の範囲を超えているとして違法であると判断した[7]。名古屋地判平成10年3月27日判時1672号54頁も、県が退任する正副議長や褒章を受けた県議らに記念品料名目の支給をしたことについて、それぞれの地位に関連して支給されたものであり、社会通念上儀礼の範囲内とはいえず、違法であるとしている。

第2款　議員報酬

　「報酬」とは、一定の役務の対価として与えられる反対給付のことを指す。都道府県議会の議員の報酬は、東京都（月額［以下に同じ］1,021,000円）を筆頭に、愛知県（977,000円）、神奈川県（970,000円）と続き、島根県、高知県、佐賀県（いずれも760,000円）、鳥取県（757,000円）、沖縄県（750,000円）、山形県（746,000円）まで、47都道府県が――物価水準を考慮に入れれば――おおむね横並びの水準であるといえる[8]。市町村の場合は、名古屋市（990,000円）、大阪市（970,000円）、京都市（960,000円）、横浜市（953,000円）、神戸市（930,000円）などの政令指定都市は都道府県と遜色ないのに対して、中核市で50〜60万円台、一般の市の場合は30〜40万円台が多い。報酬が最も低いのは、いずれも東京都に属する御蔵島村と青ヶ島村（100,000円）である[9]。月額報酬が10万円台の市町村の場合、名望家政治の時代の感覚が強く残っているようにも思われる。あまりに議員報酬が低額な水準にとどまることは、専業として議員を行うことを困難にさせ、議員のなり手不足を深刻化させる要因となる[10]。

---

7) その後の下級審の関連裁判例も含めて、碓井光明『政府経費法精義』信山社（2008）359頁以下、木村琢麿「判例解説（最判昭和39年7月14日）」地方自治判例百選［第4版］226頁。
8) 報酬の額は各自治体の条例で定められているので、逐一確認することが可能である。「全国・全地域の議員報酬例規番付」http://area-info.jpn.org/RKSenatPyAll.html （2015年8月更新）が一覧性に富む。
9) 御蔵島村と青ヶ島村の場合、人口も200人前後であり、全国で最も少ない。
10) 櫻井正人「町村議会の現状と課題」『地方自治法施行70周年記念自治論文集』693頁（701頁以下）。

第2節　議員報酬、費用弁償、期末手当　　*153*

　もともと地方議会の議員の報酬については、地方自治法203条によって委員会の委員などの非常勤の職員に対する報酬および費用弁償とならんで規定されていたところ、議会の議員も「非常勤の職員」に含まれるものとして規定することは疑問であるという三議長会からの強い要望があり、平成20年の地方自治法改正で、議員報酬の規定（同法203条）と非常勤の職員の報酬の規定（同法203条の2）に分離されたという経緯がある[11]。

　国会議員については、憲法49条で「法律の定めるところにより、国庫から相当額の歳費を受ける」こととされており、三議長会の要望は、地方議会の議員も国会議員と同様の扱いの「地方歳費」としてほしいという趣旨であった[12]。この点、国会議員の歳費の金額は1年を基準として定められるが、その支給は、「国会議員の歳費、旅費及び手当等に関する法律」（昭和22年法律第80号）1条によって、月額単位で行われるとされている。

　地方議会の議員の報酬の場合、1年を基準とする以外に、月や日単位で支給金額を定める地方公共団体も存在しており、そのような金額の設定が許容されているとみるべきであろう[13]。この点で注目されるのが、かつて同一の条文で規定されていた非常勤の委員会委員の報酬の日額・月額制をめぐる諸判例である。「滋賀県特別職の職員の給与等に関する条例」（平成23年改正前のもの）のうち労働委員会および選挙管理委員会の各委員に月額制の報酬を支給することを定める規定が地方自治法203条の2第2項（前項の職員に対する報酬は、その勤務日数に応じてこれを支給する。ただし、条例で特別の定めをした場合は、この限りでない。）に違反するとして、公金支出の差止めを求めて提起された住民訴訟（1号請求）では、審級ごとに対照的な判断が下された。

　すなわち、第1審が、月額報酬制を採用できるのは勤務実態が常勤の職員と異ならないといえる場合に限られるとした上で、各委員について常勤の職員と異ならないとは到底いえないとして請求を認容し、控訴審も、選管委員長を除く委員については、月額報酬制の採用を相当とする「特別の事情」を欠くとして差止めを認めたのに対し、最判平成23年12月15日民集65巻9号3393頁は、

---

11) 松本英昭『新版逐条地方自治法［第9次改訂版］』学陽書房（2017）740頁は、地方自治法制定当初には「非常勤の職員」という文言はなく、昭和25年に地方公務員法が制定された後、昭和27年の法改正で「非常勤の職員」という文言が入ったものであり、議会の議員まで「非常勤の職員」と位置付けられていたものではないとする。

12) 宇賀克也『地方自治法概説［第8版］』有斐閣（2019）274頁以下。その背景について、大森彌「自治体議員の法的位置づけをめぐって」『地方自治法施行70周年記念自治論文集』311頁（318頁以下）。

13) 松本・前掲740頁。

議会の裁量を認めた上で、「当該非常勤職員の職務の性質、内容、職責や勤務の態様、負担等の諸般の事情を総合考慮して、当該〔月額報酬制をとる〕規定の内容が同項の趣旨に照らした合理性の観点から……裁量権の範囲を超え又はこれを濫用するものであるか否かによって判断すべき」であるとして、行政委員会が独自の執行権限を持ち、公正中立性、専門性等の要請から、長から独立してその事務につき最終的な責任を負う立場にあること、委員の資格についても、その業務に堪え得る一定の水準の適性を備えた人材の一定数の確保が必要であること、登庁日以外にも相応の実質的な勤務が必要となる上、その業務に必要な専門知識の習得、情報収集等に努めることも必要となることを併せ考慮すれば、議会の裁量権を逸脱・濫用したものとはいえないとした。

第１審や控訴審と比較して、最高裁は「特別の定め」に係る裁量審査を緩やかに行ったわけだが[14]、委員会委員に支払う報酬の算定方法は、地方公共団体が、その財政状況とも相談しながら、地域の実情に応じて人材の獲得にどの程度までお金を出せるかという視点から判断すべきものであり、裁判所がとやかく口出しすべき筋合いにはなく、最高裁の方向性が適切であろう。この考え方は、議員報酬についても示唆するところが多い。

第３款　費用弁償

「費用の弁償」は、実費弁償（地方自治法207条）と同じ意味であり、職務の執行等に要した経費を償うため支給される金銭のことをいう[15]。具体的には、鉄道賃や航空賃などの交通費、宿泊費、日当などをさす。

千葉県市川市が、条例に基づき、市議会の会議に出席した議員に対して１日当たり3,000円を費用弁償として支給していた事案において、最判平成２年12月21日民集44巻９号1706頁は、あらかじめ費用弁償の支給事由を定め、それに該当するときには標準的な実費である一定の額を支給するという運用も許されるのであり、一定の額について費用弁償する取扱いをする場合、いかなる事由をもって支給事由とするか、一定の額をいくらに定めるかについては、議会の裁量判断に委ねられているとした。市外への出張ならばともかく、議会は議

14）下山憲治「判例解説（最判平成23年12月15日）」新・判例解説Watch vol.11（2012）65頁、石森久広「判例解説（同判決）」地方自治判例百選［第４版］137頁。

15）松本・前掲741頁、744頁、766頁以下。今村ほか編著・前掲1101頁以下。実費弁償の方が、実際に要した費用を補償するという意味が強い文言であるが、その実態は同じである。大森・前掲320頁によると、戦前の無報酬・名誉職であった時代の名残である。

員にとって職場であり、そこへ出向くたびに費用弁償として日当をもらえることには違和感もあるが、地方議員は、兼業が禁じられ常に一定の場所に勤務する常勤職ではないという理由で、正当化されている。つまり、招集による議会への出席は職場への通勤ではなく、旅行とみなされるのである。[16)]

「札幌市議会議員の報酬、費用弁償及び期末手当に関する条例」において、議員が定例会、臨時会、常任委員会等の会議に出席したときの費用弁償として日額1万円が支給されていたことの違法性が争われた事件では、最判平成22年3月30日判時2083号68頁が、①費用弁償の支給対象とされた会議は、いずれも地方自治法に定められたものであって議員の重要な活動の場であること、②会議への出席に伴い、議員には、その職責を十全に果たすための準備、連絡調整および移動等の費用を含む、常勤の公務員にはない諸雑費や交通費の支出を要する場合があり得ること、③このような諸経費の弁償の定め方は政令指定都市においても様々に異なるものの、札幌市と同程度の定額で費用弁償を支給するところも存在していたのであり、札幌市議会は、このような取扱いとの均衡も考慮しつつ、費用弁償額を定めていたものといえることを理由に、条例の定めを違法ではないとした。[17)]

①については、法定外の会合への出席についても費用弁償が認められるか否かが問題とされてきた。この点、議員が「職務を行うため要する」費用の弁償である以上は、議会開会中または議会閉会中に付議された特定の事件を審査するために委員会が開かれる場合にのみ、弁償が支払われるべきであるといった行政実例（昭和27年4月24日、昭和33年5月7日）があった。少なくとも、地方自治法100条12項において、「議案の審査又は議会の運営に関し協議又は調整を行うための場」として設けられたもの（全員協議会、正副委員長会議など）については、出席に要する費用の弁償が認められてしかるべきであろう。[18)]

第4款　期末手当

昭和31年の地方自治法改正により、普通地方公共団体は、議会の議員に対し期末手当を支給することができることとされた。これは国会議員との権衡（国

---

16) 毛利・前掲1790頁。その他、碓井・前掲297頁以下。

17) ただし、定額費用弁償の制度は、この訴訟が提起された後の平成19年に廃止されている。出口裕明「判例解説（最判平成22年3月30日）」地方自治判例百選［第4版］139頁は、制度の過渡期であったからこそ、最高裁はあえて司法によるコントロールを控えたのではないかと推測する。

18) 碓井・前掲300頁以下、松本・前掲393頁。

会議員の歳費、旅費及び手当等に関する法律11条の2）を考慮して議員立法で設けられた規定であり、期末手当の支給は義務的ではない。[19] 期末手当については、本来、生活給的な色彩をもつ給与を受けている職員（給料によって自己および家族の生計を維持している常勤職員）についてなじむものであり、議会の議員に対して支給する上では、額の決定その他について慎重に考慮を払うべきであるという根強い異論がある。[20] 議員報酬が生活給ではないというのは、第5款でふれる最判昭和53年2月23日民集32巻1号11頁においても、報酬請求権の譲渡可能性を認めるために掲げられた理由付けであるが、期末手当以外にも長らく退職年金が認められていたことなど[21]、地方議員の給与制度が全体として生活給的な色彩を濃くしてきた沿革には注意しなければならない。[22]

第5款　公法上の権利？

議員報酬、費用弁償および期末手当の額ならびにその支給方法は、条例で定めなければならない（地方自治法203条4項）。議員報酬と費用弁償は、普通地方公共団体に支給義務があり、条例をもってこれを支給しない定めとすることはできない。これに対して、期末手当の場合、支給するか否かは地方公共団体の任意である。

議員報酬や費用弁償については、「公法上の権利」であることから、あらかじめこれを受ける権利を放棄することは許されず（実費弁償について、大判大正7年12月19日大審院刑事判決録24輯1569頁）、譲渡、相続、質入れすることも認められないとされる。[23] 他方、すでに発生した具体的な請求権を放棄すること

19）松本・前掲741頁、今村ほか編著・前掲1100頁以下、大森・前掲320頁。

20）松本・前掲743頁。これに対して、碓井・前掲442頁も参照のこと。

21）地方議会議員の退職年金制度は、昭和36年の「地方議会議員互助年金法」に始まり、翌年、「地方公務員（等）共済組合法」に統合されて、半世紀近く運用されてきた。この制度は、平成の大合併に伴う議員数の激減などの世情の変化によって、平成23年法律第56号により廃止されたが、あくまで財政難が原因であり、生活保障的なしくみを設けることへの異論に配慮したからではない。市議会議員共済会「地方議会議員年金制度の沿革」http://www.si-gichokai.jp/kyousai/nenkin_gaiyo/1187508_1536.html

22）駒林良則＝佐伯彰洋（編著）『地方自治法入門』成文堂（2016）150頁（駒林良則）。
　　近年、議会による議員報酬の減額を伴う出席停止決議（処分）の取消訴訟について、仙台高判平成30年8月29日判時2395号42頁は、「出席停止といえども、それにより議員報酬の減額につながるような場合には、その懲罰の適否の問題は、憲法及び法律が想定する一般市民法秩序と直接の関係を有するものとして裁判所の司法審査の対象となるというべきである」という判断を下している。この高裁判決の背後には、生活給としての議員報酬を相当程度減額された場合には議員が生活の基盤を失うことになる以上、一般市民法秩序と無関係とは言えないという思考があるように思われる。この判決については、次章も参照のこと。

23）松本・前掲741頁。

は原則として可能であり、一種の財産権として相続、譲渡、質入れを行うことが認められるというのが通説である。譲渡について、前掲最判昭和53年2月23日は、地方自治法にも地方公務員法にも報酬請求権の譲渡・差押えを禁止する規定はないこと、地方議会の議員は特定公職との兼職禁止（地方自治法92条）や当該普通地方公共団体と密接な関係のある私企業との隔離（同法92条の2）の場合を除いて一般職の公務員に課せられているような法律的拘束から解放されていることを指摘した上で、地方議会議員の報酬は一般職の公務員の給与とは異なり、譲渡を禁止して議員の生活を保護すべき必要性はないから、条例の中に譲渡を禁止する規定がない限り、報酬請求権の譲渡は許されるとした。生活給でないという理屈を貫くならば、議員報酬の差押えも、その全額について可能とみるべきであろう（民事執行法152条1項）。

　公法・私法二元論が過去のものとなった現在では、「公法上の権利」であることからカテゴリカルにその性質を導くのは適切でない。前掲最判昭和53年2月23日は、「普通地方公共団体の議会……の議員の報酬請求権は、公法上の権利であるが」としながら、「公法上の権利であっても、それが法律上特定の者に専属する性質のものとされているのではなく、単なる経済的価値として移転性が予定されている場合には、その譲渡性を否定する理由はない」として、単純な公権属性論を否定し、当該権利の趣旨・目的から譲渡を禁止すべきか否かを判断した。[24]

第3節　政務活動費

第1款　沿　革

　地方公共団体は、条例の定めるところにより、その議会の議員の調査研究に資するため必要な経費の一部として、その議会における会派または議員に対し、政務活動費を交付することができる（地方自治法100条14項）。政務活動費の交付を受けた会派・議員は、条例の定めるところにより、当該政務活動費に係る収入および支出の報告書（収支報告書）を議会に提出するものとされる（同条

---

24) 塩野宏『行政法Ⅰ［第6版］』有斐閣（2015）38頁、北島周作「判例解説（最判昭和53年2月23日）」地方自治判例百選［第4版］226頁。

158 第6章 議員報酬と政務活動費

15項[25])。

　地方自治法制定時から半世紀あまりの間、同法204条の2との関係で、議員個人に対して調査研究費の補助を行うことは禁じられていた。そこで昭和30年代以降、都道府県や大都市を中心に、議員個人ではなく会派に対し、「寄付又は補助」（地方自治法232条の2）という名目で、県政（ないし市政）調査交付金を支給するという運用がなされてきた。この動きは次第に拡大し、都道府県のすべて、市の7割以上、町村の1割弱において支給がなされていたとされる[26]。こうした各地方公共団体の運用を、平成12年の地方自治法改正（平成12年法律第89号）で実定法化したものが、政務調査費であった[27]。

　最決平成17年11月10日民集59巻9号2503頁は、政務調査費が設けられた趣旨について、「地方公共団体の自己決定権や自己責任が拡大し、その議会の担う役割がますます重要なものとなってきていることにかんがみ、議会の審議能力を強化し、議員の調査研究活動の基盤の充実を図るため、議会における会派又は議員に対する調査研究の費用等の助成を制度化し、併せてその使途の透明性を確保しようとしたもの」であるとする。いわば会派・議員がイニシアティブをとって調査研究を行う際に、公金から費用を助成することを正面から認めることに、政務調査費が創設された眼目があった[28]。

　政務調査費は、平成24年の地方自治法改正（平成24年法律第72号）で、政務活動費へと名称が変更された。これは三議長会の要望をふまえた議員修正により行われたもので、名称の変更だけではなく、交付目的に「その他の活動」が加えられ、「議員の調査研究その他の活動に資するため」となった。これにより、従前は交付の対象とは認められていなかった議員としての補助金の申請・陳情

---

25) 渡邉史朗「地方議会議員の政務調査費について」地方自治721号（2007）14頁、松本・前掲395頁。法的性質について、廣地毅「政活動費の法的性質に関する一考察（1）（2・完）」自治研究89巻4号65頁、5号（2013）65頁。近時の精細な分析として、江口哲郎「政務活動費制度について」地方自治833号（2017）14頁。

26) 当時の裁判例の分析として、金子昇平「地方議会における政務調査費」日本財政法学会（編）『地方財政の変貌と法』勁草書房（2005）189頁（198頁以下）。最判平成28年6月28日判タ1429号77頁は、京都府が、政務調査費の制度が創設されて以後も、要綱に基づき、府議会の会派に対して、「会派運営費」という名目で、会派の人件費、事務費、慶弔等経費、会議費を対象に補助金（地方自治法232条の2）を交付してきた運用を適法であるとした（政務調査費の交付対象となる経費は、会派運営費の対象から除かれる）。

27) 加藤幸雄「政務調査費の制度化とその実態」地方財務557号（2000）133頁、碓井・前掲397頁以下、寺田友子『住民訴訟判例の研究』成文堂（2012）183頁以下、江口・前掲15頁以下。

28) それだけに、政務活動費の使途をめぐっては、会派間の政治的な紛争が生じやすい。武田祐也「地方議会における会派と政務調査費」早稲田政治公法研究87号（2008）127頁。

活動等のための旅費・交通費などについても、条例によって経費を支給することが可能となったとされる。[29] また、従来から解釈上の争いとなることが少なくなかった「政務活動費を充てることができる経費の範囲」について、自治体ごとに条例で定めなければならなくなった（地方自治法100条14項）。[30] 以下、政務調査費および従前の県政（ないし市政）調査交付金について、「政務活動費」で統一する。

第2款　相次ぐ不祥事と対策

交付対象の拡大は、使途が不透明になることとも紙一重である。平成24年法改正の際には、議長に対して透明性を確保するよう努力義務を課する（地方自治法100条16項）とともに、衆参の附帯決議においても、政務活動費が、その「運用につき国民の批判を招くことのないよう、……特段の配慮を行うこと」とされた。[31] だが、この附帯決議の精神が生かされていないことは、その後の相次ぐ不祥事が示すとおりである。対象が拡大されたとはいえ、調査研究活動には含まれない政党活動、選挙活動、後援会活動、私人としての活動のための経費などは、交付の対象にならない。

しかし、政務活動費を政治活動に用いるくらいはかわいいもので、私的旅行や遊興費に充てたという不祥事は後を絶たない。平成26年に発覚した兵庫県議会のN議員による詐取事件においては、城崎温泉や東京、福岡などへ3年間で計344回に及ぶ日帰り出張を行い、はがきや切手代として金券を購入したとする内容の書類を作成・提出して、政務活動費913万円を詐取したとされる。[32] 平成28年に富山市議会で大規模な不正請求が発覚し、多数の議員が辞職に追

---

29) 改正の経緯について、江口・前掲16頁以下。成田頼明ほか（編）『注釈地方自治法［全訂］』第一法規1607頁（斎藤誠）は、「調査研究」が「その他の活動」の例示である以上は、調査研究との関連性は必要であり、たとえば、条例制定研修会の経費や議会・自治制度にかかる学会への参加費用など、解釈上の争いがあった支出項目が明文で認められるようになったにすぎないとする。

30) 愛知県議会では、県条例および規程の定める使途基準では「事務費」への支出は明文で認められていたものの「事務所費」については項目が設けられていなかったところ、各会派の所属議員の事務所の賃借料・光熱費および自動車リース料の支出に政務調査費を充てたことの是非が住民訴訟の中で争われた。名古屋地判平成26年1月16日判時2296号50頁が事務所賃借料等は「事務費」に含まれるとしてこれを認めたのに対し、控訴審である名古屋高判平成27年12月24日判時2296号42頁は、厳格な文言解釈を施してこれを否定した。参照、板垣勝彦「判例解説（名古屋高判平成27年12月24日）」地方財務2017年2月号167頁。

31) 植田昌也「地方自治法の一部を改正する法律について」地方自治779号（2012）27頁（50頁以下）、江口・前掲19頁。

32) 平成28年7月6日、神戸地裁はNに対し、詐欺と虚偽有印公文書作成・同行使の罪により懲役3年（執行猶予4年）の有罪判決を下した。

い込まれたことは、記憶に新しい。議員が取締役を務める同族会社から事務所を賃借してその代金に政務活動費を充てたり[33]、酷いものになると、白紙の領収書に議員自らが費目や金額を書き込んで提出した事案まであり、そのモラルの低下——もともと低かった水準が明るみに出ただけかもしれないが——は嘆かわしいという以外にない。

　不正使用の原因は、提出が義務付けられている収支報告書には収入・支出の概算された合計金額のみを記載すれば足りるとされて、支出の明細を把握することができない点にあった[34]。そのために、対策として、帳簿・領収書の添付を義務付けることや、実際の支出が使途基準に適合しているか否かについて議会内部の機関が審査するしくみを設けることなどがかねてより提案され、実行に移されてきた[35]。その他にも、政務活動費に関する公開窓口の設置、議会ホームページへの収支報告書の記載、詳細な活動報告書の作成・公開などが、議会改革の一環として採り入れられている[36]。政務活動費については住民の関心も高く、各地の市民オンブズマンが情報を集約しているほか、住民監査請求や住民訴訟を通じた使途基準に適合しない政務活動費の交付についての不当利得返

---

33) これに対し、大阪地判平成18年7月19日判タ1248号167頁は、親子同士で事務所用建物の賃借をしたとしても、議員としての調査研究活動のための事務所としての実態があれば、政務活動費の交付は妨げられないとしている。

34) 文書提出命令を免れる「専ら文書の所持者の利用に供するための文書」（民事訴訟法220条4号ニ）に該当するかについて、多くの裁判例がある。前掲最決平成17年11月10日は、議員が所属会派に提出した調査研究報告書（収支報告書ではない）について、政務調査費交付条例および議長の作成した政務調査費交付要綱等には、市長・議長から調査報告書の提出を求め得るとする根拠規定はなく、調査報告書は専ら会派の内部にとどめて利用すべき文書とされているのであり、自己専利用文書に該当するとした。

　　最決平成22年4月22日判時2078号3頁は、会派が所属議員から提出を受けていた政務調査費報告書および領収書は、会派外部の者による調査等に際しての提出が予定されてはおらず、専ら会派内部の者の利用に供する目的で作成されたものであり、これが開示されると調査研究活動が他の会派等から干渉を受けるおそれがあるし、これらの文書には調査研究活動の協力者の氏名等が記載されている蓋然性が高いことも考慮すると、自己専利用文書に該当するとした（評釈として、久末弥生『現代型訴訟の諸相』成文堂（2014）29頁）。

　　他方、最決平成26年10月29日判タ1409号104頁は、1万円以下の支出に係る領収書その他の証拠書類等および会計帳簿は、県政務調査費交付条例に基づき、議長が調査を行う際に必要に応じて直接確認することが予定されているものであり、何人も議長に対してこれらの書類の閲覧を請求することができるなど、外部の者に開示することが予定されていない文書とは認められないから、自己専利用文書には該当しないとした。

35) 加藤幸雄「政務調査費条例のあり方を問う」都市問題98巻4号（2007）18頁（21頁）。

36) 松本・前掲397頁以下。江口・前掲21頁によると、提出された収支報告書等の議会事務局による検査は9割以上の実施団体において実施されているものの、第三者による検査を導入しているところは3％に満たない。また、収支報告書をホームページで公開している団体は約48％であり、領収書等の提出義務は98％の団体で課されている。

還請求も盛んである。[37]

第3款　裁判例の分析

(1)　「会派が行う」

　政務活動費を交付する相手は、「会派又は議員」である（地方自治法100条14項）。会派とは、「地方議会内に結成された政治的信条等を同一にする議員の同志的集合体」であるとされ（さいたま地判平成15年10月1日判例自治255号17頁）、一人会派も許容される。

　この点、交付すべき局面を「会派が行う」場合に限定していた函館市議会において、会派自らが行う研究会や視察などではなく、会派の所属議員に対し、その議員の調査研究に要した費用として政務活動費を支出する場合に「会派が行う」要件が満たされるかが問題となった。支出を正当化するためには会派全体の意思統一が必要とされるのか、それとも会派の代表者の承認があれば足りるのかということである。[38]

　最判平成21年7月7日判時2055号44頁は、会派の代表者が会派の名においてした行為は、会派自らがした行為と評価されるのであり、会派の所属議員の発案・申請に係る調査研究活動について会派の代表者の承認が得られたときは、当該議員に対し会派のためのものとして調査研究活動をゆだねた（あるいは会派のための活動として承認した）趣旨であると認める余地が出てくるのであって、そのような場合には、「会派が行う」要件を満たすとした。[39]基本的には最高裁の考え方で良いと思われるが、多数決で会派の意思を決定するといった取決めがあれば話は別であるし、会派の代表者（あるいは経理責任者）が議員個人と通謀した場合や一人会派のような場合、形式的には「会派が行う」要件は簡単に満たされてしまうので、そのような場合にはさすがに司法審査が必要となろう。[40]

(2)　使途基準適合性の判断基準

　政務活動費の支出が違法となるか否かは、それぞれの支出内容が条例等で定

37）裁判例の紹介は、渡邉・前掲19頁、江口・前掲22頁以下が詳細である。

38）廣瀬和彦『政務調査費ハンドブック』ぎょうせい（2009）29頁以下が、最高裁判決以前の下級審の状況を紹介している。

39）原審である札幌高判平成19年2月9日（平成17年（行コ）第14号）は、札幌高判平成16年10月20日判タ1208号167頁に倣って、会派としての意思統一が必要であるとしていた。

40）皆川治廣「判例解説（最判平成21年7月7日）」地方自治判例百選［第4版］125頁。

められた使途基準に違反しているか否かで決せられる[41]。裁判例の傾向は大きく2つに分かれる。1つ目が裁量審査型であり、政務調査費の支出について会派・議員の裁量を認め、その逸脱・濫用があったか否かのみを審査するものである（奈良地判平成16年12月15日〔平成14年（行ウ）第14号〕、札幌高判平成19年2月9日〔平成17年（行コ）第14号、前掲最判平成21年7月7日の原審〕、奈良地判平成23年6月30日判タ1383号220頁、甲府地判平成25年3月19日判例自治382号40頁）。しかし、裁量審査型の場合、「一見して明らかに県政とは無関係である」とか「政務調査費を支出することが著しく不相当」ということは考え難く[42]、司法のチェックがほとんど機能しないことが問題となる。

多くの裁判例は、会派・議員の使途についての裁量に言及することなく、それぞれの支出の使途基準適合性を実質的に立ち入って判断を行っている（実質審査型）。最判平成22年3月23日判時2080号24頁をはじめ[43]、東京地判平成16年4月13日判例自治265号25頁、仙台高判平成23年5月20日判例自治360号7頁、東京高判平成25年9月19日判例自治382号30頁（前掲甲府地判平成25年3月19日の控訴審）など圧倒的に多くの下級審が実質審査型を採用しているのは、会派・議員に対して国民の信用がないこととともに、使途基準適合性が市民感覚における判断になじむからかもしれない[44]。

(3) 具体的な使途基準適合性の判断

「議員の調査研究に資するため必要な経費」といえるためには、当該行為・活動が、その客観的な目的・性質に照らし、議員としての議会活動の基礎となる調査研究活動との間に合理的関連性を有することが求められる（最判平成25

41）西原雄二「政務調査費をめぐる住民訴訟」日本法学82巻1号（2016）95頁の分析が精細である。

42）いずれも、前掲奈良地判平成23年6月30日の用いた表現である。同判決の解説として、板垣勝彦・会計と監査2013年7月号46頁（50頁）。

43）第1審と控訴審は明示的に裁量審査型を採用していた。若狭愛子「判例解説（最判平成22年3月23日）」民商法雑誌143巻3号（2010）114頁（118頁）は、政務活動費の適正な執行を担保するためにも、使途基準への形式的な適合の有無ではなく、具体的・個別的事実の審理判断が求められるとする。

44）ただし、実際のところは裁量審査と実質審査の区別は相対的である。使途基準への適合性審査も、使途基準それ自体の合理性および使途基準へのあてはめの合理性を問うことになるため、伊方原発判決（最判平成4年10月29日民集46巻7号1174頁）が示す、審査基準に依拠した裁量審査の手法と極めて類似する。使途基準も判断の目安であることは裁量基準と変わりがないのであり、その違いは、使途基準の方が規律密度が高く、会派・議員の裁量の余地が大きくはないという程度にすぎないように思われる。実際、仙台高判平成19年12月19日判例自治310号11頁は、支出の適合性については会派・議員の裁量が認められるとしながらも、調査目的と市政の関連性、調査方法および内容等に関する具体的説明の有無、調査方法の妥当性、調査活動と支出経費との相当性、調査結果の保存の有無等を総合的に考察して、政務活動費の対象外の支出がなされたことを認定している。

年1月25日判時2182号44頁）。具体的にどのような経費を指すのかについて一義的明確な判断基準はなく、「制度の趣旨、沿革及び全国的な運用の実態等をふまえ、健全な社会通念に照らして、問題となっている個々の経費ごとにその性質を検討し、それが調査研究に資するため必要な経費といえるか否かを検討するほかない」（名古屋高判平成27年12月24日判時2296号42頁）。近年では、使途基準に形式的に適合するのみならず、調査研究の実質まで求められる傾向がある[45]。

研究研修費は、研修会や研究会を開催するための費用であり、会場費、講師謝金、交通費などを指す。研究会の会費も含まれる。事柄の性質上、懇親会の費用（食糧費）を支出することの可否が問題となるが、会合が政務調査と関係のない単なる宴会であるとか、政務調査活動に伴う飲食として社会通念上許される限度を超えて高額であるような場合には、目的外支出となる（福岡地判平成25年11月18日〔平成19年（行ウ）第70号〕）。社会通念に照らして判断すべき問題であり、会議に伴うお茶代や弁当代くらいまでならばともかく[46]、会議後の懇親会（ましてや宿泊を伴う懇親会）などは、たとえ情報交換のためとはいえ、認められてはならない[47]。

東京高判平成18年11月8日判例集未登載では、区議会議員による公共政策大学院の学費の支出が、個人の知識、能力を高めるといった自己研鑽の範囲の支出ではないかとして問題となった[48]。しかし、東京高裁が認めたように、議員の政策立案能力や法務能力の向上を図るために公共政策大学院に通学することは、議員個人の能力を高め、それを区政に還元させることを目的としたものであり、むしろ政務活動費本来の目的に合致すると考えるべきであろう[49]。函

---

45) 寺田・前掲194頁、西原・前掲110頁。
46) 裁判例の多くは、喫茶店の代金（京都地判平成16年9月15日〔平成15年（行ウ）第1号〕）、茶菓・飲食代（前掲大阪地判平成18年7月19日）、ジュース・菓子・弁当代（後掲青森地判平成19年5月25日）について、支出を認めている。渡邉・前掲22頁。これに対して、名古屋地判平成21年3月26日判タ1320号85頁は、会派の所属議員が集まって昼食を伴う会議をした場合、その開催が昼食時でなければならない事情があり、その金額が社会通念上相当な範囲内であったとしても、昼食代は各議員の日常生活上当然に必要となる昼食代と何ら性質を異にするものではなく、公金をもって充てるべき実質を欠くとした。
47) 前掲東京地判平成16年4月13日は、産業振興・景気動向調査研究と称してキャバレーで行われた会合の費用について、仙台高判平成19年4月26日（平成18年（行コ）第20号）は、スナックでの二次会の費用について、それぞれ使途基準適合性を否定している。
48) 判決文は、廣瀬・前掲97頁以下を参照のこと。
49) これに対し、碓井・前掲422頁は、自己の能力を高めるための費用は、直接に調査研究に必要な場合を除いて、支出の対象外とすべきであるとする。

館地判平成17年8月22日（平成15年（行ウ）第2号、前掲最判平成21年7月7日の第1審）は、英語教材やCDプレイヤーの購入費について政務活動費からの支出を認めなかったのに対し、控訴審である札幌高判平成19年2月9日（平成17年（行コ）第14号）は、函館市が国際交流を推進している以上、それに資する英語教材やその利用のための機材の購入も、市政に関連するものと言うべきであるとして、判断を覆した。

　不正支出であるとの疑念がもたれることが多いのは、調査旅費である[50]。一般論をいえば、視察の目的が地方行政との関連に照らし合理的な必要性を有していることが求められる[51]。熊本地判平成22年3月26日判時2092号49頁は、観光地への出張について、一般の観光客ないし旅行者でもなし得る行動しか取っていないとして、市政との関連性を否定した。前掲東京高判平成25年9月19日も、韓国と屋久島への視察について、一般の観光客でも見学することの可能な観光名所への訪問が、議会の審議能力を強化し、議員の調査研究活動の基盤の充実を図るための調査研究に資する内容であったことを窺わせる証拠は見出し難いという、厳しい判断を下している[52]。むろん、日程の大部分は、調査研究活動に充てられる必要があろう。だが、観光に終始していたような事案ならばともかく、政務調査活動として視察に出向いている以上、観光が一切許されない（もし観光したならばすべてを政務活動費の支出対象から除外する）というのも、潔癖にすぎるように思われる。多少の観光は許容して、按分の対象にすべきではないだろうか（按分説）[53]。この点、大阪地判平成26年3月26日判例自治394号18頁は、一般的な観光名所が視察先に含まれていること等に照らすと、観光旅行ないし会派の親睦旅行としての意味合いをもっていた疑いを否

50）なお、前掲奈良地判平成16年12月15日は、費用弁償に関する前掲最判平成2年12月21日を引用して、政務活動費として定額を充てるとの意思統一をする運用は許容されるとしている。

51）県政調査研究費の事案として、徳島地判平成16年1月30日判例自治267号19頁は、①旅行目的の合理性と②旅行内容の目的との関連性、または手段としての相当性という比較的厳しい枠組みを用いて、シドニーおよびシンガポール視察は適法、イタリア視察は違法であるとした。参照、板垣・前掲注（42）49頁。

52）東京高判平成25年9月19日では、議員の派遣（地方自治法100条13項）として行われたアメリカおよびトルコへの海外研修の是非も併せて問われており、議員派遣の合理的な必要性が認められる場合には議会の裁量により議員を派遣することができるとして、裁量判断の枠組みを示している。しかし、「派遣目的が議会の機能を適切に果たすために必要のないものである場合や、行き先や日程等が派遣目的に照らして明らかに不合理である場合に派遣するなど、……裁量権の行使に逸脱又は濫用があるときは，議会による議員派遣の決定は違法になる」とした上で（最判昭和63年3月10日判時1270号73頁、最判平成9年9月30日判時1620号50頁）、実質的には海外研修に名を借りた観光中心の私的旅行というべきものであったとして、所定額の返還を命じた。

53）碓井・前掲255頁以下。

定できず、旅行費用の2分の1については使途基準に違反するとして返還を命じたものの、逆にいえば残りの2分の1は政務活動費からの支出を認めたことになる[54]。

　広報費の場合、単なる宣伝活動ならば、政務活動費の支出対象として不適当である。だが、住民の意思を的確に収集・把握するための前提として、議会活動に関する政策等を住民に知らせるための支出も「調査研究のために有益な費用」であるという理解の下、政務活動費の使途基準に規定されている（東京高判平成16年4月14日判例自治266号29頁[55]）。個人ホームページの維持管理費や政党機関誌の発行費用なども同様に考えて良いが[56]、すべてが政務調査活動のみを目的とするわけでもないと思われるので、按分説に従った処理が妥当であろう。前掲大阪地判平成26年3月26日は、広報誌の紙面の4分の1が後援会の活動報告を内容とするものである場合、その4分の1についての支出は使途基準に違反するとした。はがきや郵便切手の大量購入については、前掲熊本地判平成22年3月26日が調査研究活動のための必要性・合理性を欠くとは認められないとしたのに対し、前掲大阪地判平成26年3月26日は、後援会活動や選挙活動について記載のある年賀状に関して、政務活動費の支出は許されないとした。裁判例では、広報活動のために要したガソリン代について支出が認められたものがある（名古屋地判平成17年5月30日〔平成15年（行ウ）第63号〕）[57]。

　資料作成・購入費についてみると、一般の日刊紙の購読料は支出が容認されるのに対して[58]、特段の事情がなければ、スポーツ紙の購読料は認められない（前掲仙台高判平成19年4月26日）。自身が所属している政党の機関誌の購読料については、政党活動の一環であると解されることから、支出を認めるべきではないだろう（仙台高判平成19年12月20日判例自治311号10頁）。映画のDVDなどは論外である（青森地判平成19年5月25日判例自治311号19頁〔前掲仙台高判平成

54）その他、新潟地判平成24年8月20日（平成21年（行ウ）第9号）も按分説を採用している。

55）碓井・前掲416頁以下、渡邉・前掲24頁、廣瀬・前掲64頁以下。

56）市政調査研究費の事案として、名古屋地判平成15年1月31日判例自治245号29頁は、疑問があるとしながらも、結論としては、目的外支出であるとまでは認められないとした。

57）むろん、青森地判平成16年2月24日判例自治266号26頁のように、ガソリン代のうち広報活動に用いられた分は極僅かであり、大半は議員の私的な目的のために使われていたような場合には、返還を求めなければならない。

58）碓井・前掲426頁以下は、到底社会通念の認めるところではないとして、日刊紙の購読料を政務活動費から支出し得るとすることに強い疑念を示す。

19年12月20日の原審[59]])。

変わったところでは、区議会議員が提起した住民訴訟費用の支出がある。前掲最判平成25年1月25日は、テープ反訳費用や証人尋問速記反訳費用については、議員が訴訟の提起・追行を端緒として、別途、その過程で取得した情報や資料を議会活動のための調査研究や資料の作成等に用いたものとみる余地があるとして、政務活動費からの支出を認める一方で、印紙代については、住民訴訟の提起・追行それ自体にかかる経費であって、その客観的な目的・性質に照らし、調査研究活動との間に合理的関連性は認められないとした。

広聴費は、政策に関する市民の意見の聴取を行うために要する経費のことである。しかし、会合であるために、やはり飲食を伴う場合が問題となりやすい[60]。お茶や弁当代くらいならば認めても良いと思われるが（前掲仙台高判平成19年12月20日）、やはり最終的には社会通念に照らして判断すべきことになろう。

(4) 不可分一体的支出における按分説

事務所費[61]、人件費、備品費のように、調査研究活動のためにも用いられる一方で、それ以外の政党活動、選挙活動、後援会活動、私的活動にも不可分一体的に用いられることがある支出の場合、どのように取り扱うべきか。

裁判例の多くが採用しているのが、按分説である。これは、政務活動費を充てることができる部分とできない部分とを按分して、充てることができる部分については政務活動費の交付を認めるという考え方である。公刊物登載裁判例に限っても、青森地判平成18年10月20日判タ1244号149頁（ガソリン代、事務所費）、前掲仙台高判平成19年4月26日（事務所の電気料金）、前掲仙台高判平成19年12月20日（事務所費、人件費）、釧路地判平成23年3月8日判例自治360号42頁（資料作成費としてのパソコン代、事務所費）、前掲仙台高判平成23年5月20日（調査旅費、事務所費、人件費）、横浜地判平成25年6月19日判時2205号23頁（交通費、広報費、事務所費、事務費、人件費）、前掲熊本地判平成22年3月26日（事務所費）、東京地判平成26年9月3日判例自治399号15頁（同上）、札幌地判平成27年5月26日判時2312号43頁（車両リース代、ガソリン代）など多くの裁判例が採用している[62]。

---

59) この事案では、CD、DVD、児童書（さらには子どもの肌着！）の購入代金について、調査研究のための資料等の購入費用とは認められないとされた。渡邉・前掲23頁、廣瀬・前掲62頁。

60) 廣瀬・前掲72頁以下。

61) 往々にして、親子（親族）間での建物の貸し借りが問題となる。西原・前掲121頁。

62) 西原・前掲124頁以下。

これに対して、前掲名古屋高判平成27年12月24日は、事務所の賃借は相当長期間にわたって継続してなされ、その額も高額になるところ、政務調査活動は通常は費用が生ずる都度行うものであり、議員が恒常的に従事するものではないため、その活動のみのために事務所を恒常的に確保しなければならない事情は想定し難く、むしろ政党活動、選挙活動、後援会活動、私的活動に費やす時間の方が「圧倒的に多い」として、事務所賃借料は政務活動費の支出対象として認められないとした。しかし、政務活動費を充てることが許されない部分が混じっているからといって、政務活動費の支出が一切許されないとするのも極端であろう。按分説の方が、実態に即した穏当な解決方法であると考える。

　ただし、按分説の場合、政務調査活動とそれ以外の活動に充てた割合をいかにして算定するかが、訴訟実務上の難問である。「2分の1」、「3分の1」、「10分の1」などと算定されても、その按分率を採用した基準や理由については、往々にして詳細な言及がなされない。事柄の性質上、いずれの活動に対していかほどの時間や労力を割り振ったかについては、会派・議員の自己申告に頼るほかないことも課題である。

(5)　立証責任

　不当利得返還請求において、法律上の原因がないこと（民法703条）の立証責任は、一般に請求する側にあるとされる（最判昭和39年4月7日集民73号35頁、最判昭和59年12月21日集民143号503頁）。しかし、政務活動費の使途等に関する資料は、すべて会派・議員が保有しているのであり、原告である住民に、法律上の原因の不存在の主張・立証責任を負わせることは妥当でない。そこで注目されるのが、前掲仙台高判平成23年5月20日が呈示した、原告の側で会派・議員による政務活動費の使用が本来の使途・目的に違反していることを推認させる一般的・外形的な事実を立証した場合には、相手方が適切な反証を行わない限り、当該政務活動費の支出は使途基準に合致しない違法な支出とするという枠組みである。反証の方法は、当該外形的事実の内容によって異なって良く、

---

63)　板垣・前掲注（30）178頁。
64)　西原・前掲121頁。前掲札幌地判平成27年5月26日は、「証拠資料の不足等により、……使用実態や活動実態を認定することができず、合理的に区分することが困難であるときは、諸般の事情を考慮し、条理に基づいて、社会通念に照らし合理的な割合により、その経費の額を按分し、政務調査活動に係る額についてのみ、政務調査費による支出を行うべきである」とするけれども、これでは支出のチェックが甘すぎると思われる。
65)　西原・前掲127頁。その原型は前掲名古屋地判平成15年1月31日などにみられ、前掲熊本地判平成22年3月26日も、この枠組みを踏襲している。

必ずしも領収書の提出に限定されない。社会通念上一般的に領収書が発行されると考えられる支出であっても、領収書が提出できない合理的な事情を説明することや、支出があったことを推認させるその他の事情を立証することで足りる場合もあろう。

第4節　展　望

　議員報酬の問題は、非常勤の委員の月額報酬制の是非が問われた前掲最判平成23年12月15日が示唆したように、地域の実情や財政状況と相談して、地方公共団体が自主的に決すべき事柄である。かつて人口区分に応じて法定されていた議員の定数が条例で自由に決められるようになったこととも併せれば、そのように考えるのが分権改革の理念に適う。突き詰めれば、人材を確保するためにはいかなる方策を採るべきかという話であり、議員の定数を増やす代わりに1人ごとの報酬は減らすとか、数を減らして1人ごとの報酬を増やすというように、試行錯誤によって解決を模索すべきであろう。議会にかけるコストのかけ方は、地域の実情に応じて様々なものがあって良い[66]。

　政務活動費についても、議員の意識の向上を図る必要があるのは無論のこと、千代田区特別職報酬等審議会が平成27年12月24日に出した答申のように、政務活動費を削減・廃止してその分だけ議員報酬を引き上げるという解決策も、考慮に値する[67]。メディアからは、「政務活動費の透明性を高める取組みが進む中、改革の流れに逆行する」などと強い反発を受けたが[68]、議員報酬をどのように定めるかについては地方公共団体が住民の意向を汲んで決めるべきことで、使途の自由な議員報酬として付与するか、使途が限られる政務活動費として付与するかという違いに過ぎないのであり、ミスリーディングな批判である。

　もちろん、報酬のあり方を決めるのが議員自身であることから生ずる内在的な限界はあり、一定の歯止めは必要であるし、住民の意向が適切に反映されるしくみの導入は不可欠であろう。しかし、それは主として政治責任の問題であっ

---

66) 櫻井・前掲702頁によると、町村において政務活動費を支給しているのは、全体の約2割にとどまる。
67) 千代田区ウェブサイト「特別職報酬等審議会」https://www.city.chiyoda.lg.jp/koho/kuse/jinji/tokubetsushoku/index.html
68) 「政活費、議員報酬に付け替え画策」平成27年12月9日「毎日新聞」http://mainichi.jp/articles/20151210/k00/00m/040/038000c　についても、「付け替え画策」という表題の付け方自体に強いバイアスを感じる。

て、議会・議員の自律性に委ねられるべきである。報酬の引下げや自主返納がパフォーマンスに用いられるのは好ましくない。生活を切り詰めて政治活動を行う議員に対する同調圧力となる危険が否めないからである。名望家政治が定着していないわが国において、生活に余裕のある者だけが議員に就任できるとなれば、多様な意見を反映させる観点からみて、到底望ましいことではない。議会・議員の活動にかかる経費は、感情論を離れて、国民全体で正面から考えていかなければならない問題である。[69]

---

69) 大山・前掲343頁は、議員報酬や政務活動費の過度な削減は住民代表である議会の活動力を削ぐものであるにもかかわらず、住民から求められる議会「改革」の筆頭として経費削減が求められる現状について憂慮する。江藤・前掲100頁以下も同旨。

第7章

議員除名決議の司法審査

第1節　議員への懲罰処分に対する取消訴訟
――部分社会の法理――

　普通地方公共団体の議会は、地方自治法、会議規則、委員会に関する条例に違反した議員に対して、議決により懲罰を科すことができる（地方自治法134条1項）。議員の懲罰には、戒告、陳謝、出席停止、除名の4種類がある（同法134条・135条）。ただし、議員の身分を喪失させる除名処分を行うためには、議員の3分の2以上が出席する会議で4分の3以上の特別多数を得る必要がある。[1]

　地方議会が行った議員の除名議決について、最判昭和26年4月28日民集5巻5号336頁は、地方議会を行政庁とする行政処分であることを認めている。ただし、「議会の議決によってされる処分」（行政不服審査法7条1項1号）であるために、行政不服審査法の不服申立ての適用対象外であり、除名議決に不服の者は、地方自治法255条の4の審決の申請を行うこととなる。この場合、裁定的関与となり、市町村議会の除名議決については都道府県知事に申請を行う必要がある。[2]かつては審決前置主義がとられており、審決の申請を行ってからでないと取消訴訟を提起することはできなかったが（地方分権一括法による改正前の地方自治法256条）、分権改革により規定が削除された。[3]

　それ以上に、かつては、そもそも議員への懲罰処分には司法審査が及ぶのか

---

1) 田中二郎「地方議会議員の懲罰をめぐる法律問題（1）」自治研究30巻9号（1954）35頁、綿貫芳源『註解地方自治法』公務職員研修協会（1977）331頁以下。沿革につき、佐藤英善（編著）『逐条研究地方自治法Ⅱ』敬文堂（2005）670頁以下。
2) 都道府県知事によって除名議決が取り消された場合、市町村議会の側から審決の取消しを求めて出訴することは可能かという論点があるが、大阪府国民健康保険審査会事件に係る最判昭和49年5月30日民集28巻4号594頁からすると、現状では消極に解されよう。文献の参照を含めて、大江裕幸「国民皆保険の中の大阪市国保事件」法律時報89巻6号（2017）19頁。
3) 松本英昭『新版逐条地方自治法［第9次改訂版］』学陽書房（2017）491頁。

が大きな争点であった。[4] 最大判昭和35年10月19日民集14巻12号2633頁は、出席停止処分は地方議会の内部規律の問題にすぎないとして、司法審査は及ばないとした。すなわち、裁判所は「一切の法律上の争訟」を裁判する権限を有するが（裁判所法3条1項）、これはあらゆる法律上の係争を意味するものではなく、自律的な法規範をもつ社会ないし団体にあっては、当該規範の実現を内部規律の問題として自治的措置に任せ、必ずしも裁判にまつを適当としないものがあり、これについては、司法権が及ばないとするのである。[5]

現在では、「部分社会」であることのみをもってカテゴリカルに司法権を排除するのは妥当でなく、その団体の存在理由ないし性格に即して司法権の及ぶ限界を画するべきであるとする見解が有力である。地方議会の場合、住民自治・団体自治という「地方自治の本旨」を実現するために憲法93条が明文をもって設置した意思決定機関であり、その権能を十分に発揮するために、会議規則制定権（地方自治法120条）や議員に対する懲罰権（同法134条）等の自律的権限が付与されていることに照らすと、自律権の範囲内で決定された事項については、原則として司法権が及ばないなどと説明される（大阪高判平成13年9月21日〔平成12年（行コ）第41号〕）。[6]

これに対して、除名処分については、議会からの排除という議員の身分にかかわる重大な事柄であり、しかも、住民の意思とかかわりなく決められることなどにかんがみると、除名はその議会内部の紛争というにとどまらず、市民法秩序と直接関係する問題であるとして、司法権が及ぶとされてきた（最判昭和26年4月28日民集5巻5号336頁など）。[7] 大学においても、「国公立であると私立であるとを問わず」、単位認定は大学内部の問題であって司法審査が及ばない（富山大学事件：最判昭和52年3月15日民集31巻2号234頁）とされるのに対して、退学処分には司法審査が及ぶ（昭和女子大学事件：最判昭和49年7月19日

---

4) 最大決昭和28年1月16日民集7巻1号12頁は、議員除名処分の執行停止に対する内閣総理大臣の異議の可否が争点となった米内山事件について判示したものであるが、田中耕太郎裁判官少数意見が、いわゆる部分社会の法理（の原型）について言及している。

5) なお、それ以前の下級審判例では、出席停止処分についても司法審査の対象性が認められている。岡山地判昭和28年3月10日行集4巻3号560頁は、納税者訴訟を提起したことなどを懲罰事由としてなされた出席停止処分の取消しおよび執行停止を認めた。その他、福岡高判昭和25年9月11日高民集3巻3号136頁、青森地判昭和29年10月6日行集10号2383頁も参照のこと。大橋真由美「判例解説（最大判昭和35年10月19日）」地方自治判例百選［第4版］126頁、中嶋直木「判例解説（同判決）」行政判例百選Ⅱ［第7版］300頁が精細である。

6) 事案は、戒告処分について、議会内部の紛争にとどまっており、内部規律の問題であって司法審査は及ばないとしたものである。

7) 俵静夫『地方自治法』有斐閣（1960）182頁以下、綿貫・前掲339頁以下、佐藤編著・前掲689頁。

172　第 7 章　議員除名決議の司法審査

民集28巻 5 号790頁）とされており、これと平仄を合わせたものといえる[8]。

　最判昭和27年12月 4 日行集 3 巻11号2335頁をはじめ、かなり早い時期から議会の自由裁量が否定されているのも特徴である（長崎地判昭和27年 7 月 4 日行集 3 巻 6 号1255頁、青森地判昭和28年 1 月 7 日行集 4 巻 1 号130頁、千葉地判昭和30年 3 月25日行集 6 巻 3 号668頁[9]）。

　なお、行政事件訴訟特例法下の判例は、除名処分取消訴訟の訴えの利益は、訴訟係属中に議員の任期が満了すれば失われるとしていた（最大判昭和35年 3 月 9 日民集14巻 3 号355頁、最大判昭和35年12月 7 日民集14巻13号2964頁など）。しかし、議員報酬請求権の問題が残っているため、現在の行政事件訴訟法 9 条 1 項かっこ書では、訴えの利益は認められることになる。免職処分を受けた公務員が公職の選挙に立候補した事案について、最大判昭和40年 4 月28日民集19巻 3 号721頁は、同法附則 3 条によって現行法が適用されるものとして、この事理を示した[10]。

　このように、議員への懲罰処分に対する取消訴訟の訴訟要件は、半世紀以上前に盛んに議論されたけれども、最高裁判決によって実務上はいわば「過去の論点」となっている。しかし、本案審理については、なお論ずる意義が認められるものと考える。第一に、議員除名決議の違法性の判断基準について近年の研究が盛んではない割には、世間の耳目を集めた議員除名決議について、――裁判までには至らなくとも――都道府県知事による取消審決が下される事案が少なくないことである[11]。第二に、除名決議以外の懲罰処分（懲罰処分ではない議員辞職勧告決議なども含まれる。）については、現状、損害賠償請求によりそ

---

8)　文献も含めて、参照、野口貴公美「判例解説（最判昭和52年 3 月15日）」行政判例百選Ⅱ［第 7 版］302頁。

9)　田中二郎「地方議会議員の懲罰をめぐる法律問題（2・完）」自治研究30巻10号（1954）39頁（41頁以下）。綿貫・前掲334頁以下も参照。

10)　松本・前掲491頁以下。

11)　たとえば、新潟県阿賀町のＰ議員に対して、議員資質の欠如、議会での無礼な発言、出席停止を含め 8 回の懲罰にもかかわらず全くの反省もないことを理由に行われた除名決議については、「無礼の言葉」には該当せず、除名決議に相当性は認められないとして、平成29年 3 月30日、新潟県知事によって取消審決が下されている（新潟県では初の取消審決とのことである）。「県審決、阿賀町議の除名取り消し「懲罰権の裁量逸脱」新潟」平成29年 4 月 4 日「産経ニュース」https://www.sankei.com/region/news/170404/rgn1704040070-n1.html

の違法性を争うほかないが（最判平成6年6月21日集民172号703頁など）、こう[12]
した実務に対して根強い疑問が向けられていることである。第三に、議員除名
決議の違法性の判断基準の議論は、懲罰処分一般の損害賠償請求訴訟の審理に
ついても示唆するところが大きいことである。こうした理由から、本章では、
一般質問における発言をとらえて町議会の行った議員除名処分が取り消された
名古屋高判平成25年7月4日（平成25年（行コ）第18号）判時2210号36頁（以
下、本章において、「本判決」とする。）について採り上げることとした。

第2節　事案の概要

第1款　概　要

　X（原告、控訴人）は、Y町（被告、被控訴人）の町議会議員である。Y町議
会は、15人の議員により構成されていたところ、各議員の所属会派の内訳は、
S会7名、T会4名、その他4名であった。Xは、T会に所属していた。

　Xは、平成23年3月4日、Y町議会定例会（会期は3月2日から17日までの
16日間とされていた。）の本会議における一般質問において、農業委員会がY町

---

12) 今本啓介「判例解説（函館地判平成28年8月30日判時2331号12頁）」自治研究95巻2号（2019）
132頁（139頁以下）の分析が詳細である。それによると、①純然たる私的紛争に関する言動を理由
とする決議の場合に限り、国家賠償請求について「法律上の争訟」性を認めるもの（最判平成6年
6月21日集民同旨）、②国家賠償請求自体の「法律上の争訟」性を認めつつ、懲罰等の決議につい
ては議会内部で解決されるべきであるとして、訴えを棄却するもの（東京地判平成5年10月20日判
時1492号111頁など）、③名誉毀損による慰謝料が国家賠償により請求された場合には、一般市民法
秩序に関係するとして司法審査の対象とするもの（札幌地岩見沢支判平成17年4月7日判時1918号
39頁、札幌地判平成19年12月12日判時2006号93頁）へと分かれる。今本啓介「国家賠償訴訟と法
律上の争訟性―特に地方議会の議会内行為に係る国家賠償訴訟の法律上の争訟性について―」西埜
章先生・中川義朗先生・海老澤俊郎先生喜寿『行政手続・行政救済法の展開』信山社（2019）399
頁も参照されたい。
〔追記〕
　最判平成31年2月14日民集73巻2号123頁は、議院運営委員会による厳重注意処分の決定および
市議会議長によるその事実の公表によって名誉を毀損されたとする議員から提起された国家賠償請
求訴訟について、その性質上、法令の適用による終局的な解決に適しないものとはいえず、裁判所
法3条1項にいう「法律上の争訟」に当たるとしながらも、最大判昭和35年10月19日を引いて、「普
通地方公共団体の議会の議員に対する懲罰その他の措置が当該議員の私法上の権利利益を侵害する
ことを理由とする国家賠償請求の当否を判断するに当たっては、当該措置が議会の内部規律の問題
にとどまる限り、議会の自律的な判断を尊重し、これを前提として請求の当否を判断すべきものと
解するのが相当である」とした。最大判昭和35年10月19日の法理に揺れがみられたことは確かで
あり、筆者は判例変更に及ぶことを予想していたのだが、反対に判例法理を再確認する格好となっ
た次第である。今後は、「自律的な判断」がどの程度まで尊重されるのか、事例を積み重ねて精査す
ることが求められよう。

174 第7章 議員除名決議の司法審査

内の土地をドライブイン建設等のために農業振興地域から除外する旨の決議をした件について、「Ｓ会の議員が、せんべいをもって農業委員のところへ通すように回ったという噂まで私の耳に入っておるんですけれども、それで町長も来たぜというような話まで聞こえてきておるんですけれども、本当にこんな話まで出てくると情けない限りだと私は思って」と発言した（以下「本件発言」とする）。

　Ｓ会所属の議員２名は、同月６日、Ｘが「本会議において、Ｓ会議員に対して無礼で侮辱の言葉を発言した」との理由で、Ｘに対する懲罰動議（以下「本件懲罰動議１」とする。）を提出した。Ｙ町議会は、同月９日、本会議で懲罰特別委員会を設置した上でこれに付託する旨の議決をし、同委員会は、同月10日、Ｘに対して陳謝の懲罰を科すべきとの決定をした。この間の同月９日には、Ｙ町の町長から町議会議長宛てに、本件発言について、本会議での謝罪および謝罪文の提出を行うように申入れがなされており、議会運営委員会での協議の結果、Ｘに対して本会議での謝罪および謝罪文の提出を要求することが決定されている。

　事態が急展開をみせたのは、同月17日である（以下の議会内の動きは、すべてこの日に行われている）。まず、Ｙ町議会は、本会議で、Ｘに対して陳謝の懲罰を科すことを可決し、議長がその懲罰の宣告をした（以下「本件陳謝処分」とする）。これに対し、Ｘは、陳謝を拒否した。

　Ｙ町議会議員７名は、本会議で議決された陳謝の懲罰で、議長から陳謝文の朗読を命令されたにもかかわらず、Ｘが朗読を拒否したことは、議会に対する重大な侮辱であるなどの理由で、再度Ｘに対する懲罰の動議（以下「本件懲罰動議２」とする。）を提出した。Ｙ町議会は、本件懲罰動議２について、本会議で懲罰特別委員会に付託する旨の議決をし、同委員会は、Ｘに対して出席停止10日間の懲罰を科すべきとの決定をした。

　ところが、議会運営委員会において、希望により出席した町長から、同委員会が決定した本会議場での謝罪と謝罪文の提出を履行してもらいたい旨の申入れがされたことで、話が複雑になっていく。この申入れをうけた議会運営委員会は、再度、懲罰特別委員会で審査を続行する旨を決定し、同日中に開催された再度の懲罰特別委員会において、Ｘに対する懲罰の種類が改めて協議された結果、同委員会は、Ｘに対して除名の懲罰を科すべきとの決定をした。かくして、Ｙ町議会は、平成23年３月17日、本会議で、Ｘに対して除名の懲罰を科

すことを可決し、議長がその懲罰の宣告をした（以下「本件除名処分」とする）。
Xから、本件除名処分の取消しを求めて訴えが提起された。なお、Xからは国
家賠償請求や除名処分後の議員報酬請求もなされているが、本章で検討する対
象は、除名処分取消訴訟に絞ることとする。

第2款　原審判決

　名古屋地判平成25年1月24日（平成23年（行ウ）第38号）（以下、「原審判決」
とする。）は、次のような論理で、請求を棄却した。
　本件陳謝処分についてみると、本件発言は、Y町議会の一会派であるS会の
議員が、特別職の地方公務員である農業委員に対し贈賄行為をしたことを指摘
するものであるところ、Xは、事実関係の調査、確認を全く行わず、確たる根
拠もないまま、噂話を誤解してこれとは異なる内容を発言するに至ったもので
あるから、「無礼の言葉」（地方自治法132条）、「侮辱」（同法133条）に当たる[13]
というほかない。したがって、本件陳謝処分について懲罰事由（同法134条1項）
が存在する。手続においても、関係者に対する事情聴取等の事実調査が行われ、
Xに対して弁明の機会が付与された上、地方自治法やY町議会委員会条例、Y
町議会会議規則に則った手続を経て行われており、違法はない。
　本件除名処分についても、Xは、議会によって適法に決定された本件陳謝処
分に従うことを拒否し、その実現を不能ならしめたものであるから、本件除名
処分について懲罰事由（地方自治法134条1項・135条1項2号）が存在すること
は明らかである。そして、Xが本件陳謝処分を受けながらこれに従わなかった
ことは、それ自体が議会の秩序を乱す重大な非違行為である。しかも、Xは、
本会議において謝罪と発言撤回を行うことを了承しながら、当日の朝になって
これを拒否して本会議を欠席した上、その後、議会運営委員会が本会議での謝
罪と町長に対する謝罪文の提出を要求することを決定したことを受け、一度は
これを了承したにもかかわらず、再び前言を翻して同決定に背き、本件陳謝処
分にも従わなかったばかりか、このようなXの一連の行動のため、何度も本会
議を中断して議会運営委員会を開催して進行を協議することを余儀なくされる
など、議会に無用の混乱を招きながら、全く反省の態度を示さなかったという

---

13) 事実認定によると、噂の出所とされた2名の農業委員は、「業者が農業委員にせんべいを配った」「議
　員が動いているという噂を聞いている」とXに話したことはあったが、S会や町長の名前を出して「議
　員がせんべいを持って行った」旨の話はしていないとのことであった。

176　第7章　議員除名決議の司法審査

のであるから、その情状は悪質である。

　懲罰特別委員会が一旦は出席停止処分が相当であると判断しながら、町長の申入れをうけて除名処分に変更されたことについては、①本件懲罰動議2について審議した懲罰特別委員会では、もともと除名にすべきという委員と出席停止にすべきという委員とが3名ずつ同数で割れたため、委員長の決により出席停止とされたにすぎないこと、②委員長は、町長の申入れをうけて、再度、Xに対して謝罪を行うよう説得したものの、Xに反省の態度が見られなかったことから、除名でやむを得ないと考え直し、出席停止相当と考えていた委員も除名相当と考え直すに至ったため、全員一致で除名相当の結論となったものであること、③そもそも懲罰特別委員会は本会議の予備的審査機関として参考意見を報告するものであり、最終的には本会議で懲罰が決められるべきものであるところ、本件懲罰動議2について、本会議では何の異論もなく、X以外の全議員一致の総意により本件除名処分が相当であると判断されたことをも併せ考慮すると、懲罰特別委員会の判断が変更されたからといって、本件除名処分が重きに過ぎるということはできない。

　手続的にみても、懲罰特別委員会は、審査の結果を議長に報告する前であれば、自らの意思で報告内容となる決定を変更することができるのであって、懲罰特別委員会は、本件懲罰動議2について、出席停止処分を科すべきとの決定を議長に報告する前に、委員会を再開し、自らの意思で除名処分に決定を変更したというのであるから、町長からの申入れを契機としたものであったとしても、手続上の違法があるということはできない。Xは、本件懲罰動議2について、懲罰特別委員会において弁明の機会を与えられ、意見を述べているのである。地方自治法やY町の条例上、本会議において被懲罰者に対する弁明の機会を必ず設けなければならない旨の規定は見当たらず、Xから本会議において本件懲罰動議2について一身上の弁明をしたい旨の申出がなされた形跡は見当たらない。

　議員に懲罰事由がある場合に懲罰処分を行うか否か、懲罰の種類のうちいずれを選択するかについての判断は、自律的判断権を有する地方議会の合理的な裁量にゆだねられるべきものであるところ、本件除名処分には裁量の逸脱・濫

---

14)　Y町議会会議規則39条は、「委員会に付託した事件は、第76条（委員会報告書）の規定による報告書の提出をまって議題とする。」と定めている。同規則76条は、「委員会は、事件の審査または調査を終わったときは、報告書を作り、議長に提出しなければならない。」とする規定である。

用は認められない。

第3款 控 訴

　原審判決に対して、Xから控訴がなされた。名古屋高裁は、本件陳謝処分については原審の判断を維持しながらも、本件除名処分については、議会の裁量の範囲を逸脱したものであるとして取り消した。Yから上告がなされたところ、平成26年9月5日付けで、上告棄却・上告不受理決定がなされている。

第3節 判 旨

　名古屋高裁は、次のような論理で、原判決を変更し、請求を一部認容した。
「二　本件除名処分の適法性について
(2)　本件除名処分について
ア　懲罰事由の有無及び処分の相当性について
(ア)　地方議会の議員に懲罰事由がある場合に当該議員に対して懲罰処分を行うか否か、地方自治法135条1項が定める懲罰の種類のうちいずれを選択するかについての判断は、自律的判断権を有する地方議会の合理的な裁量に委ねられるべきものであるというべきであるから、当該懲罰処分が、社会観念上著しく妥当性を欠き、裁量権の範囲を超え又はこれを濫用したものと認められる場合に限り、違法となるものと解するのが相当である。
(イ)　懲罰事由の有無について
　……本件除名処分においては、「本会議で議決された陳謝の懲罰で、議長に陳謝文の朗読を命令されたにもかかわらず、朗読を拒否したこと」のほか、「本会議において、議会運営委員会の決定に背いて、謝罪文を提出しなかったばかりか発言を約束していた謝罪の言葉を拒否したこと」をも懲罰事由とするものであるところ、Xは、……適法にされたと認められる本件陳謝処分に従わず、議長に命じられた陳謝文の朗読を行わなかったものであり、これは、地方自治法134条1項、135条1項2号に違反したものというべきであるから、Xには同法違反の懲罰事由が存在する。
　しかしながら、議会運営委員会は、政党や会派間の調整が議会運営上大きな役割を果たしていることに鑑みて設けられた制度であり、その審議事項は、平成24年法律第72号による改正前の地方自治法109条の2第4項に決定されて

おり、この事項以外の審議事項はないものと解され、議員に対して本会議での謝罪や町長宛ての謝罪文の提出を要求する等のことを決定することはできないというべきである上、本件においては、本会議において、Xの本件発言につき懲罰特別委員会を設置し、これに付託して審査することが決定され、その委員七人が指名され、町議会としての懲罰処分の手続が開始された直後に、これとは別に、議会運営委員会が独自に、かつ、Xの弁明等を聴取することもなく、地方自治法135条1項2号の定める懲罰（公開の議場における陳謝）と実質同等のことを決定したものであり、違法、不当な決定というべきであるから、Xが同決定に従わなかったことは、懲罰事由となるものではない。

（ウ）　処分の相当性について

　上記（イ）のとおり、本件においては、本件陳謝処分に従わず、議長に命じられた陳謝文の朗読を行わなかったという懲罰事由がある。

　しかしながら、本件発言が、地方自治法132条の「無礼の言葉」に該当するものであることは前記説示〔この論点については、原審がそのまま引用されている――筆者注〕……のとおりであるが、Xが、本件発言の内容が全く根も葉もない虚偽の話であると認識し、あるいは容易に認識し得たにもかかわらず、本件発言に至ったものとは認められない。そして、本件発言の内容も、S会の議員や町長が特別職の地方公務員である農業委員に対する贈賄行為をしたという噂話を聞いたというものであって、ことさらに事実をねじ曲げて脚色するなどして、S会の議員や町長をおとしめようと意図していたことはうかがわれない。そして、「本件発言が不穏当な発言であるか否かについて、後刻調査をした上、措置する」旨の、本会議閉会前の議長の発言からすると、関係者の聞き取り調査に当たった議長においても、本件除名処分がなされた時点で、本件発言が明らかな虚偽発言であると断じきることができる状況になかったものと認められる。

　また、本件陳謝処分が科された後の、同処分自体についてのXの対応は、議長の命じた陳謝文の朗読を拒否し、その後開かれた懲罰特別委員会で、拒否の理由を弁明し、「懲罰を受けるような問題ではないと思った。」等と発言したにとどまり、新たに無礼の言葉や侮辱等として問題にすべき発言に及んだり、議会の運営を妨げ、あるいは、その混乱を招くような不適切な行動に出た形跡は何ら見当たらない。

　加えて、懲罰特別委員会において、本件陳謝処分に応じなかったことに対し

ては、一度は出席停止処分が相当との決定がされており、その後、この決定を聞いたXがことさら議会を軽視した反抗的・挑発的な態度に出て、その言動が議員としての信頼を著しく損なうと評価されてもやむを得ない程度・態様に至ったというような事情、すなわち、懲罰を除名処分に変更しなければならないような言動がXにあったとも認められない。

こうした事情に加えて、本件除名処分においては、前記のとおり、懲罰事由とはならない事情が考慮されていることや、懲罰特別委員会が懲罰の種類を選択する際に同日が本会議最終日であったことも少なからず影響していたことがうかがわれることをも考慮すると、本件陳謝処分に従わず、議長に命じられた陳謝文の朗読を行わなかったという懲罰事由に対して選択された本件除名処分は、社会観念上著しく妥当性を欠くものといわざるをえず、議会の自律権に基づく裁量権の範囲を超え又はこれを濫用したものというべきである。

(エ)　これに対し、Yは、Xが本件陳謝処分に従わなかった上、議会運営委員会により決定された町長への謝罪及び謝罪文の提出や発言撤回を行うことに同意しながら直前で拒否するという態度を繰り返したという事情をもって、本件除名処分が相当な処分である旨主張するが、既に説示したとおり、議会運営委員会による、町長への謝罪及び謝罪文の提出を要求する決定は違法、不当というべきであり、Xがこれらにいったん同意しながら直前で拒否するという態度を繰り返したという事情は、懲罰事由にも、Xの悪質性を示す情状にもなるものではなく、かえって、本件除名処分が議会の自律権に基づく裁量の範囲を超えたものであることを基礎付ける事情であるというべきであるから、主張自体失当であるというべきであるし、Xが本件陳謝処分に従わなかったことは、前記説示のとおり本件除名処分を相当とするには至らないというべきである。……

(3)　以上によれば、本件除名処分は、違法であり、取り消されるべきである。」

第4節　本判決の分析

第1款　懲罰事由の有無について①　「無礼の言葉」の該当性

控訴審は、(あ)「本会議で議決された陳謝の懲罰で、議長に陳謝文の朗読を命令されたにもかかわらず、朗読を拒否したこと」は、明確に懲罰事由(地方

自治法134条1項・135条1項2号）であると認定している。これに対して、（い）「本会議において、議会運営委員会の決定に背いて、謝罪文を提出しなかったばかりか発言を約束していた謝罪の言葉を拒否したこと」については、懲罰事由とすることはできないとする。第一審で認定されたXの懲罰事由は、いわば「半減」しているというわけである。

　まず、（あ）の懲罰事由該当性について分析すると、陳謝処分に従わなかったことが懲罰事由であるとされており、前提として、本件陳謝処分が適法になされた必要がある。[15] 本件の争点は、本件発言が「無礼の言葉」に該当するか否かであった。議員への懲罰について争われた裁判例を見渡しても、「無礼の言葉」への該当性が問題となったものは多く、結論として相当数が「無礼の言葉」であったと認定されている。秋田地判昭和31年6月18日行集7巻6号1591頁は、町議会の議員が、語気荒く「本日の委員会においては私は発言しない。本会議において述べる」、「諸君は自分をヤシメるのか[16]」と述べた発言について、「無礼の言葉」に当たるとした。

　むろん、議場での発言が政治活動そのものであり、表現の自由（憲法21条1項）としての保障が強く及ぶことを思えば、むやみに発言の揚げ足を取って懲罰に付すことは好ましくない。「無礼の言葉」とするには、意見や批判に必要な限度を超えて、議員その他の関係者の正常な感情を刺激するような態様が求められると解すべきであろう（札幌高判昭和25年12月15日行集1巻2号1754頁[17]）。議員同士での討論だけでなく、議員の長に対する質問の中での発言内容が問題となることも少なくないところ、青森地判昭和54年3月30日判時940号30頁が述べるように、「議会においては何にも増して自由闊達なふんいきの中での活気ある言論が期待されるものであり、とくに議会は執行機関を監視し牽制する諸々の手続を与えられており、その一環として執行機関に対しその事務に関し説明を求め意見を述べることができるのであって、かかる場合議員が質問し意見を発表するのに、その言辞が勢い痛烈となるのはむしろ好ましく、これがため相手方の感情を反撥することがあっても軽々しくその言論を抑制すべきではない」のである。もっとも、この事案では、市長に対して、「女の腐ったみたいで、水の上に浮かぶ浮き草のように云々」、「ペテンにかけて」、「ばれるまで

15）上子秋生「紀律と懲罰」井上源三（編）『最新地方自治法講座⑤　議会』ぎょうせい（2003）434頁（441頁以下）。
16）「虐める」の意らしい。
17）田中・前掲（1）43頁、松本・前掲486頁以下。

知らん顔で詐欺、横領である」、「東京の会社から贈収賄をやっている。ね、これは金額100万円、余りにも悪いことばかりするので云々」、「悪代官の典型的見本のようなものである」といった言辞を投げかけたものであり、議員として許された意見の発表、政策の批判の範囲を超えるものとして、「無礼の言葉」にあたるとされている。

なお、「無礼の言葉」（地方自治法132条）への該当性は、もっぱら議員の議会（本会議・委員会）における発言のみに依拠して判断すべきものであり、議員の議会外における行動は、その発言の意味を正確につかむために考慮に入れるのは格別、その行動自体を斟酌してこれを決することは同条の趣旨に反するというのが判例（前掲最判昭和27年12月4日）である。[18]

文書中で使用された言葉であっても、本会議等において引用され、文書の内容が本会議等における言論と一体となったと認められるような場合には、その文書の内容も含めて「無礼の言葉」を使用したものとされる。大阪高判平成10年12月1日判タ1001号143頁は、他の議員に対する懲罰処分要請書の中で、「頭の中が真っ白で空間も多くあるらしい哀れな委員長Ｆ」、「議会全体を侮辱し愚弄することの常習犯の議員Ｆ」とか、「拙者の議員活動を妨害することを任務にしている議員Ｈ」などの不適当な記述があったとして、「無礼の言葉」に該当するとした。

第2款　懲罰事由の有無について②　議会運営委員会の権限

続いて、（い）の懲罰事由該当性についてみると、控訴審は、議会運営委員会には謝罪文の提出を求める権限はなく、Ｘがそれに従わなかったとしても懲罰事由にはならないと判断した。議会運営委員会は、各地方公共団体の事実上の運用として置かれていたものについて、平成3年の法改正で制度化された委員会であり、政党や会派間の調整など議会運営を円滑に行うために、その果たす役割が高まっている。しかし、現在の地方自治法109条3項に掲げる「議[19]会の運営に関する事項」（同条1号）、「議会の会議規則、委員会に関する条例等に関する事項」（同2号）、「議長の諮問に関する事項」（同3号）がその専管

---

18) もちろん、「無礼の言葉」該当性に限った話であり、議場外での行為一般について懲罰事由とできるかは、また別論である。参照、田中・前掲（1）43頁以下。秘密会における議事内容を外部に漏らすことなどは、懲罰事由となり得る。上子・前掲440頁。

19) 「陳情」が「請願」に改められた以外、平成24年改正前の地方自治法109条の2第4項と規定内容は同じである。

事項とされる一方で、これらの事項以外の審議事項はないものとされる[20]。

　さらに、本件の場合は、3月9日に議会の議決により特定の付議事件の審査のために特別委員会（現在の地方自治法109条4項）である懲罰特別委員会が設置されているのであり、7名の委員も指名され、町議会としての懲罰処分の手続が開始された直後、これとは別に、議会運営委員会が独自に実質的な懲罰である本会議での謝罪および謝罪文の提出について決定したことは（加えて、Xに対する弁明の聴取なども行われていない）、違法・不当な決定である──したがって、Xもそれに従う必要はない──とされた。

　控訴審は、議会運営委員会の権限の範囲から、形式的で割り切った判断を導いたものと評価することができる。融通のきかない判断であるという批判もあり得よう。だが、組織の運営（ガバナンス）にかかわる事項は、形式的な判断に徹することこそが、法的安定性の見地からみても、最も間違いの少ない方法である。筆者は、控訴審の形式的な判断を支持することにしたい[21]。

第3款　比例原則について

　本件では、（い）については懲罰事由に該当しないとされたものの、（あ）はれっきとした懲罰事由である。すなわち、一度目の懲罰処分として本件陳謝処分が適法になされている以上、Xが議長の命じた陳謝文の朗読を拒否した行為は厳然たる懲罰事由であり、また向けられるべき非難の程度も決して軽いものではない。

　それにもかかわらず、控訴審が二度目の懲罰処分としてなされた本件除名処分について重きに過ぎるとしたのは、やはり本件の具体的事情の下においては、出席停止処分が相当であるとの考慮からであろう。「無礼の言葉」を発したことが認定された裁判例においても、除名処分にするほどのものではないとして、取消請求を認容したものが相当数に上る。議会の自律的裁量を強調すれば、裁量の逸脱・濫用が認められる余地は小さいように思われるため、意外な印象を受ける。

　むろん、除名処分が議員の身分を喪わせる効果をもつことを考えれば、議会

20）松本・前掲432頁。
21）本章は、平成29年3月10日に開催された行政判例研究会での報告内容を基にしたものであるが、研究会では、会派間の対立を調整するのも議会運営委員会の権限であり、行き過ぎた発言に対して謝罪を求める程度のことは許容されるのではないかという意見も出された。

による権限の行使が慎重になされるべきことはいうまでもない[22]。この点、「普通地方公共団体の議会が、その議員に対する懲罰として、除名処分に付し得るのは、その議員が議場若しくは議会において議会の品位を汚し、その権威を失墜する言動又は議場若しくは議会の秩序を乱し、議事の円滑な運営を阻害する言動に出た場合で、而もその非行の情状が特に重い場合に限られるべき」（前掲秋田地判昭和31年6月18日）というのが、裁判例の判断枠組みを良く示している。この事案では、原告と同一の立場を採る議員が他におらず孤立無援であったことや風邪のため高熱を発して臥床中であったのを押して特別委員会に出席したことなどの情状を考慮して、除名処分には裁量権の逸脱・濫用があるとされた。

名古屋地判昭和31年4月16日行集7巻4号958頁は、「若し御登壇なければ市長は市民の前にあらゆる逆宣伝嘘を云つたものと思います」、「議長君も良心があるならば云々」、「そういう卑怯なる行動男らしからざる行動によつてやりたくない」といった発言は「無礼の言葉」（地方自治法132条）に該当するが、議長の議事運営にも不適切な面があったことなどを考えると、懲罰の種類の選択において著しく判断を誤った裁量権の逸脱があるとして、処分を取り消している。

前掲大阪高判平成10年12月1日は、議員の言動は過激に過ぎ、品位を欠き、他人に対する侮辱を含む表現を用いるなどの問題点があるが、それらは自らの政治的信念に出たものと評価することもできるのであり、その言動は他の議員にとって不愉快ではあっても、議会の運営を妨げたとまではいえないし、住民が議員として適切として選んだ意思を否定するほど不適切な言動があったとすることはできないとして、除名処分を取り消した。平成10年大阪高判の事案でさえ除名処分は相当でないとなると、除名処分を行うためにはよほど品性を欠いた発言を行ったとか、議場を重大な混乱に陥れたといった事情が必要になるだろう[23]。

「無礼の言葉」にまつわる除名処分取消請求の棄却例として、前掲青森地判昭和54年3月30日を挙げることができる。そこでは、①無礼の言葉が発言全

22）綿貫・前掲330頁は、無礼の言葉を理由として除名処分とすることは懲罰として著しく重きに過ぎるとする。

23）議場の混乱については、横浜地判平成16年4月28日判例自治268号35頁が、市会本会議場での国旗の掲揚に反対して6時間もの間議長席等を占拠し審議に支障を生じさせたとしてなされた市議会議員に対する除名決議について、裁量権の逸脱・濫用はないとしている。

体にみられ、私事にわたる部分も大部分を占めるなど、違反の程度態様が軽微とはいえず、発言中に議長の注意を受けながらこれを無視してなされたものであること（発言内容など違反の態様）、②市政に対する一般質問という形で事前の周到な準備を経たものであって、議場の雰囲気状況に応じて偶発的になされたものではないこと（計画性の有無）、さらに、③除名の議決が出席議員の大多数の賛成で可決されたものであり、党派的対立の所産ではないこと（党派性の有無）にかんがみて、除名処分に裁量権の逸脱・濫用は認められないとしている。

秋田地判昭和61年4月30日判例自治22号38頁は、「無礼の言葉」についてなされた二度の陳謝処分に従わなかったことを理由として除名処分が行われた事案であり、本件と共通点が多いが、結論は正反対である。この事案では、①については、町長に対して、「鶏と同じではありませんか。三つ足つけば忘れるというのはあなたのことです。」、「町長は解約せねんだ。倍の金を請求されるから解約できねんだ。倍額請求されて、汚職事件で摘発されて手錠がかかる。こういうような状態になると私は断言したい。だから解約せねんです。」などと人格否定・名誉毀損の要素がかなり強くみられる発言であること、③については、二度にわたる陳謝処分は出席議員の全員賛成、除名処分も出席議員の大多数の賛成で行われたものであり、懲罰権が議会での党派的対立の手段として用いられたわけではないこと、それに加えて、④弁明の機会を与えた上で、特別委員会にて慎重な討議がなされていること（適正手続の保障）などを理由に、取消請求は棄却されている。

本件の控訴審を一言でまとめると、（あ）Ｘが本件陳謝処分に従わなかったという懲罰事由のみから除名処分を導くのは比例原則の視点から難しいということである。過去の裁判例で重視されてきた①発言内容など違反の態様、②計画性の有無、③党派性の有無、④適正手続の保障という観点でみると、①の発言内容が、結論を導く上で重要な要素となっている。たしかに、Ｘの本件発言は「無礼の言葉」に該当するものの、その態様はそれほど悪質ではない。本件の場合、議員が直接せんべいを配って回った事実は確認されなかったにしても、農地転用に絡んで議員や町長が動いているという噂があったことは確かであった。さらに、（い）に関して、Ｘが一旦は町長に謝罪し謝罪文も提出すると約束しながら撤回するなどした行為は、一見すると、議場もしくは議会の秩序を乱し、議事の円滑な運営を阻害する言動に該当しそうであるが、そもそも議会運営委員会には謝罪文の提出等を求める権限がないとなると、Ｘが謝罪要求に

従わなかったとしても、懲罰処分を加重する事情として考慮することはできない。控訴審の判断は、除名処分を行うには比例原則からしてよほどの事情を要するという従来の裁判例の傾向から考えれば、理解の範囲内であるといえよう。

第5節（補論）　議員の資格の決定との関係

　議員の資格の決定（地方自治法127条1項）は、①当該議員が住所など被選挙権を有しない者であるとき、②兼業禁止規定（同法92条の2）に該当するときに、議会の自主的決定によってその資格を喪失させるために行われる。[24]当該議員が法定の欠格事由に該当するか否かを問うものであり、論理的に言えば、懲罰の性質を帯びる議員除名決議とは区別されるべきものである。が、実際の事案では両者が連続的に行われることが少なくない。

　①が問題となったものとして、神奈川県葉山町のQ議員が同町内に「生活の本拠」たる住所を有しないとして行われた議員資格の喪失決定（公職選挙法9条2項、地方自治法18条・19条1項、民法22条）がある。この事案についてはQから審査請求が行われ、神奈川県知事は、平成28年7月15日、Qの生活の本拠が葉山町内から直ちに同町外に移転したものと判断することはできないとして、取消裁決を下した。ところが、同月25日、葉山町議会は、Q議員が議員控室で覚醒剤を使用したことを理由に、議会の品位を著しく損なうものとして、改めて除名決議を行った。[25]Qは神奈川県知事に対して除名決議の取消しを求める審決を申請したが、同年12月20日、この申請は棄却された。[26]

　②が問題となったものとして、熊本市のR議員が組合長を務めていた同市漁業協同組合の事業収入のうち、同市から受託された業務委託料の割合が兼業禁止規定の定める限度を超えたとして行われた議員資格の喪失決定がある。この

24）松本・前掲477頁以下。沿革につき、佐藤編著・前掲611頁以下。綿貫・前掲319頁は、数としては住居要件を欠くことによる被選挙権の喪失の案件が多く、就職制限に該当するか否かについては客観的に明白でない案件が少なくないことを指摘する。住所要件に関する近時の論稿として、神山智美「地方議員選挙における被選挙権要件に関する一考察—3箇月住所要件および兼業禁止規定について—」富大経済論集63巻2号（2017）83頁（86頁以下）。

25）平成28年7月26日「神奈川新聞」より。

26）平成28年12月21日「神奈川新聞」より。なお、覚醒剤の所持・使用の罪に関しては、懲役1年6か月、執行猶予3年の刑が確定している。議員控室内で覚醒剤を使用した件について懲罰事由とされているのは、最判昭和28年11月20日民集7巻11号1246頁によって、議会の運営と全く関係のない議員の議場外における個人的行為は懲罰事由とすることができないとされているためである。芦部信喜「判例解説（最判昭和28年11月20日）」法学協会雑誌73巻6号（1957）798頁、寺洋平「判例解説（同判決）」地方自治判例百選［第4版］224頁。

事案では、市が熊本県内水面漁連に委託した業務の一部をさらに同市漁業協同組合が再委託された部分が市からの直接請負に該当するか否かという微妙な判断が争われており、平成30年7月12日、熊本県知事はRの議員資格の喪失決定を取り消す裁決を下した。[27]

この2つの事案は、いずれも興味深い法的論点を含んでおり、さらなる研究が俟たれるところである。

第6節　判例法理の動揺？

部分社会の法理に依拠するにせよ、議員の自律権を強調するにせよ、最大判昭和35年10月19日民集14巻12号2633頁が示した、出席停止処分は地方議会の内部規律の問題にすぎず、司法審査は及ばないという判例法理は、半世紀以上、裁判実務において所与の前提とされてきた。ところが、仙台高判平成30年8月29日（平成30年（行コ）第10号）は、「出席停止といえども、それにより議員報酬の減額につながるような場合には、その懲罰の適否の問題は、憲法及び法律が想定する一般市民法秩序と直接の関係を有するものとして裁判所の司法審査の対象となるというべきである」という判断を下し、俄かに注目が集まっている。[28]

議員に対する懲罰決議ではなく、議場の秩序維持（地方自治法129条）という文脈ではあるが、議長による発言取消命令の適否が争われた名古屋高判平成29年2月2日判例自治434号18頁においても、興味深い判断が示されている。すなわち、発言取消命令は議員にとって自らの発言が配布用会議録に記載されるという権利を制限するものであり、この権利は議会内にとどまらず一般社会と直接関係する重要な権利であるとして、司法審査の対象となることが認められたのである。[29]名古屋高判平成29年2月2日は上告審である最判平成30年4月26日判時2377号10頁によって破棄され、発言の取消命令の適否は司法審査

27）平成30年7月13日「西日本新聞」によると、R議員は同市職員に対して暴言や不当要求を繰り返していたことを理由に、それまで合計4回、市議会から辞職勧告を受けていたとのことである。

28）この判決の評釈として、永田秀樹・新・判例解説Watch vol.24（2019）33頁、奥村公輔・地方財務780号（2019）157頁があるが、いずれも肯定的な評価を下す。

29）この判決の評釈として、上田健介・法学教室441号（2017）121頁、奥村公輔・平成29年度重判10頁がある。

の対象とはならないという判断が改めて示されているが[30]、裁判所内で揺れが見られることは確かである。

　議員除名決議の司法審査という問題は、現行憲法・地方自治法の制定直後において盛んに訴えが提起された時代には華やかな論点であったものの、昭和35年の大法廷判決で実務的には決着を見たと考えられてきた。しかし、地方議会の地位とその重みが60年前とは比較にならないほど強まっている現在、存在価値の高まりに比例して自律権も強化された（したがって司法審査はなおさら及ばない）とみるか、地方議会の地位の高まりとは関係なく法的紛争である以上は司法審査を及ぼすべきとして判例変更にふみ出すか、立ち止まって議論する価値は十分にあるものと考える。

---

30) 赤坂幸一「判例解説（最判平成30年4月26日）」新・判例解説Watch vol.24（2019）17頁（19頁以下）は、議員活動の自由や住民の知る権利の保障という視点から、最高裁の判断に疑問を提示する。これに対して、駒林良則「判例解説（同判決）」新・判例解説Watch vol.23（2018）80頁は、会議録に正確に記載される利益は議員の発言の自由と関係はするけれども議会の運営自律権との関係で一定の制約を受けざるを得ないとして、最高裁の判断に理解を示している。

188 第8章 給与条例主義

第8章

給与条例主義——鳴門市競艇臨時従事員訴訟——

第1節 給与条例主義

普通地方公共団体は、法律またはこれに基づく条例に基づかなければ、その職員に給与を支給することはできず（地方自治法204条の2、地方公務員法25条1項）、給与の額および支給方法についても、条例で定めなければならない（地方自治法204条3項）。条例において単に職員の給与の支給根拠のみを定めて、その具体的な額および支給方法等の細目的事項を規則に委任することは許されない（なお、一定の細則的事項を規則等に委任することは許される）。いわゆる給与条例主義であり、その趣旨は、茨木市事件に係る最判平成22年9月10日民集64巻6号1515頁によって、「地方公務員の給与に対する民主的統制を図るとともに、地方公務員の給与を条例によって保障する趣旨に出たもの」と述べられている[1]。給与条例主義の意義は、住民にとっては、その負担した租税の使途である職員への給与の額および支給方法を、住民の代表である議会の条例により決定することとして、民主的コントロールを及ぼすことに求められ、職員にとっては、給与を受ける権利を認めることにより、労働基本権を制限されていることとの均衡を図ることに求められる。給与条例に定めのない「昼窓手当」を特殊勤務手当として支給したことを違法と判断したものに、最判平成7年4月17日民集49巻4号1119頁がある[2]。

地方公営企業の職員についても、この事理は同様であり、給与の種類と基準は条例で定めなければならない（地方公営企業法38条4項）。ただし、地方公営企業の場合には労働協約締結権が認められる関係で（地方公営企業等の労働関係に関する法律3条4号・7条）、支払われるべき各種給与の額と支給方法につい

---

1) 橋本勇『新版逐条地方公務員法［第4次改訂版］』学陽書房（2016）383頁。昭和31年の法改正により設けられた規定である。（財）地方自治総合研究所（監修）、今村都南雄＝辻山幸宣（編著）『逐条研究地方自治法Ⅲ』敬文堂（2004）1130頁。

2) 碓井光明『政府経費法精義』信山社（2008）135頁以下、岩﨑政明「判例解説（最判平成7年4月17日）」地方自治判例百選［第4版］140頁。

ては、あくまでも条例の範囲内ではあるが、労働協約があればそれにより、なければ企業管理規程（地方公営企業法10条、本章で扱う鳴門市事件では、賃金規程がこれに相当する。）や長の規則で定めることになっているなど、給与条例主義は若干緩和されている（ただし、鳴門市事件では、上記のいずれにおいても、臨時従事員に対し退職手当を支給できる旨の定めは置かれていなかった[3]）。

　給与条例主義が要請されているにもかかわらず、以前から、条例を整備することなく共済会や互助会等に対して地方公共団体が補助金を交付し、その補助金を原資として、直接には共済会等から給付を行うという形で、職員に給与類似の便益を与えるという運用が横行していた。誤解のないように言うと、職員の福利厚生に関する事項について実施するのも地方公共団体の役割であり（地方公務員法42条）、共済会等に補助金を支出すること自体は違法ではない（大阪地判平成9年10月16日判例自治263号28頁）。しかし、条例の根拠なく給与類似の給付を行うために共済会等に補助金を交付し、それらをトンネル機関として職員に給与類似の給付（俗にいう「ヤミ給与」「ヤミ手当」）を行うことは、給与条例主義の潜脱に他ならない。こうした運用には、京都地判昭和62年7月13日判時1263号10頁（八幡市）、大阪高判平成16年2月24日判例自治263号9頁（吹田市）、大阪地判平成19年11月22日判タ1262号181頁（旧美原町）、大阪地判平成20年1月17日判例自治311号45頁（大東市）、神戸地判平成20年4月10日判例自治315号20頁（神戸市）などによって厳しい評価が下されてきた[4]。

　本章では、鳴門市競艇従事員共済会補助金支出事件に係る最判平成28年7月15日（平成25年（行ヒ）第533号）判時2316号53頁を素材として、給与条例主義の問題について検討を加える（以下、本章において、この事件を「本件」、この判決を「本判決」とよぶ。後述する別件との違いに留意されたい）。本判決は、給与条例主義を厳しく運用してきた判例の傾向に沿う事例判決の1つではあるが、下級審において判断に若干の迷いないし揺れがみられることから、なお採り上げて検討を加える意義は小さくないと思われる。

---

3) 下井康史「判例解説（最判平成28年7月15日。以下、本章では特に断りのない限り、「判例解説」とは上記判例の解説を指す。）」平成28年度重判55頁。上下水道課所属の臨時的任用職員の給与の種類および基準について条例で定めるべき要求水準を満たすものと判断された事例として、津地判平成23年2月24日判例自治348号42頁。
4) 阿部泰隆『行政訴訟の理論と実務』信山社（2015）142頁以下。

190 第 8 章 給与条例主義

第 2 節 事案の概要

第 1 款 概 要

(1) 鳴門競艇臨時従事員

　鳴門市（以下、単に「市」とすることがある。）は、鳴門市公営企業の設置等に関する条例（平成16年鳴門市条例第38号）により、モーターボート競走法に基づくモーターボート競走の開催およびこれに附帯する業務を行うため、競艇事業を設置し、同事業に地方公営企業法の規定の全部を適用している。

　問題となったのは、鳴門競艇従事員共済会（以下「共済会」という。）が鳴門競艇臨時従事員（以下「臨時従事員」という。）に対して支払っていた離職せん別金である。共済会とは、臨時従事員の相互共済により福利厚生および互助融和を図ることを目的として、臨時従事員で法定月間開催日数以上雇用される者（会員）と市企業局の職員（特別会員）とで組織される団体である。

　共済会は、鳴門競艇従事員共済会規約に基づく事業の1つとして、懲戒による離職の場合を除き、離職または死亡により登録名簿から抹消された会員またはその遺族に対し、離職時の基本賃金（日額賃金）に在籍年数およびこれを基準とする支給率を乗じるなどして算出した離職せん別金を支給していた。離職せん別金は、課税実務では、退職手当等（所得税法30条1項）に該当するものとして取り扱われている。[5]

(2) 補助金による離職せん別金の支給

　本件で追及されたのは、共済会が臨時従事員に対して支払っていた離職せん別金の原資が、ほぼすべて、市から交付される補助金により賄われていたことであった。市は、地方公営企業法38条4項の規定に基づき、企業職員の給与の種類および基準を定めることを目的として、鳴門市企業職員の給与の種類及び基準に関する条例（昭和41年鳴門市条例第59号。以下「給与条例」という。）を制定している。給与条例は、企業職員で常時勤務を要するもの等を「職員」として、勤務期間6月以上で退職した場合等に退職手当を支給する旨を定め（同条例2条1項・3項・15条）、非常勤職員については、「職員」の給与との権衡

---

5) 昭和50年1月8日付け国税局長宛て国税庁長官通知「公営競走事業等の施行者に雇用される臨時従事員の賃金等に対する所得税の取扱いについて」。

を考慮し、予算の範囲内で給与を支給する旨を定めている（同条例18条）。

鳴門競艇臨時従事員就業規程（平成17年鳴門市企業管理規程第27号。平成25年鳴門市企業管理規程第3号による改正前のもの。以下同じ。）によれば、臨時従事員の賃金は日給とし、基本給および手当を支給する旨が定められているほか、その種類、金額等は、鳴門競艇臨時従事員賃金規程（平成17年鳴門市企業管理規程第28号。平成25年鳴門市企業管理規程第1号による改正前のもの。以下「賃金規程」という。）において定められていた。ところが、賃金規程上、臨時従事員の賃金の種類としては、基本給、職務給、記録手当、時間外手当、調整手当、通勤手当および特別手当が定められるにとどまり、退職手当については規定が置かれていなかった。

鳴門市企業局補助金等交付規程（平成25年鳴門市企業管理規程第4号による改正前のもの。）および鳴門市競艇従事員共済会離職せん別金補助金交付要綱は、鳴門市競艇従事員共済会離職せん別金補助金（以下「離職せん別金補助金」という。）の申請、決定等に関し必要な事項を定めていた。上記の要綱において、離職せん別金補助金は、共済会が臨時従事員の離職に伴い支給する離職せん別金に要する経費を補助の対象とし、その額は、離職せん別金に係る計算式と連動した計算式により算出された金額の範囲内とされていた。

(3) 競艇事業の組織

鳴門市の競艇事業の組織について説明すると、市は、公営企業設置条例により、競艇事業を含む公営企業の各事業を通じて管理者1人を置き、その職名を企業局長としている。企業局長は、鳴門市企業局補助金等交付規程（平成17年鳴門市企業管理規程第9号）に基づく補助金等の交付決定をする権限を有しており、競艇企画管理課長は、上記補助金等の支出命令について専決権限を有している。

平成22年当時、市長、企業局長、競艇事業担当の企業局次長、競艇企画管理課長の各職にあったのは、A、B、C、Dであり、Cは、共済会の会長を兼務していた。

臨時従事員の採用は、鳴門競艇臨時従事員就業規程に基づき、企業局長が、選考に合格して登録名簿に登録された採用候補者に対し、個々の就業日を指定した採用通知書により通知する日々雇用の形式により行われている。臨時従事員の身分については、地方公務員法22条5項の臨時的任用による同法3条2項の一般職の地方公務員であると理解され、これを前提とする運用がされてい

⑷ 補助金交付申請とその支払い

　共済会の会長であるCは、平成22年6月30日、企業局長であるBに対し、離職せん別金補助金1億457万3,722円（以下「本件補助金」という。）の交付を申請し、Bは、同年7月7日、その交付を決定した。Cは、同日、本件補助金の交付を請求し、同月30日、専決権者であるDの支出命令により、共済会に対して本件補助金が交付された。なお、Cは、競艇事業担当の企業局次長として、本件補助金の交付決定の決裁にも関与している。

　共済会は、同年6月30日付けで登録名簿から抹消された臨時従事員32名に対し、本件補助金の全額を用いて、合計1億818万2,222円の離職せん別金を支給した。このうち、共済会自身の負担額は360万8,500円であり、上記の離職せん別金の原資に占める本件補助金の割合は約97％であった。臨時従事員に支給された離職せん別金の最高額は、登録名簿への登録期間が41年の者に対する428万7,505円であり、最低額は登録期間が12年の者に対する116万1,870円であった。

第2款　訴訟の提起

　鳴門市の住民であるX（控訴人、上告人）らは、共済会から臨時従事員に支給される離職せん別金に充てるため、市が平成22年7月に共済会に対して補助金を交付したことは、給与条例主義を定める地方公営企業法38条4項に反する違法、無効な財務会計上の行為であるなどとして、地方自治法242条の2第1項4号に基づき、Y₁（機関としての市長、被控訴人、被上告人）を相手に、当時の市長の職にあったAに対する損害賠償請求をすることを求めるとともに、Y₂（機関としての市公営企業管理者企業局長、被控訴人、被上告人）を相手に、当時の市の企業局長および企業局次長の各職にあったBおよびCに対する損害賠償請求、当時の市企業局競艇企画管理課長の職にあったDに対する賠償命令ならびに共済会に対する不当利得返還請求をすることをそれぞれ求めて、適法な住民監査請求を経た上で、住民訴訟を提起した。

　本件で直接的に問題となるのは、本件補助金の交付が地方自治法232条の2に定める「公益上必要がある場合」の要件を満たすか否かである。その中で、本件補助金を原資とする離職せん別金の支給が給与条例主義を潜脱する違法なものである場合には、本件補助金を「公益上必要がある」ものとして交付した

当時の市長の判断は裁量の逸脱・濫用があるとして違法になるから、離職せん別金の支給と給与条例主義の関係が争点になっているわけである[6]。

　共済会に対する補助が退職手当にとどまらず、他の福利厚生目的のものと併せて交付されている場合には、性質に応じた区分けが必要となるが（参照、神戸地判平成23年1月26日〔平成20年（行ウ）第11号〕、大阪地判平成19年11月22日判例自治305号86頁、大阪高判平成16年2月24日判例自治263号9頁）、本件補助金はすべて離職せん別金に充当する目的で交付されているので、そのような問題はない[7]。

　第1審である徳島地判平成25年1月28日判例自治383号18頁、控訴審である高松高判平成25年8月29日判例自治383号16頁とも、上告人らの請求をいずれも棄却した。控訴審の判断の要旨は、以下のとおり。

　離職せん別金が退職金としての性格を有すること、本件補助金の交付が実質的に臨時従事員に対する退職金支給としての性格を有することは否定できない。だが、臨時従事員について同一人が繰り返し採用されており、その1人当たりの平均週間勤務時間は30時間程度であるなど、常勤企業職員の週間勤務時間の4分の3を超えていることからすると、臨時従事員の就労の実態が常勤職員に準じる継続的なものであり、退職手当を受領するだけの実質が存在するということができる。そうであるとすれば、本件補助金の交付が給与法定主義の趣旨に反し、これを潜脱するものとはいえず、当時の市長らが本件補助金の交付に公益上の必要性（地方自治法232条の2）があるとした判断が裁量権の範囲の逸脱・濫用であるとは認められないから、本件補助金の交付が違法であるということはできない。

　これに対して、上告人から上告がなされた[8]。

第3款　別件訴訟

　なお、本判決と同日に、「鳴門市モーターボート競走事業に従事する臨時従事員の給与の種類及び基準に関する条例」（平成25年鳴門市条例第32号。以下「追認条例」という。）が制定された後の補助金支出について争われた別件訴訟につ

6）戸部真澄「判例解説」新・判例解説Watch vol.20（2017）65頁（67頁）、野口貴公美「判例解説」法学教室436号（2017）139頁、近藤卓也「判例解説」北九州市立大学法政論集45巻1＝2号（2017）141頁（147頁）、上代庸平「判例解説」地方財務772号（2018）212頁（223頁）。
7）石森久広「判例解説」判例評論704号（2017）2頁（6頁）。
8）上告までの経緯については、阿部・前掲注（4）175頁以下に詳しい。

いても判決が下されている。追認条例は、本件訴訟の第1審判決（徳島地判平成25年1月28日）の中で、補助金の交付は違法とはいえないものの、適法性の疑義を避けるため関連制度の条例化の検討が望まれるという付言があったことから平成25年3月27日に公布、施行されたものであり、臨時従事員の給与の種類を賃金および手当とし、手当の種類として退職手当を含むことなどを定めている。

ア　追認条例3条1項は、「臨時従事員の給与の種類は、賃金及び手当とする。」と規定し、同条3項は、「手当の種類は、職階手当、記録手当、時間外勤務手当、調整手当、職務手当、通勤手当、勤勉手当、退職手当及び特別レース手当とする。」と規定している。

イ　追認条例12条1項は、「退職手当は、臨時従事員又は雇用候補者のうち在籍期間（臨時従事員として最初に雇用された日から退職（採用候補者登録名簿から記載事項を抹消されることをいう。以下同じ。）をした日までの期間をいう。以下同じ。）が1年を超えるものが退職した場合に支給することができる。」と規定している。

ウ　追認条例附則2項は、経過措置として、「この条例の施行の際現に企業局長が定めた規程に基づき臨時従事員に支給された給与については、」この条例の規定に基づき支給された給与とみなすと規定している。

　別件訴訟の第1審：徳島地判平成26年1月31日判例自治414号28頁、控訴審：高松高判平成26年8月28日判例自治414号32頁は、追認条例の制定によって過去の違法な支出は治癒されたとして、Xの請求を棄却した。

第3節　判　旨

　最高裁は、次のような論理で、請求について、一部破棄自判・一部破棄差戻を行った。

　「離職せん別金は、離職又は死亡による登録名簿からの抹消を支給原因とし、その支給額は離職時の基本賃金に在籍年数及びこれを基準とする支給率を乗じるなどして算出され、実際の支給額も相当高額に及んでおり、課税実務上も退職手当等に該当するものとして取り扱われていたものである。そして、離職せん別金は、共済会がその規約に基づく事業の1つとして臨時従事員に支給していたものであるが、市が共済会に対し離職せん別金に要する経費を補助の対象

として交付していた離職せん別金補助金の額は、離職せん別金に係る計算式と連動した計算式により算出された金額の範囲内とされ、本件における離職せん別金の原資に占める本件補助金の割合は約97％に及んでいたのである。これらの事実に照らせば、本件補助金は、実質的には、市が共済会を経由して臨時従事員に対し退職手当を支給するために共済会に対して交付したものというべきである。

地方自治法204条の2は、普通地方公共団体は法律又はこれに基づく条例に基づかずにはいかなる給与その他の給付も職員に支給することができない旨を定め、地方公営企業法38条4項は、企業職員の給与の種類及び基準を条例で定めるべきものとしているところ、本件補助金の交付当時、臨時従事員に対して離職せん別金又は退職手当を支給する旨を定めた条例の規定はなく、賃金規程においても臨時従事員の賃金の種類に退職手当は含まれていなかった。また、臨時従事員は、採用通知書により指定された個々の就業日ごとに日々雇用されてその身分を有する者にすぎず、給与条例の定める退職手当の支給要件……を満たすものであったということもできない。

そうすると、臨時従事員に対する離職せん別金に充てるためにされた本件補助金の交付は、地方自治法204条の2及び地方公営企業法38条4項の定める給与条例主義を潜脱するものといわざるを得ず、このことは、臨時従事員の就労実態等のいかんにより左右されるものではない。

以上によれば、地方自治法232条の2の定める公益上の必要性があるとしてされた本件補助金の交付は、裁量権の範囲を逸脱し、又はこれを濫用したものであって、同条に違反する違法なものというべきである。」

これに加えて、別件訴訟の上告審判決である最判平成28年7月15日判時2316号58頁は、「共済会の規約に基づき臨時従事員に支給された離職せん別金は、企業局長が定めた規程に基づいて臨時従事員に支給された給与に当たるものでないことは明らかであるから、上記経過規定が定められたとしても、その文言に照らし、〔追認条例〕の制定により臨時従事員に対する離職せん別金の支給につき遡って条例上の根拠が与えられたということはできない」と述べて、追認条例の制定によっても違法の治癒は認められないとして、破棄自判・破棄差戻を行った。

第4節 一連の最高裁判決との関係

本判決を読み解くためには、まず、臨時的任用職員に対する期末手当の支払いについて争われた茨木市事件について参照する必要がある。当時、大阪府茨木市では、常勤職員に対して期末手当を支給する旨の定めのある条例しか存在していなかった。にもかかわらず、非常勤の臨時的任用職員に対して期末手当を支給していたことが問題となった。

前掲最判平成22年9月10日は、①臨時的任用職員についても条例により手当を支給すべき旨とその方法および上限などが定められていれば、手当の支給は給与条例主義に違反しないとする。しかし、茨木市ではそのような条例の定めは置かれていなかった。[9]

続いて、最判平成22年9月10日は、②非常勤の臨時的任用職員であっても職務内容の性質からみて常勤職員に準ずるものとして評価することができ、かつ、支給される手当の性質からみてその支給の決定が合理的な裁量の範囲内であるといえる場合には、手当を支給しても給与条例主義には反しないことがあり得るとする。[10]しかし、当該事案では、臨時的任用職員が週3日という勤務形態であったことを考えると、常勤職員に準ずるものとして常勤と評価できる程度のものであったとはいえないから、期末手当の支給は違法であると結論付けられた。[11]

茨木市判決が示した①②の論理を、本件に当てはめてみよう。①についてみると、茨木市事件と同様に、臨時従事員に対する退職手当を支払う旨の条例は制定されていないことから、争点は②に絞られる。この点、本判決は、「臨時

---

9) この点、千葉勝美裁判官補足意見では、実務において臨時的任用職員の恒常的任用が常態化していることをふまえて、臨時的任用職員であっても、支払われるべき給与の額および支給方法またはそれに係る基本的事項は条例で定めるべきことが地方自治法204条の2などから要請されているとした上で、「条例改正には、手続と時間を要するものであるが、当該公共団体において、条例改正のために要する合理的な期間を徒過してもなお条例の改正がされず、違法な支給を継続する場合には、もはや過失がないとはいい難く、今後の司法判断において、厳しい見解が示される可能性がある」とされている。本判決の評釈では、野口・前掲139頁、近藤・前掲152頁、上代・前掲221頁以下のように、千葉補足意見を今回の最高裁判決の伏線とみる見方も少なくない。
10) 成田頼明ほか（編）『注釈地方自治法［全訂］』第一法規（2000）3731頁以下（藤原淳一郎）。
11) 非常勤職員の勤務時間は常勤職員の勤務時間の4分の3を超えないように定める平成21年人事院規則15−15−6による改正前の人事院規則15−15（非常勤職員の勤務時間及び休暇）2条から、4分の3を1つの目安としているものと考えられる。宇賀克也『行政法概説Ⅲ［第5版］』有斐閣（2019）449頁。

従事員は採用通知書により指定された個々の就業日ごとに日々雇用されてその身分を有する者にすぎず、給与条例の定める退職手当の支給要件……を満たすものであったということもできない」から、臨時従事員の就労実態のいかんを問わず、本件補助金の交付は、給与条例主義に反する違法なものであったとした。つまり、最高裁は、就労形態の実質をみて補助金交付が違法ではないとした第1審・控訴審とは異なり、茨木市判決が示した②の基準が適用される前提をそもそも欠くとしたのである。

　この論理を読み解くには、もう1つの判決を参照する必要がある。大分県中津市において臨時職員の学校司書として昭和54年から平成24年まで30年以上繰り返して1年任期で採用されていた者が、同市退職手当条例に基づく退職手当の支払いを請求した事案において、最判平成27年11月17日判例自治403号33頁は、在任中の勤務日数および勤務時間が常勤職員と同一であることや、勤務する中学校の校長によって監督される立場にあったことなどを考慮しても、在任中の地位は特別職の職員に当たるものであるとして、同市退職手当条例が退職手当の支給を一般職の職員に限定していたことから、請求を棄却した。中津市判決では、特別職の職員には、一般職の職員向けの給与条例の規定はそもそも適用されないという論理が示されたわけである[12]。

　この論理が、本判決では、臨時従事員は採用通知書により指定された個々の就業日ごとに日々雇用されてその身分を有する者にすぎず、給与条例の定める退職手当の支給要件をそもそも満たさないという形で通用している[13]。つまり、鳴門競艇の臨時従事員は、茨木市事件における非常勤の臨時的任用職員が勤務形態いかんによっては常勤職員に準ずるものとして期末手当の支払いが認められ得たこととは異なり、日々雇用である以上、いかなる勤務形態であったとしても、常勤職員に準ずるものとみる余地はないという趣旨である[14]。細かくみると、臨時従事員は登録名簿に登録された者から日々任用されるという形をとっており、共済会から離職せん別金が支払われる際には、この登録名簿への

12）　本章は平成29年11月17日に開催された行政判例研究会において報告した内容を基にしているが、研究会では、中津市判決において一般職と特別職の線引きが厳格に示された背景には、当該事案の原告の採用過程は、一般職の採用ほどの適式な水準の手続を経ていないことから、一般職としての採用と同視することが困難であったという事情があるという指摘を受けた。

13）　阿部泰隆「判例解説」法学セミナー746号（2017）53頁（55頁）によれば、Xの訴訟代理人は、この最判平成27年11月17日に基づき補充書を提出したということで、本判決が中津市判決の延長線上にあることを強く示唆する。

14）　これに対して、石森・前掲5頁は、茨木市事件と中津市事件および本件の差異は、支給されるのが期末手当であるか退職手当であるかという、支払われるべき手当の性質の違いにあるとする。

登録期間をもって在籍期間と取り扱われていたわけであるが、登録名簿への登録は、臨時従事員の採用行為そのものではなく、採用のための準備的行為にすぎず、これをもって給与条例の定める「勤務時間6月以上で退職した場合」という要件を満たしたと考えることは困難であろう。[15]登録名簿への登録期間をもって競艇事業への在籍期間と取り扱うことは、言ってみれば、人材派遣会社に登録されている期間をもって、派遣先での就労期間を測るようなものだからである。

第5節　給与支給条例の制定による瑕疵の治癒（別件訴訟）

別件訴訟については、追認条例附則2項が、経過措置として、「この条例の施行の際現に企業局長が定めた規程に基づき臨時従事員に支給された給与については、この条例の規定に基づき支給された給与とみなす。」と規定したこととの関係が争点となった。

すでに行われた公金の支出の違法性は、事後的にこれを追認する条例を制定し遡及適用することで治癒されるか。最判平成5年5月27日判時1460号57頁は瑕疵の治癒を認めており、東京地判平成13年6月14日（平成11年（行ウ）第234号）、東京地判平成19年12月7日（平成19年（行ウ）第335号）、東京高判平成24年7月26日（平成24年（行コ）第150号）などが続いている。[16]給与条例主義の趣旨は適正かつ公正な給与の支給を確保するために議会のコントロールを及ぼすことにあるのだから、諸手を挙げて賛成するとまではいかなくとも、[17]一般論として瑕疵の治癒は認められるべきであろう。[18]

むろん、有効に追認が認められて瑕疵が治癒されるのは、支給当時、もしも条例の根拠が備わっていれば適法な支給を行うことが認められた場合であり（大阪高判平成23年6月3日（平成22年（行コ）第139号）など）、かつ、事後に制定された条例の内容に不備がない場合に限られる（最判平成22年9月10日）。[19]

---

15) 判時2316号54頁の匿名コメント、上代・前掲219頁。

16) 参照、宇賀・前掲451頁以下。

17) 碓井・前掲140頁。

18) なお、石森・前掲6頁が指摘するように、一般的に行政行為の手続的・形式的かつ軽微な瑕疵に適用される「行政行為の瑕疵の治癒」と、実体的かつ軽微とはいえない瑕疵が問題となっている給与条例主義違反事件とでは、文脈が相当に異なる。

19) 戸部・前掲68頁。

第5節　給与支給条例の制定による瑕疵の治癒（別件訴訟）　199

鳴門競艇の会場であるBOATRACE鳴門（令和元年9月、著者撮影）

　この点、本件での離職せん別金は共済会の規約に基づいて共済会から臨時従事員に支給されたものであって、企業局長が定めた規程に基づいて市から臨時従事員に支給された給与ではないため、どのように頑張っても、追認条例の制定により、離職せん別金の支給に条例上の根拠が与えられたとみることはできない。条例の内容に不備があるか否か以前の問題であって、制定された追認条例の対象が的外れであったわけである。[20] 別件訴訟の第1審と控訴審が「議会の合理的意思」を通じて瑕疵の治癒を図ったことは、さすがに追認条例の文理からの乖離が甚だしく、最高裁では、あるべき方向に軌道修正されたといえよう。
　また、追認条例の定めは退職手当の支給対象を1年以上在籍した者と定めているだけで、その算定基準を定めていないから、給与の基準について条例で定めなければならないとする地方公営企業法38条4項の要求を満たしていない。[21]
　本件の場合は、トンネル機関に対する補助金の交付という形式を用いた手当の支給である以上、いかなる法形式を用いても、追認のしようがなかったと思われる。[22]

---

20) 阿部・前掲注（4）176頁、上代・前掲222頁。
21) 阿部・前掲注（4）176頁。
22) 研究会（前掲注（12））では、仮に臨時従事員の就労実態をみたとしても、日々雇用の形式であって、切れ目なく毎日働いていたわけではない以上、給与条例の要求する6月以上の勤務期間を満たすことはできなかったという指摘があった。

第6節　本判決の評価と展望

　給与や諸手当の支出が財政負担を伴うものである以上、議会のコントロール下に置くことは当然であり、給与条例主義を形式に則って厳格に適用した最高裁の判断は適切である[23]。給与条例主義が要求される趣旨からすれば、議会における条例制定という公的な径路を通すことにこそ、決定的な意味がある[24]。

　本判決は全国の公営競技の施行者に対応を迫るものとなり、本件の臨時従事員に類する職員に対して行われてきた条例の根拠を欠く退職手当等の支払い（トンネル機関に対する補助金の交付）を打ち切ったところも相次いでいる。これまで（条例の根拠のない）手当等を受け取ってきた職員との処遇の均衡という点では困難な問題を提起しているが、法治主義の観点からは過去の運用がおかしかったのであり、やむを得ない。

　筋から言えば、本件でも、消滅時効にかかっているものを除いて、離職せん別金をすでに受け取った元・臨時従事員に対する不当利得返還請求をすることを市当局に求める4号請求を行うべきであろうが、市→共済会→個々の元・臨時従事員と渡った金銭について不当利得返還請求を行う際の理論的な障壁（現存利益（民法703条）はいかほどか、受益者の悪意の有無（同法704条）など）や請求の手間などを考えると、実際上は困難であろう。

　本件の差戻控訴審である高松高判平成29年8月3日（平成28年（行コ）第26号）は、Aに対して市長が、B、Cおよび共済会に対して市公営企業管理者が、それぞれ損害賠償ないし不当利得返還請求をすることを命じる判決を下した。少なくとも、公金を取り扱う者として、トンネル機関を経由した支給を違法であ

---

23) 戸部・前掲67頁、近藤・前掲149頁。桑原勇進「判例解説」法学セミナー741号（2016）111頁は、実質と形式の乖離が本件の発端であるとする。

24) 本判決の結論に対して、白藤博行「判例解説」民商法雑誌153巻4号（2017）89頁（100頁）は、常勤的非常勤職員の「漏給」ともいえる就労実態を直視するとき、法制度改正がなされるまでの間、「厳格な意味での議会による民主的統制は多少犠牲にしても」、「実質的な意味での公務員労働者の給与請求権（退職金請求権）の保障をめざす工夫」として、「給与条例主義を補完するという意味」での要綱形式を駆使した穴埋めも「許される場合があるのではないか」と述べて、現行の地方自治法、地方公務員法、地方公営企業法が、本判決の示す意味での給与条例主義からの「逸脱」を許されないというのであれば、「かかる地方自治法や地方公務員法における法治主義こそ誤っており、公務員労働者の労働基本権の保障から逸脱する憲法違反の法律であるとの誹りを免れない」と批判する。労働基本権を尊重すべきことには異論がないが、批判説は、国会・地方議会が法律・条例を制定するまでのプロセスとその持つ重みを軽視しており、妥当ではない。上代・前掲221頁も私見を支持する。

るとしてきた裁判例の動向に注意を払うことは当然であり、妥当な判断である[25]。

　ただし、専決権者であるＤについては、地方自治法242条１項４号にいう「当該職員」であることは認められるが（最判昭和62年４月10日民集41巻３号239頁、最判平成３年12月20日民集45巻９号1503頁など）、予算執行職員（地方公営企業法34条、地方自治法243条の２第１項）であることから、損害賠償責任を認定するためには重過失が要求される。この点、差戻控訴審では、平成22年当時もなお、全国の16競走場で条例化がされないまま離職せん別金の支給が行われていたことからすると、Ｄが本件補助金の支出命令をしたことについて重過失があったとまではいえないとされて、請求は棄却された。

　別件訴訟についても、差戻控訴審である高松高判平成29年８月３日判例自治437号20頁により、同様の判断が下されている。

25）石森・前掲７頁。下井・前掲55頁も参照。

第3部　国と地方公共団体、地方公共団体相互の関係

　第3部では、国と地方公共団体との間、あるいは地方公共団体相互間で生じた法的紛争について考察を加えた。

　第1章「条例による事務処理の特例と都道府県の是正要求権限」は、実務的には多用されながらも本格的な研究の少ない「条例による事務処理の特例」について、土砂災害を防ぐための宅地造成等規制法に基づく県の市に対する是正要求権限の不行使の違法性が争われた事例を基に検討を加えたものである。行政権限には重複も空白も生じさせてはならないという、基本的ではあるが存外に難しい原則を、とりわけ分権改革以降、国から都道府県へ、都道府県から市町村へと権限の委譲が頻繁に行われる中で、いかに貫徹していくかについては、今後も継続的な研究が求められよう。

　第2章「行政不服審査法と地方自治法の原則からみた辺野古紛争」は、平成28（2016）年5月28日に開催された獨協大学地域総合研究所シンポジウム「辺野古と沖縄の未来〜国と地域社会の法紛争」の講演録を基に、脚注、文献、判例について、最小限の追加を施したものである。内外の幅広い注目を集めている辺野古紛争であるが、紛争の構造を読み解くためには、相当に複雑な行政法・地方自治法の知識が必要となる。第2章は、市民向けの公開講座という性質上、可能な限り平易に法制度について解説を加えたものであり、私見は最小限にとどめている（それでも事柄の性質上、依拠する立場は一定程度明らかにせざるを得なかった）。シンポジウムから3年が経過して、現在も問題は続いているが、筆者の基本的な立場や見解には変更がない。

第1章

条例による事務処理の特例と
都道府県の是正要求権限

第1節　問題意識

　地方自治法は、市町村を、地域における事務などを一般的に処理する「基礎的な地方公共団体」として（同法2条2項・3項）、都道府県を、市町村が処理するのに適しない事務を補完的に処理する「広域の地方公共団体」として位置付けている（同条5項）。市町村が処理するのに適しない事務とは、①広域的土地利用計画の策定など広域にわたるもの（広域事務）、②国・市町村間および市町村相互間の連絡調整に関するもの（連絡調整事務）、そして、③その規模・性質において一般の市町村が処理することが適当ではないもの（補完事務）を指す。都道府県と市町村は、その事務を処理するに当たっては、相互に競合しないようにしなければならない（同条6項）。

　個別法においては、こうした市町村と都道府県の役割分担を意識して、権限が配分されている。しかし、③の補完事務などは、その性質上、いずれに権限を配分すべきかについての境界が流動的な場合がある。一般の市町村ならば都道府県が補完的に処理すべき事務であっても、人口・財政ともに余裕のある市町村ならば十分に処理することが可能であろう。地方自治法自身が、補完事務については、市町村が、「当該市町村の規模及び能力に応じて、これを処理することができる」と定めていることからも（同条4項）、法律が市町村ではなく都道府県に権限を付与したことに拘泥すべきではない。

　こうした考慮から、地方自治法は、指定都市（同法252条の19以下）や中核市（同法252条の22以下）といった大都市の特例において、都道府県からの大幅な権限の委譲を認めている。個別法でも、建築確認事務のように、さしあたり都道府県の事務とされてはいるが、政令で指定する人口25万人以上の市および都道府県知事と協議してその同意を得た市町村については、建築主事を置

1）小早川光郎「基礎的自治体・広域的自治体」法学教室165号（1994）24頁。

くことで権限の移転が認められている例がある（建築基準法4条）。

　条例による事務処理の特例の場合、これらとは異なり、法律を介さず、市町村と都道府県との協議およびそれに基づく都道府県条例の制定だけで法律による事務配分を変更できることが特徴である。市町村が処理することとされた事務は、当該市町村の長によって管理・執行がなされる（地方自治法252条の17の2第1項）。条例による事務処理の特例は、分権改革の際、都道府県から市町村へ地域の実情に応じた事務の委譲を推進し、住民に身近な行政はできる限り住民に身近な地方公共団体である市町村において行われることが望ましい（同法1条の2）という考慮から設けられた。本来ならば法令の規定により市町村の担任する事務とすることが望ましいのだが、現実の市町村の規模には大きな差があることなどから、一律に定めるもの以外に、市町村の規模能力に応じた事務配分のしくみが併せて認められたものである[2]。都道府県知事が事務処理の特例条例を制定・改廃する場合には、あらかじめ当該市町村の長に協議しなければならない（同法252条の17の2第2項）。市町村の長の側から、その議会の議決を経て、都道府県知事に対し、その権限に属する事務の一部を当該市町村が処理することとするよう要請することもできる（同条3項）。

　このしくみに基づく都道府県から市町村への事務処理権限の委譲は、行政実務では日常的に行われているにもかかわらず、研究が十分とはいえない[3]。本章では、広島県知事と東広島市長による規制権限不行使の国家賠償責任が問われた広島地判平成24年9月26日（平成22年（ワ）第1354号）判時2170号76頁（以下、本章において「本判決」とする。）の分析を通じて、条例による事務処理の特例の課題について考察する。

---

2) 松本英昭『新版逐条地方自治法［第9次改訂版］』学陽書房（2017）1350頁以下。
3) 亘理格「条例による事務処理の特例」小早川光郎＝小幡純子（編）『あたらしい地方自治・地方分権』有斐閣（2000）87頁、新倉隆「条例による事務処理の特例」佐藤文俊（編）『最新地方自治法講座⑨　国と地方及び地方公共団体相互の関係』ぎょうせい（2003）234頁、成田頼明ほか（編）『注釈地方自治法［全訂］』第一法規（加除式）7105頁以下（遠藤文夫＝交告尚史）。さいたま地判平成21年12月16日判例自治343号33頁は、事務処理特例による権限委譲（墓地法上の墓地経営許可事務）の可否が問題となった数少ない事例である。小早川光郎「判例解説」地方自治判例百選［第4版］62頁。

第2節　広島地判平成24年9月26日

第1款　事　案

　平成21年7月25日未明、元々産業廃棄物最終処分場の予定地であった土地（本件土砂崩壊地）に搬入された土砂が前日からの大雨によって崩壊・流出し、下流の民家が全壊して住人が死傷した。被害を受けた住人から広島県と東広島市（以下、それぞれ「県」「市」とする。）に対して、土砂の搬入に対する広島県知事と東広島市長（以下、それぞれ「県知事」「市長」とする。）の権限不行使について、国家賠償法1条に基づく損害賠償請求がなされた。本章で着目するのは、県の国家賠償責任についてである。

　本件土砂崩壊地を含む一帯の地域は、平成4年に県知事から宅地造成工事規制区域に指定されていた[4]。その後、平成16年になって建設業者Aが本件土砂崩壊地を購入し、平成20年までの4年間、土砂の搬入を行っていた。Aは国土利用計画法23条に基づく届出を行っており、届出書の利用目的欄には、「畑に転用予定」と記載していた。

　宅地造成等規制法（以下、「宅地造成法」とする。）8条に基づく許可権限、同法14条に基づく監督処分の権限、同法17条に基づく改善命令を発する権限は、本来、県知事に帰属している[5]。ところが、平成18年4月以降、県知事は、市長に対して、条例による事務処理の特例（地方自治法252条の17の2以下）に基づき、「広島県の事務を市町が処理する特例を定める条例」（平成11年条例第34号）

---

4) 土石流、急傾斜地の崩壊、地すべりといった土砂災害の被害を受けるおそれのある区域には、土砂災害防止法（平成12年法律第57号）に基づく土砂災害警戒区域の指定、危険の周知、警戒避難体制の整備、開発行為の許可制などが予定されている。ただし、土砂災害防止法はあくまでも「被害を受けるおそれのある区域」に着目するもので、「災害を惹起しそうな区域」の規制は、急傾斜地法、砂防法、地すべり等防止法、さらには宅地造成法などの役割である（なお、本件の被害区域が土砂災害警戒区域に指定されていた事実は確認できない）。大量に搬入された建設残土が崩壊したという本件の特殊事情にかんがみると、通常の土石流や地すべりなどと同視することはできないが、土砂災害警戒区域の指定の遅れはそれ自体大きな課題である。山越伸浩「広島市の土砂災害を受けた土砂災害防止法の改正」立法と調査359号（2014）20頁。

5) 宅地造成法は平成18年法律第30号により改正されているが、本章の表記は改正後の条文に統一した。なお、宅地造成法は、条例による財産権制限が憲法29条2項との関係で許容されるかについて行政実務が定まっていなかった時代に、神戸市、鹿児島市、横浜市、姫路市などが制定した宅地造成規制条例を国法化したものである。阿部泰隆「条例による土地利用規制は適法か──神戸市の宅地造成規制条例と山田幸男先生」『地方自治法制の工夫』信山社（2018）235頁以下（初出1985）。

２条16号の２によって、これらの宅地造成に関する規制権限を委譲していた。したがって、もはや県知事には宅地造成法の規制権限が帰属していないはずだが、原告は、県知事にも、是正要求（地方自治法252条の17の４）の権限不行使について違法があると主張した。すなわち、県知事には、条例により市長に対して宅地造成法の規制権限を委譲した後も、市長に対して是正要求を行う権限があり、この権限が的確に行使されていれば土砂災害が起きることはなかったというのである。

第２款　争点①　本件土砂の搬入は宅地造成法の規制対象に当たるか

　まず問題となったのは、本件土砂の搬入が宅地造成法の規制対象に当たるかである。被告である県・市は、本件土砂崩壊地にＡが建設残土を搬入していたのは、農地造成目的のためであり、宅地造成法の規制対象には当たらないと主張した。本判決は、次のような理由で、この主張を退けた。

　「宅地造成法の適用を受けることになる『宅地造成』とは、宅地以外の土地を宅地にするため又は宅地において行う土地の形質の変更で政令で定めるもの（宅地を宅地以外の土地にするために行うものを除く。）をいい（同法２条２号）、『宅地』とは、農地、採草放牧地及び森林並びに道路、公園、河川その他政令で定める公共の用に供する施設の用に供されている土地以外の土地をいうとされている（同条１号）。」

　「本件土砂崩壊地は、元は山林であったが、平成４年に産業廃棄物処分場として開発が開始され、同年から平成６年までの間、下部（下流部）の掘り下げ、両岸の切土、上部（上流部）の谷地形の一部に場内道路のための盛土、堰堤及び枡の設置、堰堤上流の法切り、ゴムシート（遮水シート）の敷設などが行われ、平成７年に産業廃棄物処分場の開発が中止された後も、上記堰堤等は残置され、以後、平成16年５月にＡが本件土砂崩壊地を買い受けるまでの間、本件土砂崩壊地の地形状況に大きな変化はなかった……。」

　ただし、そうであるとしても、Ａが行っていた本件土砂の搬入が「宅地を宅地以外の土地にするため」の形質変更であれば（同条２号かっこ書）、宅地造成法の規制対象にはならない。実際にＡは、届出書に「畑に転用予定」と記載していた。しかし、本判決は、形質変更の目的に関する判断は、土砂搬入がされている土地の置かれた立地条件や、その施工の実態などの客観的事実関係に基づいてされるべきであるとして、形質変更は農地造成目的であるという県・市

の主張を退けた。

第3款　争点②　県と市は規制権限不行使による国家賠償責任を負うか

　本判決は、規制権限不行使の国家賠償事件に関するリーディングケースである宅建業法判決（最判平成元年11月24日民集43巻10号1169頁）とクロロキン判決（最判平成7年6月23日民集49巻6号1600頁）を参照しながら、一般的な枠組みを提示する。

　「公共団体の公務員による規制権限の不行使は、その権限を定めた法令の趣旨、目的や、その権限の性質等に照らし、具体的事情の下において、その不行使が許容される限度を逸脱して著しく合理性を欠くと認められるときは、その不行使により被害を受けた者との関係において、国家賠償法1条1項の適用上違法となる……。」

　その上で、本判決は、宅地造成法の目的が宅地造成に関する工事における崖崩れや土砂の流出といった災害を防止するため必要な規制を行うことにより、国民の生命、財産の保護を図り、もって公共の福祉に寄与することにあること（同法1条）、宅地造成区域内における宅地造成に関する工事は都道府県知事の許可にかからしめられていること（同法8条1項）、許可には必要な条件を付することができること（同条3項）、無許可で工事がなされているときには、都道府県知事は工事の施工停止あるいは擁壁等の設置その他災害防止のため必要な措置をとることを命ずることができること（同法14条2項）、無許可工事が明らかな場合には、工事停止命令に際して弁明の機会を付与する必要はなく、場合によっては、作業従事者に対して工事の停止を命じることもできること（同条4項）、災害防止のため必要な措置をとることを命ずべき者を過失なく確知することができず、かつ、これを放置することが著しく公益に反すると認められるときには、都道府県知事は、代執行を行うことができること（同条5項）など、宅地造成法の目的および都道府県知事に付与された監督処分の権限を詳細に列挙する。

　「このような同法〔宅地造成法〕の目的、上記監督処分の権限を都道府県知事に与えた規定の趣旨にかんがみると、同法14条に基づく各種の監督処分を命じることができる権限は、違法な宅地造成工事がされている場合には、近接する住民の生命、身体に対する危害を防止することを目的として、できる限り

速やかに、適時にかつ適切に行使されるべきものである……。」

　続いて、本判決は次の事実を認定する。（ア）本件土砂崩壊地は産業廃棄物処理場としての工事途中で放置されていたところ、自然の状態でも上流部から流出した土砂などが堆積した状態にあり、何ら崩壊対策をとらずに大量の土砂を斜面地の上部に搬入し続ければ、大量の降雨があった場合に土砂が崩壊する危険性があった。（イ）Ａが提出した本件届出書には、当初から大量の土砂を搬入する計画が明らかにされており、県の東広島農林事業所林務課職員は、平成18年11月1日、本件土砂崩壊地の現地調査を行って、埋立面積が約1,000㎡に及んでいることを確認しており、県としても、同月11日の時点において、無許可で宅地造成がなされていると判断するに足りる情報を得ていた。現地調査を続けた同課職員は、平成20年3月2日、市から委嘱を受けた環境保全監視員から、土砂滑落のおそれがあることなどの情報を得ていた。（ウ）市において規制を検討した様子はなく、県においても、「広島県土砂の適正処理に関する条例」（平成16年条例第1号。この条例は、宅地の造成を目的としない盛土等が宅地造成法の対象とならず、森林内での1ha以下の盛土等も森林法の規制の対象とならないため、これら規制の対象とならないものについても、2,000㎡以上の盛土等については、広島県が独自に規制できるように制定された。以下、「県条例」とする。）による規制を検討していたが、同条例での規制対象は2,000㎡以上であることから、それに至らない本件土砂の搬入について具体的な規制に着手しなかった。（エ）土砂崩壊事故は、大量の降雨に加えて、本件土砂の搬入によって盛土規模が拡大し、斜面が急峻になったことが主な原因の1つである。

　これらの事情に基づいて、本判決は、市長の権限不行使については、「遅くとも平成20年3月2日以降、宅地造成法に基づく上記の規制権限を直ちに行使しなかったことは、その趣旨、目的に照らし、著しく合理性を欠くものであって、国家賠償法1条1項の適用上違法というべきである」と結論付けた。ただし、県知事の権限不行使については、話はそう単純ではない。

　「他方、被告県は、平成18年4月以降、宅地造成法に基づく規制権限を被告市に委譲していたため、平成20年3月2日当時、県知事はこれを行使できなかったものである。しかしながら、県知事は、……地方自治法252条の17の4第1項、同法245条の5第3項の規定により、自治事務の処理が法令の規定に違反していると認めるときは、被告市に対して是正又は改善のため必要な措置を講ずべきことを求める権限を行使できたから、これによって市長による宅地造成

法に基づく規制権限の不行使を解消する手段を有していたといえる。そして、……県知事は、本件届出書の提出を受けた時点で、Ａの造成計画が宅地造成法８条の許可を要する宅地造成であると判断できたはずであり、被告市に宅地造成法の規制権限を委譲した平成18年４月前頃には、現に無許可宅地造成に該当する工事がされている現状を認識していたものである。その上、自らが宅地造成法上の規制権限を有しなくなった後も、本件土砂の搬入の状況を定期的に監視し、広島県土砂の適正処理に関する条例によって何らかの規制が及ぼせないかを検討するばかりか、どんなに遅くとも平成20年３月２日までには、本件土砂崩壊地に無許可でなされた宅地造成は、その盛土に崩壊の危険性がある状態に至っているとの認識するに足りる情報を得ていたのであるから、本件土砂の搬入を継続することによる盛土の崩壊の危険性を、むしろ被告市より明確に認識するとともに、上記のような状況下であっても、被告市が宅地造成法上の何らの規制権限の行使を検討する様子がない事実も認識していたものと認められる。」

「……市長の宅地造成法に基づく規制権限の不行使が国家賠償法１条１項の適用上違法であり、その結果、近接する住民の生命、身体に対して直接的な危害が及びかねない事態に立ち至っている以上、県知事は、地方自治法の上記規定に基づき、被告市に対して、宅地造成法に基づく規制権限をできる限り速やかに、適時にかつ適切に行使すべきよう是正を求めるべきものであったということができる。そして、……遅くとも平成20年３月２日の時点までに、県知事からの是正要求に基づいて、市長の宅地造成法に基づく上記規制権限が適切に行使され、本件土砂の搬入が停止され、適切な土砂崩れ防止の措置が講じられてさえいれば、本件土砂崩壊事故の発生は防ぐことができたということができる。」

「この場合における県知事の上記権限の不行使は、宅地造成法に基づく規制権限の不行使そのものではないが、その不行使は、国家賠償法１条１項の適用上違法とされる市長の宅地造成法上の不行使を放置し、ひいては近隣住民の生命、身体に危害を生じさせる結果をもたらすものであるから、宅地造成法の趣旨、目的に加え、同法に基づく規制権限を被告市に委譲することを許容する一方、その行使の在り方について是正を求めるなどの手段で介入する余地を残した地方自治法の趣旨、目的に照らし、この場合の県知事の権限の不行使も国家賠償法１条１項の適用上違法となるものと解するのが相当である。」

第3節　本判決の分析

第1款　県の規制権限不行使

(1)　宅地造成法の規制権限不行使

　宅地造成法の規制権限不行使が問題となった事案を確認しておくと、大阪地判昭和49年4月19日判時740号3頁では、擁壁が崩れたことで流出した土砂が住宅を倒壊させた事案において、宅地造成工事終了後に県知事が改善命令を発して危険を除去すべきであったとして、国家賠償責任が認められている。これに対して、宮城県沖地震における地すべり被害についての仙台地判平成4年4月8日判時1446号98頁や、違法な宅地造成地から生じた土砂により発生した交通事故についての奈良地判平成5年2月9日判例自治112号80頁では、改善命令等を発するほどの客観的な危険性はなかったとして、国家賠償責任が否定されている（農地法の規制権限不行使が問われた事案として、農地からの転用地に積み上げられた建設残土の崩落についての横浜地判平成12年10月27日判時1753号84頁も参照）。

(2)　本判決の特徴——是正要求の不行使——

　土砂災害の事案としてみれば、本判決に事例判断以上の意味はない。本判決の特徴は、元々県知事の権限であった宅地造成法の規制権限が、条例による事務処理の特例（地方自治法252条の17の2）に基づき、途中から市長に委譲されていた点にある。これは分権改革以前の都道府県知事から市町村長への事務委任のしくみ（同法旧153条2項）とは異なり、都道府県の事務について、その[6]

---

6) 都道府県知事から市町村長への事務委任は、行政法における権限の委任であり、その権限は受任した機関（市町村長）へと移転して、受任者は自らの名前と責任でその権限を行使することになるが、機関委任の性格上、委任した機関（都道府県知事）には包括的な指揮監督権（地方自治法旧150条）、取消権、停止権（同法旧151条1項）が帰属していた。松本・前掲1352頁。なお、機関委任事務の実施における国家賠償の問題については、小早川光郎「機関委任事務と国家賠償法1条」南博方先生古稀『行政法と法の支配』有斐閣（1999）1頁。

帰属自体を変更し市町村の事務とするものである[7]。そうだとすると、本件で責任を追及すべきは市であり、県はそのままの形では国家賠償責任を負わない。そこで本判決は、県知事が市長に対して有する地方自治法上の関与権限の不行使を違法であるとみて、その国家賠償責任を認めた。すなわち、県知事には是正要求（地方自治法252条の17の4）を行うことができたのにこれをしなかった責任があるということである。

(3) 反射的利益？

規制権限不行使に基づく国家賠償責任は、行政が私人に対して有する規制権限について、宅建業法判決で枠組みが示された後、薬害、公害、消費者被害の事案などで実績が重ねられ、認容判決もいくつかみられる。本判決では、地方自治法に基づく県から市に対する関与権限の不行使について、2つの最高裁判決を引用して、同様の論理構成が採用された。

注目すべきは、本判決が、「〔宅地造成〕法に基づく規制権限を被告市に委譲することを許容する一方、その行使の在り方について是正を求めるなどの手段で介入する余地を残した地方自治法の趣旨、目的に照らし」、県知事の是正要求権限の不行使を違法としたことである。このことは、是正要求の保護法益の理解に関わる。

この点、市立小学校で起きたいじめ自殺について、遺族が市と国を相手に国家賠償請求を行った事案において、東京地判平成24年7月9日訟月59巻9号2341頁は、地方自治法245条の4ないし7は「国の地方公共団体に対する関与の根拠を明確に定めたものにすぎず、同各条によって個別の国民の権利利益が直接保護されていると解することはできない」とした[8]。学説でも、国・都道府県からの違法確認の訴え（地方自治法251条の7・252条）の目的について、一般的・抽象的な適法性の確保に過ぎないとする見解がある[9]。これらの思考

---

7) 小早川・前掲注（3）63頁。佐藤文俊「地方分権一括法の成立と地方自治法の改正（6・完）」自治研究76巻7号（2000）65頁（67頁以下）は、立案担当者として、「都道府県知事は、その権限に属する事務の一部を、条例の定めるところにより、市町村長が処理することとすることができる」（傍点筆者）としなかったのは、この制度の趣旨が、都道府県知事から市町村長への事務の委譲や委任ではなく、都道府県から市町村への団体間の事務の再配分であることを明らかにしようとしたためであるとする。

　　これに対して、塩野宏『行政法III〔第4版〕』有斐閣（2012）255頁は、条例による事務処理の特例による権限委譲は、法的には行政法上の委任とみるのが素直であるとする。

8) 東京高判平成20年10月1日訟月55巻9号2904頁は、是正勧告や是正要求について、「法令解釈又は国の公益の観点から、自治事務との間の公益の調整を図るものであり、処分に係る個別的な私権の保護を目的とするものではない」としているが、この部分は傍論に過ぎない。

9) 白藤博行「国からの訴訟による自治体行政の適法性の確保」法律時報84巻3号（2012年）18頁。

からは、是正要求の目的も公益の保護にあり、それによって結果的に保護される国民（住民）の利益は、国家賠償請求でも「反射的利益」に過ぎないことになろう。

　しかし、この考え方は妥当ではない。関与はその対象となる個別法と結び付いて存在している以上、是正要求も広い意味では個別法が認める規制権限の一環として捉えるべきであって、是正要求によって終局的に確保されるのは、個別法が保護する権利・利益のはずだからである[10]。したがって、本件において、宅地造成法の保護法益である住民の生命、身体、財産は、是正要求権限の行使を通じても、保護されているとみなければならない。もちろん、保護法益性が認められたとしても、是正要求権限の不行使が具体的な損害賠償責任に結び付くには、まだ多くのハードルが残されている。

第2款　権限が委譲されることの意味

(1)　2つの読み方

　本判決が県の責任を認定したことには、2つの読み方があり得る。（あ）権限が委譲される前、宅地造成法の規制権限は元々県の事務だったのであり、是正要求の不行使だけではなく、委譲後も潜在的に宅地造成法の規制権限は残っていることも含めて、県の責任が認められたのだという読み方と、（い）あくまで問題となっているのは権限委譲後の市に対する是正要求の不行使に限られており、それに限ってみても、本件における県の是正要求権限の不行使は違法であるという読み方である[11]。このことは、条例による事務処理の特例に基づく権限委譲の理解に関わる。（あ）においては、権限委譲後も元々の行政機関（本件ならば県知事）に潜在的な権限が多少にせよ存在することになるのに対し、（い）においては、権限委譲により元々の行政機関から委譲先の行政機関（本件ならば市長）に完全に権限が移転して、元々の行政機関が責めを負うのは法律で定められた是正要求など関与権限の不行使の局面に限られることになるからである。

10）若生直志「判例解説（本判決）」自治研究91巻10号（2015）127頁。小早川・前掲注（6）10頁も、「法定受託事務に関して……国の規制や関与の程度が強いことからは、実際上、それらの規制ないし関与に係る国の公務員の行為が損害発生の原因であったとして〔国家賠償法〕1条による国の責任が問われるケースが、ある程度多くなることは予想されうる」としており、関与権限の不行使によって国家賠償責任が生じる可能性を一般論として認めた上で、具体的な責任の有無は規制・関与の強度によって変わり得るとする。

11）若生・前掲125頁。

(2) 権限委譲の趣旨・目的

　ここでは、権限委譲がなされる趣旨・目的に立ち返った検討が不可欠であろう。県から市に権限委譲を行えば、通例、当該領域において県は人員を削減し、その分の人的資源を他に配分して組織管理の効率性を高めることが可能となる。もしそれが許されず、権限委譲する前と同程度の人員配分を行わなければならないとしたら、県としては権限委譲するメリットが見出せない。（い）のアプローチが妥当である。

　これに対しては、あまりに行政の都合を重視しすぎではないかという批判があり得よう。しかし、市であれ県であれ、行政がどこかで責任を全うするしくみになってさえいれば、市と県が重層的に責任を負う必要はない。むしろ、それは二重行政であり、行政の不効率と事業者の負担増を招くものとして、忌避されてきたのではなかったか。[12]

　権限委譲が認められているのは、一般の市町村の手に余り都道府県が補完的に行使すべき事務についても、人口・財政ともに余裕のある市町村ならば十分に処理することが可能なのだから、可能な限りそうした市町村に事務を処理してもらうためである。[13]「都道府県と市町村は、その事務を処理するに当つては、相互に競合しないようにしなければならない」（地方自治法2条6項）というのは、住民のためだけではなく、行政のための立法指針でもあると考えるべきである。

---

12) たとえば、阿南市水道水源保護条例判決（徳島地判平成14年9月13日判例自治240号64頁）や紀伊長島町水道水源保護条例判決（最判平成16年12月24日民集58巻9号2536頁）における廃棄物処理法と水道水源保護条例の多重規制など。渡井理佳子「地方分権の時代における市町村と自主条例」総務省『地方自治法施行70周年記念自治論文集』（2018）203頁。

13) 条例による県から市への権限委譲を、行政から民間事業者への民間委託と比較すると興味深い。民間委託の場合、事務を受託した民間事業者が不法行為によってサービスの受け手に損害を与えたようなとき、保障責任の一環として行政が国家賠償責任を負うことはあり得るが、その解釈を採る実践的な意図は、民間事業者の無資力リスクを被害者だけに負担させないことにある。板垣勝彦「保障国家における私法理論──契約、不法行為、団体理論への新たな視角」行政法研究4号（2013）113頁。

　これに対して、県から市への権限委譲の場合には、事情が異なる。県が国家賠償責任を負うときは、余程の例外的事案を除いて、市と共同不法行為の責任を負う。しかし、市が国家賠償の費用を負担できないことは考えがたく、県にまで国家賠償責任を負わせることの実益は乏しい。理論的には県と市の費用負担割合（国賠法3条）の問題があり得るが、権限が移っている以上、当然、内部的にも市が100％の負担を負う。

　可能性としては、本件のように、もっぱら県が土砂崩れについて調査を行っており、市には情報が入っていないことも起こり得る。この場合、市には予見可能性が認められず、県のみが過失の責めを問われるのであろうか。しかし、そのように考えてしまうと、調査を尽くしていたがゆえに県が責任を負うという帰結になり、極めて不当である。むしろ、市については、当然行うべき調査を行っていなかったこと自体を過失とみるべきであろう。

(3) 権限委譲による責任の遮断

　本判決は、事実認定の中で、県が本件土砂の搬入について調査を実施し情報も入手していたという事情を掲げており、この点を重視すれば、（あ）に親和的とも思える。しかし、権限委譲前の原因作出がほぼそのまま被害発生に繋がったような場合（薬事法における医薬品の規制権限が委譲されたとして、権限委譲前に流通した医薬品が原因で薬害が発生したケースや、本件の事案の下で権限委譲後まもなく土砂崩れが発生するケースなど、原因作出に関する行政責任がもっぱら権限委譲前の行政機関に帰せられる場合）ならばともかく、本件のように災害の原因となる土砂が文字通り「積み上げられて」いくような場合には、権限委譲時点で県が宅地造成法の規制権限不行使の責めを問われるべき根拠は遮断され、それ以降は市の責任のみが問題とされるべきである。（あ）のアプローチは妥当でない。

　むろん、土砂の搬入が危険な水準に達していることなど、引き継ぎの際に県から市の担当者に的確な情報の伝達がなされる必要はあるだろう。引き継ぎの不備は、それ自体として、県の責任を構成し得る。しかし、引き継ぎによって宅地造成法の規制権限は県から市に移転するのであり、上記例外的場合を除いて、それ以降、県は宅地造成法の規制権限の不行使の責めを問われるべきではない。権限委譲後にも潜在的な権限が残り続けると考えることはできず、（い）のアプローチに従い、県に対しては、是正要求など、自治事務への関与権限不行使の責任を追及し得るにとどまる。

　ただし、これについても、慎重な考慮が必要である。この論理を突き詰めれば、およそ規制法律の所管官庁——いじめ自殺であれば文部科学大臣（前掲東京地判平成24年7月9日）、食品衛生に関することであれば厚生労働大臣、建築確認に関することであれば国土交通大臣——について、関与権限不行使の責任が認められることになりかねないからである。

第3款　是正要求の法的性質と結果回避可能性

　そこで、是正要求の法的性質を検討する。是正要求は、関与の基本類型として他に定められている助言・勧告（地方自治法245条1号イ・245条の4）、是正指示（同法245条1号ヘ・245条の7）、代執行（同法245条1号ト・245条の8）と比較してみると、助言・勧告と代執行の中間的な性質を有しており、法的評価が難しい。以下、県が市に対して関与を行う場合を例に考察する。

助言・勧告の場合、行政指導のようなものであって、それに従う法的義務は
ない[14]。したがって、助言・勧告の不行使を理由に県の国家賠償責任が認められ
ることは想定しがたい。これに対して、法定受託事務に限って認められる代執
行の場合には、県が市の事務を代わりに執行することが可能なのだから、その
要件が――かなり厳重な要件ではあるが――備わっている限り、関与権限を行
使していれば結果は回避できたであろうという関係は認められると思われる。

是正要求の場合、法的拘束力が認められるから、相手方はそれに従う義務が
ある。そうだとしても、「是正要求さえ行っていれば、土砂崩れは起こらなかっ
たであろう」という不作為の因果関係（結果回避可能性）は、直ちには認めら
れないと思われる。①「県知事から市長に是正要求がなされる」→②「それに
従って市長が業者に宅地造成法の規制権限を行使する」→③「それに従って業
者が土砂の搬入を停止し適切な土砂崩れ防止の措置を講じる」→④「土砂崩れ
が回避される」というのは、さすがに結果の回避に至るまでの段階が多すぎる
からである。さらに、是正指示（地方自治法245条の7第1項）の場合には、事
務処理違反の是正・改善のために講ずべき措置の具体的内容まで示されるのに
対して[15]、是正要求の場合、「必要な措置を講ずべきことを求めることができる」
（同法245条の5第1項。252条の17の4の特則についても同じ）にとどまり、具体
的にいかなる措置をとるかという選択権は、あくまで相手方に委ねられる。こ
のようなことを考慮すると、本判決が結果回避可能性を直ちに認めたことには
疑問がある[16]。

②→③の（行政が私人に働きかける）プロセスにおける規制権限不行使の国家
賠償責任の問題では、予見可能性の有無に主眼が置かれることが多く、予見可
能性が肯定されたのに、結果回避可能性の欠如を理由に責任が否定されること
は僅少である[17]。たしかに、行政が右と言えば民間事業者も直ちに右を向く傾
向にあるわが国では――水俣病東京訴訟第1審判決（東京地判平成4年2月7日

14）なお、国が私人に対して行う行政指導とは異なり、助言・勧告には（包括的授権の下とはいえ）
　　法律の根拠が必要である。塩野・前掲243頁以下。

15）塩野・前掲241頁以下、松本・前掲1162頁以下。

16）山田健吾「判例解説（本判決）」新・判例解説Watch vol.13（2013）34頁。ただし、状況によって
　　は、是正要求の相手方の執り得る措置が一義的かつ明確に定まる可能性はあり得る。

17）むろん、予見可能性が認定された事案自体少ないことには、留意する必要がある。筑豊じん肺判
　　決（最判平成16年4月27日民集58巻4号1032頁）では、「〔昭和35年3月31日〕の時点までに、
　　……保安規制の権限（省令改正権限等）が適切に行使されていれば、それ以降の炭坑労働者のじん
　　肺の被害拡大を相当程度防ぐことができたものということができる」（傍点筆者）として、やや含み
　　を持たせた表現になっている。

判時臨増平成4年4月25日号3頁）が認めたように、行政指導であっても効果は抜群である——、たとえ規制権限を行使しても結果は防げなかったであろうなどということは考えづらい。薬害であれば、厚生労働大臣が製造承認を取り消せば、問題のある医薬品は直ちに市場から消えるから、「行政が規制権限を適時・適切に行使さえしていれば被害拡大は防げたであろう」という意味の結果回避可能性は、難なく認定できよう。しかし、一筋縄ではいかない——行政処分ですら効果が疑問視される——産業廃棄物処理業者などを相手にする場合には、結果回避可能性をそう容易に認定してよいものだろうか。とりわけ地方公共団体において行政の実効性確保が大きな課題となっている昨今では、尚更である[18]。

　さらに、本判決を特徴付ける①→②のプロセスについても、近年では、国立市や福島県矢祭町の住基ネット接続をめぐる一件や沖縄県竹富町教育委員会の教科書採択をめぐる一件のように、是正要求に従わない地方公共団体が現れており[19]、直ちに是正要求の内容が実現されるとは言いがたい状況となっている[20]。

第4款　本件土砂の搬入は「宅地造成」に該当するか？

　市が何の措置も講じていなかったのは、本件埋立地が「宅地」に、本件土砂の搬入が「宅地造成」に該当するとは考えていなかったからであろう。実際、控訴審である広島高判平成25年12月19日（平成24年（ネ）第579号）は、本件埋立地は山林であり、建設残土の搬入、埋立てについても、Aの意図や客観的状況に照らすと、山林である土地の形質変更としかいえないとして、宅地造成法の適用を否定している。

　控訴審のように認定すると、それでは本件で土砂災害を防ぐために行政はいかなる権限を行使し得たのかという疑問が浮かぶ。本件埋立地が山林であったとしても「地域森林計画の対象となっている民有林」（森林法10条の2第1項）でなければ森林法の開発許可制度の対象とはならないところ、事実認定の中で

18）北村喜宣『行政法の実効性確保』有斐閣（2008）など参照。ただし、宅地造成法の改善命令は代替的作為義務なので、行政代執行の要件さえ満たせば、市が自ら危険を除去することで、結果回避可能性の認定についてのハードルは格段に低くなる（代執行の実際上の困難についてはひとまず措く）。前掲大阪地判昭和49年4月19日は、代執行の可能性に言及する。
19）宇賀克也『地方自治法概説［第8版］』（2019）407頁以下。
20）実効性確保手段の欠如は法の不備ともいえるため、国・都道府県からの違法確認の訴え（地方自治法251条の7・252条）が法定された。宇賀・前掲439頁以下。しかし、請求認容判決が得られても、地方公共団体に無視されてしまえばそれ以上の手段はとり得ないため、判決の実効性を確保する手段が議論される状況である。

は、地域森林計画云々について言及はない。農地にするための造成工事であれば、農地法関係法令の適用もあり得ようが、農地法は違反転用（同法4条1項）などを取り締まる法律であって、土地の形質変更による土砂災害防止を目的とした規定は置かれていない。[21]

　となると、土砂による埋立てには、県条例のみが適用される。だからこそ、県が現地調査を行っていたのである。しかし、埋立区域の面積が県条例の適用のある2,000㎡未満であったことから、県が——その適用を模索しつつも——規制にふみ切ることはなかった（そして、県条例の適用範囲に満たない以上、その規制権限を行使しなくとも、違法の問題は生じ得ない）。県の担当職員は、埋立区域が2,000㎡を超えるか否かについて定期的な調査を行うにとどまったのであり、結果を知る者としては、歯がゆさを禁じ得ない。

　本件土砂崩壊地をめぐっては、県は権限発動について様子見になり、市は自身の権限とは考えていなかったというのが真相であろう。こうした領域については、権限を委譲する際に、協議の中で詰めておかなければならない。そして、権限を委譲した後にも、県と市の間では、十分な情報の交換および対応の協議が行われる必要がある。

　もしも、県が条例の2,000㎡という制約にこだわらず、本件の傾斜地に条例上の規制権限を行使するなどして緊急的に予防措置を講じた場合、事後的にいかなる問題となっただろうか。生命、身体、財産といった重要な保護法益が害される緊急性の高い事案であるため、浦安町ヨット杭撤去事件（最判平成3年3月8日民集45巻3号164頁）のように、緊急避難（民法720条）の法意に照らして、住民訴訟における予算支出の違法性は阻却された可能性がある。むろん、無権限での実力行使を慫慂するつもりはなく、権限行使の空白をつくらないような事前の法整備こそが重要であることは言うまでもない。[22]

---

21) 川崎市が「農地造成工事指導要綱」を策定しているように、農地造成に伴う土砂災害の防止を目的とした行政指導を行っている地方公共団体もあるが、裏を返せば、農地造成について法規制が敷かれていないということである。なお、横浜地判平成12年10月27日はこの論点にふれることなく、県知事には違反転用がなされた場合の原状回復命令等の規制権限を行使しなかったことにつき違法があったか否かについて判断しており、法の目的が違反転用の取締であっても、結果として建設残土の崩落を防ぐという機能があるならば、状況に応じて土砂災害防止のために原状回復命令等の規制権限を発動すべき局面を想定しているようにみえる。

22) 山田・前掲34頁は、規制区域未満であったとしても、県条例の適用について検討される程度には土砂災害の危険性を認識していたのであれば、本件土砂の搬入の停止を求めたり、排水設備等の設置を求める行政指導を行うことは十分可能であり、Aがそれに従う可能性がまったくなかったとは言い切れないとする。

立法論としては、宅地造成にかかわる規制権限について市の事務としつつ、それと重なり合う一定の事項を別個独自の県の事務——いわゆる並行権限（地方自治法250条の6）——として設定することが考えられる[23]。一般に、同一事項の処理権限を複数の行政庁に与えることは混乱を生じ望ましくないとされる[24]が、国民の生命、身体、財産を守るという理由にかんがみると、そのような権限設定の仕方が適切な場合もあり得よう。

第4節　展　望

　条例による事務処理の特例について、本章から得られた知見を以下にまとめる。

　第一に、是正要求権限に過剰な期待を寄せてはならない。本判決のように考えると、むしろ是正要求の権限に藉口して都道府県の関与が強まる可能性があるし、都道府県の側からみても、予算や人員配置の問題など、良いことはない。事務処理権限は、都道府県から市町村に完全に移転するのであり、都道府県に潜在的な権限が残るわけではない。

　第二に、是正要求によって終局的に確保されるのは、個別法が保護する権利・利益である以上、個別法が保護する生命、身体、財産なども、是正要求の保護法益に含まれる。しかし、是正要求権限の不行使が具体的な損害賠償責任にまで結び付くケースは稀である。

　第三に、条例による権限委譲を行う際には、都道府県と市町村との間に十分な協議が必要である。そこでは、委譲する権限だけでなく、関連する権限についても目配りする必要がある。本件のように様子見の状況になってはいけない。

　本件は、県と市が権限行使の隘路に迷い込んでしまったような事案である。行政には、住民の安全を守るためには何が最善かという基本に立ち戻って行動することを望みたい。

23）並行権限については、参照、小早川光郎「並行権限と改正地方自治法」金子宏先生古稀『公法学の法と政策（下）』有斐閣（2000）289頁、本多滝夫「並行権限の法的統制の課題」室井力先生古稀『公共性の法構造』勁草書房（2004）451頁。

24）小早川・前掲注（23）295頁は、これを「行政組織における一物一権主義」と名付ける。

第2章

行政不服審査法と地方自治法の
原則からみた辺野古紛争

　本章は、平成28（2016）年5月28日に獨協大学で開催された獨協大学地域総合研究所シンポジウム「辺野古と沖縄の未来～国と地域社会の法紛争～」で行った講演を基に、最小限の脚注、参考文献、そして［追記］を施したものである。シンポジウムの全容については、獨協大学地域総合研究10号（2017）を参照されたい。講演を依頼して下さった多賀谷一照教授、共同して講演を行った平良好利氏と人見剛教授、貴重なコメントをお寄せ下さった木藤茂教授には、この場を借りて改めて御礼を申し上げる。

○　シンポジウム当日に配布したレジュメの題目

「行政不服審査法と地方自治法の原則から見た辺野古紛争」
1　3つの法的紛争　（＋現在の法的紛争）
　問題となっている処分（本件処分）：平成27年10月13日、沖縄県知事が前知事のした国への公有水面埋立法に基づく埋立承認を取り消した処分
① 　平成27年10月14日、沖縄防衛局長は、国土交通大臣に対して、本件処分の取消しを求める審査請求とともに本件処分の執行停止を申し立てた。同月27日、国土交通大臣は申立てに基づき本件処分の執行停止を認める決定をした。同年12月25日、沖縄県は、執行停止決定の取消訴訟を那覇地裁に提起した（平成28年3月4日、和解により訴え取下げ）。
② 　平成27年11月2日、①の執行停止決定について、沖縄県知事は、国地方係争処理委員会に審査の申出を行った。しかし、国地方係争処理委員会は、同年12月28日付けで、申出を却下した。平成28年2月1日、沖縄県知事は、却下決定の取消訴訟を福岡高裁那覇支部に提起した（同年3月4日、和解により訴え取下げ）。
③ 　平成27年11月17日、国土交通大臣は、沖縄県知事のした埋立承認の取

消し（本件処分）を取り消すための代執行の手続として、福岡高裁に訴え
を提起した（翌年３月４日、和解により訴え取下げ）。

④　平成28年３月４日の和解を受けて、国土交通大臣は、埋立承認の取消
しを取り消すように沖縄県知事に是正の指示を行い、沖縄県知事から国地
方係争処理委員会に改めて審査の申出がなされて、現在（平成28年５月28
日時点）、審査中である。

２　国による行政不服申立て（執行停止の申立てを含む）──①について

(1)　行政不服申立てとは

(2)　なぜ国が国に救済を求めている（ように見える）のか？

(3)　「その固有の資格」をめぐって

(4)　国土交通大臣の執行停止決定に対して沖縄県は取消訴訟を提起できる
か？

３　国地方係争処理委員会──②（および④）について

(1)　国地方係争処理委員会とは

　　国と地方の間で生じた紛争を第三者的に裁定する機関（地自法250条の７）。

(2)　審査の対象──国の関与

(3)　本件の争点

(4)　現在の紛争

４　代執行（関与としての代執行）──③について

(1)　代執行とは

(2)　代執行の補充性

(3)　著しく公益を害するといえるか？

(4)　是正の指示の適法・違法に裁判所の審査は及ぶか？

［講演録］

○　はじめに

　ご紹介にあずかりました板垣です。普段は横浜国立大学で行政法・地方自治
法の研究・教育をしております。本日はこのような貴重な機会を与えて頂き、
誠にありがとうございます。

　ただ今、平良先生から、政治学の観点で見た辺野古紛争の背景について、大
変心に沁みるご報告を頂きました[1]。しかし、まず私から最初にお断りしなけ

1）獨協大学地域総合研究10号（2017）５〜10頁。

ればいけないのは、法律というのは、ある意味で、——菅（義偉）官房長官が
批判を浴びましたが——淡々と、そして粛々と執行していかなければいけない
ものであるということです。

さらに、法律家がこんなことを言って良いのか、私自身とても悩むのですが、
辺野古紛争は法律で解決できる問題なのだろうかという疑問は、常に持ち合わ
せております。そのことを最初に申し上げたうえで、今回の複雑な紛争が、法
律ではどのように取り扱われるのかについて、現行制度を説明したいと思いま
す。

○1　3つの法的紛争（＋現在の法的紛争）

まずレジュメの「**1　3つの法的紛争（＋現在の法的紛争）**」をご覧ください。
問題となっているのは、平成27年10月13日に、沖縄県の翁長雄志知事が、仲
井眞弘多前知事の行った、国への公有水面埋立法に基づく埋立承認を取り消し
た処分です［役職名はシンポジウム当時のもの。以下に同じ］。以下、この処分を「本
件処分」とさせて頂きます。

県知事が、国（沖縄防衛局長）からの申請に基づいて、公有水面埋立承認を
一旦は与えたのですが、それを取り消したというのが、今回の処分になります。
国としては、公有水面の埋立てをしようと思って承認を得たところ、あとから
取り消されたことで、公有水面の埋立てができなくなってしまったから、「埋
立承認の取消し」（本件処分）を取り消してもらいたいと言っているのが、本
件の紛争です。大変わかりにくくて申し訳ありませんが、ご注意ください。

なぜ翁長知事はこの埋立承認を取り消したのかというと、埋立承認には法的
瑕疵があったからという理由です。法的瑕疵の内容としては、平良先生の報告
でふれられたように、基地の過重負担であるとか、あるいは辺野古の自然の保
護であるとか、さまざまな主張がなされておりますが、残念ながら、私の報告
では、法的瑕疵の中身については取り扱いません。この紛争がいかなる法的手
順をふんで解決されるのかというところに絞って、お話をさせて頂きます。そ
れは、極めて複雑な行政不服審査法と地方自治法の適用関係についての解説と
なります。

行政不服審査法というのは、国民の皆さんが行政から違法・不当な処分を受
けたときに、行政に対して救済を求めるためのしくみです。救済を求める手段
としては、ほかにも裁判所に対して救済を求める行政事件訴訟法がありますが、

行政不服審査法は、行政の行った処分に対して、国民が行政に対して、その是正（取消し）を求めるという点が特徴です。

　次に地方自治法とは、国と地方との関係、あるいは地方の権限について定めた法律です。今回の報告では、拙著『自治体職員のためのようこそ地方自治法』第一法規（2015）の「Chap.6　国は自治体のしごとに口出しできるか——関与のしくみ」を配布しました。その冒頭において、「本章は技術的な規定の解説ばかりで、いきなり内容が難しくなって戸惑うかもしれません」などと書いております。実は関与のしくみというのは、地方自治法の中でも一番難しいところなのです。それを皆さんにいきなり説明するというのは、私にとっても難しい課題なのですが、なるべくご理解頂けるように工夫します。

　レジュメの続きを見てください。①平成27年の10月14日に、この埋立承認の取消し処分を受けた沖縄防衛局長は、国土交通大臣に対して、本件処分の取消しを求める審査請求とともに、本件処分の執行停止を申し立てました。同月27日、国土交通大臣はこの申立てに基づき、本件処分の執行停止を認める決定をしました。同年12月25日、沖縄県は、執行停止決定の取消訴訟を、那覇地裁に提起しました。この訴訟は、平成28年3月4日、国と沖縄県の和解によって、訴え取下げという形で終結しております。

　次に②です。平成27年11月2日、①の執行停止決定について、沖縄県知事は、国地方係争処理委員会に審査の申出を行いました。しかし、国地方係争処理委員会は、同年12月28日付けで、申出を却下しています。平成28年2月1日、沖縄県知事は、却下決定の取消訴訟を、今度は福岡高裁那覇支部に提起しています。この訴訟も本年3月4日、国と沖縄県の和解によって、訴え取下げという形で終結しております。

　そして③ですが、平成27年11月17日、国土交通大臣は、沖縄県知事のした埋立承認の取消しを取り消すための代執行の手続として、福岡高等裁判所に訴えを提起しております。これも本年3月4日、国と沖縄県の和解に伴い、訴えが取り下げられています。

　このように、①②③の3つの法的紛争は、いずれも訴え取下げという形で、一旦終結したあと、④として、平成28年3月4日の和解を受けて、国土交通大臣は、埋立承認の取消しを取り消すように、沖縄県知事に是正の指示を行いまして、沖縄県知事から国地方係争処理委員会に改めて審査の申出がなされ、

2) 初版（2015）、改訂版（2018）ともに62頁に記述がある。

224　第2章　行政不服審査法と地方自治法の原則からみた辺野古紛争

現在（平成28年5月28日時点）審査中ということになります。

○2　国による行政不服申立て（執行停止の申立てを含む）

　いきなり何のことだかわからないと思うので、1つずつの手続について、これから説明します。「**2　国による行政不服申立て（執行停止の申立てを含む）**」をご覧ください。「(1)　行政不服申立てとは」という話をいたします。ここで国が行っているのは、行政不服審査法に基づく、行政不服申立てです。行政不服申立てというのは、国民が行政庁の違法・不当な処分その他公権力の行使に当たる行為に関し、裁判所ではなく、行政庁に対して、その取消し等を求めるための制度です。代表的なのが、処分をした行政庁（処分庁）以外の行政庁に対して行う、審査請求とよばれるしくみです[3]。この審査請求に併せて、処分の執行停止を申し立てることができるとされています（旧行政不服審査法34条）。

　一般的な話で申しますと、行政庁が食堂に対して、おまえの食堂は腐った食品をお客さんに提供したから、いわばペナルティとして、3日間営業を停止せよというような、営業停止処分が下される場合があります（食品衛生法54条1項・6条1号）。そうしたときに、食堂側として、腐った食材など出していない、まったく濡れ衣であるという反論をしたい場合、行政に対して、営業停止を取り消して、営業できるようにしてくれと、審査請求を申し立てることができるわけです。

　執行停止というのは、この営業停止という処分の効力が生じることを、取りあえず止めてくれというしくみです。なぜこのようなしくみがとられているかというと、審査請求の結論が出るまでには時間がかかるからです。

　営業停止3日でも、営業に大きな影響を及ぼす自営業の方は、本日もいらっしゃるでしょう。これが1週間とか、1か月とか、2か月にも及んでしまうと、店は潰れてしまうかもしれません。そうならないように、営業停止処分の効力を止めるための、執行停止の申立てというのを、併せて行うことができるとされているのです。

　執行停止が認容されると、処分の効果がひとまず消えることになります。ですから、国は、公有水面埋立承認の取消しを取り消してくれという審査請求をするとともに、この公有水面埋立承認取消しの効力を止めてくれという、執行

3）施行日の関係から、この事件には平成26年法律第68号による改正前の法律（旧行政不服審査法）が適用される。

停止の申立てを行っているわけなのです。取消しの効力が消えるということは、取消しがなかったのと同じ状態に（暫定的にせよ）戻ることですので、埋立承認の効力が復活します。つまり、埋立てができる状態に戻るわけです。ニュースで報道されていたように、国が辺野古沖の埋立工事を一旦再開したのは、この執行停止の申立てが認容されたからなのです。

　もうだいぶ話は複雑になっていると思いますが、これから、もっと複雑な話に入っていきます。「(2)　なぜ国が国に救済を求めている（ように見える）のか？」というところです。この審査請求というしくみについて、本件で適用される旧行政不服審査法５条１項１号・２項は、処分庁に上級庁があるときは、その直近の上級行政庁に対して、同条１項２号・２項は、処分庁に上級行政庁がないときは、法律に定める行政庁に対して、審査請求をすることができると定めていました。このように、処分庁に上級行政庁があるときは、上級行政庁に対して審査請求を行うことができるのです。どのような場合かというと、たとえば県の保健所長が行った処分ならば、県で一番えらい県知事に対して、審査請求をすることができます。国の出先機関である国土交通省の近畿運輸局長が行った処分であれば、国土交通大臣に対して審査請求をすることができます。一番えらいお役所が上にあるからです。

　ところが、沖縄県知事というのは、県で一番えらい、一番上の立場の人ですので、県知事には上級行政庁はありません。ただし、上級行政庁はないのですが、法定受託事務の執行については、特殊な取扱いが定められていることに、注意する必要があります。本件で問題になっている公有水面埋立法に基づく埋立承認に関する処分は、沖縄県知事の法定受託事務なのです。

　法定受託事務とは、地方自治法２条９項で、「この法律において『法定受託事務』とは、次に掲げる事務をいう」と定められ、「法律又はこれに基づく政令により都道府県、市町村又は特別区が処理することとされる事務のうち、国が本来果たすべき役割に係るものであつて、国においてその適正な処理を特に確保する必要があるものとして法律又はこれに基づく政令に特に定めるもの」とされた事務のことをいいます。法定受託事務に係る処分の場合、処分に不服のある者は、法律を所管する大臣に対して審査請求を行うことが認められているのです。地方自治法255条の２第１号は、「他の法律に特別の定めがある場合を除くほか、法定受託事務に係る処分又は不作為に不服のある者は、次の各号に掲げる区分に応じ、当該各号に定める者に対して、行政不服審査法による

審査請求をすることができる」と定めており、「都道府県知事その他の都道府
県の執行機関の処分又は不作為」については、「当該処分又は不作為に係る事
務を規定する法律又はこれに基づく政令を所管する各大臣」に対して審査請求
をすることが認められています。沖縄県知事の行った公有水面埋立承認の取消
しは、まさに「都道府県知事……の処分……」ですので、公有水面埋立法を所
管する国土交通大臣に対して、審査請求ができるということになるのです。こ
のようなしくみのことを、裁定的関与とよびます。裁定的関与は、あとでまた
キーワードとなりますので、ご注意ください。これが、皆さんが若干矛盾を感
じる話なのですね。国が助けを求めているわけなのですが、それに対して判定
を下すのは、同じ国の機関である国土交通大臣だからです。この裁定的関与の
是非が、今回の紛争の1つ目のポイントです。

　しかし、これでもだいぶ国と地方は対等になったのです。分権改革が行なわ
れた平成11年より以前は、公有水面埋立法に基づく事務は、機関委任事務と
いう位置付けを与えられていました。機関委任事務というのは、——当時は国
土交通大臣ではなく建設大臣ですが——沖縄県知事は公有水面埋立法に基づく
事務を処理する限りにおいて、建設大臣の下級行政機関として、その指示・命
令に服するというしくみでした。この時代は、旧行政不服審査法5条1項1号・
2項を根拠に、俺が上級行政機関だからという理由で、建設大臣が裁定的関与
を行っていたのです。

　これは別に沖縄の基地問題だとか、辺野古の埋立承認にのみ関係する話では
ありません。およそ国と地方（都道府県、市町村）との関係をめぐる一般的な
法律として、機関委任事務というものが定められていたのです。ところが、ま
もなく21世紀を迎えようという現代において、国が上級、地方が下級という
考え方はおかしいだろうというので、批判が強まって、改められた次第です。
その結果、国と地方は対等・協力の関係に再編され、法律で特別の定めがある
場合にのみ、国は地方のすることに対して口出しをできるよというしくみに変
更されたのです。これを関与とよびます。

　繰り返しになりますが、話をややこしくしているのは、国の機関である沖縄
防衛局長が、私人と同様の資格で沖縄県知事に対して、埋立承認の申請をし、
一度はこの承認を貰いながら、あとで取り消されたために、審査請求によって
不服を申し立てたのだが、その不服の申立て先が、やはり同じ国の機関である
国土交通大臣であるという点なのです。

それは果たして許されるのか。「(3)　『その固有の資格』をめぐって」という
ところに移ってください。実は、国の機関または地方公共団体その他の公共団
体もしくはその機関が、「その固有の資格」において処分の相手方となる場合
には、行政不服審査法は適用されないことになっています[4]。つまり、沖縄防
衛局長が国土交通大臣に助けを求めることはできないという解釈も可能なので
す。ところが、本件の沖縄防衛局長は、「その固有の資格」で処分の相手方となっ
ているとは解されないと考えられています。

　どういうことか説明します。「その固有の資格」というのは、たとえば国の
統治機構の一翼を担っていたり、国や公共団体しかなし得ないような資格で活
動している場合には、行政不服審査法で助けを求めることはできないというこ
とです。しかし、公有水面埋立法に基づく埋立承認を求める手続は、国だけで
はなく、電力会社や工場の事業者のような民間の事業者にも認められています。
埋立ての申請を行い、承認を得ることで、工事を行って、発電所や工場を建て
ることができます。公有水面埋立法の中では、国が申請者となることも想定さ
れていて（同法42条1項）、埋立承認の基準も民間事業者の場合と同様なのです。

　国（沖縄防衛局長）が申請をして、承認を貰って、あとになって取り消され
たので、国（国土交通大臣）に審査請求をして助けを求めているように見える
ため、おかしいんじゃないかと思われるかもしれませんが、たとえば電力会社
であるとか、コンビナートを経営している民間事業者が、辺野古沖を埋め立て
て、発電所やコンビナートをつくりたいといった場合に、沖縄県知事に埋立申
請をし、承認をしてもらったけれども、あとから承認取消しを受けたというと
きに、この人たちが国土交通大臣に対して、「おかしいじゃないか。取り消し
てくれ」と審査請求を求めることは、何らおかしくない。国も、この場合は民
間事業者と同じ立場ではないかというわけです。これが国の見解です。これに
対して、沖縄県の見解は、やっぱり国と電力会社・工場とは違うというもので

4）旧法には明文規定がなかったが（なお、「固有の資格」という文言は旧法57条4項に規定されてい
　た）、そのように解されており、新法7条2項で明記された。小早川光郎＝高橋滋（編著）『条解行
　政不服審査法』弘文堂（2016）61頁（磯部哲）、室井力＝芝池義一＝浜川清＝本多滝夫（編著）『コ
　ンメンタール行政法Ⅰ　行政手続法・行政不服審査法［第3版］』日本評論社（2018）374頁以下（門
　脇美恵）。

す。

　このことと関係して、「(4)国土交通大臣の執行停止決定に対して、沖縄県は取消訴訟を提起できるか？」という話に移ります。審査請求を受けた審査庁の裁決、およびそれに伴う処分について、現行法上、処分庁から出訴することは認められていません。どういうことかといいますと、処分の相手方が行政に審査請求をして、跳ね返されてしまった場合（却下裁決や棄却裁決が出された場合）、処分の相手方の側から裁判所に訴え出ることは認められているのですが、審査請求が認容された場合、負けた処分庁の側から裁判所に訴え出ることは認められていないのです。

　まさにこれが争われたのが、大阪府国民健康保険審査会事件（最判昭和49年5月30日民集28巻4号594頁）です。なぜこれが許されないのかというと、これは機関訴訟と言いまして、行政事件訴訟法6条において、「国又は公共団体の機関相互間における権限の存否又はその行使に関する紛争についての訴訟をいう」と定義される訴訟類型だからです。機関訴訟は、同法42条で、「法律に定める場合において、法律に定める者に限り、提起することができる」とされており、法律の規定がなければ、県知事（処分庁）が国土交通大臣（審査庁）の行った執行停止決定に対して、取消しを求めて裁判所に出訴することは認められていません。本件ではそのような法律の規定がないので、できないということになるのです。

○3　国地方係争処理委員会について

　次に、「**3　国地方係争処理委員会について**」に移ります。「(1)　国地方係争処理委員会とは」ですが、これは国と地方の間で生じた紛争を、第三者的な立場から処理する機関です。平成11年の地方分権改革の際、国と地方の争いが

---

5) ［追記］平成30年8月31日に沖縄県副知事（翁長知事の死去に伴い、副知事が職務代理者となっていたことによる。）が再び行った埋立承認取消し処分に対して、沖縄防衛局長が同年10月17日に執行停止を申し立てたところ、同月30日付けで国土交通大臣は執行停止決定を行った。この執行停止決定に対して、沖縄県知事から審査の申出がなされたところ、国地方係争処理委員会は、平成31年2月18日、「公有水面の埋立承認による埋立権限の付与という効果は、免許における一般私人と同様の立場に向けられたものということができ、この埋立権限の付与処分（承認）を取り消す処分は埋立権限を奪う不利益処分として、国（の機関）がその「固有の資格」において受ける処分には当たらない」として、申出を却下する決定を下し、翌19日に通知した。つまり、本文と同様の見解が示されたわけである。

6) 石森久広「法定受託事務に係る審査請求」小早川光郎＝小幡純子（編）『あたらしい地方自治・地方分権』有斐閣（2000）95頁は、審査請求の制度を通じて、自治体の事務の執行に対する国・都道府県による統制が残り続けることを懸念する。

政治的な取引等の不透明な形で解決されているとの批判が相次いでいた点について、国と地方が法的にも対等・独立の立場になったことを契機に、両者の間の紛争を第三者的に処理する機関として、国地方係争処理委員会が総務省に設けられました。

「(2) 審査の対象」となるのは、国の関与とよばれる行為です。①国の関与のうち、是正の要求、許可の拒否その他の処分その他公権力の行使に当たるものに不服があるとき（地方自治法250条の13第1項）、②国の不作為に不服があるとき（同条2項）、③法令に基づく協議の申出を行ない、当該協議にかかる自治体の義務を果たしたと認めるにもかかわらず、当該協議が調わないとき（同条3項）という局面で、国地方係争処理委員会に対して審査を申し出ることができるとされています。

横浜市が馬券の売上げに対して課税しようとして総務大臣と争いになった、横浜市勝馬投票券発売税事件（平成13年7月24日勧告判時1765号26頁）が、国地方係争処理委員会が活躍したほぼ唯一のケースと言われています。そのあと、新潟県知事が北陸新幹線をつくるときに、審査の申出をしたことがあったのですが、それは却下されまして、今回、実質的には3件目の申出ということで、注目されたわけです。

「(3) 本件の争点」を見てください。国土交通大臣が、沖縄県知事の行った公有水面埋立承認の取消しに対して、沖縄防衛局長からの審査請求を受け、執行停止決定を行いました。この執行停止決定に対して、沖縄県の側が、これは国土交通大臣からの関与だから、国地方係争処理委員会でその是非について審査してほしいということを申し出たわけです。

一見すると、これは大変もっともな申出です。国土交通大臣が沖縄県知事の行った埋立承認の取消しという処分に対して、まさに口を出しているのですから、これは国地方係争処理委員会の活躍すべき典型的な局面にも思われます。ところが、ここで「関与」の定義をめぐる重要な話が出てきます。

地方自治法245条は、「本章において『普通地方公共団体に対する国又は都道府県の関与』とは、普通地方公共団体の事務の処理に関し、国の行政機関……又は都道府県の機関が行う次に掲げる行為……をいう」と定めており、同条の3号で「前二号に掲げる行為のほか、一定の行政目的を実現するため普通地方公共団体に対して具体的かつ個別的に関わる行為」について言及しています。そして、同号のかっこ書は、「審査請求、異議申立てその他の不服申立て

に対する裁決、決定その他の行為を除く」と明確に定めています。つまり、関与の定義についての規定です。ところが、ここで除かれているのは、先ほど説明した裁定的関与なのです。つまり、本件で問題になっている、沖縄防衛局長が沖縄県知事の行った処分について国土交通大臣に対して審査請求をしたことを受けて、国土交通大臣が審査請求に対して行う裁決、決定その他の行為というのは（裁定的関与）、明文で「関与」の定義から弾かれているのです。つまり、いわゆる裁定的関与は国地方処理委員会の審査の対象となる「関与」から外れるよということです[7]。

「関与」の定義から裁定的関与が弾かれている以上、これは国地方係争処理委員会の審査の対象にはなりませんというのが、国の見解であり、昨年末に国地方係争処理委員会が出した結論なのです[8]。それが立法論・政策論としてあるべき姿なのかはともかく、現行法の解釈論としては、明文の規定がある以上、私も、この結論になるのはやむを得ないと思います。

もう１つ、沖縄県知事は、国は「その固有の資格」で審査請求を行っており、そもそも審査請求を行うこと自体認められないのではないかとも主張しています。これは裁定的関与が「関与」か否か以前のレベルの話です。しかし、国地方係争処理委員会は、国が、「その固有の資格」なのか、あるいは民間事業者と同じような資格で審査請求をしているのかということについて、争いはあるけれども、民間事業者と同じ資格であるという国の主張は、一見、明白に誤りとは言えないとして、この主張も退けています[9]。

ただし、国地方係争処理委員会の判断が、最終的な争訟の結論になるわけでありません。国地方係争処理委員会の審査の結果に不服のあるときは、自治体の長は、国の行政庁を被告として、高等裁判所に訴えを提起できることになっています（地方自治法251条の５）。それで、沖縄県知事は福岡高裁那覇支部に訴えを提起したのですが、これも３月４日の和解によって取り下げられました。

「(4) 現在の紛争」について、３月４日に和解がなされたあと、改めて仕切り直しとして、国土交通大臣が――裁定的関与でなく――沖縄県知事の行った公有水面埋立承認の取消しに対して、取消しを取消すようにという、是正の指

---

7) 村上裕章「国地方係争処理・自治紛争処理」『あたらしい地方自治・地方分権』83頁。

8) ［追記］国地方係争処理委員会平成31年２月19日決定（前掲注（５））においても、同様の判断が示された。

9) ［追記］前掲注（５）でも言及したように、国地方係争処理委員会平成31年２月19日決定では、国が「固有の資格」に立っているという主張は明確に否定されている。

示（地方自治法245条の7）を行いました。是正の指示というのは、法定受託事務の処理にあたり、個別・具体的に国の機関が自治体の長に対して是正を求めるというものでして、地方自治法245条1号ヘにより、国地方係争処理委員会の審査の対象となる「関与」であることは間違いありません。

　現在、国土交通大臣が県知事に対し、改めて埋立承認の取消しを取り消すようにという是正の指示を行ったことについて、県知事から国地方係争処理委員会に審査の申出がなされて、国地方係争処理委員会で、この是正の指示は果たして正当なのかどうか、審査されているという段階です。[10]

○4　代執行（関与としての代執行）

　最後に、「**4　代執行（関与としての代執行）**」の話をします。「**(1)　代執行とは**」ですが、代執行とは、国の関与の一種であり、関与の中で最も強力なものです。各大臣が、その所管する法律等に係る都道府県知事の法定受託事務の管理・執行が法令の規定等に違反すると認める場合において、その是正措置を都道府県知事に代わって執行するしくみです。

　しかし、代執行とは、公有水面埋立承認について言えば、法律上、都道府県知事の権限とされているのに、その権限に係る事務を、大臣が代わりに自分で行ってしまう手法です。それは地方自治の侵害に繋がりかねない最終手段であり、よほどの場合でなければ認められません。条文では、それ以外の方法によって、その是正を図ることが困難であり、かつ、それを放置することにより、著しく公益を害することが明らかであるとき、まずは文書により都道府県知事に対してその旨を指摘し、期限を定めて当該違反を是正すべきことを勧告し（地方自治法245条の8第1項）、その期限までに勧告に係る事項を行わないときは、改めて文書により期限を定めて当該事項を行うべきことを指示し（同条2項）、それでも当該事項を行わないときは、高等裁判所に対し、訴えをもって、当該事項を行うべきことを命ずる旨の裁判を請求する（同条3項）という、極めて厳重な手続きが求められています。

　それは、何度も申し上げるとおり、地方自治を侵害しかねない最終手段だからです。本件の③の手続で、なぜ平成27年の11月17日に国土交通大臣が福岡高裁に訴えを提起しているかというと、代執行は極めて地方自治を侵害しかね

10）平成28年6月20日に、国地方係争処理委員会から、適法かどうかについては判断しないという結論が示された。

ない重大な手段なので、高等裁判所によって代執行してもいいですよという
Goサインが出てからでなければ、行うことができないからなのです。ここで
の裁判手続は、もちろん（国と県という）当事者同士の争い、紛争解決手段と
しての意味もあるのですが、いってみれば、国土交通大臣の権限の濫用を防ぐ
ための予防措置のような意味で裁判所が用いられているといえるでしょう。

「(2)　代執行の補充性」と「(3)　著しく公益を害するといえるか？」について、
説明します。そもそも、埋立承認の取消しが違法なのかどうかという問題はあ
ります。沖縄県は適法だと言いますし、国は違法だと言うのですが、それ以外
の問題を扱います。まず、「(2)　代執行の補充性」ですが、埋立承認の取消し
について、代執行が、「それ以外の方法によってその是正を図ることが困難」
と言えるかという問題があります。どういうことかというと、国土交通大臣と
しては、いきなり代執行ではなく、もっとソフトな是正の指示（地方自治法245
条の7）といった手段をとり、それこそ国地方係争処理委員会の審査や訴訟を
経た上で、問題を解決すべきではなかったかということです。実際、和解によ
る訴えの取下げ（平成28年3月4日）後に採用されたのは、この方法です。つ
まり国土交通大臣としては、いきなり代執行ではなく、よりソフトな是正の指
示を行い、国地方係争処理委員会や裁判所に諮るという方法が、ベターだった
のではないかと思えるわけです。

「(3)　著しく公益を害するといえるか？」ですが、これは実体的な判断にも
かかわってきます。埋立承認の取消しは、「それを放置することにより著しく
公益を害することが明らかである」といえるか。普天間基地の移設が遅れるこ
とは、著しく公益を害することが明らかであるかという、やや政治的な側面を
含んだ問題となります。

最後に「(4)　是正の指示の適法・違法に裁判所の審査は及ぶか？」について
ですが、これは現在では「及ぶ」という結論で学説は一致しています。現在、
国地方係争処理委員会が是正の指示の適法・違法について審査しているわけな
のですが、代執行については、かつてはもっと強力な職務執行命令訴訟という
手段が設けられていました。平良先生の話にあった「代理署名」とは、当時の
大田昌秀知事と国が争った最大判平成8年8月28日民集50巻7号1952頁のこ
とです。[11]

----

11)　文献の参照も含めて、交告尚史「判例解説（最大判平成8年8月28日）」地方自治判例百選［第
　　4版］202頁。

かつては、学説や下級審の裁判例の中に、指示の内容の適法・違法については、裁判所の審査は及ばないという見解もあったのですが、これは妥当でない考え方です。平成８年の最高裁判決は、裁判所の判断を仰ぐ以上は、「下命者である主務大臣の判断の優越性を前提に都道府県知事が職務執行命令に拘束されるか否かを判断すべきものと解するのは相当でなく、主務大臣が発した職務執行命令がその適法要件を充足しているか否かを客観的に審理判断すべきものと解する」としました。機関委任事務の時代ですらそのように解されていたのですから、分権改革によって国と地方が対等・協力の関係になった現在では、指示の適法性について裁判所の審査が及ぶことは当然です。対等・協力とはいえ、法定受託事務だから、「国においてその適正な処理を特に確保する必要がある」（地方自治法２条９項１号）として是正の指示が行われるわけです。したがって、その指示内容が適法かどうかということについて、裁判所の審査が全面的に及ぶことは、当然の前提であると考えなければなりません。

○　おわりに

　と、ここまで、皆さまに理解して頂けるように、すごく駆け足ながら、制度の全体を説明してきました。しかし、一生懸命説明しながらも、私の脳裏からは、果たして、このような技巧的な法解釈を議論したところで、この問題の根本的な解決に本当に結び付くのかという疑問が消えません。最初に、とても刹那的なことを申し上げました。法的な紛争として、公有水面埋立承認の取消しの是非をめぐり、現在、国と県が争っているけれど、国地方係争処理委員会や裁判の場で争っても、沖縄の問題の根本的な解決にはつながらないのではないか。

　ただし、このたび提起された個別の論点にかかわる問題は、今後、この分権社会において、国と地方の法的紛争のあり方について、さまざまな重要な先例を残してくれました。このことは、貴重な遺産として将来に引き継いでいかなければいけません。わが国は法治国家ですから、揉めごとが話し合いでどうしても解決できないときは、裁判所に持っていって、法律のルールを適用して、事案を解決するという手続が採られなければいけません。

　法的解決とは、粛々と行われるべきものなのです。しかし、もともと粛々と問題を解決するというやり方——法律を通じた解決——は、この問題には適していません。これまでの話で何か有意義な解決が得られると思いますか？その

意味で、法律は無力だと思います。今回の公有水面埋立承認取消しという問題については、国地方係争処理委員会で審査され、その後、裁判所での解決になっていくとは思うのですが、平良先生もおっしゃったように、最終的には沖縄と国の関係、わが国の防衛のあり方について、きちんと話し合いをして、日本国全体の問題として解決していかなければいけないのではないかと、そのように考えております。ご清聴ありがとうございました。（拍手）

［追記］

　裁判所に係属していた様々な訴訟は、平成28年3月4日の和解によって一旦すべて取り下げられた。仕切り直しとして、改めて国土交通大臣から本件処分を取り消すようにと沖縄県知事に是正の指示が行われ、沖縄県知事からは、再度、国地方係争処理委員会に審査の申出がなされた。今度こそ委員会の判断が示されるかと、その動向に注目が集まったのだが、同年6月20日（本文のシンポジウムが開催されてから3週間後）、国地方係争処理委員会は、是正の指示が適法かどうかについては判断しないと結論付けた。

　委員会は、この争論の本質は普天間飛行場代替施設の辺野古への建設という施策の是非に関する国と沖縄県の対立であり、国と沖縄県の両者は、普天間飛行場の返還が必要であることについては一致しているものの、それを実現するために辺野古沿岸域を埋め立てて代替施設を建設することについては、その公益適合性について大きく立場を異にしているとし、議論を深めるための共通の基盤づくりが不十分な状態のまま一連の手続が行われてきたことが、紛争の本質的な要因であるとする。この一連の過程は、「国と地方のあるべき関係からかい離して」おり、この状態の下で、是正の指示の適法性について判断したとしても、「国と地方のあるべき関係を両者間に構築することに資するとは考えられない」というのである。

　筆者は、委員会の示した認識について異論はない。むしろ、この認識は、本文にも示した従来からの筆者の持論と一致する。ただ、委員会が結論を出さないという結論が国地方係争処理委員会の制度にかんがみて認められるのかについては、何とも評価しようがない。日本は法治国家であるから、法的な紛争には、しかるべき国家機関および裁判所による解決のみちが開かれていなければならず、裁判所ならば、白黒つけた判定が必須である。しかし、委員会は裁判所ではないので、このような調停のような権限の行使も許容されるということであろうか。是正の指示の適法性の判断について保留（Pending）するという結論は、国と沖縄県の双方にとって予想外であったこと

であろう。しかし、双方とも気を取り直して、自身に都合の良いように解釈し、紛争の解決が再び先送りされている。「国と地方のあるべき関係からかい離」した状態について、改善の兆しはみえない。

　繰り返すが、辺野古の問題は、埋立承認の取消しの可否について法的に白黒を示すことでは解決しないと思う。「公益適合性」の判断は、法的論点の体をなしてはいるが、その実質は極めて政治的だからである。一握りの委員が結論を示すことは妥当とはいえず——裁判官は判決を拒否できない以上、結論を示さざるを得ないが——国民の安全を考えて動く政府と、住民の意見を掲げて動く（住民自治・団体自治）沖縄県との話し合いを通じて、政治決着を探る以外に、本質的な解決はないと思われる。法は万能ではないのである。

　ここからは、法学の議論からは離れて、ひとりの国民としての意見を述べる。一般論として、紛争というものは、対立当事者が譲るところは譲り合って妥協しなければ、収拾がつかない。落としどころの見えない紛争に沖縄を巻き込むべきではなく、現実的かつ責任ある解決策を探らなければならない。自らの主張の拡大に利用するために、対立を煽るなどは以ての外である。

　１つ、忘れてはならないことがある。「国」というのは、「地方」に対して暴虐の限りを尽くす無機質な権力ではない。「国」とは国民である。国民は感情をもった生身の人間であり、そのほとんどは、沖縄の負担に深く心を痛めている。

　「地方自治の本旨」といっても、国＝国民あってこその地方自治である。国民の安全のために、多くの米軍基地を沖縄に置くという施策が、沖縄県民にとって負担になっていることは、疑いようのない事実である。しかし、地政学的な理由から、多くの基地を沖縄に置く以外に現実的な防衛策はない（この点に異論があることは承知しているが、本書では掘り下げない）。

　現実的には、政府から、①少しでも沖縄以外に基地を移転する努力をするか、②あるいは沖縄の「見返り」をもう少し増やすという提案をして、それで沖縄も折り合いをつけることのできる落としどころ（妥協点）を探っていくほかない。

　国民の安全のために、多くの米軍基地を沖縄に置かざるを得ない現実。このことを皆が真摯に考えれば、国民と沖縄県民の双方にとって妥協できる一致点が見出せないはずはないと考える。

第4部　まちづくりと地域産業

　第4部では、地方公共団体がまちづくりと地域産業の施策を進めることを法的に後押しするような論稿を集めた。高度経済成長期に環境を顧みない産業政策が厳しい批判を浴びて以来、長らく、社会科学において、産業振興はどこか日陰者扱いされてきたように思われる。しかし、地域産業の発展なくして地方の自立はあり得ないという厳然たる事実は、いくら強調してもし過ぎることはない。

　第1章「民泊推進条例の提案——イベント民泊や農家民宿といった「お試し民泊」から始めよう——」は、内需拡大が見込まれない現状において、観光需要を掘り起こすために国を挙げて取り組まれている「民泊」を取り扱った論稿である。考察の対象は住宅宿泊事業法にとどめず、旅館業法、国家戦略特区法（特区民泊）、さらにはイベント民泊や農家民宿なども幅広く比較しながら、地域の住環境との調和を図りつつ住民が徐々に「民泊」を受け容れていくための「お試し民泊」条例を制定することを提案した。

　第2章「国家戦略特区を活用した農家レストランの試み」は、国家戦略特区を活用して農振法上の農用地区域内に農家レストランを開業する道を開いた藤沢市の事例の考察を通じて、都市における農地利用および都市型農業の将来像について展望したものである。実際上行政担当者の頭を最も悩ませた開発許可の取得支援についても考察に加えて、ワンストップサービス実現のための課題について論じている。

　第3章「地方自治と「所有者不明土地」問題」は、平成29年に都市住宅学会、日本不動産学会、資産評価政策学会の三学会合同で行った所有者不明土地問題研究会の中で、「地方自治と所有者不明土地問題」と題して行った研究報告である。他の報告との関係上、民事法の視点にはあまりふれていない。市町村にとって所有者不明土地問題はいかなる不都合をもたらすか、短期と中長期の視点に分けて、取り組まれるべき課題についてまとめてみた。

　第4章「商工共済協同組合の監督——佐賀商工共済訴訟——」は、取付け騒ぎを起こした金融機関の顧客から、県知事が規制権限不行使の責任を問われた国家賠償請求訴訟の考察である。佐賀商工共済訴訟は被侵害法益を財産とする規制権限不行使の損害賠償が（下級審とはいえ）認容された画期的な事例であり、

地域経済の維持・安定のため行政に期待される規制のあり方について考えた論稿となっている。

第5章「竹バイオマス事業への補助金支出」は、補助金交付の適法性が問われた住民訴訟の考察を通じて、地域産業を支援する上で行政が留意すべき点について検討した論稿である。第4章の素材が規制権限の行使（規制行政）であるのに対して、第5章は補助金交付（給付行政）という手段面での差異はあるが、産業振興のための基盤を整備するという行政の役割（保障行政）という意味では違いがない。日韓高速船判決以来の補助金交付をめぐる裁判所の裁量審査について端的にまとめた論稿でもある。

第1章

民泊推進条例の提案
——イベント民泊や農家民宿といった「お試し民泊」から始めよう——

第1節　課題設定

　住宅宿泊事業法（平成29年法律第65号）が成立し、平成30年6月から施行された。人口減少社会に突入したわが国では、これ以上の内需拡大は見込まれないことから、海外旅行者の観光需要（インバウンド需要）に的を絞った施策である。訪日外国人は、平成30年度で3000万人に達する勢いであり、観光業、交通産業、そして宿泊業への寄与は計り知れない。[1] ひと頃と比べて、中国人旅行者の「爆買い」は鳴りを潜めたものの、富裕層の旺盛な購買意欲は小売産業にとっては大きな魅力といえよう。

　この数年間で、目に見えて変化を実感するのは、旅館・ホテルの予約が格段に難しくなったことである。以前から、秋の京都で学会など設定された日には、半年前には予約しないとビジネスホテルには泊まれなかったのだが、近年はこうした傾向が全国に広がっている。[2] 東日本大震災の後、仙台で防災関連の国際会議が幾度か開催されたところ、ホテルの客室数（特にVIPルーム）が十分に用意できないことが話題となった。政令指定都市でさえも宿泊事情は十分でないことは、意外に感じられたものである。平成29年末に福岡で開催された都市住宅学会の大会では、韓流スター「東方神起」の来日と重なったとかで、久留米や小倉での宿泊を余儀なくされる会員も居る中で、筆者などは中洲のカ

---

1) 矢ケ崎紀子「観光振興と民泊」浅見泰司＝樋野公宏（編著）『民泊を考える』プログレス（2018）15頁。

2) 宿泊施設の稼働状況について、山本敏久「日本における民泊市場の形成にむけた課題」比治山大学紀要23号（2017）93頁（95頁以下）。むろん、相応の値段を支払えば話は別である。この点、ホテル料金には公的規制がかかっていないため、実に市場原理に忠実な料金が設定されており、ビジネスホテルのシングルルームでも、休前日などは平然と2万円以上の価格がつけられる。他方で、日曜日の夜になると、この価格が一挙に5,000～6,000円台にまで下落するのである。大阪で利用したタクシーの運転手が、私たちの業界でも、運賃規制を撤廃して、ホテル業界のように自由に値段を決めさせてほしいですねと語るのが印象的であった。

プセルホテルで一夜を明かした。翌平成30年秋に新潟で行われた日本財政法学会の大会も「東方神起」の公演と重なり、また「東方神起」かと唖然とさせられた。地方都市で「嵐」のコンサートが催されると、新幹線沿線の宿が一杯になることは、もはや公知の事実である。

　せっかく外国人に来てもらいたくても、泊まる場所が用意できない。そのような中で注目されたのが、既存の住宅で宿泊客を受け入れる「民泊」サービスである。空き家が800万戸を超える現在、住宅ストックの有効活用という意味でも、民泊への期待は否応なしに高まっている。その反面、これまで旅館・ホテルが立地していなかった住宅専用地域に宿泊客が押し寄せてくると、夜中の騒ぎやごみ出しのルール違反といった地域トラブルが目立つようになった。折しも、アメリカで設立されたAirbnb（エアビーアンドビー）社の提供する民泊の仲介サービスは瞬く間に全世界へと拡大し[3]、「シェアリング・エコノミー」に対する法規制の必要性が認識されるようになった[4]。こうした状況下で成立・施行されたのが、住宅宿泊事業法である。住宅宿泊事業法では、住宅宿泊事業の稼働日数は上限180日とされており（同法2条3項）、この日数は、「住宅宿泊事業に起因する騒音の発生その他の事象による生活環境の悪化を防止するため必要があるときは、合理的に必要と認められる限度において」、条例で減らすことが認められる（同法18条）。

　ところが、東京都大田区が住居専用地域において民泊を全期間制限することとしたこと（大田区住宅宿泊事業法施行条例2条3項）を嚆矢として[5]、こうした「民泊制限条例」の動きが後に続いている。立法者の意図や産業界の期待とは裏腹に、地方においては、民泊は生活環境を乱しかねない「厄介者」扱いされているのである。

　しかし、民泊は地域振興のためのまたとない機会であり、その機会をわざわざ閉ざすことは実に勿体ない。得体の知れない「よそ者」が住宅地に入り込む

3）平成28年の1年間において、Airbnb社のサービスには日本国内で5.3万件の民泊物件が登録され、約370万人の外国人旅行者と30万人の日本人が利用したとされる。矢ケ崎・前掲22頁。和歌山県における事例研究として、冨永哲雄「和歌山県における民泊サービスの状況」東洋大学大学院紀要53巻（2016）231頁。

4）平成28年版『情報通信白書』によると、「シェアリング・エコノミー」とは、「個人が保有する遊休資産をインターネットを介して他者も利用できるサービス」のことを指す。民泊、ライドシェア、スペースシェアなどが代表例とされる。山田貴大「「シェアリング・エコノミー」における民泊の位置づけ」浅見＝樋野編著・前掲95頁。

5）吉川紀代司「大田区住宅宿泊事業法施行条例」自治体法務研究52号（2018）39頁。ただし、後述するように大田区の場合は特区民泊との兼ね合いからである。

ことは、今ではお馴染みとなったワンルームマンションが普及した当時も懸念された[6]。民泊も、慣れてくれば地域に受け入れられるはずである。そこで筆者は、イベント民泊や農家民宿といった既存の「お試し制度」について利用しやすいように条例で規定を置き、住民の民泊に対するアレルギーを和らげていくことを提案する。実に単純明快な提案ではあるが[7]、イベント民泊も農家民宿も、意外と使いやすい制度でありながら、十分に周知が図られているとは言い難い。言うまでもなく、ゴミ出しや騒音に関する対策も条例の中でしっかり練る。本章では、住宅市場のメカニズムを行政施策の推進のために上手に活用するという視点から、「民泊推進条例」ともいうべき条例を制定して、民泊による地域振興の可能性を探っていくことを提案する[8]。

なお、Airbnb社のような住宅宿泊仲介業者に対する規制は、興味深い論点を含んでいるものの[9]、本章では割愛する。また、住宅宿泊事業法の施行に伴いAirbnb社に登録されていた多数の物件が削除されたこと、同法の適用を受けない「ヤミ民泊」「違法民泊」が相当数に上ること（同時に、適法な民泊の割合が全体から見て僅かであること）は早急に対応の必要な問題であり、これはそもそもの規制の必要性を含めて熟考しなければならないが、本章では扱わない。

第2節　民泊を可能とする諸制度（1）旅館業法の許可を得る方法

第1款　総　論

前提として、民泊をめぐる複雑な法制について理解しておく必要がある。現在のわが国において民泊を可能とする制度にはいかなるものがあるか、簡単に

---

6) ワンルームマンションが普及し始めた初期は、短期居住で昼間は家におらず、地域に対する関心の薄い居住者のモラルが問題となった。ごみ捨てのマナーが守られないといった迷惑が問題視されたことも、昨今の民泊をめぐる状況と酷似している。浅見泰司「民泊の現状と展望」浅見＝樋野編著・前掲10頁。

7) もともと突発的な需要を想定したイベント民泊を制度化するというのも概念矛盾な気がするが、あまり深入りはしない。

8) 詳細は、板垣勝彦『住宅市場と行政法─耐震偽装、まちづくり、住宅セーフティネットと法─』第一法規（2017）31頁以下。

9) 小澤英明「住宅宿泊仲介業の法的位置づけ」浅見＝樋野編著・前掲49頁。

比較・整理してみよう。最もオーソドックスなのが、旅館業法（昭和23年法律第138号）の許可を得て民泊を行う方法である。これには、旅館・ホテル、簡易宿所、下宿の３つがある（同法２条１項）。この３つの「旅館業を営もうとする者は、都道府県知事（保健所を設置する市又は特別区にあつては、市長又は区長。第４項を除き、以下同じ。）の許可を受けなければならない」（同法３条１項）。無許可営業を行った者は、６月以下の懲役もしくは100万円以下の罰金に処せられる（同法10条１号）。この旅館業法３条１項の規制をいかにして乗り越えるかが、民泊合法化の課題であった。

旅館業法では、３つの営業形態のいずれにおいても、共通して、「宿泊料を受けて、人を宿泊させる営業」が規制の対象となっている（同法２条２〜４項）。「宿泊」とは、寝具を使用して施設を利用することと定義される（同条５項）。宿泊者の衛生管理、感染症の蔓延という外部不経済の防止が、旅館業法の第一の目的である。それ以外の概念については法令上の定義がないので、行政解釈を参照することとする。

「宿泊料」には、「名目だけではなく、実質的に寝具や部屋の使用料とみなされる、休憩料、寝具賃貸料、寝具等のクリーニング代、光熱水道費、室内清掃費などが含まれ」る。旅館業に該当する「営業」は、「社会性をもって継続反復されているもの」を指す。このうち、「社会性をもって」とは、「社会通念上、個人生活上の行為として行われる範囲を超える行為として行われるものであり、一般的には、知人・友人を宿泊させる場合には、「社会性をもって」には当たら［ない］」とされる。

要するに、社会性をもって継続反復して、宿泊料金を徴収することと引き換えに寝具や部屋を使用させるサービスを提供している場合に、旅館業法の規律が及ぶわけである。この解釈は、後述するイベント民泊（「継続反復」の要素に

10）旅館業法や住宅宿泊事業法をめぐっては、厚生労働省から膨大な行政解釈が示されており、その全容を一覧して網羅的に把握することは容易ではない。石井くるみ『民泊のすべて——旅館業・特区民泊・住宅宿泊事業の制度と合法化実務』大成出版社（2018）は、この困難な営為を支援してくれる最良の書であり、本章の記述の多くは同書に拠る。

11）住宅宿泊事業法の制定に合わせて罰則が引き上げられたものであり、また、両罰規定（旅館業法13条）である。今井猛嘉「民泊を取り巻く現状と課題」自治体法務研究52号６頁（９頁）。

12）山本・前掲97頁以下。副次的ではあるが、旅館業を行う者を税務署に把握させるという意義も認められよう。

13）厚生労働省医薬・生活衛生局生活衛生課「民泊サービスと旅館業法に関するＱ＆Ａ」（平成29年７月10日）https://www.mhlw.go.jp/stf/seisakunitsuite/bunya/0000111008.html Ａ９より。

14）「民泊サービスと旅館業法に関するＱ＆Ａ」Ａ５より。

欠ける）やボランティア型（宿泊料金を受けない）について、旅館業法3条1項の許可が不要であることの伏線となっている。

なお、旅館業とアパート賃貸業との相違点について、行政解釈は、旅館業においては、「①施設の管理・経営形態を総体的にみて、宿泊者のいる部屋を含め施設の衛生上の維持管理責任が営業者にあると社会通念上認められること」と「②施設を利用する宿泊者がその宿泊する部屋に生活の本拠を有さないこと」を挙げているが[15]、これについては異論もある[16]。

営業者は、旅館業の施設について、都道府県条例に従い、換気、採光、照明、防湿および清潔その他宿泊者の衛生に必要な措置を講じなければならない（同法4条1項・2項）。施設には宿泊者名簿を備えなければならず、都道府県知事の要求があったときは、これを提出する義務が課せられる（同法6条1項）。なお、旅館業法の許可を得た事業者は、感染症に罹患していると明らかに認められるとき、賭博その他の違法行為または風紀を乱すおそれがあると認められるとき、宿泊施設に余裕がないときを除いて、宿泊を拒んではならない（同法5条各号）[17]。

都道府県知事は、営業者等から必要な報告を求めるとともに、職員をして施設に立入検査、質問を行わせしめる権限を有する（同法7条1項）。都道府県知事は、各種の措置命令を発し得るほか（同法7条の2）、営業者が法令もしくは行政処分に違反したときは、許可の取消し、営業停止命令を行う権限が付与されている（同法8条）。

第2款　旅館・ホテル営業
——規制緩和が進む主力事業——

かつて分かれていた旅館営業とホテル営業は、近年の法改正で「旅館・ホテ

15）「民泊サービスと旅館業法に関するＱ＆Ａ」Ａ1より。昭和61年3月31日衛指第44号「下宿営業の範囲について」および昭和63年1月29日衛指第23号「旅館業法運用上の疑義について」も参照。

16）福井秀夫「民泊の法的論点と政策」日本不動産学会誌30巻2号（2016）37頁（40頁）は、期間の長短や生活の本拠性は旅館業法の適用対象であるか否かとは独立した要素であり、厚生省の見解に理由はないと厳しく批判する。

17）特区民泊や住宅宿泊事業法の民泊の場合、旅館業法3条1項の許可を得て行う事業ではないため、宿泊拒否制限の規制もかからないことになる。ただし、公衆浴場が外国人の入浴を断ったことが問題となった小樽入浴拒否事件（札幌地判平成14年11月11日判時1806号84頁）のように、憲法14条1項の平等原則の効力が、民法90条や民法709条などを介して、私人間の契約締結にまで及ぶことはあり得る。いわゆる憲法の私人間効力の問題であり、検討として、君塚正臣「私人間における権利の保障」大石眞＝石川健治（編）『憲法の争点』有斐閣（2008）66頁。

ル営業」へと統合された。旅館・ホテル営業とは、「施設を設け、宿泊料を受けて、人を宿泊させる営業で、簡易宿所営業及び下宿営業以外のもの」と定義される（旅館業法2条2項）。

その構造設備の基準は、旅館業法施行令1条1項に規定されている。①一客室の床面積は、7㎡（寝台を置く客室にあっては、9㎡）以上であること（同項1号）。②宿泊客との面接に適する玄関帳場その他確認設備を有すること（同項2号）。③適当な換気、採光、照明、防湿および排水の設備を有すること（同項3号）。④原則として、適当な規模の入浴設備を有すること（同項4号）。⑤適当な規模の洗面設備を有すること（同条5号）。⑥適当な数の便所を有すること（同項6号）。⑦学校、児童福祉施設、社会教育施設から客室等の内部を見通すことを遮ることができる設備を有すること（同項7号）。⑧その他都道府県が条例で定める構造設備の基準に適合すること（同項8号）。

平成30年の改正により、かつて設けられていた最低客室数（旅館について5室、ホテルについて10室）の要件が撤廃されたほか、①一客室の最低床面積要件、②玄関帳場（フロント）の必置規制（参照、旅館業法施行規則4条の3）、④ホテルにおける浴室・シャワー室の必置規制がそれぞれ緩和されている[18]。

それ以上に厳格なのが、建築基準法と消防法上の規制である。「ホテル又は旅館」は建築基準法別表第一（二）に規定された特殊建築物であり、建築確認が必要なほか（同法6条1項）、耐火建築物とすることが求められ（同法27条）、避難上および消火上支障のない避難施設、消火設備、排煙設備等を備える必要があるとともに（同法35条）、壁・天井の内装は耐火構造としなければならない（同法35条の2）。それだけでなく、「旅館・ホテル」は消防法施行令別表第一（五）に基づく消防法令上の詳細な基準にも服する必要がある。さらに、都市計画法上の住居専用地域（第一種低層住居専用地域、第二種低層住居専用地域、第一種中高層住居専用地域、第二種中高層住居専用地域）、工業地域、および工業専用地域では建築することができない（建築基準法48条[19]）。

第3款　簡易宿所営業
——近年のルネッサンス？——

簡易宿所営業とは、「宿泊する場所を多数人で共用する構造及び設備を主と

18）石井（く）・前掲24頁。
19）安本典夫『都市法概説［第3版］』法律文化社（2017）66頁以下、126頁。

する施設を設け、宿泊料を受けて、人を宿泊させる営業で、下宿営業以外のもの」をいう（旅館業法2条3項）。カプセルホテルやホステルなどの相部屋（ドミトリー）がこの形態であるほか、いわゆる民宿の多くも簡易宿所営業である[20]。

　簡易宿所の本来の客層は、敷金・礼金が支払えず保証人を用意できないためにアパートをなかなか貸してもらえない、日雇いや出稼ぎの労働者であった[21]。その中でも、山谷（東京）、寿町（横浜）、釜ヶ崎（大阪）に形成された簡易宿所（ドヤ）の密集地である「ドヤ街」ないし「寄せ場」の存在は良く知られている[22]。日本の労働市場を下支えしてきた寄せ場であるが、近年では建設労働需要の低下による求人の減少、ＩＴ技術の革新による就労経路の変化、24時間利用できるネットカフェ等の普及などに伴って、若年層の流入が大幅に減少し、住人の高齢化が進んでいる。平成27年5月に川崎市で高齢の生活保護受給者が住む簡易宿所が全焼し、10名が死亡した事故は社会に衝撃を与えた[23]。他方で、簡易宿所はわが国に長期滞在する外国人旅行客から手軽な形態として人気を集めており、ビジネス客の利用も盛んになるなど、俄かに脚光を浴びて

---

20) 名称が紛らわしいのだが、「貧困ビジネス」の温床として指摘されることのある無料低額宿泊所は、第二種社会福祉事業である「生計困難者のために、無料又は低額な料金で、簡易住宅を貸し付け、又は宿泊所その他の施設を利用させる事業」（社会福祉法2条3項8号）であり、簡易宿所営業とは別物である。小川卓也「無料低額宿泊所の現実」都市問題2010年7月号72頁は、無料低額宿泊所について、ホームレスを含む生活困窮者が社会復帰を目指す住宅セーフティネットの施設であり、厚生労働省の指針の下、適正に運営されているものが大半であるとする。これに対して、藤田孝典「求められる無料低額宿泊所の規制」都市問題2010年7月号78頁は、規制の強化を説く。

21) 鈴木富之「東京山谷地域における宿泊施設の変容」地学雑誌120巻3号（2011）466頁（478頁以下）は、山谷におけるビジネス客特化型宿泊施設の場合、1泊あたりの相場は3,000円台が中心であるが、ウィークリー料金やマンスリー料金も設定されており、「手数料や保証金、清掃費といった諸経費を必要としないため、短期賃貸マンションよりも安価な料金で利用することができる」ことを指摘する。こうした伝統は江戸時代から明治期にかけての木賃宿から受け継がれていると言って良い。すなわち、田舎から都市に出てきて日銭を稼ぎながら毎日の泊まり賃を支払い続け、半ば「定住」するような形で宿泊を続ける人々が存在したのである。大月敏雄「旅と建築の可能性を広げる民泊」浅見＝樋野編著・前掲153頁。

22) 山谷地域は日光街道の道筋にあり、江戸時代から木賃宿が集中していた。明治時代になると、宿屋営業取締規則によって木賃宿営業許可地域に指定され、多くの生活困窮者が居住した。東京大空襲の後、上野周辺の被災者を収容するテントやバラックが集積していた山谷は、高度経済成長期には階層式ベッドを備えた木造建築物が立ち並ぶ日本有数の寄せ場へと成長した。鈴木・前掲472頁以下。釜ヶ崎については、平川隆啓＝川野英二＝四井恵介＝水内俊雄「簡易宿所密集地域における宿泊・居住の実態―大阪市西成区あいりん地域を事例に―」人文地理学会大会研究発表要旨（2010）142頁。

23) NHKクローズアップ現代「ほかに行き場がなかった～川崎 簡易宿泊所火災の深層～」（平成27年5月27日放送）http://www.nhk.or.jp/gendai/articles/3658/1.html

いる面もある。[24)]

　簡易宿所営業の構造設備の基準を示しているのは、旅館業法施行令1条2項である。①客室の延床面積は、33㎡以上であること（同項1号）。ただし、近年の規制緩和によって、宿泊者の数を10人未満とする場合には、3.3㎡に当該宿泊者の数を乗じて得た面積で足りることになった。②階層式寝台を有する場合には、上段と下段の間隔は、おおむね1m以上であること（同項2号）。③適当な換気、採光、照明、防湿および排水の設備を有すること（同項3号）。④宿泊者の需要を満たすことができる規模の入浴設備を有すること（同項4号）。⑤適当な規模の洗面設備を有すること（同項5号）。⑥適当な数の便所を有すること（同項6号）。⑦その他都道府県が条例で定める構造設備の基準に適合すること（同項7号）。

　旅館・ホテル営業と比較すると、簡易宿所営業の場合は、法令によって玄関帳場（フロント）の設置が義務付けられていない点が特徴である。ただし、⑦の都道府県条例によってフロントの設置が要求される場合も少なくはない。[25)]京都市は、住宅宿泊事業法上の民泊については厳しい制限を課しているが、民泊自体を認めていないわけではなく、むしろ京町家における簡易宿所営業の規制を緩和するなどの工夫を行っている。[26)]「京都市旅館業法に基づく衛生に必要な措置及び構造設備の基準等に関する条例」5条2項は、旅館業法施行令1条2項7号の構造設備の基準について、客室数のほか、玄関帳場を備えることを求めているところ、特別の事情がある場合の例外を認めている。[27)]京都市旅館業法施行細則8条は、この「特別の事情」について、「京町家（生活の中から生み出された特徴のある形態及び意匠を有する木造の建築物で伝統的な建築様式によるもの（建築基準法の規定が適用されるに至った際現に存し、又はその際現に建築、修繕若しくは模様替えの工事中であった建築物に限る。）をいう。）を活用して営業を行う場合」において、施設の構造設備および営業の態様が、(1)客室の数は1室、(2)施設のすべてを宿泊者の利用に供するものであること、(3)宿泊の形態が、1回の宿泊について、少人数で構成される1組に限られるものであるこ

24）山谷における外国人旅行客およびビジネス客向け低廉宿泊施設が展開されてきた過程については、鈴木・前掲473頁以下が詳細である。

25）石井（く）・前掲23頁。

26）京都市の宿泊事情を含めて、宗田好史「「民泊条例」をめぐる自治体の動きと民泊活用策」自治体法務研究52号19頁。

27）石井（く）・前掲11頁。

と、(4)施設の鍵の受渡しを宿泊者と面接して行うこと、(5)営業者等の連絡先を施設内に明示し、かつ、営業者等が宿泊者から連絡を受けたときは、速やかに施設に到着することができる範囲内に所在していることという、5つの要件を満たすときと定めている。要は昭和25年の建築基準法制定当時に現存していた伝統的な京町家を活用する場合には、(1)〜(5)の要件の下で、簡易宿所営業を認めるということである。用途地域の規制にさえ適合していれば、京町家に泊まりたいという観光客の需要にも応えることのできる魅力的な施策であり、実際に簡易宿所営業は急増しているという[29]。

なお、簡易宿所営業も、建築基準法の「ホテル又は旅館」、消防法の「旅館・ホテル」に該当することから、これらの法律の規制は旅館・ホテル営業と同様に及ぶ。住居専用地域に建築することができない点も同じである[30]。

第4款　下宿営業
——定期借家の創設で衰退——

下宿営業というのは、日常用語でいう「学生下宿」とは異なる意味であり、「施設を設け、一月以上の期間を単位とする宿泊料を受けて、人を宿泊させる営業」をいう（旅館業法2条4項）[31]。ただし、20年前は全国で2,000軒以上存在した下宿営業施設は、平成28年3月末時点で722軒となるなど、減少の一途を辿っていることもあり、本章では深入りしない。

下宿営業が減少している背景として指摘されるのが、定期建物賃貸借（定期借家）制度の創設である。すなわち、期間が1年未満の短期の定期借家契約の場合は、期間の満了により賃貸借が終了する旨の通知を行わなくとも（借地借家法38条4項の反対解釈）、賃貸人が賃貸借契約の終了を賃借人に対して対抗することが可能となったため、旅館業法上の下宿営業の許可を取得して宿泊サー

---

28) 宗田・前掲22頁によると、この他にも、伝統的な木造建築の多い京都市消防局においては、全国一律に30人以上収容の宿泊施設に求められる「防火基準適合表示制度」（丸適マーク）が採用されていたり、小規模宿泊施設にも「消防検査済表示制度」が導入されるなどしている。

29) 奈良の町家地域における民泊の可能性に関する事例研究として、関川卓司「新しい宿泊形態（ゲストハウス・民泊）の出現による町家地域の再生の可能性—奈良市ならまち・京終地域の事例を中心に—」創造都市研究 e（大阪市立大学大学院創造都市研究科電子ジャーナル）12巻1号（2017）9頁。

30) 浅見・前掲6頁。

31) 昭和61年3月31日衛指第44号「下宿営業の範囲について」によると、いわゆる学生下宿は、①部屋の管理がもっぱら学生に委ねられており、しかも、②学生がそこに生活の本拠を置くことが予定されていることから、旅館業法の許可が必要となる下宿営業には該当しない。

ビスを提供するメリットが失われたというのである。

こうした事情から、近年増加しているマンスリーマンションやシェアハウスの利用においても、短期の定期借家契約が用いられることがほとんどであり、旅館業法の適用はない[32]。限界事例においては、宿泊サービス契約と賃貸借契約が明確に区別できないことを明らかにする好例である。

第5款　旅館業法下における民泊の課題

旅館業法の許可を受けるというのは、正面突破の手法ではある。しかし、フロントの設置（旅館業法）、耐火構造（建築基準法）、消防基準の充足（消防法）などは、最初から旅館・ホテルとして設計・建築されたものでない限り、満たすことは至難である。しばしば民泊と混同されるが、いわゆる民宿も、簡易宿所営業ないし旅館営業として旅館業法上の許可を取得した施設である[33]。さらに、用途地域の規制によって、住居専用地域においては旅館業法の許可を得て宿泊サービスを提供することはできない（建築基準法48条・87条2項）。

かくして、法制上のハードルは、①フロントの設置、耐火構造、消防基準の充足など、構造設備基準を満たすための既存の住宅からの設備投資を最小限にとどめること、②用途地域の規制をクリアすることに設定される。

かねてより、風紀の維持の観点から、自主条例でラブホテルないしモーテルの規制を行う例が少なからずみられた。長崎県飯盛町の「旅館建築の規制に関する条例」はその典型例であり、住宅地、官公署、教育・文化施設、児童福祉施設、公園、緑地の付近においては、町長は旅館の建設を原則として同意しないことを定めていた（同条例2条・3条各号）。不同意とされた事業者から取消訴訟が提起されて、福岡高判昭和58年3月7日判時1083号58頁は、徳島市公安条例判決（最大判昭和50年9月10日刑集29巻8号489頁）の枠組みを用いた上で、請求を認容した。すなわち、同条例の規制は、学校、児童福祉施設、社会教育施設などの周囲おおむね100mの区域内にある旅館の経営許可を与えないことが認められるとする旅館業法3条3項よりも同一目的の下で高次の規制を課す

32）石井（く）・前掲28頁。福井・前掲40頁は、つまるところ旅館業法が規律するのは、公衆衛生を確保するために寝具を提供することに絞られるとする。

33）石井英也「わが国における民宿地域形成についての予察的考察」地理学評論43巻10号（1970）607頁によると、民宿が集中する長野県北安曇郡、新潟県南魚沼郡、伊豆半島、房総半島、敦賀湾は、ほとんどが海水浴場かスキー場の適地である。これらは高度経済成長期の観光の大量化・多様化を背景に形成されたものであり、同論文は、山村農業の低生産性や沿岸漁業の不振などのために、活路を観光産業に見出したものであると分析する。

ものであり、法の許容限度を超える無効なものと判断されたのである[34]。宿泊事業は風俗環境の乱れと結び付けられやすく、地域レベルで規制の対象として認識されてきた歴史がある。

第3節　民泊を可能とする諸制度（2）特区民泊

第1款　概要・実施地域

国家戦略特別区域法（平成25年法律第107号）2条1項に定義された国家戦略特別区域（以下、「国家戦略特区」とする。）に指定された地域では、「特区民泊」として民泊を行うことが認められている（同法13条）[35]。

民泊を行うためには、まず、当該区域が、国家戦略特別区域会議によって定められた区域計画の中で「国家戦略特別区域外国人滞在施設経営事業」を行うものとして内閣総理大臣の認定（同法8条7項）を受けている必要がある。「国家戦略特別区域外国人滞在施設経営事業」という名称は長ったらしいので、以下、「特区民泊」で統一する。そもそも、——外国人が滞在していることを逐一確認するだけの意義や費用対効果に乏しいためと推測されるが——日本人の宿泊が排除されるわけではなく[36]、名称として適切ではない。

区域計画の中では、特区民泊の実施地域を定める必要がある。実施地域の定め方は市区町村によって様々であり[37]、東京都大田区と大阪市は第一種住居地域（延べ床面積3,000㎡以下）、第二種住居地域、準住居地域、近隣商業地域、商業地域、準工業地域を実施地域とするなど、旅館、ホテル、簡易宿所の立地規

---

34)　阿部泰隆『地方自治法制の工夫』信山社（2018）229頁以下は、福岡高裁の結論にも十分肯けるものがあるとしながらも、飯盛町条例は不同意のまま建築することを防止するための強制手段を用意していないから、行政指導と同視し得るほどの極めて弱い規制しか行っていないことに着目して、適法とみる余地があるとする。同書268頁以下で言及する盛岡地決平成9年1月24日判タ950号117頁では、岩手県前沢町が制定したモーテル類似施設建築規制条例が風営法との関係で適法であると判断されている。

35)　福井秀夫「社会実験としての規制改革特区」産業立地41巻9号（2002）8頁は、「特区」制度の主眼は、将来的に全国規模の規制改革を検討・展開する過程において、特定の地域を対象に選び、実証データを得るための社会実験を行うことにあるとする。第4部第2章も参照のこと。

36)　三井英司「大田区国家戦略特別区域外国人滞在施設経営事業に関する条例」自治体法務研究46号（2016）39頁（40頁）、石井（く）・前掲39頁。

37)　石井（く）・前掲51頁の一覧表が有益である。

制と平仄を合わせている[38]。これに対して、千葉市は旅館、ホテル、簡易宿所が立地できない地域（第一種低層住居専用地域、第二種低層住居専用地域、第一種中高層住居専用地域、第二種中高層住居専用地域、および市街化調整区域）を実施地域に設定しており、興味深い。新潟市などは、田園都市型グリーン・ツーリズムを推進する意図から、大胆にも市街化調整区域のみを実施地域として定めている[39]。

第2款　特定認定

特区民泊を行おうとする者は、その行おうとする事業が政令で定める要件に該当している旨の都道府県知事（保健所設置市・特別区にあっては、市区長。以下同じ。）の認定（特定認定）を受ける必要がある（国家戦略特区法13条1項・3項[40]）。特定認定を受けた者（認定事業者）が行う特区民泊（認定事業）については、旅館業法3条1項の規定が適用されない（国家戦略特区法13条4項）。都道府県知事は、認定事業の実施状況について報告を求めることができ（同条8項）、認定事業者に規定違反等があったときは、特定認定を取り消すことができる（同条9項）。

政令で規定された要件を見ていくと、最低滞在期間について、「施設を使用させる期間が3日から10日までの範囲内において施設の所在地を管轄する都道府県……の条例で定める期間以上であること。」（国家戦略特別区域法施行令12条2号［現在は13条］）と定めていることが見出される。特区民泊の制度開始当初は7日以上の滞在が求められていたのが、平成28年の政令改正で3日まで引き下げられ、大幅な規制緩和が図られたものである[41]。現在、大田区、千葉市、新潟市、大阪府、大阪市、北九州市が条例で最低滞在期間を3日と定め

---

38) 三井・前掲40頁は、「住居としての特区民泊がまだ世間に十分認知されていないことや、7日以上〔当時〕の滞在とはいえ、短期間に居住者が入れ替わることから、旅館業としての性格を排除しきれないということを考慮したものである」と説明する。大田区は住居専用地域における住宅宿泊事業法の民泊も全面禁止したため、およそ住居専用地域においては、民泊は認められないことになる。山本・前掲99頁も参照。

39) 相崎一成「新潟県新潟市　特区民泊×田園都市型グリーン・ツーリズムの推進」自治体法務研究52号34頁（36頁）。

40) 大田区では、ガイドラインにより、認定申請書には、①最大滞在者数、②近隣住民からの苦情等の窓口、③廃棄物の処理方法、④火災等の緊急事態が発生した場合の対応方法、⑤施設の使用方法等に関する注意事項について外国語で説明できる体制の確認について記載することとしている。三井・前掲42頁。

41) 石井（く）・前掲41頁。

ている。[42]

　施設の各居室は、原則として床面積25㎡以上であること（同条3号イ）[43]、適当な冷暖房設備（同号ニ）、台所、浴室、便所および洗面設備（同号ホ）、寝具等（同号ヘ）を有することが求められる。

　これに対して、消防法令の充足については、かなり複雑である。共同住宅の場合は、消防法施行令別表第一5項ロの防火対象物とされるのに対して、旅館・ホテル営業の場合は、同項イの防火対象物となり、遥かに厳しい消防基準が適用されるからである。ただし、宿泊施設部分の面積が建物全体の10％以下かつ300㎡未満の場合は、建物全体は小規模特定用途複合防火対象物という扱いになり、同項ロに準じた緩やかな消防基準が適用される。[44]

　認定事業者は、施設の使用方法等について、外国語を用いた案内・情報提供をしなければならない（国家戦略特別区域法施行令12条5号[45]［現在は13条]）。滞在者名簿の備え付けが求められるのは、旅館業法の場合と同様である（同条6号）。その他には、特定認定の申請前に、施設の周辺住民に対して適切な説明を行うほか（同条7号）、周辺住民からの苦情・問合せについて、適切かつ迅速な処理が行われること（同条8号）が求められる。

第3款　賃貸借契約

　地味に効いているのが、国家戦略特区法13条1項が、「国家戦略特別区域外国人滞在施設経営事業」について、「国家戦略特別区域において、外国人旅客の滞在に適した施設を賃貸借契約及びこれに付随する契約に基づき一定期間以上使用させる……事業……として政令で定める要件に該当する事業をいう」と定義していることである。つまり、特区民泊で行われる事業は賃貸借契約（民法601条以下）でなければならない。一時使用目的の賃貸借契約（借地借家法40条）として位置付けることもできないことはないが、実務的には「一時使用のために建物の賃貸借をしたことが明らかな場合」という要件認定をめぐり争い

42）大田区の場合は、平成29年12月の住宅宿泊事業法施行条例の制定に併せて特区民泊の条例（大田区国家戦略特別区域外国人滞在施設経営事業に関する条例）が改正されて、最低滞在期間がそれまでの7日から3日へと短縮された。吉川・前掲42頁。

43）山本・前掲101頁は、25㎡は要件として厳格にすぎることを指摘する。

44）石井（く）・前掲157頁。

45）大田区のガイドラインでは、施設に備え付けられた設備の使用方法、廃棄物の処理方法、騒音等により周囲に迷惑をかけないこと、火災等の緊急事態が発生した場合の通報先および初期対応の方法について外国語で説明することを求めている。三井・前掲42頁。

が生じかねないことから得策ではなく、ほとんどの局面では定期建物賃貸借契約（同法38条）が用いられることになろう。また、賃貸借契約の特性から、賃貸人は賃借人に対して施設の独占的・排他的な利用を行わせることが義務付けられるため、実務上は、賃借人のグループのみに施設を提供する「グループ貸し」だけが認められると解されている。

第4款　小　括

特区民泊は、3日以上、グループ貸しという条件はあるものの、実施地域内であれば用途地域の規制はかからず、共同住宅の一部を利用する場合には新規の設備投資も特に不要であるなど、民泊を行う上での法的なハードルは最も低い。住宅宿泊事業法のような年間180日の上限規制（この上限は条例で加重される）も設けられておらず、事業者にとっては使いやすい制度である。しかし、当然のことながら国家戦略特区の対象地域内でなければ適用されない制度であるため、普遍的に活用できるわけではない。

第4節　民泊を可能とする諸制度（3）住宅宿泊事業法

第1款　概　要

平成30年6月15日に施行された住宅宿泊事業法（平成29年法律第65号）に基づいて民泊を開始するというのが、現在のわが国で民泊を行う場合に最も知られた方法である。都道府県知事（保健所設置市等の場合は、その市長）に届出をした者は、旅館業法3条1項の規定にかかわらず、住宅宿泊事業を営むことが認められる（住宅宿泊事業法3条1項）。

第2款　「住宅」に「人を宿泊させる」事業

規制の対象となる「住宅宿泊事業」とは、旅館業法の営業者以外の者が宿泊料を受けて「住宅」に「人を宿泊させる」事業と定義される（住宅宿泊事業法2条3項）。日常用語に近いものほど法的な定義は難しいのだが、ここで「住宅」

---

46) 石井（く）・前掲43頁。
47) たとえば、大阪府健康医療部環境衛生課「国家戦略特別区域外国人滞在施設経営事業に関するガイドライン」（平成30年6月）10頁。

とは、①当該家屋内に台所、浴室、便所、洗面設備その他の当該家屋を生活の本拠として使用するための設備が設けられており、②現に人の生活の本拠として使用されているか、新たな入居者の募集が行われている家屋その他の家屋であって、人の居住の用に供されていると認められるものを指す（同条1項1号・2号）。次に、「宿泊」とは、「寝具を使用して施設を利用すること」をいう（同条2項）。

第3款　新規の設備投資と用途地域の規制

　住宅宿泊事業に提供する住宅（届出住宅）は、用途としては依然として「住宅」として扱われるので、旅館・ホテルが開業できない住居専用地域においても用途変更を行うことなく住宅宿泊事業が認められる（都市計画法8条1項1号・9条各項、建築基準法48条・87条2項）。これまで住宅として用いられてきた——そして今後も住宅として用いられる——建築物を宿泊事業に供するという発想が、住宅宿泊事業法なのである[49]。一応、1人当たり3.3㎡の床面積を確保すること、および定期的な清掃・換気を行うことが求められてはいるが（厚生労働省関係住宅宿泊事業法施行規則）、裏を返せば、その程度の要件しか定められていない[50]。

　住宅宿泊事業者には、非常用照明器具および警報器の設置、避難経路の表示など宿泊者の安全の確保が求められる（住宅宿泊事業法6条）。ただし、家主同居型で宿泊室の床面積の合計が50㎡以下のときは、非常用照明器具や警報器の設置義務が課せられない[51]。つまり、建築基準法や消防法上の構造設備基準は現状のままでよく、新規の設備投資は不要ということである[52]。一般的には、住宅の構造設備基準はホテルや旅館よりも緩く設定されている。住宅では、居住者が日常的に居住しているために、その空間構成や設備を把握しており、緊急時にも適切な行動がとれることを期待できるからという理由である。これに

48）村井香菜「住宅宿泊事業法の解説」自治体法務研究52号14頁（15頁）。

49）浅見・前掲3頁。

50）厚生労働省医薬・生活衛生局、国土交通省土地・建設産業局、国土交通省住宅局、国土交通省観光庁「住宅宿泊事業法施行要領（ガイドライン）」（平成29年12月）2-2（1）①にも同様の要件が定められている。以下では、「住宅宿泊事業法ガイドライン」とする。なお、自治研究95巻2号（2019）93頁では、この点について「法令上の根拠はない」としていたが、訂正する。

51）石井（く）・前掲87頁以下。

52）住宅宿泊事業法ガイドライン2-1（3）②では、都道府県知事等に対して、届出住宅が消防法令に適合していることを担保する目的から、消防法令適合通知書を届出時に併せて提出させるよう求めている。村井・前掲16頁。

対して、不特定多数の客が滞在するホテルや旅館では、空間構成や設備について宿泊客が十分に理解していない可能性が高いから、より高度の安全性が求められる。そうであるとすれば、宿泊客が空間構成や設備について十分に把握していない民泊においては、今後、居住用の住宅よりも高い構造設備基準が求められていく可能性はある。[53]

住宅宿泊事業者には、宿泊者名簿の備付けが求められるほか（住宅宿泊事業法8条）、定期的な清掃など宿泊者の衛生の確保（同法5条）、外国語を用いた設備の使用方法の案内や交通手段についての情報提供など外国人観光旅客の快適性と利便性の確保（同法7条）が義務付けられる。宿泊者に対しては、騒音など周辺地域の生活環境に与える悪影響を防止するために必要な事項を説明しなければならず（外国人観光旅客に対しては、外国語を用いた説明が求められる。）、周辺住民からの苦情や問合せに対しても、適切かつ迅速に対応しなければならない。

第4款　行政監督、その他

行政による監督としては、都道府県知事に報告徴収および立入検査の権限が認められているほか（同法17条）、必要な限度において住宅宿泊事業者に対し業務改善命令や業務停止命令を発することができ（同法15条・16条1項）、場合によっては業務廃止を命ずることもできる（同条2項）。

ただし、住宅宿泊事業を営むことができるのは、年間180日以内に限られる（同法2条3項）。[55] そして、騒音の発生など生活環境の悪化を防止するため必要があるときは、条例によって、区域を定めて住宅宿泊事業を実施する期間を制限することが認められている（同法18条）。東京都大田区が住居専用地域におけ

53）浅見・前掲7頁は、消防法上の扱いが今後精緻化されていくことを予想する。

54）国内におけるテロ等の不法行為を未然に防止する趣旨であるとされる。村井・前掲16頁。ただし、従来、旅館業法の旅館・ホテルであっても、偽名での宿泊が容易に可能であったこととの関係は考えなければならない。福井・前掲39頁。住宅宿泊事業法ガイドライン2-2（4）では、旅券の提示を求めて本人確認を行うことが励行されているが、これは民泊に限らず通常の旅館・ホテル営業でも当てはまる話であろう。

55）「通年ではなく一時的に実施されるものである」という趣旨からである（村井・前掲16頁）。しかし、福井・前掲41頁以下が鋭く指摘するように、年間営業日数の制限と適切な衛生水準の確保との間に合理的な関連性は見出せない。北村喜宣「新時代型宿泊サービスと住宅宿泊事業法の成立」自治研究94巻8号（2018）3頁（17頁）も疑問を示す。なお、浅見・前掲3頁によると、ロンドンでは年間90日、パリでは年間4か月を超えると許可が必要となるそうであり、180日という日数制限は、海外と比較すると緩やかである。

る実施期間を０日に設定したことに続いて、新宿区でも住居専用地域における月曜日から木曜日までの民泊を禁じ（新宿区住宅宿泊事業の適正な運営の確保に関する条例11条１項）、台東区では全域において月曜日から金曜日までの家主不在型の民泊が禁じられるなど（台東区住宅宿泊事業の運営に関する条例17条）、全般的に住宅宿泊事業法の適用に慎重な姿勢が目立つ。

　民泊を解禁するか否かをめぐる方針が区分所有者の間で争いになりやすいマンションでは、管理規約を改正して民泊を禁止するための具体的手法が注目されている。他方で、個々人の資産活用を極度に制約することは抑制的であるべきであるという鋭い批判にも留意して、民泊を禁止するだけの積極的な論拠を考える必要がある。

第５節　民泊を可能とする諸制度（４）　　農林漁業体験民宿業（農家民宿）

第１款　概　要

　旅館業法の許可を受けて「農林漁業体験民宿業」を行う形態のことを、農家民宿とよぶ。農村に滞在しながら田植え、稲刈り、里山散策などを行う、アグリ・ツーリズムとかグリーン・ツーリズムとよばれる活動を支援するために、平成６年、農山漁村滞在型余暇活動のための基盤整備の促進に関する法律（平成６年法律第46号、以下「農山漁村余暇法」とする。）が制定された。「農林漁業体験民宿業」とは、施設を設けて人を宿泊させ、「農山漁村滞在型余暇活動」（主として都市の住民が余暇を利用して農村、山村または漁村に滞在しつつ行う農作業

56）ただし、先述したように大田区にはすでに特区民泊の実績が蓄積されており、区の担当者も、特区民泊を区の民泊施策のスタンダードとする意図からであると説明する。吉川・前掲42頁。

57）検討の経緯については、木村純一「新宿区住宅宿泊事業の適正な運営の確保に関する条例」自治体法務研究52号46頁が詳しい。

58）住宅宿泊事業法ガイドライン２－４（１）２では、住宅宿泊事業を適切な規制の下、振興するという本法の目的を考えると、本法に基づく条例によって年間すべての期間において住宅宿泊事業の実施を一律に制限することや、都道府県等の全域を一体として一律に制限すること等は、本法の目的を逸脱するものであり、適切ではないとされる。村井・前掲18頁。筆者もガイドラインの見解に賛成するが、それならばその旨を法令に書き込むのが適切であったろう。新たな「義務付け・枠付け」を加えることに極度に慎重な姿勢は、却って好ましくない事態を生む。

59）佐藤康之「不動産業から見た民泊の法的問題点」浅見＝樋野編著・前掲75頁。平成29年８月に国土交通省から提示された改正マンション標準管理規約（単棟型および団地型）12条２項も参照のこと。

60）福井・前掲43頁。

の体験その他農業に対する理解を深めるための活動）に必要な役務を提供する営業をいう（農山漁村余暇法2条各項）。

第2款　旅館業法（特に簡易宿所営業）の大幅な規制緩和

　ただし、農林漁業体験民宿業を営むためには、別途、旅館業法3条1項の許可を受ける必要があり[61]、この点は、近年制度化された各種の民泊と異なる。その反面、旅館業法の許可を取得するという「正面突破」の方法を採ったことで、年間180日という上限規制もかからないという利点が存する。

　旅館業法の許可を得るということは、各種の構造基準を満たす必要があるということでもある。しかし、農林漁業体験民宿業の場合、旅館業法で求められる構造基準の設備要件が大幅に緩和される。具体的には、旅館業法施行令2条の定める、「旅館・ホテル営業又は簡易宿所営業の施設のうち、季節的に利用されるもの、交通が著しく不便な地域にあるものその他特別の事情があるものであつて、厚生労働省令で定めるものについては、前条第1項〔旅館・ホテル営業〕又は第2項〔簡易宿所営業〕に定める基準に関して、厚生労働省令で必要な特例を定めることができる。」とする特例が活用される。

　たとえば、平成28年の政令改正により、簡易宿所の客室延床面積の要件が緩和されたこと（従来は原則33㎡以上であったものが、宿泊者の数が10人未満の場合には、3.3㎡×宿泊者数で足りることになった。）は先述した（旅館業法施行令1条2項1号）。ところが、農林漁業体験民宿業として簡易宿所を営む場合には、以前から、客室延床面積が33㎡未満であっても旅館業法の許可が受けられたのである[62]。さらに、平成28年には、農林漁業者以外の個人がその居宅において農林漁業体験民宿業を行う場合にもこの規制緩和措置が拡大され、平成30年の改正によって、農林漁業者以外の個人・法人が、居宅以外において営む家主不在型であっても、簡易宿所の営業が認められることとなった（旅館業法施行規則5条1項4号・2項において、同法施行令1条2項1号の基準は「適用しない」こととされている[63]）。

61）京都府丹後広域振興局『農家民宿をはじめよう　農家民宿（農林漁業体験民宿）開業の手引』（平成29年8月）2頁。
62）京都府丹後広域振興局・前掲14頁。
63）石井（く）・前掲182頁以下。

第3款　建築基準法・消防法・都市計画法上の特例

　建築基準法の規制については、国交省から技術的助言[64]が発せられており、①住宅の一部を農家民宿として利用すること、②客室の床面積の合計が33㎡未満、③避難上支障がないと認められることという要件を満たす場合には、建築基準法上の用途は住宅・兼用住宅となり、防火上主要な間仕切壁（建築基準法施行令114条）や非常用の照明装置（同令126条の4）の設置が不要となる。

　消防法上の規制も、次第に緩和されてきた。当初は農家民宿においても通常の旅館営業と同様の消防用設備等の設置を義務付けられていたところ、通知により、消防長または消防署長の判断により誘導灯、誘導標識および火災報知設備の設置を省略することができるという運用が示された（消防法施行令32条[65]）。

　都市計画法上の用途規制は、全般的に規制が撤廃されている農家民宿の実現において、ほぼ唯一のハードルとなる。当該建物が市街化調整区域に所在する場合には、既存住宅の一部を用途変更することになるため、都市計画法43条の許可が必要だからである。京都府などは、客室面積が33㎡未満であれば用途が著しく異ならない場合として同条の許可なく用途変更を認めており、ほぼ規制を撤廃している[66]。福島県では、①対象となる建物は農林漁業者が自ら居住する住宅であるか、それと同一敷地内に存する既存建築物であること、②申請者が農家民宿を営もうとする者であることを農林ないし水産事務所長が確認していること、③用途変更後は簡易宿所ないし従来の用途と簡易宿所を兼ねるものであること、④客室の延床面積が33㎡未満であること、⑤増改築は必要最小限のものとし、原則として外観の変更は行わないことといった要件を課しているが（福島県開発審査会審査基準第13号）、実際にハードルとなるのは④くらいであろう[67]。

第4款　旅行業法・道路運送法・食品衛生法の特例

　農家民宿の場合には、宿泊サービスそれ自体だけでなく、送迎や飲食の提供

64）平成17年1月17日付国住指第2496号「農家民宿等に係る建築基準法上の取扱いについて（技術的助言）」
65）平成29年3月23日消防庁予防課長通知「一般住宅を宿泊施設や飲食店等に活用する場合における消防用設備等に係る消防法令の技術上の基準の特例の適用について」
66）京都府丹後広域振興局・前掲15頁。
67）石井（く）・前掲185頁。

など、それに付随する各種の業法規制との関係についても、きめ細かく配慮がなされている。たとえば、農家民宿が農業体験ツアーの販売・広告活動を行うことは、旅行業法3条（第8節第3款で後述）に抵触するのではないかという懸念がある。これについては、農家民宿が自ら提供する宿泊サービスに農業体験を付加して販売・広告を行うことは旅行業法に違反しないという行政解釈が示されている。[68]

農家民宿の営業者が自家用車で宿泊者の送迎を行う行為が白タク営業に該当するのではないか（参照、道路運送法78条）という疑念についても、国交省自動車交通局の通知により、宿泊サービスの一環として行う送迎輸送や周遊案内は、原則として道路運送法の旅客自動車運送事業の許可を要しないという解釈が示された。[69]

宿泊者に対して食事を提供する場合には、食品衛生法の許可を要する（同法52条1項。なお、農家民宿に限ったことではない）。食品衛生法の許可基準は都道府県ごとに定められているところ（同法51条）、たとえば京都府丹後地域の「命の里」地区では、講習会の受講や活動状況の報告などを条件に、①専用調理場を不要とする（家庭用のものと兼用として良い）、②専用手洗い設備を不要とする、③調理場の床と内壁を耐水性素材により整備しなくても良いなど、各種の施設基準について規制が緩和された。[70]

総じて、農家民宿は、知名度が低い割に至れり尽くせりの制度が完備されており、市町村にとっても農山漁業従事者にとっても利用価値は非常に高い。最低床面積要件も建築基準法・消防法の構造基準も適用されないとなると、農業体験を受け入れる農家が今すぐにでも旅館業法の許可を得て農家民宿を始められるということであり、実現へのハードルが極めて低いからである。農家民宿の担い手の確保も含めて、様々な実践を通じ、行政がその盛り上がりを支援していく価値は十分に認められる。[71]

68）平成15年3月20日国総観旅第526号「農家民宿が自ら宿泊者に対して行う農業体験サービスに関する旅行業法の解釈の明確化について」。他の宿泊施設も含めたパッケージツアーを組んで販売するのは、旅行業法に抵触するとされる。

69）平成15年3月28日国自発第250号「宿泊施設がその宿泊者を対象に行う送迎のための輸送について」。最寄りの駅と宿泊施設との間の輸送を念頭に置いている。

70）京都府丹後広域振興局・前掲8頁以下、15頁。

71）自治大学校生による政策立案研究として、寺田奉昭＝冨樫麗＝中島久男＝室井史之＝丸山徹「「農家民宿」による中山間地域の振興」自治実務セミナー2018年2月号52頁。実践例の紹介として、小田切徳美「地域づくりと地方自治体」『地方自治法施行70周年記念自治論文集』総務省（2018）495頁（501頁以下）。

第6節　民泊を可能とする諸制度（5）イベント民泊

第1款　概　要

　制度化された民泊とは別に、厚生労働省の事務連絡によって、突発的な宿泊需要に対応する「イベント民泊」が合法である旨が示されていることはあまり知られていない。古くは昭和36年の秋田国体の際に県内1,223軒の民家に約7,000人が宿泊した例などがあり、国体では昔から行われていたようである[72]。イベント民泊とは、「①年数回程度（1回当たり2～3日程度）のイベント開催時であって、②宿泊施設の不足が見込まれることにより、③開催地の自治体の要請等により自宅を提供するような公共性の高いものについて、「旅館業」に該当しないものとして取り扱い、自宅提供者において、旅館業法に基づく営業許可なく、宿泊サービスを提供することを可能とするもの」とされる。

　こうした解釈を確認しているのは、平成27年7月1日厚生労働省健康局生活衛生課事務連絡「規制改革実施計画への対応について」である[73]。この事務連絡では、「年数回程度（1回当たり2～3日程度）のイベント開催時であって、宿泊施設の不足が見込まれることにより、開催地の自治体の要請等により自宅を提供するような公共性の高いものについては、「反復継続」するものではなく、「業」に当たらない」という解釈により、旅館業法3条1項の許可が不要であることが示された[74]。さらには、平成28年4月1日観光庁観光産業課・厚生労働省医薬・生活衛生局生活衛生・食品安全部生活衛生課事務連絡により、「イベント民泊ガイドライン」が発出されている。その後、平成29年7月10日付の事務連絡により、イベント民泊ガイドラインは改訂されているので、以下では、この改訂版に沿って検討を加える。

72）安念潤司「旅館業法と民泊」浅見＝樋野編著・前掲33頁。石井（英）・前掲608頁の脚注3）にも、このような形態について言及がある。
73）報道では、この事務連絡によってイベント民泊が適法化されたかのように伝えられることが多いが、この事務連絡は従来からの運用を確認したものにすぎない。
74）安念・前掲39頁。

第2款 「年数回程度（1回当たり2〜3日程度）のイベント開催時」（要件①）

　最も関心を引きそうな期間・回数要件であるが、イベント民泊ガイドラインにおいては、「2〜3日程度」は「あくまで目安であり、必ずしもイベント開催期間が3日以内でなければイベント民泊として認められないということではありません」とされている。イベント民泊に旅館業法が適用されない趣旨は、実施期間中に、宿泊者の入れ替わりがない態様で宿泊させる場合には、反復継続性が否定されるためである。反復継続しない以上、規制の対象となる「営業」（旅館業法2条2〜4項）にはならない。また、「多数人が施設を入れ替わり利用することがないことから、感染症の流行等、公衆衛生に関する問題が生じるリスクも低い」という実質的な理由も示されている[76]。

　次に、イベント民泊の対象となるイベントは、必ずしも自治体が主催している必要はなく、協賛、後援しているものも含まれる。また、イベント民泊の実施について公共性が認められるのであれば、イベントそれ自体が公共的なものである必要はないとされる。対象となるイベントには、「地域のお祭り、花火大会等に限らず、国際会議や展示会等のビジネスイベント（MICE）、スポーツイベント、コンサートなどの音楽イベント等も含まれます」と断言されている[77]。冒頭に掲げた国際会議や「東方神起」「嵐」のコンサートの例には、イベント民泊によって十分対応可能なのである。

第3款 「宿泊施設の不足が見込まれる」（要件②）

　イベント民泊ガイドラインでは、「イベント開催時に宿泊施設の不足が見込まれるかどうかの確認においては、必ずしも精緻な調査を実施する必要はありません」とされる。「自治体の観光部署において、当該自治体及びその近隣自治体の宿泊施設の供給量（客室数）、イベントへの遠方からの来場者数の見込み（外国人や、他の都道府県からの来場者等）、イベントと無関係な宿泊者数の見

---

75) イベント民泊ガイドライン2頁。「宿泊者の入れ替わり」については、たとえば、1日目から2日目午前までは宿泊者Aを宿泊させ、2日目午後から3日目までは宿泊者Bを宿泊させる場合は、「宿泊者の入れ替わり」があるため、旅館業法が適用されるそうである。他方、同じ施設に、同時に、複数組、複数名を宿泊させる場合は、「宿泊者の入れ替わり」がないため、イベント民泊として実施することができるとされる。
76) イベント民泊ガイドライン2頁。
77) イベント民泊ガイドライン2頁以下。

込み、さらに過去実績等から、「宿泊施設の不足が見込まれる」と合理的に判断できるのであれば、本要素は満たされます」というわけである[78]。

第4款 「開催地の自治体の要請等により自宅を提供する」（要件③）

「自宅」というのは、個人が現に居住する施設が念頭に置かれている[79]。「居住する」の意味内容は、Q&Aも含めて、明確にはされていない。現に在宅する住宅が含まれるのは当然として、セカンドハウスや別荘も含まれると解される。同ガイドラインに示された〔申込書記載事項（例）〕には、「自宅提供時に自宅提供者又はその家族等が在宅するか」という条項があり、合理的に解釈すれば、在宅を不可欠の要件とはしていないからである。とすれば、空き家のような住宅ストックも該当すると解するのが自然である。

イベント民泊ガイドラインでは、自宅提供者への要請行為や、これに関連する事務については、当該イベントの実行委員会や、その他の第三者に委託することができる旨が強調されている[80]。平成29年8月11日から16日までの「阿波踊り」の期間にわたり徳島市が実施したイベント民泊においては、予算100万円（一切の経費を含む）でイベント民泊実施に係る事務を株式会社パソナに委託したという。委託された事務の内容は、自宅提供者の募集・審査、研修の実施、運営事務局の設置、自宅提供者および宿泊者からの問い合わせ対応など多岐に及んでおり、市としては大幅な負担軽減である。自宅提供者として審査を通過した者は31名（実際に民泊受入をした者は26名）、延べ宿泊者数は米仏伊台中からの外国人を含めて273名に上ったということで、イベント民泊の今後の可能性を感じさせる出来事である[81]。

自宅提供者への要請については、ホームページや広報誌等により自宅提供希望者を公募し、これに申し込んだ自宅提供希望者のうち一定の要件を満たすものについて、個別に、要請を実施するという方法が示されている[82]。これは、民泊推進条例において自宅提供希望者を登録するという制度設計に結び付く。

78）イベント民泊ガイドライン3頁。
79）イベント民泊ガイドライン5頁。
80）イベント民泊ガイドライン3頁。
81）石井（く）・前掲173頁以下。Airbnb Navi「パソナ、徳島「阿波おどり」期間中のイベント民泊を運営」（平成29年11月15日）http://tsite.jp/r/cpn/airbnb/news/2017111502.html　株式会社パソナ「ニュースリリース『徳島市民泊普及促進業務』受託　住宅宿泊事業法を学び民泊サービス推進　徳島市のおもてなし人材を育成」（平成30年6月12日）https://www.pasonagroup.co.jp/news/index112.html?itemid=2422&dispmid=798
82）イベント民泊ガイドライン3頁。

第5款　小　括

調べるほどに、突発的な需要の増加には、イベント民泊によって十分対応可能であることが判明する。イベント民泊では、宿泊者が入れ替わるなど、反復継続して（業として）客に宿泊を提供することが認められていないけれども、逆に言えばそれくらいしか制限がないからである。また、イベント民泊には、建築基準法・消防法の構造基準は適用されないし、都市計画法上も住宅として扱われるから、住居専用地域でも行うことができる。新規の申請コストや設備投資が全く不要であるイベント民泊を活用しないのは、地域にとっても「宝の持ち腐れ」である。

第7節　民泊を可能とする諸制度（6）
　　　　　ボランティア型（農家民泊）

なお、「農家民泊」とよばれる制度があるが、これはボランティアで修学旅行の子どもたちを受け入れて現地の生活体験を行うことなどを想定したものである。無償のボランティアであるため、旅館業法の許可を要しない。[83]名称が紛らわしいので、本章では、「農家民泊」ではなく「ボランティア型」とよぶことにする。[84]

ボランティア型は、平成20年度から総務省、文部科学省、農林水産省により開始された「子ども農山漁村交流プロジェクト」において、農林漁家での民泊を必須とする方針が打ち出されたことで拡大した。農林漁家への宿泊体験は、子ども自身の社会性や自立性、情緒の安定性等を育む効果が期待されるのみならず、農山漁村地域においても、高齢農家の営農意欲を蘇らせたり、受入れ調整などを通じた集落の連帯感や機能を高める効果などが期待されている。[85]

宿泊料を徴収しない形態の（食事代の実費は徴収する）寺院の宿坊などは、こ

---

83) 平成23年2月24日健衛発0224第1号「無償で宿泊させる場合の旅館業法の適用について」

84) 実務的にも、先述した農家民宿と農家民泊（ボランティア型）の区別は混乱を招いているようである。中尾誠二「規制緩和型農林漁家民宿に関する一考察」2009年度日本農業経済学会論文集（2009）386頁は、前者を旅館業法の許可を得た「ホワイト民泊」、後者を「市町村等が受け入れ窓口となって体験料等の名目で料金授受は行うが宿泊料金は受け取れない微妙（グレー）な状態」であるとして「グレー民泊」と名付ける。ボランティア型であるので許可は不要であることが（法的には）明確なのであるが、両者の境界線が不分明であるという戸惑いを良く表現しているように思われる。

85) 鈴村源太郎「農林漁家宿泊体験における効果的な取組に関する分析」農業経営研究50巻2号（2012）31頁。

のボランティア型の一種である。これに対して、宿泊料を徴収する場合には、旅館業法の許可を得なければならない。[86]

表　民泊を可能とする諸制度

	旅館・ホテル	簡易宿所	特区民泊	住宅宿泊事業法	農家民宿	イベント民泊
法令上の根拠	旅館業法3条1項	旅館業法3条1項	国家戦略特区法13条	住宅宿泊事業法3条1項	旅館業法3条1項	行政解釈
客室面積	1客室7㎡以上（寝台を置く場合9㎡以上）	延床面積33㎡以上（10人以下なら定数×3.3㎡）	1客室25㎡以上	1人当たり3.3㎡以上	簡易宿所よりさらに規制緩和	規制なし
フロント	原則必要	不要（条例規制あり）	不要	不要	簡易宿所なら不要	不要
建基法の用途	旅館・ホテル	旅館・ホテル	住宅（ただし、実施地域内である必要）	住宅	33㎡未満なら住宅・兼用住宅	住宅
消防法令の規制	厳格	厳格	厳格だが共同住宅の場合は複雑	家主同居・50㎡未満なら大幅規制緩和	33㎡未満なら大幅規制緩和	住宅並み
営業日数	規制なし	規制なし	1回につき3日以上滞在	年間180日以内（条例の特則）	規制なし	年に数回、1回2～3日程度
備考	客室数要件などが撤廃	多様な用途に使われている	賃貸借契約・グループ貸し		大幅な規制緩和	市町村の要請が必要

86）石井（く）・前掲6頁。

第8節　民泊推進条例の具体案

第1款　登録制度

　以上の整理を基に、民泊推進条例の具体案を提示する。まず、イベント民泊という制度自体を周知することが肝要である。そのためには、当該市町村でイベント民泊を行う旨を宣言し、イベント民泊を可能にするための諸手続について規定することが求められる。

　具体的には、イベント民泊を提供する意思がある者とその候補施設となる住宅について、事前に登録しておくしくみを採用することが考えられよう。登録は申請に対する処分として行われることとして、審査基準の設定・公表、標準処理期間の設定、拒否の場合の理由の提示など、各市町村の行政手続条例の規律を及ぼす。当該市町村でイベント民泊を行う場合には、事前に登録された者（以下では、「登録民泊提供者」とする。）であることを要件とするのである。近隣トラブルを起こして、後述する過料の処分や刑罰を受けた者には、欠格事由をつけて一定期間の登録を拒絶する。

　無登録での民泊には、旅館業法10条1項1号により、6月以下の懲役もしくは100万円以下の罰金が科される。[87]厚労省の事務連絡に引き付ければ、「開催地の自治体の要請等により自宅を提供する」という要件を満たさないことから、「公共性の高いもの」とは言えず、旅館業法3条1項の許可を得ない宿泊サービスの提供は違法という解釈になる。実際の運用に支障はないと思われるが、警察や検察庁との入念な協議を通じて、この解釈・運用を確認しておく必要がある。

第2款　治安、衛生、風紀など外部不経済への対応

(1)　地域での包摂を

　民泊で心配なのは、得体の知れないよそ者が住宅地の周囲をうろつくことへの不安である。田舎はもちろんのこと、都会でも、閑静な住宅地においては、こうした不安は払拭されがたいことと思われる。少し古い判例であるが、浦和

87）市町村は警察・検察庁に刑事告発することができる。三浦雅生「民泊導入において想定されるトラブルと自治体における対応策」自治体法務研究52号25頁（28頁）。

地判平成3年3月25日判例自治86号62頁は、ラブホテル営業の予定された建物の周辺住民が提起した旅館業法の営業許可の取消訴訟について、旅館業法は公衆衛生の見地から規制を行ったものにすぎず、周辺住民の利益を個別的に保護したものではないから、原告適格を欠くとした。民泊推進条例に基づく民泊候補施設の登録についても同様に解されるかは、争いがあろう。[88]

　ただし、イベント民泊の場合、事柄の性質上、宿泊客のほとんどは日本人であることが想定されるから、生活習慣の異なる旅行者への戸惑いといった要素は薄いと思われる。条例上の対応も、規制的行政指導が中心でよく、宿泊客の騒ぎがあまりに繰り返されたり、性風俗産業に利用されたような場合に登録を取り消すことを想定しておけば十分であろう。登録の取消しには、行政手続条例上、不利益処分としての規律が及ぶ。

　むしろ、地域での巡回活動を制度化すべきである。異分子を排除するよりも、地域全体で民泊を受け入れるという「包摂」こそが肝要である。登録民泊提供者を含めた地域の人々と交流することで、旅行者をその地域の支持者、ファン、リピーターへと「包摂」してしまうことに、民泊の本来の目的がある。[89]イベント民泊は多くても年に数回程度なのであるから、そのときに絞って、巡回を強化すれば足りる。これは、常設型の民泊を導入した後の予行演習にもなるし、民泊に限らない、一般的な地域の見守り活動にも繋がっていく。また、行政や警察に対して事態の打開を依頼する以前に、登録民泊提供者のリストを地域に配布しておき、騒いでいる宿泊者がいるときはまずはそちらに苦情を申し入れるよう仕向けるべきである。[90]

(2)　行政処分・過料

　言うまでもなく、これらの規定は住宅宿泊事業法上の民泊を導入した場合（第

88）平成16年に行政事件訴訟法9条2項が追加された後も、サテライト大阪判決（最判平成21年10月15日民集63巻8号1711頁）のように、最高裁は（生命や身体に被害が及ばない）広い意味での生活環境利益については個別的保護利益性を認めない態度を見せている。阿部泰隆「判例解説」判例評論621号（2010）2頁、神橋一彦「判例解説」民商法雑誌143巻3号（2011）13頁、椎名慎太郎「環境行政訴訟の原告適格再論」ロー・ジャーナル6号（2011）1頁（18頁）、板垣勝彦「判例解説」法学協会雑誌129巻5号（2012）1188頁など、学説は総じて批判的である。

89）浅見・前掲9頁、矢ケ崎・前掲28頁、城所哲夫「地域活性化と民泊の可能性」浅見＝樋野編著・前掲133頁（135頁）。

90）住宅宿泊事業法では、家主居住型の場合には住宅宿泊事業者が、家主不在型では住宅宿泊管理業者が、それぞれ宿泊者に対して周辺地域の生活環境への悪影響の防止に関し必要な事項の説明をした上で（同法9条1項）、苦情および問合せについて適切かつ迅速に対応することが求められる（同法10条）。イベント民泊においても同様に運用すべきであろう。私人間で想定される問題点については、佐藤・前掲69頁以下。

4款で後述）にも活用できる[91]。ただし、宿泊客が騒いだ場合に登録民泊提供者に対し制裁を科すだけでは、実効性はあまり期待できないように思われる。むしろ、「安全で快適な千代田区の生活環境の整備に関する条例」24条1項のように、指定場所以外へのごみ出しを発見したり、夜中に騒いだりした者に対して、市町村長から委任を受けた巡視員がその場で数千円の過料を科すといったことが、規制の実効性を確保するには最適であろう[92]。

　ただし、過料を賦課する要件（構成要件）の定め方となると、構成要件が広範に過ぎるものになることが懸念されるため、ひと工夫が必要となる。歩きタバコや指定場所以外へのごみ出しは、構成要件が形式的に決まってくるため、直罰方式の採用に困難は少ない（ただし、現行犯でないと捕捉することが困難な可能性がある）。これに対して、部屋で騒いだ者への制裁手段として直罰方式を採用することには、高いハードルがある。この点、民泊の場合は通常2泊以上の宿泊が予定されているため、巡視員が騒いでいる宿泊客を発見した場合には、まず行政指導としての指示ないし勧告を行い、1時間後や2時間後に再び巡回したときに状態が改善されていないときには改善命令を発出して、翌日以降も騒ぎが繰り返された場合は過料を徴収するというワンクッション方式を採用することが考えられる[93]。それでも発出要件の充足をいかに認定するかについての曖昧さは残るが、直罰方式よりは難点が少ないと思われる。

　問題は、巡視員の規模と運用コストである。小規模な町村ならば、いつどの住宅に宿泊客がいるか、民泊事業者から役場に届け出てもらい、その規模に合わせた巡回を行うことが考えられる。ただし、町村の面積が広くなってくるとお手上げとなるから、地域の自治会や警察、消防と連携して、地域ごとにきめ細かく巡回する必要が出てくる。消防団組織の構成員に対して、巡視員として

91）住宅宿泊事業法上の民泊において行政処分・過料を科す場合には、イベント民泊とは異なり、多様な文化背景をもつ宿泊客の来訪が予想されるから、規制を段階的に強化していくことが求められよう。

92）田中謙『タバコ規制をめぐる法と政策』日本評論社（2014）168頁は、千代田区の過料徴収システムがうまく機能している理由として、①徹底的な周知活動をしたこと、②罰金ではなく「過料」としたこと、③「過料を徴収するための組織」を整備したこと、④過料の額が2,000円という「絶妙の額」であること（条例で規定された額は「2万円以下」であるが、運用で2,000円に統一しているという。）、⑤悪質なものだけでなく「一律過料」としたことを挙げており、示唆的である。

93）公益上望ましくない行為を禁止する手法として、直罰方式とワンクッション方式（命令前置方式）がある。直罰方式とは、法律違反を行った者を直ちに処罰する方式のことであり、刑法犯において一般的な方式である。これに対して、ワンクッション方式（命令前置方式）とは、法律違反行為に対して一旦行政庁の業務停止命令などの不利益処分を介在させ、それに従わなかった者を処罰する方式のことであり、行政法関係の刑罰に多くみられる。阿部泰隆『行政法解釈学Ⅰ』有斐閣（2008）616頁。本来は行政刑罰を想定した用語法であるが、本章では過料の賦課においてもこの用語法を使っている。

過料を賦課・徴収する権限を付与するのが適当であろう。

(3) 行政刑罰の賦課と警察との連携

　刑罰（主に行政刑罰）については、実際に科刑を行うことまではあまり想定されておらず、むしろ警察に動いてもらう根拠として活用される部分が大きい[94]。夜中に騒いで地域に迷惑をかけることの禁止を罰則付きで条例に書き込むことは、暴走族の集会行為を禁じた広島市暴走族追放条例事件（最判平成19年9月18日刑集61巻6号601頁）を参照するまでもなく[95]、意外に難しい。実務運用上、疑義が生じないように構成要件を規定するためには、地方検察庁との協議（検察協議）を活用することが必須である。それでも、新たな罰則を創設することには理論的にも実務的にも高いハードルがある。直罰方式の採用は難しく、改善命令違反に対して罰則を科すワンクッション方式が適当であろう[96]。何か既存の法令が使えないか調べてみると、良く知られる法律の中に、民泊における宿泊客が地域の生活環境を乱すものとして想定される局面があらかた書き込まれている。軽犯罪法（昭和23年法律第39号）1条である。

　古い法律ではあるが、軽犯罪法は、その法定刑の軽さから、刑法典と比較すると構成要件の厳密性が大幅に緩和されており、日常的な意味での迷惑行為を幅広く捕捉した規定となっている。民泊施設で騒ぐ行為についてみると、「公務員の制止をきかずに、人声、楽器、ラジオなどの音を異常に大きく出して静穏を害し近隣に迷惑をかけた者」は、同条14号において取締りの対象である。「制止」は、禁止だけでなく制限する場合も含むので、音量を下げるようにとか、夜間は当該音を発しないようにといった注意や警告を与えることも含まれるとされる[97]。アパートの両隣や階上・階下、旅館の近くも「近隣」である[98]。

---

94) 三浦・前掲25頁は、民泊トラブルのうち主なものは生活上の迷惑といった次元にとどまり、警察力の対応には適さないとする。もっとも、それも程度問題であろう。

95) 広島市暴走族追放条例16条と17条は、「公衆に不安又は恐怖を覚えさせるような集又は集会」が、管理者の承諾を得ず、「公共の場所において、特異な服装をし、顔面の全部若しくは一部を覆い隠し、円陣を組み、又は旗を立てる等威勢を示すことにより行われたとき」は、市長は当該行為の中止命令・退去命令を発することができ、命令に違反した者は同条例19条で6月以下の懲役または10万円以下の罰金に処せられる。最判平成19年9月18日刑集61巻6号601頁は、規制の対象は暴走族およびその類似集団に限られるので、集会の自由を保障する憲法21条と31条に違反するものではないとした。

96) 「安全で快適な千代田区の生活環境の整備に関する条例」25条でも改善命令違反に対する罰金（ワンクッション方式）が規定されている。

97) なお、民泊に対する苦情の中には、深夜にもかかわらずドアの開閉やキャスター付きバッグで音を出されることも含まれるというが（新宿区における苦情について、木村・前掲46頁）、ここまでくると神経質にすぎる。

98) 伊藤榮樹＝勝丸充啓『軽犯罪法［新装第2版］』立花書房（2013）133頁以下、井阪博『実務のための軽犯罪法解説』東京法令出版（2018）119頁以下。

道路など公共の場所における迷惑については、「公共の場所において多数の人に対して著しく粗野若しくは乱暴な言動で迷惑をかけ……た者」（同条13号）が処罰の対象となっている。「酒に酔って公衆に迷惑をかける行為の防止等に関する法律」（昭和36年法律第103号）4条1項の対象となる場合もあろう。「街路又は公園その他公衆の集合する場所で、たんつばを吐き、又は大小便をし、若しくはこれをさせた者」（軽犯罪法1条26号）も良く知られている。

　ごみ捨てのルールを守らない行為については、「公共の利益に反してみだりにごみ、鳥獣の死体その他の汚物又は廃物を棄てた者」（同条27号）が規定されており、道路、公園、広場等にごみを捨てることを禁じている[99]。なお、廃棄物処理法には本罪の加重規定として、5年以下の懲役もしくは1000万円以下の罰金が規定されている（同法25条1項14号・16条）。

　田舎では勝手に土地に立ち入られたり、田畑を踏み荒らされることも懸念されると思われるが、「入ることを禁じた場所又は他人の田畑に正当な理由がなくて入つた者」（軽犯罪法1条32号）も処罰される。「入ることを禁じた場所」とは公私の区別なく、占有者ないし管理者が立札、貼り札、柵、垣根、縄張りその他の方法で他人の立入りを禁止する意思を表明した場所を指す[100]。住居侵入罪（刑法130条）が成立する場合は、そちらに吸収される[101]。

　軽犯罪法は、誰もが知るお馴染みの法律なので、警察も動きやすいであろう。実際に処罰されるか否かなどは、あまり気にする必要はない。表現は悪いが、外国人だから日本の法制には詳しくないことを逆手に取れば良い。シンガポールのようにごみを路上に捨てただけで厳罰に処される国も存在する以上、日本のような清潔な国では途方もない厳罰に処されるかもしれないと旅行者に感じさせる——まさか拘留・科料で済まされるとは思うまい——だけで、威嚇力としては十分である。条例の中で、こうした軽犯罪法の条項を改めて掲げて、しっかり取締りをしていくことを宣言し、警察との連携を図ることを強調することが肝要である[102]。

　観光立国の推進政策によって多様な文化背景をもつ人々が来日する以上は、

99）伊藤＝勝丸・前掲182頁以下、井阪・前掲176頁以下。

100）伊藤＝勝丸・前掲219頁、井阪・前掲206頁以下。

101）伊藤＝勝丸・前掲224頁。住居侵入罪の保護法益をめぐっては、平穏説と住居権・管理権説が対立しているが、最判昭和58年4月8日刑集37巻3号215頁は、住居権・管理権説に立つ。西田典之＝橋爪隆『刑法各論［第7版］』弘文堂（2018）110頁。したがって、開いた門扉から平穏な態様で侵入する行為も処罰される。

102）北村・前掲19頁も、実際に警察に動いてもらうことの重要性を強調する。

警察・検察も良好な生活環境を維持するために、国を挙げて軽犯罪法を積極的に運用していくことを宣言するのが適切であろう。そして、確認の意味で、条例の中にも既存の法令で処罰され得ることを明記すべきである。「田畑に立ち入る行為は軽犯罪法1条32号により処罰されます」という看板を、3か国語くらいの表記であちこちに立てておく工夫はあって良い。

第3款　組織の構築、財政的支援、情報収集・提供

　民泊自体が庁内の複数部署（保健所、住宅、観光、建築部局）で連携して対処すべき事務であるが[103]、イベント民泊の必要が生じるほど宿泊需要が高まるイベントであるならば、市町村間の広域連携によって組織的に対応することが考えられる。定住自立圏における中心市と近隣市町村において、民泊対応のための連携協約を締結し（地方自治法252条の2）、巡視員の活動などの経験を共有する。いっそのこと、旅館業法の許認可権をもつ都道府県および保健所設置市も取り込んで、広域連合（同法291条の2）を設立することも考えられる。

　イベント民泊を推進するために、バリアフリー化や消防設備など、住宅の改修費用に充てるための一定額の補助金を支給することはあって良い。ありきたりな発想ではあるが、補助金の原資となる特定目的基金（同法241条1項）を設けて、地元の観光業、交通運輸業、飲食業から寄附を募るのである。この基金は、補助金だけでなく、宿泊客向けの貼り紙や看板を設置する費用にも充てられる。「ふるさと納税」により寄附を募り、その返礼品として、農家民宿のような地域の特色ある暮らしを体験してもらうことも検討に値する。田舎住まいを検討している子育て世代やリタイア世代は少なくないと思われるが、実際に住んでみないことには現地の事情がわからず不安であろう。そうした潜在的移住希望者に向けて、定住促進の担当部局と連携しながら、お試しで現地の暮らしを体験してもらう意義は小さくない[104]。

　イベント民泊に提供する用意のある物件（とりわけ、空き家）の情報を収集する手法としては、物件の所有者がWEB上に登録した当該物件の情報を全体で共有する「空き家バンク」を積極的に活用することが理想的ではある[105]。しかし、「空き家バンク」事業は宅地建物取引業との棲み分けの関係から、市町

103）新宿区では、保健所として旅館業法を所管する健康部衛生課が主管となった。吉川・前掲50頁。
104）空き家と農地をセットにした移住促進のしくみの紹介として、仲村貴人「京都府移住の促進のための空家及び耕作放棄地等活用条例」自治体法務研究45号（2016）34頁。
105）板垣・前掲注（8）63頁。

村自身が物件の売買や賃貸の仲介をすることは認められておらず、市場での存在感は今一つである。

　この点と関係して、登録民泊提供者および物件について市町村自身が紹介することの是非が、旅行業法（昭和27年法律第239号）との関係から問題となる。[106]「旅行業」の主な役割は、旅行者のため、運送や宿泊に関係するサービスの提供について、代理して契約を締結し、媒介をし、または取次ぎをすることにある（旅行業法2条1項3号）。問題は、「運送や宿泊に関するサービス」の意味内容であり、旅行業法2条1項1号は、これを「旅行者が提供を受けることができる運送又は宿泊のサービス（以下「運送等サービス」という。）」と定義している。イベント民泊は「旅行者が提供を受けることができる……宿泊のサービス」に該当しないと解釈すれば、イベント民泊の仲介には旅行業法の登録（同法3条）は不要となるが、「宿泊のサービス」という幅のある概念を用いている以上、イベント民泊もこれに該当すると解すべきであろう。[107]したがって、イベント民泊の仲介は、旅行業法の登録を受けた旅行業者によって行われることになる。とはいえ、市町村の窓口やホームページにおいて登録民泊提供者のリストを配布する程度のことは「仲介」には当たらず、許容されると考えられる。やっていることは、飲食店営業許可を取得した者のリストを配るのと変わらないからである。宿泊客のリストではないので、当然、個人情報保護法制にも抵触しない。

第4款　住宅宿泊事業法上の民泊への移行

　あくまでもイベント民泊は「お試し」のものであり、いくつかの客を宿泊させて自信をつけた登録民泊提供者の中から、住宅宿泊事業法上の民泊を始めたいと思う者が出てくることが期待される。より進んで、（条件が整えばであるが）農家民宿を始めるための旅館業法3条1項の許可の取得を希望する者も現れるだろう。

　ただし、イベント民泊から住宅宿泊事業法上の民泊への移行は、そう容易ではないことが予想される。イベント民泊の場合、事柄の性質上、宿泊客はイベントに参加する日本人中心であるため、民泊施設の提供について抵抗が少な

106）イベント民泊の場合、住宅宿泊事業法の適用対象外なので、住宅宿泊仲介業の登録（住宅宿泊事業法2条9項・46条1項）とは関係がない。
107）石井（く）・前掲175頁も、対立説を紹介した上で、私見と同様の解釈を支持する。

かったけれども、常設型に移行するとなると、日本国内を周遊する外国人も客層に含まれることになるからである。

制度導入の困難にかんがみると、住宅宿泊事業法上の民泊への移行に関する規定は、数年後の見直し時に追加することにして、条例制定から当面はイベント民泊の規定のみで出発するのが穏当かもしれない。

第5款　災害時の活用

平成30年にも大阪北部地震や西日本豪雨、北海道胆振東部地震が日本列島を襲い、改めてわが国土は災害と無縁ではないことを思い知らされた。今般の災害においても、賃貸用住宅を地方公共団体が借り上げて被災者の仮設住宅として提供する「みなし仮設」が大いに威力を発揮した。災害公営住宅の整備においても、東日本大震災や熊本地震の経験を生かして、賃貸用住宅を地方公共団体が借り上げて公営住宅として提供する「借上げ公営」の比率が高まると予想される。既存の住宅ストックを被災者のために今すぐ提供することのできる手法として、「みなし仮設」「借上げ公営」は、災害対策のスタンダードとしての地位を確立させていくものと思われる[108]。

見やすい道理であるが、当面の住まいを失った被災者について、宿泊費を地方公共団体が負担した上で（宿泊費補助）、地元の旅館・ホテルに宿泊してもらうことと、地元の一般の住宅（空き家）に民泊として宿泊してもらうこととの差は紙一重である。さらに、民泊として宿泊してもらうことと「みなし仮設」「借上げ公営」を比較すると、法制度としてはかなりの相違があるにもかかわらず、その機能的な実態にはほとんど変わりがない。

平時から民泊のストックを作成し、特に市町村においてリスト化しておくことは、災害発生時に被災者に対して速やかに快適な住居を提供するという面でも、メリットの大きい施策である。

第9節　展　望

本章のキーワードは、「お試し」である。年に数回催される地方球場でのプロ野球の試合や人気歌手のコンサートなど、地方都市の近郊では、イベント民

---

108) 過去の災害における「みなし仮設」「借上げ公営」の実績については、板垣・前掲注（8）349頁以下。

泊の高い需要が見込まれる。何事も、まず試してみなければ、本当のところは
わからない。治安、衛生、風紀についても、試行錯誤を重ねていって、改善を
目指せば良いのである。どうしても民泊はなじまないという結論に達したなら
ば、廃止すれば良い。民泊推進施策の特徴として、いつでもやり直しが効くこ
とが挙げられる。繰り返し述べたように、民泊はもともと住宅として利活用さ
れる（はずの）ストックを対象としており、民泊のためにわざわざ新たに施設
を整備する必要はない。新規の設備投資が不要なことは、「お試し」を行う上
で欠かせない要素である。

　かねてから考えているのだが、参加者が数十人規模の学会などは、公民館で
も開催することが可能なのだし、小さい町村で誘致してはどうか。筆者が会計
担当を務めてきた日本財政法学会は、年に一度の研究大会の参加者は30名〜
50名程度である。別に補助金などは不要であるし、頂けるならば数万円ほど
でも十分ありがたい。交通費や宿泊費などは、すべて参加者が負担するのが学
会の決まりである。地元の旅館・ホテルに泊まりたい者はそちらを斡旋しても
らい、残りはイベント民泊によって各家庭に泊めていただく。

　むろん、研究大会には、当該市町村と周辺市町村の職員の皆さんにも積極的
に参加してもらいたい。行政学のゼミを受講していた学生時代の友人は、離島
の町村からゼミ合宿の誘致を受けて、過疎や人口減など当該町村が直面する地
域課題について検討していた。公共政策系の学会ならば、ほんの御礼として、
当該地域の特色や課題を採り上げることもやぶさかではない。それによって当
該地域との縁ができれば、学会としてもそうした繋がりを大切にしていきたい
し、行政にとっても悪い話ではないだろう。

　民泊の出現を、単なる外需の掘り起こしとか、空き家ストックの有効活用に
とどめるのは勿体ない。明治期の都市への人口集中が共同長屋や集合住宅と
いった新たな発想の建築を生み出したように、[109]民泊は、新しい建築、居住形態、
地域・まちづくりを生み出す母胎にもなり得る。近年、ある地域や社会で育ま
れてきた価値観（ライフスタイル）が新たな産業を生み出すアイデアの源泉と
なることが、夙に指摘される。人と人とが気軽に繋がり合うアメリカ西海岸で
醸成されたライフスタイルが、Google、Facebook、Appleといった新時代の

109）大月・前掲154頁。

産業を生み出したとも言われる[110]。外ならぬAirbnbも、そのようにして世界的な産業へと成長した。日本の地域社会の中で長い間大切にされてきた伝統や風習の中に、西洋の価値観では思いもつかなかったアイデアが見出されても、決しておかしくはない。民泊の切り開く新たな可能性に、大いに期待したい。

---

110) 城所・前掲135頁。発想としては、南米の密林で受け継がれてきた秘薬から〔地域社会の知見〕、新たな治験薬が生み出される〔世界的な産業〕のと共通するところがあるように感じる。

第2章

国家戦略特区を活用した農家レストランの試み

第1節　はじめに

　大都市圏の近郊、とりわけ開発圧力の強いベッドタウンは、昔も今も、都市農業のあり方について頭を悩ませてきた。本章で紹介するのは、神奈川県藤沢市が都市農業の可能性を高めるために奔走した、国家戦略特別区域（以下、「国家戦略特区」とする。）を活用した農家レストランの試みである。

　農家レストランというのは、農業・畜産業を営む者が、自身の生産物や地域の農畜産物を主な材料として飲食を提供する施設のことである。農業者の所得向上や経営安定化のためには、農業（第1次産業）だけではなく、食品加工（第2次産業）や流通・販売（第3次産業）まで多角的に手掛けることが求められる。農家レストランも、それらを掛け合わせたいわゆる6次産業化の一環として、内閣府や農林水産省によって推進されている。[1]

　注目されるのは、藤沢市が、国家戦略特別区域法（平成25年法律第107号、以下「国家戦略特区法」とする。）の制度を活用して、市街化調整区域の中でも特に規制の厳しい農用地区域においても、農家レストランの設置を可能としたことである。すなわち、農業振興地域の整備に関する法律（昭和44年法律第58号、以下「農振法」とする。）3条により、農用地区域には、田畑や牧草地などのほかには、ビニールハウスや牛舎のような「農業用施設」しか設置することができない。「農業用施設」の内容は、主務省令である農振法施行規則（昭和44年

---

1) 6次産業化については、参照、農林水産省食料産業局産業連携課ウェブサイト「農林漁業の6次産業化」http://www.maff.go.jp/j/shokusan/sanki/6jika.html

第 1 節　はじめに　　275

農家レストランいぶき外観（藤沢市にて、令和元年9月、著者撮影）

農林省令第45号）1条各号で定められている[2]。

　ところが、国家戦略特区法では、政令等規制事業（政令・主務省令により規定された規制に係る事業のこと）を定めた区域計画が内閣総理大臣の認定を受けた場合には、政令・主務省令により規定された規制について、特例措置が適用されることになる（国家戦略特区法26条）。東京圏国家戦略特別区域では、藤沢市内に農家レストランを設置するという事業を、「地域農畜産物利用促進事業」として区域計画に記載することで、農振法施行規則の規制をクリアしたのである。

　以下、国家戦略特区を活用した藤沢市の農家レストランの試みについて、国家戦略特区の概要、農振法の特例、藤沢市による農家レストランの認定制度、開発許可の順で考察を行い、都市における農地利用および都市型農業の将来像について展望する。

---

2) 農振法施行規則1条で定められた「農業用施設」は、以下のとおり。
　① 畜舎、蚕室、温室、植物工場、農産物集出荷施設、農産物調製施設、農産物貯蔵施設その他これらに類する農畜産物の生産、集荷、調製、貯蔵または出荷の用に供する施設
　② 堆肥舎、種苗貯蔵施設、農機具収納施設その他これらに類する農業生産資材の貯蔵または保管の用に供する施設
　③ 耕作または養畜の業務を営む者が設置し、および管理する製造、加工、販売のための施設
　④ 廃棄された農産物・農業生産資材の処理の用に供する施設（農業廃棄物処理施設）
　⑤ 農用地または①～④の施設に附帯して設置される休憩所、駐車場および便所

第2節　国家戦略特区とは

　国家戦略特区とは、平成25年2月の産業競争力会議での検討をきっかけとして、日本経済再生本部からの提案を受け、第2次安倍晋三内閣が成長戦略の柱の1つとして掲げた制度である[3]。国家戦略特区法2条1項によれば、国家戦略特区とは、「当該区域において、高度な技術に関する研究開発若しくはその成果を活用した製品の開発若しくは生産若しくは役務の開発若しくは提供に関する事業その他の産業の国際競争力の強化に資する事業又は国際的な経済活動に関連する居住者、来訪者若しくは滞在者を増加させるための市街地の整備に関する事業その他の国際的な経済活動の拠点の形成に資する事業を実施することにより、我が国の経済社会の活力の向上及び持続的発展に相当程度寄与することが見込まれる区域として政令で定める区域をいう」とされている。

　これまでにも「特区」制度は求められる局面に応じて様々に活用されており、小泉純一郎内閣が創設した構造改革特別区域法（平成14年法律第189号）に基づく構造改革特区、民主党政権の菅直人内閣による総合特別区域法（平成23年法律第81号）に基づく総合特区、東日本大震災復興特別区域法（平成23年法律第122号）に基づく復興特区が考案されてきた[4]。「特区」制度の主眼は、将来的に全国規模の規制改革を検討・展開する過程において、特定の地域を対象に選び、実証データを得るための社会実験を行うことにある[5]。従来の「特区」制度と比較したとき、国家戦略特区の特徴は、規制・制度改革による事業の促進を柱としており、財政措置を伴うものではないことや、地方から国に計画を提案するというボトムアップの色彩が弱く、対象区域が政令で指定されるなど、その選定が国主導であることにあるとされる[6]。

　国家戦略特区が認定されるまでのプロセスについてみると、政令による国家

---

3)　国家戦略特区については、宇賀克也『地方自治法概説［第8版］』有斐閣（2019）252頁以下、藤原靜雄「加計学園問題と情報公開・公文書管理」法律時報90巻2号（2018）79頁以下。

4)　公営住宅の入居者資格要件や処分等の手続に関する特例について、板垣勝彦（2017）『住宅市場と行政法―耐震偽装、まちづくり、住宅セーフティネットと法―』第一法規（2017）348頁。

5)　福井秀夫「社会実験としての規制改革特区」産業立地41巻9号（2002）8頁以下。特区税制とイノベーションの促進に関する興味深い研究として、漆さき「イノベーションと特区税制―― 特区税制はイノベーションを促進する効果を持つか」租税法研究46号（2018）25頁。

6)　構造改革特区や総合特区の場合、地方公共団体からの申請を内閣総理大臣が認定するしくみが採られていた。特区制度の総合的な比較・分析として、原田大樹『行政法学と主要参照領域』東京大学出版会（2015）339頁。

戦略特区の指定とともに、内閣総理大臣が「国家戦略特別区域方針」を決定し、それぞれの国家戦略特区についての性格付けや方向性が示される。平成31年4月1日現在、東京圏（108事業）、関西圏（42事業）、新潟市（22事業）、養父市（24事業）、福岡市・北九州市（56事業）、沖縄県（6事業）、仙北市（8事業）、仙台市（12事業）、愛知県（24事業）、広島県・今治市（14事業）の合計316事業が国家戦略特区として指定されている[7]。そして、区域が指定された後、各区域で実施し、または実施を促進しようとする特定事業等について、国の担当大臣、地方公共団体の長、民間事業者らが対等な立場で参画し、密接な連携して開催される国家戦略特別区域会議において、国家戦略特別区域計画（区域計画）が協議・作成される（国家戦略特区法7条1項・3項・5項）。こうしてできあがった区域計画は、国家戦略特別区域諮問会議の審議を経て、最終的には内閣総理大臣によって認定される。

第3節　農振法の特例

　藤沢市で農家を営んでいた有志は、農家レストランを営むために「株式会社いぶき」を設立したが、ここで規制の壁に直面した。彼らは市街化調整区域の中の農用地区域にしか土地を所有していないところ、農用地区域は農振法で極めて厳しい土地利用規制がかけられており、飲食店を設置するための農地の転用は認められていないのである[8]。そこで同社は、市役所の農業水産課を始めとする関係行政機関に相談した。市内の農業者の多くも、彼らと同じような土地所有状況にあるため、同じような試みを今後も支援していく観点からは、国家戦略特区を活用することが適切であると判断された[9]。藤沢市の農業振興地域整備計画書では、「農家レストランが農用地区域に設置され、農作物の需要が高まれば、近隣の休耕地の地権者においても農作業の意欲向上が期待され

---

7) 現時点で国家戦略特区に指定されている区域については、参照、首相官邸ウェブサイト「国家戦略特区の指定区域」http://www.kantei.go.jp/jp/singi/tiiki/kokusentoc
8) なお、農地法4条1項の農地転用許可権限は都道府県知事に帰属するが、平成27年の法改正により、農林水産大臣が指定する市町村の区域内にあっては、指定市町村の長に権限が移譲された。その背景には、総合的な土地（農地）利用行政を実現するためには、農地法、農振法、都市計画法の規制主体を一致させることが望ましいという考え方がある。詳細な分析として、田中聖也「総合的な土地利用行政に向けた農地制度の課題について」地方自治820号（2016）2頁。
9) 平成28年11月1日現在における藤沢市の土地利用状況は、市街化区域が4,709ha（市域の67.7％、以下に同じ）、市街化調整区域が2,248ha（32.3％）である。市街化調整区域のうち、農業振興区域が1,733.91haであり、さらにその中の農用地区域が588.45haである。

……ることから、……農家レストランは農業振興に資する施設である」とされている。[10]

　本件の鍵となる法令が、「農林水産省関係国家戦略特別区域法第26条に規定する政令等規制事業に係る省令の特例に関する措置を定める命令」（平成26年内閣府・農林水産省令第4号。以下、単に「内閣府・農林水産省令」とする。）である。かなり技術的な条文であるが、全文を掲げる。

○　農林水産省関係国家戦略特別区域法第26条に規定する政令等規制事業に係る省令の特例に関する措置を定める命令（平成26年内閣府・農林水産省令第4号）

　国家戦略特別区域法（平成25年法律第107号）第26条の規定に基づき、農林水産省関係国家戦略特別区域法第26条に規定する政令等規制事業に係る省令の特例に関する措置を定める命令を次のように定める。

1　国家戦略特別区域法（以下「法」という。）第7条の国家戦略特別区域会議が、法第8条第2項第2号に規定する特定事業として、地域農畜産物利用促進事業（法第2条第1項に規定する国家戦略特別区域において、耕作又は養畜の業務を営む者が、多数人に対して地域の農畜産物を材料として調理して提供する施設を、農業振興地域の整備に関する法律（昭和44年法律第58号。以下「農振法」という。）第8条第4項に規定する農用地利用計画において農振法第3条第4号に掲げる土地としてその用途が指定された土地に設置することにより、地域の農畜産物の利用を促進する事業をいう。次項において同じ。）を定めた区域計画（法第8条第1項に規定する区域計画をいう。）について、内閣総理大臣の認定を申請し、その認定を受けたときは、当該認定の日以後は、次に掲げる要件の全てを満たす施設は、農振法第3条第4号の農林水産省令で定める農業用施設とみなす。

一　当該区域計画に定められた次項の区域内にあること。

二　多数人に対して、自己の生産する農畜産物又は当該農畜産物及び当該施設が設置される市町村の区域内若しくは農業振興地域（農振法第6条第1項に規定する農業振興地域をいう。）内において生産される農畜産物を主たる材料として調理して提供するものであること。

三　耕作又は養畜の業務を営む者が設置し、及び管理するものであること。

---

10)「藤沢農業振興地域整備計画書」（平成27年11月）16頁。

2 前項の区域計画には、法第8条第2項第4号に掲げる事項として、地域
　農畜産物利用促進事業を実施する区域を定めるものとする。

　農振法8条4項に規定する農用地利用計画というのは、農業振興地域整備計
画の中で定められる「農用地等として利用すべき土地の区域（以下「農用地区域」
という。）及びその区域内にある土地の農業上の用途区分」のことである。市
町村は、農用地利用計画を定める場合には、都道府県知事に対して協議を経た
上で同意を得る必要がある[11]。国・地方公共団体は、このようにして定められ
た農用地利用計画を尊重して、農用地区域内にある土地の農業上の利用が確保
されるべく努力義務を負う（農振法16条）。そして、都道府県知事・指定市町
村長は、農用地区域内にある農地について転用許可（農地法4条1項・5条1項）
を行うに当たっては、これらの土地が農用地利用計画において指定された用途
以外の用途に供されないようにしなければならない（農振法17条[12]）。つまり、
農用地区域では最も厳しい転用規制がかかり、農用地（およびそれに関係する
土地）として利用する以外には、先述した「農業用施設」くらいしか設置する

11）著名な自治紛争処理委員平成22年5月18日勧告（地方自治752号70頁）は、我孫子市農振地域整
　備計画の変更案に係る我孫子市からの協議の申出に対して千葉県知事が不同意とした事案であるが、
　農振地域整備計画を変更する際には農振法13条4項により同法8条4項が準用されていることが県
　知事による関与の根拠となっている。田中・前掲4頁以下。
12）もともと農振法が制定された背景には、農地法の農地転用許可基準が農地の現況に応じて一筆ご
　とに転用の許可を判定する「一筆統制」の手法を採っており、優良農地を面的に確保するためには、
　同時期に制定された新都市計画法（昭和43年法律第100号）と同じようなゾーニングの手法が必要
　であると認識されたことがある。
　　したがって、農用地区域内で農地転用を行う場合には、あらかじめ当該土地を農用地区域から除
　外しておく必要がある。福与徳文「農振法にもとづく土地利用コントロール」日本不動産学会誌13
　巻4号（1999）34頁（35頁）。しかし、そのためには前述のように農振地域整備計画の変更につい
　て都道府県知事の同意を得なければならない。自治紛争処理委員平成22年5月18日勧告は、我孫子
　市が政策推進のために特定地域について農用地区域から除外するための農振地域整備計画の変更を
　図った事案である。
　　ただし、農用地区域の指定要件については国法の規律密度が高いことから、国による規制が都道
　府県の同意権限を通して市町村に及んでいるという面もあり、小幡純子・地方自治判例百選［第4版］
　206頁以下は、市町村独自の農業政策を含む計画調整のあり方が課題であるとする。

ことができないのである（農振法３条参照）。[13]

　この局面で、先の内閣府・農林水産省令が効いてくる。同命令１項各号の要件をすべて満たす施設は、農振法３条４号の「農業用施設」とみなされて、そうした施設を設置するための農地転用が可能になるからである。

第４節　藤沢市による農家レストランの認定制度

　国家戦略特区を活用した農家レストランの試みは、新潟市で３件が開業したことを皮切りに、愛知県でも開始されているが、藤沢市の農家レストランは、東京圏では初めてのものである。他の国家戦略特区と比較したとき、藤沢市の先進性は、農家レストランの認定制度とそのための基準を設けたことにある。

　「藤沢市東京圏国家戦略特別区域における農家レストラン設置要綱」（以下、「農家レストラン設置要綱」とする。）では、農家レストランを設置し、運営しようとする者（設置者）に対し、市長の認定を受けることを求めている（同要綱３条１項）。審査の結果、認定基準に適合するものと認められた場合には「農家レストラン設置（変更）認定書」が交付される（同条３項）。認定基準は、比較的規模の大きな飲食店を参考に定められたとのことで、これによって、市のお墨付きを得た「認定農家レストラン」が生まれるわけである。

○　藤沢市東京圏国家戦略特別区域における農家レストラン設置要綱第３条第１項の認定基準（抄）
１．申請地は、開発区域面積（事業面積）が2,000㎡未満であること。
３．建築物の延べ面積は、おおむね300㎡以下であること。
４．建築物は、２階建て以下かつ高さ10ｍ以下とすること。

---

13) 農振法３条各号の定める農用地等の定義は、以下のとおり。「農業用施設」については、同条４号に規定がある。
　１号　耕作の目的または主として耕作もしくは養畜の業務のための採草もしくは家畜の放牧の目的に供される土地（農用地）
　２号　木竹の生育に供され、あわせて耕作または養畜の業務のための採草または家畜の放牧の目的に供される土地（農用地を除く）
　３号　農用地または前号に掲げる土地の保全または利用上必要な施設の用に供される土地
　４号　耕作または養畜の業務のために必要な農業用施設（前号の施設を除く）で農林水産省令で定めるものの用に供される土地
　農振法の土地利用規制の課題については多くの研究がなされているが、福与徳文「農振法のゾーニングに関する諸論点の整理と展望」農村計画学会誌vol.15 No.1（1996）９頁が既往の研究の整理としてすぐれている。

5．当該土地が農地である場合は農地転用の許可が受けられること。

8．申請地が農用地区域内における農用地の集団化、農作業の効率化、その他土地の農業上の効率的かつ総合的な利用に支障を及ぼすおそれがないと認められること。

10．計画施設は、深夜営業を常態とする施設、料亭・居酒屋・スナックバーなど主として酒類を提供する施設、遊興飲食させる施設等でないこと。

11．計画施設は、多人数に対して、自己の生産する農畜産物又は当該農畜産物及び藤沢市内で生産される農畜産物を量的又は金額的に5割以上使用して調理し、提供する施設であること。

13．隣地の地権者、申請地が属する農家組合、農業協同組合、土地改良区、農業委員会等から計画に係る同意が得られること。

14．都市計画法第33条、34条及びその他の技術基準に関する規定に適合見込みの計画であること。

15．周辺農地等に対する影響に配慮した施設であること。

17．畜舎、堆肥舎等農家レストランとの共存が難しい施設が近隣に建設される可能性があることを理解すること。

興味深い条項を採り上げると、認定基準の［8］、［15］、［17］などは、あくまでも農用地区域内に例外的に農家レストランの設置を認めるものであって、周辺農地に対して良からぬ影響を与えてはならないとともに、本来の用途である畜舎などが近隣に建設される可能性についても、事前に農家レストランの設置者に承知してもらうという意味が込められている。認定基準の［11］は、藤沢市の認定基準の大きな売りであり、地場産のものを5割以上用いることで、市の掲げる地産地消の推進という行政目的との連携を図ったものといえる。ちなみに、量的または金額的に5割以上を使用するとはいっても、実際のところ指標として用いられるのは金額の方であり、株式会社いぶきの農家レストラ

14）実際、本件での農家レストランの数百m圏内に牛舎がある。

15）「藤沢市地産地消推進計画」（平成28年4月）34頁では、「藤沢産利用推進店」制度の充実および「藤沢産」ブランドの強化が掲げられている。

16）平成26年4月1日に内閣府・農林水産省令の施行通知として発せられた「国家戦略特別区域における農家レストランの設置について」（25農振第2474号）でも、同命令1項2号にいう「自己の生産する農畜産物又は当該農畜産物及び当該施設が設置される市町村の区域内若しくは農業振興地域……内において生産される農畜産物を主たる材料として調理して提供するものであること。」の「主たる材料として」とは、量的・金額的に5割以上使用することを意味するとされており、平仄を合わせている。

ンでは、市内で生産された米、小麦、牛肉・豚肉を使用することで、この基準をクリアする方針とのことである。

店内の様子など（藤沢市にて、令和元年9月、著者撮影）

　設置者は、認定農家レストランの適正な維持・管理とともに、排水、給水、換気等衛生上必要な措置を講じなければならない（農家レストラン設置要綱4条）。市長は、必要があると認めるときは、設置者らに対し必要な報告を求めるとともに、認定に際して付した条件の遵守もしくは施設の維持・管理の状況を確認する（同要綱6条）。認定基準の内容や認定に際し付された条件に違反したときは、認定は取り消される（同要綱8条）。注目されるのは、認定農家レストランが廃業した場合について想定し、廃業届の提出を求めるとともに（同要綱9条）、設置者に対して認定農家レストランの跡地を農地または農業用施設用地として適正に利用するよう規定していることである（同要綱10条）[17]。

　市長による農家レストランの認定制度は、法的拘束力のない要綱で定められているので、強制力をもつものではなく、行政指導指針（行政手続法2条8号ニ参照）にとどまる。農業法令上の障壁は、内閣府・農林水産省令1条各号の要件を満たして「農業用施設」とみなされることで農地転用許可が下りる、というプロセスを通じて乗り越えられるのであり、農家レストランとしての認定

---

[17] あくまでも農業に従事する者に限り農用地区域内において農家レストランの経営を認めるという大義名分からすれば、必然的な要請である。他方で、より経営上手な者に施設を売却して投下資本を回収するという方策は閉ざされることになり、政策的には検討を要する。

の有無が直接に関係するわけではない。[18]とはいえ、市が想定する農家レスト
ランの望ましいあり方を示す意味でも、認定基準を設けた意味は小さくないと
思われる。

第5節　開発許可

　このように、本件では国家戦略特区を活用することで農振法の規制をクリア
したわけであるが、それ以外の規制に服することには変わりない。食品衛生法
上の営業許可（同法52条）を受ける必要があるのはもちろんのこと[19]、都市計
画法上の市街化調整区域の開発許可（同法29条１項）が１つの関門となる。国
家戦略特区はあくまでも農振法の特例を認めるものであり、不必要な市街化・
スプロールを抑制するための開発許可制度とは、着眼点が異なるからである。
実際上、両者の許認可の要件の多くは重なっているが、市の担当者の話では、
農振法の規制の方は国家戦略特区によって比較的カテゴリカルに対処すること
が可能であったのに対して、開発許可の方は、後述する県開発審査会の提案基
準が申請の相談と同時並行的に策定されるなど、手探りの面が多かったという。
　市街化調整区域に係る開発行為の許可については、都市計画法34条各号が
具体的な基準を定めている。[20]関係行政庁で縷々検討した結果、農家レストラ
ンの設置は、同条14号（前各号に掲げるもののほか、都道府県知事が開発審査会
の議を経て、開発区域の周辺における市街化を促進するおそれがなく、かつ、市街
化区域において行うことが困難又は著しく不適当と認める開発行為）に該当するも
のとして、開発許可の手続が進められた。
　同条１号は、開発区域の周辺に居住する者の日常生活のために必要な店舗を
対象とする規定であり、レストラン等もこれに含まれるものの、農家レストラ
ンの場合は広域からの集客を予定しているため、同号の趣旨に合わないと判断
された。[21]同条９号は、都市計画法施行令29条の７と併せて、ドライブインや
ガソリンスタンドを対象とする規定であり、幹線道路から離れた地域であって

18）むろん、実際上は、農家レストランとしての認定を受けるための要件と内閣府・農林水産省令１
　　条各号の要件は密接に関係している。
19）なお、藤沢市は保健所設置市である（藤沢市保健所及び保健センター条例１条）。
20）安本典夫『都市法概説［第３版］』法律文化社（2017）91頁以下。
21）開発許可制度研究会（編）『最新　開発許可制度の解説［第３次改訂版］』ぎょうせい（2015）230
　　頁以下。

交通量が少なかったり、来訪者の主たる目的が当該施設の利用であるような場合は対象外である[22]。

同条14号の許可（以下、「14号許可」とする。）は、同条1号から13号までのいずれの規定にも該当しない開発行為について、地域の特性、社会経済の発展状況の変化、市街化区域を含めた市街化の状況、区域区分の態様等の事情を総合的に勘案し、当該開発行為の予定建築物等の用途、目的、位置、規模等を個別具体的に検討して、周辺の市街化を促進するおそれがないと認められ、かつ、市街化区域内で行うことが困難または著しく不適当と認められる場合を想定したものである。14号許可は、同条1号から13号までの規定が特定の開発行為を対象としているのとは異なり、一般的・包括的な条項であって裁量的な要素が強く、公正かつ慎重な運用を行う必要があることから、開発審査会の議を経ることが求められる[23]。

14号許可の対象が一般的・包括的であるとはいえ、許可申請の多い案件について一定の類型化は可能であることから、神奈川県開発審査会では、14号許可について、行政手続法5条に規定する審査基準として、「神奈川県開発審査会提案基準」を策定している。たとえば、農家の分家住宅（提案基準3）、収用対象事業の施行により立ち退く場合において、これに代わるべきものとして建築される建築物（提案基準6）、建築物の建替え等（提案基準9）、社寺仏閣、納骨堂等（提案基準14）、既存宅地（提案基準18）、介護老人保健施設（提案基準19）、および建築物の用途変更（提案基準20）などである。神奈川県では、開発審査会の審議時間の結構な部分が、この14号許可の審査に充てられている。このたび、藤沢市における国家戦略特区を活用した農家レストランの試みに対応して、提案基準24が新たに設けられた。

○　神奈川県開発審査会提案基準24　藤沢市東京圏国家戦略特別区域における農家レストラン
　市街化調整区域に「農家レストラン」を建築する場合の提案基準は、申請の内容が次の各項に該当するものとする。
　基準の内容

22）開発許可制度研究会編・前掲226頁以下。藤沢市内を通る幹線道路では市街化調整区域の続く区間が短く、都市計画法34条9号を適用して開発許可を得るべき施設が想定されがたいという事情も働いている。
23）開発許可制度研究会編・前掲236頁以下。

1．「農家レストラン」は、「藤沢市東京圏国家戦略特別区域における農家レストラン設置要綱」により市長の認定（以下「農家レストラン認定」という。）を受けたものであること。

2．申請地の開発区域面積（事業面積）は、2000㎡未満とする。

3．申請地は、現況道路幅員6m以上の主要道路（主要道路とは、車両が2方向に通り抜け可能な道路であり、袋路上の道路は含まれない。）に敷地外周の7分の1以上接すること。

4．建築物の規模等は、次の各要件に適合すること。

（1）建築物の延べ面積は、おおむね300㎡以下とすること。

（2）建築物は、2階建以下かつ高さ10m以下とすること。

5．藤沢都市計画の観点において支障がないものであること。

6．当該土地が農地であるときは、農地転用の許可が受けられるものであること。

　県開発審査会が14条許可に際して提案基準24を新たに設けたのは、やはり今後同じような農家レストランの設置申請がなされた場合を想定してのことである。内容的には先に掲げた藤沢市の認定基準と重複しているところが多く、提案基準24の［1］を満たせば自動的に［2］と［4］も満たされる気もするが、深くは追究しない。提案基準24の［6］は、14条許可の提案基準に散見される条項である。

第6節　今後の展望

　強い開発圧力に晒され続けてきた都市型農業にとって、農振法による厳格な農地転用規制は、これに抗するための有効な手段であった。しかし、人口減少と高齢化による担い手不足という難題に直面したとき、農業者の営農意欲を繋ぎ止めて農環境の維持・保全を図るためには、規制緩和を通じた経営の多角化・安定化は必須である。農家レストランは、その象徴的な取組みとして位置付けられる。[24]

24）農家レストランには遊休農地の有効活用という意図も込められているそうであるが、制度的には、遊休農地でなくとも設置可能である。なお、遊休農地であるか耕作放棄地であるかは農家の「作付けの意思」という主観によって定まるため、その境界は不明確である。大川昭隆「耕作放棄地（上）」時の法令1929号（2013）63頁（64頁）。

286　第2章　国家戦略特区を活用した農家レストランの試み

　本件は、国家戦略特区を活用した規制緩和の試みが興味深かったことから、事例として紹介した次第である。藤沢市の一連の動きは、農家有志がたまたま国家戦略特区の説明を耳にしたことが契機となったということであり、地元農家による自発的な提案とそれを積極的に受け止めた市・県の対応は、まさにボトムアップによる政策実現であって、地方創生の理念を実現する試みとして、高く評価されるべきであろう。昨今、肯定的な文脈で用いられることの少ない国家戦略特区であるが[25]、法律による規制を法律（ないし国会の承認）によってくぐり抜けることができる点で、法律と条例の抵触（憲法94条、地方自治法14条1項）という問題も回避される、無理の少ない手法である。

　このようにして完成した株式会社いぶきの農家レストランは、平成30年4月に開業した。筆者も最近訪れてみたが、開業から1年半が過ぎても客足の衰えはみられず、平日昼で順番待ちが必要なほど盛況であった。地産地消の取組みは、消費者にとっても、農業への眼差しを再認識させるという意義がある。藤沢市内のみならず、東京圏でも、他の国家戦略特区においても、後に続く動きが出ることを期待したい。

---

25) 藤原・前掲80頁以下。

第3章

地方自治と「所有者不明土地」問題

第1節　はじめに

　所有者不明土地問題には、様々な学問分野が連携して知恵を絞り、解決のために取り組むことが求められる。第3章では、この問題に最前線で対処しなければならない市町村の視点から、取組みの指針を論じることとする。そこでは、限られた行政資源（人的資源＝職員、物的資源＝財源）を有効に活用して、国・都道府県との関係で市町村がいかに権限を的確に行使していくかという、現代の地方自治の問題に直面することになる。

第2節　基本的な方向性

第1款　財産法のパラダイム転換？――長期の視点――

　所有者不明土地問題は、長期的な視野で取り組むべき施策と短期的に実行に移すべき施策とに分かれており、メリハリをつけて対処する必要がある。たしかに、九州と同じ面積の土地の所有者が不明になっている状況は好ましいとはいえず、長期的には、時間をかけて地籍調査を行い、所有者を突き止めることが望ましい。さらに、所有者不明土地問題が発生する原因を根本から解消するためには、登記が所有権移転の効力発生要件ではなく対抗要件にすぎないこと（民法177条）、土地の共有制度（同法249条以下）、共同相続の原則（同法898・899条）という、いずれも民法（財産法・相続法）の根幹を成す諸原則に手をつけることが求められる[1]。これらは、到底一朝一夕に片付くものではないから、数十年から百年単位で行うべき事業である。

　しかし、山林や原野のように、所有者不明土地のほとんどは、短期的に見る

---

1) 吉田修平「登記制度・財産管理制度及び共有制度と所有者不明土地問題」日本不動産学会誌122号（2017）71頁。

と、不明のままにしておいても特段の支障はない。裏を返せば、所有者不明のままでも特段の支障がないからこそ、対策されないまま、現在に至ったのである[2]。たしかに、極めて広大な面積の土地の所有者が正確には分からないというのは気味が悪いから、解消するに越したことはない。だが、解消するために要する費用（コスト）が解消により得られる便益（ベネフィット）を上回るとは思われない。縮小社会に突入したわが国において、行政資源の投入は慎重に行われる必要がある。

経済的な利用価値がある土地は、皆が争って権利を主張することで、最も所有権に対して勤勉に努力した者に対して権利が与えられるという、厚生経済学的にみて最適な利用が実現されるから、行政が関与する必要はない。不正確な公図によって実際の土地の形状・面積が食い違っているケースも多々あるのだが、10年ないし20年の自主占有による時効取得（民法162条）によって、占有の現状が所有権に格上げされるから、現に利用されている土地については、紛争になったときの解決策がきちんと用意されている。このように、利用価値のある土地は、実際に紛争にならない限り不明のままでも支障はなく、仮に紛争になった場合でも、私人間の解決に委ねておけば、最適な利用が実現される[3]。

第2款　公共目的の土地利用と外部不経済の是正
——短期の視点——

これに対して、東日本大震災の復興における高台移転事業のように[4]、誰も利用価値を認めてこなかった土地を公共目的で利活用しようとなったとき、はじめて、明治時代の登記名義がそのまま残っており、わずかな面積の土地の相続人が百人単位に広がっていたりして[5]、探索に膨大な手間暇がかかるという事態に直面することになる[6]。しかし、公共目的での土地の利活用における所有者不明という障壁は、土地収用法の不明裁決というしくみを適切に活用すれ

---

2) 安念潤司「土地所有権は永遠か」日本不動産学会誌122号4頁（8頁）。
3) 具体的な提案として、岩崎政明「所有者不明土地の法的課題」日本不動産学会誌122号17頁（21頁以下）は、所有権の帰属の有無にかかわらず当該土地・建物を使用・収益する者に固定資産税を課すよう法改正すべきであるとする。
4) 島田明夫『実践　地域防災力の強化』ぎょうせい（2017）152頁。
5) 自己物にも時効取得は認められるというのが判例（最判昭和44年12月18日民集23巻12号2467頁）であるが、相続人の1人として相続財産を共有・管理しているにすぎない者には自主占有ではないので時効取得は認められない（最判昭和47年9月8日民集26巻7号1348頁）。吉田・前掲74頁以下が、この論点について興味深い解釈を示している。
6) 共有状態の解消法については、吉田・前掲72頁以下。

ば、十分に対処することが可能である。実は都市部でもこうした問題は起きているのだが、やはり不明裁決によって解決できる。

　短期の視点においては、公共事業の支障という以外に、放置された空き地に廃棄物が不法投棄されたり、造成された宅地が崖崩れの危険をもたらしているような（負の）外部性、いわば外部不経済の是正が、喫緊の課題である。外部不経済については、現在用意されている法的しくみを最大限に活用することが求められる。

　以下では、市町村が所有者不明土地問題に対してどのように対処していくべきか、長期と短期のそれぞれの視点で論じることとする。

第3節　長期の視点

第1款　地籍調査

　長期の視点において強調されるのが、「毎筆の土地について、その所有者、地番及び地目の調査並びに境界及び地積に関する測量を行い、その結果を地図及び簿冊に作成する」という地籍調査（国土調査法2条5項）の重要性である[7]。しかし、日本では地籍調査が半分くらいしか終わっておらず、このペースでは完了まであと120年を要するという[8]。厄介なのは、地籍調査を行うために最もコストのかかる山林・原野を多く抱えている市町村ほど、面積は広大であっても人口も税収も少ない過疎地であり、行政資源に乏しいことである。

　地方自治の根拠付けとして、補完性の原理とよばれる考え方がある。これは、住民にとって最も身近な地方公共団体である市町村が第一次的に「地域における行政」を実施することとされているのは、それが住民の福利増進のために最も役立つからであって、市町村だけでは担いきれない事務は、広域的な団体である都道府県が、都道府県だけでは担いきれない事務は国が、それらを補完していくという考え方である（地方自治法1条の2[9]）。

7）ただし、現在の実務では、所有者を突き止めることまでは行われていないという。原英史「所有者不明土地の制度改善～土地情報基盤の改善・整備を中心に」日本不動産学会誌122号37頁は、不動産情報をマイナンバーと連携させるなどして一元管理すべきことを説く。

8）吉原祥子『人口減少時代の土地問題』中公新書（2017）96頁、上村和也「土地登記制度及び地籍調査が所有者不明土地に与える影響について」日本不動産学会誌122号91頁（93頁以下）。

9）松本英昭『逐条地方自治法［第9次改訂版］』学陽書房（2017）17頁以下。

行政の人的・物的資源が足りない分を広域的な団体が補うというのは、理に
かなった考え方であり、現実的でもある。そして、地籍調査のような私法秩序
の形成は、全国的に統一して定めるべき国民の諸活動に関する事務であるから、
本来は国が果たすべき役割である[10]。実際、都道府県知事が行う国土調査の成
果の認証は、国の関与が比較的強く及ぶ法定受託事務（地方自治法２条９項）
とされている（国土調査法19条２～４項・20条１項・34条の２）。

財政面でも、都道府県が行う地籍調査の場合、事業費の半分を国が負担し、
残りの４分の１ずつを都道府県と市町村で均等に配分することとなっており
（国土調査法９条の２第２項など）、市町村が行う地籍調査の場合、事業費の４分
の３を国が負担する（同条１項）。さらに都道府県・市町村の負担分の８割は
国からの特別交付税によって賄われるため、都道府県・市町村が実際に負担す
るのは総事業費の５％にすぎない。それでも、職員の人件費は市町村が支出す
る必要があるため、少なからぬ負担として認識されているようである[11]。

第２款　固定資産税の徴収不全

所有者不明土地問題は、固定資産税の徴収不全を引き起こすおそれがある[12]。
市町村の税収の約４割を占める固定資産税が適切に徴収されなければ、財政上
の影響は避けられない。固定資産税の納税義務者は不動産登記簿に所有者とし
て登記されている者であり、賦課期日において死亡しているときには、土地を
現に所有している者である（地方税法343条１項・２項）。

ところが、課税市町村内に居住していない「不在地主」の場合には、行政で
は死亡の事実を把握する手立てがないから、実のところ固定資産税の納税者が
生きているのかわからないということが起こる。こうした場合については、す
でに死亡した不動産登記簿上の土地所有者に課税するという実務運用で対応し
ている（死亡者課税）。実は、課税市町村内に居住している固定資産税の納税者
が死亡したときについても、死亡者課税は行われている。こうした死亡者課税
は、一部の例外を除いて（地方税法９条の２第４項）、本来は無効なのであるが、

10）松本・前掲16頁。
11）吉原・前掲100頁。なお、上村・前掲91頁によると、平成28年３月時点のデータでは、都市部（24％）
　　の方が、土地が細分化し、権利関係が複雑化しているなどの事情により、農地（73％）や林地（44％）
　　よりも進捗が遅れているという。
12）福井秀夫「所有者不明土地の発生原因と法政策──取引費用対策の徹底を」日本不動産学会誌
　　122号42頁（46頁）は、土地の固定資産課税はその収益価値相当額に見合ったものに改めるべきで
　　あり、建物の固定資産課税はゼロにすべきという、抜本的な解決策を提案する。

親族の誰か、あるいは相続人の代表者が支払っていれば有効な課税・徴収として取り扱うこととされている[13]。

　しかし、市町村からしてみると、支払われるべき税金さえ支払ってくれれば、あとは関知しないという立場をとることも止むを得ないと思われる。正確な所有者がわからなくとも、その土地について一応の責任をもつ者がいるのであれば、財政上支障はないからである[14]。二束三文の山林・原野については、徴収コストの方が上回る場合も十分起こり得るが、課税標準額が一定額以下の場合は固定資産税を徴収しないこと（免税点）で対応している。

第3款　国・地方公共団体による管理

(1)　直轄管理

　無主の土地は国庫に帰属するとされているにもかかわらず（民法239条2項）、長らく、国も地方公共団体も、「官公庁における寄附金等の抑制について」（昭和23年1月30日閣議決定）を根拠に、公共目的に役立つ土地でないと、財産としての受け入れを認めないという方針を採ってきた[15]。しかし、所有者不明土地問題を抜本的に解決したいのならば、管理に行き詰まった土地を国・地方公共団体が受け入れるように、方針を改めるべきである[16]。

(2)　ランドバンクの試み

　行政の直轄管理が難しくとも、アメリカのランドバンクに倣って、有効活用されていない土地を市町村が関与して設立した法人が取得・保有し、経済的な障壁を除去したり、権利関係を整理した上で（クリーニング）、適切な維持・管理を行い、やがて市場に還流するという方法が提案されている[17]。すでに空き

---

13) 相続人を突き止められない場合は、課税保留となる。死亡者課税の実態について、参照、東京財団「相続未登記と固定資産税実務に関する調査」（2016）。岩﨑・前掲22頁は、地方税法343条2項後段の改正を提言する。

14) 後述する「空家等対策の推進に関する特別措置法」10条が、固定資産税台帳に記載された納税者・納税管理者の情報を手がかりに所有者等に辿り着く手法を採用したことは、示唆的である。

15) 閣議決定の趣旨は、「財政の窮迫化に伴い、最近諸官庁（学校を含む。）においてその経費の一部を諸種の寄附に求める傾向が著しいが、寄附者の自由意志によると言われる揚合においても、その性質上半強制となる場合が多く、或いは国民に過重の負担を課することとなり、或いは行政措置の公正に疑惑を生ぜしめる恐れなしとしない。」とあるように、強制的な寄附を戒めることにあり、所有者が管理できない土地を国・地方公共団体に寄附すること一般を禁じる根拠としては薄弱である。

16) 岩﨑・前掲22頁。神山智美「不要な不動産（建物および土地）の地方公共団体への寄附は可能か？」富大経済論集62巻1号（2016）87頁。

17) 小林正典＝光成美紀「米国におけるランドバンク及びコミュニティ・ランド・トラストの活用による都市住宅市場の再生手法に関する研究」都市住宅学95号（2016）121頁。

家や農地において実施されている「空き家バンク」や農地中間管理機構（農地中間管理事業の推進に関する法律4条）と同様に、市町村の肝いりで、空き地の有効な利活用を支援するしくみである。ただし、不動産業との関係を整理する必要があるほか、ある程度市場的な利用が見込まれる土地でなければ、このしくみは軌道に乗らないと思われる。①都市部などの利用価値のある土地は、わざわざ行政が関与しなくとも、不動産市場で自由流通させればよい。問題は、②そこまでには至らないが、必要なクリーニングを施すことで、利用価値が生まれ得る土地と、③利用価値のない土地である。ランドバンクが軌道に乗るのは②であるから、②と③の目利きを行うことが、実務上のカギになろう。[18]

(3) 外国資本への売却規制？

　外国資本への土地の売却自体を規制することについては、抜け道を用いて容易に規制を潜脱することが可能であり、実効性に疑問がある。他者に買われては不都合な土地は、みずから資金を投入して購入するのが原則である。外国資本による土地の売買は、丸の内の一等地を外国資本が買い漁るとか、大手自動車・家電メーカーが外国ファンドに買収されるのと同じ状況であり、主に感情的な問題といえよう。

　自分の所有する土地をどのように利用しようと勝手だといっても、さすがに水源地に毒を流すようなことをすれば、浄水汚染罪（刑法142条以下）や不法投棄罪（廃棄物処理法25条以下）で処罰されるし、廃棄物処理法や市町村の水道水源保護条例によって、土地の利用には公法的な規制がかけられている。私的な取引を制限するのではなく、公法的な規制で対処するというのが、現行法の建前である。

　もちろん、自衛隊の用地が外国資本の手に渡るなど、建前論で片付けることのできない局面もあると思われる。重要な水源地や国境の島などについては、国・地方公共団体が所有権を取得して、管理・保全に努める必要が認められる。いずれにせよ、法律で一般的なルールを設けるような問題ではなく、懸案となり得る土地ごとに、個別に対処すれば足りよう。[19]

---

18) 民間団体が土地を集積して付加価値を高めていく取組みとしては、この他にも、コミュニティ・ランド・トラストがある。これは、ナショナル・トラストのような発想で、定期借地・借家契約を通じて、長期的な視点で空き地・空き家の再生・再販売を進める試みである。小林＝光成・前掲125頁。

19) 実際に、多摩川の水源地などは、東京都の所有地となっている。東京都による尖閣諸島の購入計画も、この発想の延長線上に位置付けられる（最終的には、国が買い取ることで決着をみた）。

第4節　短期の視点

第1款　不明裁決

(1)　不明裁決

　短期の視点で重要なのは、公共目的のための土地利用に支障が出ないように、不明裁決を使いやすくすることであろう。三陸の高台移転やリニア新幹線・高速道路だけでなく、都市部の道路拡幅のための用地取得においても、任意買収で処理しようとすればすべての共有者と連絡を取る必要があり、膨大な手間がかかる。所有者不明土地問題がもたらしている不都合は、この局面に集中している。

　しかし、こうしたときは任意買収にこだわらず、端的に強制収用手続に移行すべきである。この点、収用裁決の相手方となる土地所有者・関係人の氏名・住所を過失なく確知できない場合には、起業者は所有者を「不明」として裁決の申請を行い（土地収用法40条2項）、収用委員会は損失補償金を供託して収用裁決を行えば良いという（同法48条4項ただし書・49条2項）、不明裁決とよばれる手続が用意されている。「過失なく」（無過失）というのは、登記記録の調査、登記名義人への照会、戸籍・住民票の調査等により、起業者が真摯な努力をしても知ることができない場合をいい、調査内容について簡潔に記載した書類を提出することをもって、証明する必要がある（同法施行規則17条2号イ）。[20]

　問題は、いかなる書類がこれに該当するかである。[21]国土交通省は、「不明裁決申請に係る権利者調査のガイドライン」（国総収第14号平成26年5月23日。以下、「不明裁決ガイドライン」とする。）の中で、登記記録（閉鎖登記簿や旧土地台帳を含む。）、住民票、戸籍、固定資産課税台帳による調査の方法を紹介するとともに、それらの調査によっても土地所有者を確知できなかった場合には、「調査の結果を『土地収用法施行規則17条2号イの規定による証明書』に記載し、

---

20)　小澤道一『逐条解説　土地収用法（上）［第4次改訂版］』ぎょうせい（2019）553頁以下、門間勝「用地補償と所有者不明土地」日本不動産学会誌122号66頁。砂防法22条にも、同様の規定が置かれている。

21)　東日本大震災復興特別区域法では、登記簿に現れた土地所有者・関係人の氏名・住所を記載すれば足りるとされた。「東日本大震災復興特別区域法等における土地収用法の特例について」（平成26年5月20日国総収第11号）。

不明裁決申請をすることができます」という指針を示している。公共目的のための土地利用の支障という問題には、不明裁決によって対処することができるのである。

(2) 抑制的運用？

しかし、実務者からのヒアリングで明らかになったのは、土地収用法施行規則17条2号イの証明について、現地確認をしたり、地元の古老に聞き取り調査をするなど、不明裁決ガイドラインが示す書類以上の証拠の提出を求めて、不明裁決を過度に抑制している実態であった。もとより、収用裁決は所有権に対する侵害であるため、実務的には躊躇される傾向にある。そして、都道府県レベルでは自信をもって法の運用にあたることのできる担当者が少なく、あとから所有権者が名乗り出るような事態を極力防ぐために、「安全に安全を重ねた」運用が図られるからという。[22]

さらに、かつて収用事務は国の機関委任事務であったために、収用裁決は全国一律の基準で行われていたのが、分権改革によって都道府県の自治事務（地方自治法2条8項）になったことで、想定以上に運用がバラバラになっているというのである。[23] むろん、各都道府県で一定程度独自の運用を行うこと自体は、分権改革の必然的な帰結であり、否定されるものではない。一国の中で同じ制度の運用が異なるのを認めていくことが、地方分権の前提だからである。

そうはいっても、土地収用法の目的は、「公共の利益の増進と私有財産との調整を図」ることにある（同法1条）。天秤の一方にあるにすぎない私有財産を偏重するような運用は、法の趣旨を逸脱しており違法であることは、実務者の間に周知しなければならない。[24]

(3) 政省令への格上げを

不明裁決ガイドラインは、地方整備局など国の出先機関については国の内部的な規範として拘束するけれども、都道府県にとっては技術的助言（地方自治法245条の4）にすぎないから、拘束力をもたない。しかし、法の趣旨に反する不必要に抑制的な運用が続けば、公共事業のスムーズな実施に大きな支障を来すことになる。国からの関与として、是正の要求（同法245条の5）にまで

22）ヒアリングにおいて、実務者が、繰り返し「安全のため」という表現を用いるのが印象的であった。福井・前掲49頁以下にも詳細な記述がある。

23）福井・前掲50頁。

24）法の趣旨を逸脱した実務運用が違法となるのは、法の趣旨を逸脱した条例の制定が違法となる（徳島市公安条例事件：最大判昭和50年9月10日刑集29巻8号489頁）のと同様である。

は至らなくとも、助言・勧告を通じて、所有権を偏重することなく、土地の適正な利用にもバランスよく配慮された収用実務を実現する必要があろう。ならば、そのことを明示する法的根拠があった方が良い。立法論的には、不明裁決ガイドラインが「調査の結果を『土地収用法施行規則17条2号イの規定による証明書』に記載し、不明裁決申請をすることができます」と示している事項を政省令に規定する（いわば、「格上げする」）ことで、国全体として運用を統一すべきである[25]。地方分権のメルクマールにおいても、所有権など物権法の統一的な準則については、国が責任をもって制定することになっているから、「義務付け・枠付け」の緩和に逆行してはいない。

(4) 紛争処理

なお、不明裁決を行う際に把握できていなかった権利者があとから現れたという瑕疵については、「損失の補償についての不服」（土地収用法133条2項）となり、起業者と権利者の間での訴訟（形式的当事者訴訟）において審理・判断される[26]。つまり、不明裁決に瑕疵があった場合でも、要は損失補償をめぐる争いであるから、訴訟では、収用委員会の属する都道府県は当事者から外れるのである[27]。行政訴訟で被告となる心配はないのだから積極的に不明裁決を行うべきというのは、実務的には重要なポイントであろう。

第2款　外部不経済の是正

外部不経済の是正においては、まずは当事者間のやり取りで紛争の解決が図られるが[28]、危険を生じさせている相手方を確知できないときは、案件は行政に持ち込まれざるを得ない。しかし、行政においても過失なく義務者を確知することができないときは、略式代執行ないし即時強制によって対応することとされている[29]。平地において、土地が周囲に損害をもたらす状況は、①土地の

---

25) 福井・前掲56頁。
26) 小澤道一『逐条解説　土地収用法（下）［第4次改訂版］』ぎょうせい（2019）721頁以下、福井・前掲50頁。
27) むろん、行訴法39条により裁判所から収用委員会に通知がなされ、それに基づき訴訟参加（行訴法41条1項で準用する同法23条）を行うことは考えられる。裁判所が必要と認めるときは、職権により処分行政庁を訴訟に参加させることができる（行訴法23条1項）。
28) 松尾弘「所有者不明土地問題への民事法による対応」日本不動産学会誌122号60頁（61頁以下）。
29) 略式代執行とは、義務者を確知し得ないときに公告によって行われる代執行のこと（都市計画法81条2項など）。ただし、即時執行との明確な線引きは困難である。平川英子「行政強制制度における代執行の役割とその機能不全に関する一考察」早稲田大学大学院法研論集123号（2007）323頁（327頁以下）。その他、劒持麻衣「空き家条例における緊急安全措置の法的考察」高崎経済大学地域科学研究所（編）『空き家問題の背景と対策』日本経済評論社（2019）124頁。

上に建っている家屋が荒廃して、倒壊の危険に陥っている状況、②土地の上に建っている家屋が、倒壊の危険まではないにしても、著しい不衛生の状況に陥り周囲の環境を害している状況、③空き地に廃棄物が投棄され、著しい不衛生の状況に陥り周囲の環境を害している状況に分かれる。

①については、「空家等対策の推進に関する特別措置法」により、特定空家の所有者等（義務者）に対して、市町村長が除却や修繕などの措置命令を発することとされた（同法14条3項）。義務者を突き止めるためには、行政機関個人情報保護法の例外として、固定資産課税情報を利用することが認められる（同法10条）。それでも義務者を過失なく確知できないときは、略式代執行を行うことができる（同法14条10項）。[31]

②については、国の法令の手当てはなく、各市町村が「ごみ屋敷条例」によって対応している状況である。ただし、ごみ屋敷の場合、通常はごみを溜め込んでいる者が実際にそこに住んでいるため、義務者の捕捉に時間がかかることはあまりない（なお参照、京都市不良な生活環境を解消するための支援及び措置に関する条例13条1項）。[32]

③については、みだりに廃棄物を捨てた者には、5年以下の懲役もしくは1千万円以下の罰金が科される（廃棄物処理法16条・25条1項14号）とともに、市町村長から除去を行うべく措置命令が発せられる（同法19条の4第1項）。不法投棄者が誰なのか過失なく確知することができないときは、略式代執行を行うことが認められる（同法19条の8第1項2号）。

山林や造成地においては、これらとは別に、④土地の整備不良が急傾斜地の崩壊や地すべりなどを引き起こし、周囲の生命、身体、財産に損害をもたらしかねない状況が問題となり、急傾斜地の場合（急傾斜地の崩壊による災害の防止に関する法律8条1項）、造成宅地の場合（宅地造成等規制法14条2項〜4項・17条1項・2項）について、措置命令の規定が置かれている。過失なく措置命令を発する相手方が確知できない場合には、略式代執行によって危険を除去する手立てを定めているが（急傾斜地の崩壊による災害の防止に関する法律8条2項、

30）北村喜宣＝米山秀隆＝岡田博史（編）『空き家対策の実務』有斐閣（2016）39頁以下（北村喜宣）。
31）北村ほか編・前掲32頁以下（北村喜宣）。
32）板垣勝彦『「ごみ屋敷条例」に学ぶ　条例づくり教室』ぎょうせい（2017）48頁、95頁。本書第5部第2章も参照。

宅地造成等規制法14条5項・17条3項[33])、「著しく公益に反する」という要件が課されていることが、実務上のネックになる可能性がある[34]。

　こうして、外部不経済の是正については、ほとんどのケースで、立法的な手当てがなされている。ただ、不法投棄地のように、外部不経済をもたらす土地については、監督処分の根拠法令が不明確であったり、権限が都道府県と市町村にまたがっているなど、整理が必要な場合が少なくない。広島地判平成24年9月26日判時2170号76頁では、条例による事務処理の特例（地方自治法252条の17の2以下）によって、宅地造成等規制法17条の改善命令を発する権限が県知事から市長に委譲されていたところ、土砂の埋立地が豪雨災害で崩落したという事案において、市長による規制権限不行使のみならず、県知事にも、市長に対して是正要求（地方自治法252条の17の4）の権限を行使しなかった違法があるとされた。これに対して、控訴審（広島高判平成25年12月19日（平成24年（ネ）第579号））は、問題となった埋立地は山林であり、建設残土の搬入・埋立てについても、山林である土地の形質変更としかいえないとして、宅地造成等規制法の適用自体を否定している[35]。

第3款　探索費用の所有者負担の導入を

　不明裁決を行うにせよ行政自身が危険を除去するにせよ、まずは可能な限り、義務者である所有者を探索しなければならないから、探索費用が、市町村にとって無視できない負担となることには変わりない。しかし、所有権がすぐれて個人的な権利であることを考えると、なぜ探索費用をすべて税金から負担しなければならないのか、疑問である。真面目に相続登記を済ませている者には探索費用がかからないのに、面倒だ、登記しなくとも当面の支障はない、登録免許税がかかるといった理由で相続登記を行わず、行政に無用な手間をかけさせた

---

33) 本文は、「他に土砂災害の被害を及ぼしそうな区域」の規制である。これに対して、「土砂災害の被害を受けるおそれのある区域」については、土砂災害防止法に基づき、土砂災害警戒区域の指定、危険の周知、警戒避難体制の整備、開発行為の許可制などが予定されている。宇賀克也「総合的土砂災害対策の充実へ向けて」阿部泰隆先生古稀『行政法学の未来に向けて』有斐閣（2012）273頁。

34) この他、農地法にも、「農地の周辺の地域における営農条件に著しい支障が生じ、又は生ずるおそれがあると認める場合」にもかかわらず、過失なく農地の所有者等を確知することができないときについて、略式代執行の規定が置かれているが（同法42条3項2号）、農地法の目的は違反転用の取締にあり、土砂災害防止のために規制権限を行使し得るのかについては、明らかでない（横浜地判平成12年10月27日判時1753号84頁はこの趣旨の権限行使を認めている）。地すべり等防止法の場合、地すべり防止区域の管理は都道府県知事が行うものとされているためか（同法7条）、対応する規定は見出せなかった。

35) 詳細は、本書第3部第1章。

者に対して、探索費用を税金から支払うというのでは、納税者の理解は得られまい。立法論であるが、相続登記の放置に対して税制・行政罰で何かしらのサンクションを課すべきであるし[36]、探索費用も支払わせるべきである[37]。とはいえ、祖先が権利を有していた二束三文の山林が公共事業にかかったことで、行政が自分に辿り着くまでに何百万円も費やしたからといって、損失補償と引き換えに探索費用を請求されるのでは、何の嫌がらせかと思えなくもない。不明裁決において供託された額を上限として探索費用を徴収するといったあたりが、現実的な落としどころであろう。

第5節　おわりに

　所有者不明土地問題には、長期と短期の視点を明確に分けて、取り組む必要がある。課題を的確に認識することが重要であり、闇雲に不安を煽るだけでは無責任である。政策決定者には、①直ちに問題に対処しなければならない領域、②対処しなくとも当面は心配ないが、中長期的な取組みが求められる領域、③対処する必要のない領域を適切に切り分けることが求められる。

　所有者不明土地の多くは、③対処する必要がそもそもないか、②中長期的に解消に取り組めば足りる。②については、都道府県や市町村による地籍調査に対し、国が物的・人的な支援を行うことが求められる。市町村が肝いりでランドバンクを設立し、土地の利用価値の再生を後押しすることも有益である。外国資本への売却は、個別的に対応すれば十分である。公共事業への支障については、現行の不明裁決のしくみを的確に運用することで、①現在直面する課題に対処することが可能であるから、その的確な運用を図るためにも、国の積極的な関与や不明裁決ガイドラインの政省令への格上げを行うべきである。外部不経済の是正は、①直ちに対処が求められる課題であるが、錯綜する法制度の整理と実務者への周知が求められる。

　制度の運用は、念を入れなければいけないものは入念に、そこまでの必要はないものはそれなりにというように、メリハリをつけて行うことが肝要である。メリハリをつける判断力を養うためには、制度に対する正確な知識を備えた上で、経験を重ねていく以外にない。職員研修や啓発・普及活動を通じて、正し

---

36) 登記の義務化の具体的手法とその実効性については、吉田・前掲78頁以下。

37) 福井・前掲53頁は、登録免許税の撤廃を提言する。

い知識を広く享有していく必要がある。

第6節　（追記）その後の法改正の動き

(1)　所有者不明土地特措法

　平成30年には、所有者不明土地の利用の円滑化等に関する特別措置法（平成30年法律第49号）が制定・施行された。この法律は、次の3点からなる。

　第一に、所有者不明土地を円滑に利用するしくみが構築された。まず、国や都道府県知事が事業認定を行った事業について、収用委員会に代わり、都道府県知事が裁定を行うしくみが設けられた。審理手続を省略するとともに、権利取得裁決・明渡裁決を一本化することをねらいとしているが、その運用次第では、結局収用委員会の意見を聴かなければ手続が先に進まないことにもなりかねず、注意が必要である。

　続いて、地域住民等の共同の福祉ないし利便の増進を図るために行われる「地域福利増進事業」（同法2条3項）について、都道府県知事がその公益性を確認し、一定期間の公告を行った上で裁定を行うことにより、上限10年間の利用権を設定するという制度が設けられた（同法10条以下[38]）。損失補償の支払いは供託による（同法16条・17条）。もし所有者が現れて明渡しを求めた場合には、期間終了後に原状回復することになるが（同法24条）、異議がない場合には延長が可能となる。柔軟な発想に基づく画期的な施策であり、その方向性は支持できるけれども、同法2条3項各号に掲げられた公益的施設（道路、駐車場、学校、公民館、図書館、病院）にとどまらず、コンビニなどの商業施設にまで対象を拡大していくべきであろう。

　第二が、所有者の探索を合理化するしくみの構築である。行政は、所有者の探索のために、登記簿、住民票、戸籍などのほか、固定資産課税台帳や地籍調査票等も利用できることが明示された（同法39条）。

　第三が、これまで民法では財産管理人の選任請求は利害関係人または検察官にしか認められていなかったところ、その特例として、土地の適切な管理のために特に必要がある場合には、行政機関の長が家庭裁判所に対し財産管理人の

---

38)　法案段階における考察として、富田裕「国土審議会の提案する所有者不明土地利用権設定制度の問題点とその解決としての無主不動産に一定の先占権を認める制度の考察」日本不動産学会誌122号23頁。

300 第3章 地方自治と「所有者不明土地」問題

選任等を請求することができるようになった（同法38条）。

(2) 表題部所有者不明土地の解消に向けた法的措置

　令和元年5月17日、「表題部所有者不明土地の登記及び管理の適正化に関する法律」（令和元年法律第15号）が成立し、同月24日に公布された。表題部所有者不明土地とは、登記記録の表題部の所有者欄に[39]、①氏名または名称が記録されているものの、その住所が記録されていない土地（氏名のみの土地）、②「A外7名」などと記録され、「A」の住所ならびに他の共有者の氏名および住所が登記記録上記録されていない土地（記名共有地）、③住所が記録されておらず、大字名や集落名などの名義が記録されている土地（字持地）のことを指す（同法2条1項）[40]。このようなことが生じたのは、旧土地台帳制度下においてされた所有者欄の氏名または名称および住所の変則的な記載が、昭和35年以降に行われた不動産登記簿との一元化作業においてそのまま引き継がれたことによるものとされており、墓地、山林、畑などに多く、全国の土地の約1％がこれに該当する。新法では、登記官が探索（同法3条以下）を行ってもなお所有者等のいずれをも特定することができず、必要があると認める場合には、利害関係人の申立てにより、その申立てに係る土地を対象として、裁判所の選任した管理者による管理が行われる制度（特定不能土地等管理者）が創設された（同法19条以下）。管理者が元の所有者の代わりに土地を管理・売却することも可能となるため（同法21条1項）、所有者不明土地の利用不全が抜本的に解決されることが期待される。

(3) 土地所有権の放棄制度の創設？

　平成31年2月28日に法務省の登記制度・土地所有権の在り方等に関する研究会が取りまとめた「登記制度・土地所有権の在り方等に関する研究報告書〜所有者不明土地問題の解決に向けて〜」では、土地所有権のみなし放棄制度について「差し当たり、共有持分の移転や共有の解消方法、財産管理制度における供託を活用した財産の処分に関する見直しの中で、引き続き検討すべきである」とされた。上記の(1)(2)とは異なり、所有権の放棄を認めるためには理論的に検討すべき事項が山積していることから、さらなる国民的な議論を要すると

---

39) 所有権の登記がなされていない不動産について、表題部に「所有者」として記録される者のことを「表題部所有者」という。当事者の申請により所有権の登記がなされることで、表題部所有者に関する登記事項は抹消される。

40) 字持地に関連する研究として、白井晧喜「大字と財産区」雄川一郎先生献呈『行政法の諸問題（上）』有斐閣（1990）249頁。

思われるが、本章で中長期的な取組みが必要と指摘した事項に次々と着手されていることは、政府が所有者不明土地問題に本気で取り組んでいる証左であり、この傾向が続くよう期待したい。

第4章

商工共済協同組合の監督
——佐賀商工共済訴訟——

第1節　問題意識

　小規模な市や町村ならばともかく、都道府県、指定都市、中核市になると、経済市場にかかわる行政監督の権限が付与されている場合が少なくない。かつては国により監督権限が行使されていたものが（大臣監督）、地方分権の進展によって、地方に権限移譲が図られたという側面も認められる。しかし、経済市場に対する権限の行使は専門的かつ繊細な判断を要することが多く、現場には迷いがみられることと思われる。本章では、佐賀商工共済訴訟に係る佐賀地判平成19年6月22日（平成16年（ワ）353号、436号、同17年（ワ）40号、損害賠償請求事件）判時1978号53頁（以下、本章において、「本判決」とする。）の検討を通じて、この問題に取り組むこととする。本判決は、後述する大和都市管財判決（大阪地判平成19年6月6日判時1974号3頁）と並んで、財産を保護法益とする規制権限不行使の国家賠償請求が認められた点で注目すべき事例であり、地方公共団体において組織的な決定が行われた場合の責任の所在という論点についても示唆するところが多い。

第2節　事案の概要

　佐賀商工共済協同組合（以下、「商工共済」とする。）は、平成3年頃から多額の債務超過に陥ったが、その後も粉飾経理操作により事実を隠蔽して事業を継続したために、最終的に商工共済が資金繰りに行き詰まって自己破産を申し立てたときには、組合員らは商工共済に預け入れていた共済掛金または貸付金（以下、「貸付金等」という。）の返還を受けることができなくなっていた。このよ

うな事態に陥った経緯は、以下の通りである[1]。

　昭和35年、中小企業等協同組合法（昭和24年法律第181号。以下、「中協法」とする。）に基づき、金融機関から借り入れを受けられない中小企業者の受け皿として、佐賀貯蓄共済協同組合が設立された[2]。その主な事業は、組合員から事業や年金、旅行といった目的で日掛け・月掛けの掛金を集め、満期になると一定の利息を付けて支払う共済事業と、組合員に事業資金の貸し付けを行うとともに、その原資を得るため組合員から借り入れを受ける貸付事業である。しかし、貸付事業は次第に銀行等の市中金融機関と競合するようになり、それらの金融機関に取って代わられていった。また共済事業では、高い利息を設定した結果、多大な人件費も相俟って、完全な逆ざや事業となってしまった。このようにして経営が次第に悪化していった結果、商工共済は、集めた資金を有価証券、しかもリスクのある転換社債やワラントで利益を上げなければならなくなった。

　平成３年、バブル経済の崩壊に伴う有価証券の暴落や、共済事業で大量に満期が到来したことなどの影響で、商工共済には約７千万円の損失が発生した。しかし、当時の経理責任者は、これを粉飾経理によって隠蔽した。その後も粉飾経理は明らかにされないまま、商工共済の隠れた損失は増え続けた。平成６年９月、粉飾経理問題が組合内部で発覚したため、商工共済は、幹部会議により対応を検討したものの、結局は粉飾経理をその後も続けるという道を選択した。

　平成８年１月、商工共済は、自身を監督する立場にある佐賀県に対して（中協法111条１項１号）、非公式に調査を依頼した。県は調査の結果、商工共済が約16億円もの累積欠損を抱えていること、さらに粉飾経理を行っていることを把握した。しかし、県の幹部職員は、商工共済が経営改善に取り組んでおり、

---

1) 事件からしばらくの間は、佐賀県のウェブサイト上に、「佐賀商工共済協同組合に対する県の対応」と題する特設ページが設けられており、本件の推移について情報提供が行われていた。http://www.pref.saga.lg.jp/web/sagasyoukoukyosai.html（リンク切れ）ところが、ウェブサイトのリニューアルに伴い、特設ページは閉鎖されている。幸いなことに、当時の佐賀県特設ページの内容は、一定程度、阿部泰隆「組織の腐敗・組織的違法（特に行政のそれ）をなくす法システム創造の提案（2・完）」自治研究86巻10号（2010）38頁に引用・保存（？）されているので、そちらを参照されたい。
　それにしても、令和の時代に風土記の逸文から本編を再現するような試みを強いられることは不合理である。このようなことは、インターネットを通じた情報収集には付き物であるが、特に行政情報については、アーカイブの一層の充実を求めたい。
2) その後、同組合は統合と名称変更を繰り返し、昭和47年12月に「佐賀商工共済協同組合」という事件当時の名称となった。当時の中小企業金融についてふれた古典として、鹿児島重治「地方公共団体と経済行政」『地方自治論文集』良書普及会（1972）297頁。

304　第4章　商工共済協同組合の監督

長い期間はかかるものの再建は不可能ではないと考えたこと[3]、県が業務改善命令などの法的措置を採れば、粉飾経理が明らかとなり、商工共済は取付け騒ぎで潰れてしまうと考えたことにより、特に業務改善命令などを出すことなく、再建を見守ることにした。その後も県は、商工労働部において商工共済から随時報告を受け、経営改善に向けた取組状況を把握していたが、平成10年4月に担当課長が異動すると、しばらくして引き継ぎは途絶えた。

　平成9年4月より、商工共済は、再建策の柱として、「シーバス34」というアルゼンチン債を担保とした社債を大量に購入した。果たして商工共済は、平成10年度から数年間は、「シーバス34」の利息収入により、単年度黒字決算を計上した。しかし、平成13年12月、アルゼンチン共和国が経済危機のためにモラトリアム宣言を出し、対外債務の支払いを一時停止したことによって、「シーバス34」の利息収入は途絶え、商工共済の再建の道は完全に絶たれた。商工共済は、平成15年8月に自己破産の申立てを行った。

　商工共済の組合員であったXらは、［争点1］商工共済の経営はすでに破綻していたのに理事らが事情を隠して貸付金等の受け入れをしたことで、商工共済に預け入れていた貸付金等の返還を受けられなくなったとして、当時の理事3名に対して民法709条、中協法38条の2第2項および3項に基づく損害賠償を求め、［争点2］中協法上、商工共済の監督機関とされている佐賀県知事は、すみやかに粉飾経理の是正等を指示する業務改善命令を発すべき義務があったのに、何らの措置を採ることなく、むしろ粉飾経理の状況を公にしないでこれを漫然と黙認・放置したとして、県（Y）に対して国賠法1条1項に基づく損害賠償を求めた。以下では、［争点2］に絞って論じることとする[4]。

第3節　判　旨

　佐賀地方裁判所は、次のように述べて、請求を一部認容・一部棄却した。

「三　被告県の責任の有無（争点2）について

　(1)前記のとおり、中協法は、106条1項において、中小企業等協同組合に対

---

3) ただし、40〜50年間、毎年3〜4千万円の黒字を出すことが前提であり、かなり楽観的な試算である。

4) ［争点1］に関して、本判決は、Xらの当時の理事3名に対して、不法行為に基づく損害賠償を命じた。また、当該理事3名については、組合員に対する詐欺罪により、別件刑事訴訟で有罪が確定している（佐賀地判平成17年4月20日判例集未登載）。

する業務改善命令の権限を規定している。

これは、同法がその目的につき、「中小規模の商業、工業、鉱業、運送業、サービス業その他の事業を行う者、勤労者その他の者が相互扶助の精神に基き協同して事業を行うために必要な組織について定め、これらの者の公正な経済活動の機会を確保し、もつてその自主的な経済活動を促進し、且つ、その経済的地位の向上を図ること」と定め（1条）、同法に基づく協同組合は、「その行う事業によってその組合員に直接の奉仕をすることを目的とし」て、設立するものとされている（5条2項）ことと併せ考慮すると、前記の組合又は中央会の業務、会計又は運営が不法不当な場合に、これを正常な運営に改めさせることにより、内部的にはその財産を保全して組合員又は会員の権利を擁護するとともに、外部的には取引の安全の保護と組合あるいは中央会制度の信用の維持向上を図ろうとするものにほかならない。

したがって、この監督権限の目的の中には、組合員の利益の保護も含まれているものと解されるのであり、商工共済のような事業協同組合に対する行政庁の監督権限の行使により組合員が得られる利益は、事実上ないし反射的な利益にとどまらず、同法により保護された利益であると考えられる。

ところで、中協法106条1項は、前記のとおり、「行政庁は……その組合又は中央会に対し、期間を定めて必要な措置を採るべき旨を命ずることができる。」旨規定しているにすぎず、権限を行使するかどうかについて裁量権が認められているのであるから、直ちに作為義務を認めることはできない。

このような場合の公務員による権限の不行使は、その権限を定めた法令の趣旨、目的や、その権限の性質等に照らし、具体的事情の下において、その不行使が許容される限度を逸脱して著しく合理性を欠くと認められるときは、その不行使により被害を受けた者との関係において、国家賠償法1条1項の適用上、違法となると解される（最高裁判所平成元年11月24日第2小法廷判決・民集43巻10号1169頁、最高裁判所平成7年6月23日第2小法廷判決・民集49巻6号1600頁、最高裁判所平成16年4月27日第3小法廷判決・民集58巻4号1032頁、最高裁判所平成16年10月15日第2小法廷判決・民集58巻7号1802頁参照）。

(2)これを本件についてみるに、前記認定事実によれば、①被告県のA課長は、遅くとも平成8年7月中には、K職員を中心とする本件調査により、商工共済の財務状況が平成7年度において、資産54億9663万0722円、負債66億0821万3829円であり、現有有価証券を時価評価した場合には、購入価額と時価額

の差額 5 億9800万円も計上されることになり、累積欠損の合計額が15億9100万円となること、このうち、資産については、これを66億4209万5460円と粉飾していること、今後、利息等収入の減少（約 6 億3800万円）や処分損の発生（約 5 億9800万円）が見込まれる一方、本業の共済事業に関する手数料収入がなくなり、平成 7 年単年度で9548万円余の損失が発生していたことを明確に知ったこと、②商工共済は、組合員から共済掛金や金銭消費貸借の形式で資金を集め、これを組合員に貸与するという一種の金融機関的な役割を果たしており、その性格からすると、組合員の保護や取引の安全の観点からして、商工共済の財務状況の開示の重要性は、一般の企業と比較して極めて大きいこと、③粉飾経理は、中協法115条 8 号において、過料の制裁が規定された明らかな違法行為であるが、商工共済が今後、このまま事業を継続するとなると、事柄の性質上、粉飾経理を継続することになること、④粉飾経理は違法行為であることから、これを明らかにすると、経営陣が責任追及を受けることになり、経営陣自らがこれを是正することを期待することは困難であること、⑤商工共済は、日掛け、月掛けで資金を集めているのであり、しかも業績を改善するためには、粉飾経理により財務状況を隠蔽したまま、より一層熱心に資金集めを行うことになり、結果的に詐欺的な行為を助長することになるし、その規模（商工共済の組合員数は 1 万6308名……であり、財政規模からしても、被告県の商工企画課が所管していた協同組合の中では最大の規模であった。）からしても、将来的に破綻することになると、組合員の被害は大きく拡大することが容易に予測されたことが認められる。

　以上によれば、A課長は、平成 8 年 7 月中に、本件調査により、商工共済の財務状況や粉飾経理の状況を確定的に把握したのであるから、これを直ちに所管行政庁である I 知事に知らせ、I 知事は、すみやかに粉飾経理の是正等を指示する業務改善命令を発令する義務があったというべきであり、平成 8 年 8 月以降も中協法上の規制権限を適切に行使せず、これを漫然と放置したのは、中協法の趣旨、目的に照らし、許容される裁量の限度を逸脱して著しく合理性を欠くものであり、その点において少なくとも過失があったものというほかなく、原告らとの関係で、国家賠償法 1 条 1 項の適用上違法であるといわなければならない。

　(3)この点に関し、被告県は、……商工共済の粉飾経理を是正するために規制権限を行使すると、取付け騒ぎが生じる結果、組合が破綻する可能性が極めて

高かったのであるから、破綻によって損なわれる既存組合員の利益を考慮すると、規制権限を行使しなかったことは、裁量の範囲内であるとか主張している。

しかしながら、……商工共済が多額の粉飾経理という違法行為をしていることを確定的に認識した以上、これを放置して将来的に商工共済が破綻した場合、その規模からしても、その被害が大きく拡大することは火を見るより明らかであるから、監督官庁である被告県の立場としては、たとえ規制権限を行使したことにより商工共済が破綻する可能性があったとしても、違法行為を黙認することは許されないのであって、この点に関する被告県の裁量の余地は認め難い。

もっとも、粉飾経理が存在する場合であっても、商工共済が極めて短期間にしかも確実に債務超過の状態を脱する蓋然性があったような場合であれば、緊急避難的に粉飾経理を黙認することも許される余地があるかもしれないが、前記認定のとおり、商工共済の当時の負債状況は到底そのようなものではなく、むしろ既に実質的に破綻状態にあったことは明らかであるから（……A課長自身、具体的な根拠もなく、40～50年あれば経営再建の可能性がないわけではないと考えていたにすぎない……）、やはり、被告県には当時、粉飾経理を黙認する裁量権が存在しなかったことは明らかである。

したがって、被告県のA課長を含めた担当者らが、商工共済がリスクの高いシーバス34を購入した以降に適切に監督権限を発動しなかったという違法や、商工共済問題に関する引継ぎを十分しなかった違法を検討するまでもなく、被告県は、平成8年8月以降、原告らに対し、国家賠償法1条1項に基づく責任を負うものと認められる。」

第4節　中小企業等協同組合とは

中小企業等協同組合とは、「中小規模の商業、工業、鉱業、運送業、サービス業その他の事業を行う者、勤労者その他の者が相互扶助の精神に基づき協同して事業を行うために必要な組織」をいう（中協法1条）。具体的な類型として、法3条は、事業協同組合、事業協同小組合、火災共済協同組合、信用協同組合、協同組合連合会、企業組合を掲げている。

中小規模の事業者は、自身の利益を守るために団結する必要性が高いことから、中小企業等協同組合のしくみは、盛んに利用されている。身近なところでは、全国たばこ販売協同組合連合会、全国クリーニング生活衛生同業組合連合

会、全国理容生活衛生同業組合連合会などが有名である。また、近年の動きとして、メディアの倫理面の自主規制を行うコンテンツ・ソフト協同組合や、航空宇宙産業の関連部品会社が寄り集まった東大阪宇宙開発協同組合、島根県の地場産業である石州瓦の生産・販売を共同して行う石央セラミックス協同組合などが設立されている[5]。

　商工共済も、やはり中小規模の事業者が自身の利益を守るために結成した、そうした組合の1つであった。たしかに、その設立当初は、共済事業によって支払われる利息が市中の金融機関の定期預金の利息より低くとも、顧客である組合員の理解が得られたのであろうし[6]、貸付事業についても、市中の金融機関から借り入れを受けられない中小企業者の資金需要を満たすものとして、独自の存在意義があったのであろう。しかし、銀行等の市中金融機関が個人・零細業者向けの様々なローン商品を取り扱うようになると、商工共済は、次第に取引先を奪われていった。平成に入って以降は、人件費の問題や組合離れなどもあって、構造的な赤字体質に陥っており、商工共済の経営破綻はまさに時間の問題であったといってよい。いわば、商工共済の歴史的な役割はすでに終わっていた。

第5節　商工共済理事の責任と県の責任の関係

　最初に、組合員が損害を被ったことについての第一次的な責任は商工共済の理事たちに帰属するのであり、県の国賠責任は第二次的な位置付けにとどまることを確認しておきたい。つまり、あくまで民間の金融機関である商工共済と取引を行ったことで顧客である組合員が損害を被っても、それは私的自治に基づく市場活動の結果であって、私人である当事者間の損害賠償の授受を通じて解決するのが筋である。この事理から、Xも、第一次的には組合理事への責任を追及している。

---

5) その中には、株式会社形態をとる事業体と伍して、市場で隠然たる地位を有するものもある。たとえば手延素麺の業界において市場で最大のシェアを占めるのは、「揖保乃糸」の名で親しまれている、兵庫県手延素麺協同組合である。廣瀬久和「団体・法人とマーケット（上）──兵庫県手延素麺協同組合「揖保乃糸」考」NBL806号（2005）20頁。

6) 協同組合という組織形態をとっているため、厳密にいえば、組合員を協同組合の顧客とか消費者として把握するのは正確ではない。もしも、組合員間の結び付きが緊密な小規模の組合であれば、組合のガバナンスも、その構成員である個々の組合員の自助努力によって解決すべき問題と言えるからである。しかし、本件のような大規模な組合では、組合の運営に関わっていない一般の組合員は、協同組合の顧客ないし消費者と理解しても特段の不都合はないというのが、筆者の立場である。

第5節　商工共済理事の責任と県の責任の関係　　*309*

　商工共済の理事たちは、直ちに組合員からの貸付金等の預入れを停止することを求められていた。理事たちは、組合の運営によって収益を生み出す見込みが絶望的となった以上、顧客である組合員への爾後の損害の拡大を最小限に食い止めることに注意を払わなければならず、この注意の懈怠を理由に不法行為責任を認めた判決の結論は、妥当であろう。

　では、なぜ民間の金融機関の粉飾経理により顧客が損害を被った事件について、公的部門の国賠責任が追及されるのだろうか。それは、中協法という法律の定めにより、（金融機関に対して公的規制を及ぼさず、野放図に取引を続けさせた結果、顧客に損失が生ずるという意味での）「市場の失敗（Marktversagen）」を防ぐ役割が、公的部門に期待されているからである。ドイツ公法学では、行政のこうした役割を、保障責任（Gewährleistungsverantwortung）とよぶ。[7]

　本判決で注目すべきは、金融機関の破綻が問題となった点である。金融は市場経済の基底にあるため、金融機関への指示・監督は、他の業種に対する規制権限行使と比べて、経済全体という広範囲に影響を与えかねない。だから、公的部門による指示・監督へ寄せられる期待の程度（保障責任の程度）が大きいのである。判決は、中協法の保護範囲について、同法1条および5条2項を根拠に、経済全体という一般公益に解消されるものではなく、商工共済の顧客である具体的な個々の組合員の取引上の保護にまで及ぶと解している。

　金融市場における商工共済の存在意義は、その設立当時の市場の状態に任せておいたのでは十分に資金需要が満足されなかった中小の商工業者を主な顧客として、彼らに金融の途を提供するところにあった。だから、市場のあり方が変わって中小商工業者の資金需要が変化すると、従来の経営のあり方を変えなければ、経営はいずれ立ちゆかなくなる。現に本件でも、市場の状況が変化して、市中の金融機関が中小商工業者向けの低利融資などを始めた結果、商工共済は競争に敗れたのである。

　しかし、市場競争に敗れた企業体が、破産や民事再生などでそのまま市場から退場するのはともかく、経営状況を偽るなどの詐欺的行為を行い、顧客が被害を受けることがあってはならない。行政の主な役割は、市場原理のメカニズムのみに委ねたのでは適切に解決されないような、こうした病弊の拡大（市場の失敗）を最小限に食い止めることにある。つまり、「市場の失敗」を防ぐためには、行政が一定程度乗り出して、法律で事業者をいわば「規制の網」へと

7）板垣勝彦『保障行政の法理論』弘文堂（2013）48頁以下。

囲い込み、指示・監督を及ぼさなければならないのである。

　商工共済は、結果として市場間の競争に敗れ、このまま融資事業を続けたのでは組合員に損害が及びかねない状態となっていた。そうなると行政としては、適切な指示・監督権を及ぼすことで商工共済の事業規模を縮小させ、あるいは債務の整理を行って解散させる方向へと、その事業が穏やかに結了する軟着陸の道を模索すべきであった。商工共済の経営不振が構造的な問題であり、抜本的な改善策を見いだせない以上は、軟着陸の道を模索することこそが、公共善（Gemeinwohl）を確保するために行政が担わなければならない保障責任の内容だったのである。それなのに、県の幹部職員は、商工共済の粉飾決算について見て見ぬふりをして、その極めて悪い財務状態を放置したため、商工共済の経営はいわば墜落的に破綻してしまった。裁判所は、この保障責任の懈怠が、組合員との関係での損害賠償を基礎付ける違法なものであったと判断したのである。[8]

　県知事は、業務改善命令（中協法106条）の発出を始めとして、組合に対する指示・監督権限を有している。それらの権限が与えられている趣旨は、組合の業務、会計または運営が不法不当な場合に、これを正常な運営に改めさせることにより、内部的にはその財産を保全して組合員の権利を擁護するとともに、外部的には取引の安全の保護と組合制度の信用の維持向上を図ろうとするものにほかならない。これが、「市場の失敗」を防ぎ、公共善を保障する責任の内容なのである。

　こうして本判決は、中協法1条および5条2項を根拠として、県が商工共済に対する監督権限を行使することによって組合員が得る利益は、事実的・反射的利益にとどまらず、中協法が個別的利益として保護する利益であると判示する。これは、佐賀地裁も引用する宅建業法最高裁判決（最判平成元年11月24日民集43巻10号1169頁）において反射的利益論が克服されてから、裁判所が一貫して採ってきた思考方法でもある。

第6節　具体的な裁量判断の妥当性審査のあり方

　以上の前提に立って、行政庁の具体的な裁量判断の妥当性に対する裁判所の審査について検討する。行政庁の不作為の違法を追及する審査のあり方として

8）板垣・前掲注（7）534頁以下。

は、行政庁の有する効果裁量の壁（行政便宜主義）を乗り越えるため、特定の状況下では裁量がゼロに収縮し規制権限の行使が義務付けられるとする裁量零収縮論と、効果裁量を一応は認めつつも、不作為が著しく不合理な場合には裁量権の限界を逸脱しており違法となると解する消極的裁量濫用論という、2つの考え方が対置される[9]。

宅建業法判決は、「当該業者の不正な行為により個々の取引関係者が損害を被った場合であっても、具体的事情の下において、知事等に監督処分権限が付与された趣旨・目的に照らし、その不行使が著しく不合理と認められるときでない限り、右権限の不行使は、当該取引関係者に対する関係で国家賠償法1条1項の適用上違法の評価を受けるものではないといわなければならない」と述べ、消極的裁量濫用論を採用したとされる。もっとも、本判決が「この点に関する被告県の裁量の余地は認め難い」、「被告県には当時、粉飾経理を黙認する裁量権が存在しなかったことは明らかである」とする点は、行政庁の裁量の存在を極小化させることを想起させるため、裁量零収縮論に近い印象を受ける[10]。

ただし、特定状況下において行政庁の裁量が完全に消滅することはあり得ず、裁量の余地が限りなく収縮するとしても、行政庁にはいくつかの選択肢が残されている場合がほとんどであることは、意識しなければなるまい。裁量収縮の効果は、主に措置を採るか否か（Ob）に係る決定裁量の消滅にあって、いかなる措置を採るか（Welch）に係る選択裁量が文字通りゼロに収縮することは、想定しがたい[11]。つまり、県知事が業務改善命令を出すこと自体には裁量の余地はないが、具体的にいかなる事項について、いかなる程度改善すべきかという命令を、いかなる時期に出すかについては、多少の裁量の余地が認められる。特に時期に関しては、感染症の急速な拡大など、生命・身体の安全を守るために緊急を要するような例外的場合を除いて、現場の状況判断に委ねるべき要素が強い。判決が、「商工共済が極めて短期間にしかも確実に債務超過の状態を脱する蓋然性があったような場合であれば、緊急避難的に粉飾経理を黙認することも許される余地があるかもしれないが」との留保を付しているのも、業務

---

9) 宇賀克也『国家補償法』有斐閣（1997）156頁以下。同書では、法律が「Aの場合にはBの処分をすることができる」という書き方をしている場合でも、いかなる場合でも効果裁量を認める趣旨ではなく、「Aの場合にはBの処分をすることができる。しかし、Cの状況下ではBの処分をしなければならない」と理解すべきとする。

10) また、特定の状況下では行政庁の裁量の余地はなく、ある行為をするよう義務付けられるという、前掲宇賀説からの説明も可能であろう。

11) 山本隆司『行政上の主観法と法関係』有斐閣（2000）350頁。

改善命令を発する時期を顧慮する趣旨と思われる。とはいえ、粉飾経理という違法状態の黙認が緊急避難的に許される場合があるとしても、判決が想定する場合のほかは、金融恐慌によって取付け騒ぎの発生する危険が切迫しており、直ちに粉飾経理の事実を明らかにしたのでは火に油を注ぐことが明白に予見されるような緊急・例外時——ただし、粉飾経理が露見するのは、金融危機等で企業経営が危機に瀕しているときが多いので、例外的とも言い切れないのだが——に限られよう。

　市場とは、その動向を確実に予測することの不可能ないわば生き物であるため、金融リスクへの対処法にも絶対の正解は存在せず、現場には難しい判断が求められる。近年では、大和都市管財第1審判決（大阪地判平成19年6月6日判時1974号3頁）が、抵当証券業者に対して財務局長の行った更新登録が登録拒否事由の存在を看過してなされた違法なものであったとして、登録更新後に業者から証券を購入した顧客に対する国賠責任を認定した。[12]この判決では、抵当証券業者の破綻の危険が切迫し顧客保護の必要性が飛躍的に高まる例外的な状況の下で、更新登録へ到る過程での財務局長の調査が当然必要とされる調査をあえて行わないという著しく不合理なものであったことが認定されている。[13]

　このような危機時に比べると、平時においては、金融機関の破綻によって取付け騒ぎの生じる危険は多かれ少なかれ存在するのであって、粉飾経理の事実等をできるだけ早く公表した方が、顧客の被害額・被害規模を最小限に抑えることができる。つまり公表時期は早ければ早い方が望ましく、業務命令発出の時期に関する裁量の余地は狭まる。ただし、裁量の余地が狭まったことは、行政を難しい判断から解放することでもある。行政は、一企業に対する指示・監督であっても、金融市場全体の観点から行うことが要請される。金融機関における粉飾経理・経営悪化の事実の公表には、常に取付け騒ぎの危険が伴うため、行政は、公表時期について繊細な判断が求められる。それにもかかわらず、もっ

12）ただし、大和都市管財判決では、抵当証券業規制法が抵当証券の購入者個々人の個別具体的利益を保護していると解するのは困難であるとした上で、その不行使により国民の受けた被害を当該国民のみに負担させるのが損害賠償制度の根幹を成す損害の公平な分担の見地からもはや許容し得ないようなときには、当該規制権限の不行使は、当該損害を受けた者との関係において、国賠法1条1項の適用上違法となるとしている。これに対して、本判決では、中協法上の監督権限の行使により組合員が得られる利益は、事実上ないし反射的な利益にとどまらず、同法により保護された利益であると明言している点が異なる。参照、池村正道「判例解説（本判決）」判例評論591号（2008）22頁。

13）小幡純子「判例解説（大阪地判平成19年6月6日）」判例評論594号（2008）7頁（17頁）。

ぱら事後的な観点から、あのときにこうしておけばよかったなどと判断された
のでは、遣る瀬無いものがある。行政を専門的かつ繊細な判断と事後的な視点
に偏りがちな評価から解放する意味でも、行政は企業に対して可及的速やかに
粉飾経理などの事実を公表するよう指導すべきという、明確な行為規範が定立
されることが望まれる。

　しかし、企業の経営破綻において、「膿は早く出した方が良い」という観念
がわが国の社会通念の地位を獲得するようになったのは、バブル経済が破綻し
て数年後の、金融機関の不良債権処理問題が表面化した時期であったと思われ
る。つまり、かつてのわが国では、不利益な事実をできるだけ早く公表して顧
客や取引先への被害を最小限に食い止めるという意識は、経営者、国民、そし
て行政の間で、とても一般的とはいえなかった。むしろ、不利益な事実を公表
することで関係する企業を倒産させてしまい、顧客ひいては経済全体に損害を
与えることの方が、懸念されていたといえよう。平成8年というのは、多額の
不良債権による金融機関の経営悪化が社会問題となった時期であり、経営者、
国民、行政の意識が変わり始めた——変わることを求められた——端境期で
あった。[14] 大企業の不祥事や破綻処理を通じて得られた教訓は、その後、「法令
遵守」ないしコンプライアンスの理念として、わが国の企業・行政組織のあり
方の指針となっている。[15] 粉飾経理を行って金融機関の延命を図るよりも、不
良債権を明らかにすることで投資家や顧客、経済全体に対する悪影響を最小限
に抑えるべきとの考え方は、こうした教訓の1つである。

　だが、端境期であったことを斟酌しても、やはり県の幹部職員には、粉飾経
理の事実を可及的速やかに公表するための業務改善命令の発出が求められてい
たと思われる。経営の専門家であることが求められる組合の理事と、金融を監
督する立場にある県の幹部職員には、当時一般的になりつつあった法令遵守の
考え方に基づいて行動することを期待しても、酷とはいえないからである。ま
してや、本件における行政組織は、組織の風通しが悪く、正確な情報が最終的
な決定権者である知事にまで伝わらないような構造的問題を抱えていたわけで
はない。[16] 業務改善命令の発出権者である県知事には、裁量判断の材料となる

---

14) 住専問題が表面化したのも、本件の商工共済と同じく中小企業協同組合法により設立された木津
　信用組合やコスモ信用組合の取付け騒ぎおよび破綻が生じたのも、平成7年である。
15) 本書第2部第2章で紹介した内部統制体制の確立は、その一環である。
16) もし県がそのような構造的問題を抱えていれば、組織的過失の問題となるが、それは本件とはま
　た別の、内部統制体制の問題となろう。本書第2部第4章も参照。

情報——粉飾経理の事実や、今後の経営環境の見通しが極めて厳しいということ、あるいは今後の経営再建の見通しが極めて非現実的であること——が、一応伝わっているのである[17]。

　もちろん、取付け騒ぎの発生を防ぐことも、行政庁の重要な役割には違いない。しかし、このまま行政が何もせず状況の推移を放置していたら、商工共済は粉飾経理を続け、何も知らない顧客が新規の預入れを続けるだけであり、顧客が損をするのは「火を見るより明らか」であった。県の幹部職員に期待される行為規範に基づけば、商工共済の経営の好転が見込まれない以上は、業務改善命令を出すほか選択肢はなかった。そして、業務改善命令を発出するのが、それほど困難であったとも思われない（結果回避の容易性）。ところが、決断を先延ばしにした結果、より大規模な取付け騒ぎを生じさせてしまったのである。最終的に組合員を税金で救済することになるならば、できるだけ早期に破綻処理を行うべきであった。

第7節　被害者の救済
——政治過程の一環としての訴訟の活用——

　判決を受けて、県および原告のうち207名は控訴せず、平成19年7月26日に賠償金が支払われた。原告のうち13名は控訴したが、平成20年5月29日、福岡高裁から概ね本判決に沿った内容の和解勧告が示され、県・原告ともこれに応じた[18]。

　実は、様々な理由から訴訟を提起しなかった組合員も、相当数に上る（裁判を提起したのは、被害者となった組合員3,700名のうち、1割程度に過ぎない）。本判決の後、佐賀県は、外部有識者からなる委員会を設置し、救済のあり方を検討した結果、県の責任の重さと被害範囲の広さを顧慮して、訴訟を提起しなかった組合員にも、商工共済の破産手続の中で債権を事前に届け出たなどの一定の要件の下に、救済を行うことを決定した。

　被害者救済において注目されるのは、訴訟が、紛争解決のための法的根拠として活用された点である。たしかに県は、本件に応訴して、主張としては法的

---

17) 安藤高行「首長であった者に対する国家賠償法1条2項に基づく求償権の行使をめぐる2つの事件——国立市事件と佐賀県事件（2）」自治研究92巻2号（2016）52頁（62頁以下）は、本判決の事実認定について疑問を呈する。
18) 佐賀県ウェブサイト「佐賀商工共済協同組合に対する県の対応」より。

責任を否認した。しかし、紛争の過程を通じて自らの非を全く認めなかったわけではないし、被害者の救済を一切顧慮しなかったわけでもない。むしろ、敗訴判決を契機に、被害者への救済を進めようとしていた節がある。Ｉの後任である本判決当時の佐賀県知事Ｆは、本判決から約１週間後の記者会見で、県に法的責任があれば、なるべく早く被害者に救済をしたいとの思いを当初から持っていたが、そのためには県民の税金を投入しなければならないため、税金を投入して救済することの根拠として司法判断を求めたと発言している[19]。

　いうまでもなく、被害者の救済は政治的な判断に委ねるべき事柄であり、法的には、裁判所の判決は不要である。しかし、現実の政策遂行の中で、何らかの根拠がなければ行政実務の現場として動くことができないことも、理解しうる。特に公害や薬害の案件では、賠償額や救済対象者の範囲に関し、判決を下敷きにして救済を図る事例が少なくない[20]。法社会学的な検討が待たれる。

第8節　残された問題——県の幹部職員への求償——

　公務員に故意または重大な過失があった場合、県は職務を行った公務員に対して求償権を有する（国賠法１条２項）。第１審判決の敗訴後、県は事件当時の県幹部職員への求償を検討した[21]。著名な行政法学者からの意見を聞いた結果、佐賀県は、当時の知事Ｉに対してのみ求償を行い、他の幹部職員への求償は行わないことに決めた[22]。

　主要な争点は、当時の県幹部職員の判断に「重大な過失」があったか否かである。失火責任法の事案において、最判昭和32年７月９日民集11巻７号1203頁は、「重大な過失」とは、「ほとんど故意に近い著しい注意欠如の状態を指す」としている。小早川光郎は、「重過失が認められるためには、公務員がその職

19）平成19年６月28日に行われた知事記者会見より。
20）ハンセン病の国賠訴訟では、原告の請求を全面的に認容した熊本地判平成13年５月11日判時1748号30頁を受けて、国が控訴を断念し、患者・元患者の救済を一刻も早く実現するために、判決の認容額を基準として、訴訟への参加・不参加を問わず補償を行う「ハンセン病療養所入所者等に対する補償金の支給等に関する法律」（平成13年法律第63号）が制定された。
21）求償権を適切に行使しない場合には、県が財産管理を違法に怠っているものとして、住民訴訟（地方自治法242条の２第１項３号・４号）が提起されるおそれがある。国立マンション訴訟に係る東京地判平成22年12月22日判時2104号19頁の検討として、板垣勝彦『住宅市場と行政法—耐震偽装、まちづくり、住宅セーフティネットと法—』第一法規（2017）221頁以下。
22）この行政法学者からの意見は、佐賀県ウェブサイト「佐賀商工共済協同組合に対する県の対応」に掲載されていた（既にリンク切れ）。その要旨は、阿部・前掲70頁以下のほか、板垣・前掲注（21）228頁に引用されている。

務執行にあたって通常人に要求される程度の相当な注意を怠ったというだけではなく、そうした問題以前の、ほんのわずかの注意さえ保っていれば結果を予見できたのになぜかそのようなわずかの注意すら欠き、それにより被害発生に至ったという場合であることを要する」とした上で、知事ら幹部職員について、上述の意味での重過失があったとまでは言えないとした。しかし、商工共済の粉飾経理と厳しい経営見通しについての情報を得ていたのだから、県の幹部職員らが「ほんのわずかの注意」さえ保っていれば、組合員への損害の拡大は予見できたのではないか。

これに対して宇賀克也は、県知事 I は、「（課長からの）報告の「試算」の根拠について慎重に確認すべきであったし、その確認を怠ったことを別としても、粉飾経理が行われていることを知った以上、業務改善命令を出すべきであり、それをせず、監督を強化するような指示も出さず、具体的な対応を部長・次長・課長に委ねてしまったことには重大な責任があ〔る〕」として、権限不行使について重過失があったとしており、I の重過失の有無に関しては、筆者はこちらに賛成である。佐賀地判平成22年7月16日判時2097号114頁は、I の重過失を認定し、4億9千万円の支払いを命じた。[23]

もっとも、宇賀は、商工企画課長 A については「組合の事業の遂行につき明確な見通しもなく、ただ、その後の監督についての確固とした方針もなく、同組合が有価証券の入替えにより収益を増加させて再建可能であると軽率に考え、同組合の資産・能力を十分に考慮せず、調査不十分なまま、同組合が粉飾経理をしながら事業を継続することを黙認した点で重過失があったと認定されてもやむを得ない」とする一方で、他方、商工労働部長・次長の責任は監督責任の程度にとどまり、重過失があったとまでは言い難いとしている。つまり、位階（ヒエラルヒー）の順に並べると、県知事には重過失を認めながら、部長・次長につき否定、しかし課長については重過失を認めるのである。

このような決断に関わる問題において、私たちは、組織的な意思決定の難しさと向き合うことになる。階層性の組織でなされる意思決定の場合、部下は上

---

23) この判決は、首長という役職が内部求償を追及される高いリスクを背負っていることを認識させた点でも、注目すべきである。なお、認容額が4億9千万円にも上ったのは、被告 I が自らの責任割合の縮減について主張しなかったためであり、福岡高判平成24年2月16日（平成22年（ネ）第844号）によって、信義則を根拠に、その額は10分の1にまで減額されて、最決平成26年1月16日（平成24年（オ）第898号、平成24年（受）第1093号）により上告棄却・上告不受理決定がなされている。

役の職務上の命令に忠実に従わなければならない（地方公務員法32条）。行政官庁法理を引くまでもなく、組織においては、上役の意向が最終的な組織の決定に極めて強く反映する以上、組織的な責任が追及されるなら、上役になるほど帰責の程度は高くなるはずである[24]。その意味でも、県政の最高責任者である知事Iの責任は相当に重いといえる。だが、その下の中間管理職はどうか。この点、宇賀説のように、専門部局の責任者（担当課長A）は、その上役（部長・次長）よりも責任が重いという考え方もあり得よう[25]。しかし、たとえ専門部局の責任者が意思決定に強い意向を持っていたとしても、専門性の弱い上役の鶴の一声でその意向が覆されることは、現実の行政実務では日常茶飯事である[26]。本件でA課長が行った「試算」も、部長・次長が承認を与えなければ、それ以上通用することはなかった。

　筆者は、専門部局の責任者が自身の判断により上役に情報を提出しなかったなどの事情があるならともかく、上役に情報を提出した上で最終的な判断を仰いだような場合は、上役に行くほど責任が加重されなければならないと考える。それは、行政の意思決定の統一性を確保するという観点から、上役の指示なしに部下が動くわけにはいかないからである。すなわち、最終決定権者である県知事Iは、腹をくくって業務改善命令を出さねばならなかった。Iは、自身が行政庁として監督すべき商工共済の粉飾経理を漫然と放置したことについて、重過失があったと判断されてもやむを得ない。そして、担当課長Aにも課内で情報を共有しないなど、隠蔽の意図さえ疑われる点で故意に近い重過失が認められるし、課長に重過失がある以上は、上役として報告を受けて商工労働部としての具体的な方針を決定した部長・次長にも重過失が認定されなければならない。むろん、単独での意思決定ではなく組織としての複数人での意思決定である以上は、誰か1人にのみ責任を背負い込ませることは適当でなく、相応の

---

24) 最判平成15年1月17日民集57巻1号1頁は、「地方公共団体の職員は、上司の職務上の命令に忠実に従わなければならないものとされており……、上司の職務命令に重大かつ明白な瑕疵がない限り、これに従う義務を負う」として、職務命令に従って旅行をした職員に支給された旅費は不当利得とはならないとした。

25) 薬害エイズ刑事事件判決（最決平成20年3月3日判時2004号158頁）は、当時の厚生省の担当課長にのみ刑事責任が認められており、専門的な担当部局の責任者について特に重い責任を要求する考え方に立つ。

26) むろん、個別事案に照らして、職員が意思決定にどれほど実質的に関与したか顧慮する必要はあろう。参照、木村琢麿「判例解説（最判平成15年1月17日）」民商法雑誌131巻6号（2005）103頁（120頁）。しかし、意思決定への実質的関与を考慮しても、ごく例外的なケースを除けば、上役ほど発言権が大きいのが通常であるため、やはり上役の責任は重いと思われる。

責任制限は認められるべきであるが、責任の重さで言えば、上役ほどに重く[27]なると考えなければならない。

　本件の教訓を挙げるとすれば、行政にとっては、明確かつ具体的な行為規範の確立が求められるということであろう[28]。問題の先送りを根本から防ぐためにも、不確実なリスク状況の中で、担当者が十分な情報・信頼できる行為規範に基づいて果敢に決断した場合ならば、それが万が一失敗した場合にも、事後的な視点からのみ批判することを慎む国民的意識の形成が望まれるのである。

27）本書第2部第4章を参照。
28）内部統制体制の充実（本書第2部第2章）にも期待したいところではあるが、本件の場合、上役に判断の材料となるべき情報は行き渡っており、幹部職員の組織的な意思決定の方向性の是非が問われたのであって、内部統制体制を充実させても防ぐことは困難であったように思われる。

第5章

竹バイオマス事業への補助金支出

第1節　問題意識

　前章で検討したのは、地域経済の維持・安定のため行政に期待される規制権限の行使のタイミングの問題であった。本章においても、地域経済の維持・安定のための権限行使のあり方が問題となる点では変わりはないのだが、その手段が補助金の支出という給付行政の活動である点が異なる。すなわち、本章では、地域経済の維持・安定のために特定の事業ないし法人に対して補助金の支出が要請される局面を念頭に置く。

　補助金の支出については、場合によって、「公益上（の）必要」（地方自治法232条の2）がなかったとして、住民訴訟で長の責任が追及されるおそれがある。実務に大きな波紋をよんだ日韓高速船事件（最判平成17年11月10日判時1921号36頁）を契機に住民訴訟の制度も改正されているが、同じような事例は後を絶たず、行政実務においても悩みどころとなっているものと考えられる。[1]

　本章では、竹バイオマス事業への補助金支出の違法性が争われた熊本地判平成26年10月27日（平成23年（行ウ）第9号）判例自治398号13頁（以下、本章において「本判決」とする。）の検討を通じて、地域経済の維持・安定のための補助金支出はいかなる局面においていかなる限度で認められるのかという問題について考察する。

第2節　事案の概要

　熊本県御船町（町）は、竹資源を有効活用して里山の再生等を図る「御船町バイオマスタウン構想」を策定し、A会社を事業実施主体とする竹バイオマス事業（本件事業）の実施のために、九州農政局に対し、平成20年度地域バイオ

1）精緻な研究として、斎藤誠「地方公共団体の経済活動への関与」阿部泰隆先生古稀『行政法学の未来に向けて』有斐閣（2012）175頁（189頁以下）。

マス利活用交付金5億2000万円余（本件補助金）の交付申請を行い、九州農政局はこれを交付する旨の決定をした。Aは町に対して本件事業のために5億2000万円の補助金交付を申請し、町は交付決定を行った。平成21年1月、九州農政局は町からの本件補助金の概算払い請求を受けて2億円を支払い、同年2月10日、町もAに対して2億円を支払った（本件支出1）[2]。

　ところが、ここで前途に暗雲が立ち込める。Aは、本件補助金の他に日本政策金融公庫などの金融機関から融資を受ける予定であったが、それらの金融機関は、同月18日までに、Aと町に対して、融資は行わないことを明らかにしたのである。

　そこでAは、同年3月、町に対し、補助金を2億9279万円余に減額する変更申請を行った。町も、九州農政局に対して同額の変更申請を行い、九州農政局は変更交付決定を行った。これを受けて、町はAに同額の補助金変更交付決定をした。町は、同年4月、九州農政局に9279万円余の本件補助金の交付申請をし、九州農政局はこれを支払った。これを受けた町は、同年5月、Aに9279万円余を支払った（本件支出2）。

　しかし、平成22年2月、Aは町に対して、自己資金の確保ができず本件事業の実施を断念し、交付を受けた補助金を返還する旨通知した（だが、Aから補助金は返還されていない）。平成23年1月、町は九州農政局に対し、交付を受けた2億9279万円余を自主的に返還した（本件返還）。

　町の住民であるXらは、平成22年5月、監査委員に、本件支出2につき町長個人（Z）に支払いを求める監査請求をした（本件監査請求1）。しかし、監査委員は、町には損害がないとして請求を認めなかった。Xらは、平成23年2月、監査委員に、本件返還についてZに支払いを求める監査請求をした（本件監査請求2）。監査委員は、Zの本件各支出には重大な過失があるとして、Zに対し、町に2億9279万円余を返還するように勧告したが、Zはこれに応じなかった。

　Xらは、平成23年6月、町長であるY（機関としての町長）を被告として、Zに対する損害賠償請求権を行使するように求める住民訴訟を提起した。Xらは、本件各支出および本件返還は違法な財務会計上の行為であること、Aへの

2）つまり、本件事業は国の十割補助金で賄われている。本件事業は、平成14年12月の閣議決定「バイオマス・ニッポン総合戦略」を受けて強力に推進されており、九州農政局が補助金交付の審査を随分あっさり通しているのは、この事情と深く関係するものと推察される。

補助金交付決定を取り消して不当利得返還を請求すべきであるのにこれをしないこと（本件怠る事実1）、Zに対し損害賠償を請求すべきであるのにこれをしないこと（本件怠る事実2）を主張した。訴訟の争点は、①本件各支出が違法な財務会計上の行為であるか、②本件返還が違法な財務会計上の行為であるか、③本件怠る事実1は違法であるかに整理される。

第3節　判　旨

　熊本地裁は、①本件各支出の違法性については、本件支出1は適法だが本件支出2は違法であるので、本件怠る事実2は違法である、②本件返還は適法である、③本件怠る事実1は違法であるとして、Yに対しZに9279万円の損害賠償請求をするように命じた。

　なお、町は本判決に対して控訴したが、平成27年4月の町長選挙でZが控訴取下げを公約に掲げた現町長に敗北したことなどを受けて、同年8月1日、町議会において控訴取下げが可決され、同月17日付で福岡高裁への控訴は取り下げられた。[3]

第1款　争点①　本件各支出の違法性について

• 本件支出1の違法性について
ア　「地方自治法232条の2によれば、「地方公共団体は、その公益上必要がある場合においては、寄附又は補助をすることができる」とされているところ、公益上の必要性の有無については、当該地方公共団体における社会的、経済的、地域的諸事情の下において、当該支出に係る様々な行政目的を斟酌した政策的な考慮に基づき、個別具体的に決せられるべきものであり、その判断には地方公共団体の長の裁量権が認められるというべきである。したがって、地方公共団体の長がした補助金交付は、その裁量権の行使が、社会通念に照らし著しく妥当性を欠くものであって、裁量権を逸脱又は濫用したものと評価できる場合に限り、違法となると解するのが相当である。」
イ　本件事業の目的について

---

3) その後、町からZに対して9279万円の支払いを求めて訴訟が提起され、熊本地判平成31年3月4日（平成28年（ワ）第175号）は請求を全部認容した。武冨可南「地方自治法等の一部を改正する法律について（下）」地方自治840号（2017）17頁（21頁）の一覧表においても、住民訴訟において長や職員に対して1億円程度の損害賠償が命じられた事件として、本件が紹介されている。

「御船町には広大な竹林があり、かつて竹林産業が御船町の経済を支えていたが、その後、石油製品の流通や中国からの安価な竹製品の輸入等により、御船町の竹産業は急速に衰退し、これにより、竹林の荒廃が進行している状況であった。そのため、御船町においては、住民（特に中山間地域）から、放置竹林の解消等の里山の再生を願う声が高まっていた。本件事業は、御船町内に豊富にある竹をバイオマス資源として捉えることにより、放置竹林を適正に管理するとともに竹資源の有効に活用することを目的とするものであり、本件事業は御船町の竹林の再生をもたらし、住民の要請に応えるものであり、御船町にとって有益な事業であったということができる。」

ウ　本件事業の調査・検討について

「（カ）自己資金の調達の見込みについて

　本件事業は総額約22億円を超える事業であり、その半分を金融機関からの融資により調達する予定となっていた。したがって、補助金以外の自己資金を調達できなければ、本件事業の実施は事実上不可能であったということができる。そうすると、融資を受けられないことが確実な状況下で本件補助金を支出することは、実施不可能な事業への補助金の支出に他ならず、このような支出が本件補助金支出の趣旨に反する行為であることは明らかである。したがって、Ｚ町長は、自己資金の調達の見込みについて調査・検討を尽くす必要があり、これをせずに本件補助金を支出することは、裁量権の範囲を逸脱又は濫用した違法な支出に該当すると評価すべきである。」

「本件事業の主な融資元としては日本政策金融公庫が検討されており、Ａ、御船町及び日本政策金融公庫との間では、融資に向けた交渉が進められ、Ｚ町長は、日本政策金融公庫からの求めに応じて、原料の調達や販路についての調査や説明を行っていたところ、本件支出１までにおける交渉経緯において、本件事業に対する融資を受けられないことが確実な状況であったことを認めるに足りる的確な証拠はない。加えて、実際に、本件補助金を交付することによって、融資の可能性が高まるということも併せ考えると、結果的に本件支出１の後に日本政策金融公庫から融資を拒絶されたとはいえ、本件支出１の時点において、融資を受けられないことが確実な状況であったとまではいえない。また、そうである以上、自己資金の調達についてＺ町長がした調査・検討に不十分・不合理な点があったとまでは認めることができない。」

エ　「以上のとおり、本件事業の実施は御船町にとって有益な事業であり、本

件支出１の時点で、本件事業の実現が困難であるとまで断ずるに足りる証拠は
ないし、また、Ｚ町長のした本件事業に係る調査・検討に不十分又は不合理な
点があったと認めることはできない。したがって、本件支出１が裁量権の範囲
を逸脱又は濫用した違法な補助金の支出に当たるということはできない。」

• 本件支出２の違法性について

「イ　本件支出２の時点では、Ａは政府系の金融機関である日本政策金融公庫
から融資を拒絶された上、その直後に肥後銀行からも融資を拒絶されたことが
認められる。そして、本件事業における資金の調達額が極めて大きいことに加
え、特に政府系の金融機関である日本政策金融公庫からの融資が拒絶されたこ
とで、他の金融機関から融資を受けることは極めて難しい状況となったという
ことができる。実際に、Ａが、日本政策金融公庫及び肥後銀行から融資を拒絶
された後、他の金融機関から融資を受けるための交渉をしていたという事情は
窺われない。このような状況下においては、本件事業に必要な約10億円に上
る自己資金を確実に調達できる融資元をＡが確保できない以上、融資を受けら
れないことが確実な状況に至ったといわざるを得ないし、Ｚ町長としても、本
件支出２をするに当たって、そのような状況に至ったことを踏まえて、自己資
金の調達の見込みにつきより慎重かつ十分な調査・検討を尽くす義務を負って
いるというべきである。」

「ウ　そこで、Ｚ町長のした自己資金の調達に関する調査・検討についてみると、
Ｚ町長は、ＭやＮといった金融機関以外の個人から融資を受けられる見込みで
あることから、本件支出２の時点においても、なお、自己資金調達の見込みが
あると判断したと主張し、上記判断の根拠として、……担当者を通じてＭと宮
崎市で協議をし、さらに、同人から融資を確約する旨の確約書……を得るなど
していたことを挙げるものと解される。しかしながら、上記の融資元は、銀行
のように資金力に問題のない金融機関ではない以上、その多額に上る融資金を
融通するだけの資金の裏付けがあるかなどについて慎重かつ綿密に調査する必
要があった。しかるに、上記融資確約書は融資金額の記載もなければ，融資実
行日も同確約書作成日のわずか２日後に設定されるなどその信用性に疑問を抱
かざるを得ない内容であるにもかかわらず、Ｚ町長は、上記の融資確約書を得
る以外にＭらの資産調査等はしておらず……融資元であるＭやＮの財産状況、
融資に係る資金の調達手段等の情報が明らかになっているとは言い難い。この
ような事情やＭらからの融資の確約は本件支出２までの間に少なくとも２回破

られていることを併せ考えると、MやNといった人物から本件事業の開始、継続に必要な自己資金の融資を受ける可能性があったとは到底考えられず、本件支出2の時点においては、Aは本件事業に必要な資金の融資を受けられないことが確実な状況に至ったといわざるを得ない。また、Z町長がなした自己資金調達についての上記の調査・検討は、本件支出2が9000万円を超える多額の支出であるということに比して、極めて軽率な対応であったと評価せざるを得ない。」

「したがって、Z町長は、他の金融機関等から融資を受けることが極めて困難な状況であったにもかかわらず、さしたる調査もせずにMらから融資を受けることができると軽信して本件支出2をしたものといわざるを得ず、このような支出は，社会通念上著しく妥当性を欠いた行為であり、裁量権の範囲を逸脱又は濫用した違法な行為に該当するというべきである。」

「エ 既に本件支出1がされている以上、本件支出2をしなければ本件事業の実施が中止され本件支出1が無意味な「死に金」になってしまうということはあり得るが、融資を受けることが困難である以上、上記のように本件支出2をしたとしても本件事業の実施はもはや不可能な状況であって、本件支出1のみならず本件支出2までもが無意味な「死に金」になってしまうことに照らせば、このことをもって本件支出2が必要、適正な支出であったと評価することもできない。」

「カ 以上によれば、Z町長のした本件支出2は、社会通念上著しく妥当性を欠いた行為であり、裁量権の範囲を逸脱又は濫用した違法な行為であったといわざるを得ない。」

「ク 本件支出2を原因として御船町が被った損害額は，その支出額である9279万3000円であると認められるから、Z町長は、御船町に対し、債務不履行又は不法行為に基づき、9279万3000円の損害賠償義務を負っているということができる。そして、Yは、現在に至るまで上記の損害賠償請求権を行使しておらず、そのことについて正当な理由があると認めることはできないから、Yは、上記の権利の行使を違法に怠っているものと認められる。」

第2款 争点② 本件返還の違法性について

「イ 実体的違法
(ア) 地方財政法26条1項によれば、「地方公共団体が法令の規定に違背して

著しく多額の経費を支出し、又は確保すべき収入の徴収等を怠った場合において
は、総務大臣は、当該地方公共団体に対して交付すべき地方交付税の額を減
額し、又は既に交付した地方交付税の額の一部の返還を命ずることができる。」
とされている。」

「本件支出2は裁量権の範囲を逸脱又は濫用してなされた違法な支出であり、
その額は9279万3000円にも上るものであるから、このことを理由に、御船町は、
国から地方交付税の減額又はその一部の返還を命じられるおそれがあった
……。」

「御船町の予算規模は、一般会計約60ないし70億円、特別会計約75億円で
あるのに対し、御船町は国から年額20億円を超える地方交付税交付金の交付
を受けており……、御船町にとって国からの地方交付税交付金が極めて重要な
財源であることを考慮すると、国との良好な関係を維持するために、本件返還
をする必要性があったことは否定できないということができる。そして、何よ
り、本件補助金を利用した本件事業の実施ができないことが明らかとなった以
上、国から交付を受けた交付金はいずれ返還しなければならない可能性が高い
ことをも考慮すれば、本件返還は実体面でも違法でないと評価するのが妥当で
ある。なお、以上によれば、地方財政法上も違法な点はないというべきである。」
「エ　したがって、本件返還が違法な財務会計上の行為であることを原因とし
て発生する御船町のＺ町長に対する損害賠償請求権は成立しない。」

第3款　争点③　本件怠る事実1の違法性について

「ア　御船町交付金規則7条によれば、「町長は、補助金の交付を受けた者が、
補助金を他の経費に流用した場合（1号）や事務又は事業の施行方法が不適当
と認められる場合（3号）には、補助金の交付を取消し、又は既に交付した補
助金の全部又は一部の返還を命ずることができる」とされている。この規定に
よれば、補助金交付の取消し及び返還命令は、補助事業や取消事由の内容やそ
の解消の見込み等の様々な事情を考慮して決められる裁量行為であると解する
ことができる。もっとも、その裁量は無制約のものではなく、取消事由の内容
等に照らして、Ｚ町長が補助金交付決定を取り消さないことが裁量権の範囲の
逸脱又は濫用と評価すべき場合においては、補助金交付の取消しをしないこと
が違法の評価を受けることになると解するのが相当である。」

「イ　……まず、平成21年5月25日に、Ａが熊電施設から自己株式を取得して

いること、取得する自己株式数は発行済株式総数662株の約80％に及ぶ540株であることが認められる……。そして、平成21年2月16日に日本政策金融公庫から融資が拒絶されたことにより本件事業の実施が極めて困難となり、その後もMからの融資の確約が度々破られるなど融資を受けられる目処がついていない状況であったことなどを踏まえると、このような状況下で、Aがこのような多数の自己株式を取得して資金を流出させることは、本件事業の実施を妨げる極めて不適切な行為であって、このことは御船町補助金交付規則7条3号の「事務又は事業の施行方法が不適切」な場合に当たるというべきであり、その内容に照らせば、補助金交付の取消しに裁量が認められることを考慮してもなお、速やかに取り消す必要があったものと評価するのが相当である。そして、……Z町長は、遅くとも平成21年6月末頃にAが熊電施設から自己株式を取得したことを知ったことが認められる。以上の事情を踏まえれば、Z町長は、Aによる自己株式の取得の事実を知った平成21年6月末以降、速やかに、本件補助金の交付を取消し、Aに対し、本件補助金の返還命令をする必要があったということができる。それにもかかわらず、Z町長は、正当な理由なく、平成22年12月7日に至るまで本件補助金の交付の取消し及び返還命令をしていないのであるから、Z町長は本件補助金の交付の取消し及びAに対する不当利得返還請求権の行使を違法に怠ったものというべきである。」

「ウ　Z町長が本件補助金の交付決定を取り消すことが可能となったのはZ町長がAによる自己株式取得を知った平成21年6月末頃であるから、この頃にAに対し不当利得返還請求をすれば回収し得たであろう金額が、本件怠る事実1と相当因果関係のある損害であるということができる。」

第4節　争点①（本件各支出の違法性）について

第1款　破綻処理・破綻回避目的の補助金交付

企業の行う特定の事業に対する補助金の支出について、地方自治法232条の2の「公益上（の）必要（性）」は認められるか[4]。最判平成17年11月10日判時1921号36頁（日韓高速船事件）は、下関市が設立した第三セクター「日韓高

---

4) 碓井光明『要説　住民訴訟と自治体財務［改訂版］』学陽書房（2002）（以下では、「碓井①」とする。）193頁以下、同『公的資金助成法精義』信山社（2007）（以下では、「碓井②」とする。）104頁以下。

速船株式会社」の経営破綻に際して、借入金返済など８億円余り（第１補助金：裸傭船契約の合意解除に伴う清算金相当額、第２補助金：金融機関からの借入金相当額）の支払いに充てるための補助金を交付した事案において、事業の目的、連帯保証がされた経緯、補助金の趣旨、市の財政状況に加え、市長は補助金支出について市議会に説明し、市議会において特にその当否が審議された上で予算案が可決されたものであること、[5] 補助金支出は事業清算とは関係のない不正な利益をもたらすものではないことなどに照らすと、市長が補助金を支出することに公益上の必要があると判断したことは、裁量権の逸脱・濫用には当たらないとした。「公益上の必要性」は、諸々の要素を勘案した総合判断によって認定されるというのである。[6]

　破綻処理の一環として、東京都が信用組合協会に補助金を交付した事案について、東京地判平成10年７月16日判時1687号56頁は、多数の預金者が損失を被る事態を防ぐこと（預金者保護）、ペイオフによる破綻処理が行われれば、取付け騒ぎにより連鎖的な金融機関の経営破綻が生じて、取引業者や都民に深刻な影響が生じかねないこと（信用不安の回避）を引いて、「公益上の必要性」を認めている。[7]

　経営破綻にまでは至らなくとも、破綻回避のためになされた補助金支出（損失補償契約の締結を含む）の違法性が争われる事例は珍しくない。福岡高判平成19年２月19日判タ1255号232頁は、熊本県荒尾市が経営難に陥っていた第三セクター「アジアパーク」に対して行った①補助金の交付と②同社に融資していた銀行との間の損失補償契約の締結および③補償の支払いについて、同会社を破綻させた場合に出資者である国、県、地場企業との間で信頼関係が喪失することによる悪影響や、市の今後の地域振興対策事業に対する国・県の支援・協力に支障が出るおそれ等を考慮すると、裁量権の逸脱・濫用は認められないとしている。[8]

---

5) 斎藤・前掲194頁は、議会による審査のシステムと最少経費最大効果原則（地方自治法２条14項）が存在することからすれば、議会によるチェックのあり方と当該自治体の財政状況も、裁量審査の対象に組み込むべきことを説く。その上で、①公益該当性の判断に対しては、政策形成裁量として審査密度は低く（＝裁量は広く）、②補助金交付による効果の必要性・比例性については、①よりも密度の高い審査を行うべきであるとする。

6) 碓井②111頁以下。控訴審である広島高判平成13年５月29日判時1756号66頁は第２補助金について裁量権の逸脱・濫用を認めたために波紋を呼び、旧４号請求において市長個人が数億円もの住民訴訟の矢面に立つことは酷であるという指摘が、４号請求の改正に繋がった。

7) 斎藤・前掲196頁。

8) 碓井②345頁以下。

第2款　事業開始時における補助金交付

　これに対して、本件の特色は、事業開始時における補助金支出が問題となったことにある[9]。もっぱら政策の当否に関わるためか、類似の裁判例は意外に少ない。福岡地判平成19年3月1日判タ1277号215頁は、福岡県大牟田市が資源循環型社会形成事業（エコタウン事業）に対し100億円以上を支出した事案において、公金支出の判断については、当該地方自治体の直面する政治的、社会的、経済的状況に基づく総合的、政策的な考慮が求められるから、地方議会の監視の下、長の広範な裁量に委ねられており、公金支出に係る判断が違法となるのは、長の判断が全く事実の基礎を欠き、社会通念に照らして著しく妥当性を欠くことが明らかであるなど、その裁量権の範囲を逸脱・濫用した場合に限られるとした上で、エコタウン事業の目的等に照らせば、これに採算性がないとしても、エコタウン事業の公共性・公益性が失われるものではないとした。採算性がないからこそ補助金支出が要請されるともいえるので、採算性がないとしても公益性は失われないというのはその通りである[10]。しかし、せっかくの補助金が無駄にならないためには、事業の継続性を基礎付け得る程度の採算の見通しは必要であろう。

　その他、神戸地判平成18年5月11日判例自治286号54頁（第三セクターが行う農産物等地域物産の販売施設の管理運営に対する町の1000万円の補助金支出）、大津地判平成17年2月7日判例自治268号74頁（県漁連が行う琵琶湖外来魚駆除事業に対する県の補助金支出）、静岡地判平成12年5月25日判タ1047号171頁（県ゴルフ場協会が行う松くい虫防除事業に対する県の補助金支出）、福島地判平成2年10月16日判時1365号32頁（米国州立大学の誘致に対する市の30億円の補助金支出）では、いずれも「公益上の必要性」が認められて、補助金支出は違法でないとされた[11]。

　補助金支出の違法性を認めた数少ない事例が、有限会社が行う山菜・きのこの加工という山村振興事業に対して村が4815万円の補助金を支出したことの

---

9) その意味で、本件においては、日韓高速船事件に向けられた、①もはや事業継続の見込みがないのに補助金を交付することは無益ではないか、②第三セクターに融資した金融機関を利するのみではないかという批判は当たらない。碓井①199頁、碓井②116頁。

10)　板垣勝彦『保障行政の法理論』弘文堂（2013）87頁。

11)「公益上の必要性」という法概念の弱点は、いかようにも拡大解釈することが可能な点にある。収益の獲得でさえ、補助金授与や競争能力維持といった文脈においては、公益の発現となり得る。板垣・前掲77頁以下。

是非が問われた新潟地判平成14年3月28日判例自治233号91頁である。新潟地裁は、長の裁量権を認めつつも「特定の事業に対する公金の支出に公益上の必要性があるかどうかは、補助金交付の目的、対象団体の性格・活動状況、補助に至る経緯、補助による具体的効果、地方財政に及ぼす影響等を総合的に考慮して判断すべきである」という制約を付した上で、①原材料を安価な輸入品に頼っており村内からの仕入れは僅かであること、②特産物を製造販売するという公益的性格に乏しいこと、③椎茸加工事業が村内農家に椎茸栽培を普及させるものとは認めがたいこと、④かねてより有限会社は汚水処理の必要性に迫られており、補助金を利用して汚水処理施設を建設することが本当の目的と認められることなどを挙げて、公益上の必要性を否定した。

第3款　支出時点の区切り

　本判決は、①事業それ自体の公益性は認めつつも、②具体的な時点における状況をふまえて補助金支出の必要性を判断した[12]。総額約22億円を超える本件事業の資金の残り半分は金融機関からの融資により調達する予定であり、この融資が得られるか否かが、事業実施の鍵であった。本判決は、融資を受けられないことが確実な状況下における補助金の支出は、実施不可能な事業への補助金の支出に他ならず、補助金支出の趣旨に反するとして、支出決定の違法性は、Ｚ町長がＡの自己資金の調達の見込みについて調査・検討を尽くしていたか否かによって判断されるとした。

　その上で、本判決は、支出決定について、日本政策金融公庫（および肥後銀行）から融資を拒絶される前か後かという2つの時点に区切り、それぞれの時点ごとに適否を判断した。すなわち、融資の拒絶前になされた本件支出1については、それまでの交渉経緯において融資の拒絶が確実な状況であったことを認めるに足りる的確な証拠はなく、自己資金の調達についてＺ町長がした調査・検討に不十分・不合理な点があったとまでは認められないとして、補助金支出に裁量権の逸脱・濫用はないとした。2月10日に本件支出決定1を行った約1週間後の同月18日までに融資拒絶が通知されているわけで、Ｚ町長にとって甘い事実認定であると感じられるが、事実認定のことなので深入りはしない。

　これに対して、融資の拒絶後になされた本件支出2については、9000万円を超える多額の支出であることにかんがみれば、Ｚ町長としても、融資が拒絶

12)　塩野宏『行政法Ⅲ［第4版］』有斐閣（2012）181頁。

される状況に至ったことをふまえて、自己資金の調達の見込みにつきより慎重かつ十分な調査・検討を尽くす義務を負っていたにもかかわらずこれが尽くされなかったとして、裁量権の範囲を逸脱・濫用したと結論付けた。[13]仮に金融機関以外の個人であるMやNから融資確約書を得ていたとしても、その資産状況が明らかでない上に「確約」がたびたび破られているという状況の下では、②具体的な状況下における支出について、慎重かつ綿密な調査が必要であったというのである。

　事業開始時における採算の見通しは、不確定要素が大きいがゆえに裁量が幅広く認められる傾向にある。本判決は、メインバンク（それも、融資の審査は比較的鷹揚であるはずの政府系金融機関）から融資が断られるなど、先行きが怪しくなってきた時点で補助金支出をとりやめる――後に引き返す――義務を長に課した点で、注目される。

第5節　争点②（本件返還の違法性）について

　本件返還については、国から正式な請求がなされる以前になぜ町は自主的に返還したのか、一見すると疑問が浮かぶ。本件返還さえしなければ、町に財産上の損害は生じなかったからである。本判決は、①地方公共団体が違法な経費の支出をした場合には総務大臣によって地方交付税交付金が減額され、あるいは既に交付した額の一部返還が命じられ得ること（地方財政法26条1項）、②町にとって地方交付税交付金が重要な財源であることを考慮すれば、国との良好な関係を維持するために本件返還が必要であったこと、③本件補助金を利用した本件事業の実施ができないことが明らかとなった以上、国から交付を受けた交付金はいずれ返還しなければならない可能性が高いことを挙げて、本件返還に実体的な違法性はないとする。国との関係を強調して返還の妥当性を正当化するというのは、1つの成り立ち得る論理であろう。ただし、その帰結は、事業失敗のリスクを地方公共団体のみに負担させる（＝住民の税金で賄う）ことを正面から認めることでもある。本件補助金は国から町、町からAへとそのま

13）町のAに対する補助金の財源は本件補助金（国から町に対して交付される補助金）で賄われているが、このことは、「公益上の必要性」の判断に影響を及ぼし得るだろうか。しかし、国のお金だから「公益上の必要性」の認定が緩やかであってよいということにはならないし、事業失敗のリスクは町が一身に背負う以上、財源がどこにあるかは問題ではなく、「公益上の必要性」の判断には影響しないと思われる。

ま横流しされているのだから、この間、町の懐には1銭も入っていない。それにもかかわらず補助金の全額を町が国に返還しなければならないとなると、補助金額の分が丸ごと町の純損失となる。だからこそ、争点①におけるＺ町長による本件各支出の判断は慎重にしなければならなかった、と説明するのであれば、本判決の論理は一貫しよう。[14]

第6節　争点③（本件怠る事実1の違法性）について

本判決は、御船町交付金規則7条を参照し、取消事由の内容等に照らして、Ｚ町長が補助金交付決定を取り消さないことが裁量権の範囲の逸脱・濫用と評価すべき場合においては、違法の評価を受けるとした。そして、平成21年5月にＡが熊電施設から自己株式を取得して資金を外部に流出させたことは、融資の目途が付かない中で本件事業の実施を妨げる極めて不適切な行為であって、Ｚ町長は翌月に自己株式の取得の事実を知った段階で、速やかに本件補助金の交付を取消し、Ａに対し、本件補助金の返還命令をする必要があったにもかかわらず、それをしなかった以上、本件怠る事実1は違法であったとする。Ｚ町長としては、費消された補助金額が丸ごと町の負担に帰せしめられる以上、住民から集めた税金の受託者として、その的確な管理が求められるのであり、直ちにＡから本件補助金を可能な限り回収する義務があったといえよう。[15]

第7節　展　望

「地方創生」の号令の下、地域産業を活性化させてその税収増により人口減少分を賄うというのは、理にかなった前向きな方針であり、それ自体は評価す

---

14) 根本的には、九州農政局による補助金交付決定の審査のずさんさについても責任が追及されてしかるべきである。なお、判例自治398号111頁によると、広島県庄原市でも、市が国に（返還命令を受けて）返還した木質バイオマス事業にかかる補助金2億3800万円について、前市長に賠償命令を行うことを求める住民訴訟が提起されている。バイオマスをめぐる補助金返還訴訟については、神山智美「補助金返還訴訟に関する一考察」富大経済論集62巻2号（2016）55頁（76頁以下）。

15) Ａの社長は、補助金適正化法違反で有罪判決が下されており、また町から提起された不当利得返還請求訴訟について、1463万円が認容されている。また、町から熊電施設に対して、出資金の不当な払戻しについての不当利得返還請求訴訟が提起された。http://portal.kumamoto-net.ne.jp/town_mifune/life/upload/p19123015_1230_21_h8m1r4ox.pdf

ることができる[16)]。問題は、いかにして地域産業を活性化させるかである。本書でも、民泊の推進（第4部第1章）、農家レストラン（第4部第2章）、環境と調和した太陽光発電（第5部第1章）など、地域産業を活性化させる様々な取組みを法的に後押しするアイデアを提示しているが、実際のところは経営者の手腕にかかっている。

しかし、バブル期に濫立した第三セクターのリゾート開発を引くまでもなく、民間の感覚で臨機応変な経営判断を行うことを長以下の行政職員にそのまま求めるのは、いささか酷であると言わざるを得ない。ましてや、行政の肝いりで始められる事業は概して規模も大きく、地方の金融機関を巻き込むから破綻処理にも覚悟が要るし（佐賀商工共済訴訟——第4部第4章）、取引先や雇用に及ぼす影響も無視することができず（公営競技からの撤退——第2部第8章）、引き際を見極めるのは至難の業である。日韓高速船訴訟のように住民訴訟の4号請求で政策判断の誤りを追及することは、事後的な検証を行うという意味では首肯できるプロセスであるが、損害賠償を支払わせて公共団体の財産を填補する目的で用いられるのは考え物である（だからこそ、責任制限——第2部第2章が導入されたのであるが）。長（ないし幹部職員）たる者、自ら率先して推進した事業には心中覚悟で取り組むべしというのは、あくまで政治的責任の話であって、法的責任まで追及するのはよほど悪質な、故意または重過失が認められる場合に限るべきであろう。

全国1,700余りの市町村がすべて「地方創生」の目論見どおりにうまくいくとは限らない。だが、失敗覚悟で挑戦してみないことには、到底成功は生まれない。法制度は、たゆまぬ挑戦を後押しするものでなければならないと考える。

---

16) たとえば、小磯修二＝村上裕一＝山崎幹根『地方創生を超えて——これからの地域政策』岩波書店（2018）、諸富徹『人口減少時代の都市——成熟型のまちづくりへ』中公新書（2018）。

第5部　地域環境

　第5部では、これまで筆者が公表した論稿のうち、地域環境に関係するものを集めた。その数は多くはないが、研究の少ない分野に対して、意図的に取り組んでいる。第2章を除くと、筆者の性分であろうか、やはり地域産業への視点が入っていることに気付かされる。

　第1章「ソーラーパネル条例をめぐる課題」は、国を挙げて再生可能エネルギー政策に取り組まれるようになったことの「副作用」として、全国各地で生じている野立てパネルの立地問題に正面から取り組んだものである。もとより太陽光発電を普及させる政策自体には異論はないが、良く検討してから事業を開始しなければ、思わぬ近隣トラブルに見舞われかねない。市町村としても、事業者と住民との間をいかに取り持つか、難しい政策判断を迫られる。本書では、ソーラーパネルのもたらす外部不経済を類型化して、それぞれに応じた政策法務上の手段を提示するという、これまでありそうでなかった分析手法を試みている。

　第2章「空き家条例とごみ屋敷条例」は、横浜市において「ごみ屋敷条例」が制定されたことを契機として関心を抱いた問題である。政策法務においては、先行する地方公共団体の条例を丸写しして伝播が図られることが決して少なくない。その試み自体は否定されるべきものではないが、行政の実効性確保の視点から、本当に必要な手法であるのか良く考えてからでないと、執行の不全を来すことがあり得る。このテーマでは、『「ごみ屋敷条例」に学ぶ条例づくり教室』ぎょうせい（2017）も併せて参照されたい。

　第3章「汚水処理方式の選択と最少経費最大効果原則——合併処理浄化槽、集落排水、下水道——」は、筆者が2番目に公表した論文（判例評釈）を基にしたものである。最少経費最大効果原則と行政裁量が主題ではあるが、人口減少社会における汚水処理法制の課題についても併せて考察した。考え方の基本線は変えていないが、費用便益分析の精緻化や人工知能（AI）技術の飛躍的な進歩により、本文で述べた行政裁量に関する筆者の思想は、近い未来に変更を迫られることが予想される。

　第4章「ごみ袋有料化条例の合憲性」は、畑違いの憲法問題に果敢にふみ込んだ異色作である。なお、第3章と第4章は、「廃棄物処理の費用負担」とい

う視点で共通している。筆者は、廃棄物（排水）処理を手数料化して、費用と負担を牽連化すること自体には賛成であるけれども、その具体的な手法において疑問があるという趣旨である。あまり表立ってはいないが、意外と憲法学の世界で読まれていると聞き、嬉しく思っている。

その他、第3部第2章（宅地造成地の危険性除去）、第4部第1章（民泊と地域住民の居住環境）および第3章（所有者不明土地の危険性除去）、第6部第3章（有害鳥獣駆除）なども環境法の領域に関係するので、併せて参照されたい。

第1章

ソーラーパネル条例をめぐる課題

第1節　はじめに

　東日本大震災以降の国のエネルギー政策の見直しを受けて、太陽光、風力、地熱などの自然エネルギーないし再生可能エネルギーの普及が、国民全体の関心事となった。その中核となったのが太陽光発電設備（以下、本章では、その中心設備に着目して、もっぱら「ソーラーパネル」という用語を使う。）であり、公共施設や個人用住宅の屋上だけではなく、遊休農地の有効活用の方策としても、ソーラーパネルの設置が進められた。その背景には、「電気事業者による再生可能エネルギー電気の調達に関する特別措置法」（平成23年法律第108号、以下「再エネ特措法」とする。）の施行により、平成24年7月から導入されたFIT（固定価格買取制度）という刺激策の存在も見逃せない。こうした「太陽光バブル」とも言うべき事態を前に、ソーラーパネルの設置が引き起こす様々な近隣トラブルや環境問題（以下、本章では、「外部不経済」ということがある。）について、地方公共団体は対処を迫られることになった。本章は、ソーラーパネルの設置がもたらす外部不経済への対処法について、法政策的に検討を行うものである。

第2節　エネルギー政策の見直しと様々なソーラーパネルの普及促進策

第1款　再エネ特措法

　石油ショック以降、化石資源の乏しいわが国において、エネルギーコストや環境負荷の低減の見地から、再生可能エネルギーの導入は切実な課題であっ

た。「新エネルギー利用等の促進に関する特別措置法」（平成9年法律第37号）が制定された前後から、現在に至る再生可能エネルギーの導入に向けた検討が開始されたと言われる。エネルギー政策基本法（平成14年法律第71号）は、政府に対して、エネルギーの需給に関する施策の長期的、総合的かつ計画的な推進を図るためにエネルギー基本計画を制定する義務を課し（同法12条1項）[2]、同時期に制定された「電気事業者による新エネルギー等の利用に関する特別措置法」（平成14年法律第62号）は、電気事業者に対し再生可能エネルギーから発電される電気を一定割合以上利用するRPS（Renewables Portfolio Standard）を義務付けた。「エネルギー供給事業者による非化石エネルギー源の利用及び化石エネルギー原料の有効な利用の促進に関する法律」（平成21年法律第72号）により、太陽光発電による余剰電力を電気事業者が適正価格で買い取るしくみも導入された。しかし、電気事業者による買取目標値の設定は低調であり、再生可能エネルギーの本格的な導入とよぶには程遠い状況が続いていた。

　そのような中、わが国のエネルギー政策に大きな見直しを迫ったのが、平成23年3月に発生した東日本大震災の引き起こした原発事故であった。環境汚染への対処だけではなく、エネルギー資源を大きく海外からの輸入に頼っている現状について再考を余儀なくされ、低コストで安定供給が見込まれる再生可能エネルギーの本格的な導入が喫緊の課題となった。そのような中で、制定・施行されるに至ったのが、再エネ特措法である[3]。

　再生可能エネルギー発電事業を行おうとする者は、発電設備ごとに、経済産業省令で定めるところにより、事業の実施に関する計画（再生可能エネルギー発電事業計画）を作成し、経済産業大臣による認定を受けることで、「認定事業

---

1) 再生可能エネルギー政策の展開について、馬上丈司「再生可能エネルギー電気の固定価格買取制度以降の日本における太陽光発電事業の現状」人文社会科学研究28号（2014）73頁、内藤悟「地方自治体の再生可能エネルギー政策——条例制定を中心にして」都市問題2015年5月号56頁、高橋寿一『再生可能エネルギーと国土利用』勁草書房（2016）17頁以下。

2) 基本計画については、板垣勝彦『住宅市場と行政法—耐震偽装、まちづくり、住宅セーフティネットと法—』第一法規（2017）53頁。

3) 再エネ特措法は何度か改正されており、とりわけ平成28年法律第59号により抜本的な改正が図られた。再生可能エネルギー発電事業計画の認定制度が設けられたのは同改正によるものであり、FIT導入当初とは状況が異なってはいるが、本章はソーラーパネル問題への将来的な対策を主眼とするものであり、そのこととの関係上、最新の改正条文に基づいてFITの制度を解説する。
　なお、同改正に伴い、資源エネルギー庁によって、「事業計画策定ガイドライン（太陽光発電）」が策定された（平成29年3月策定、平成30年4月改訂）。本章では、「事業計画策定ガイドライン」として引用する。内藤悟「太陽光発電設備をめぐる地域における行政実務の現状と課題」論究ジュリスト28号（2019）70頁（74頁）は、ガイドラインではなく法律として規定すべきであるとする。

者」となることができる（同法9条1項・3項）。電気事業者は、原則として、認定事業者との間での「特定契約」の締結および送電網への接続を義務付けられる（同法16条1項・17条1項）。特定契約というのは、認定事業者と電気事業者が締結する契約であって、経済産業大臣の定める調達期間を超えない範囲内の期間にわたり、当該認定事業者は電気事業者に対し再生可能エネルギー電気を供給し、電気事業者は経済産業大臣の定める調達価格により再生可能エネルギー電気を調達することを約する契約のことを指す（同法2条5項）。再生可能エネルギーの中でも、とりわけ太陽光発電は、風力や水力と比較して申請から稼働まで要する時間が短い、駆動部分がないためメンテナンスコストが比較的低い、わが国の気候・風土との関係でも設置・稼働が容易であるといった理由から、再生可能エネルギーの主力として、普及が推進された。[4]

　再エネ特措法の中でも、特に大きな効果を発揮したのが、固定価格買取制度（Feed-in Tariff：FIT. 以下、本章では、「FIT」とする。）である。固定価格買取は、わが国に先んじてエネルギー政策の大胆な見直しを図ったドイツにおいて、1990年の電力供給法（Stromeinspeisungsgesetz）改正により導入された制度であり、2000年の再生可能エネルギー法（Erneuerbarer-Energien-Gesetz：EEG）から本格化したものである。[5] わが国の再エネ特措法では、制度導入当初の3年間は事業性に特に配慮した買取価格を設定することとされ、初年度である平成24年度においては、太陽光発電で40.00円/kWhという、FIT導入以前の2倍近くという、かなりの高水準の価格で、10kW以上の規模ならば20年間、10kW未満の規模では10年間の買取期間が設定された（平成24年6月18日経済産業省告示第139号）。翌年度（平成25年度）の買取価格は36.00円/kWhと少し引き下げられたが、それでもかなりの高水準が維持された。[6] いわゆる誘導行政の施策であるが、設備の導入に際し補助金を交付するという誘導手法では、

4）そうはいっても、わが国におけるベースロード電源は火力、原子力、水力であり、一連の動きについてエネルギー政策の「転換」（Energiewende）とまで評することは早計であろう。高橋・前掲1頁以下。むろん、リスクマネジメントの見地からは、単一のエネルギーに依存するよりも、様々な代替的選択肢を残す方が望ましいことは疑いなく、再生可能エネルギーという代替的選択肢の比率を高めていくことは急務である。

5）高橋・前掲93頁以下は、ドイツでは固定価格買取の対象とするか否かについて立地基準を用意することで、再生可能エネルギー法（EEG）が立地誘導機能を果たしてきたことの意義を強調する。その他、茅野恒秀「再生可能エネルギー拡大の社会変動と地域社会の応答——固定価格買取制度（FIT）導入後の住民意識を中心に——」信州大学人文科学論集3巻（2016）45頁。

6）ちなみに、平成26年度は32円/kWh、平成27年度は27円/kWhと、徐々に価格は引き下げられている。

その効果が初期投資の負担軽減に限定されるのに対して、FITでは、事業全体の収益性を勘案して長期的な事業計画を立てることが可能となる点がメリットである[7]。なお、FITによる買取りの原資は、全国一律の金額を電気料金の単価に上乗せして賦課・徴収する賦課金（サーチャージ）により賄われる。

ソーラーパネルは、公共施設の屋上や戸建て住宅の屋根に設置したり、森林を切り開いて野立てのものを斜面地に設置したりするだけでなく、遊休不動産の有効活用の手段としても注目された。さらには、農地転用の特例を設けることで、遊休農地や耕作放棄地への設置も推進された。以下では、特に法規制が厳しい農地へのソーラーパネル設置を可能にするために、いかなる特例が設けられたのか、法制を概観する。

第2款　農地転用の特例

農地の上にソーラーパネルを設置しようとする場合には、大きく2つの類型がある。第一は、農地における耕作を取り止めて（これには、すでに耕作が放棄されている場合も含まれる。）、当該農地をソーラーパネルの用地として利用する「恒久型」である。第二は、営農を継続しながら、農地の上部空間に支柱を立てたソーラーパネルを設置して、太陽光発電事業を行う類型であり、営農型太陽光発電（ソーラーシェアリング）と称される（単に「営農型」とよぶ場合もある[8]）。

恒久型の場合、農地自体を転用することになるため、転用許可手続が不可欠である。すなわち、農地を農地以外のものにする場合の許可（農地法4条）、農地・採草放牧地をそれら以外のものにするために所有権や用益権を設定する場合の許可（同法5条）を取得する必要があり[9]、当該農地が「農業振興地域の整備に関する法律」（昭和44年法律第58号。以下、「農振法」とする。）の農用地区域であれば、農用地区域からの除外手続も必要となる。

営農型の場合も許可が必要なことには変わりないのだが、利害関係者からの強い要望を受けて、農林水産省は農村振興局長通知「支柱を立てて営農を継続する太陽光発電設備等についての農地転用許可制度上の取扱いについて」（平

7）詳細は、馬上・前掲注（1）74頁以下。

8）「恒久型」と「営農型」の区別は、高橋・前掲79頁以下に依拠している。ソーラーシェアリングについては、馬上丈司「農山漁村再生可能エネルギー法とソーラーシェアリング型太陽光発電事業による国内農業活性化への展望」人文社会科学研究25号（2014）41頁が包括的である。

9）農地法の許可は、私法上の法律行為の効力を補完してこれを完成させる行為であり、講学上の「認可」である。阿部泰隆『行政法解釈学Ⅰ』有斐閣（2008）339頁。

成25年3月31日24農振第2657号）を発出して、農用地区域や第一種農地であっても一時転用（農地法4条2項・同施行令10条1項1号イ、同法5条2項・同施行令18条1項1号イ）として扱うことにした。その具体的な内容は、以下のとおり。

① 一時転用期間は3年間（ただし、期間経過後の再許可による延長は可能であり、回数制限もない）。

② 周辺農地の営農に支障を及ぼさない程度の規模であること。

③ 適切な営農を継続すること。具体的には、収量が同じ地域の平均的な単収と比較しておおむね20％以上減少することのないこと。

④ ソーラーパネルを設置した農地における農作物の生産状況を年に1回報告し、その際には必要な知見を有する者（普及指導員、試験研究機関、農業委員会等）の確認を受けること。

　これらの要件を満たす場合には、農業委員会の判断により、正式な農地転用の手続を経なくとも、所定の届出を行うだけで、「一時転用」としてソーラーパネルを設置するために必要な「支柱」を設置することが認められるようになったのである。支柱は、簡易な構造で容易に撤去できるものに限られる。少し調べると、稲、里芋、茶、椎茸の原木、各種の野菜など、様々なソーラーシェアリングの実例を見つけることができる。[10]

　ソーラーシェアリングは、農産物価格が低迷する中で、農業者が営農を継続する際の安定した経済的基盤を形成し、後継者の確保にも資する方策といえよう。他方で、今後、売電収入が主目的となり営農は形だけという農地利用が増えるにすぎず、国内農業の活性化に与える影響は限定的であるとも指摘される。[11]

第3款　農山漁村再生可能エネルギー法

　再生可能エネルギーによる発電が農林水産業と密接に結び付いていることは早い段階から意識されており、農山漁村の発展と調和の取れた再生可能エネルギーの普及をめざして、「農林漁業の健全な発展と調和のとれた再生可能エネルギー電気の発電の促進に関する法律」（平成25年法律第81号、以下、「農山漁

10）たとえば、馬上・前掲注（8）55頁。

11）高橋・前掲87頁以下。耕作放棄地とは、「以前耕地であったもので、過去1年以上作物を作付け（栽培）せず、この数年の間に再び作付け（栽培）する意思のない土地」と定義される。平成22年におけるわが国の耕作放棄地は39.6万haに上る。大川昭隆「耕作放棄地（上）」時の法令1931号（2013）63頁（64頁）。

340 第 1 章　ソーラーパネル条例をめぐる課題

村再生可能エネルギー法」とする。）が制定された[12]。

　農山漁村再生可能エネルギー法の特徴は、市町村に立地規制などについての主体的な役割をもたせたことにある。すなわち、市町村は、農林水産大臣が策定した基本方針に基づき、発電設備についての整備を促進する区域（設備整備区域[13]）、発電設備の種類・規模、施設整備と併せて農林業上の効率的総合的な利用の確保を図る区域とそこで実施する施策、農林地所有権移転等促進事業に関する事項を基本計画として定める（同法 5 条）。基本計画を作成する際には、市町村、発電設備整備希望者、農林漁業関係者、関係住民、学識経験者からなる協議会を設けることができる（同法 6 条）[14]。一方、発電設備整備希望者は、設備整備計画を作成して、市町村に認定を申請することとなる。

　申請を受けた市町村は、基本計画への適合性や実現可能性を審査するほか、農地法、森林法、漁港漁場整備法、海岸法、自然公園法、温泉法など設備整備行為に係る諸法律における許可権者の同意を得た上で、設備整備計画を認定する（同法 7 条）。特筆すべきは、発電設備整備希望者は、この認定を受けることで「認定設備整備者」となり、関係諸法律による許可が一括して付与されたものとみなされる──手続のワンストップ・サービス化──ことである（同法 9 条以下）。

　さらに、認定設備整備者は、市町村の策定する所有権移転等促進計画（基本計画だけでなく、農振地域整備計画や都市計画に適合していること、関係する地権者全員の同意があること、周辺地域の農林地の農業上の利用の確保に資する内容であることなどが要件とされる。）に基づき、土地利用権限を取得することになる。これによって、散在する耕作放棄地を集約する形で、ソーラーパネルの事業用地が捻出されるというわけである。

　農山漁村再生可能エネルギー法は、市町村の役割を最も明確に規定しており、

12）農山漁村再生可能エネルギー法については、高橋・前掲30頁以下。

13）設備整備区域の設定に際しては、農用地区域は含めてはならないが、第一種農地については、①農用地として再生利用が困難な荒廃した農用地である場合、②農用地としての再生利用が可能な荒廃した農用地であっても、(a)生産条件が不利で相当期間耕作等の用に供されず、かつ、(b)耕作等を行う者を確保することができないため今後も耕作等の用に供される見込みがない農用地であるといった一定の要件を満たす場合には設備整備区域に含めることができ、含められた場合には転用許可がなされる。

14）馬上・前掲注（8）50頁では、基本計画の中には、①発電設備の撤去や原状回復に関する費用について、太陽光発電所の運転期間中に事業者がしっかりと確保しておくべきこと、②荒廃農地や山林を造成して建設されたメガソーラーについては、事業終了後の山林の回復や緑化についても書き込んでおく必要があるとする。

煩雑な申請手続のワンストップ・サービス化に配慮されているなど、有効に活用されれば立地の適正化・集約化といった効果が期待される[15]。しかし、基本計画の策定の動きは鈍く、法律施行後4年以上が経過した平成30年3月末時点における基本計画作成済の市町村は47、作成中の市町村が19、検討中の市町村が25という状況であり、都道府県平均で1〜2の市町村に動きがある程度である[16]。

第4款 「太陽光発電バブル」

(1) 概 要

ともかく、FITによる刺激策は功を奏し、「太陽光発電バブル」とも称される狂騒曲が展開されることになった。FIT導入以前のソーラーパネルといえば、住宅用の小規模な設備が主流であったのが、この期間、非・住宅用の野立てソーラーパネルが爆発的に普及したのである。従来は、太陽光発電のような再生可能エネルギー発電は出力が天候任せであって不確定性が強く、事業の採算性が見込めないことが難点であった。それが、FITの導入によって、状況は一変した。固定価格による当面の買取りが保証され、都市銀行や大手企業までもが再生可能エネルギー事業に乗り出したのである。

特に目立つのが、「メガソーラー」と称される、発電出力1,000kW（1MW）を超える大規模なソーラーパネルの増加である。FITが導入される以前は国内に数基しかなかったメガソーラーが、高い収益率の後押しにより[17]、続々と建設された。1,000kWのメガソーラーの建設には概ね1.2〜1.5haの土地が必要とされるが、10,000kWを超えるものも次々と設置された。ゴルフ場の跡地をはじめとして、誘致に失敗した工業団地、入浜塩田の跡地、廃棄物処分場の跡地など、メガソーラーの建設適地をめぐって、全国で争奪戦が展開された[18]。木曽岬干拓地のように用途が定まっていなかった土地だけでなく、国の特別史跡

---

15) 内藤・前掲注（1）58頁。
16) 農林水産省ウェブサイト「基本計画作成の取組状況（平成30年3月末現在農林水産省調べ）」http://www.maff.go.jp/j/shokusan/renewable/energy/kihon_keikaku.html（2019年4月30日閲覧）
17) 馬上・前掲注（1）78頁の試算では、買取価格40円/kWhの下では、設備容量1,000kWのメガソーラーで年間109.5万kWの発電が見込まれるから（設備利用率は12.5％とする。）、年間の売電収入は4,600万円程度となり、20年間で8〜9億円の売り上げとなる。太陽光発電設備の設置費用を32.5万円/kWとして計算しても、20年間で3億円以上の利益が生じる。
18) 山下英俊「日本におけるメガソーラーの現状と課題」一橋経済学7巻2号（2014）125頁（135頁）、坂村圭＝金子貴俊＝沼田麻美子＝中井検裕「地上設置型メガソーラーの立地特性に関する研究」都市計画論文集49巻3号（2014）633頁。

である吉野ヶ里遺跡にまでメガソーラーの事業が計画されたことは、波紋をよんだ。[19]

　東日本大震災の被災各県においても、メガソーラーが積極的に設置された。塩害により当分の間耕作を行えない津波浸食地の有効活用という観点のほか、財政的な要因も強力に働いた。それが、被災地における復興関連予算による補助金（再生可能エネルギー発電設備等導入促進支援対策事業補助金）を制度化する形で制定された「東日本大震災に対処するための特別の財政援助及び助成に関する法律」（平成23年法律第40号）である。この法律では、「特定被災区域」に指定された被災各県の222市町村で行われる事業については設備投資費の10%が補助されることになり、地域内外からの企業進出が促された。[20]

(2)　地域エネルギーの叢生

　ソーラーパネル事業を牽引しているのは、ソフトバンクを中心とする情報通信企業、シャープや京セラなどの国内太陽電池メーカーであり、市町村の動きは全体としては鈍いとされる。[21] それでも、固定資産税の減免措置を実施したり、公有地を低廉な価格で貸し付けたりするなどして、市町村がソーラーパネルの設置を後押しする動きもいくつかみられており、「日本版シュタットベルケ（Stadtwerke）[22]」とか「エネルギーの地産地消」などと形容される。とはいえ、財政規模が縮小している傾向を反映してか、直営で事業を実施するというよりも、資金は民間から調達して、市町村の関与は間接的という形態がほとんどである。

　民間資金を調達する方法にも、様々なものがある。①市民ファンドやクラウドファンディングにより、市民から資金を調達する方法。平成17年から「おひさまエネルギーファンド」により市民共同発電事業の実績を積み重ねてきた

---

19)　佐賀地判平成27年10月9日（平成25年（行ウ）第4号、第6号、第11号）は、県有地を太陽光発電事業者に賃貸借契約によって提供することについて差止めを求めた住民訴訟を棄却している。

20)　茅野・前掲50頁。

21)　山下（英）・前掲138頁。

22)　シュタットベルケとは、「都市公社」などと訳される市町村立のエネルギー供給主体のことである。19世紀後半以降のドイツにおいては、住民の生存配慮にかかわる電力、ガス、熱供給については、シュタットベルケがその主体となってきた。1980年代以降の民営化（Privatisierung）の流れによってシュタットベルケも続々と民営化されていったが、近年、再び公営化（Rekommunalisierung）される動きがみられる。現在、ドイツ国内に約1,400のシュタットベルケが存在し、このうち900が電力、ガス、熱供給を担うものであるとされる。人見剛「ドイツにおける市町村生活基盤配慮行政の（再）公営化」広渡清吾ほか（編）『日本社会と市民法学』日本評論社（2013）399頁以下、髙橋・前掲233頁、宇野二朗「地方公営企業の展望──ドイツの経験を手がかりに」公営企業47巻3号（2015）4頁、杉野耕一「エネルギーの地産地消は根付くか」日経グローカルNo.329（2017）10頁（19頁）。

長野県飯田市では、FIT導入後、この取組みを「地域MEGAおひさまファンド」へと発展的に継承している。②地方公共団体が地方債を財源として建設する方法。平成25年に実施された「北九州市50周年記念債」によるメガソーラー事業は、募集開始後2日間で完売するという盛況ぶりであった。これらの他にも、③地縁団体が自己資金によって太陽光発電事業を実施する方法が目を引く。兵庫県丹波市の山王自治会は、長年積み立ててきた資金からソーラーパネルの建設費の全額を捻出し、その売電収入によって各世帯の自治会費を無料としたことで注目された。[23]

　飯田市では、上記の①市民ファンドの設立・運用に加えて、平成25年4月、「再生可能エネルギーの導入による持続可能な地域づくりに関する条例」（以下、「飯田市条例」とする。）を施行した。その特色は、市民が自らの意思決定として「地域環境権」を利用できることを高らかに宣言したことにある。すなわち、飯田市条例3条は、市民には再生可能エネルギー資源を再生可能エネルギーとして利用し、当該利用による調和的な生活環境の下に生存する権利があるとして、これを「地域環境権」と名付ける（同条例3条）。[24]地域環境権を行使できるのは認可地縁団体（地方自治法260条の2）のほか要件を満たした市民団体（以下、「地域団体」とする。）であり（同条例4条）、市長は地域団体が自らの意思決定に従って自ら行う再生可能エネルギー活用事業の実施を支援する（同条例8条）。市長は、人的条件、公共性、自己資金割合等を基準に照らして適当と認めた事業（以下、「地域公共再生可能エネルギー活用事業」とする。）に対し、必要に応じて、㋐継続性・安定性のある実施計画の策定とその運営のために必要な助言、㋑初期費用調達のための金融機関・投資家による投融資が安定的に行われることなど信用力の付与に資する事項、㋒補助金の交付・資金の貸付け、㋓市有財産の利用権限の付与といった具体的な支援を行うほか（同条例10条1項）、当該事業が継続性・安定性をもって運営されるために必要な指導・助言を行う（同条3項）。

　市長が指導・助言や支援を専門的知見に基づいて行うための諮問機関として、

---

23) 馬上・前掲注（1）82頁以下。熊本県上益城郡山都町水増集落の事例について、山川俊和「再生可能エネルギーをめぐる事業者と地域社会――『エネルギー自治』を支える制度面の課題の検討を中心に」都市とガバナンス26号（2016）81頁（87頁以下）。
24) ただし、この「地域環境権」は、権利者が私法上の排他的権利として訴訟で援用することのできる権利とまでは認められないと思われる。環境基本条例における環境権の規定について、北村喜宣『自治体環境行政法［第8版］』第一法規（2018）116頁以下。

再生可能エネルギー導入支援審査会が設置された（同条例12条1項・2項）。この審査会には地元金融機関も入っており、事業者への資金融資が実質的に担保されている[25]。

　㋑について、補助金の交付・資金の貸付けの原資として、飯田市再生可能エネルギー推進基金が設けられた（同条例19条1項）。基金の総額は4000万円とされているが（同条2項）、使途を限定した寄附があった場合には、予算の定めるところにより基金に繰り入れることとし、4000万円を超えることも差し支えない（同条例20条1項・2項）。基金からの貸付けは一の実施者につき1回、1000万円が限度とされる（同条例21条1項・3項・4項）。償還は無利子であり、翌々年度から10年以内で償還する（同条例22条1項・2項）。

　飯田市の事例は、公共性と継続性の2つの視点に立って信用に足る事業者にお墨付きを与えるとともに、基金による信用力の補完にも目配りがされているなど、極めて先進的な取組みとして評価できるものである。

(3)　FITのいくつかの見直し

　国、地方公共団体、そして事業者の間でその意図は三者三様であるが、FITによるソーラーパネルの普及促進策はおおむね効を奏したといって良いと思われる。平成29年9月末時点で、福島県と茨城県が400万kWを超えているのを筆頭に、日照時間が多く積雪の少ない関東、東海、九州地方の多くの都府県において、認定設備容量が200万〜300万kWに達している[26]。元から電力需要に限りのある北海道と沖縄県では、FIT導入から約1年で早々に域内の送電網に接続可能な設備容量の限界を超えるほどであった[27]。

　ところが、認定を受けたもののうち、実際に運転が行われていないものが3割近くを占めることも判明した。平成28年度末において、認定を受けた213万件のうち、62万件が未稼働だったのである。買取価格が高く設定されていた平成24年度（40.00円/kWh）と同25年度（36.00円/kWh）のうちに駆け込みで認定申請だけ行っておいて、実際のソーラーパネルの設置に向けた送電線接続の協議や地元調整に手間取ったり、投資意欲が減退していることが要因とみら

25）佐々木陽一「取り残される『地域』自治体の役割見直しを」Nikkei Ecology2013年8月号74頁（75頁）。飯田市の取組みについては、渡邊敏康「低炭素社会への模索・飯田モデル」松岡俊二（編）『社会イノベーションと地域の持続性』有斐閣（2018）32頁以下、平沼光「市民社会と社会イノベーションの創造」同書69頁以下でも紹介されている。

26）資源エネルギー庁「固定価格買取制度　情報公表用ウェブサイト　エリア別の認定及び導入量」https://www.fit-portal.go.jp/PublicInfoSummary（2019年4月30日閲覧）

27）馬上・前掲注（1）81頁。

れている。

　そこで、平成29年4月の法改正により、電力系統への接続契約が締結されていることを認定の要件とするとともに（再エネ特措法9条2項5号）、認定を受けてから運転開始までの期限が設定されたり（参照、同法15条1号）、再生可能エネルギー発電事業計画に従って事業を行っていないと認められるときには経済産業大臣から改善命令が発せられること（同法13条）などが定められた。[28]

ソーラーパネル（北海道安平町にて、令和元年9月、著者撮影）

第3節　ソーラーパネルの設置が引き起こす問題

第1款　近隣トラブルの増加

　ソーラーパネルの急速な普及に伴って、トラブルも急激に増加した。平成24年度から26年度にかけて国民生活センターに寄せられた相談は年間4,000件を超えており、その半分以上は訪問販売によるトラブルである。具体的には、「工事代金は無料」「モニター価格で販売する」と言われたが、商品代金まで含め

28）杉野・前掲12頁以下、事業計画策定ガイドライン9頁。ただし、内藤・前掲注（3）73頁以下が指摘するように、不遵守の事実を確認する際に地方公共団体による認定を経済産業大臣の判断に代置して権限を行使することを認めるか否かなど、不利益処分を発出する際の処分基準が不明確である。

た総額で換算すると実は相場価格よりも高かったとか、特殊な施工が必要であるにもかかわらず標準施工で契約したために設置後に雨漏りが生じたとか、収益シミュレーションは日射量に基づいて計算しなければならないにもかかわらず、日照時間に基づく水増しの数値が提示されていたといったものであり、クーリングオフの相談や、事業者の説明通りの発電量が出ないことの相談、機材の故障に伴う修理の相談が寄せられているという[29]。

　近隣住民とのトラブルも生じている。横浜地判平成24年4月18日（平成22年（ワ）第5215号）は、事業者Ｚが住民Ｙ宅の北側屋根に設置したソーラーパネルの反射光により、その北側に居住するＸらの生活に著しい支障が生じたとして、北側パネルの撤去と慰謝料の支払いが請求された事案において、ソーラーパネルによる反射光の被害が受忍限度を超えることを認定し、北側パネルの撤去と慰謝料の一部について、請求を認容した。事業者Ｚから控訴が提起されて、東京高判平成25年3月13日判時2199号23頁では、結論としてＺに対する損害賠償請求は棄却されたものの、一般論としては反射光被害が不法行為を構成し得ることを認めており、事業者に与える影響は少なくないと思われる[30]。

　群馬県伊勢崎市では、平成27年6月、700枚以上のソーラーパネルが強風により吹き飛ばされるとともに、架台の多くが倒壊するという事故が発生した。これは、杭基礎として単管パイプが1mほど地中に打ち込まれていたにすぎず、突風によってソーラーパネルの架台が煽られ杭基礎ごと吹き上げられて飛ばされたという事案であった[31]。

　ソーラーパネルを構成する部材には有害な化学物質が含まれており、適切な廃棄がなされなければ、土壌汚染を引き起こす危険もある。さらに、ソーラーパネルが眺望や景観を侵害しかねないとする近隣住民からの反対運動によって、設置計画の修正・撤回を余儀なくされた例も相次いだ[32]。

---

29) 中嶋明洋「太陽光発電によるトラブル発生のメカニズムと解決の方向性：専門業者の視点から」地域生活学研究6巻（2015）61頁（63頁以下）。

30) 藤原周作「太陽光パネル設置に関する事業者の留意点」会社法務A2Z 2014年5月号20頁（23頁以下）は、発電効率の低さと紛争リスクの大きさを考えると、北側屋根へのソーラーパネル設置は原則として行うべきでないとする。担当弁護士の解説として、秋野卓生＝森田桂一『住宅用太陽光発電・プチソーラーの法律実務』中央経済社（2014）116頁以下。その他、椙村寛道「判例解説（横浜地判平成24年4月18日）」NBL983号（2012）98頁。

31) 高橋・前掲61頁以下。

32) 山下紀明「地域で太陽光発電を進めるために地域トラブル事例から学ぶ」科学88巻10号（2018）1015頁（1018頁）は、長野県富士見町での撤退事例のほか、長野県を中心に地域との数々の調整事例について紹介している。

ソーラーパネルの設置が様々な社会問題を引き起こす背景には、全く逆の2つの要因が関与している。第一が、地元との関連性が薄い大企業が主導していることである。いうなれば、事業の担い手が全国（ないし国際）レベルで事業を展開する企業であると、どうしても地元環境への配慮は欠けやすくなるという事理であり、太陽光に限らず、風力や地熱発電など、大規模な再生可能エネルギー発電事業一般に共通する問題ともいえる。その対応策として注目を集めるのが、先述した飯田市条例のような、地域に根差した形で再生可能エネルギーの利活用を進める「コミュニティ・パワー」[33]、いわばエネルギーの地産・地消の推進なのであるが、残念ながら、そうした活動は現状では極めて例外的である[34]。

第二に、それとは逆に、建設を請け負っている業者の多くが零細業者であることがしばしば指摘される。一定規模の建設工事を請け負う場合には、通常は一般建設業許可を取得する必要があり（建設業法3条1項1号・5条）、建設業経営の経験をもつ管理責任者が常勤取締役に就任していることや（同法7条1号イ）、一定の資格要件を満たす専任技術者を置くこと（同条2号）が求められている。それによって、経験・知識を担保しているわけである。ところが、500万円未満の軽微な工事しか請け負わない場合には、建設業許可を取得する必要はない（同法3条1項ただし書、同法施行令1条の2第1項）。とりわけ、FIT導入後の新規参入業者には、適切な経験・知識をもたない事業者が少なくないとされる[35]。

第2款　住民運動の活発化

(1) 各地で起きる住民運動

山梨県北杜市は、日照時間全国一という特性を生かして、平成18年から国立研究開発法人新エネルギー・産業技術総合開発機構（NEDO）の実証研究委託事業として株式会社NTTファシリティーズと共同で様々なメガソーラー技

---

33) 茅野・前掲47頁。世界風力エネルギー協会は、次の3つのうち2つを満たすプロジェクトのことを「コミュニティ・パワー」と定義する。①地域の利害関係者がプロジェクトの大半もしくはすべてを所有している。②プロジェクトの意思決定がコミュニティに基礎を置く組織によって担われる。③社会的・経済的便益の多数もしくはすべてが地域に分配される。

34) 野尻暉＝早瀬隆司＝塩屋望美＝中村修「出資者分類からみるメガソーラーの現状分析」長崎大学総合環境研究17巻1号（2014）85頁によると、メガソーラーへの出資の6割が、地域外部からのものであった。

35) 中嶋・前掲67頁。

術の実証研究を行うなど、太陽光発電の普及に政策として取り組んできた[36]。

　ところが、FITの導入後、説明もないまま突如森林が切り開かれ大規模なソーラーパネルが乱立するといった事態が加速すると、特に別荘所有者である住民の間から反対運動が持ち上がった[37]。その理由は多様であり、八ヶ岳山麓の風光明媚な自然景観を損なった、ペンションやレストランの近隣にパネルが敷き詰められたことで観光の客足が遠のいた、山腹の脆弱な斜面にパネルを設置したために土砂崩れが生じた、パネルの反射光の眩しさにより生活に影響が出ている、杜撰に設置されたパネルは少しの揺れで倒壊したり、強風で吹き飛ばされたりするのではないか、FIT期間の終了後のパネル廃棄は適切になされるのか[38]、零細企業が設置事業者となっているが倒産後の後処理は大丈夫か、生態系に影響は出ないのかといった様々な声が寄せられたのである[39]。

　こうした動きを受けて、北杜市は、平成26年9月には「太陽光発電設備設置に関する要綱」を、平成27年9月には「太陽光発電設備設置に関する指導要綱」を策定して、ソーラーパネル事業者への行政指導によって事態を解決することを模索した。平成28年1月には、住民または別荘所有者5人が原告となり、ソーラーパネル事業者に対して訴訟が提起された[40]。平成28年6月には、北杜市景観条例が改正されて、出力10kWを超える事業用太陽光発電施設（建築物に設置するものを除く。）を設置する際には、事業に着手する30日前までに市長に対して届け出ることが義務付けられるとともに、周囲の景観への配慮や植栽による修景の必要性を内容とする景観形成基準も策定されるに至った。

　同様の動きは、閑静な温泉観光地として人気を集める大分県由布市でも生じている。湯布院温泉の奥座敷である塚原自治区において、広大な2つの土地が電気事業者に対して売却され、メガソーラーの建設計画が持ち上がった。そのうちの1つは、経営の傾いたリゾートホテル会社が売却したものであり、地目が原野であるために、農地法や森林法が適用されず、建設計画が進められた。

---

36) 白倉政司「太陽光に係る施策等について」地域生活学研究6巻71頁。「北杜サイトメガソーラー」は、NEDOが平成21年に公表した「新エネ100選」に選出された。

37) 経緯について、牧野州哲「太陽光発電施設建設に対する北杜市大泉町泉原地区の対応」地域生活学研究6巻19頁。研究者のスタンスとして、鈴木晃志郎「巻頭言」地域生活学研究6巻15頁が示唆に富む。

38) 山本隆三＝Wedge編集部「再エネ「主力電源化」の前に立ちはだかるハードル」Wedge30巻7号（2018）28頁（34頁）。

39) 中哲夫「北杜市の太陽光乱立の抑止に向けた活動を振り返って」地域生活学研究6巻30頁。

40) 神山智美「景観保全のための住民運動のあり方を考える―環境行政法学からの一考察」地域生活学研究7巻（2016）95頁（113頁）。

もう1つは、もともと入会団体が所有していた土地であったものが昭和3年に由布村（当時）に贈与され、その後は市有地の上に入会権（民法294条）が存続してきた土地であり[41]、平成24年、電気事業者に対して1億4000万円で売却されたものである。しかし、ソーラーパネルの設置により自然環境や景観を損ねるほか、当該土地が傾斜地であり大雨の際に洪水や土砂災害の危険がある、当該地域は風が強いためソーラーパネルが吹き飛ばされかねないなどとして、平成27年1月に、近隣住民からメガソーラー開発計画の差止め訴訟が提起された[42]。

　静岡県伊東市でも、八幡野地区において40万m^{2}を超えるソーラーパネルを設置する「伊豆高原メガソーラーパーク発電所」の計画に対して、1万人を超える住民からの反対署名が提出された。市も平成30年6月に規制条例を施行し、事業区域1,000m^{2}以上、総発電出力50kW以上のソーラーパネル設置には市長の事前同意を要することとした[43]。

(2) 事業者からの対抗措置？

　全国的な住民運動が起きる中で、ソーラーパネル事業者の側からも、一種の対抗措置の動きが生じた。すなわち、平成25年に長野県伊那市においてソーラーパネルの設置を計画していた事業者が、住民説明会における反対住民の発言によって名誉・信用を毀損され、こうした発言や反対運動のためにソーラーパネルの設置を断念することとなったとして、事業者から反対住民に対して損害賠償が請求されたのである。これに対して、反対住民の側からは、この訴訟の提起自体が違法であると主張して、慰謝料を求める反訴が提起された。

　長野地伊那支判平成27年10月28日判時2291号84頁は、事業者の名誉・信用が毀損されたとは認められず、かえって事業者は、通常人であれば容易にその主張に根拠のないことを知り得たのにあえて訴えを提起したものであって、裁判制度の趣旨目的に照らして著しく相当性を欠くとして、本訴請求を棄却し、反訴請求を認容した。

　こうした住民運動は、平穏な言論活動にとどまる限り、その内容が事業者に対する名誉棄損や誹謗中傷と評価されるようなものでもなければ、法的に保護

41）共有の性質を有しない入会は、地役権のような性質をもつ。最判昭和48年3月13日民集27巻2号271頁の事案のように、公有地の上に入会権が存続したものと推測される。

42）高橋・前掲48頁以下が詳細に紹介している。

43）山下（紀）・前掲1019頁。

されてしかるべきである。[44] 訴訟の提起をちらつかせて住民運動を威嚇するようなやり方が横行してはならないから、長野地裁伊那支部の判断は適切である。

(3) 行政としての政策対応

　行政（とりわけ市町村）は、ソーラーパネル建設に対していかなる政策対応を執るべきであろうか。注意しなければならないのは、一口に外部不経済と言っても様々であり、政策判断の当・不当にとどまるものであって住民の多数決で意思決定すべきレベルのものもあれば、そのまま放置すれば住民の生命・身体に危険が及びかねず、行政が何らの規制権限も行使しないことが違法と評価されるレベルのものまで、幅広い内容が含まれることである。

　問題を複雑にしているのは、反対住民の主張が、メガソーラーの建設によって別荘地や温泉観光地の景観が損なわれるという（広い意味での）生活環境上の利益にとどまるものから、土砂崩れや機材の倒壊・飛散により生命・身体に危険が及びかねないという不利益に至るまで、錯綜していることである。[45] 残骸の放置についても、単に残骸が残って見栄えが良くないという景観上の不利益（広い意味での生活環境上の不利益）にとどまるか、それとも、老朽化した残骸が倒壊したり強風で飛散したりする危険まで念頭に置くかによって、当然、行政の講ずべき対応は異なってくる。

　まず、土砂崩れや機材の倒壊・飛散のような、周辺住民の生命・身体に危険をもたらしかねない外部不経済に対しては、行政は公益のために果敢に権力的措置を執ることが求められる。ただし、そうだとしても、財産権を制約する権限の行使である以上は、侵害留保の原則より、法令・条例の根拠を備えている必要がある（条例については、地方自治法14条2項）。浦安町ヨット係留杭訴訟において、最判平成3年3月8日民集45巻3号164頁が、漁港法に基づく漁港管理規程を制定しておらず、強制撤去を行う法律上の根拠を欠いていたという状況下でなされたヨット係留杭の強制撤去について、「漁港法及び行政代執行法上適法と認めることのできないものである」としたのは、この事理をあらわ

---

44) 最判昭和63年1月26日民集第42巻1号1頁は、民事訴訟における訴えの提起が相手方に対する違法な行為といえるのは、当該訴訟において提訴者の主張した権利または法律関係が事実的、法律的根拠を欠くものであるうえ、提訴者が、そのことを知りながらまたは通常人であれば容易にそのことを知り得たといえるのにあえて訴えを提起したなど、訴えの提起が裁判制度の趣旨目的に照らして著しく相当性を欠くと認められるときに限られるとする。神山・前掲注（40）104頁以下。

45) 住民から挙がる意見が多様であることについて、浅川初男「太陽光発電と景観：地域の営みを踏まえた農村空間の有効利用」地域生活学研究6巻46頁（54頁）。

している[46]。

　これに対して、景観のような、広い意味での生活環境利益に係る外部不経済への対処については、ソーラーパネル設置を産業振興の中核として推進していくのか、あるいは景観の保持を最優先するために抑制していくのかという、住民自治（憲法92条・93条2項）による政策判断によって決せられるべき問題である。この局面で行政に第一次的に求められるのは、反対住民と事業者との意見の対立を調整する仲介者の役割であって、反対住民の立場に与して事業者に対し直接の働きかけを行うのは、例外的な場合に限られよう。行政が住民運動と連携するにしても、国立マンション国家賠償訴訟（第1審：東京地判平成14年2月14日判時1808号31頁、第2審：東京高判平成17年12月19日判時1927号27頁）の教訓から、たとえ長の公約を実現するためであっても、法令・条例等に基づく中立性、公平性そして社会的相当性を逸脱することがあってはならない[47]。

　北杜市についてみると、仮に市が緑にあふれた景観を売りにして積極的に自ら造成した別荘地への移住者を募ったという経緯でもあれば、宜野座村工場誘致事件に係る最判昭和56年1月27日民集35巻1号35頁が示すように、話が違うと憤る反対住民から、信義則に基づいて、ソーラーパネルの乱立により不動産価格が下落した分を損害とみて賠償請求することも可能であろう（いわゆる計画担保責任[48]）。しかし、北杜市ではそうした事情はみられず、むしろ市は、市町村合併以前から、NEDOの実証研究委託事業にみられるように、ソーラーパネルによる地域振興を図っていた[49]。

　北杜市における問題の本質は、在来住民（一般住民）と新住民（別荘所有者）

46）ただし、具体的な事案の解決としては、緊急の事態に対処するためにとられたやむを得ない措置であり、緊急避難（民法720条）の法意に照らしても、ヨット係留杭の撤去のためになされた公金支出について、住民訴訟における財務会計上の違法は認められないものとされた。塩野宏『行政法I［第6版］』有斐閣（2015）87頁。阿部・前掲注（9）127頁は、単に物を物理的に移動させただけで損害を与えたものではないことから、杭の撤去は適法であったとする。

47）板垣・前掲注（2）201頁以下。神山・前掲注（40）112頁の指摘が的確である。

48）計画担保責任については、塩野・前掲240頁以下、阿部泰隆『行政法解釈学II』有斐閣（2009）452頁以下。

49）浅川・前掲55頁では、北杜市域では高度経済成長期からバブル期にかけては別荘地やテニスコートが数多く作られたところ、現在においては不動産を太陽光発電所として活用する方が経済的メリットが大きいと所有者や不動産業者が判断した帰結が、ソーラーパネルの乱立状況であるにすぎないとする。

との間の（潜在的な）対立にあるように思われる[50]。この問題は、まさに同じ地域において展開された旧高根町簡易水道条例事件（最判平成18年7月14日民集60巻6号2369頁）において顔を覗かせたところである。簡易水道条例事件で争われたのは、主に夏の間のみ居住する別荘所有者に対し、条例によって水道料金を一般住民の最大3.57倍に設定したことの是非であった。最高裁は、別荘所有者という「住民に準ずる地位にある者」についても差別的取扱い禁止の規律（地方自治法244条3項）は及ぶのであり、別荘所有者の基本料金を一般住民よりも高額に設定すること自体は裁量の問題として許容されるにしても、本件の格差は不合理にすぎるとして、条例の規律を違法と判断した。これは、二地域居住という新たなライフスタイルともかかわる重要な論点であるが、本章では問題点の提示のみにとどめる。

　いずれにせよ、今後のソーラーパネルの設置を法的に抑制したければ、事業者の動きに先駆けて条例を整備することが求められる。すでに設置されたソーラーパネルに対しては、行政指導により対応する以外にない[51]。とはいえ、反対住民においても、現在までに設置されたソーラーパネルについては止むを得ないにしても、これ以上の無制限な開発は控えてほしいという穏健な意見が、実際のところは多数であろう[52]。住民運動の担い手には、住民の多様な意見を整理して事業者や行政に伝える工夫が必要となるし、行政の窓口にも、住民の主張がいずれのレベルにあるのか的確に読み取って対応する努力が求められる。問題となっている外部不経済の状況について的確に整理を行った上で対応しなければ、事業者との対話がまとまらないばかりか、相互の不信がますます高まることにもなりかねない。

---

50) 福井秀夫「景観利益の法と経済分析」判タ1146号（2004）67頁は、国立マンション事件の背景として、同様の状況を指摘する。柴田建「移住者の受け入れと地域継承の課題」都市住宅学89号（2015）18頁は、石垣島北部海岸沿いの「裏石垣」地区における地域景観をめぐる対立を素材に、示唆に富む考察を行っている。一端のみを示すと、マンションやリゾートの乱開発に対して最も強く拒否反応を示したのは、自然保護等の意識の高い移住者（先行移住者）の側であり、地元の人々の間、特に重要な産業である建設業、不動産業、観光業に従事する者の間では、むしろ開発に賛成する者の方が多かった。平成22年に裏石垣地区を含む一帯が景観地区に指定された際も、強力に地区指定を推進したのは移住者であった。
51) 山川・前掲84頁は、条例の制定は事後的な対応にとどまることが多く、抜本的な解決策とはなり得ないとする。
52) 神山・前掲注（40）115頁。

第3款 ソーラーパネルの設置が引き起こす外部不経済と現行法制

⑴ 景観侵害タイプ——パッケージとしての景観法制——

ソーラーパネルの設置が引き起こす外部不経済に応じて、行政が講じるべき的確な対処法は異なってくる。そのため、ここで一度、ソーラーパネルの設置がもたらす外部不経済とはいかなるものなのか、対応する現行法制と併せて、整理する必要がある[53]。

第一は、ソーラーパネルの設置が良好な景観を損ねるというものである。本章では、①景観侵害タイプとよぶことにする[54]。景観侵害タイプについては、野立て看板について規制する屋外広告物法（昭和24年法律第189号）が存在するが、ソーラーパネルは「公衆に表示される」ことを目的としていないから「屋外広告物」に該当せず（同法2条1項）、直接、屋外広告物法制を用いることはできない（宣伝を兼ねたソーラーパネルならば「屋外広告物」に該当し得るのかもしれないが、ごく例外的である）。ただし、違反に対する措置（同法7条1項参照）などは屋外広告物法制と重なる点が多いことから、自主条例としてソーラーパネル条例を制定する際には、大いに参考となろう[55]。

それ以上に、わが国では、都市、農山漁村等における良好な景観の形成を促進するための法律として景観法（平成16年法律第110号）が用意されているから、景観法制による対処が、いわば「正攻法」といえよう。景観法では、地方公共団体は景観計画を策定して良好な景観のために具体的に対処していくことになるが、パッケージとしての景観法制を紹介するには一定の紙幅を要するため、次節でまとめて記述する。

---

53) 本章と同じような問題意識に立ち、太陽光発電設備が地域環境に及ぼす影響の類型化を試みるものとして、劒持麻衣「都市自治体における条例を通じた太陽光発電設備設置の適正化への取組み」都市とガバナンス28号（2018）92頁（93頁以下）。

54) 景観侵害タイプについては、現在のところ、⒜ソーラーパネルの設置それ自体により、地域の良好な景観が侵害される場合が主に念頭に置かれているが、そればかりではなく、⒝ソーラーパネルが適切に維持・管理されている分には許容範囲であっても、供用期間を大きく経過したにもかかわらず、適切な撤去・処分・廃棄がなされずに、その残骸が放置されることで景観侵害が生じる場合も想定する必要があろう。廃墟となったドライブインを目にして、在りし日の賑わいを想像したときの居たたまれなさを思い浮かべれば良い。北海道景観条例などでは、さびつきのもたらす景観侵害も規制対象に含まれており、⒝の類型にも対処することが可能である。

55) 秋田典子「太陽光パネルと景観」地域生活学研究7巻72頁（76頁）は、ソーラーパネルは、その中で働く人がいないために、周囲の景観と調和させるといった近隣住民と良好な関係を構築する誘因が作用しにくく、収益の最大化に特化しやすいという点で、野立て看板などの屋外広告物と共通するという興味深い指摘を行っている。

354 第1章 ソーラーパネル条例をめぐる課題

(2) 機材破損タイプ——建築基準法の単体規制は適用されず——

　第二は、ソーラーパネルの機材が倒壊したり、パネルそれ自体や構成部品が飛散するといった形態の侵害である。本章では、②機材破損タイプとよぶことにする。とりわけ、小規模なソーラーパネルは簡易な支柱により固定されているにすぎない場合も多く——農地におけるソーラーシェアリングを行う場合には、むしろ簡易な支柱により固定することが求められているほどである——、機材の倒壊や飛散に伴う危険は無視できない[56]。また、パネルは損壊しても日光が当たる限り発電を行うため、接触により感電の被害が生ずるおそれがある。さらには、ソーラーパネルには鉛やセレンなどの物質が含まれており、そのまま放置すると有害物質が流出する危険があるため、産業廃棄物として適切に処理する必要がある[57]。

　機材破損タイプとの関係で重要なのが、ソーラーパネルは、建築基準法上の「建築物」にも「工作物」にも該当しないという行政解釈の存在である。すなわち、建築基準法施行令の改正に伴い平成23年3月25日付で発出された国土交通省住宅局建築指導課長通知「太陽光発電設備等に係る建築基準法の取扱いについて」（国住指第4936号）では、土地に自立して設置する太陽光発電設備（ソーラーパネル）は、メンテナンス以外の目的で架台下に人が立ち入らず、かつ、架台下の空間を居住、執務、作業、集会、娯楽、物品の保管・格納その他の屋内的用途に供しないものについては、「建築物」（建築基準法2条1号）には該当しないとされた。

　「建築物」に該当しなくとも、工作物のうち、「煙突、広告塔、高架水槽、擁壁その他これらに類する工作物で政令で指定するもの及び昇降機、ウォーターシュート、飛行塔その他これらに類する工作物で政令で指定するもの」については、構造耐力等について「建築物」に対するのと同様の規制が及ぶのだが（同法88条1項[58]）、ソーラーパネルについては、政令の指定は行われていない（同法施行令138条1項参照）。すなわち、ソーラーパネルに対しては、建築基準法の単体規制は及ばないのである。

　それでは、発電設備を建設する場合の技術基準について定めた電気事業法の規制はどのようになっているかといえば、事業用電気工作物の設置・変更の工

56）山下（紀）・前掲1020頁。
57）総務省行政評価局「太陽光発電設備の廃棄処分等に関する実態調査　結果報告書」（平成29年9月）2頁以下。
58）逐条解説建築基準法編集委員会（編著）『逐条解説建築基準法』ぎょうせい（2012）1213頁以下。

事について、公共の安全の確保上特に重要なものは経済産業大臣の認可を要するが（同法47条）、ソーラーパネルはこれに該当せず、届出で足りる（同法48条）。また、届出が必要な太陽光発電事業は出力2,000kW以上のものに限られており（同法施行規則65条・別表第二[59]）、2,000kW未満のものについては届出すら要しない。

出力2,000kW以上のものについても、規制が十分ではないと指摘されている[60]。まず、経済産業大臣は、一定の要件を満たしていない場合には、届出から30日以内に工事の変更・廃止を命じ得るとされているものの（同法48条3項）、裏を返せば、30日を経過してしまうと、もはや工事の変更・廃止を命じることはできないということである。そして、実際に設計図通りに施工されたか否かは自主検査に任されており、行政によるチェック機能は不十分である（同法51条）。続いて、平成24年の大幅な規制緩和によって、詳細な施設要件は撤廃されている[61]。なおも同条2項により、⑦太陽電池モジュールの支持物について、日本工業規格JIS C8955（2004）「太陽電池アレイ用指示物設計標準」に規定される強度を有することが求められ、⑦高さ4mを超える支持物については、建築基準法の工作物に適用される構造強度の各規定が適用されるのだけれども、⑦は支持物自体の荷重に関する定めにすぎず、強風や揺れにより太陽電池モジュールがその基礎の土台ごと飛散・倒壊するような場合を想定していないとか、⑦については、そもそも高さ4mを超えるソーラーパネル自体がほとんどないなど、不備が多いことが指摘される。

感電被害については、とりわけ災害発生後に生じやすいため、経済産業省が繰り返し注意を喚起している（「水没した太陽電池発電設備による感電防止について」（平成27年9月11日付け経済産業省商務流通保安グループ電力安全課事務連絡）、「地震で破損した太陽電池発電設備による感電防止について」（平成28年4月15日付け経済産業省商務流通保安グループ電力安全課事務連絡））。感電はソーラーパネルを保管・廃棄する際にも生じ得るため、環境省もガイドラインや通知（「平成28年熊本地震により被災した太陽光発電設備の保管等について」（平成28年5月16

---

59) 事業計画策定ガイドライン13頁。

60) 高橋・前掲65頁以下。

61) かつては、「電気設備に関する技術基準を定める省令」と、さらに詳細な基準を定めた「電気設備の技術基準の解釈」46条により、太陽電池モジュール等の施設について、電線、開閉器その他の器具に関する詳細な施設要件が定められていた。なお、平成28年8月より、出力500kW以上2,000kW未満の太陽光発電設備については、事業者自らが技術基準適合性を確認し、その結果を国に届け出る「事業者使用前自己確認制度」が開始された。事業計画策定ガイドライン15頁。

日付け環境省大臣官房廃棄物・リサイクル対策部廃棄物対策課事務連絡））により、損壊したパネルをシートで覆う、裏返す、囲いを設けて人の立入りを防ぐ、仮置場で分別保管するといった感電防止措置について周知している。

ソーラーパネルの適正な廃棄については、平成28年3月に環境省が「太陽光発電設備のリサイクル等の推進に向けたガイドライン」を発出し、適正な撤去、運搬、リユース、リサイクル、そして処分の方法について、情報提供を行ったところである。しかし、総務省の実態調査では、有害物質情報を確実に入手できる環境が未整備であるとか、最終処分（埋立て）の方法がわかりにくいとの声が多く寄せられたため、㋐メーカーのウェブサイト上などから、型番・製品名で検索して有害物質情報を容易に確認、入手できるしくみが必要であること、㋑排出事業者から産廃処理業者に対して、有害物質の含有可能性などの情報を提供する義務を課すべきこと、㋒適切な埋立て方法を明示すべきことが、総務省から環境省・経済産業省に対して勧告された[62]。

(3) 斜面崩落タイプ——様々な土地利用規制——

第三に、ソーラーパネルが森林を伐採して設置されたような場合、十分な強度を確保した基礎工事を行っていないと、地盤の土壌が流出したり、斜面が崩落したり、保水力が低下したりすることが考えられる[63]。言うまでもなく、最も周辺への影響が看過できないのは、豪雨などを契機とした斜面崩落による被害である。わかりやすさを重視して、本章では、③斜面崩落タイプと名付けることとする。

斜面崩落タイプについては、まず、土地そのものがもたらす外部不経済に対処する法制が様々に整備されていることとの関係を整理する必要がある。一定規模を超える開発が災害を惹起する場合に備えて、都市計画法、宅地造成等規制法、森林法、地すべり等防止法、急傾斜地法といった種々の法令によって、「規

---

62) 総務省行政評価局・前掲10頁以下。多くの排出事業者、産業廃棄物処理業者および地方公共団体からは、来たるべき大量廃棄を見据えて、特定家庭用機器再商品化法（平成10年法律第97号。いわゆる家電リサイクル法）や使用済自動車の再資源化等に関する法律（平成14年法律第87号。いわゆる自動車リサイクル法）と同様の法制度を整備し、製造業者による回収・リサイクルを義務化すべきであるといった意見が寄せられた。

63) 中嶋・前掲66頁。

制の網」が被せられている[64]。

　都市計画法では、都市計画区域において開発許可（同法29条1項）を得るためには、「地盤の沈下、崖崩れ、出水その他による災害を防止するため、開発区域内の土地について、地盤の改良、擁壁又は排水施設の設置その他安全上必要な措置が講ぜられるように設計が定められていること」という技術基準（同法33条1項7号、同法施行令28条）が満たされている必要がある[65]。ところが、都市計画法における「開発行為」とは、「主として建築物の建築又は特定工作物の建設の用に供する目的で行なう土地の区画形質の変更をいう」（同法4条12項）とされているので、「建築物[66]」にも「特定工作物[67]」にも該当しないソーラーパネルを設置するために行われる土地の区画形質の変更には、都市計画法の規制は及ばないことになる。

　宅地造成等規制法（昭和36年法律第191号）は、宅地造成工事規制区域内において行われる宅地造成に関する工事を、都道府県知事の事前許可制とする（同法8条1項）。「宅地造成」には、「宅地において行う土地の形質の変更で政令で定めるもの」が含まれており（同法2条2号）、盛土や切土によって「土地の部分に高さが2mを超える崖を生ずることとなるもの」（同法施行令3条1号・2号）などが定められているので、宅地の中という限定はあるが、ソーラーパネル設置のための土地の形質変更も含まれよう。災害を防止するため必要な措置が講じられていない場合には許可は下されないほか（同令5条各号・同法9条1項）、監督処分（同法14条）や擁壁等の設置・改造または地形・盛土の改良工事を行うように命ずる改善命令（同法17条1項）についても、定めが置かれ

64) 土地利用規制に着目した研究としては、浅野純一郎「田原市における地上設置型太陽光パネルの設置状況と課題に関する研究」日本建築学会技術報告集22巻50号（2016）291頁。本文にふれたもの以外にも、土石流、急傾斜地の崩壊、地すべりといった土砂災害の被害を受けるおそれのある区域には、「土砂災害警戒区域等における土砂防止対策の推進に関する法律」（平成12年法律第57号、以下「土砂災害防止法」とする。）に基づく土砂災害警戒区域の指定、危険の周知、警戒避難体制の整備、開発行為の許可制などが予定されている。ただし、土砂災害防止法はあくまでも「被害を受けるおそれのある区域」に着目して、社会福祉施設、学校、医療機関などの建設について規制を及ぼすものであって、「被害を生じさせそうな区域」に対して規制を及ぼすものではない。総合的検討として、宇賀克也「総合的土砂災害対策の充実へ向けて」阿部泰隆先生古稀『行政法学の未来に向けて』有斐閣（2012）273頁。

65) 開発許可制度研究会（編）『最新　開発許可制度の解説［第3次改訂版］』ぎょうせい（2015）175頁以下。

66) 都市計画法の「建築物」は、建築基準法2条1号に定める「建築物」のことを指す（都市計画法4条10項）。

67) 特定工作物とは、「コンクリートプラントその他周辺の地域の環境の悪化をもたらすおそれがある工作物で政令で定めるもの（以下「第一種特定工作物」という。）又はゴルフコースその他大規模な工作物で政令で定めるもの（以下「第二種特定工作物」という。）」をいう（都市計画法4条11項）。

ている。

森林法（昭和26年法律第249号）では、まず、保安林に指定された森林においては、都道府県知事の許可が得られない限り、流木竹の伐採や土地の形質の変更が禁止される（同法34条1項・2項）。次に、地域森林計画（同法5条1項）の対象となる民有林について、1 haを超える開発行為をしようとする場合には、都道府県知事の許可が必要となる（同法10条の2第1項、同法施行令2条の3）。当該開発行為によって土砂の流出・崩壊や水害を発生させるおそれがある場合には、許可はなされない（同法10条の2第2項）。開発行為の中止や復旧について、監督処分の規定も設けられている（同法10条の3）。

地すべり等防止法（昭和33年法律第30号）では、地すべり防止区域内において、のり切・切土を行ったり、施設・工作物を新築しようとする場合には、都道府県知事の許可が必要である（同法18条1項）。そして、当該行為が地すべりの防止を著しく阻害し、または地すべりを著しく助長するものであるときは、許可は下りない（同条2項）。監督処分についても規定されている（同法21条1項・2項）。

急傾斜地の崩壊による災害の防止に関する法律（昭和44年法律第57号、以下では「急傾斜地法」とする。）では、急傾斜地崩壊危険区域内においては、都道府県知事の許可を得ることなく、⑦のり切、切土、掘削または盛土、④流木竹の伐採、⑨その他急傾斜地の崩壊を助長し誘発するおそれのある行為をすることは禁じられる（同法7条1項）。監督処分（同法8条）や改善命令としての急傾斜地崩壊防止工事施行命令（同法10条1項）についても規定がある。

なお、農地法の規制については、斜面崩落タイプを想定したものなのか、争いがあるところである。[68]

こうしてみると、斜面崩落タイプについては、様々な法制が整備されていると言って良い。しかし、これらの規制を及ぼすためには、その前提として、事前に区域指定が行われている必要がある。区域指定を行ったとしても、森林法のように、法令が適用される規模を下回る開発については、行政として手出しできない。さらに厄介なのは、斜面崩落タイプの規制は管轄が分散しているこ

---

68) 農地法には土地の形質変更による土砂災害防止を目的とした規定は置かれていないが、横浜地判平成12年10月27日判時1753号84頁では、転用地に積み上げられた建設残土の崩落について、県知事による農地法上の規制権限不行使の違法が追及されている。

とである。市町村の権限なのか、それとも都道府県の権限なのかをめぐり「譲り合い」が続くうちに、実際に斜面崩落が発生しては元も子もない。自主条例としてソーラーパネル条例を制定する際には、法令の規制が錯綜しており使いにくいことを受けて、長に対して端的にソーラーパネル設置が引き起こす斜面崩落の危険を是正する権限を付与することが考えられる。

(4) 反射光タイプ

第四は、東京高判平成25年3月13日に現れたような、反射光により近隣の生活環境に影響を与えるタイプである。④反射光タイプと称するのが適切と思われる。反射光タイプについては、かつての日照権侵害と同様に対処するのが適切であろう。すなわち、かつて日照を確保するために屋根の高さや角度が規制されるに至った（建築基準法56条の2）のと同様に──日照制限が問題となった事例とは日照のもたらす状況が真逆ではあるが──将来的には、ソーラーパネルを設置する方角や傾斜角について、法令によって全国一律に建築規制を及ぼすべきと思われる。ただし、法令が制定されるまでの過渡的な措置として、条例による対応が必要となる局面があるかもしれない。

(5) その他

山林を切り開いてメガソーラーを設置する場合には、周辺の生態系の破壊に繋がることが懸念される。ソーラーパネルは、風力発電所とは異なり、現状において環境影響評価法の対象事業とはされてこなかったことから、環境アセスメント条例によって対処することが考えられるが、条例の適用対象となる施

---

69) 浅川・前掲50頁が指摘するように、市町村と都道府県の間での管轄のみならず、市町村の内部でも管轄が分かれていることが弊害となっている。

70) 広島地判平成24年9月26日判時2170号76頁は、条例による事務処理の特例（地方自治法252条の17の2以下）によって、宅地造成等規制法17条の改善命令を発する権限が県知事から市長に委譲されていたところ、土砂の埋立地が豪雨災害で崩落した事案である。同種の事案において、県と市の間に権限行使をめぐる「譲り合い」がみられることは起こり得る。板垣勝彦「条例による事務処理の特例と都道府県の是正要求権限」小早川光郎先生古稀『現代行政法の構造と展開』有斐閣（2016）617頁。本書第3部第1章。

71) 中嶋・前掲66頁。

72) 詳細については、阿部・前掲注（9）9頁。逐条解説建築基準法編集委員会編著・前掲927頁以下。

73) 中嶋・前掲66頁によると、「北杜サイトメガソーラー」が建設された際には、レッドデータブックに掲載されているカヤネズミを保護するため、専用通路（アニマルパスウェイ）を設置するといった配慮が行われた。辻村千尋「生物多様性・自然保護の観点からみた太陽光発電施設立地」地域生活学研究7巻150頁は、計画立案段階での戦略的アセスメントの必要性を説く。

360 第1章 ソーラーパネル条例をめぐる課題

設の規模をどの程度に設定するかなど、多くの論点が残る。[74]

　次節では、ソーラーパネルの設置がもたらすこれらの外部不経済について、各地方公共団体がいかに対処してきたのか、分析してみたい。

第4節　ソーラーパネル問題への政策法務上の対処

第1款　要綱・ガイドラインによる対処——茨城県の事例——

(1)　茨城県ガイドラインの概要

　地方公共団体の対応として最も多いのが、要綱・ガイドラインの制定による対処である。[75] たとえば、茨城県は、広大な平坦地や充実した送電網を有するといった地域特性も手伝って、太陽光発電施設の導入量が全国1位となるなど、積極的な導入が行われている。

　その一方で、「太陽光発電施設については、施設の設置・運営そのものに関する法令、基準等がなく、また、自治体や住民に知らされないまま工事が進められるなどにより、景観や生活環境の問題、土砂流出などの安全に対する不安等から、県内各地域で住民と事業者との間でトラブルとなる事案が発生」している。こうした現状にかんがみて、「太陽光発電施設を設置しようとしている事業者……が、市町村や地域の理解を得ながら太陽光発電施設を適正に設置・管理することにより、地域社会との共生が図られた太陽光発電事業……を円滑に実施すること」を目的として、平成28年9月に策定・公表されたのが、「太陽光発電施設の適正な設置・管理に関するガイドライン」（以下、「茨城県ガイドライン」とする。）である。[76]

　茨城県ガイドラインの対象は、「出力50kW以上の事業用の太陽光発電施設（建

---

74) 考えるべき論点としては、北村・前掲注（24）152頁以下。
　　なお、平成31年1月17日に環境省で開催された「太陽光発電施設の環境影響評価（環境アセスメント）の在り方に関する有識者会議」において示された「太陽光発電施設等に係る環境影響評価の基本的考え方に関する検討会報告書（素案）」では、40MWを超える施設について環境影響評価を義務付けるという方針が示された。
75) 要綱・ガイドラインに基づく行政指導により公益上望ましい状態の実現を図る行政活動を、要綱行政とよぶ。北村・前掲注（24）47頁以下は、行政が要綱行政に頼る事情として、①条例による政策対応に自信がない、②条例で義務を課すのは違法の疑いが強い、③議会を回避することができる、④議会を通すことで規制内容が後退するおそれがある、⑤行政争訟を回避できる、⑥試行的な対応を迫られているなどを挙げる。
76) 茨城県「太陽光発電施設の適正な設置・管理に関するガイドライン」（以下、「茨城県ガイドライン」とする。）1頁。

築物へ設置するものを除く）」であり、比較的小規模なものまで範囲に含まれる[77]。また、権限を有する行政庁の教示も含めて、土地利用規制に関する関係法令の整理が行われていることが大きな特徴である。

(2) 「設置するのに適当でないエリア」

まず、茨城県ガイドラインは、国定公園の特別保護地区、農用地区域、風致地区のように法令上開発行為が厳しく制限（原則不許可など）されている区域や、保安林、地すべり防止区域、急傾斜地崩壊危険区域のように、ソーラーパネルが設置されることとなれば生活環境、景観、防災等の観点から甚大な影響が想定される地域を、「設置するのに適当でないエリア」として掲げている[78]。

この点に関連して、茨城県ガイドラインでは、「太陽光発電施設設置に係る関連法令（土地利用・環境等）」が一覧として示されており、国土利用計画法以下、土地利用に関して許認可、届出、事前協議制を定める40近い関連法令が、主な手続の概要、手続の類型、県所管課（電話番号）、相談先と併せて整理されている[79]。このうち相談先については、対象となる市町村のほか、県の出先機関の窓口（電話番号）および各市町村の担当窓口（所属・担当および電話番号）が詳細に記載されており、参照価値が高い[80]。

(3) 施設の適正な配置について検討・調整を要するエリア

続いて、「設置するのに適当でないエリア」でない地域であっても、法令上の許可手続等を要するエリアや、生活環境、景観、防災等への影響が想定される地域については、設置場所の変更を含めて、施設の適正な配置について十分な検討や調整を行う必要があるとされる。茨城県のガイドラインでは、「施設の適正な設置」という項目を立てて、取り組むことが望まれる事前手続が示さ

---

77) 茨城県ガイドライン2頁。
78) 具体的には、(a)自然公園法に定める国定公園の特別保護地区、第1種〜第3種特別地域、(b)茨城県立自然公園条例の県立自然公園、(c)茨城県自然環境保全条例の自然環境保全地域特別地区、(d)鳥獣保護法に定める鳥獣保護区特別保護地区、(e)農地法・農振法上の農用地区域、甲種農地または採草放牧地、第1種農地または採草放牧地、(f)森林法上の保安林、(g)河川法上の河川区域、河川保全区域、河川予定地、(h)海岸法上の海岸保全区域、一般公共海岸区域、(i)砂防法上の砂防指定地、(j)地すべり等防止法上の地すべり防止区域、(k)急傾斜地法の急傾斜地崩壊危険区域、(l)土砂災害防止法の土砂災害警戒区域、(m)景観法の景観形成重点地区（なお、市町村景観計画で定められるものである。）、(n)都市計画法上の風致地区、(o)都市緑地法上の特別緑地保全地区、(p)文化財保護法上の重要文化財、国指定史跡、名勝、天然記念物等指定地、(q)文化財保護条例の県指定有形文化財、名勝、天然記念物等指定地が列挙されている。茨城県ガイドライン2頁以下。
79) 茨城県ガイドライン14頁以下。
80) 長野県でも、平成28年6月に「太陽光発電を適正に推進するための市町村対応マニュアル〜地域と調和した再生可能エネルギー事業の促進〜」を策定・公表したところ、山下（紀）・前掲1019頁は、県と市町村の役割分担を明確化したことに意義を見出している。

れている。

　第一に、事業者は、太陽光発電施設の設置工事に着手する前に、設置予定場所、面積、事業者名、連絡先、発電出力、工事着工と運転開始の予定日を記載した「事業概要書」を市町村の担当課に提出し、市町村との事前協議を行うものとされる。協議の内容は、関係法令等に基づく手続、周辺住民など地元関係者への説明の範囲、説明内容およびその方法、施工に当たって配慮すべき事項への対応、適正な維持管理および撤去・廃棄計画にまで及ぶ。[81]「協議の際に市町村から要請等があった事項については、誠意をもって対応するよう努めるとともに、可能な範囲で地域振興に寄与できるよう配慮すること」とされる。

　第二に、地域の理解促進について、事業者は、設置工事に着手する前に、地元関係者に説明し、理解を得た上で事業を進めることが求められる。地元関係者から要望があった場合には、説明会を開催する努力義務が課せられる。計画に対する要望、苦情、懸念については、「丁寧かつ誠意をもって対応すること」が求められ、結果の市町村への報告義務や合意書等の締結義務が――努力義務ではあるが――定められている。

　第三に、施工に当たっては、①騒音対策、除草剤の飛散対策、騒音・振動の影響を緩和するための緩衝帯の設置、反射光対策など、生活環境に配慮すること、②フェンス・植栽等を行ったり、ソーラーパネルの色彩を調整したり、山並みや眺望等への対策をとるなど、景観に配慮すること、③盛土・切土面の保護、がけ地、湧き水、軟弱地盤、土砂崩れ、雨水・排水への対策、工事の際の安全の確保、設備面の対策など、[82]防災・安全面に配慮すること、④市街地等に設置する場合の配慮事項、⑤緊急連絡先の表示等が求められている。

(4)　施設設置後の適正な維持管理

　茨城県ガイドラインでは、施設設置後の適正な維持管理についても意を払っている。すなわち、事業者に対して太陽光発電施設や敷地の適切な維持管理を求めるとともに、設備の破損等周辺環境に影響を及ぼす状況が発生した場合には、速やかな対処と市町村および地元関係者への報告を行うことを要求しているのである。そして、事業者には、太陽光発電施設の撤去・廃棄についても事業計画の段階から検討し、事業計画に位置付けることを求めるとともに、事業

81）茨城県ガイドライン5頁。
82）先述した日本工業規格JIS C8955（2011）「太陽電池アレイ用支持物設計標準」に規定される強度を有すること。

終了後は、廃棄物処理法、建設リサイクル法および環境省の「太陽光発電設備のリサイクル等の推進に向けたガイドライン」に基づき、事業者の責任において適正に処理すべきことが定められている。[83]

(5)　茨城県ガイドラインの評価

　茨城県ガイドラインは、ソーラーパネル設置がもたらす外部不経済の状況を包括的かつ精細に把握した上で、事業者に対して事業計画の段階から施工、施設設置後、撤去・廃棄に至るまで、市町村および地元関係者の理解を得ながら事業を進めていくことを求めており、法的な実効性を抜きにすれば、政策的に考慮すべき事項はほぼ書き込まれている。

　しかし、この「法的な実効性」が決定的に欠けている点が、唯一にして最大の弱点である。要綱・ガイドラインは行政規則に過ぎず、条例のような法的拘束力はないため、行政に強制的な権限を付与したり、違反者に対して罰則を科すことはできない。[84]あくまで行政指導を中心とした「お願い」にとどまり、それを聞き入れてくれるか否かは事業者の任意である（参照、行政手続法32条1項）。事業者が行政指導に従わない意思を表明した場合、それ以上の行政指導の継続は違法となる（参照、同法33条[85]）。

　だからといって、こうした要綱・ガイドラインを策定することの意義が没却されるわけではない。ソーラーパネル問題は、既存の法制度が全く通用しない類の問題というよりも、関係行政機関がすでに用意されている法制度を的確に把握・認識して活用すれば、ある程度は対処できる問題だからである。しかし、住民や事業者にとっては、行政のいずれの窓口が対応するのかわかりづらく、その利用を妨げているという現状がある。さらに、肝心の関係行政機関においても、錯綜した権限を的確に把握・認識することは容易ではない。この点において、茨城県ガイドラインには、ソーラーパネルに関連する錯綜した権限を整理して、住民や事業者に対して情報提供するとともに、市町村の関係行政機関に向けても自らの権限について再認識させ、規制権限の的確な行使を促すという効果が認められよう。

第2款　ソーラーパネル条例の制定による対処

83）茨城県ガイドライン8頁以下。
84）劔持・前掲95頁も、規制または手続をより確実に履行させるという点では、行政内部の規範にとどまる要綱よりも、法的拘束力を有する条例の方が適切であるとする。
85）塩野・前掲333頁以下、北村・前掲注（24）179頁以下。

364 第1章 ソーラーパネル条例をめぐる課題

(1) 由布市条例制定に向けた経緯

いち早く自主条例としてソーラーパネル条例を整備したのが、大分県由布市である。平成17年に湯布院町、庄内町、挾間町の3町の合併によって誕生した由布市は、旧町域ごとに異なる背景事情を抱えているところ、とりわけ旧湯布院町は、落ち着いた温泉観光地としてのまちづくりによって注目されていた。旧湯布院町で平成2年に制定された「潤いのある町づくり条例」は、当時としては斬新な内容をもち、歴史ある街並みや瀟洒な建物の保存が図られていたのである。

もとから高い環境意識を有していた由布市では、FITによってソーラーパネルの設置が進むことを見越して、平成25年3月に「太陽光発電施設設置事業指導要綱」を制定していた。しかし、指導要綱の制定後にソーラーパネルの建設が市内の各所で相次いだため、より厳格な規制を及ぼすための「由布市自然環境等と再生可能エネルギー発電設備設置事業との調和に関する条例」（以下、「由布市条例」とする。）を、平成26年に制定した[86]。

同条例1条は、条例の目的を、「由布市における美しい自然環境、魅力ある景観及び良好な生活環境の保全及び形成」と「急速に普及が進む再生可能エネルギー発電設備設置事業」との調和を図るために必要な事項を定めることにより、「潤いある豊かな地域社会の発展に寄与すること」に置いている。平たく言えばソーラーパネル設置の規制が目的であって、徳島市公安条例最高裁判決（最大判昭和50年9月10日刑集29巻8号489頁）の基準では、「ある事項について国の法令中にこれを規律する明文の規定がない場合」ということになり[87]、「法令全体からみて、右規定の欠如が特に当該事項についていかなる規制をも施すことなく放置すべきものとする趣旨」であるとは到底解されないから、法令と条例の抵触（憲法94条、地方自治法14条1項）という問題は生じない[88]。

---

86) 高橋・前掲46頁、劔持・前掲97頁。地域住民が景観侵害を理由としてソーラーパネルの建設差止めを求めた民事訴訟について、大分地判平成28年11月11日（平成27年（ワ）第29号、同第130号）は国立マンション民事訴訟最高裁判決（最判平成18年3月30日民集60巻3号948頁）に立脚して請求を退けている。神山智美・富大経済論集64巻1号（2018）171頁が、類似の裁判例の紹介を含めて、今後の住民運動や市町村の対応のあり方を含めた詳細な分析を行っている。

87) 阿部・前掲注（9）291頁以下、斎藤誠「条例制定権の限界」高木光＝宇賀克也（編）『行政法の争点』有斐閣（2014）206頁以下、宇賀克也『地方自治法概説［第8版］』有斐閣（2019）222頁以下。

88) 劔持・前掲99頁以下。なお、それとは別途、事業者の財産権（憲法29条1項）および営業の自由（憲法22条1項）の不必要な制約になる場合には、規制は違憲となり得る。この点、劔持・前掲100頁は、一定の区域内での太陽光発電設備の設置を禁ずるといった措置を設ける際には、同区域内での設置を禁止するだけの立法事実の存在に加えて、同じ目的を達成することができるよりゆるやかな規制手段の検討が求められるとする。

(2)　由布市条例の内容

　由布市条例では、再エネ特措法2条3項に規定する設備の設置を行う事業のことを「再生可能エネルギー発電設備設置事業」(由布市条例では、単に「事業」と言い換えられている。)と定義し(同条例3条1号)、事業を行うものを「事業者」(同条2号)、事業を行う区域を「事業区域」(同条3号)と定義する。「建築物」とは建築基準法2条1号の建築物のことを指し(由布市条例3条4号)、「土地に定着する人工物で建築物以外のもの」を「工作物」と定義する(同条5号)。さらに、その区域に事業区域を含む自治会のことを「該当自治会」(同条6号)、「事業区域の境界線から16m又は事業に係る建築物若しくは工作物の高さの2倍の水平距離の範囲内にある土地又は建築物を所有する者」のことを「近隣関係者」とする(同条7号)。

　由布市条例が適用されるのは、「事業区域の面積が5,000m²を超える事業」である(同条例7条1項)。「既に施行している事業の事業区域の近接地において一体的な事業を施行する場合は、その面積を合算する」(同条2項)。ただし、事業区域の面積にかかわらず、市長が一定事由により特に必要があると認めるときは、事業を行わないよう協力を求める区域(抑制区域)を定めることができる(同条例8条1項・2項)。ここでの一定事由とは、「貴重な自然状態を保ち、学術上重要な自然環境を有していること。」(同条1項1号)、「地域を象徴する優れた景観として、良好な状態が保たれていること。」(同項2号)、「歴史的又は郷土的な特色を有していること。」(同項3号)を指す。

　事業者は、同条例7条に規定する面積5,000m²を超える事業を施行するときは、あらかじめ、①事業者の氏名および住所、②事業を行う位置および事業の計画を明らかにする図書、③事業区域およびその周辺の状況を示す写真、④事業に係る設計または施行方法を明らかにする図書、⑤該当自治会への説明会に係る報告書、⑥近隣関係者への説明に係る報告書、⑦他法令による許認可等を受けている場合の、その許可書の写しを届け出て、市長と協議しなければならない(同条例9条1項)。②または④の事項を変更しようとするときも、市長への届出と協議が要求される(由布市条例9条3項)。届出は、事業に着工する60日前までに行うことが求められている(同条例施行規則3条1項)。

　⑤に定められているように、事業者は、市長への届出を行う前に、該当自治会の住民に対して、①および②に掲げる事項を周知し、事業の施行等について説明会を開催して、該当自治会が事業者の説明に応じないといった場合を除き、

その理解を得るように努めるものとされる（由布市条例10条1項・3項）。⑥についても同様で、事業者には、市長への届出を行う前に、近隣関係者に対して説明を行いその理解を得るべく、努力義務が課せられている（同条例11条1項・3項）。

由布市条例の核心は、届出を行った事業者と市長との協議である。市長は、協議に当たっては、審査を実施し、必要に応じて、「由布市自然環境等と再生可能エネルギー発電設備設置事業との調和に関する審議会」（以下、「審議会」とする。）に諮問する（同条例12条）。審議会は、市長の諮問に応じて審議し、答申を行う機関として位置付けられている（同条例13条1項・2項）。市長は、必要があると認めるときは、事業者に対して、指導、助言または勧告を行うものとされ（同条例14条1項）、事業者は、それに対する処理状況を市長に報告しなければならない（同条2項）。市長は、協議が終了したときは、事業者に終了した旨の通知をする（同条例15条1項）。通知には、必要に応じて意見が付される（同条2項）。

事業者は、事業の着手、完了、中止または再開をした場合には、速やかに市長に届け出なければならない（同条例16条）。完了の届出を受けた市長は、確認を行う（同条例17条）。

⑦事業者が正当な理由なく届出を怠ったり、虚偽の届出をしたとき、④事業者が正当な理由なく指導、助言、勧告に応じないとき、⑨事業者が正当な理由なく通知を受ける前に事業に着手したときは、市長は、その事実を公表することができる（同条例18条1項）。公表を行う場合には、事前に事業者にその理由を通知し、弁明の機会を与えなければならない（同条2項）。

(3) 由布市条例の評価

由布市条例の規制は、ソーラーパネルの設置段階に重点が置かれている。事業者に対して、事業区域の面積が5,000m^{2}を超える事業を行おうとするときは、①から⑦までに係る事項を事前に市長に届け出て、協議義務を課すことで、外部不経済をもたらし得る事業について、事前コントロールを及ぼすわけである。

ただし、いくつか気になる点もある。第一に、協議の位置付けが明らかではない。由布市条例では、許可制のように、市長の許可が下りなければ適法に事業を開始することができないという構造は採られていない。ところが、届出を受けた市長は「審査」を実施するとされており（同条例12条）、審査の結果は審査結果通知書により事業者に通知される（同条例施行規則7条3項）など、あ

たかも許可制の審査のような用語法が採られている。とはいえ、事業者には通知に無条件に従う義務はなく、審査結果回答書による回答が求められるにとどまる（同条4項）。つまり、「協議」という名のとおり、予定されているのは、市長と事業者との間の双方向のやり取りということである。審査の項目として掲げられているのも、総合計画、再生エネルギー施策、公有財産、自然環境、騒音・振動、廃棄物・土壌汚染・水質汚染、希少野生動植物、環境影響評価、森林法、農業振興地域、法定外公共物の管理、市道の管理、景観、水道水源地域の保護、通学路の安全、文化財の保護、農地転用、消防法・由布市火災予防条例など（同条例施行規則7条1項・別表）、あまりに多岐にわたっており、法的拘束力のある許可制の審査事項というよりも、行政指導の観点と理解するのが妥当であろう。

　事業者が届出を怠ったり、通知を受ける前に事業に着手したりした場合には、公表が予定されている。公表を行う際には、理由の提示や弁明の機会の付与といった不利益処分に準じた事前手続を経ることが求められており、条例制定者は、制裁的公表としての位置付けを与えていることがわかる。すなわち、制裁的公表によって、事業者の届出義務や、協議に応じる義務を確保するという機能（実効性確保機能）を期待しているわけである。そうはいっても、事業者が届出を行ったにもかかわらず、市長が合理的な期間を超えて通知を先延ばしにしているような場合には、標準処理期間を徒過したものとして（参照、由布市行政手続条例6条）、不作為の違法事由を構成するものと思われる。

　第二に、全体として努力義務の規定が多く、その効果は限定的である[90]。該当自治会や近隣関係者に対して説明（会）を行う義務についても、努力義務にとどまる。指導、助言、勧告といった法的拘束力のない行政指導に頼っており、ソーラーパネルがもたらし得る外部不経済を是正するような強制的手段については、規定が置かれていない。抑制区域（由布市条例8条1項）の規定は目を引くが、「事業を行わないよう協力を求める区域」にすぎず、やはり法的拘束力は付与されていない。全体を見渡しても、制裁的公表の規定以外は、「条例の留保」が及ばない事項——言い換えれば、条例で定めなくとも良い事項——である。こうした傾向は、まちづくり条例のように、開発指導要綱を条例化し

89）制裁的公表については、阿部・前掲注（9）598頁以下、宇賀克也『行政法概説I［第6版］』有斐閣（2017）267頁以下、北村・前掲注（24）192頁以下。

90）「火種振りまくメガソーラー　由布市住民と業者対立深刻化　大分」平成27年6月23日『産経ニュース』https://www.sankei.com/region/news/150623/rgn1506230045-n1.html（2019年4月30日閲覧）

た場合に共通してみられるところであるが、市のソーラーパネル問題に対する「本気度」を示す以上の意味があるのか、なお精査する必要があろう。

　第三に、ソーラーパネルが設置されて以降の管理放棄について、由布市条例は、事業者に対する指導、助言、勧告によってコントロールを及ぼす趣旨であると推測される。しかし、事業者が行方知れずになった場合についての対処については、規定が置かれていない。行方知れずの事業者に対して制裁的公表を行っても効果は期待しがたく、別途、何らかの対応が求められる。

第3款　後続する由布市型ソーラーパネル条例

(1)　富士宮市条例

　自主条例としての由布市型ソーラーパネル条例は、他の市町村でも次々と策定された。その中には、由布市条例の弱点を補うための様々な工夫を施したものがある。[91] 静岡県富士宮市が平成27年に制定した「富士宮市富士山景観等と再生可能エネルギー発電設備設置事業との調和に関する条例」（以下、「富士宮市条例」とする。）[92] は、由布市条例とほぼ同様の定義を採用し、太陽電池モジュールの総面積が1,000m^2を超えるか、再生可能エネルギー発電設備の高さが10mを超える事業（建築物に再生可能エネルギー発電設備を設置する事業を除く。）を適用対象とした上で（富士宮市条例8条1項・2項）、事前届出制について規律するとともに、再生可能エネルギー発電設備の設置を行う事業者が市内において当該事業を施行しようとするとき（または、施行している事業を変更しようとするとき）は、市長の同意を得なければならないとする（同条例9条3項）。

　抑制区域の指定対象は、「地域を象徴する優れた景観として、良好な状態が保たれていること。」（同条例7条1項1号）、「豊かな自然環境が保たれ、学術上必要な自然環境を有していること。」（同項2号）、「歴史的又は郷土的な特色を有していること。」（同項3号）とされ、由布市条例の強い影響下にあることが窺われる。しかし、富士宮市条例にいう抑制区域は、文字通り「事業を抑制する地域」であり（同条例7条1項柱書）、事業区域の全部または一部が抑制区域に指定されているときは、市長は原則として同意を行わないとする点で、法

91）　劒持・前掲101頁の図表が一覧性に富む。

92）　富士宮市では、FIT導入前から、将来的なソーラーパネルの濫立を見越して、「富士宮市土地利用事業の適正化に関する指導要綱」に基づく対処を行ってきた。高橋・前掲26頁以下。新たに制定された富士宮市条例の紹介として、高橋・前掲38頁以下。

的拘束力をもつ（同条例10条１項[93]）。

　同意を得ずに事業を始めた場合の制裁措置については、届出義務を懈怠した場合と同様に、市長から事業者に対して期限を定めて必要な措置を講ずるよう勧告し（同条例12条１項・２項）、これに従わない場合に事業者の氏名・住所と勧告の内容を公表するという制裁的公表にとどまる（同条例13条１項）。

　その他にも、富士宮市条例では、市長に対して事業者に報告・資料提出を要求する権限や職員に対して事業者への質問・調査を行う権限を付与している（同条例11条１項）。

(2)　高崎市条例

　群馬県高崎市は、平成27年に「高崎市自然環境、景観等と再生可能エネルギー発電設備設置事業との調和に関する条例」（以下、「高崎市条例」とする。）を制定して、由布市条例に倣いながら、許可制と措置命令を含めた法的拘束力を有するしくみを整備した[94]。高崎市条例では、自然環境、景観等と再生可能エネルギー発電設備の設置との調和が特に必要な地区を「特別保全地区」として指定し（同条例８条）、特別保全地区内において事業を行おうとする者は（建築物の屋根・屋上で行うものを除く。）、事業区域ごとに事業計画を定めて、市長の許可を受けなければならない（同条例13条１項）。

　許可基準は同条例14条１項各号に規定されており、当該申請が次の各号のすべてに該当することが必要である。㋐事業区域の周辺地域における自然環境を害するおそれがないこと。㋑周辺地域の景観を阻害するおそれがないこと。㋒周辺地域において土砂崩れ、溢水等を発生させるおそれがないこと。㋓事業の完了時における事業区域の高さ、法面の勾配、造成を行う面積等の造成計画が宅地造成等規制法、都市計画法その他関係法令等で定める基準に適合していること。㋔排水施設、擁壁その他の施設が関係法令等で定める基準に適合していること。㋕地形、地質および周囲の状況に応じ配慮すべき事項または講じるべき措置が関係法令等で定める基準に適合していること。㋖周辺地域における道路、河川、水路その他公共施設の構造等に支障を来すおそれがないこと。㋗太陽光の反射、騒音等による生活環境への被害防止など近隣住民等の生活環境

---

93) ただし、太陽電池モジュールの総面積が12,000m²以下で、抑制区域内の規則で定める区域にあっては、事業者が届出を行う前に、自治会に対して説明会を開催し、近隣関係者に対して説明を行うことを要件として、例外的に同意を行う余地が認められている（富士宮市条例10条１項ただし書・２項各号）。

94) 劔持・前掲97頁以下。

を保全すべき措置が講じられていること。㋖設置する再生可能エネルギー発電設備が電気事業、再エネ特措法その他関係法令の基準に適合していること。㋙市の総合計画、環境計画、景観計画、都市計画、観光計画その他の将来計画に適合したものであること。

市長が許可を行う際には、あらかじめ、高崎市再生可能エネルギー発電設備設置審議会の議を経なければならない（同条3項）。そして、許可には、自然環境・景観の維持または災害・生活環境への被害等の発生の防止のために必要な条件を付すことができる（同条4項）。各号に掲げられた項目は、由布市条例の審査項目と共通する点が多いけれども、許可基準であるので、法的な位置付けは比較にならないほど高い。だが、率直な印象としては、関係法令等で定める基準への適合を求める事項が多く（㋓㋔㋖㋙）、わざわざ条例で法令とは別の規律を行う必要性が希薄になっているように感じられる。規律にメリハリを付けて、条例の独自性を強調する意味でも、もう少し項目を精選する必要があったと思われる。

市長は、事業計画に従って事業を行っていない事業者に対しては、工事その他の行為の停止を命じ、または相当の期限を定めて、再生可能エネルギー発電設備の除却、事業区域の原状回復その他違反を是正するため必要な措置をとることを命じることができる（同条例22条1項）。許可に付した条件や措置命令に違反した者に対しては、許可の取消しも選択肢に入れられる（同条例21条各号）。そればかりでなく、許可を受けた日から1年以内に事業に着手しない者に対しても、許可の取消しを規定している。ただし、実効性確保の手段としては、制裁的公表が規定されるにとどまる（同条例24条）。

(3) 志摩市条例

三重県志摩市が平成29年に制定した「志摩市における再生可能エネルギー発電設備の設置と自然環境等の保全との調和に関する条例」（以下、「志摩市条例」とする。）は、①適用対象と②事業計画の点で特色を有する。

まず、①適用対象については、目的規定（同条例1条）において、伊勢志摩国立公園の優れた自然環境と自然景観に言及されていることからも窺えるように、建築物の屋根・屋上で行うものを除いた「太陽光をエネルギー源とする発電設備のうち、事業区域の面積が1,000m²以上のもの、事業区域の発電出力が50kW以上のもの又は海上を含む水域に設置するもの」と規定される（同条例3条1号）。海上に設置するソーラーパネルまで適用対象に含めたことは、豊

かな漁業資源を有する志摩市の特色を反映させたものといえよう。事業抑制区域の指定においても、由布市や富士宮市と同様の区域を対象として規定することに加えて、「災害の危険性が高く、再生可能エネルギー発電設備の設置又は山林の伐採、盛土、切土等の造成工事を制限する必要があると認められる区域」（同条例4条1項3号）のような、斜面崩落タイプを想定した規律がなされているほか、「農林水産業の生産活動が営まれる区域であって、農地、山林又は漁場として保全する必要があると認められる区域」（同項4号）のような、生物資源の保全を念頭に置いた規定がなされている。

そして、抑制区域の指定が②事業計画の策定と結び付けられていることも、志摩市条例の特色である。すなわち、志摩市条例では、再エネ特措法9条1項に規定する再生可能エネルギー発電事業計画等のことを「事業計画」と定義[95]した上で（同条例2条3号）、事業者は、再エネ特措法による事業計画の認定の申請等をする前に、㋐事業の概要、㋑事業区域の位置・区域、㋒事業区域およびその周辺環境における調査の内容、㋓設計における配慮事項、㋔施工における配慮事項、㋕保守点検・維持管理に関する事項、㋖撤去・処分に関する事項、㋗土砂等の流出・崩壊を防止する計画、㋘生活環境の保全のための措置、㋙景観保全のための措置、㋚その他市長が必要と認める事項について、事業計画に盛り込むように市長と調整することを要求している（同条例6条1項）。さらに、事業を行おうとする区域の中に事業抑制区域が含まれるときは、想定される影響とそれに対する対策について、事業計画に盛り込むよう市長と調整しなければならない（同条2項）。

事業者は、事業計画の内容について市長と調整を終えたときは、当該事業計画に所定の書類を添付して市長に提出するものとされ（同条4項）、事業計画の調整が完了した旨について市長から通知がなされたとき（いってみれば、市長から調整が完了した旨の応答がなされたとき）は、速やかに住民説明会を開催して、当該事業計画の内容について地域住民等の理解を得るよう努めなければならない（同条6項）。その後、事業者が再エネ特措法9条1項の認定申請をした場合にも、市長にその旨を届け出なければならず、同条3項の規定による認定の通知を受けたときは、速やかに当該通知の写しを市長に提出する必要が

95）この中には、「電気事業者による再生可能エネルギー電気の調達に関する特別措置法等の一部を改正する法律」附則4条2項の規定により提出する再エネ特措法9条2項各号に掲げる事項を記載した書類も含まれる。

ある（志摩市条例7条1項・4項）。ここでも住民説明会を経た上で（同条5項）、市長に施工、撤去および処分に係る工事に着手する旨を届け出て、事業者はようやく工事に着手することができる（同条例8条1項）。市長は、環境保全指導員（志摩市自然環境保全条例29条）に現場を確認させることになる（志摩市条例9条1項）。事業者が工事を完了したときは、速やかに市長に届け出なければならず、やはり環境保全指導員による現場確認を受ける（同条例8条1項）。事業者が各種の届出義務等を怠ったり、住民説明会を開催しなかったり、市長からの指導・助言に対して正当な理由なく従わなかったりした場合には、制裁的公表が予定されている（同条例14条）。

このように、事業計画をめぐって事業者が市長に届出を行い、それぞれの段階に応じて事業者と市長との間のやり取りを住民に説明する方式は、大磯町まちづくり条例など、近年のまちづくり条例に多く見られるところである[96]。ソーラーパネルに限らず、大規模施設の整備が一夜にして行われるようなことはあり得ない。この方式は、大規模施設の整備がいくつかの段階をふんで進捗していくという特性をふまえて、その各段階で住民の理解を得ることを求めつつ、事業者にとっては少しずつであれ、着実に次の段階に進むことを保障したものとして、積極的に評価することができる。

(4) 後続条例の評価

富士宮市、高崎市、志摩市におけるいずれの後続条例も、由布市条例の弱点に配慮した工夫がなされている。富士宮市条例にいう抑制区域は、文字通り「事業を抑制する地域」と定義されており（同条例7条1項柱書）、原則として同意が行われないという法的拘束力をもつ（同条例10条1項）。由布市条例においては、この抑制区域の位置付けが不明確であり、より強くソーラーパネルを設置しないように行政指導を求める区域という以上の意味が見出し難かったことの弱点に対応している。

高崎市条例は、事業の開始について許可制を採用し、措置命令や許可の取消しを含めた法的拘束力のある内容となっている（同条例13条・21条・22条）。そればかりでなく、1年以内に事業に着手しない者に対しても許可の取消しを行い得ることとするなど、行政の毅然とした姿勢を窺うことができる。

志摩市条例は、事業者と市長との間で事業計画に関する事前調整について規定するだけでなく（事前規制）、事後規制についても、㋕保守点検・維持管理

---

96) 内海麻利『まちづくり条例の実態と理論』第一法規（2010）96頁。

に関する事項、㋖撤去・処分に関する事項が調整を要すべき事項として掲げられるなど（同条例6条1項）、ソーラーパネルの運用中および運用後についても留意されている。抑制区域を指定する際に、斜面崩落タイプの外部不経済や生物資源の保全という見地が加えられている点も特徴である。

　このように、後続条例では、由布市条例の弱点を補う工夫が随所に施されており、こうした傾向は全体としては積極的に評価することができる。しかし、いずれの後続条例においても、義務履行確保措置として制裁的公表が定められるのみであり、制裁的公表がなされても痛痒を感じない悪質な事業者に対処することが難しい点や、事業者が行方不明になった場合の規律が置かれていないといった点が、なお課題として残る。[97]

第4款　景観法制（景観条例・景観計画）による対処

(1)　景観法制の大枠——景観計画の策定——

　由布市型のソーラーパネル条例の制定と並んで多いのが、景観法制による対処である。最初に景観法の大枠について確認しておくと、景観法の構造は、都道府県、指定都市、中核市、およびそれ以外の市町村であって都道府県から協議の上その同意を得た市町村が、「景観行政団体」となって（景観法7条1項）、景観計画を策定することに基盤を置いている。

　景観計画は、都市、農山漁村その他市街地・集落を形成している地域等のうち、本章との関係では、現にある良好な景観を保全する必要があると認められる区域（優良住宅地、棚田等）、地域の自然、歴史、文化等からみて、地域の特性にふさわしい良好な景観を形成する必要があると認められる土地の区域、住宅市街地の開発等の事業が行われた区域であって、新たに良好な景観を創出する必要があると認められるもの（新興住宅地等）について策定される（同法8条1項）。

　景観計画では、以下の事項が定められる。①景観計画区域。②景観計画における良好な景観の形成に関する方針。③良好な景観の形成のための行為の制限に関する事項。④景観重要建造物または景観重要樹木の指定の方針。⑤屋外広告物の表示に関する行為規制、公共施設の整備、景観農業振興地域整備計画の

97）北村・前掲注（24）195頁は、公表にまで至るような事件は、すでに地元でも大きな問題となっているはずであり、公表が行われる時点において報道等により住民は事業者名を含めて紛争の内容を知っているから、公表それ自体の効果はそれほどないとする。

374　第1章　ソーラーパネル条例をめぐる課題

策定の基本事項、自然公園法の特別地域等における行為の許可基準等（同法8条2項各号）。[98]

(2)　具体的な景観規制——北海道景観計画を例に——

　本章のテーマとの関係では、③が重要である。ここでは、第一に、㋐建築物の新築、増築、改築もしくは移転、外観を変更することとなる修繕もしくは模様替または色彩の変更（以下、本項において「建築等」とする。同法16条1項1号）、㋑工作物の新設、増築、改築もしくは移転、外観を変更することとなる修繕もしくは模様替または色彩の変更（以下、本項において「建設等」とする。同項2号）、㋒都市計画法4条12項に規定する開発行為（景観法16条1項3号）のほか、㋓良好な景観の形成に支障を及ぼすおそれのある行為について、条例で届出を要することと定める行為に関して、定めが置かれている（同法8条4項1号）。第二に、建築物・工作物の形態意匠の制限、建築物・工作物の高さの最高限度・最低限度、壁面の位置の制限または建築物の敷地面積の最低限度等といった制限であって、景観行政団体による勧告、協議または命令の基準となるものに関して、定めが置かれている。

　景観法制によってソーラーパネル問題に対処しようとする場合のメリットは、このように体系的な枠組みがパッケージとして設けられているため、地方公共団体としては、この枠組みに乗せてしまうだけで良く、一から条例を制定するだけの労力をかけなくて済むことにある。たとえば、北海道景観計画では、「4　法に規定する行為規制の制度等を活用するために必要な事項」の「（1）②届出対象行為」において、一般区域と広域景観形成推進区域に分けた届出対象行為を規定しており、「太陽電池発電設備」が明示的に書き込まれている。つまり、一般区域においては、高さ5mまたは築造面積2,000m²を超える太陽電池発電設備の新設、増築、改築または移転を行おうとする場合には知事への届出が必要となり（北海道景観計画別表第1）、広域景観形成推進地域においては、基準が高さ5mまたは築造面積1,000m²まで厳しく設定されている。このように、景観計画のうち、「③良好な景観の形成のための行為の制限に関する事項」として、ソーラーパネルの設置は㋓でいう「良好な景観の形成に支障を及ぼすおそれのある行為」に該当するから、「条例で届出を要することと定める」だけで、景観法制のシステムを活用できることになるのである。

　景観法においては、㋐から㋓までの行為をしようとする者は、あらかじめ、

98）景観法制研究会（編）『逐条解説　景観法』ぎょうせい（2004）32頁以下。

景観行政団体の長に対して、国土交通省令で定める事項を届け出る義務が課せられるとともに（同法16条1項）、景観行政団体の長には、その届出に係る行為が景観計画に定められた制限に適合しないと認めるときは、設計の変更その他の必要な措置をとることを勧告する権限が認められている（同条3項）。北海道景観計画別表第3では、一般区域における「景観形成の基準」が定められており、「勧告・協議基準」として、建築物・工作物（建築物等）の「位置・配置」が、「（1）地域の特性や周辺景観との調和を欠くことにより、周辺景観を著しく阻害するとき」「（2）主要な展望地から地域の良好な景観資源に対しての眺望を大きく遮る位置に建築物等を建設するとき」「（3）地域の良好な景観資源の近傍地にあることにより、当該景観資源に対する眺望を著しく阻害するとき」と規定されている。また、形態意匠についても、「勧告・協議基準」として、「（1）建築物等の形態意匠が地域の特性や周辺景観との調和を欠くことにより、周辺景観を著しく阻害するとき」「（2）建築物等の外観にけばけばしい色彩を用いることにより、周辺景観を著しく阻害するとき」などが規定されている。

　景観条例による対処のメリットとしては、景観法の制度を用いることができ

北海道の野立てソーラーパネル（安平町にて、令和元年9月、著者撮影）

99）なお、通常の管理行為や軽易な行為（景観法16条7項1号）、他の法令の許認可の対象となっている行為（同項6・7号）、条例で定める行為（同項11号）などについては届出義務に係る規定の適用除外が認められているが、「太陽電池発電設備」については、明文で届出義務の適用が除外されない旨、規定されている（北海道景観条例22条1項2号かっこ書、景観法施行細則4条2項12号）。

るため、条例制定にかける労力が少なくて済むことのほかに、景観侵害タイプの外部不経済に対して——景観法の規制なのだから当たり前ではあるが——最もきめ細やかに対処するのに適していることが挙げられよう。つまり、図やイラストを用いて、色彩や形態意匠のレベルにまでふみ込んだ具体的な指導が可能なのである。

　水質汚濁防止法（昭和45年法律第138号）３条では規制されていない排出水の「色」まで規制する「横出し条例」として、平成３年に制定された「和歌山市排出水の色等規制条例」が有名であるが、ソーラーパネルにおいても、有機半導体の色を変えることで、美しい深い緑色や青色、赤色といった色彩を実現することのできる有機薄膜太陽電池が開発されており、景観に合わせた色彩規制を及ぼすことも将来的には可能と言われている。[100]

　比較的早い時期から、広島県、島根県、函館市、福島県白河市、神奈川県鎌倉市、静岡県裾野市、金沢市、奈良市、姫路市などで、北海道と同じように、景観計画を策定することでソーラーパネル問題に対処しようとする試みが進められた。

(3)　措置命令

　景観法制においては、措置命令による権力的な権限行使も認められている。すなわち、景観計画で定めが置かれる「③良好な景観の形成のための行為の制限に関する事項」のうち、㋐建築物の建築等と㋑工作物の建設等については、景観行政団体の条例で定めを置くことで、「特定届出対象行為」となり、景観計画に定められた建築物・工作物の形態意匠の制限に適合しないものをしようとする者（または、した者）に対して、景観行政団体の長は、設計変更その他の措置命令を発することができる（景観法17条１項）。[101]北海道景観条例23条は、㋐㋑について特定届出対象行為と定めた上で、一般区域における「景観形成の基準」を定めた北海道景観計画別表第３において、「命令基準」として、建築物等の外観にけばけばしい色彩を用いることにより、特に良好と認められる周辺景観を著しく阻害するときにおいて、措置命令を発出し得る旨を規定している。

　この権限は強力であり、措置命令に違反した者に対しては、建築物等の除却・

100）松尾豊「景観に適合する有機太陽電池」地域生活学研究７巻117頁。
101）措置命令を発出する際に、景観法16条３項の勧告をあらかじめ行うことは必要でない。景観法制研究会編・前掲60頁。

改築などの原状回復命令を発することができ、原状回復が著しく困難である場合には、外壁の色彩の変更等、代替的な措置をとることを命令できる（以下では、原状回復とこれに代わるべき必要な措置を併せて、「原状回復等」とする）。さらに、これらの命令は違反者の承継人に対しても行うことができる（景観法17条5項）とともに、過失なく原状回復等を命ずべき者を覚知することができないときは、事前の公告により略式代執行を行う権限まで認められている（同条6項）。ソーラーパネル問題の特性からみても、違反者が行方知れずになった場合まで想定されているのは、重要なポイントである。[102] むろん、命令違反に対しては罰則が定められている（同法101条1号）。

(4) 景観法制の弱点

しかし、景観法制においては、景観侵害以外の、機材破損タイプや斜面崩落タイプのような外部不経済が生じている状況への対処が難しい——機材の破損や斜面の崩落が景観を侵害しているという力技的な解釈も不可能ではないが——という難点がある。もっとも、景観侵害以外の外部不経済に対しては、各個別法規で対処すれば良いとも考えられる。[103] この点さえ対応できるのならば、景観法制による対処はソーラーパネル問題の解決策としては適当なものと評価できる。

第5款　自然環境保全条例による対処
——佐久市の事例——

(1) 佐久市自然環境保全条例の概要

ソーラーパネル問題に対して、すでに存在する自主条例の改正という形で対応したのが、長野県佐久市である。[104] すなわち、佐久市は平成18年に自然環境保全条例（以下、「佐久市条例」とする。）を制定していたところ、条例施行規則を改正して、自然保全地区内の行為で市長の許可を要するもののうちに「太陽光発電設備の設置、改修又は増設」を含めることで、ソーラーパネルについても自然環境保全条例の規制を及ぼすこととした。

102）景観法制研究会編・前掲62頁。
103）なお、景観法制を活用する手法としては、都市計画区域・準都市計画区域内の土地の区域を景観地区として定めれば（景観法61条）、条例を制定することで、工作物の形態意匠について制限を及ぼし（同法72条）、違反工作物に対しては措置命令を発出するなど（同法72条2項で準用する64条1項）、最も強力な規制を及ぼすことが可能となる。景観法制研究会編・前掲149頁以下。
104）佐久市の紹介として、高橋・前掲27頁以下、剱持・前掲95頁以下。

佐久市条例においてカギとなるのは、「自然保全地区」と「環境保全地区」であり、両者を併せて「自然環境保全地区」とよぶ（同条例2条1号）。自然保全地区とは、「山岳、河川、森林、湖沼、草原等の所在する自然環境が良好な地区のうち、その地区の周辺の自然的社会的諸条件からみて、その地区における自然環境を保全することが特に必要なものとして市長が指定する地区」をいう（同条2号）。これに対して、環境保全地区とは、「郷土的又は歴史的な特色を有する地区のうち、その地区の周辺の生活環境を含む自然的社会的諸条件からみて、その地区における自然環境を保全することが特に必要なものとして市長が指定する地区」をいう（同条3号）[105]。

　市長は、自然環境保全地区を指定するときは、あらかじめ、佐久市環境審議会の意見を聴かなければならず（同条例6条1項）、区域の変更や指定の解除についても同様である（同条例7条1項・2項）。

(2)　自然保全地区─事前許可制、環境保全地区─事前届出制

　佐久市条例の規制は、自然保全地区内で所定の行為をしようとするときは市長の事前許可を要求し、環境保全地区内で所定の行為をしようとするときは市長への事前届出を要求するというものである[106]。平成25年12月の施行規則改正により、「所定の行為」の中に、面積500m^{2}を超える太陽光発電設備（土地に自立して設置するものに限る。）の設置、改修または増設（同条例8条1項5号、同条例施行規則3条・別表第1）が明示的に加えられた。該当地区内で「所定の行為」を無許可で行えば、5万円以下の罰金に処される（同条例16条1号）。

　環境保全地区内での「所定の行為」についても、面積500m^{2}を超える太陽光発電設備の設置、改修または増設が加えられた（同条例9条1項、同条例施行規

105）佐久市条例の自然保全地区には、原則として同市内の山林、原野の全域が指定されている。つまり、由布市条例や富士宮市条例の抑制区域がエリア指定であるのとは異なり、農地法のように、当該土地の現況（地目）によって指定区域であるか否かが判断されることになる。高橋・前掲28頁。

106）事前許可が要求される自然保全地区内での「所定の行為」とは、以下のものを指す。①建築物その他工作物の新築、改築または増築（個人が行う居住用住宅に関するものを除く。）であり、床面積の合計が50m^{2}あるいは高さ10mのいずれかを超えるもの（佐久市条例8条1項1号、同条例施行規則3条・別表第1）。②面積500m^{2}を超える宅地の造成、面積1,000m^{2}を超える土地の開墾、長さ35mを超える車道の築造、それ以外の500m^{2}を超える土地の形質の変更（同条例8条1項2号、同条例施行規則3条・別表第1）。③伐採面積が1,000m^{2}を超える木竹の伐採（同条例8条1項3号、同条例施行規則3条・別表第1）。④10m^{3}を超える土砂類の採取、5m^{3}を超える石類の採取（同条例8条1項4号、同条例施行規則3条・別表第1）。⑤①～④に掲げる行為に準ずる行為。具体的には、高さ10mを超える鉄塔の設置、改修または増設、長さ30mを超える送排水管の埋設、表示面積3m^{2}を超える広告塔の掲出。太陽光発電設備は、⑤について加えられたものである。

則4条・別表第2[107])。届出義務の違反に対しては、3万円の罰金が科される（同条例17条1号）。

(3) 事後的な管理放棄への対処

　佐久市条例の特色は、許可制や届出制により、ソーラーパネルが設置される段階で事業者や対象行為について事前に規制の網をかぶせるだけではなく、設置されて以降の管理放棄に対しても、的確に規制権限を行使するための根拠が定められていることである。すなわち、市長には、自然環境の保全のために必要な限度において、関係職員をして、土地への立入り、物件の調査、行為の状況の調査を行わせる権限が付与されている（同条例14条1項）。そして、自然環境の保全のために必要があると認めるときは、事業者に対して、期限を定めて、当該行為の中止、原状の回復その他自然環境の保全のために必要な措置をとるべきことを勧告する（同条例10条）。勧告を受けても相手方が従わないときは、環境審議会の意見を聴いた上で、期限を定めて、措置命令を発する権限が認められている（同条例11条1項・2項）。立入調査を拒否したり、措置命令に違反したりした場合には、罰則も規定されている（同条例16条・17条）。

(4) 自然環境保全協定の締結義務

　さらに注目されるのは、面積2,000m²を超える土地の形質の変更を行おうとする者は、あらかじめ、市長との間で自然環境保全協定を締結しなければならないとされていることである（同条例12条1項、同条例施行規則5条・別表第3）。この協定への違反が認められる場合には、市長は、当該協定の履行の確保について必要な措置を執らなければならない（同条例13条）。最判平成21年7月10日判時2058号53頁により、公害防止協定の履行を確保するために裁判所の民事執行を活用することが認められたため、自然環境保全協定を通じたソーラーパネル規制の手法は、実効性も期待することができる[108]。

(5) 佐久市条例の評価

　佐久市条例では、措置命令を発出するための要件が、「自然環境の保全のために必要な限度において」と定められている点についても意義がある。これに

107）事前届出が要求される環境保全地区内での「所定の行為」とは、①建築物において、「郷土的又は歴史的な特色を有する建築物の建替え」や「宅地造成地内における建築物その他工作物の新築」について届出を要するなど、自然保全地区内の規制対象行為と若干の差異はあるが、②宅地の造成、土地の開墾その他土地の形質の変更、③木竹の伐採、④土石類の採取についての規制内容はおおむね共通である。ここでも、⑤①〜④に掲げる行為に準ずるものとして、太陽光発電設備が加えられた。
108）協定については、塩野・前掲213頁、北村・前掲注（24）58頁以下。

よって、様々な外部不経済の生じている状況を漏れなく捕捉することが可能となるからである。その反面、「自然環境の保全のために必要な限度において」という処分要件は茫漠としており、行政に権限行使のフリーハンドを与えるものではないかという懸念も生じる。権限が強力にすぎて、現場の状況判断にのしかかる責任が重くなり、却って使いにくい「抜けない伝家の宝刀」となったのでは、元も子もない。

ただ、この懸念については、措置命令を発するための事前手続として、環境審議会の意見を聴くことが要求されている点にも注目すべきであろう。審議会への諮問と答申の手続を経ることは、①専門的な知識を持つ学識者や地域の事情を良く知る住民代表から意見を聴いて最適な対処方法を探ること、②行政が強制的な権限を行使するための「お墨付き」を付与することばかりでなく、③定期的に開催される審議会において着実に次のステップへと事態を進行させることで、──強制的な権限の行使を躊躇しがちな──行政に対して、果敢な規制権限の発動を後押しする効果が認められる。[109]「自然環境の保全のために必要な限度において」という広範になりやすい権限発動要件についても、環境審議会による実質的な審議が確保されれば、問題は少ないと思われる。

このように、事前に自然環境保全地区への指定を行っておく必要はあるものの、その点さえ克服できるのならば、佐久市条例の方向性は非常に優れているといえる。ただし、ソーラーパネルに特有の問題である、事業者が不明となった場合の対処法について想定しておらず、即時強制（ないし略式代執行）の規定が置かれていないという欠点がある。この点についてさえカバーすれば、佐久市条例は、ソーラーパネル問題に対して整えるべき法制として完成形に近いものと評価できる。

109）北村・前掲注（24）219頁以下。各地で制定された「ごみ屋敷条例」においては、措置命令を発出する際の事前手続としてだけではなく、それによって課された義務を代執行する場合にも、事前に審議会への諮問と答申を経ることが要求されている例が少なくない。板垣勝彦『「ごみ屋敷条例」に学ぶ条例づくり教室』ぎょうせい（2017）80頁以下。

表　条例ごとの比較

	茨城県ガイドライン	由布市条例	由布市型後続条例	景観計画（北海道など）	佐久市条例
タイプ	利害関係者、行政機関への情報提供	ソーラーパネルに特化した自主条例	ソーラーパネルに特化した自主条例	法律の委任に基づく計画の策定	自然保護全般の自主条例
保護対象	外部不経済全般	主に景観侵害	主に景観侵害、志摩市条例は広範	景観侵害	「自然環境の保全」
事前規制	行政指導［関係法令に従う］	届出・協議（行政指導）	同意（富士宮市）、許可（高崎市）		事前許可or事前届出
事後的規制	行政指導	行政指導	措置命令がある例も（高崎市条例）	措置命令あり	措置命令あり
実効性確保手法	［関係法令に従う］	制裁的公表	もっぱら制裁的公表	代執行、罰則	代執行、罰則
所在不明事業者の対処	［関係法令に従う］	なし	なし	略式代執行	なし

第5節　検　討

第1款　外部不経済の定義・把握の困難性

　前節では、ソーラーパネル問題に対して条例等による様々な対処が行われていることを紹介した。本節では、法政策的な視点から、それぞれの対処法の長所と短所について、ソーラーパネル問題の特質に照らして検討する。[110]

　ソーラーパネルが引き起こす外部不経済の問題は、不動産の管理不全が引き起こす問題であるという点において、近年、国と地方を問わず喫緊の課題となっている空き家問題や所有者不明土地問題と共通する部分がある。[111]

　第一は、外部不経済の定義ないし把握の困難である。定義ないし把握ができ

---

110) 中嶋・前掲68頁は、将来的には、電気事業法、環境アセスメント法、各地方公共団体の条例などを整備して、適切な規制を設けるべきであるとしながら、制度の整備には何年もの時間がかかることから、当面は、一定の要件を満たした業者のみ販売、施工、メンテナンスを行うことを認めるとか、メーカー施工基準を継続的に改善していき、施工基準を満たさなければメーカー保証が下りないといった業界内の自主規制が必要であるとする。

111) 岩﨑政明「所有者不明土地の法的課題」日本不動産学会誌122号（2017）17頁は、所有者不明土地問題を、空き家問題と併せた所有者不明不動産の問題として論じる。

てしまえば、対処の方策は何とか練られるが、それが定まらない状況下では、対処しようがないからである。本章では、①景観侵害タイプ、②機材破損タイプ、③斜面崩落タイプ、④反射光タイプの４つの類型を提示した。

まず、いずれのソーラーパネル条例においても留意されており、また最もバラエティに富んだ規制が施されているのが、①の景観侵害タイプである。景観侵害を未然に防ぐために、由布市条例型においては、事前協議制（由布市条例、志摩市条例）、抑制区域における同意制（富士宮市条例）、特別保全地区における許可制・事後的措置命令（高崎市条例）が定められている。由布市条例では法的拘束力のない事前協議制であったという弱点を補う形で、後続条例では、同意制や許可制を採用して、法的拘束力をもたせている。しかし、法的拘束力があるといっても、現状の実効性確保手段は制裁的公表にとどまっており、悪質な事業者に対してどれだけ効き目があるか心もとない部分がある。

景観法制による対処は、（当然のことながら）形態意匠について精細な対処が可能であるほかに、地方公共団体としても、景観計画を策定して景観行政団体となり、景観法システムの枠組みに乗せて（乗って）しまえば、特定届出対象行為に対する罰則付きの措置命令および行政代執行が可能となる点が注目される。さらには、違反者が行方知れずになった場合のことまで想定された略式代執行の規定が置かれているのは、ソーラーパネル問題の特性にかんがみても、重要なポイントである。ただし、（これまた当然のことながら）景観侵害タイプ以外の外部不経済に対処するのが難しいことが、景観法制の難点である。これについては、単独の条例（ないし計画）のみで完結的に対応することは最初から諦めて、他の法制との組み合わせによりソーラーパネル問題に対処していけば足りるとも言える。

単独の条例で完結的に対応するという意味では、佐久市条例が、整えるべき法制としては完成形に近いものを提案している。措置命令を発出する要件が「自然環境の保全のために必要な限度において」と幅広い点も、広範な外部不経済の状況を余さず捕捉する意味では強力な武器となる（むろん、環境審議会での実質的な議論および意見集約を確保した慎重な運用が前提である）。即時強制（ないし略式代執行）の規定を置いておらず、事業者が不明となった場合に対処できな

い点が玉に瑕である。[112]

　続いて、②機材破損タイプについては、ソーラーパネルは建築基準法の「建築物」ではなく、同法の規制が及ぶ「工作物」にも該当しないというのが行政解釈であるため、建築基準法の違法建築物に対する措置命令（同法9条1項）のような規定は一般的には存在しない。したがって、何をもって外部不経済を定義して、対策を及ぼすかが1つの論点となる。各地の条例の中には、措置命令について規定がなされていても、対象となるのが再エネ特措法の認定を受けたソーラーパネルであったりとか、その工事であったりするものが散見される。しかし、工作物が破損して周囲の住民に生命、身体の危険をもたらすのは、再エネ特措法の認定を受けたソーラーパネルに限ったことではない。むしろ、再エネ特措法の認定を受けていない「認定外パネル」の方が危険をもたらす可能性は高く、下手に規制対象を絞らない方が賢明とも言えるのである。[113]高崎市条例23条1項では、市長は、特別保全地区内において許可対象事業が行われた土地で、「自然環境若しくは景観を損ない、又は災害若しくは生活環境への被害等が発生する事態が生じるおそれがあると認めるときは、当該土地所有者等に対し、その防止のために必要な措置をとることを求めることができる」と定めているが、この条項で列挙された自然環境、景観、災害、生活環境への被害をもたらす原因は、ソーラーパネル設置事業に限られない。この点も、包括的に外部不経済の生じている状況を規制対象に含め得る佐久市条例の優れている点である。

　有害物質の流出や感電への対策について、条例で明示的に対応を規定するところは見当たらなかった。ただし、これらの危険については、本来国が統一して法整備を行わなければならない領域であって、地域の実情によって取扱いを変えるべきものでもない。地方公共団体としては、環境省や経済産業省の発出した通知・ガイドラインの内容に基づき、住民に危険防止をよびかけ、事業者には廃棄・リサイクルの方法について周知徹底していくことが第一であろう。

112）略式代執行とは、義務を命ずべき相手方を確知できないときに公告によってこれに替える代執行のこと。都市計画法81条2項や道路法71条3項などに規定がある。阿部・前掲注（9）575頁以下。略式代執行を条例で採用することができるかについては争いがあるが、筆者は、略式代執行も代執行の一種であること、および相手方を確知できない場合に公益上望ましい状態を実現するという意味で即時強制と性質が変わらないことを理由に、略式代執行も条例で規定し得るものと考える。

113）ただし、太陽光発電事業の採算がFITの認定を受けることで成り立っていることを考えると、各地に乱立されているソーラーパネルが再エネ特措法の認定を受けていないことは考えがたく、ソーラーパネルに限って言えば、認定外パネルの問題は度外視して良いだろう。

③斜面崩落タイプについては、宅地造成等規制法、森林法、地すべり等防止法、急傾斜地法といった関係諸法令における規制権限の所在が錯綜しているため、茨城県ガイドラインのように、市町村や都道府県の権限を行政自身で自覚する意味でも、そして周辺住民や事業者にとって斜面崩落の防止にかかわる権限・責任の所在を明確にするという意味でも、関係行政機関の窓口を明示することの意義は大きい。要綱やガイドラインにとどめることなく、自主条例としてのソーラーパネル条例を制定して、その中で関係行政機関の役割分担を明記することも考えられる。むろん、実務運用において、宅地造成工事規制区域、保安林、地すべり防止区域、急傾斜地崩壊危険区域といった規制区域の指定や違反行為に対する監督処分の発出が的確に行われることは大前提である。というよりもむしろ、既存法令に基づく行政の規制権限が的確に行使されさえすれば、新規の条例制定は不要であるともいえる。ソーラーパネル設置を契機とする類型に限らず、産業廃棄物や建設残土の投棄地で生じ得る重大な斜面崩落事故の防止は、昨今の管理放棄地の問題とも関連して、行政の喫緊の課題となっている。最終的には、斜面崩落への対処について関係行政機関で緊密に情報を共有し、周辺住民などの利害関係者に注意を喚起しつつ、果敢な権限の行使を行っていくことが望まれる。[114]

④反射光タイプは、その定義ないし把握が困難ではなく、直ちに対処することが可能な類型である。地域の実情によって異なる問題でもない——むろん、北海道と沖縄では入射光の角度が異なるといった差異はあろう——のだから、かつて民法の相隣関係（同法234条）で処理されていた日照権侵害の問題が事例の積み重ねにより日影規制（建築基準法56条の2）の創設へと繋がったように、建築基準関係法令で全国一律に規制すべきである。

第2款　義務者の捕捉の困難性

　第二は、義務者の捕捉の困難性である。立法技術としては、何かしら関係のありそうな者に対して命令を発し得るとする建築基準法9条1項のような執念

114）宅地造成等規制法は、条例による財産権制限が憲法29条2項との関係で許容されるかについて行政実務が定まっていなかった時代に、神戸市、鹿児島市、横浜市、姫路市などが制定した宅地造成規制条例を国法化したものである。古典的な研究として、阿部泰隆「条例による土地利用規制は適法か——神戸市の宅地造成規制条例と山田幸男先生」『地方自治法制の工夫』信山社（2018）235頁以下（初出1985）。宇賀・前掲注（64）294頁以下は、土砂災害警戒情報の精度の向上に努めるとともに、ハード対策とソフト対策の連携によって問題に対処すべきことを説く。

の規定を設けることが考えられるが、それでもなお、義務者が捕捉できないことは考えられる。厄介なのは、ソーラーパネルの荒廃が続々と発生するのが、固定価格買取制度の期間が経過した20年以上後となると予想されることである。

　本章で検討したソーラーパネル条例の多くは、協議、同意なり許可なり、事業者に対する事前規制によって「規制の網」をかぶせることを主眼としていた。しかし、ソーラーパネル問題の場合は、無責任な事業者がFIT目当てにソーラーパネルを設置するだけ設置しておいて、期限が来たら撤去・廃棄を行うことなく雲隠れするような事態まで想定しなければいけない[115]。誰が設置者であったのかを突き止めるのは、時間が経過するほどに困難となる。東証一部・二部上場企業の関連会社が事業者であるならば、数十年が経過しても何らかの責任を取らせることが可能であろう。しかし、太陽光発電バブルを当てにして設立されたような企業の場合は、その実態の把握は困難であり、20年後はおろか、現時点でもすでに追跡不可能かもしれないのである。ただし、ソーラーパネルを稼働させて売電事業を行っている限りにおいては、その設置事業者の足取りは掴めるはずであろう。その多くが稼働中である現在のうちに、可能な限り義務者を捕捉するための条例を整備しておく必要がある。

　むろん、土地には不動産登記簿が存在しており、所有者を突き止めることに支障はないようにも思われる。しかし、この登記簿が当てにならないことは、所有者不明土地問題が示している[116]。ましてや、経済的な利用価値に乏しい山林・原野を切り開いてソーラーパネルを設置したような場合には、明治初年に作成された手描きの公図くらいしか手がかりがなく、誰が所有者なのか突き止めら

115）中嶋・前掲68頁は、太陽光発電の場合、販売者、施工者、投資家が分かれており、とりわけ販売事業については新規参入が容易であることから、一般的な企業のように継続事業（ゴーイングコンサーン）の前提が共有されず、信頼の獲得・維持を目指した活動がなされないことを指摘する。すなわち、販売者にとっては、そのとき売れて利益になりさえすれば良く、長期的な視点をもちにくい。施工者にとっては、指示されたとおりに施工しさえすれば良く、長期的な稼働性を備えているかについて無関心である。投資家（とりわけ、地元の外に居住している投資家）は、収益性が最大になりさえすれば良く、周辺環境への配慮が欠けやすい。

116）国土交通省が行ったサンプル調査によれば、最後に所有権登記がなされてから50年以上経過しているものが2割、30～49年経過しているものが3割弱であるという。原英史「所有者不明土地の制度改善～土地情報基盤の改善・整備を中心に」日本不動産学会誌122号37頁。

れないことも少なくないと予想される[117]。空き家問題においては、義務者を捕
捉するために行政機関個人情報保護法の例外として、固定資産税情報を利用す
ることが認められた（空家等対策の推進に関する特別措置法10条1項）[118]。公共事
業のための任意買収手続のように、何もソーラーパネルの敷地のすべての所有
者を余すことなく捕捉するまでの必要はないのだから[119]、固定資産税を納めて
いる"代表的な"所有者（共有者）のみ突き止めて、その者に対してソーラーパ
ネルの撤去義務を課すことにすれば良い。

それでも当該土地に何らかのかかわりをもつ者が見つからない場合（見つ
かったとしても、所在が不明の場合）には、最後の手段として、即時強制（ない
し略式代執行）を活用する以外にない。しかし、強制的な措置を執る上では、
次にふれる実効性確保の問題に直面することになる。

第3款　強制的な措置（実効性確保措置）を執る上での困難性

第三は、強制的な措置（実効性確保措置）を執る上での困難性である。行政
代執行にせよ、即時強制（ないし略式代執行）にせよ、行政が強制的にソーラー
パネルを撤去しようとすれば、多かれ少なかれ、資金、人員確保、ノウハウ、
財産権保障、世論の反応といった障壁に直面することとなる[120]。

ソーラーパネルの場合には、耐用期限を過ぎればほとんど無価値となると考
えられるので、空き家ほど財産権保障の問題は深く考えなくて良いと思われる。
むろん、再生可能資源が材料として用いられている場合には、ただ廃棄するの
ではなく、適切な保管ないし換価が求められよう[121]。しかし、そうした再生可
能資源は、むしろ積極的に換価して、撤去費用に充当すべきであろう。ソーラー
パネルの部品の中には産業廃棄物として適正に処理しなければならないものも

117）吉原祥子「所有者不明土地の実態と課題」日本不動産学会誌122号79頁（81頁）は、わが国では、
　　不動産登記簿、固定資産課税台帳、農地台帳など、目的別に台帳は作成されているが、その内容や
　　精度にはバラつきがあり、土地の所有・利用実態を一元的に把握するための情報基盤が不十分であ
　　るとする。
　　　なお、農地については、平成21年の農地法改正により、所有者不明の場合の公告手続とともに、
　　相続によって農地の権利を取得した場合に農業委員会に届け出ることが義務付けられた。大川昭隆
　　「耕作放棄地（下）」時の法令1931号（2013）58頁（61頁）。
118）北村喜宣『空き家問題解決のための政策法務』第一法規（2018）177頁以下。
119）岩﨑・前掲21頁は、危険防止の観点から行われる公共事業については、所有者不明土地に対し
　　て強制的措置をとることもやむを得ないとする。
120）宇賀・前掲注（89）232頁以下。
121）解体資材の保管という問題については、宇那木正寛「行政代執行法における課題——執行対象外
　　動産の管理を中心に」行政法研究11号（2015）71頁。

多く、そのための費用も無視できないのである。[122]

　人員確保や強制的な措置を執る上での手続的なノウハウについては、違法建築物の場合ほど深刻な問題とは思われない。

　やはり最大の障壁は、撤去費用を税金から捻出することについて納税者の理解が得られるかという、資金面の問題である。立法技術としては、行政代執行の場合には費用徴収の規定が置かれている（行政代執行法6条）のに対して、即時強制の場合には費用徴収の規定を置かなければ費用請求が当然には認められないという違いがある。制度設計をいえば、ソーラーパネルを設置する事業者が行方知れずになっても、事前に撤去費用の分を供託させるデポジットを最初に導入すべきであったと思われる。それでは供託金の分だけ負担がかかり、再生可能エネルギーの普及を妨げることが懸念されたならば、ソーラーパネル事業者が加入する一種の基金を構成して、基金に対する加入を条件として再エネ特措法の認定を受けるというしくみも考えられた。経済産業省のガイドラインでは、FITの調達価格の算定に当たって、撤去・処分費用のことは考慮されているため、「撤去及び処分に際して当然必要な費用は確保できるものと考えられる」とするが、[123]あらかじめ事業者に対して撤去・処分に充てるべき分の金銭を渡しても、施設稼働終了後に雲隠れされてしまえばそれまでである。撤去・処分に要する費用は施設稼働と同時並行的に積み立てておかなければいけないが、現状において積立てはかなり不十分であることが判明した。[124]

　FIT制度を導入する際、「太陽光バブル」を予見した上で、期間経過後のソーラーパネル放置により土地が荒廃することを懸念する指摘がなかったとは考えられない。[125]制度導入の際には、運用がもたらす外部不経済を是正するための──とりわけ財源の──手当まで考慮しなければ無責任である。[126]「平成29年度国の施策及び予算に関する提案・要望」では、「買取価格に含まれている廃棄費用を計画的に積み立てる制度を国主導で設けるなど、太陽光発電事業終了

122）浅川・前掲56頁以下。

123）事業計画策定ガイドライン29頁。

124）山本ほか・前掲34頁では、50kW未満の発電設備では、4分の3において、廃棄費用の積立てが行われていなかったという。経済産業省は、太陽光発電設備の運転費用年報の中で積立て状況も併せて報告することを義務化する方針である。

125）たとえば、馬上・前掲注（8）50頁。

126）指定確認検査機関制度の場合も、平成18年の法改正により、事業者に対して事前に責任保険への加入を義務付けて、加入した者にのみ指定を行うしくみへと改正された（建築基準法77条の20第3号、建築基準法に基づく指定資格検定機関等に関する省令17条1項・2項）。板垣・前掲注（2）84頁以下。

後の施設設備の撤去・廃棄が確実に履行される制度を創設すること」を求めた地方公共団体が多かったようだが、当然のことであろう。[127]

第6節　結　論

　本章では、最初に、FITが導入された経緯から始まり、農地法の特例、農山漁村再生可能エネルギー法を通じた土地利用規制の緩和など、「太陽光発電バブル」の背景となった施策について確認した（→第2節）。

　その上で、様々な近隣トラブルが増加して、ソーラーパネルの設置反対運動が高まったことを紹介し、ソーラーパネルの設置がもたらす外部不経済を、①景観侵害タイプ、②機材破損タイプ、③斜面崩落タイプ、④反射光タイプ、⑤その他に分類することで、問題状況に的確に対処するための視角を設定した（→第3節）。

　ソーラーパネル問題において興味深いのは、解に到達するために、既存の法令上の手段を様々に組み合わせるアプローチが採られていることである。茨城県のように要綱・ガイドラインの制定により対処するところが多いものの、条例の制定を行ったところも少なくない。本章では、由布市条例を嚆矢とする自主条例の制定、景観計画の策定によりパッケージとしての景観法制システムに"乗る"方法、佐久市自然環境保全条例という3つの類型を紹介してきたが、それぞれに一長一短がある。本章では、環境審議会における十分な審議が行われることを条件に、佐久市自然環境保全条例の手法がソーラーパネル問題の包括的な解決のためには最適であると結論付けた。景観計画を策定する方法も、パッケージとしての景観法制がすでに用意されていることから条例制定の労力を省けるという意味で考慮に値しよう。ただし、景観法制では斜面崩落タイプへの対応が行われないので、別途、法令に基づく積極的な権限の行使が必要である（→第4節）。

　ソーラーパネル問題を解決するためには、①外部不経済の定義・把握の困難性、②義務者の捕捉の困難性、③強制的な措置（実効性確保措置）を執る上での困難性が立ちはだかっており、関係行政機関において既存の法制を十分に活用し周辺住民や事業者に対して情報提供していくだけでなく、運用上も的確に規制権限を行使していくことが求められる（→第5節）。

127）総務省行政評価局・前掲64頁。

この問題を検討するほどに気付かされるのは、ソーラーパネルのもたらす外部不経済への対処には、人口減少社会において地方公共団体が直面する空間制御・まちづくりの問題が集約されていることである。規制の実効性確保の手法を縷々検討する中で、自分たちの市町村・都道府県の将来像をいかに描いていくかという論点も、自ずから明らかになるものと考える。

第2章

空き家条例とごみ屋敷条例

第1節　管理不全不動産への対策

　管理不全不動産への対策が、全国的な課題となっている。その具体的な対処法として考えられるのは、管理不全不動産のもたらす外部不経済について、行政に是正権限を付与することである。しかし、土地ならば土地、建物ならば建物に対して同じような規制を行えば十分なのかといえば、そう簡単な問題ではない。ここに、政策法務の存在意義が認められる。本章では、広く普及している「空き家条例」および空家特措法の規制と、制定の動きが徐々に進んでいる「ごみ屋敷条例」の規制を比較しながら、管理不全不動産への対策を練る上での検討事項について考察する。

第2節　空き家条例・空家特措法

(1)　空き家条例

　空き家条例は、平成22年10月1日に「所沢市空き家等の適正管理に関する条例」（以下、「所沢市条例」とする。）が施行されたことを契機に、瞬く間に全国400以上の自治体へと広がった。所沢市条例の内容は、①空き家等の適正管理など、所有者の責務の定め（所沢市条例3条）、②実態調査および適正管理措置（同条例5条）、③助言、指導、勧告（同条例6条）から、命令（同条例7条）、そして公表（同条例8条）へと至る実効性確保のしくみ、④警察その他関係機関との連携など（同条例10条）に分かれる。核心部分は③であり、実態調査によって空き家等が管理不全な状態になるおそれがある、またはすでに管理不全な状態であると認めるときは、市長から所有者等に対し、助言・指導（同条例6条

---
1) 住宅流通との関係からの背景事情の説明として、北村喜宣＝米山秀隆＝岡田博史（編）『空き家対策の実務』有斐閣（2016）1頁以下（北村喜宣）、板垣勝彦『住宅市場と行政法—耐震偽装、まちづくり、住宅セーフティネットと法—』第一法規（2017）28頁以下。

１項）、さらには勧告を行うことが認められている（同条２項）。所有者等が勧告に応じないとき、または空き家等が著しく管理不全な状態にあるときは、市長に措置命令を発する権限が付与されている（同条例７条）。

(2) 空家特措法

　これに対して、国の「空家等対策の推進に関する特別措置法」（平成26年法律第127号）（以下、「空家特措法」とする。）では、①国による基本方針の策定（同法５条）、市町村による計画の策定、協議会（同法６条・７条）、都道府県による技術的助言、連絡調整などの援助（同法８条）、②空家等の情報収集（同法９条）、③「特定空家」に対する措置などが定められた。②について、誰が空き家の責任者であるのか突き止めるために、固定資産税情報の内部利用を認めた点が画期的である（同法10条）。空き家の利用を促すために、空家等に関するデータベースの整備（同法11条）も規定された。この法律の目玉は③であり、「特定空家」概念を設けて、(1)倒壊等、著しく保安上危険となるおそれのある状態、(2)著しく衛生上有害となるおそれのある状態、(3)適切な管理が行われないことにより著しく景観を損なっている状態、(4)その他周辺の生活環境の保全を図るために放置することが不適切である状態にある空家のことと定義した（同法２条２項）。特定空家等に対しては、行政庁に対し、除却、修繕、立木竹の伐採等の措置の助言、指導、勧告をした上で、除却命令などを発する権限が認められ、それに従わない場合は、行政代執行を行うことが可能とされた（同法14条）。

(3) 空き家条例と空家特措法の関係

　れっきとした自主条例であった各地の空き家条例は、空家特措法が制定されたことで、法律と目的が重なり合うこととなった。条例の制定が先行していても、法律に違反する条例は効力を失うので、徳島市公安条例判決（最大判昭和50年９月10日刑集29巻８号489頁）の枠組みに従って、両者の関係を判断しなければならない。[2]

　この点、「防犯」に対応する規定などは、所沢市も含めた多くの空き家条例で規定されながら、法律の目的から外されており、条例独自の目的であるといえる。となると、徳島市公安条例判決の「条例が法令とは別の目的に基づく規律を意図するものであり、その適用によって前者の規定の意図する目的と効果

---

2) 阿部泰隆『行政法再入門（上）［第２版］』信山社（2016）249頁以下、宇賀克也『地方自治法概説［第８版］』有斐閣（2019）222頁以下、板垣勝彦『「ごみ屋敷条例」に学ぶ　条例づくり教室』ぎょうせい（2017）14頁以下。

をなんら阻害することがないとき」という基準により、有効ということになる。

　しかし、規定が重複する部分については、徳島市公安条例判決の「国の法令が必ずしもその規定によって全国的に一律に同一内容の規制を施す趣旨ではなく、それぞれの普通地方公共団体において、その地方の実情に応じて、別段の規制を施すことを容認する趣旨である」か否かという厳しい基準により判断されることとなり、条例をどのように対応させるかが問題となる。典型的なのが、執行において、助言・指導→勧告→命令の３段階を必ず経ることと定めている空家特措法14条であり、助言・指導および勧告を経ずして直ちに命令を発することを認める所沢市条例７条のような規定との関係が問題となった。[3]

第３節　空き家対策とごみ屋敷対策の異同

(1)　共通点

　以下では、各地のごみ屋敷条例のうち、代表的なものについて、「足立区生活環境の保全に関する条例」を「足立区条例」、「京都市不良な生活環境を解消するための支援及び措置に関する条例」を「京都市条例」、「横浜市建築物等における不良な生活環境の解消及び発生の防止を図るための支援及び措置に関する条例」を「横浜市条例」として、検討を加えることとする。

　空き家対策については、各地で制定された条例と国の法律が出揃っており、これをコピー＆ペーストすれば、すぐにごみ屋敷条例も完成しそうに感じられる。しかし、良く考えると、ごみ屋敷対策は、空き家対策とは、同じ管理不全不動産（建物）への対策でありながら、重要な相違点も少なくない。空き家対策との共通点として挙げられるのは、①対象が住宅である点、②実効性確保措置として命令→代執行のシステムを用いることができる点、③義務者に対する質問・調査のしくみなどである。

(2)　相違点

　これに対して、規制の対象者（義務を課する相手方。以下「義務者」とする。）の実情は、空き家対策とごみ屋敷対策とでかなり異なる。空き家の場合は、まさに誰も住んでいない「空き家」の処遇が問題なわけで、いかにして義務者を捕捉するかが大きな課題であった。空家特措法10条が、「法令に基づく場合」（行政機関個人情報保護法８条１項）の例外として固定資産税情報の活用を定めたの

3）北村ほか編・前掲52頁以下（岡田博史）。

は、このためである[4]。

　しかし、ごみ屋敷については、多くの場合、ごみを堆積した者は実際に「ごみ屋敷」に居住しており、義務者の捕捉にはさほどの支障がない[5]。京都市条例15条3項は、空家特措法10条に倣って固定資産税情報の活用について定めたものの、効果を発揮していないという。

　むしろ、ごみ屋敷を形成・放置する時点で、義務者には、収集癖や認知症など何らかの精神的・身体的疾患の疑いがあり、彼らを「要支援者」として、行政によるケアを行うことこそが、ごみ屋敷の抜本的な解決に繋がる（京都市条例2条3号・3条・4条・8条・9条・10条）。横浜市条例6条は、当事者に寄り添い、福祉的な支援を行うことを前面に押し出しており、社会福祉協議会、ケアプラザ、町内会、民生委員などが連携して継続的な支援・見守りを行い、ちょっと目を離した隙に再びごみ屋敷が形成される事態を防ぐことにしている[6]。

(3)　「不良な生活環境」

　空き家条例が建物を規制対象としていたのに対し、ごみ屋敷条例の場合には、「不良な生活環境」が規制対象となる点も、重要な相違点である。京都市条例2条2号は、「不良な生活環境」について、「建築物等における物の堆積又は放置、多数の動物の飼育、これらへの給餌又は給水、雑草の繁茂等により、当該建築物等における生活環境又はその周囲の生活環境が衛生上、防災上又は防犯上支障が生じる程度に不良な状態」と定義する。中心的な概念が、「物の堆積」である。

　定義については、すでに廃棄物処理法の「廃棄物」概念が存在するにもかかわらず[7]、「堆積（物）」という概念を別途設けた点に工夫がある。実は、ごみ屋敷条例の中でも比較的初期（平成24年）に制定された足立区条例2条2号で

---

4)　北村ほか編・前掲32頁以下（北村喜宣）。

5)　板垣・前掲注（2）45頁以下。

6)　宇賀克也（編）＝辻山幸宣＝島田裕司＝山本吉毅＝清永雅彦『環境対策条例の立法と運用』地域科学研究会（2013）100頁（清永雅彦）は、せっかくごみを片付けたのに、当事者へのケアを欠いた結果また元の「ごみ屋敷」に戻ってしまった事例を紹介する。

7)　廃棄物処理法2条1項は、「廃棄物」を、「ごみ、粗大ごみ、燃え殻、汚泥、ふん尿、廃油、廃酸、廃アルカリ、動物の死体その他の汚物又は不要物であつて、固形状又は液状のもの（放射性物質及びこれによつて汚染された物を除く。）をいう。」と定義する。法解釈の見地からは、「その他の汚物又は不要物」に着目することになる。「Aその他のB」という表現がとられている場合、AはBの例示である。つまり、「ごみ、粗大ごみ、燃え殻、……動物の死体」というのは、「汚物又は不要物」の例示ということであり、廃棄物処理法にいう「廃棄物」は、汚物・不要物を指すことになる。したがって、廃棄物処理法上、所有者が要らないと考えていない物は、「廃棄物」には該当しないわけである。

394　第2章　空き家条例とごみ屋敷条例

は、「廃棄物」概念が用いられていた[8]。しかし、「廃棄物」概念を用いると、義務者から「俺の大切な財物であり、廃棄物ではない」と財産権を主張されてしまうと、解釈が混乱するという難点が見つかったのである[9]。足立区条例では、総合判断により廃棄の可否を決めることにしたのであるが、混乱を避けるために、後発自治体のごみ屋敷条例では、「廃棄物」という概念を用いないこととしたのである。

　京都市条例では、実際に捨てるか否かの判断について、「その物の性状、排出の状況、通常の取扱いの形態、取引価値の有無、要支援者の意思その他の事情を総合的に勘案し」て行うものと定めている（同条例12条5項で準用する9条2項）。財産権が放棄されているか否かは、通常は所有者の主観によって決められるのだが、客観的な要素（物の性状、排出の状況、通常の取扱いの形態、取引価値の有無）を主に数多く列挙し、主観的な要素（要支援者の意思）を従とした点が特色である（有名なおから事件に係る最決平成11年3月10日刑集53巻3号339頁の影響が窺える）。先行する自治体の運用上の経験・ノウハウを、後発自治体が上手に生かした好例といえる[10]。

　物が堆積しなくとも、ペットの糞尿などで悪臭を生じ、生活環境が害される場合がある。これについても、「物の堆積」と並んで「多数の動物の飼育、これらへの給餌又は給水」について規定し、これによって「当該建築物等における生活環境又はその周囲の生活環境が衛生上……支障が生じる程度に不良な状態」と定めるといった立法上の工夫がなされている。多頭飼育については、京都市条例では規定されているが[11]、足立区条例や横浜市条例などでは、既存の動物愛護法や動物愛護条例でも対応できるとして規定を見送っている。

　「雑草の繁茂」は、家の中の問題ではなく、財産権やプライバシー侵害の問題が軽微なので、ごみ屋敷条例では規定を置かないところが多い。後述する即時強制が用いられることもしばしばである。

---

8) 法概念というのものは、混乱を避けるためには統一した方が望ましく、たとえば「建築物等」については、京都市条例2条1号で、建築基準法の定義（建築基準法第2条第1号に規定する建築物及びその敷地をいう。）と合わせている。

9) 宇賀編・前掲注（6）8頁（辻山幸宣）によると、福島県郡山市では、ごみ屋敷の住人が「ごみじゃない、私の財産だ」と言い続けていたので、市の環境部の次長が30日もごみ屋敷に通って説得したそうである。

10) 板垣・前掲注（2）59頁以下。

11) 荒川区「良好な生活環境の確保に関する条例」5条でも、給餌について禁ずる規定が置かれている。宇賀編・前掲68頁（山本吉毅）。

第4節　命令・強制の措置

(1)　条例による権利の制限と義務の賦課

いずれの条例も、不良な生活環境の解消は、堆積者が自ら行うことを原則としている。自分の出したごみは自分で処理するというのは、社会常識にも適う。問題は、先にも説明したように、ごみ屋敷を形成してしまうこと自体、堆積者が何らかの精神的・身体的疾患を抱えているということであり、行政や地域社会の協力が不可欠なことである。

しかし、ごみ処理を自治体が手伝う場合であっても、財産権保障（憲法29条1項）との関係から、堆積者に説明して、その理解（京都市条例11条3項）や同意（横浜市条例6条4項）を得るのが原則である。自分ではごみ処理を行うことができず堆積して地域社会に迷惑をかけながら、堆積者の理解や同意がなければごみ処理が進まないというのは、とても面倒に感じられるかもしれない。環境問題一般で、こうした財産権の偏重が大きな足枷となっていることは、しばしば指摘される。だが、現代の取引社会は、国民1人1人の財産権が保障されていることが基盤となっている。財産権の保障は、環境問題では足枷になることがあっても、全体をみればメリットの方がはるかに大きい制度なのである。

ただし、ごみ屋敷が放つ悪臭によって付近の生活環境が著しく害されても、堆積者の意向に絶対に従わなければいけないとするのは不合理である。憲法29条2項は、財産権も「公共の福祉」による制約に服すると定めている。法律の規定があれば、個人の意思に反しても、財産権を制約することが認められるのである。法律は国民の代表である国会が制定するので、法律があるということは、国民自身が、皆に迷惑がかかるような一定の場合には自分たちの財産権が制約されることに合意したとみなされるからである。そうだとすれば、住民の代表である長と議会が制定した条例を通じても、財産権の制約は認められて良い。¹²⁾

さて、個人の意思に反する財産権制限の具体的手法が、行政処分としての命令（措置命令）である。命令の特徴は、相手方の意思に反してでも、その履行

12）奈良県ため池条例判決（最大判昭和38年6月26日刑集17巻5号521頁）はこの論点に直接は答えなかったが、現在の通説は、法律の留保を付すことなく各地方公共団体に対して土地利用の規制に関する措置を適切に講ずる義務を課す土地基本法12条1項などを根拠として、条例による財産権制限は可能であるとする。宇賀・前掲注（2）228頁以下。

を強制できることにある。もし義務を課された相手方（義務者）が任意に義務を履行しないならば、罰金や過料といった行政罰を受けたり、義務に従わないという事実を社会に向けて公表（制裁的公表）されたりする。これらの制裁によって、義務者は間接的に義務を履行するよう強制されるのである。建物の除却のように、他人が代わりに行うことの可能な性質の義務（代替的作為義務）である場合には、行政は代執行により、義務者に代わって自らその実現を図ることができる（そして、その費用をあとから義務者に請求する）。

　このような措置命令の発出、罰金や過料といった行政罰、代執行は、義務者の権利を制限し、あるいは義務を課す性質の行為であるため、法律・条例に根拠規定がなければ行うことができない（地方自治法14条2項）。政策的にみると、命令・強制が可能になるということが、条例を制定することの最大の意義である[13]。

指導（京都市条例11条1項）

↓

勧告（同条2項）

↓

学識経験者（同条例12条3項）への諮問

↓

命令（京都市条例12条1項、2項）

↓

代執行（同条5項）

---

(2)　事前手続の保障

　ごみ屋敷条例における命令・強制のしくみを具体的にみてみよう。「指導」や「勧告」は、行政指導（参照、行政手続法2条6号）であり[14]、強制力はなく、これに従うか否かはあくまで相手方の任意である[15]。まどろっこしいかもしれないが、通常は、任意の手段である指導や勧告を経なければ、強制手段である命令は出せないという運用が図られる。これは、強制手段は行政にとって最後の一手であるべきで、むやみに用いられてはならないと考えられているからで

13）板垣・前掲注（2）4頁。
14）行政処分の場合は、行政指導を行う主体である各自治体の行政手続条例に従う必要があるが（行政手続法3条3項）、多くの場合、内容は行政手続法と同一である。
15）阿部・前掲129頁以下。避難指示や避難勧告は、あくまで強制力のない行政指導である。

ある。京都市条例11条・12条は、この運用を制度化したものである。この他にも、命令は不利益処分であるので、命令を出す前に相手方の言い分を書面で聴かなければならないし（弁明の機会の付与。参照、行政手続法13条1項2号・29条以下）、処分の理由を同時に相手方に示す必要がある（参照、同法14条1項）[16]。

(3) 審議会の機能

さらに、ごみ屋敷条例の場合、慎重を期すために、命令を出す前に審議会の意見を聴くことを義務付けている点が特徴である。審議会は専門的な知識を持つ学識者や住民の代表から構成されており、ごみ屋敷の住人の支援や地域の生活環境の改善など、様々な視点から自治体に意見を述べることになる。足立区条例の場合、さらに慎重を期して、命令（同条例7条2項）を出すときだけではなく、代執行（同条例9条2項）を行う際にも、同条例12条以下に定める審議会の意見を聴くことを義務付けている[17]。

審議会は、専門的な知識を持つ学識者や地域の事情を良く知る住民の代表から構成されており、ごみ屋敷の住人の支援や地域の生活環境の改善など、様々な視点から自治体に意見を述べることになっている。表向きの説明をするなら、自治体が専門家や住民の意見を聴いて、慎重に最も適切な対処方法を探るというのが、審議会の機能である。

しかし、審議会で様々な意見を聴くことには手間がかかる。委員の人選、日程調整、報酬支払いにかかる費用、委員から寄せられた意見に対する担当部局の応答など、審議会を通すためには、煩雑な手続を要する。とはいえ、異論・反論を強硬に唱えそうな人は、最初から委員には選ばれないとも思われる。

となると、行政の意見に異を唱えなさそうな委員ばかりを集めて、審議会でGoサインが出たのだからもう議論は尽くされた、逆らうなという「審議会通したから文句言うな機能」[18]が、審議会を開催することの本音の目的であるともいえる。行政が強制的な権限を行使するための「お墨付きの付与」というわけであり、面倒くさい手間をかけてでも、審議会を開催するだけの意義は認められるということである。

---

16) 行政処分の場合は、その根拠が法律に置かれている場合は行政手続法の規律に従う必要があり、その根拠が条例に置かれている場合には各自治体の行政手続条例の規律に従う必要がある（行政手続法3条3項）。ただし、行政手続条例の内容は、行政手続法と大差ないことがほとんどである。

17) この点は、横浜市条例も同様である。足立区担当者の解説として、宇賀編・前掲注（6）47頁以下（島田裕司）。

18) 阿部・前掲189頁。

ただ、「審議会通したから文句言うな機能」ばかり強調するのも、意地悪な見方であろう。むしろ、審議会には、行政の決断を後押しする機能があることを強調すべきである。措置命令にせよ代執行にせよ、強制的な権限の行使というのは、自治体職員の誰しもが躊躇する。このことが、不良な生活環境が長いこと放置されたままになる大きな理由である。その点、審議会は、1～2か月に1度、定期的に開催されるので、次の開催日までに否応なく、職員はごみ屋敷の除去に向けたプロセスを一段階進めなければいけないことになる。

このように考えると、計画的な審議を行うことで法の実現過程に乗せて、行政職員にとっての以降の見通しを立てやすくすることが、審議会の第一の役割と考えられる。いつ代執行に着手しようかグズグズ悩むよりは、定例の審議会における順繰りの案件とすることで、たとえば7月の審議会で措置命令の発出のGoサインが出たならば、次の9月の審議会ではおそらく代執行の諮問を行うことになるだろうなといった形で、現場の職員にとって、少しずつ段階をふんで状況を改善していく目安として、審議会は活用される。その上で、現場の職員に対して、審議会からのGoサインも出たのだから、決然と措置命令を出すぞ、代執行をするぞという勇気を与えることが、審議会の役割なのだと考える方が、実務的な感覚にも適合する。審議会には、単に行政の判断にお墨付きを与えるだけでなく、とかく躊躇しがちな権力的手段の行使に対して、専門家が——慎重に審議した上で——後押しする機能が備わっているのである。[19)]

第5節　事後の費用徴収、緊急安全措置、罰則・過料

(1)　事後の費用徴収

代執行を行う場合、義務者に対して事後的に処理手数料を徴収することが認められている（行政代執行法5条・6条[20)]）。横浜市条例では、一時多量ごみの収集、運搬、処分を行うものとして、廃棄物処理条例の規定により、13円／kgの処理手数料を堆積者に対して請求する運用になっている。ごみ屋敷の整理に

---

19)　板垣・前掲注（2）79頁以下。代執行において審議会の意見を聴くことの役割について、宇賀編・前掲注（6）135頁以下（宇賀克也）は、行政代執行が濫用されないように慎重な手続をとったものであるとする。

20)　空家法における特定空家に対する代執行と費用改修の問題について、剱持麻衣「特定空家等に対する行政代執行と費用回収」高崎経済大学地域科学研究所（編）『空き家問題の背景と対策』日本経済評論社（2019）105頁以下。

おいては、1度に数 t にものぼるごみの排出も稀でないとされるが、計算すると それでも数万円の自己負担で済むわけで、民間の清掃業者に依頼した場合の市場価格と比較すると、廉価に過ぎるように感じられる。市町村の中には、福祉の観点を重視して、堆積者に費用を請求せず無料で整理を行うところもあると聞く。これらは「地方の実情」を勘案して決めるべき事項であり、住民代表の議会で決めたことは尊重されるが、無料というのはすべて税金で処理費用を賄うということである。ごみ屋敷の創出を許さないという観点からは、多少なりとも堆積者に自己負担を求めるべきと思われる。むろん、経済的に困窮している堆積者に対しては、審議会の意見を聴いた上で処理手数料の徴収を免除するといった選択肢が設けられて良い。[21]

(2) 緊急安全措置（即時強制）

　緊急を要する場合で相手方に義務を課している時間的な猶予がないとき、用いられるのが即時強制である。[22]命令を発することなく直ちにごみを撤去するしくみであり、京都市条例では、「緊急安全措置」という名称で即時強制を規定しているが（京都市条例13条・14条）[23]、実務的には使いにくいおそれがある。というのも、即時強制の性質上、命令へと至る事前手続が置かれないので――当然、審議会への諮問も経ない――、行政権の濫用が懸念されるほか、実務的にも、担当部局・職員の現場の判断が最優先となり、現場に負荷がかかるためである。

　空き家対策の場合には、老朽化した空き家の崩壊により付近住民や通行者の生命・身体が危険に晒される場合があり得るから、即時強制の規定を置く必要性が認められる（所沢市条例9条）。これに対して、ごみ屋敷対策の場合、事前手続のために多少の期間据え置いたところで、付近住民が――悪臭に苦しむことはあっても――生命・身体の危険があるとまではいえないであろう。[24]事前手続のために多少の期間据え置いたところで、付近住民にとって直ちに生命・身体の危険があるとまではいえず、ごみ屋敷の住人の財産権保障の観点から、ある程度慎重な手続をとる猶予は与えられている。

---

21) 板垣・前掲注（2）90頁以下。

22) 阿部・前掲374頁。

23) 「緊急安全措置」の研究は少ないが、参照、劍持麻衣「空き家条例における緊急安全措置の法的考察」高崎経済大学地域科学研究所編・前掲書124頁以下。

24) むろん、ごみの堆積により火災が発生しやすくなるといった懸念から、緊急措置を求める要望が出ることはあり得よう。宇賀編・前掲注（6）18頁（辻山幸宣）。

400　第2章　空き家条例とごみ屋敷条例

　むしろ、緊急措置を条例で規定してしまうと、行政には直ちにごみを撤去す
る権限が付与されたのに、なぜ手続がモタモタして前に進まないのかという、
付近住民からの不満が高まる可能性がある。条例の制定によって高まった期待
は、たちどころに落胆や不満へと変わり得る[25]。即時強制を規定する際には、
必要性と緊急性を慎重に考慮した上でその要否を判断しなければ、却って使い
にくい「抜けない伝家の宝刀」となってしまう危険性がある。

　もともと即時強制は、役所に案件を持ち帰って検討する暇がないような緊急
事態を想定している。警察官による保護、災害時の避難措置（警察官職務執行
法3条・4条）、消防職員による破壊消防（消防法29条）など、第一線の職員の
現場の裁量に委ねられるべき活動に適しており、平時の活用にはなじみにくい。

　なお、即時強制は、緊急の場合だけでなく、権利侵害の程度が微少である場
合にも用いられる。京都市条例14条は、不良の状態の程度が軽い場合を念頭
に置いて、堆積している物の撤去（合理的に解釈すれば、物の堆積の程度が軽微
であるか、一見して明らかに財産的価値を喪失したものばかり堆積しているような
場合に限られよう。）、動物の収容、草刈りなどの軽微な措置によって不良な生
活環境を解消できる場合にも、即時強制を認めている。

　即時強制には通則法がなく、執行に要した費用を徴収する法的根拠付けにつ
いては争いがある。京都市条例では、緊急安全措置の場合についても、「不良
な生活環境を生じさせた者」（あるいは、建築物の所有者）から費用を徴収する
ことができる旨を定めている（同条例13条5項・6項）。明文の規定を置くこと
で、費用徴収の法的根拠付けを明確にすることが望ましい[26]。

(3)　制裁的公表

　近年の条例は、措置命令の実効性の確保の手段として、公表に重きを置いて
おり、京都市条例も例外ではない。公表の対象は、①相手方の氏名、住所、②
不良な生活環境にある建築物等の所在地、③不良な生活環境の内容、④その他
市長が必要と認める事項である（同条例12条4項・16条4項）。公表が、単なる
住民に向けた情報提供の趣旨にとどまらず、相手方に対する制裁の意図を含む
場合（制裁的公表）には、条例の根拠が必要となる[27]。

　制裁的公表の場合、不利益処分に準じて、相手方から聴き取り調査を行った

25）板垣・前掲注（2）85頁以下。
26）ただし、徴収の際に滞納処分を用いることはできず、民事執行に委ねることになる。板垣・前掲
　注（2）93頁。
27）阿部・前掲103頁。

り（参照、小田原市市税の滞納に対する特別措置に関する条例10条）、審査会に諮問する（同条例7条以下）といった事前手続の規定を置く必要がある。措置命令（京都市条例12条1項・2項）を発する際に弁明の機会を付与した以上、制裁的公表にまで事前手続は必要はないと考えてしまいがちであるが、制裁的公表の場合には、公表の前にもう1度、事前手続として意見を聴取しなければならない。

⑷　罰則・過料

　京都市条例では、実効性確保のために、措置命令への違反や立入り調査への不協力に対して、罰則・過料を科している（同条例19条〜21条）。直罰ではなく、ワンクッション（命令前置）方式が採られた点が特徴である[28]。ただし、ごみ屋敷が形成されるメカニズムを考慮に入れるほどに、こうした制裁的措置が義務者に対して実効性をもつか（実効性）、罰則・過料を科すことで事態は改善されるか（威嚇可能性）、罰則・過料を支払うだけの資力が義務者にあるか（徴収可能性）といった疑問は拭えない[29]。なお、構成要件の定め方や運用における疑義を解消するために、条例を制定する際は地方検察庁との協議（検察協議）が必須である[30]。

第6節　展　望

　空き家、空き地、ごみ屋敷の存在は、従来、私的な財産権の領域に属するものとして、公的な関心の対象外であった。各地で「空き家条例」が制定されるなど、管理不全不動産への対処が国民全体の関心事として浮上したのは、人口減少社会の到来により、不動産ストックを個々人の管理に委ね切りにできる許容限度を超えたためということができる。

　空き家条例とごみ屋敷条例の比較から再確認されたのは、管理不全不動産の対象に応じた微妙な差異に留意することの重要性である。①管理不全の生じる原因。空き家が親兄弟の死去により生じるのに対して、ごみ屋敷の場合は精神

---

28) 直罰方式とは、法律違反を行った者を直ちに処罰する方式のことであり、刑法犯において一般的な方式である。これに対して、ワンクッション（命令前置）方式とは、法律違反行為に対して一旦行政庁の業務停止命令などの不利益処分を介在させ、それに従わなかった者を処罰する方式のことであり、行政法関係の刑罰に多くみられる。阿部・前掲142頁以下。

29) 板垣・前掲注（2）102頁以下。

30) 荒川区「良好な生活環境の確保に関する条例」13条および14条について、宇賀ほか・前掲69頁以下（山本吉毅）。検察協議については、宇賀・前掲注（2）230頁。

的・身体的疾患による部分が大きい。②義務者の捕捉。空き家は固定資産税情報を活用するなどして義務者を突き止める必要があるが、ごみ屋敷の場合、義務者は通常そこに住んでいる。③管理不全の解消方法。「特定空家」の危険が修繕や除去によって物理的に解消されるのに対して、一旦ごみを片付けても、根本的な原因を解消しない限り、ごみ屋敷は容易に再形成される。④制裁の実効性。精神疾患が原因でごみ屋敷を形成した者に対して制裁的公表や罰則・過料を科すことは、有効性に疑問がある。

　政策決定者がこうした差異に留意しつつ、実務上の経験から得られた知見を共有することで、行政と民間が関心を共有しながら、不動産の実効的な管理が図られるためのより良いシステムが構築されていくことに期待したい。

第3章

汚水処理方式の選択と最少経費最大効果原則
——合併処理浄化槽、集落排水、下水道——

第1節　はじめに

　人口減少社会に突入してこれ以上の歳入の伸びは見込まれないことから、行政には今まで以上に有限な人的・物的資源を有効活用することが求められる。この効率性原則を明文で表現したのが、「地方公共団体は、その事務を処理するに当つては、住民の福祉の増進に努めるとともに、最少の経費で最大の効果を挙げるようにしなければならない。」と規定する地方自治法2条14項であり、最少経費最大効果原則と呼称される。最少経費最大効果原則は、行政が住民の福利増進のために信託された財産の費消を戒める一般的・包括的原則でもあることから、しばしば住民訴訟（地方自治法242条の2）の原告から主張されるが（たとえば、最判平成20年1月18日民集62巻1号1頁）、これを正面から取り扱った事例は意外に少ない。本章は、汚水処理方式の選択と最少経費最大効果原則の関係が争点となった名古屋地判平成16年1月29日（平成15年（行ウ）第36号）判タ1246号150頁（以下、本章において「本判決」とする。）の検討を通じて、この問題の考察を深めるものである。

第2節　汚水処理方式の選択

　最初に、一般家庭からの汚水（し尿および生活雑排水）を処理するための3種類の方式について説明する。[1]

1）下水道行政研究会編『平成19年日本の下水道』日本下水道協会（2007）26頁、嶋田暁文「省庁間コンフリクトと下水道行政」自治総研357号（2008）35頁、小幡純子「下水道法の現状と課題」下水道協会誌584号（2011）59頁、喜多村悦史『浄化槽の法律物語』TAC出版（2012）。古典的な文献として、畠山武道「下水道建設と行政手続のあり方（上）（下）」ジュリスト798号76頁以下、799号（以上、1983）86頁以下。葉山町公共下水道建設差止住民訴訟に係る横浜地判平成14年6月19日判例自治240号55頁も参照のこと。

⑴ 一般の下水道

　広範囲な地域から排出される汚水を、国または公共団体（一部事務組合や広域連合を含む。）の管理する１か所の大規模な集合処理施設に集めて処理するもので、多数の世帯からの汚水を１か所に集めるための管路の設置が必要である。根拠法として下水道法（昭和33年法律第79号）が制定されており、公共下水道が整備された場合には、土地の所有者は排水設備を設置してこれに接続させる義務を負う（同法10条本文）。下水道は、同じ世帯数のために設置すべき管路の長さが相対的に短くて済む住宅の密集した都市部に適しており、処理水の水質も安定している。しかし、工場排水なども併せて処理するため、処理汚泥を肥料として再利用することは困難である。

⑵ 農業集落排水施設

　本判決で話題となった八開村農業集落排水事業（以下、「本件事業」という。）のとる方式である。土地改良法（昭和24年法律第195号）57条の４以下、琵琶湖の保全及び再生に関する法律（平成27年法律第75号）10条、農林水産省組織令（平成12年政令第253号）82条、農業振興地域の整備に関する法律施行規則（昭和44年農林省令第45号）43条２号で言及されている。一般の下水道よりも小規模の集合処理施設で、相対的に狭い範囲の地区から排出される汚水を処理するものであり、処理区域内の各世帯から汚水を集めるための管路の敷設を要するため、小・中規模な集落が散在する地域において、集落ごとに処理施設を設置するのに適する。もっとも、スケール・メリットの関係で、集落の規模が一定以上でなければ、処理施設はコスト高になる。公共団体が集中して管理するため、処理水の水質は安定しており、これを地域の農業用水路に戻して循環利用したり、コンポスト化施設と組み合わせて処理汚泥を肥料として活用することも可能である。

⑶ 合併処理浄化槽

　Ｘ（八開村Ａ地区の住民）が実際に利用している方式である。根拠法として浄化槽法（昭和58年法律第43号）が制定されている。浄化槽とは、世帯ごとに発生する汚水を個別に処理するための施設であり、管路の設置が不要であるため、

その分コストは安い[2]。しかし、し尿のみを処理する単独処理浄化槽と比べて[3]、し尿、台所の排水、風呂場の排水など、質・量の点で非常に異なる排水を処理するため、高度な汚水処理技術や、定期的な維持管理（汚泥の除去、清掃、活性汚泥の投入）を要する。その上、個人が浄化槽を設置する場合、維持管理は各戸ごとに行われるため、処理水の水質にばらつきが生じる。場合によっては、十分な清浄がなされないまま、放流水質基準に満たない処理水が放流されることもある[4]。浄化槽法の規定の大半が、その維持・管理が適正に行われることを確保するためのものであることは、その難しさを裏付けている。

第3節　事案の概要

　本件は、地方公共団体の実施する農業集落排水事業に伴う維持管理分担金の負担の適法性が争われた取消訴訟である。Y（愛知県八開村長）は、X世帯の居住する住宅が、本件事業の中核施設となる農業集落排水施設（汚水処理場）に連なる管路施設および公共汚水ます（以下、まとめて「本件施設」という。）の設置を受け、これに排水管等の排水設備を接続することでいつでも本件施設を利用できる状態になったため、Xに対して、「農業集落排水施設の設置及び管理に関する条例」（平成12年3月27日条例第8号による改正後のもの。以下、「設置管理条例」という[5]。）10条2項（「使用者で排水設備を有しない者は、施設の維持管理費に要する費用として、維持管理分担金を納めなければならない。」）に基づき、平成15年4月17日付けで、同年2月および3月分の排水施設の維持管理分担金4000円の負担を求める納入通知（以下、「本件通知」という。）を行った。

　本件通知に対して、Xは、異議申立てを経て、Yを被告としてその取消訴訟を提起した。なお、Xは、八開村に対して、Xには維持管理分担金の納付義務

---

2) 阿部泰隆『廃棄物法制の研究』信山社（2017）460頁（初出1992）は、性能が飛躍的に向上した現在の合併処理浄化槽については、下水道法10条本文ただし書の規定を活用して、下水道への接続義務を免除すべきであると主張する。喜多村・前掲79頁も同旨。

3) 浄化槽法の一部を改正する法律（平成12年法律第106号）により、平成13年4月以降、新たに浄化槽を設置する際には、合併処理浄化槽とすることが義務付けられている。ただし、既設の単独処理浄化槽は存置することが認められる。阿部・前掲482頁以下、喜多村・前掲41頁以下。三好規正「都市行政と水法」久末弥生（編）『都市行政の最先端——法学と政治学からの展望』日本評論社（2019）40頁以下は、既設の単独処理浄化槽を撤去するとともに、合併処理浄化槽を設置することを条例で義務付けることを提唱する。

4) 嶋田・前掲52頁。もっとも、市町村が浄化槽を設置・管理すれば、この問題は解消する。

5) 市町村合併により、現在では、「愛西市農業集落排水処理施設等の設置及び管理に関する条例」（平成17年条例第123号）に変更されている。

406 第3章　汚水処理方式の選択と最少経費最大効果原則

が存在しないことの確認を求める債務不存在確認訴訟も提起しているが（棄却）、これについては省略する。

　主要な争点は、本件通知の前提である本件事業自体の違法性である。Xの主張では、八開村のように人口密度の低い地域での汚水処理には、1人あたりの建設・維持・管理コストという経済合理性の観点から合併処理浄化槽方式が適合しており、管路の敷設に多大なコストを要する農業集落排水方式を採用した本件事業は、地方自治法2条14項の定める最少経費最大効果原則に反して違法だという。これに対して、Yは、汚水処理の方式を採用するに際しては、処理水の水質の安定化や循環利用といった付随的効果も考慮すべきであり、また、農業集落排水施設方式では、その費用のほとんどを国・県からの補助金・地方交付税によって賄うことができるために、Xが主張するほどのコストの開きは生じないと反論する。

第4節　判　旨

　名古屋地裁は、次のように述べて、Xの請求を棄却した。

　「地自法2条14項は、「地方公共団体は、その事務を処理するに当っては、住民の福祉の増進に努めるとともに、最少の経費で最大の効果を挙げるようにしなければならない。」と規定するところ、地自法は、「地方公共団体における民主的にして能率的な行政の確保を図るとともに、地方公共団体の健全な発達を保障することを目的とする」ものであり（同法1条）、「地方公共団体は、住民の福祉の増進を図ることを基本として、地域における行政を自主的かつ総合的に実施する役割を広く担う」ものである（同法1条の2第1項）から、地方公共団体は、その財政面における能率性という意味での費用対効果を常に意識しながら住民の福祉の増進等の目的の達成を図らなければならないとしても、会社等の私企業とは異なり、専ら費用の節減と収入の増加のみを目標とすべきものではないこともまた明らかであり、財政上の収入の増加には必ずしもつながらない費用の投下であっても、広く地方公共団体の健全な発達又は住民の福祉の増進に寄与するものであれば、同法2条14項にいう「効果を挙げ」たと評価し得るというべきである。」

　「そして、同項の趣旨は、地方公共団体に対して、この意味における「効果」が同一であると見込まれる事業方式が複数ある場合には経費が最少となる方式

を、同じ経費を投下する場合にはより多くの「効果」を挙げることが期待できる方式を選択すべきことを要求することにあると解される。また、経費額と「効果」の両方が異なる複数の事業方式が存在するときは、経費の増差に対応する「効果」の増差を考慮して、同項の趣旨を没却するような不当な選択を行った場合には違法性を帯びるというべきであるが、上記のとおり、「効果」が必ずしも金銭に還元することのできない様々な価値を含むものである以上、いわば１つの尺度で経費と効果のそれぞれの増差を比較することは困難を伴うものであって、一般的には、そのような判断については、専門的、技術的な観点から行政に広範な裁量が付与されていることは否定できないから、この裁量権を逸脱ないし濫用したものと評価できる特段の事情が存する場合に限り、当該行政庁の判断が違法となると解すべきである。」

　ここで、判決は、Ａ地区（世帯数188戸、処理人口990人、１世帯当たり約5.27人）における農業集落排水方式と合併浄化槽方式それぞれの年間１人当たりに要する費用を比較する。

　Ａ地区で農業集落排水方式が年間１人当たりに要する費用＝汚水処理場の建設費相当分［４億6200万円（建設費）÷990人÷35年（耐用年数）］＋管路の建設費相当分［８億6300万円（建設費）÷990人÷85年（耐用年数）］＋維持管理費［900万円／年÷990人］＝３万2700円

　５人分の汚水処理能力を有する合併浄化槽方式が年間１人当たりに要する費用＝建設費相当分［88万8000円÷５人÷26年（耐用年数）］＋維持管理費［６万5000円／年÷５人］＝１万9800円

　「以上によれば、……実際の本件施設の建設及び維持管理に要する経費は、……平均的な合併処理浄化槽方式のそれを上回っていることが認められる。」

　「しかしながら、農業集落排水施設方式は、合併処理浄化槽によった場合と比較して、処理水の水質が安定する長所がある上、これを循環利用したり、コンポスト化施設と組み合わせて処理汚泥を肥料として活用するなどの付随的効果も期待することができる。また、証拠によれば、八開村においては、合併処理浄化槽について、各世帯主がこれを建設する際に、その費用の４割程度を被告村が補助金の形で負担するにすぎず（「八開村合併処理浄化槽等設置整備事業補助金交付要綱」）、その更に半分余りが国及び県からの補助金により賄われる（「浄化槽整備事業費国庫補助金交付要綱」及び「愛知県合併処理浄化槽設置費補助金交

付要綱」）から、建設費のうち被告村が最終的に実負担する分は２割弱にとど
まるが、他方、農業集落排水施設（管路を含む。）の建設費についても、８割以
上が国及び県からの補助金並びに地方交付税により賄われ、さらに残負担額の
一部も受益者から分担金を徴収することができ（地自法224条）、現にそのため
の事業分担金条例、設置管理条例も存在するから、被告村が（受益者負担分も
差し引いた上で）最終的に実負担する金額の割合は、むしろ後者の方が低いと
認められる。」

　「これらを考慮すると、農村地域である八開村が、汚水処理の方式として農
業集落排水施設方式を採用したことは、行政にゆだねられた裁量権を逸脱ない
し濫用したものとはいえず、結局、本件事業は、地自法２条14項に違反する
違法なものではない」

第５節　最少経費最大効果原則

　最少経費最大効果原則とは、行政が限られた資源を効率的に活用するという
観点から設けられた原則であり、地方自治法２条14項および地方財政法４条
１項に明文の規定が置かれている[7]。本来は防御権に由来する比例原則も、有
限な行政の人的・物的資源は有効に活用されなければならないことを根拠とす
る説明が可能である[8]。宇賀克也は、比例原則の射程を規制行政の領域に限定
せず、行政が国民に財・サービスを提供する給付行政の領域に対しても、過剰
給付禁止原則（Übermaßverbot）という形で柔軟に拡張すべきであるとする[9]。

　調達行政では、第一次的な調達目的の達成のみを追求すべきか、それとも、
いわば「第二次目的」（たとえば、ある公共工事の発注に際して、入札者が長期失
業者の雇用創出、障害者の雇用、若者の職業教育、男女の雇用機会の均等化、環境
負荷の軽減に貢献するかといった、公益目的全体の観点からはむしろ第一次的とも
いえる目的なのだが、調達目的それ自体からみると第二次的な目的）を考慮するこ

---

6)　本件は平成16年の行訴法改正前の事案であるため、被告は村長であるが、現在の行訴法11条１項
　　では、被告は村となる（争点に実質的な変更はない）。
7)　碓井光明『政府経費法精義』信山社（2008）28頁以下、宇賀克也『行政法概説Ⅰ［第６版］』有斐
　　閣（2017）63頁、松本英昭『新版逐条地方自治法［第９次改訂版］』学陽書房（2017）70頁。行政
　　法総論との関係から示唆に富む考察として、中川義朗「行政法の「政策化」と行政の効率性の原則
　　について」川上宏二朗先生古稀『情報社会の公法学』信山社（2002）77頁。
8)　エバーハルト・シュミット‐アスマン（太田匡彦＝大橋洋一＝山本隆司訳）『行政法理論の基礎と
　　課題』東京大学出版会（2006）314頁以下。
9)　宇賀・前掲57頁。参照、須藤陽子『比例原則の現代的意義と機能』法律文化社（2010）222頁。

とも許されるのか。公共工事の指名競争入札における村外業者排除の適否が
争われた最判平成18年10月26日判時1953号122頁は、公共工事の達成という
第一次目的に加えて、地域振興策を「第二次目的」として考慮することの是非
が争われた事案であると評価することができる。もし仮に、目的を第一次的な
ものに絞るなら、目的達成のために経費が最少となる方式を選択すれば済むた
め、純粋な「経済性」（＝財政支出を最少に抑えること）の達成も容易である。
それに対して、第二次目的を考慮すると、目的が増えるために、どうしても基
準が曖昧になる。公共工事の発注を例にとれば、村内業者の方が村外業者よ
りも受注価格が高めになるけれど、地域振興策という第二次目的も加味すれば、
少々のコスト高も許容されるというように。第二次目的は「隠れ蓑」となり、
かなりのコスト高であっても地元業者を優先させるなどして、経済性原則を空
洞化させるおそれがある。

　水道事業をはじめとする、いわゆる「公企業（Öffentliche Unternehmen)」の
存在意義は、市場原理に基づき活動する私企業が引き受けた場合には十分に目
的が達成されない公的任務——下水道事業なら、「汚水を処理して水をきれい
にすること」である——を、率先して引き受けることにある。市場原理に任
せても収支相償うなら、公的部門が水道事業に乗り出す必要はない。単なる
経済性の追求ならば、私企業に任せれば十分なのである。しかし、下水道事業
は、設備の建設、維持、管理に多額の費用を要し、国や県の補助金を抜きに独
自の採算がとれるものではない。そこに、公企業が下水道事業を担う所以があ
る。ただし、公金を用いて事業を行うことが、直ちに結論を分けるわけではな
い。公金を用いるのだから「第一次目的」に絞って出費を最小限に抑えるべき

10) 目的を「第一次」「第二次」という層に区分するのは、公共事業の入札に関して、ヨーロッパ法で
　　発展してきた考え方である。Schulze-Fielitz, Helmuth, Grundmodi der Aufgabenwahrnehmung, in :
　　GVwR Bd.1, Rn.144 ff.
　　　これに対して、碓井光明『公共契約法精義』信山社（2005）は、アメリカの研究者の用語法から、
　　「付帯的政策（collateral policy)」という概念を提唱する。その内容とするところは、第二次目的と
　　同様であろう。本書第6部第2章も参照のこと。
11) 碓井光明『公的資金助成法精義』信山社（2007）146頁も、雇用創出や学術助成の成果の測定が
　　難しいことを指摘する。
12) 本章では、「公企業」の語を、公的部門が、公法形式・会社法形式を問わず、経済事業体を通じて
　　行政任務を達成する組織法形式を指すものとして用いる。その中で、水道事業は、公法形式をと
　　る市町村の直轄事業（Regiebetrieb）としての地方公営企業に分類される。詳細は、本書第2部第
　　1章を参照。山田幸男『公企業法』有斐閣（1957）、シュミット・アスマン・前掲267頁以下、板
　　垣勝彦『保障行政の法理論』弘文堂（2013）74頁以下、Schulze-Fielitz, a.a.O., Rn.125 ff.
13) 市場原理に委ねても経営が成り立つ市場に公企業が介入すると、却って競争法の問題を生じさせる。
　　Vgl. Schulze-Fielitz, a.a.O., Rn.137 f.

410 第3章 汚水処理方式の選択と最少経費最大効果原則

ともいえるけれど、公金を用いるのだから経済性以外に「第二次目的」を考慮することも許されるともいえるからである。

本判決は、「地方公共団体は、……会社等の私企業とは異なり、専ら費用の節減と収入の増加のみを目標とすべきものではない」として、「財政上の収入の増加には必ずしもつながらない費用の投下であっても、広く地方公共団体の健全な発達又は住民の福祉の増進に寄与するものであれば」、地方自治法2条14項の「効果」を挙げたと評価し得ると述べ、「第二次目的」の考慮を正面から許すとともに、これを最少経費最大効果原則の適用に組み込む。その上で、「効果」が、「必ずしも金銭に還元することのできない様々な価値を含む」ものである以上、1つの尺度で経費と効果のそれぞれの増差を比較することは困難を伴うから、一般的には、専門的・技術的な観点から行政に広範な裁量が付与されているとする。

このように、判旨は、最少経費最大効果原則自体に「必ずしも金銭に還元することのできない様々な価値」、すなわち「第二次目的」を組み込んでいる（以下では、判旨のような考え方を(a)説とする）。しかし、第二次目的という曖昧な要素を持ち込んだために、準則としての明確さを失ったきらいがある。「行政にとって法的枠組みが高度に柔軟であることの欠点は、明確な法律の基準が欠けているために、合理性の欠如が生じ得ることである。すなわち、公企業は——特に地域レベルにおいて——政策を形成する利害に対して、たとえば短期的な特殊利益、惰性、クライアントの経済、そして非能率性などをもたらすことがあり得る」（シュルツェ・フィーリッツ）[14]。このような問題意識から、やはり原則は明快な基準である経済性に純化すべきであり、それが行政実務の行動指針としても適切である——最少経費最大効果原則は、明確な経済性準則により判断できるから、行政の裁量は認められない——という考え方が登場する。この考え方は、さらに、(b)第一次目的に絞って経済性を追求すべきという説と、(c)費用便益分析を用いて第一次・第二次目的を併せ考慮し、経済性を達成すべきという説に分かれ得る。

このような考え方の相違は、判断枠組みにどのように影響するのだろうか。(b)説ならば、経済性という明快な基準を用いることができるから、数値にあらわれる経費を最少化する政策が適切であり、裁判所が判断することも可能だから、行政に裁量を認める余地はない。これに対して、本判決のように(a)説を採

---

14) Schulze-Fielitz, a.a.O., Rn.134.

ると、「金銭に還元することのできない様々な価値」という第二次目的を組み込むため、明快な数値として便益を算出することはできず、行政にある程度の裁量を認めることになる。つまり、第二次目的を便益として考慮するかどうかが、判断の分岐となるわけである。(c)説は、「法と経済学」の考え方を用いた費用便益分析によって、ある程度の数値化が可能であることを前提とする。数値化によって裁判所の明確な判断が可能になるから、行政裁量は狭小化へと向かう。

第6節　本件の具体的な判断のポイント

　具体的な判断のポイントは、農業集落排水方式の方が、合併処理浄化槽方式と比べて、①処理水の水質が安定する点、②循環利用や肥料としての活用などの付随的効果が期待できる点、③国や県からの補助金と地方交付税により、村の最終的な実負担が低い点である。

　汚水を処理して水をきれいにするという汚水処理事業の「第一次目的」からみれば、①は第一次目的の「品質（Qualität）」にかかわる決定的な要素である。これに対して、②は、いわゆる「第二次目的」であるといえよう。これらは、広報等で積極的にその効用が強調されており、説得的な論拠と思われる。もっとも、②の肥料としての活用等については、数値化された具体的な効用を調べて、政策決定の参考資料としたり、裁判の証拠資料とするなど――自治体レベルの小規模な政策決定ならば、十分に可能であろう――工夫が必要と思われる。

　しかし、③の論拠（これは最大「効果」ではなく、最少「経費」の観点に着目した論拠である）には疑問がある。そもそも、「最少経費」とは、その自治体のみの財政支出の最少化を指すのか（自治体限りのコストという観点）、あるいは、財政調整の枠組みの下で連結される国、都道府県、市町村の財政支出全体を最少化することを指すのだろうか（国全体のコストという観点）[16]。これまで学説の

---

15) Ｙの主張によれば、農業集落排水事業の目的は、汚水処理から生じた有機肥料を活用した生産性向上により、活力ある農村社会・循環型社会を構築することにもあるとされる（農業集落排水事業は、このような目的から、昭和48年度に、農林水産省の農村総合整備モデル事業の1つとして導入されたものである）。この観点からみれば、②は、まさに第一次目的となる。しかし、本件の政策決定は、汚水処理に関して、下水道、集落排水事業、浄化槽のいずれの方式を選択するかという問題である。3つの方式に共通する目的を抜き出すなら、やはり主目的は汚水の処理にあり、②は副次的な目的ということになるだろう。

16) 財政調整については、上代庸平「自治体財政に対する最少供与保障―概念と構造―」法学政治学論究76号（2008）201頁以下。

発展を促してきた住民訴訟の制度（地方自治法242条の2以下）は、自治体限り
のコストという観点に立って設計されているため、学説も、取消訴訟において
最少経費最大効果原則違反が争われる本件のようなケースを意識してこなかっ
たといえる。[17] 1つの考え方としてあり得るのは、国レベルの納税者訴訟がな
い現状では、取消訴訟でも自治体レベルに限った支出の最少経費性を争うほか
ないという見解である。しかし、実質的にみると国や県の補助金で大半の経費
が賄われるのだから、村の実負担は最小で済むというYの論拠は、やはり説得
力に欠ける。国や県の補助金や地方交付税も、元を辿ればすべて国民の税金で
あることに変わりないからである。この点、本判決は、国、県、村いずれの名
目で財政支出が行われるのかという視点に拘泥しており、税財政法律関係を、
国家の「財政高権」としてのみ把握する発想に囚われている。税財政法律関係
を納税者の視点から捉え直す発想からは、[18] もともと国民の税金なのだから、
国や県の補助金という形式であれ、村の実負担という形式であれ、区別せずに
違法性を争うことができると考えるべきである。

　ところで、Xは、世帯主みずから管理を行うから管理費用はかからないと主
張する。しかし、本判決は、「仮に世帯主自身が保守点検を行う場合でも、そ
の労力等を金銭に換算すれば、上記認定に係る費用を上回ることはあっても、
下回ることは考え難い」として、機会費用等の一般的な経済学の「費用」概念
を採用して、この主張を退けている。法学においても機会費用を観念すること
は可能であるから、本判決の考え方が妥当であろう。なお、浄化槽法10条2
項は、浄化槽管理者が自ら「技術管理者」として浄化槽に関する保守点検およ
び清掃に関する技術上の業務を担当することを認めているが、環境省関係浄化
槽法施行規則8条は、技術管理者の資格は、浄化槽管理士の資格を有し、かつ、
2年以上実務に従事した経験を有する者またはこれと同等以上の知識および経
験を有する者であることを求めている。[19] さらに、合併処理浄化槽のしくみは、
好気性の微生物を用い、有機物を分解して汚水を浄化するというものであるた

17）嶋田・前掲50頁によると、葉山町住民訴訟でも、被告側は、補助金があるため町の実負担が軽減
　　される点を主張したようであるが、前掲横浜地判平成14年6月19日では、この点についての判示は
　　ない。
18）北野弘久『税法学原論［第6版］』青林書院（2007）76頁以下は、これを納税者基本権と名付ける。
19）実際に「技術管理者」となるには、4万9000円の講習料を支払って3日間の講習を受ける必要が
　　ある（財団法人日本環境整備教育センター http://www.jeces.or.jp/）。阿部・前掲448頁以下（初出
　　1992）は、浄化槽清掃業が事実上の地域独占となっており、料金規制もかけられていないので自由
　　料金による暴利行為が行われることを懸念する。

め、定期的な汚泥除去作業や装置・機械の清掃が欠かせない。自ら管理を行うとなると、世帯主は相当なコストを覚悟しなければならない。[20]

第7節　行政裁量の観点からの検討

　本判決は、一般論で広範な裁量を認めておきながら、一見、判断代置のような数値化された詳細な審査を行っている。これは、経済性原則が明確な数値による比較考量を可能とするひとつの証左でもある。もっとも、本判決は、年間1人当たりに要する費用を詳細に算出しながらも、最終的には、行政に認められた広範な裁量を根拠に、農業集落排水方式と合併浄化槽方式の1万円程度の差額を"切り捨てて"いる。これは、行政に広範な裁量を認める以上、ある意味で論理の必然といえる。いかに詳細な数値計算を行ったところで、本判決が最終的に依拠しているのは、裁量判断なのである。[21]

　判断を分けた要素は、第一次目的達成の「品質」にかかわる、①の点であったと思われる。汚水処理の方式を選択するに際して、水質にばらつきがあってはならないという考慮が、決定的であった。これに対して、(c)説からは、第一次・第二次目的を併せて費用便益分析を行い、経済性原則に関しては行政に裁量を認めずに、裁判所が完全に判断代置的な審査を行うことになる。しかし、完全な費用便益分析が可能ならば、とうの昔に政策決定はオートメーション化されているはずである。現実にそうならないのは、実際には、費用便益分析の信頼性が不確実であることや、調査に要する時間的・金銭的・人的費用が——民意を問うため選挙や住民投票を行う場合も同様である——かかるため、それこそ限られた行政資源の有効活用の観点から、政策担当者に裁量を認める方が、むしろ経済的にみて効率的であると評価されているからに他ならない。

　このように考えれば、政策決定に際して、次善の策として生成してきた人間

---

20)　阿部・前掲487頁（初出1989）は、合併処理浄化槽の設置を推進するために補助手法を有効活用すべきことを説く（三好・前掲41頁も同調）。これに対して、排出者費用負担の原則から、補助金の投入に慎重な立場として、喜多村・前掲180頁。

　　大阪高判平成26年8月29日（平成26年（行コ）第52号）は、市が「浄化槽整備推進事業に関する条例」を制定して、合併処理浄化槽の設置を推進する旨の政策を実行しようとしたところ、公共下水道の整備を求める住民から公金支出の差止め等を求める住民訴訟が提起された事案において、普通地方公共団体の長には、生活排水処理のための施策について広範な裁量があるとした上で、裁量権の逸脱・濫用は認められないとした。評釈として、斉藤徹史・地方財務774号（2018）133頁。

21)　ただし、裁量の逸脱・濫用を判断するためには、裁量の許容範囲を確定させる一定の目安が必要であるから、本判決の行った計算を不要なものと評価するわけではない。

の1つの叡知が、「行政裁量」なのだと評することもできよう。むろん、誤った政策判断が遂行された際の事後的なコスト（事業の差止め、やり直し、補償に要する費用）を考慮すれば、利害関係者による事前の手続参加の整備が重要であることは言うまでもない。このように、本判決にはいくつかの疑問があるものの、本件事業を適法と評価した結論には賛成する。

　都市部以外の汚水処理方式として本件で提示された集落排水方式と合併浄化槽方式は、流域下水道方式も含めて、汚水処理対象区域の人口密度に応じて使い分けるのが適切である[22]。国から地方への補助金削減の傾向、地方の財政窮迫、農村の人口減少などで、地方公共団体の政策決定者は、今後の汚水処理事業について、難しい舵取りを迫られている[23]。農業集落排水事業には、法律レベルでは下水道法10条1項のような接続強制の規定はないが、現実には、Xのように事業に賛同しない住民が次々に不参加を表明したり、あるいは脱退することを許すと、事業の採算が立たないという側面もある。3つの方式を適切に組み合わせ、経済性の観点からも最適な投資として効率的な汚水処理行政が遂行されることを期待したい。

第8節　展　望

　最少経費最大効果原則（地方自治法2条14項）とは、有限な行政の人的・物的資源を有効に活用するために設けられたものであり、行政は、事務を処理するに当たっては、最少の経費で最大の効果を挙げるようにしなければならないという原則である。

　この原則に従うと、行政は常に最もコストの安い方法を採用すべきことになり、裁量の余地はないように思われる。しかし、財政上の収入の増加には必ずしもつながらない費用の投下であっても、広く地方公共団体の健全な発達または住民の福祉の増進に寄与するものであれば、「効果を挙げた」ものとして評価され得る。このように、「効果」の内容が必ずしも金銭に還元することので

---

22) 両方式の利点については、一般社団法人地域環境資源センター（旧、日本農業集落排水協会）http://www.jarus.or.jp/ および全国浄化槽推進市町村協議会http://www.zenjohkyou.net/ などを参照のこと（いずれも2019年4月30日閲覧）。浄化槽の技術的なしくみや実際の維持管理については、喜多村・前掲18頁以下が参考になる。
23) 嶋田・前掲53頁は、公共下水道には日本下水道事業団、農業集落排水事業には土地改良連合会といった有力なコンサルタント団体が存在することを指摘する。

きない様々な価値を含むものである以上、1つの尺度で経費と効果の増差を比較することは困難であるため、行政には専門的・技術的な観点から裁量が付与されていると考えられる。

　本判決では、農業集落排水事業方式よりも合併処理浄化槽方式の方が村民1人当たりにかかるコストが安い場合であっても、①処理水の水質が安定すること、②循環利用や肥料としての活用などの付随的効果が期待できることなどの事情があれば、農業集落排水事業方式を採用することも、行政の裁量の範囲内であって、最少経費最大効果原則に反しないと判断された。ただし、この結論は、あくまでも、すでに農業集落排水方式が整備された後の取消訴訟の局面において行政の裁量の是非を審査した場合のものであり、これから新規に下水道方式、農業集落排水方式、合併処理浄化槽方式を選択する場合の政策決定の局面においては、また結論は変わってくるものと思われる。

第4章

ごみ袋有料化条例の合憲性

第1節　はじめに

　ごみの排出を減らすための方策として、ごみ処理手数料を定額制から従量制に移行する市町村が増えている。その発想は結構であるが、問題は、従量制を実現するための手法である。この点、市町村が条例を制定して、ごみ袋を製造業者から一括して購入し、手数料を上乗せして住民に販売するという一括購入・一括販売方式を採用しているケースがしばしば見られるところであり、一般には「ごみ袋有料化条例」と呼称される（用語が紛らわしいが、近年話題の「レジ袋有料化」とは異なるので留意されたい）。

　しかし、ごみ袋有料化条例には、憲法上の問題がある。まず、租税そのものではなくとも、賦課徴収の強制の度合いが租税に類似するものについては憲法84条の趣旨が及ぶとされており、その規律のあり方は、当該公課の性質、賦課徴収の目的、その強制の度合い等を総合考慮して判断される（最大判平成18年3月1日民集60巻2号587頁）。

　それ以上に、指定ごみ袋の一括購入・一括販売方式には、経済活動の自由ないし営業の自由を保障した憲法22条1項との関係で問題がある。指定ごみ袋の一括購入・一括販売方式は、行政による事実上の専売制の導入に等しいものであり、一定期間、落札した業者以外の製造するごみ袋が、当該町内において全く売れなくなるという弊害は看過できないからである。

　本章では、静岡地下田支判平成21年10月29日（平19（ワ）22号）判タ1317号149頁（以下、本章において「本判決」とする。）を素材として、ごみ袋有料化条例の合憲性について検討していくこととする。

第2節　指定ごみ袋の一括購入・一括販売方式

(1)　概　要

　具体的な事案を基に、指定ごみ袋の一括購入・一括販売方式について説明する。Y（西伊豆町）は、一般廃棄物の収集・運搬に関して、ごみ処理手数料を定額制から従量制に移行することに決定し、その実現のためにごみ袋の一括購入・一括販売方式を採用した。この方式は、Yが、「西伊豆町廃棄物の処理及び清掃に関する条例」（以下、「本件条例」という。）に基づき、指名競争入札（地方自治法234条）の方法を用いた見積合わせにより決定した納入業者から、西伊豆町ごみ処理指定袋に関する規則（以下、「本件規則」という。）3条所定の要件に適合したごみ袋を一括して購入し、そのようにして購入した上記ごみ袋を、Y町長の指定するごみ袋（以下、「指定ごみ袋」という。）として小売店に売却し、その上で、小売店が住民に指定ごみ袋を販売する方式である。そのため、指定ごみ袋を販売するのはYのみに限られ、たとえYが販売しているものと同一の規格・成分のごみ袋であっても、民間業者が指定ごみ袋として販売することは認められない。さらにYは、指定ごみ袋に入れられた廃棄物のみを収集し、一般廃棄物処理施設に搬入する。したがって、住民がYに一般廃棄物を収集してもらうためには、指定ごみ袋を購入・使用しなければならない。このしくみを取った上で、Yが小売店へ指定ごみ袋を販売する価格にごみ処理手数料を上乗せすれば、Yが住民から一般廃棄物を収集する際に、ごみ処理手数料が従量制によって徴収される理屈になる（なお、住民がごみ処理場に直接搬入するごみ

1）本件規則第3条（指定袋の要件）　指定袋は、炭酸カルシューム入りポリエチレン製の半透明袋で1セット20枚入りとして、次に掲げる規格のものとする。
　　(ア)　20ℓ入り長さ600mm×折径500mm×肉厚35μm
　　(イ)　30ℓ入り長さ700mm×折径600mm×肉厚35μm
　　(ウ)　45ℓ入り長さ800mm×折径650mm×肉厚35μm
　　(エ)　炭酸カルシューム含有率30％以上
　　(オ)　強度縦方向300kg／㎡以上、横方向200kg／㎡以上
　　※　数値は事件当時のもの

に関しては、その都度、測定した重量に応じて手数料が徴収される[2]）。

(2) 租税負担型、手数料の定額制と従量制

　従来、一般廃棄物の収集・運搬は、サービスの利用状況に関わらず負担が一定額にとどまる行政サービスとして行われてきた。つまり、住民がどれだけごみを大量に排出しても、負担が租税の支払い額を超えることはない租税負担型や、本件条例改正以前のＹ町のように、排出量に関係なく、世帯人数や事業規模に従って定額のごみ処理手数料を徴収する定額制が採られていたのである。ところが、近年になり、住民の排出する廃棄物の量に応じた手数料を徴収する従量制によって、サービスの利用状況に応じた負担を求める動きが広がっている。本件は、いかなるしくみによって従量制への移行を実現するかをめぐって争われた事件である[3]。

　定額制の場合、行政サービスの利用者である住民からみると、いくらごみを排出しても定額の手数料で済む。しかし、ごみを大量に排出する者、減量化に努力している者、自己処理をしている者、あるいは週３回収集する地区と週２回収集する地区の区別に関わらず、徴収される手数料は定額であり、ごみ処理手数料は住民登録者からしか徴収されない。このため、①ごみ処理に要する経費が公平に負担されないというデメリットがある。また、②環境保護の観点からは、いくらごみを排出しても定額の手数料しか徴収されないため、ごみ排出を減らすインセンティブが働かない点が問題とされる。租税負担型の場合も、住民の負担は租税の支払額を超えることがないため、問題状況は同様である。

　このため、①公平な費用負担と②ごみの減量化を目的として、従量制への移行が図られてきた。従量制が推進される背景には、①住民（＝ごみ処理施設の利用者）に対してごみの排出量（＝ごみ処理施設の利用状況）に応じて——いわば対価として——手数料を負担させることこそが公平であるという価値判断が

---

2) 本件条例（平成11年９月９日改正後のもの）第５条第２項、第８条第１号ないし第３号は、町民が自ら処分しない一般廃棄物のうち、可燃物については町長が指定した容器（指定ごみ袋）により排出しなければならないとした上で、ごみ処理手数料を従量制によって徴収する旨を定めた。具体的には、容量20㍑入りのもの１枚あたり５円、容量30㍑入りのもの１枚あたり15円、容量45㍑入りのもの１枚あたり20円の手数料が、指定ごみ袋を購入する際に徴収される。なお、町民がごみ処理施設に自ら廃棄物を搬入した場合の処理手数料は、廃棄物10kgあたり70円を乗じて得た額と定められた。指定ごみ袋の規格および処理手数料は、その後の条例・規則の改正により、幾度か変更されている（数値は事件当時のものである）。

3) 本研究に際しては、ごみ袋製造業者の業界団体である「指定ごみ袋を考える会」のウェブサイト「ごみ袋ニュース」http://www.gomibukuronews.com/index.html を大いに参考にした。このサイトは、業界団体の利害を代弁していることを差し引いても、客観的・中立的な記述が多く、記載内容が信頼できると判断したためである（2019年４月30日閲覧）。

図1　指定ごみ袋の例

家庭ごみ指定収集袋

立川市では、「燃やせるごみ」と「燃やせないごみ」の2つを有料化の対象品目としています。これらのごみは、市で作製している指定収集袋に入れて出す必要があります。

指定収集袋は、燃やせるごみを黄色、燃やせないごみを緑色で作製しています。

左：燃やせるごみ専用袋
（10リットル）

右：燃やせないごみ専用袋
（10リットル）

指定収集袋の種類と価格

指定収集袋は大きさごとに4種類作製しており、それぞれ10枚1組で販売しております。

指定収集袋の価格（10枚1組）

	特小袋 （5ℓ）	小袋 （10ℓ）	中袋 （20ℓ）	大袋 （40ℓ）
燃やせるごみ専用 指定収集袋	100円	200円	400円	800円
燃やせないごみ専用 指定収集袋	100円	200円	400円	800円

【出典】立川市ウェブサイトより

控えている。②ごみ処理手数料を従量制に移行すれば、ごみ発生を抑制するインセンティブが働き、リサイクルの推進なども期待できるというのである。この意味で、従量制の採用は誘導の機能を有する。

(3) 訴訟の提起

こうしてＹでも従量制の導入が決まり、その実現のための具体的手段として、指定ごみ袋の一括購入・一括販売方式が採用された。そして、Ｙは、指定ごみ袋の購入先を選定するために指名競争入札を行ってきた（Ｘも、入札に参加する機会は与えられてきた）。しかし、この方式には、落札した事業者以外は、ごみ袋を製造しても事実上ほとんど売れなくなってしまうという問題点がある。この点を捉えて、事業者であるＸは、一括購入・一括販売方式を定めた本件条例は憲法の保障する営業の自由（同法22条）および租税法律主義（同法84条）に違反するもので無効であり、違憲な条例の運用によりごみ袋に売れ残りの在庫などが生じたとして、Ｙを相手取り国家賠償を請求した。なお、Ｘは、従量制自体の是非は争っていない。

第3節　判　旨

(1) 憲法22条違反の主張について

静岡地裁下田支部は、次のように述べて、Ｘの請求を棄却した。それぞれの主張に応じて、款を分ける。

「憲法22条１項は、狭義における職業選択の自由のみならず、職業活動の自由の保障をも包含しているものと解すべきである。もっとも、職業の自由に関する規制措置は事情に応じて各種各様の形をとることから、当該規制措置が憲法22条１項に適合するかどうかは、具体的な規制措置について、規制の目的、必要性、内容、これによる職業の自由の制限の程度等を検討して決定されなければならない。この場合、裁判所としては、規制の目的が公共の福祉に合致す

---

4) 全国市長会は、平成17年６月の提言「美しい日本、持続可能な社会をめざして」54頁で、「排出者に対してごみの排出量に応じて負担を求める料金制度は、公平原則に適ったものといえる」と表明している。

5) 従量制を導入するためには、市民の理解を得ることが欠かせない。東京都多摩市の努力を紹介したものとして、参照、松平和也「有料指定袋によるごみ収集導入に当たって　市民の理解を得るために！」都市清掃61巻286号（2008）520頁。

6) Ｘは、平成11年４月に旧指定ごみ袋の承認申請を行い、Ｙから承認を受けていた。その際にＹは、平成12年度以降は旧指定袋の使用ができなくなる旨を、Ｘに説明していた。

るものと認められる場合には、立法府（憲法94条により法律に違反しない限りにおいて条例を制定するという自主立法権が認められている地方公共団体の議会も含まれる。）の判断がその合理的裁量の範囲内にとどまる限り、立法政策上の問題としてその判断を尊重すべきである。ただし、合理的裁量の範囲については事の性質上自ずから広狭がありうることから、その合理的裁量の範囲内であるか否かは、具体的な規制の目的、対象、方法等の性質と内容に照らしてこれを決すべきである（最高裁昭和43年（行ツ）第120号同50年4月30日大法廷判決・民集29巻4号572頁、最高裁昭和63年（行ツ）第56号平成4年12月15日第三小法廷判決・民集46巻9号2829頁参照）。」

「（ア）　これを本件についてみると、本件条例は、廃棄物の処理及び清掃に関する法律に基づいて地方公共団体であるYが行う廃棄物の処理及び清掃に関して必要な事項を定めることを目的としている。そして、廃棄物の処理及び清掃に関する法律は、廃棄物の排出を抑制し、及び廃棄物の適正な分別、保管、収集、運搬、再生、処分等の処理をし、並びに生活環境を清潔にすることにより、生活環境の保全及び公衆衛生の向上を図ることを目的とし、これを実現するための地方公共団体の責務として、市町村は、その区域内における一般廃棄物の減量に関し住民の自主的な活動の促進を図り、及び一般廃棄物の適正な処理に必要な措置を講ずるよう努めるとともに、一般廃棄物の処理に関する事業の実施に当たっては、職員の資質の向上、施設の整備及び作業方法の改善を図る等その能率的な運営に努めなければならないと定めている。このような本件条例の目的及び本件条例の前提となる廃棄物の処理及び清掃に関する法律の目的、規定内容に照らすと、本件条例及び本件規則に基づく本件運用及びそれに伴う一括購入・一括販売方式は、Y町内における一般廃棄物の収集、運搬、処分等の処理に関するYの能率的な運営、Y町内の生活環境の保全及び公衆衛生の向上等をその目的とするものと解され、このような目的は公共の福祉に合致するものといえる。」

「（イ）　そして、本件条例及び本件規則に基づく本件運用及びそれに伴う一括購入・一括販売方式は、指定ごみ袋に関する規制であって、ごみ袋の製造・販売に関して一般的な規制をかけるものではない。指定ごみ袋は、町民が本件条例第5条第2項に基づく一般廃棄物の収集、運搬、処理業務というYの行政サービスを受ける際に使用を義務づけられるものであるが、それ以外の、排出者が自らごみ処理施設に廃棄物を搬入する等の場合には使用が義務づけられる

ものではないから、指定ごみ袋に関する規制は、職業活動の一内容又は一態様に対する規制であるにすぎない。また、指定ごみ袋を製造しようとする者は、Yが行う指名競争入札に参加して落札することにより、Yに対して指定ごみ袋を販売することができるのであって、指定ごみ袋の販売の機会の確保及び製造業者間での公平が図られている。」

「（ウ）　Xは、⑴排出廃棄物量等に関する正確なデータの収集、⑵ごみ処理手数料の確実な徴収、⑶指定ごみ袋の供給及び販路の確保、⑷指定ごみ袋の価格を統一する必要性は、一括購入・一括販売方式を採用する目的として不適切であるか、その合理性を基礎づけるものではないと主張する。〔しかし、〕Xの主張は、ある政策目的を実現するための手段を検討する際に考慮すべき関連要素、利害得失、諸条件等といった政策的判断について、特定の側面からの事情を主張するにすぎず、Xの主張する内容以外にも様々な状況、内容が想起しうるところであって……、結局のところ、Yの議会に委ねられた裁量的判断の問題にすぎないものと言わざるを得ない。」

「（エ）　上記（ア）の規制目的に、以上の検討内容を照らし合わせれば、本件条例及び本件規則による本件制度の運用及びそれに伴う一括購入・一括販売方式の採用は、Yの立法政策上の問題として合理的裁量の範囲内にとどまるものと評価することができる。」

「以上のとおり、本件制度の運用及びこれに伴う一括購入・一括販売方式が、憲法22条１項に違反するものとは認められない。」

⑵　憲法84条違反との主張について

「国又は地方公共団体が、課税権に基づき、その経費に充てるための資金を調達する目的をもって、特別の給付に対する反対給付としてでなく、一定の要件に該当するすべての者に対して課する金銭給付は、その形式のいかんにかかわらず、憲法84条に規定する租税にあたるというべきである。また、憲法84条に規定する租税にあたらない場合であっても、賦課徴収の強制の度合い等の点において租税に類似する性質を有するものについては憲法84条の趣旨が及ぶものと解される。もっとも、租税以外の公課は、租税との相違点もあり、また、その内容等も賦課徴収の目的に応じて多種多様であるから、その規律の在り方については、当該公課の性質、賦課徴収の目的、その強制の度合い等を総合考慮して判断すべきである（最高裁平成12年（行ツ）第62号同18年３月１日大法廷判決・民集60巻２号587頁参照）。」

第3節　判旨　*423*

「これを本件についてみるに、……指定ごみ袋の購入に際して徴収されるご
み処理手数料及び調整金は、町民が、Ｙの行う一般廃棄物の収集、運搬、処理
業務という行政サービスを受けるための対価的性質を有するものであるから、
憲法84条に規定する租税には該当しない。」

「次に、本件条例第５条第２項によれば、町民が一般廃棄物の収集、運搬、
処理業務という行政サービスをうけるためには指定ごみ袋を購入し、これを利
用してごみの排出を行わなければならず、また、本件条例第８条第３号及び本
件規則第６条によれば、町民は、ごみ処理手数料及び調整金が代金額に含まれ
た指定ごみ袋を購入する仕組みとなっており、ごみ処理手数料及び調整金は、
指定ごみ袋の小売店を介してＹに納入されることとなる。かかる点において、
ごみ処理手数料及び調整金は租税に類似する強制徴収としての側面を有するも
のといえる。」

「もっとも、ごみ処理手数料及び調整金は、上記のとおりＹによる一般廃棄
物の収集、運搬、処理業務という行政サービスの対価的性質を有するものであ
るうえ、ごみ処理手数料の従量制の導入及び調整金は、ごみ処理手数料の定額
制における町民間の不平等を解消してごみ処理に要する経費の公平な負担を実
現するとともに、安定した上記行政サービスの提供を行うことに目的があるも
のと解され、この目的は合理性を有するものと評価することができる。また、
ごみ処理手数料の額は本件条例第８条第１号に具体的な金額をもって明記され
ている。そして、上記のとおり本件条例及び本件規則は一括購入・一括販売方
式を規定しているものと理解できるところ、調整金の額は、同方式及び本件規
則第６条に基づき、指定ごみ袋の販売価格から売りさばき手数料、ごみ処理手
数料及び袋原価を差し引くことで算定することが可能であり、その根拠が不明
確であるとまではいえない。さらに、証拠及び弁論の全趣旨によれば、Ｙは調
整金を含め、小売店から支払われた指定ごみ袋代金を一般会計として予算に組
み込み、予算に対する審議の方法によってＹの議会による審査（民主的統制）
を経ているものと認められる。」

「本件制度の運用及びこれに伴う一括購入・一括販売方式が、法令上の根拠
に基づくものであり、かつ、本件条例の目的（Ｙ町内における一般廃棄物の収集、
運搬、処分等の処理に関するＹの能率的な運営、Ｙ町内の生活環境の保全及び公衆
衛生の向上等）に照らしてＹの合理的な裁量の範囲内の施策（運用方式）である
ことを併せ考えれば、ごみ処理手数料及び調整金に関する規律・運用が憲法

84条の趣旨に反するものと評価することはできないというべきである。」

　以上のように述べて、本判決は、本件運用及びそれに伴う一括購入・一括販売方式が国家賠償法1条1項の違法性を有するものとはいえないとした[7]。

第4節　ごみ処理手数料と憲法84条

　本章では、本判決の順番とは逆に、Yのごみ処理に係る手数料および調整金の徴収方法が租税法律主義を定めた憲法84条の趣旨に適合するかという問題から検討する。この点、旭川市国民健康保険条例事件に係る最大判平成18年3月1日民集60巻2号587頁は、「憲法84条に規定する租税にあたらない場合であっても、賦課徴収の強制の度合い等の点において租税に類似する性質を有するものについては憲法84条の趣旨が及ぶ」とした上で、「租税以外の公課は、租税との相違点もあり、また、その内容等も賦課徴収の目的に応じて多種多様であるから、その規律の在り方については、当該公課の性質、賦課徴収の目的、その強制の度合い等を総合考慮して判断すべき」と述べた。

　最高裁に従うなら、公課に対する規律については、①公課の性質、②賦課徴収の目的、③強制の度合いが、メルクマールとして機能することになる。まず、①公課の性質について、本判決は、「指定ごみ袋の購入に際して徴収されるごみ処理手数料及び調整金は、町民が、Yの行う一般廃棄物の収集、運搬、処理業務という行政サービスを受けるための対価的性質を有する」ものであるから、

---

7)　Xは本判決を不服として控訴したものの、東京高判平成22年2月24日判例集未登載は、原審とほぼ同様の理由でこれを退け、本件は請求棄却のまま確定した。

憲法84条にいう「租税」にはあたらないとする[8][9]。

　しかし、憲法84条にいう「租税」には該当しなくとも、①②③の総合考慮によって租税に類似する性質を有する場合には、憲法84条の趣旨が及ぶ。よって、その他の要素を検討することは、依然として必要である。②賦課徴収の目的は、ごみ処理手数料に従量制を導入することで、「ごみ処理手数料の定額制における町民間の不平等を解消してごみ処理に要する経費の公平な負担を実現するとともに、安定した上記行政サービスの提供を行うこと」にある。そして、本判決は、③強制の度合いについて、町民が一般廃棄物の収集、運搬、処理業務という行政サービスを受けるためには購入した指定ごみ袋を利用してごみの排出を行わなければならないこと（本件条例5条2項）、町民はごみ処理手数料および調整金が代金額に含まれた指定ごみ袋を購入するしくみとなっており、ごみ処理手数料および調整金は指定ごみ袋の小売店を介してＹに納入されること（同条例8条3号、本件規則6条）を根拠に、ごみ処理手数料および調整金は、「租税に類似する強制徴収としての側面を有する」と判断した。つまり、本件のごみ処理手数料等のしくみにも、憲法84条の趣旨は及ぶことになるのである。

　ただし、本判決は、従量制を導入する目的の合理性を認めた上で、㋐ごみ処理手数料の額は本件条例第8条第1号に具体的な金額をもって明記されていること、㋑調整金の額は、一括購入・一括販売方式および本件規則第6条に基づき、指定ごみ袋の販売価格から売りさばき手数料、ごみ処理手数料および袋原価を差し引くことで算定することが可能であり、その根拠が不明確であるとまではいえないこと、㋒Ｙは、調整金を含め、小売店から支払われた指定ごみ袋

---

8) 本章は、平成22年9月18日に明治大学で開催された第20回財政法判例研究会での報告を基にしたものであるが、研究会の席上では、甲斐素直教授から、ごみ処理にかかる実費を利用人数で除することで算定されるものでなければ「手数料」とはいえず、本件のしくみは従量制の租税と考えるべきであるとの指摘を受けた。

9) なお、ごみ処理を「特定の者のためにする」事務（地方自治法227条）ではなく、住民全員のためにする事務と理解すれば、手数料を徴収することのできる事務には該当しないとも考えられる。この疑問について、横浜地判平成21年10月14日判例自治338号46頁は、「手数料」の概念を「特定の者に提供する役務に対しその費用を償うため徴収する料金」と定義した上で、家庭ごみ等の収集は、「適切に自家処分できずに排出する個々人のためにする事務としての性質を有するもので、役務の提供と受益者との間にそれぞれ対応関係にあり、個別的に特定することが可能であることからすると、この役務に対し手数料を徴収することは、手数料の概念……の域を超えるものではな〔い〕」としている。なお、この事件は、家庭ごみを排出する場合の収集袋を有料化し、その収集袋の使用を義務付けた条例改正が違法であるとして、市民が、市に対して、指定収集袋によらないで排出された一般廃棄物であっても収集・処分する義務があることの確認を求めた公法上の当事者訴訟である。参照、大塚直『環境法［第3版］』有斐閣（2010）461頁。問題の背景は本件と同じであるが、事業者ではなく市民からごみ袋の指定について疑問が出された点が注目される。

代金を一般会計として予算に組み込み、予算に対する審議の方法によってYの議会による審査（民主的統制）を経ているものと認められることを根拠に、本件におけるごみ袋の一括購入・一括販売方式は、法令の根拠に基づくものであり、従量制という目的を遂行するための合理的な裁量の範囲内の施策であるとして、憲法84条の趣旨には反しないとした。

これは、本判決の引用する旭川市国民保険料最高裁判決の提示した総合考慮説とも整合する説明である。[10] なお、㋥議会における予算審議があるとはいっても、これだけでは民主的統制の可能性があるにすぎず、具体的な数値について議決を行っているわけではない。裏を返せば、だからこそ、手数料額が条例で具体的な金額をもって明示されているという㋐の事情が、合憲性を基礎付ける大きな事情となるのである。筆者も、本件条例は憲法84条については問題がないと考える。

第5節　指定ごみ袋一括購入・一括販売方式と憲法22条

本判決は、憲法22条が職業選択の自由のみならず職業活動の自由（営業の自由）をも当然に保障しているという前提の下に、「職業の自由に関する規制措置は事情に応じて各種各様の形をとることから、当該規制措置が憲法22条1項に適合するかどうかは、具体的な規制措置について、規制の目的、必要性、内容、これによる職業の自由の制限の程度等を検討して決定されなければならない」として、薬局距離制限規定違憲判決（最大判昭和50年4月30日民集29巻4号572頁）を引き、規制の目的が公共の福祉に合致するものと認められる場合には、（地方公共団体の議会も含む）立法府の判断がその合理的裁量の範囲内にとどまる限り、立法政策上の問題としてその判断を尊重すべきと述べる。その上で、やはり薬局距離制限規定判決の提示した合理的裁量の範囲に関する留保——合理的裁量の範囲については事の性質上自ずから広狭がありうることから、その合理的裁量の範囲内であるか否かは、具体的な規制の目的、対象、方法等の性質と内容に照らしてこれを決すべきである——に言及する。この時点で、本判決は、「立法府がその裁量権を逸脱し、当該法的規制措置が著しく不合理であることの明白である場合に限って、これを違憲」とするという、いわ

---

10) 碓井光明「財政法学の視点よりみた国民健康保険料——旭川市国民健康保険料事件判決を素材として」法学教室309号（2006）19頁（26頁）。

ゆる明白性の原則（最大判昭和47年11月22日刑集26巻9号586頁）ではなく、それよりも厳しい違憲審査基準を採用したことがわかる。[11]

　しかし、本判決が薬局距離制限規定違憲判決の定立した基準に沿った判断を行ったかといえば、疑問を禁じえない。指定ごみ袋の一括購入・一括販売方式の①目的、②必要性、③内容、④これによる職業の自由の制限の程度を考慮すると、その憲法22条への適合性は、極めて疑わしいからである。むろん、①規制の目的は、一般廃棄物の収集、運搬、処分等の処理に関する能率的な運営、生活環境の保全および公衆衛生の向上等であり、裁判所が判断したとおり、公共の福祉に合致すると考えて良いだろう。問題は、③規制の内容と、④これによる職業の自由の制限の程度である。筆者は、一括購入・一括販売方式とは、市町村による事実上の専売制の導入に等しいと考える。[12]

　この点、本判決は、一括購入・一括販売方式について、「ごみ袋の製造・販売に関して一般的な規制をかけるものではな」く、「指定ごみ袋は、町民が……一般廃棄物の収集、運搬、処理業務というＹの行政サービスを受ける際に使用を義務づけられるものであるが、それ以外の、排出者が自らごみ処理施設に廃棄物を搬入する等の場合には使用が義務づけられるものではないから、指定ごみ袋に関する規制は、職業活動の一内容又は一態様に対する規制であるに

---

11)　本判決は規制目的二分論を採用したか否か明言していないが、二分論からすれば、一括購入・一括販売方式の目的は生活環境の保全および公衆衛生の向上等にあり、消極目的の規制と考えられるため、この違憲審査基準の採用は妥当といえる。

　　　ところで、本判決は酒類販売免許制に係る最判平成4年12月15日民集46巻9号2829頁を引用している。これは、酒類販売免許制を、「租税の適正かつ確実な賦課徴収を図るという国家の財政目的のための職業の許可制による規制」と位置付け、「その必要性と合理性についての立法府の判断が、右の政策的、技術的な裁量の範囲を逸脱するもので、著しく不合理なものでない限り、これを憲法22条1項の規定に違反するものということはできない」と述べて、大島訴訟に係る最大判昭和60年3月27日民集39巻2号247頁に倣った極めて緩やかな違憲審査基準を適用した判決である。

　　　本件の指定ごみ袋一括購入・一括販売方式は、公課の確実な徴収を図るためのしくみである点で、租税の確実な賦課徴収を目的とする酒類販売免許制と類似しているから、本判決が平成4年最判を引用したのは、理由のないことではない。しかし、本判決は、平成4年最判とは異なって、厳格な違憲審査基準を採用しており、その意味について考える必要がある。財政目的を強調するならば、平成4年最判の極めて緩やかな基準を採用することもあり得たはずだからである。そうしなかったのは、本件のしくみに関する立法事実の把握、ひいては〔規制〕措置の必要性と合理性について立法裁量がどの程度まで尊重されるべきなのか、裁判官が慎重に検討したためと推測される。参照、綿引万里子・平成4年度最高裁判例解説民事篇569頁（583頁）。

12)「自治体が専売制を助長？「民業圧迫」切実な声も」家庭日用品新聞社「生活産業新聞」2009年4月21日号。

すぎない」とする。しかし、本判決のこの理解が妥当とは思われない。[13]

　一般廃棄物の処理は、市町村の定めた一般廃棄物処理計画に従って行われなければならない（廃棄物処理法6条）。住民は、「廃棄物の排出を抑制し、再生品の使用等により廃棄物の再生利用を図り、廃棄物を分別して排出し、その生じた廃棄物をなるべく自ら処分すること等により、廃棄物の減量その他その適正な処理に関し国及び地方公共団体の施策に協力しなければならない」（同法2条の4）とされているが、実際にごみを処理するためには、事実上、一般廃棄物処理に係る行政サービスを受けるほかない。さらに、住民が自らごみ処理施設に直接出向いて廃棄物を搬入することは実態として僅かであり、日常的な廃棄物の大半は、Yによる収集・運搬サービスによって、ごみ処理施設に搬入される。[14]しかし、指定から外れた業者の製造したごみ袋は、Yの収集・運搬サービスを受けることができない。行政に収集・運搬してもらえないごみ袋に、ごみ袋として一体どれほどの価値があるのだろうか。本判決の言う通り「具体的な規制の目的、対象、方法等の性質と内容に照らして」判断するならば、一括購入・一括販売方式によって、事実上、指定ごみ袋以外のごみ袋の売り上げは激減するのだから、職業活動の一内容または一態様に対する規制ではなく、職業活動の内容に対する相当強度の規制と捉えるべきであった。[15]

---

13) この論理は、教科書検定事件に係る最判平成9年8月29日民集51巻7号2921頁における、教科書として指定されなくとも、「教科書という特殊な形態において発行することを禁ずるものにすぎず」、一般の図書として販売することは妨げられないから、表現の自由は侵害されないという論法を想起させる。なお、教科書検定を出版社の営業の自由の視点からみると、国家が一種の規格を定めた上で、規格に適合した書籍を自由に流通させるしくみということになる。

14) 西伊豆町では直接搬入ごみと収集ごみの内訳を公表していないが、たとえば和歌山市では、ごみ処理施設に直接持ち込まれるのは、ごみの総量の2〜3割に過ぎない（「和歌山市一般廃棄物処理基本計画」（後期見直し版・平成29年3月）21頁）。家庭用ごみに限れば、直接搬入の割合はさらに小さい。

15) 研究会では、上代庸平准教授から、この捉え方の適否は、本件の規制について、(a)ごみ袋を製造・販売する自由の本来無制約であるべき部分を後退させる制約なのか、あるいは、(b)もともと法律や条例によって規定された"職業"の枠組の内側においてのみ保障されるに過ぎない部分の制約（この考え方では、職業の中身というものを、ある程度まで法令で形成可能なものとみる。）と考えるかによっても異なり、本件規制は(b)のタイプではないかとの指摘を受けた。たしかに、この指摘は、新たに業法規制を課す際に立法者が直面する問題を鋭く突いてはいる。しかし、筆者は、職業の自由が(b)のタイプの制約を受けるのは、消費者の生命・身体・財産といった重要な法益との調整を迫られる部分に限られるのであり、本件規制はそのようなものではないので、(a)の制約であると考える。
　　また、以上のように"職業"をカテゴリカルに区別する思考とは別に、交告尚史「行政法学が前提としてきた憲法論」公法研究70号（2008）62頁（76頁）は、憲法22条というのは、より一般的な"職業"について、国家が市場への新規参入の可能性を頭から否定してかかるような態度をとらないよう戒める規範なのではないかと指摘している。参照、樋口陽一『憲法［第3版］』創文社（2007）250頁。

この点、ごみ袋製造業者は、落札することでYによる指定を受けられるように、製造単価を下げるなどの営業努力をすれば良いのであって、Xの権利・利益は職業の自由の保護範囲にはないと突き放す見解もあり得よう。しかし、道路・橋の建設といった1回限りの公共工事の入札のように、事柄の性質上、受注企業が自ずと一社に限られる場合とは異なり、本件のように、すでに複数の業者が市場競争を展開している中で、新たに競争制限的な方法を採用する場合には、なぜ市場競争を犠牲にしてまでその方法を採用しなければならないのか、行政の側で、その合理性（高い公益上の必要性がある等）を説明しなければならないと考える。そもそも、この文脈における営業努力というのは、落札によって行政から事実上の一社独占権を付与されることにではなく、製品の特長を需要と供給の関係において適正に価格に反映させ、他の業者との自由な市場競争を展開する過程で、いかに消費者に選ばれる製品を供給していくかということにこそ向けられるべきではないか。[16]

これまで職業の自由に関する判例は、小売市場や薬局の開設など、主に職業活動の許可制をめぐって形成されてきた。確かに、本件条例はごみ袋の製造・販売を一般的に制限するものではないため、一見すると規制の程度は許可制よりも緩やかに思える。それゆえに本判決は、職業の自由に対する侵害もそれほどではないと考えたのかもしれない。しかし実質をみれば、市町村の指定を受けられなかった業者は、当該市町村におけるごみ袋の売り上げが激減するのだから、職業活動への侵害の程度は非常に強い。本判決には、具体的な規制の目的、対象、方法等の性質と内容に照らした判断が欠けているのである。[17]

もちろん、②規制の必要性が相応に高ければ、③規制内容の強さと④職業の自由の制限の程度の高さは正当化されるであろう（比例原則の考慮）。しかし、本判決が掲げている(1)排出廃棄物量等に関する正確なデータの収集、(2)ごみ処理手数料の確実な徴収、(3)指定ごみ袋の供給および販路の確保、(4)指定ごみ袋の価格統一といった事項は、一括購入・一括販売方式が職業の自由の内容を強

---

16) 行政活動が市場に与える影響に関する総括的考察として、碇井光明「競争的市場のなかの政府」江頭憲治郎＝増井良啓（編）『融ける境超える法3　市場と組織』東京大学出版会（2005）3頁。

17) かつてのたばこ専売制は、社会経済の変動によって国家独占の意味が失われ、むしろ独占の弊害が大きくなったという理由から、たばこ事業法（昭和59年法律第68号）の施行と共に廃止された。佐藤幸治『憲法［第3版］青林書院（1995）560頁。なお、専売制の廃止に伴う激変緩和措置として、たばこ小売業者に対する適正配置規制がなされたところ、最判平成5年6月25判時1475号59頁は、この規制は社会的弱者保護を目的とする（積極的）規制であるとして、「明白性の原則」に基づいて合憲と判断した。

430　第4章　ごみ袋有料化条例の合憲性

く規制するのと比較して、それを正当化するだけの高い必要性が認められる事由ではない。本判決は、(1)(2)(3)(4)に一応の必要性が認められることを論証するにとどまり、強い規制を正当化するだけの必要性を示すには至っていない。[18]そして、②規制の必要性は、同じ目的を達成することの可能な、侵害の程度の少ない他の選びうる手段（ＬＲＡ）が存在する場合には、非常に揺らぐ[19]。続いては、ごみ処理の従量制を実現するために、職業の自由を侵害する度合いの少ない他の方策は存在しないのか、検討してみよう。

第6節　従量制実現のための他の方策

　本判決が一括購入・一括販売方式を導入することの必要性の根拠として掲げたのは、(1)排出廃棄物量等に関する正確なデータの収集、(2)ごみ処理手数料の確実な徴収、(3)指定ごみ袋の供給および販路の確保、(4)指定ごみ袋の価格統一である。しかし、(3)と(4)は、説得力のある論拠とはいえない。(3)については、市町村がどの市販品のごみ袋でも収集・運搬する従来の方式では勿論のこと、市販品のうち一定規格を満たしたごみ袋のみを収集・運搬する方式であっても、自由市場の流通に任せておけば、ごみ袋の安定供給は確保されよう。また、(4)指定ごみ袋の価格統一というのも、従量制と論理的な繋がりはなく、ごみ袋の価格を自由市場の需要と供給の関係により決定したとしても、行政のごみ処理サービスに支障は生じないであろう。

　そうだとすると、従量制を導入する場合に懸案となるのは、(1)各人の排出するごみの量（データ）の正確な把握と、(2)ごみ処理手数料の確実な徴収だといえる。もちろん、(1)(2)を確保するためには、それなりの行政資源を費やすことになるし、時には一括購入・一括販売方式のような私人の職業の自由を強く制限する手法を採らざるを得ない場合もある。しかし、比例原則からは、目的を実現するために基本権侵害のより緩やかな手法があり、その手法を採用するに際してさほど大きな行政コストがかからないのならば、そちらを採用すべきな

---

18) むろん、本判決は本件の規制を「職業活動の一内容又は一態様に対する規制に過ぎない」と理解するため、(1)(2)(3)(4)に一応の必要性が認められれば、②規制の必要性が十分に認められると考えているものと推測されるが、この前提にある理解が誤りなのである。

19) 須藤陽子『比例原則の現代的意義と機能』法律文化社（2010）224頁。

のである。そこで、従量制実現のための他の方策を検討してみたい。

⑦　規格方式

　まず考えられるのは、市町村はごみ袋の容量や品質など一定の規格を定めるにとどめ、その規格にさえ適合していれば、ごみ袋に入れられた廃棄物を収集・運搬するという方式である（以下、「規格方式」とする）。言うまでもなく、各製造業者は規格に適合したごみ袋を自由に製造・販売することができる[21]。手数料は小売店から申告を受けたごみ袋の販売実績に従って小売店から徴収されるため、実質的には、市町村が手数料をごみ袋の代金に上乗せして消費者から間接的に徴収することになる。Xの主張にある通り、小売店は確定申告・納税をする義務がある以上、売上商品の販売実績を記録・管理しているから、小売店の手間は懸念されるほど大きくはないと思われる。このように、(2)ごみ処理手数料の確実な徴収については、心配しなくて良い[22]。

　しかし、規格方式には、市町村ごとに規格が異なった場合、指定方式と同様に、製造業者にとってごみ袋の作り分けや在庫管理が負担になるという欠点がある。だからといって、製造業者の負担軽減のために複数の市町村で統一した規格を通用させると、異なる市町村の間で人・物の移動が少ない地方ならばともかく、都市部では、住民が他の市町村の小売店から購入したごみ袋でごみを出すことを許す以上、１つの市町村内部の小売店の販売実績を把握するだけでは、ごみ排出量を正確に測ることはできない。(1)各人の排出する正確なごみの量が把握できなければ、そもそもごみ処理手数料をいくら徴収すれば良いのか、見当が付かない。

　規格方式を採用した上で、ごみ袋製造業者の作り分け・在庫管理の負担を避けようとすれば、一定規模以上の広域自治体間で廃棄物処理を連携するなどして、規格や手数料の額を統一すべきであろう。それが無理ならば、ごみ袋の製

20）本件では職業の自由の制限のみ問題となっているが、Xとしては、この他にも、最少経費最大効果原則（地方自治法２条14項）を根拠に、限られた行政の物的・人的資源をより有効に活用できる手法を模索すべきとの主張が考えられよう。本書第５部第３章を参照。

21）青森県五所川原市では、「市場原理を利用した指定ごみ袋制度」として、規格・デザインなどは市が決めて、製造業者の作った製品でそれに合うものを承認するという方式を採っているが、これは本章の分類では規格方式に属する。「自治体 Today 〜廃棄物処理とリサイクル〜青森県五所川原市」月刊廃棄物 2000 年４月号 81 頁。

22）実際に長野市では、メーカー、問屋、小売店の各段階の業者に販売実績、在庫を報告させて流通量を把握し、手数料を徴収する方式を採用している。「ごみ有料化業務の効率化で指定袋に市場原理を導入　長野県長野市」月刊廃棄物 2010 年４月号 48 頁。

造業者に負担を甘受してもらうほかない。[23] ただし、その点に目を瞑れば、規格方式がごみ袋製造業者の職業活動を侵害する度合いは、一括購入・一括販売方式とは比較にならないほど小さい。

④　有料シール方式

　ごみ袋を販売する際に行政サービスの手数料を徴収する点では、一括購入・一括販売方式と⑦規格方式の間に差異はない。しかし、問題の根源は、ごみ袋という特定の生活用商品の流通・販売と行政サービスの手数料徴収とを結びつけたことにある。そのため、規格方式によっても、一括購入・一括販売方式の抱える問題を完全に払拭することはできない。そこで発想を転換し、従量制とごみ袋とをしくみの上で切り離したのが、有料シール方式である。[24]

　有料シール方式とは、住民がごみの容量に応じて、ごみ処理の手数料として事前に配布されあるいは購入したシールを貼り付け、行政はシールの貼付されているごみ袋のみを収集・運搬する方式である。郵便切手のような印紙を想像すればわかりやすい。シールをあまり細分化した端数で販売するのも困難であるから、ある程度キリの良い数値でシールを販売し、ごみ袋もそれに対応する規格で製造され、流通に置かれる必要がある。長崎県佐世保市では、袋は4サイズあり、7.5リットル（35円券1枚）、15リットル（70円券1枚）、30リットル（70円券2枚）、45リットル（70円券3枚）に設定されている。[25]

　言うまでもなく、ごみ袋は自由市場で流通される（ただし、半透明袋など、行政が一定の規格を定めることはあり得よう）。住民は自由市場で流通される指定袋を購入し、それにシールを貼ってから、ごみを出すことになる。この方式であれば、従量制を採用するための課題である、(1)排出廃棄物量等に関する正確なデータの収集と、(2)ごみ処理手数料の確実な徴収が可能となる。住民にとって

---

23) 和歌山市では、従量制の採用を時期尚早であるという理由から見送り、ごみ袋が一定の規格に沿っていれば収集・運搬を行っている。そのため、スーパーのレジ袋でも、容量が明記されていれば、ごみ袋として廃棄物収集・運搬の対象としているようである。なお、和歌山市ではかつて動物除けの臭い付きごみ袋を指定していたのだが、強度不足の問題などがあり、取りやめた経緯がある。平成9年12月19日「読売新聞」によると、この規格変更は、ごみ袋製造業者の猛反発を招き、市が在庫を買い取ることで決着した。

24) もちろん、シール自体は入札で発注するのだが、ごみ袋ほど市場規模が大きくないため、既存業者の不利益は比較的小さいと思われる。「佐世保市のシール方式　順調な立ち上がり」2005年度「ごみ袋ニュース」によると、佐世保市では、シールの調達価格は0.6円程度であり、1シート（10枚セット）につき5.775円（140万シート分）と6.4円（30万シート分）という入札結果であった。

25) 南河内環境事業組合（大阪府）を構成する市町村に居住する38万人は、共通のごみ袋用シールを使用している。「自治体Today ～廃棄物処理とリサイクル～大阪府大阪狭山市」月刊廃棄物2000年7月号96頁。

図2　シール方式の例

料額表　　　　　　　　　　　　　　取扱所標識

ごみ処理券［粗大］　　　ごみ処理券［事業系］

【出典】東京都港区ウェブサイトより

の手間やシール偽造のおそれなど、いくつか懸念される点はあるものの、実際の運用上の問題はほとんどないという[26]。第一、粗大ごみの収集では有料シール方式はすでに幅広く用いられているのである。

第7節　展　望

　㋐規格方式であっても、㋑有料シール方式であっても、従量制の導入という

---

26) 前掲注（24）によると、カラーコピーによる偽造シールが出回ったが、2度貼りを防ぐための切れ目加工が有るか無いかで容易に判別がつくため、作業員は瞬時に見抜けるという。偽造シールを使用した者には、収集手数料の5倍に相当する課徴金が課される。

目的を達成するために私人の職業の自由を侵害する程度の少ない他の方策は確かに存在しており、その実現可能性も十分にあることがわかる。これらと比較したとき、本件条例の定める一括購入・一括販売方式は、②規制の必要性に比して、③規制内容の強さと④職業の自由の制限の程度の高さが均衡を欠いており、立法政策の合理的範囲内にあるとはいえず、憲法22条に違反するおそれが強いと思われる。

　なお、本判決のいうように、「指定ごみ袋を製造しようとする者は、Yが行う指名競争入札に参加して落札することにより、Yに対して指定ごみ袋を販売することができるのであって、指定ごみ袋の販売の機会の確保及び製造業者間での公平が図られている」ことは確かである[27]。しかし、一度限りの公共事業の発注などとは異なり、一定期間（本件では2年間）に及ぶ民生品の流通について、市町村の一括購入・一括販売方式——事実上の専売方式——により、落札者に事実上の一社独占権を与えるというのは、落札の成否の製造・販売業者に及ぼす影響が強すぎるのではないか。本判決には、政策目的を達成するより緩やかな手法の検討が不足している。

　このように、指定ごみ袋の一括購入・一括販売方式には、憲法の保障する職業の自由を侵害するおそれが多分にあり、妥当でない。だが、本当に憂慮すべきは、このような問題の多い方式が、短期間に多くの市町村に広がったことである。本章で検討したような憲法問題について熟慮の上で当該方式を採用したのならばまだ良いが、もしも他の市町村との横並びの意識から、首長や議会が、問題のあるしくみを、さしたる疑問もなく導入したのならば、「地方自治の本旨」（憲法92条）に悖る行為と評価されてもやむを得まい。地方分権は、住民の生活に密着した事柄は住民に最も近い市町村で決定されることによって、住民の福利増進・権利保護に最も役立つという前提の下で、はじめて正統化される。市町村には、導入しようとする政策が本当に住民の福利を増進するのか、それによって権利を侵害される者はいないか、入念に検討することを求めたい。

---

27) Xが入札に参加しなかったことは、その主張適格の問題を生じさせるものの、本判決はこの点を問題としていないので、ここでは措く。

第6部　民間委託・公共施設管理

　第6部には、筆者の専門である民間委託・公共施設管理に関する論文を収録した。専門分野であるだけに、他の分野との叙述のバランスを考えて、詳細な検討よりも導入的・概括的な考察に努めることを意識した。

　第1章「指定管理者制度15年の法的検証」では、導入以来15年を経過した指定管理者制度について、PFI（コンセッション方式を含む。）との比較を交えつつ、協定を通じた行政による指示・監督のあり方や損害賠償責任の所在など、実例の紹介をふまえながら、行政実務では盛んに論じられているものの学問的な検討が十分とは言えない問題について総合的な検討を行った。

　第2章「公共調達の法理——価格競争入札と総合評価・プロポーザル方式——」では、公共調達において価格競争入札が採用される理由について押さえた上で、あまりに価格競争入札を偏重することにより公共建築物のデザイン、機能性、耐久性が疎かにされる懸念について問題を提起した。価格競争入札の欠点を補うために導入された総合評価やプロポーザル方式について、その長所・短所を紹介するとともに、公共調達と政策誘導の視点に関しても考察を加えている。

　第3章「契約による猟友会への有害鳥獣駆除の委託」は、町から有害鳥獣駆除について委託された地元猟友会が、度重なる契約違反により契約を解除されたという事案の検討を通じて、行政契約を通じた民間委託の法理について考察したものである。鳥獣による食害への対策は農林業にとって喫緊の課題であり、最新の情勢についてもふれることにした。

　第4章「大規模災害時における市道の管理」は、東日本大震災の3週間後に生じた市道の陥没事故について、市に対して国賠法2条の責任が問われた事案の検討を通じて、大規模地震の直後の騒然とした状況下で、作業に当たる人員、予算、時間が限られている局面における行政の行為規範について検討したものである。被害規模は些少な事案であるが、そのような事案であるからこそ、感情論を離れた冷静な議論が可能となると考えた。

436　第1章　指定管理者制度15年の法的検証

第1章

指定管理者制度15年の法的検証

第1節　問題意識

　「住民の福祉を増進する目的をもつてその利用に供するための施設」のこと
を、公の施設とよぶ（地方自治法244条1項[1]）。公の施設（本章では、「公共施設」
ということもある。[2]）の維持・管理は、地方自治法が1つの章を設けて規定す
る重要な事務である。しかし、その財政的な負担が、特に小規模な市町村には
重くのしかかっていることも、正面から受け止めなければならない。「平成の
大合併」の1つの要因が、公の施設の整理・統合による効率化にあったこと、
不必要な公の施設の建設が市町村の財政破綻の原因となる事例が少なくないこ
とを思えば、公の施設の効率的な維持・管理は、喫緊の課題である。

　普通地方公共団体は、公の施設の維持・管理に費やされるコストを削減した
り（経済性）、幅広く民間事業者のノウハウを活用して利用者にとってのサービ
ス向上に努める（専門性）という目的から、公の施設の管理を、条例の定める
ところにより、「法人その他の団体であつて当該普通地方公共団体が指定する
もの」（指定管理者）に外部委託することができる（同法244条の2第3項）。指定
管理者は平成15年の地方自治法改正で設けられた制度であり、それまでの管理
委託制度とは異なって、営利を目的とする株式会社であっても指定を受けられ
ることが特徴である[3]。指定管理者には、公の施設の利用許可・不許可処分とい

---

1) 稲葉馨「公の施設法制と指定管理者制度」法学67巻5号（2004）685頁、成田頼明（監修）『指定
　管理者制度のすべて［改訂版］』第一法規（2009）、三野靖「公の施設における指定管理者制度と公
　共性確保ルール」自治総研440号（2015）1頁、長岡丈道「指定管理者制度本格施行から10年目の
　現状と課題」地方自治824号（2016）61頁、板垣勝彦＝市川敏之＝伊藤久雄＝太田雅幸＝幸田雅治「パ
　ネルディスカッション」『指定管理者制度のあり方～公共性の観点からの検証～記録・資料集』指定
　管理者基本条例研究班（公益財団法人日弁連法務研究財団第105号研究）（2018）31頁、正木祐輔「指
　定管理者制度とその運用」ジュリスト1533号（2019）39頁。
2) ほぼ同義であるが、地方自治法では「公の施設」、PFI法では「公共施設」が用いられていること
　から、本章では文脈に合わせて使い分けることにする。なお、法令上、学説上の「公共施設」概念
　の分析として、木村琢麿「公共施設の整備・運営に関する法整備」行政法研究30号（2019）217頁（218
　頁以下）。
3) 管理委託制度との具体的な相違点については、成田監修・前掲85頁。

う形で、行政処分を行う権限が認められた点（参照、同法244条の4）においても、わが国の公私協働・民間委託（PPP：Public Private Partnership）の歴史の中で画期的な出来事であった。

　こうした指定管理者制度が始まってから、15年が経つ。3年ごとに総務省が行っている『公の施設の指定管理者制度の導入状況等に関する調査』によれば、平成30年4月1日現在、指定管理者制度が導入されている施設は76,268に上り（前回平成27年4月1日調査時は76,788施設であったので、初めて減少したことになる。以下、平成27年の調査について本章で言及するときは、「前回調査時」とする。）、そのうち民間事業者が指定管理者となっているのは40.0％（前回調査時は37.5％）である[4]。本章では、すっかり自治体実務に定着した感のある指定管理者制度が、この15年間で果たしてきた役割と今後の課題について、総務省の調査結果、筆者が行ったヒアリング、下級審判例の分析などを通じて、PFI（コンセッション方式を含む。）との比較も交えながら考察することとする。

第2節　指定管理者制度の概要

第1款　公の施設の維持・管理

　指定管理者制度の特徴は、何よりもまず、民間事業者が、公の施設を設置する普通地方公共団体（以下、「設置自治体」とする。）から指定を受けることで、公の施設の管理を担うことになる点にある。「指定」は、競争入札などを通じ

4）総務省『公の施設の指定管理者制度の導入状況等に関する調査結果』（平成30年4月1日現在）より（令和元年5月17日公表）。調査項目は、「指定管理者制度の運用について」（平成22年12月28日総行経第38号）による。

438　第1章　指定管理者制度15年の法的検証

て選定された者に対して[5]、議会の議決を経た上で（地方自治法244条の2第6項[6]）、期間を定めて行われる（同条5項）。その法的性質は、申請に対する処分（各自治体の行政手続条例において、行政手続法2条2号・3号と同内容の規定が置かれている。）と解されている[7]。指定の手続、指定管理者が行う管理の基準、業務の範囲、その他必要な事項は、あらかじめ条例で定められる（地方自治法244条の2第4項）。これに対して、実際に指定が行われた後の法律関係は、条例に基づいて設置自治体と指定管理者との間で締結される協定（法的性質は契約に他ならないが、実務的には「協定」と称されることが多い。）の中で、個別的に定

---

5) 成田監修・前掲78頁。ただし、第6部第2章でもふれるように、価格競争入札を偏重すると、指定管理者の場合、質の悪い事業者が落札することがあり得るため、選定過程にはひと工夫が必要である。地元業者の優先についても、検討し直すことを求めたい。なお、PFI事業が行われているような場合において、公募によらずSPCを指定管理者に選定することには十分な合理性が認められよう。実務的には「特命」と称される。森幸二「特命の適法性・選定委員会の設置」地方財務760号（2017）199頁。

　この点、板垣ほか・前掲注（1）45頁では、外部の専門家から構成される審査委員会に対する諮問手続を経て指定を行うという制度設計について言及した。言うまでもなく、特定の事業者との癒着を抑止する観点から、選定過程の事後的な情報公開は必須である。静岡県では、審査委員会の議事録のほかに、申請者の得点についても全て開示しているとのことである（ただし、法人等情報の不開示という論点が別に絡むことになる）。

　なお、水戸地判平成29年10月20日（平成27年（行ウ）第12号）は、指定管理者の候補者として選定される行為についても処分性を認めている。碓井光明「指定管理者制度における指定等の手続と紛争の処理」西埜章先生・中川義朗先生・海老澤俊郎先生喜寿『行政手続・行政救済法の展開』信山社（2019）155頁（183頁以下）。

6) 議会の議決が得られない場合は、専決処分（地方自治法179条1項）も考慮されることになろう。碓井・前掲186頁以下。

7) 成田監修・前掲88頁、96頁。碓井・前掲189頁以下。指定（拒否）の処分性を認めた下級審の判断として、横浜地決平成19年3月9日判例自治297号58頁（控訴審である東京高決平成19年3月29日〔平成19年（行ス）第16号〕でも維持）、横浜地判平成21年7月15日判例自治327号47頁などがある。

　青森地判平成27年11月27日（平成26年（行ウ）第4号）は、住民訴訟の理由中の判断で、指定に処分性が認められる旨について言及している。これに対して、大阪地判平成18年9月14日判タ1236号201頁は指定の処分性を否定したかのように読める判断を下しているが、正確には、初回の指定管理者の指定に限り現に駐車場事務を委託している者を選定することができる旨を定めた条例附則の制定行為の処分性を否定した事例である。碓井・前掲194頁も参照されたい。

　市による指定管理者の選定行為により精神的苦痛を被ったとする原告が国賠法1条に基づき損害賠償を請求した事案について、宮崎地判平成26年4月11日（平成25年（ワ）第125号）は、選定手続に瑕疵を認めず、請求を棄却した。

　なお、最判平成23年6月14日裁時1533号24頁は、老人福祉施設を移管する相手方となる民間事業者の選考に当たり、市に対して提案書を提出して応募した者が落選の通知を受けたという事案において、当該公募は法令の定めに基づくものではなく、契約の相手方を選考するための手続であるから、当該通知は抗告訴訟の対象となる行政処分に当たらないとした。この事案では、市があえて指定管理者制度を採用しなかった点にも着目すべきである。

められる[8]。

　指定管理者は、公の施設の利用料金（地方自治法225条の「使用料」）を自身の収入として収受することが認められており（同条8項）、事前に設置自治体の承認を受けることで、条例の定めに従い、その利用料金を設定することもできる（同条9項）。公の施設の利用者を増やすインセンティブを付与する趣旨である[9]。

　管理については、施設の維持・補修、清掃、植栽の整備といった事実行為も予定されているが、最も注目されるのは、管理の一環として、指定管理者に対し、当該公の施設の利用許可を行う権限が付与されたことである（同法244条の4第1項参照）。株式会社であっても、指定を受けることで、利用許可という処分を発付する権限が認められたことになる[10]。講学上の形式的行政行為であり、法形式上は利用希望者に対する許可であっても、その実態は、申込者に対して施設の利用を認める（承諾する）という意味で、民法上の使用貸借ないし賃貸借契約と変わらないからである[11]。

　なお、利用不許可処分に対する審査請求は設置自治体の長に対して行うことになる（同法244条の4第1項）[12]。取消訴訟の被告は、指定管理者自身となる（行訴法11条2項）。岡山シンフォニーホール事件において、岡山地決平成19年10月15日判時1994号26頁は、歌劇団の公演に関して右翼団体の街宣活動等が活発化しており、同ホールの管理上支障があるとして指定管理者が行った不許可処分は違法であるとして、行訴法37条の5第1項に基づき、指定管理者に対して、歌劇団が上記ホールを利用することを承諾するよう、仮の義務付けの申

8）実務運用の蓄積を受けて、契約（協定）の重みは増している。その法的性質について、行政実務では、行政行為の附款であるという考え方も少なくないようであるが、学説では契約と解する見解が通説である。碓井・前掲192頁以下。大阪高判平成19年9月28日（平成18年（行コ）第102号）（大阪地判平成18年9月14日の控訴審）は、協定について、行政処分の附款の要素をもつとともに、行政契約の要素をも有すると判示している。

9）なお、指定管理者が施設の管理・運営とは別に自主事業を行い、利用者からその対価を徴収することも認められる。東京地判平成26年3月20日（平成25年（行ウ）第638号）は、市立コミュニティセンターの指定管理者が自ら購入した備品であるカラオケ設備の利用料金（協力金）の徴収について、適法であるとした。碓井・前掲172頁も参照。

10）稲葉・前掲687頁。

11）管理委託制度の時代の学説の状況として、稲葉・前掲691頁。指定確認検査機関についての説明として、阿部泰隆『行政法再入門（上）［第2版］』信山社（2016）198頁。

12）その趣旨については、成田監修・前掲138頁。

立てを認めた。[13]

第2款　設置自治体による指定法人の活動のチェック

行政庁の指定によって、民間事業者であっても行政処分の発付を含む一定の権限を付与されるしくみのことを、講学上、指定法人という。[14]その双璧が、指定管理者と指定確認検査機関（建築基準法6条の2・77条の18以下）である。指定確認検査機関は、指定を受けることで建築主事に代わって建築確認を行う権限が付与される民間事業者であり、多くの顧客の選好を獲得してきた。指定管理者と指定確認検査機関とを比較すると、行政による「指定」によって権限が生じる点は共通である。

しかし、個別的なコントロールの根拠は、両者の間で大きく異なる。[15]すなわち、指定確認検査機関の場合は、行政によるコントロールの根拠が建築基準法に置かれているのに対し、指定管理者の場合は、地方自治法の規律は簡潔であり、コントロールの多くは、設置自治体が条例に基づいて指定管理者との間に締結する協定（委託契約）の条項を根拠とする。このような差異があるのは、指定確認検査機関の場合はその業務区域（建築基準法77条の18第2項）の中ならばいずれの市町村（大臣指定の場合は都道府県）でも建築確認事務を行うことができるのに対して、指定管理者はあくまでも1つの設置自治体との関係で公の施設の維持・管理を担うという違いが存するからである。

指定法人に対するチェックの重要性を根拠付けるのが、ドイツ公法学に着想を得た保障行政の法理論である。これは、今まで行政自身が行ってきた事務・事業の遂行を民間事業者に対して委ねる場合には、当該事務・事業の公益性を確保する見地から、行政が全責任を放棄することは許されず、当該事業者が的確に事務・事業を遂行しているか、きちんと指示・監督を及ぼす責任（保障責任）

13）この決定は仮の義務付けが認容された事案として非常に注目を集め、興津征雄・平成20年度重判56頁、山崎左紀子・北大法学論集60巻2号（2009）257頁、比山節男・判例自治313号（2009）35頁、黒原智宏・自治研究86巻8号（2010）145頁などの精緻な評釈があるが、いずれも指定管理者が当事者となっていることの特殊性は意識していない（結論としては、指定管理者の事案であることから結論が左右されるものではない）。同様の事案で施設の利用許可取消の執行停止が認められた事案として、倉敷市民会館事件：岡山地決平成18年10月24日（平成18年（行ク）第20号）。

14）塩野宏「指定法人に関する一考察」『法治主義の諸相』有斐閣（2001）449頁（451頁）。

15）稲葉・前掲700頁以下も参照。

が残されているという考え方である[16]。指定管理者が担う「公の施設」の維持・管理について言えば、事務・事業の公益性は、「健康で文化的な最低限度の生活を営む権利」（憲法25条1項）の保障ということになる。一般的には、①公共サービスの担い手として十分な技術的・財政的能力を備えた民間事業者を選択すること、②民間事業者が事務・事業を遂行するに際しては、行政が共時的に指示・監督を及ぼすこと、③行政が成果を受容する際にも的確な評価・コントロールを及ぼし、次なる委託にフィードバックさせていくことが重要である[17]。

　指定管理者は、毎年度終了後に事業報告書を作成し、設置自治体に対して提出しなければならない（地方自治法244条の2第7項）。事業報告書の詳細は、やはり協定によって定められるところ、管理義務の実施状況、住民による利用状況（利用者数、利用拒否等の件数や理由）、利用料金収入の実績等を報告させることになろう[18]。設置自治体の長（または委員会）は、指定管理者に対し、管理の業務または経理の状況について報告を求め、実地について調査し、必要な指示をすることができる（同条10項）。監査委員や外部監査人も、指定管理者の行う管理の業務に係る出納関連の事務について監査を行い、その結果を公表する（同法199条7項・252条の37第4項・252条の42第1項[19]）。

　いずれも、指定管理者が適切に公の施設の管理を適切に行っているかチェックする趣旨である。設置自治体の指示に従わないなど、不適切な管理が明らかとなった場合には、指定管理者は管理業務の一部ないし全部の停止を命じられることがあり、あまりに不祥事が続くようならば、指定取消しも覚悟しなければならない（地方自治法244条の2第11項[20]）。同時に委託契約の解除も行われるから、別途定めるところに従い、違約金の支払いも予定される。

第3款　指定管理者の業務

　指定管理者が導入されている公の施設は、①レクリエーション・スポーツ施

---

16) 板垣勝彦『保障行政の法理論』弘文堂（2013）56頁以下、山田洋「『保証国家』とは何か」『リスクと協働の行政法』信山社（2013）47頁。行政契約（本章では協定）を通じた保障責任の具体化については、岸本太樹『行政契約の機能と限界』有斐閣（2018）242頁以下。

17) Ivo Appel, Privatverfahren, in : GVwR Bd.2, 2008, §32, Rn.77 ff. 板垣・前掲注（16）431頁以下。

18) 成田監修・前掲130頁。

19) 成田監修・前掲129頁、131頁。

20) 設置自治体に対して指定取消しの権限を付与したことは、指定管理者制度の導入時における大きな注目点であった。稲葉・前掲694頁以下。

設（体育館、競技場〔野球場、テニスコート等〕、プール、海水浴場、宿泊休養施設〔ホテル、国民宿舎等〕、休養施設〔公衆浴場、海・山の家等〕、キャンプ場、学校施設〔照明管理、一部開放等〕等）、②産業振興施設（産業情報提供施設、展示場施設、見本市施設、開放型研究施設等）、③基盤施設（公園、公営住宅、駐車場・駐輪場、水道施設、下水道終末施設、港湾施設〔漁港、コンテナ、旅客船ターミナル等〕、霊園、斎場）、④文教施設（図書館、博物館〔美術館、科学館、歴史館、動物園等〕、公民館・市民会館、文化会館、合宿所、研修所〔青少年の家を含む〕）、⑤社会福祉施設（病院、診療所、特別養護老人ホーム、介護支援センター、福祉・保健センター、児童クラブ、学童館等、保育園等）など、多岐に及ぶ。[21]

　最も数が多いのは③基盤施設であり、全国で26,437施設に及び（全体の34.4%〔前回調査時33.5%〕）、そのうちでも公園や駐車場・駐輪場が多くを占める。続いて多いのは、④文教施設の15,563施設（全体の20.2%〔前回調査時20.6%〕）であり、公民館・市民会館や文化会館がほとんどであるが、平成25年4月、TSUTAYAを経営するカルチュア・コンビニエンス・クラブ（CCC）が佐賀県武雄市の図書館の指定管理者となったことは、大きな話題をよんだ。[22]それに次いで、①レクリエーション・スポーツ施設が15,215施設（全体の19.8%〔前回調査時19.6%〕）、⑤社会福祉施設が13,234施設（全体の17.2%〔前回調査時17.7%〕）、②産業振興施設が6,514施設（全体の8.5%〔前回調査時8.6%〕）という順になっている。利用料金制を採用しているのは39,822施設であり、全体の52.2%（前回調査時は51.5%）と、半分を超える。

　指定期間は5年間が最も多く、全体の71.5%（前回調査時65.3%）を占める。

21) 上記の項目立ては、総務省の『公の施設の指定管理者制度の導入状況等に関する調査結果』（前掲注（4））が依拠する「指定管理者制度の運用について」（平成22年12月28日総行経第38号）の分類による。

22) 民間事業者が公立図書館の指定管理者となることの是非については、膨大な文献があるが、本章では割愛する。若干の私見を述べれば、公立図書館には主に2つの役割があり、①長期的な視点に立った運用方針に立つべき大規模な図書館、たとえば歴史的資料の保存などが求められる県立図書館などは、指定管理者の導入には慎重な考慮が必要であるのに対して、②地域住民の交流や賑わいの場としての役割が併せ期待される市町村立の小規模な図書館などは、民間事業者による賑わい創出のためのノウハウを十分に生かしてもらうという視点から、指定管理者を用いることが許容されよう。板垣ほか・前掲注（1）41頁。佐賀地判平成30年9月28日（平成28年（行ウ）第1号）も、武雄市がCCCに対して委託料を支出したことに違法はないと判断した（その他、CCCが協定で禁止された再委託を行ったか否かが争われた事例として、佐賀地判平成28年5月27日〔平成27年（行ウ）第3号〕がある）。海老名市が市立図書館の管理において、①CCCを指定管理者として指定して協定を締結するとともに、②喫茶店や書店としての利用について行政財産の目的外使用許可（地方自治法238条の4第7項）を行った一連の行為を対象として提起された住民訴訟についても、横浜地判平成29年1月30日判例自治434号55頁は、住民訴訟の対象となる行為ではないとして、訴えを不適法却下している。

３年間が15.0％（前回調査時17.8％）、４年間が5.5％（前回調査時7.7％）であるから、３〜５年の指定期間で全体の９割を占めることになる。また、指定期間の長期化傾向も指摘されている（前回の指定期間よりも長い期間を設定した施設が２割に上る）。あまりに指定期間が短いと、指定管理者の職員が業務に習熟してようやく運用に慣れてきた頃に期間が終了してまた次の指定に移るという非効率が生じることになりかねないので、専門性、人材の確保・育成、サービスの継続性という観点からも、適切な運用であろう[23]。

公の施設である以上は、民間事業者が管理するとはいっても、①住民からの利用申請を正当な理由なく拒んではならず（地方自治法244条２項かっこ書）、②住民の利用において不当な差別的取扱いをしてはならない（同条３項・２項かっこ書）という縛りがかかる。この事理は、行政処分の形式で利用許可を行う場合にとどまらず、水道のように契約（給水契約）を用いて施設の利用を認める場合においても異ならない。すなわち、民法の「契約自由の原則」のうち、それぞれ、①契約締結の自由と②契約内容の自由が修正されることになり、利用関係において私法上の「契約の自由」を謳歌することは許されない（「私法への逃避」の否定[24]）。理論上は、小樽公衆浴場入浴拒否事件にかかる札幌地判平成14年11月11日判時1806号84頁が採用したように、憲法のいわゆる私人間効力の法理により、不当な差別的取扱いは民間事業者であっても禁止される[25]し、地方自治法の条文解釈として「普通地方公共団体」に指定管理者も含めるという方法も考えられたが、確認のために、地方自治法244条２項かっこ書に「指定管理者を含む」という規定を設けたものであろう（→第５節で後述）。

第３節　PFIとの制度間比較

第１款　PFIとは

公共施設の維持・管理については、PFI（Private Finance Initiative）も選択肢に入れられる。指定管理者とPFIは、両者が併用されることも多く、何かと比較されて論じられるが、拠って立つ基盤はだいぶ異なる。なお、PFIが国で

---

23) 板垣ほか・前掲注（１）42頁以下。
24) 成田監修・前掲93頁。
25) 憲法の私人間効力論については、文献の参照を含めて、君塚正臣「私人間における権利の保障」大石眞＝石川健治（編）『憲法の争点』有斐閣（2008）66頁。

も活用できる手法であるのに対して、指定管理者は、現時点では地方公共団体のみで利用可能な制度である。[26]

PFIは、「民間資金等の活用による公共施設等の整備等の促進に関する法律」（PFI法、平成11年法律第117号）で導入されたしくみであり、民間資金を用いて公的事業を行うスキームの総称である。指定管理者が既存の施設の維持・管理を民間事業者に委ねるものであるのに対して、PFIでは、施設の建設から維持・管理まで、一貫して民間事業者に委ねてその経営ノウハウや技術的能力を生かすという違いがある。[27]PFI事業を担う事業体のことを、SPC（特別目的会社：Special Purpose Company）とよぶ。SPCは、金融機関や建設会社（ゼネコンないしスーパーゼネコン）が出資して設立される。Build（建設）、Operate（運営）、Transfer（移転）の各段階をいずれの順番で行うかについては様々な組み合わせがあり、頭文字をとって、BTO方式、BOT方式、BT方式などとよばれる。

ところで、公共施設を運営するためには、先立つ資金が必要になる。とりわけ建設（Build）を伴うものは、多額の費用を要する。これを民間からの資金調達によって行うのがPFIの特徴であるわけだが、行政財産には私権を設定することが禁じられるため（地方自治法238条の4第1項）、公共施設それ自体を担保として融資を得ることはできない。つまり、「民間資金を用いて公共施設の整備や維持・管理を行う」とは言っても、資金調達をいかにして行うかが大きなネックになるのである。そこで通常は、事業（プロジェクト）の運営から得られるキャッシュフローを引き当てとして融資を得るという、プロジェクトファイナンスの手法が採用されている。

第2款　指定管理者とPFI

同じように公共施設を対象としながら、指定管理者とPFIが用いられる局面

26）また、韓国ではPFIが幅広く用いられているのに対して、指定管理者制度は未導入であることから、日本の制度が注目を集めている。黄智恵＝板垣勝彦「韓国PFI（民間投資）における保障責任の実現のための比較法的考察」横浜法学26巻2号（2017）147頁（152頁）。

27）わが国のPFI法制の概略について、小幡純子「公物法とPFIに関する法的考察」塩野宏先生古稀『行政法の発展と変革（上）』有斐閣（2001）765頁（770頁）、西野文雄（監修）『完全網羅　日本版PFI』山海堂（2001）、久末弥生「PFI・国公有財産有効活用」高木光＝宇賀克也（編）『行政法の争点』有斐閣（2014）234頁。改正動向については、斉藤徹史「PFI法と行政法」法学81巻6号（2018）739頁。むろん、指定管理者とPFIを組み合わせることはもとより想定されており、先行したPFI事業の実施を行いやすくするために指定管理者制度が整備されたとみることも可能である。稲葉・前掲697頁。

はだいぶ異なる。指定管理者の場合、駐車場や公園などを除くと、老朽化した公共施設の再生とサービスの向上を目的として用いられることが多い。期間も3〜5年がほとんどであり、委託の金額も数百万〜数千万円の間である。これに対して、PFIの場合は、公共施設の新規整備や建替えなど、建設の段階が含まれるという性格上、動く金額の桁が異なる。建設に要する多額の費用の調達を民間資金によって賄うしくみが、PFIなのである。したがって、PFI事業の金額は数億〜数十億円に上り、事業期間は20〜30年に渡ることも稀ではない。

　PFI事業の対象には様々なものがあり、刑務所（名称は、「社会復帰促進センター」である。）、病院、給食センター、道路、上下水道など、多くの領域で導入可能性が探られている。香川県まんのう町では、町立の中学校、体育館、図書館を一体の事業として整備するという興味深い取組みが行われた。契約額は82億円、債務負担行為の金額が95億円で、維持管理運営期間は平成25年から令和19年までの25年間である。建設整備に37億円かかり、補助金と交付金が8億5,500万円、合併特例債が14億5,900万円充てられた。

　比較的成功を収めているのは、文化施設のPFI事業である。静岡市清水文化会館、愛称「マリナート」は、契約額が125億円、施設の整備費が90億円でその維持管理運営費が36億円、事業期間は平成21年から令和9年までの18年間に及ぶ。設計、建設、開業準備、施設の維持・管理までセットにした文化施設のPFI事業としては、全国初とのことである（施設の維持・管理については指定管理者制度が併用されており、SPCが指定管理者となっている）。責任者へのインタビューでは、通常の指定管理者のように老朽化した施設を利活用するようにとただ渡されるのではなく、通路や舞台の構造、音響設備など、設計の段階からSPCが関与したことで、実際に使う者の目線が最初から反映されていたと満足そうに語るのが印象的であった。

28）管理委託の時代の比較として、小幡・前掲783頁以下。

29）ただし、大阪城公園（20年）や横浜市立みなと赤十字病院（30年）のように長期の指定管理期間が設定されることもある。南学「実践公共施設マネジメント　第14回」地方財務779号（2019）117頁（122頁）。

30）戸部真澄「日独における刑務所民営化政策の法的検証」法政論叢35号（2006）95頁。その他、特集「新しい刑務所運営」ジュリスト1333号（2007）や、島根県立大学PFI研究会（編）『PFI刑務所の新しい試み』成文堂（2009）が参考になる。

31）竹林昌秀＝板垣勝彦＝島田明夫「公共経営とPPP／PFI（上）」自治実務セミナー2017年12月号2頁（4頁以下）。

32）竹林ほか・前掲7頁以下。

446　第1章　指定管理者制度15年の法的検証

　ただし、PFIは、一旦引き受けると事業期間が20年〜30年の長期に渡ることから、民間事業者にとっては、資材の高騰、需要の変動、使用料の安定的な納入確保といった多くの点で予測不能なリスクを抱え込むことになり、経営判断として市場参入する上で高いハードルがある。とりわけ、公営住宅や水道のように対価として収受することのできる料金の価額が法定されていたり、認可制により低額に抑えられている場合は尚更である（むろん、これらは料金の対価として供給されるサービスが個人の生存権にかかわるためであるが）。利用者からの納入率［未納率］が数％引き下がれば［跳ね上がれば］、たちまち経営は苦境に陥るとされる。

　公営住宅についてみると、1つの事業主体が抱える1,000戸単位の管理を民間委託する場合には、すでに指定管理者が幅広く普及している。1,000戸単位の委託となるのは、民間活力の導入によるコスト削減の効果を生かすには、規模の経済（スケール・メリット）により、一定程度の規模が必要となるためである。これに対して、PFI事業による公営住宅の整備は、大阪や京都などの関西圏を除くと低調であり、その関西圏においても、立地の良さを生かして土地の一部を売却し、それによって得た収益を新たな整備費用に充てるという手法が中心である。

　PFI事業のハードルが高くなるのは、公共施設を整備するには必ず莫大な初期投資（イニシャルコスト）を要するからである。それを20〜30年かけて償還していくというのは先行き不透明であり、経営判断としては躊躇せざるを得ない。公共施設の整備と維持・管理を行う場合、高額のイニシャルコストが障害となる。

　そこで出てきたのが、指定管理者と同様に、公共施設の管理・運営のみを民間事業者に委ねて、民間のノウハウを生かすことで可能な限り運用費（ランニングコスト）を引き下げた効率的な維持・管理をめざすという発想である。この発想を突き詰めて、PFI法の改正により導入されたのが、公共施設等運営権の設定、いわゆるコンセッション方式である。

第3款　公共施設等運営権（コンセッション方式）

　平成23年のPFI法改正では、公共施設の運営権（公共施設等運営権）を民間事業者に設定するという、コンセッション方式が導入された。画期的なのは、

33）公共施設の建設終了後、即時に行政への引渡しが行われるBT方式を除く。

公共施設の運営権を担保に融資を得られるようにした点である。「公共施設等運営権」は、所有権から運営等に関する権利を切り出したものと理解され、みなし物権とされる（PFI法24条）[34]。物権であることから、優先的効力、物権的請求権、妨害者に対する損害賠償請求が認められ、何よりも、譲渡を行ったり、その上に抵当権を設定することが可能となった（同法25条）[35]。抵当権を設定するということは、債務の弁済が困難となった場合に、抵当権者が担保権実行（民事執行法193条）を行い得ることを意味し、物上代位によって、公共施設等の運営から得られる使用料収入を弁済に充てることもできるわけである（民法371条）。

　民間事業者にとっては、公共施設等運営権の設定により、資金調達を円滑に行うことができるようになり、法的地位も安定するといった利点がある。具体的には、運営権が登録簿に登録されることにより第三者対抗力を与えられ（PFI法27条）、管理者である行政の責めに帰すべき事由で運営権の取消しが生じた場合には損失補償が行われる（同法29条1項2号・4項・30条1項）。そればかりでなく、抵当権者である銀行にとっても、経営に問題が生じた場合に、抵当権を梃子として業務改善を求めることが可能となるというメリットがある[36]。

　PFI事業に対して行政が支払うべき対価も、施設の整備費を含まない分だけ大幅に引き下げられる。そのための費用には、結局のところ税財源が充てられるのだが、コンセッション方式の場合、もっぱら利用料金の収入を当てにして、施設の維持・管理費用の回収が行われるわけである。こうした独立採算型等の事業を増加させることも、コンセッション方式の1つのねらいであるとされ

---

34) 内藤滋「公共施設等運営権（コンセッション）」ジュリスト1533号（2019）33頁、総合的な解説として、倉野泰行＝宮沢正知「改正PFI法の概要（1）～（7・完）」金法1925号84頁、1926号98頁、1927号122頁、1928号94頁、1930号80頁、1931号82頁、1932号137頁（以上、2011）、植田和男＝内藤滋（編著）『公共施設等運営権』金融財政事情研究会（2015）、松田佳久「公共施設運営権の法的性質と機能」日本不動産学会誌30巻4号（2017）75頁、板垣勝彦「水道法の改正——民営化と保障責任」法学教室466号（2019）42頁。

35) 運営権の設定は、講学上の「特許」であると解される。「特許」については、宇賀克也『行政法概説I〔第6版〕』有斐閣（2017）92頁以下。行政の設権行為によって発生する権利として、漁業権（漁業法6条1項・10条・23条1項）、鉱業権（鉱業法5条・12条）、ダム使用権（特定多目的ダム法2条2項・15条1項・20条）があり、これらについても、みなし物権として抵当権の設定が認められている。倉野＝宮沢（4）96頁。

36) 倉野＝宮沢（3）126頁、松田・前掲77頁。

[37)]
る。

　すでに関西空港、伊丹空港、仙台空港など複数の空港でコンセッション方式
が導入されているが、平成30年の水道法改正によって、水道施設についても、
市町村が水道事業の認可を保持したまま、議会の承認の上で厚生労働大臣から
許可を受けることで、民間事業者が公共施設等運営権を取得することが可能に
なった（水道法24条の4第1項）。

第4節　協定（委託契約）による保障責任の具体化

　民間事業者が適切に公の施設の維持・管理を行っているか否かは、設置自治
体に対する定期的な報告義務（地方自治法244条の2第7項）によって確保される。
設置自治体の長や委員会は、管理の適正を期するため、指定管理者に対して業
務・経理の状況に関し報告を求め、実地調査や、必要な指示をすることができ
る（同条10項）。指定管理者が指示に従わないときなどは、指定の取消しを含
めた制裁措置が予定される（同条11項）。

　先述したように、設置自治体は、民間委託の実施後にもいかにして民間事業
者による的確な事務・事業の遂行を確保するかという、指示・監督のシステム
の構築に留意しなければならない。地方自治法の規定は全体的に簡潔であり、[38)]
公の施設の設置条例もそれほど条文は多くないため、設置自治体と民間事業者
が締結する個別の協定（委託契約）が重要な意味をもつことになる。何も指定
管理者だからといって特別な法的規律に服するわけではなく、業務委託を行う
場合と同様に考えれば良い。これは、PFI事業契約の場合も同様である。[39)]

　具体的には、先述したように、設置自治体が委託の対価として支払う指定管
理料（委託料）や指定管理者が利用者から徴収することのできる料金（使用料）
のほか、①事務遂行のマニュアル（事例ごとの詳細なQ＆A集）、②守秘義務・

37）倉野＝宮沢（3）122頁、久末・前掲234頁以下。なお、平成30年のPFI法改正により、公共施
　設等運営権者（コンセッション事業者）が指定管理者を兼ねる場合には、①利用料金の設定の手続
　については、一定の条件を満たした場合に地方公共団体の承認が不要とされ（同法23条3項）、②
　条例に特別の定めがあるときは、指定管理者の指定について議会への事後報告で足りることとなっ
　た（同法26条5項）。正木・前掲41頁、内藤・前掲35頁。
38）監査の実務から得られた知見をまとめた注目すべき考察として、馬場伸一「指定管理者監査の実
　務ポイント（1）（2）（終）」地方財務774号（2018）58頁、776号122頁、777号（以上、2019）108
　頁。
39）森幸二「指定管理者制度と業務委託の違い」地方財務756号（2017）141頁（148頁以下）は、指
　定管理者と業務委託の差異は相対的であると強調する。筆者も同感である。

個人情報保護・労働法令等の遵守事項、③モニタリング条項（途中経過の報告、事業報告書に記載すべき事項）、④疑義照会（いわゆるエスカレーションであり、途中で民間事業者側に不明な点が生じてしまった場合の問い合わせの仕方、行政が途中で民間事業者に修正を求める場合の手順）、⑤損害賠償の分担、⑥解約（＝指定取消し）・違約金、⑦委託終了後のノウハウの引継ぎなどについて、きめ細かく規定することが求められる。[40]

(1) 事務遂行のマニュアル

実際に事務・事業を委託する上で、最も重要なのは、事例ごとの詳細なＱ＆Ａ集を含む事務遂行のマニュアルである。もっとも、協定の本文に盛り込まれるというよりは、別冊子で詳細な定めが置かれることが多いと思われる。④の意見交換の手間を省くという意味でも、精緻なマニュアルを作成することが望まれる。

⑦の委託終了後に、指定期間中に生じた問合せ事項やヒヤリハット報告書などの内容を精査して、改善点をまとめるフィードバック作業を行うことで、マニュアルはより精緻化されていく。そればかりでなく、指定管理者が別な事業者に交代する局面においても、前任が後任に対して業務終了後の注意事項を的確に要約して伝えることは必須である。その重要性は、指定管理を取り止めて、行政の直営に戻す場合（再公営化）においても変わらない。

ただし、経営面でのノウハウに関する事項や、警備会社が公の施設の警備を委託される場合の防犯マニュアルなどは、取扱いに細心の注意が求められる。こうした事項は、行政文書の開示請求が行われた場合においても、情報公開条例における法人等情報ないし事務事業情報として非公開とすべき情報である。[41]

(2) 守秘義務、情報公開・個人情報保護、労働法令等の遵守

関係法令の遵守を求める条項は、必須である。特に重要なものとして、㋐守秘義務（秘密保持義務）にかかわる条項、㋑情報公開・個人情報保護にかかわる条項、㋒労働法令の遵守にかかわる条項が考えられる。

㋐協定において指定管理者の職員に対し守秘義務を課すことは、指定管理者の取り扱う情報がとりわけ個人識別情報のように繊細な配慮を必要とするものであることにかんがみても、必須である。なお、法律では守秘義務や罰則につ

---

40) 具体的にいかなる条項を盛り込むことが望ましいかについては、板垣ほか・前掲注（1）47頁以下。
41) 行政機関情報公開法で言えば、5条2号ないし6号に該当する情報であろう。防犯マニュアルは、同条4号にも関係する。

いての規定は置かれていないことから、設置自治体の制定する公の施設の設置条例や指定管理者条例で改めて規定することが求められる。[42]ただし、具体的な方式は分かれており、(a)設置自治体の職員に対する守秘義務の規定を指定管理者の職員にも適用することとするタイプと、(b)指定管理者の職員には設置自治体の職員とは別立てで守秘義務の規律を及ぼすタイプがある。(a)タイプでは、指定管理者の職員にも当然に罰則が適用されることになるのに対して、(b)タイプでは規定が分かれるところであり、罰則の適用除外とされる傾向があるとされる。[43]

　④情報公開・個人情報保護については、指定管理者の保有する文書は当然には設置自治体の情報公開・個人情報保護条例の対象にはならない。したがって、条例や協定の中で然るべき措置を規律することが要請される。[44]

　実務的に多いのは、神奈川県情報公開条例27条のように、指定管理者が「財政上の援助」を受けて「公の施設の管理を行う」というその業務の公共性にかんがみて、情報の公開について努力義務を課すという立法例である。[45]条例で指定管理者も実施機関に含めてしまうことに特段の支障はないと思われるが、[46]このような見解は、いまだ少数説にとどまる。この点、指定管理者が公の施設の管理業務を行うに際し保有する文書についても公開請求の対象文書に含める立法例（草加市情報公開条例2条4号イ）が大いに注目される。[47]

　穏当な解決としては、福岡市情報公開条例が出資法人に対して行っているように、設置自治体と指定管理者との間の協定の中で、文書提出に関する定めを置いておき、設置自治体に対する情報公開請求がなされた場合に、その長から指定管理者に対し、当該文書を提出するよう求めるという手法が考えられる（同条例39条3項・4項）。[48]

　⑤労働法令の遵守については、人員配置、勤務体制、労働時間に関する配慮

42）成田監修・前掲137頁。稲葉・前掲702頁は、平成11年の地方自治法改正にて、公の施設の利用に関し条例で5万円以下の過料を科すことができる旨を定めた同法244条の2第7項が削除されて、罰則に関する一般規定である同法14条3項に拠るものとされたことにかんがみても、公の施設の管理条例で罰則を設け得ることは当然であるとする。

43）塩みみほ「個人情報保護法制の体系と地方公共団体における個人情報保護の現状」駒澤大學法學部研究紀要76号（2018）1頁（27頁）。

44）成田監修・前掲133頁。多様な学説・実務の整理として、三野・前掲37頁。

45）三野・前掲40頁。

46）斎藤誠『現代地方自治の法的基層』有斐閣（2012）500頁、塩入・前掲26頁。

47）宇賀克也『個人情報保護の理論と実務』有斐閣（2009）258頁以下、塩入・前掲28頁。

48）大橋洋一『都市空間制御の法理論』有斐閣（2008）167頁。塩入・前掲28頁以下も、この手法を推奨する。

に関することが主であるが、障害者雇用に関すること、継続雇用に関すること、労働条件、労働環境等モニタリングに関すること、労働福祉に関すること、管轄自治体内の居住者の雇用に関することなどが取り決められている。

(3)　モニタリング条項

　モニタリングの注目点は、やはり法令遵守（コンプライアンス）が図られているかということになるが、特に現金管理と安全管理に着目する必要があろう。現金管理においては、㋐現金出納事務を体系的にルール化すること、㋑当該ルールを書面等で明らかにして、民間事業者の職員にも共有すること、㋒現金の出納と記帳は複数の担当者でチェックすることが肝要である[49]。

　安全管理においては、指定管理者の事案ではないが、ふじみ野市プール事故事件（さいたま地判平成20年5月27日〔平成19年（わ）第779号〕）が教訓とされなければならない。この事案では、プールの維持管理が民間事業者に委託されており、市が直接には維持・管理を行っていなかったにもかかわらず、担当部局の課長・係長個人が業務上過失致死罪で有罪とされた。特に問題とされたのは、委託された事業者が別の事業者に「丸投げ」同然で再委託するなど、極めて杜撰な管理が行われていたにもかかわらず、担当部局の課長・係長は現場に見に行くことはおろか、委託の仕様書すら十分に把握していなかったことである[50]。

　モニタリングについては、利益相反、いわゆるエージェンシー問題にも留意しなければならない。監督する行政の担当部局と、現場の指定管理者との「距離」（Distanz）が遠くなるほど、業務に潜むリスクに気付きにくくなり、責任の分担が曖昧となって、重大なミスが見逃されやすくなる[51]。事業者が施設の管理において「手抜き」を行ったり、費用を過大に見積もる「水増し請求」等がなされないように、担当部局には、定期的に現場の視察を行うとともに、現

---

49)　馬場（2）126頁。また、民間事業者においては1円単位のズレについて多大な手間をかけて原因追及することは少ないのに対して、行政は極めて厳格な現金管理を要求するという違いがあるので、相互理解が必要であるとされる。

50)　判例解説として、板垣勝彦・地方自治判例百選［第4版］116頁。馬場（2）126頁以下も、所管課の関心の薄さについて懸念する。
　　なお、事故が生じたときに指定管理者の職員が業務上過失致死傷罪に問われることは争いない。カッターボート漕艇訓練中に中学生が溺死した事案において、静岡地判平成27年11月18日（平成27年（わ）第31号）は、施設長であった指定管理者の業務委託社員に対して業務上過失致死罪の成立を認めている。

51)　「地方公共団体の内部統制のあり方に関する研究会」報告書（平成21年3月）より。馬場（1）60頁は、そもそも外部化した事務の統制は難しいことを説いた上で、これは現場で働く人間が公務員であるか民間事業者の職員であるかということには関わりなく起こり得る問題であると指摘する。

金の支出は領収書等で丁寧に確認することが求められる[52]。

　これと全く逆の話題になるが、民間事業者に対して事業報告書の中で料金収入の実績や管理経費等の収支状況の詳細、とりわけ事業の原価にかかわる事項を尋ねることは、注意を要する。とはいえ、総務省の通知では収支報告書を徴すべきとされており[53]、実務上も、設置自治体が指定管理者の収支状況を把握していることが通常であると考えられる。たとえば、委託料1万円でサービスの提供を委託する際に、通常は8,000円の原価（ここでは、「直接経費」と同じ意味で用いる。）を要するとして、民間事業者が営業努力で原価を7,000円まで引き下げたとする。これは、事業者の儲け（粗利）が2,000円から3,000円に増えたということであるが、この報告を受けた設置自治体が最もしてはいけないのは、原価が1,000円分引き下げられたのだからという理由で、委託料も1,000円引き下げて9,000円に設定してしまうことである。これでは民間事業者にとってコスト削減を図るインセンティブを失わせるだけでなく、場合によっては職員の労働環境にしわ寄せが行くことも起こり得る。委託する側は構造的に強い立場に身を置くのであり、その強い立場を利用して、受託する側を苦境に陥らせることがあってはならないのである[54]。収支報告の徴収は、あくまでも健全な経営によって施設の利用者の安全が図られるかという目的に限って行われるのであり、指定管理者の経営を苦境に立たせ、ひいては労働環境の悪化を招く引き金となってはならない[55]。

(4) 疑義照会（エスカレーション）

　疑義照会というのは、事業遂行の過程でやり方の不明な点が生じてしまった場合に民間事業者（受託者）から設置自治体（委託者）に対して行われる問い合わせの仕方、あるいは、設置自治体（委託者）が途中で民間事業者（受託者）

52）馬場（2）134頁以下。

53）平成15年7月17日付け総務省自治行政局長通知は、事業報告書の内容として、「管理業務の実施状況や利用状況、料金収入の実績や管理経費等の収支状況等、指定管理者による管理の実態を把握するために必要な事項が記載されるものであること」とする。とはいえ、機関委任事務時代の「通達」とは異なり、この通知に法的拘束力はない。

54）馬場（2）132頁以下は、現場が陥りがちな（しかし、極めて重大な）誤解として、余りを生じさせてはいけない補助金交付事業と同様の感覚で収支報告のチェックを行ってしまうことを指摘する。同様のことは、板垣ほか・前掲注（1）50頁でも指摘があるほか、筆者自身も公営住宅の指定管理者の経験を豊富に有する民間事業者からヒアリングで聴取しており、実務的には深刻な問題を生じかねない事項であると、敢えて強調する。

55）本文の状況が直接に当てはまる事案ではないが、設置自治体が指定管理者に対して支払った委託料の戻入れについて定めた委託契約の適法性が争われたものとして、京都地判平成28年10月13日（平成26年（行ウ）第34号）がある。

に修正を求める場合の手順の総称であり、「エスカレーション」などと称される。ビジネス用語としては定着しつつあり、現場の判断では発生した問題などに対処できないことから、より上位の存在に対応を要請したり、指示・監督を仰ぐことを指す。

　保障行政の理論では、公共の利益を確保する最終的な責任を負う行政は、民間事業者が的確に事業を遂行しているかきめ細やかに指示・監督を及ぼす必要があり、委託者が事細かに口を出したり、受託者からの相談に応じることは必要不可欠であって、推奨されこそすれ非難されるべき筋合いにはない。[56] 個別・具体の事案において受託者が判断に迷った際に委託者に指示・監督を仰ぎ、委託者も受託者の仕事ぶりに対して適時・適切に指示・監督を行う、すなわちエスカレーションが的確に行われることこそ、民間委託が滞りなく行われるためのカギなのである。

　ところが、指定管理者ではなく、東京都足立区が戸籍の窓口業務を民間事業者に対して請負契約で委託した事例において、行政が労働者派遣事業の許可を得ていない民間事業者の職員に対してエスカレーションを頻繁に行うことは労働者派遣法24条の2に抵触する「偽装請負」であるという見解が、平成26年7月15日に東京労働局から出された。請負契約において、一旦請負人に仕事を任せた場合、注文者は仕事の完成まで請負人に――下請けにすら――口出しすることは一切まかりならず、口出しをしたければ労働者派遣法の枠組みを用いなければならないという趣旨である。

　対応を余儀なくされた足立区は、数か月～半年程度、労働者派遣法のシステムを用いて、民間事業者の職員に戸籍の窓口業務に習熟してもらう期間を設けた。そして、高頻度のエスカレーションが行われなくとも、民間事業者単独での業務遂行に支障がなく、仮に自治体が民間事業者との間で連絡を行う際には、民間事業者の指定した業務責任者に対してこれを行えば足りる状況にあると判断された段階で、改めて窓口業務の委託を行った。いわば、適法な労働者派遣法のしくみの中で民間事業者に業務遂行のノウハウを蓄積してもらい、業務委託を行った後のエスカレーションを必要最小限にとどめるという対応である。

---

56) ただし、あまりに行政が事細かな指示・監督に拘泥するあまり、本来の目的である行政コストの削減に結び付かないとか（監督コストの問題）、受託者の側からしても、委託者においてあまりに詳細に仕様を決められてしまうと、自由な知見を伸び伸びと活かすことができなくなるといった懸念（過決定の問題）があるので、指示・監督には適度の「間引き」が必要なのであるが、これは応用問題である。板垣・前掲注（16）506頁以下。

爾後の他自治体における同種業務の委託においては、すでに民間事業者において業務遂行のノウハウが蓄積されていることから、習熟期間を設ける必要はないことになろう[57]。

労働者派遣法の潜脱を意図した実害のある事案ではなく、法形式を遵守せよということであり[58]、労働局も取締りに熱心なことだと思うが、運用上の疑念があるというならば、内閣府・総務省において、行政サービスの民間委託について本腰を入れて推進していく視点から、疑義を解消するための立法措置を講ずるべきである。

(5) 損害賠償の分担

損害賠償の分担は、重要な論点であるので、次節で包括的に検討する。

(6) 解約（＝指定取消し）・違約金

委託契約の解除（解約）は、指定管理者にとって指定取消しへと繋がる[59]。不利益処分であるため、指定取消しを行うためには、行政手続条例上、聴聞が不可欠である（参照、行政手続法13条1項1号イ）。

調査によると、指定取消しが行われた総数683件（前回調査時703件）のうち、最も関心の高い①運用上の理由によるものが121件（前回調査時181件）であり、その中でも、「費用対効果・サービス水準の検証の結果」が13件（前回調査時71件）、「指定管理者の経営困難等による撤退（指定返上）」が95件（前回調査時112件）、「指定管理者の債務不履行」が4件（前回調査時7件）、「指定管理者の不正事件」が9件（前回調査時12件）とある。報道されたものを見ると、光熱水費などの滞納により経営破綻寸前であることが発覚した事例もあれば、指定管理者が一旦利用者から受け取った使用料を市に納入せず民間事業者の資金繰

---

57) 宇賀克也＝榊原秀訓＝濱田禎＝赤羽貴＝寺田賢次「座談会　20年目をむかえたPPP／PFI」ジュリスト1533号（2019）12頁（23頁）（榊原秀訓）では、民間企業に窓口業務を委ねることが「実際には困難である」という認識が示されているが、民間事業者が業務遂行に習熟し、そのノウハウが蓄積されれば、業務委託に支障はないというのが、筆者の意見である。

58) 渡邊知徳「自治体業務のアウトソーシングと偽装請負」判例自治445号（2019）10頁によれば、偽装請負が規制されるのは、請負（委託）を偽装しつつ、実態が労働者派遣に該当するからであるという（昭和61年労働省告示第37号「労働者派遣事業と請負により行われる事業との区分に関する基準」）。しかし、偽装請負のリーディングケースである最判平成21年12月18日民集63巻10号2754頁などと比較しても、事案の差異は明らかである。
　平成29年の地方独立行政法人法の改正で、地方独立行政法人の業務の範囲に「公権力の行使」を含む窓口業務が追加されたのは、こうした経緯による。宇賀克也（編著）『2017年地方自治法改正』第一法規（2017）66頁以下（大橋真由美）。

59) 成田監修・前掲134頁。

りに流用していた事例などが存在する[60]。

　それ以外の理由は、②指定管理者の合併・解散などが91件（前回調査時123件）、③施設の統廃合や民間等への譲与など、施設の見直しを図ったものが424件（前回調査時343件）となっている。

　法的性質が契約である以上、他方の責めに帰すべき事由で関係を継続できなくなった場合には、有責当事者は違約金を支払わなければならない。この点について協定（委託契約）の中で取決めを置いている自治体は、「地方公共団体への損害賠償に関する事項の協定等への記載状況」の割合から見て取ることができ、「選定時に示している、かつ、協定等に記載している」ものが50,783施設で全体の66.6％（前回調査時66.3％）、「協定等にのみ記載している」ものが18,830施設で全体の24.7％（前回調査時25.3％）で、両者を合わせると9割以上で違約金の取決めをしていることが判明した。

(7)　委託終了後のノウハウの引継ぎ

　指定期間において十分に目標を達成した民間事業者に対しては、次なる選定の際に評点を加点するといったインセンティブを付与することがあって良い[61]。近年では、倉敷市のように、一定の条件を満たした場合に指定管理者を再指定するという更新制度を導入する動きが注目される[62]。

　委託終了後のノウハウの引継ぎは、競業他社のみならず、委託元の設置自治体に対して行われる場合もある[63]。公の施設の管理を自治体の直営に戻す場合である（いわゆる「再公営化」の局面）[64]。

　なお、公の施設の利用者リストを引き継ぐ際には、個人情報保護法制上の支障が生じ得ることから、利用者リストを最初から設置自治体の保有個人情報として扱うなど、ひと工夫必要となる。

60）事例については、馬場（1）70頁以下が詳細である。
61）実際に、静岡県ではそのようなインセンティブを導入している。板垣ほか・前掲注（1）53頁。
62）碓井・前掲176頁以下。むろん、改めて議会の議決が得られることや、協定に示した条件について合意が得られることは前提である。
63）言うまでもなく、指定管理期間が終了した後は、設置自治体に対して公の施設を明け渡さなければならない。明渡義務が認められた事案として、東京高判平成30年8月8日（平成30年（ネ）第1239号）がある。
64）「直営」という概念も多義的である。南・前掲119頁以下。

456   第1章   指定管理者制度15年の法的検証

第5節   指定管理者と損害賠償

第1款   民間委託と損害賠償

　民間委託において必ず論点に上るのが、事故等が生じたときの損害賠償責任の所在である。総務省の調査によれば、利用者への損害賠償に関する事項は、「選定時に示している、かつ、協定等に記載している」とするものが53,132施設で全体の69.7％（前回調査時68.4％）に上り、「協定等にのみ記載している」が17,670施設で全体の23.2％（前回調査時22.3％）であって、この2つを合わせると、全体の9割を超えている。

　指定管理者の事案ではないが、積善会暁学園事件（最判平成19年1月25日民集61巻1号1頁）では、県から社会福祉法人に児童の監護・養育事務が委託されていたケースで（児童福祉法27条1項3号）、その児童が他の児童に怪我を負わせたことについて、県の国家賠償責任が認められている。指定確認検査機関においては、最決平成17年6月24日判時1904号69頁が、指定確認検査機関の行った建築確認の過誤について、建築確認の権限を有する建築主事の置かれた地方公共団体が「当該処分又は裁決に係る事務の帰属する国又は公共団体」（行訴法21条1項）に当たるとして、指定確認検査機関を被告とする取消訴訟から、当該地方公共団体を被告とする国家賠償請求訴訟への被告の変更を認めており、学説は裁判例の意図を測りかねている状況にある。

　ただし、指定管理者の場合、施設の所有権は設置自治体に残り続けており、その維持・管理のみを指定管理者に委託しているという構造であるため、状況は比較的単純である。視点としては、問題となる局面が国賠法1条と同法2条のいずれに当たるのかについて分けて考えれば良い。

第2款   公の施設で生じた事故の場合

　まず、指定管理者が管理する公の施設で事故が起きた場合、被害者は、営造物責任（国賠法2条1項）を設置自治体に対して追及することができるので、[65]

65）このこと自体は、ほぼ争いがない。成田監修・前掲136頁。

被害者が指定管理者の無資力リスクを負わされる危険はない[66]。

これとは別途、指定管理者が国賠法２条１項の「公共団体」として営造物責任を負うかについては、指定管理者はいずれにせよ工作物の占有者として損害賠償責任を負うために（民法717条１項）、解釈上の実益はあまりない[67]。札幌ドームファウルボール訴訟にかかる札幌高判平成28年５月20日判時2314号40頁でも、札幌市に対しては国賠法２条１項、指定管理者に対しては民法717条１項に基づく損害賠償が請求されている（施設の管理に瑕疵がないとして、請求は棄却された[68]）。

実務的には、損害保険への加入を条件に指定管理者の指定を認めることにして、設置自治体と指定管理者との間の協定により、事故から生じた損害賠償責任は指定管理者が負担すると定める例があるとのことで、極めて望ましい運用である[69]。

設置自治体が先に国賠法２条に基づく損害賠償を支払った場合であって、もし事故の原因が指定管理者にあるようなときは、事後的に設置自治体から指定管理者に対して求償（国賠法２条２項）を行うことになる。これを怠れば、債権管理を違法に怠っているものとして、住民訴訟の３号・４号請求（地方自治法242条の２第１項３号・４号）が提起される可能性がある。

第３款　利用不許可処分の違法が問題となる場合

国賠法１条が問題となるのは、指定管理者が公の施設の利用申請に対して不許可処分（地方自治法244条の４第１項）を行ったとき、不満を抱いた申請者から損害賠償請求がなされるような場合である。上尾市福祉会館事件（最判平成８年３月15日民集50巻３号549頁）や東京都青年の家事件（東京高判平成９年９月16日判タ986号206頁）において、福祉会館や青年の家の管理が指定管理者に

66）指定確認検査機関の行った建築確認（ないし拒否処分）の過誤によって損害が生じた事案においては、解釈次第で、被害者が指定確認検査機関の無資力リスクを背負わされるといった切実な問題が存していた。参照、板垣勝彦『住宅市場と行政法—耐震偽装、まちづくり、住宅セーフティネットと法—』第一法規（2017）84頁。

67）ただし、民法717条１項の文言上は、「損害の発生を防止するのに必要な注意をしたとき」には占有者は免責されるため、若干の相違は存在する。

68）その他、札幌地判平成31年３月５日（平成28年（ワ）第1063号）や東京地判平成25年６月25日（平成23年（ワ）第41759号）も、指定管理者に対して民法717条の責任が追及された事案である（請求は棄却）。

69）米丸恒治「行政の多元化と行政責任」磯部力＝小早川光郎＝芝池義一（編）『行政法の新構想Ⅲ』有斐閣（2008）316頁、角松生史「行政事務事業の民営化」『行政法の争点』（前掲注（27））187頁。

委託されていたような場合を想起されたい[70]。

　直接の判例は見当たらないが[71]、自己の計算と責任によって公の施設の維持・管理という事務を引き受けている以上は、指定管理者自身が国賠法1条の「公共団体」となって、損害賠償責任を負担すべきであろう（いわゆる分離的把握[72]）。実質的にみても、施設の利用不許可処分に関係する損害賠償の内容は慰謝料が主であり、施設で事故が起きた場合のように賠償額が高額に上ることは考えがたく、指定管理者の無資力リスクを被害者が負わされる点についてさほどの心配は不要と思われる[73]。

　分離的把握のアプローチを採る場合、設置自治体が適切に監督権限を行使しなかったこと（規制権限不行使型の国家賠償）も問題となり得る[74]。ただし、設置自治体が個別案件ごとに指定管理者が行った施設の利用不許可処分の当否を判断することは予定されていない（参照、地方自治法244条の2第10項）。市が医師会を市立医療センターの指定管理者としてその管理・運営を委ねていた事案において、鹿児島地判平成27年9月8日（平成25年（ワ）第221号）が、「設置条例及び協定の規定を踏まえると、被告市の指揮監督の及ぶ範囲は、医療センターが医療機関として行う業務全体の運営上の側面に限られ、個別の医師又

---

70) 横浜地判平成29年3月8日判例自治431号31頁は、駅の自由通路の管理が指定管理者に任されており、「募金、署名活動、広報活動その他これらに類する行為」を行おうとする際には、指定管理者の承認が必要であると定められていたにもかかわらず、これを得ずにマネキンフラッシュモブを行ったことが問題となった事案である。ただし、市長の下した命令の取消請求であり、指定管理者に対する国賠請求は行われていない。柳瀬昇「判例解説」新・判例解説Watch vol.21（2017）29頁。

71) 日比谷公園大音楽堂使用承認職権取消事件：東京地判平成21年3月24日判時2046号90頁は、指定管理者が原告に対して一旦行った音楽堂の使用承認について、東京都は被告から取消処分をするように指定管理者に対して指示を行い、それに基づいて指定管理者が職権取消しを行ったという事案であるが、国賠法1条の請求は都の担当者の行った指示に対してのみ向けられており、指定管理者は被告から外されている。

72) 一体的把握とは、国賠法1条の解釈上、事務を委ねられた民間事業者（たとえば指定確認検査機関）ないしその職員を地方公共団体に帰属して公権力を行使する行政機関ないし職員であるとして、民間事業者の行う行政処分は地方公共団体の国賠法1条の「公務員」の行う「公権力の行使」であるとする見方のことである。これに対して、分離的把握とは、民間事業者は地方公共団体とは別個独立に行政処分を行う機関であるという面を重視して、地方公共団体の責任は民間事業者に対する指示・監督権限の懈怠（規制権限不行使型）に限られるとする見方のことである。詳細は、板垣・前掲注（66）72頁以下。

73) 施設の管理の瑕疵が原因で事故が起きた場合にも、被害者が国賠法1条に基づく責任のみを追及してくる場合はあり得るが、裁判官が釈明して国賠法2条ないし民法717条の観点を示唆すべきである。

　なお、広義説の下では医療行為は国賠法1条の「公権力の行使」から外れるところ、日本赤十字社が県立病院の指定管理者としてその管理・運営を行っていた事案において、神戸地判平成28年3月29日医療判例解説66号64頁は、患者との間の診療契約の締結主体は指定管理者である日本赤十字社であるとした。

74) 稲葉・前掲704頁。

は看護師による、診療、治療又は看護等にまで及ぶものではない」とするのも、このような趣旨であろう。したがって、設置自治体の責任が生じるのは、指定管理者による管理をこれ以上継続することが適当でないと認められるにもかかわらず、指定取消しなど何らの措置も講じなかったような例外的な場合にとどまる（同条11項）。

第6節　展　望

　新しい取組みを始める際には、必ず様々な障害に直面するものである。とりわけ、民間委託の試みは、職員数の削減による事業の効率化と表裏の関係にあるため、どうしても職員団体等からの強い抵抗が避けられず、その分だけ、行政にも失敗は許されないという空気が支配するように思われる。

　指定管理者についてはそれほど大規模な失敗というのは見当たらないが、事業規模が大きいPFI事業においては、高い注目を集めた公立病院事業が頓挫したことで、その後の病院PFI事業に少なからぬ影響を及ぼしたと言われる。この点、香川県まんのう町が行った中学校、体育館、図書館の複合的なPFI事業では、施工管理のミスから体育館の壁が剥落するという事故が発生したにもかかわらず、関係者の迅速かつ的確な事後処理により、無事に事態は収拾されて、現在では利用者の高い満足を得ている。わが国の行政には「羹に懲りて膾を吹く」風潮が付き物であるが、むしろ、こうした「七転び八起き」の試行錯誤にこそ学ぶべきところが多い。

　指定管理者制度も開始から15年が過ぎ、3年に1度行われる導入状況等調査では、初めて前回調査時の3年前と比較して総数が減少に転じた。全国の公の施設であまねく探られてきた指定管理者の導入可能性も、ピークに達したと言えよう。試行錯誤の要素が大きい民間委託では、先進自治体の事例を貪欲に参照し、同じような悩みを共有しながら事業を進めていくことが肝要である。足立区が中心となって設立された日本公共サービス研究会では、全国150以上の市区町村が集まって積極的に意見交換を行い、失敗例も含めて、民間委託の実践的な知見を蓄積している。筆者は、このような意欲的な試みが地方からの提案として発信されることこそ、「地方自治の本旨」の実現に他ならないと確信する。

460　　第2章　公共調達の法理

第2章

公共調達の法理
——価格競争入札と総合評価・プロポーザル方式——

第1節　公共調達と契約

　古典的に公共調達では、主に2つの契約方式が用いられてきた。[1] 1つは、職務で用いる備品を購入するために、行政が買主となって、売買契約を締結する局面である。もう1つは、公共事業で建物や道路の建設を行うために、行政が注文者となって、請負契約を締結する局面である。そこでは、可能な限り低廉な価格で、品質の良い物品を購入し、機能的で利用しやすくデザイン性にも優れた建物が完成することが期待される。[2]

　民間委託の進展に伴って、近年では、事務の委託先との間でも、請負類似の契約が締結されることが非常に増えている（参照、競争の導入による公共サービスの改革に関する法律20条以下）。[3]地方公共団体と指定管理者との法関係はいわば複合形態をとり、指定管理者の指定は行政処分として行われるのに対して、具体的な委託は契約（行政契約：行政が当事者の一方となる契約のこと）として行われる。いかなる事業者を選ぶかによって、委託事業全体の成否がほぼ左右されるため、選定の基準は重要な意味を持つ。

　これらの他に、公有地の売却など、行政が売買契約の売主となる局面がある。売却の場合は、合理的に算出された適正な価格で売買が行われれば良いのだが、

---

1) 公共調達は、行政が職務の遂行に用いる資源を獲得する作用であることに着目して、行政資源取得行政ともよばれる。行政資源には、税金の徴収や備品の購入のような物的資源と、行政組織で働く職員という人的資源が含まれる。この他にも、行政活動の判断材料となる情報の収集も、行政資源の取得という意味において無視することはできない。ただし、本章では職員の採用と情報の収集については割愛する。

2) とはいえ、竹林昌秀「公共調達を巡る地方の動向と例規整備への提言　建築設計の香川県下の事例から」都市住宅学104号（2019）157頁が指摘するように、土木工事と建築工事では求められる内容が異なる。公共土木工事（林業、土地改良事業、農業を含む）においては施工基準が確立されており、独自の工法を導入したり、新規開発の素材を駆使したりすることはほとんど起こり得ないため、従来型の価格競争入札を主軸とすることに合理性が認められよう。

3) 阿部泰隆『行政法解釈学Ⅰ』有斐閣（2008）428頁以下。

周知のように、現実にはなかなかそのとおりにはいかない。[4] 本章では、公共施設の工事にとどまらず、物品の調達や事務・事業の委託も含めた幅広い視点から、公共調達の法理について概観する。

第2節　契約自由の原則の修正

　契約を用いて公共調達を行う際には、いかなる基準に基づいて相手方を選定するかが大きな問題となる。言うまでもなく、相手方の選定の仕方は、具体的に求める履行の内容によっても変わってくる。行政が契約を締結するプロセスに対して、手続的な統制を及ぼすことが求められる所以である。

　この点、行政処分を用いた行政活動を行う場合には、事前に行政手続法・行政手続条例の規律に服する必要があり、事後的にも、審査請求（行政不服審査法2条）や取消訴訟（行政事件訴訟法3条2項）を通じて適法性がコントロールされる。これに対して、契約を用いて行政活動を行う場合、これらの法律の規制は受けないけれども、地方自治法、会計法、「公共工事の入札及び契約の適正化の促進に関する法律」（公共工事適正化法、平成12年法律第127号）などの手続的規律は及ぼし、民事訴訟や当事者訴訟を通じて、裁判所のコントロール[5] にも服する。具体的に注意すべきなのは、私人間に通用する「契約自由の原則」が、行政契約においては大きく修正される点である。

　契約自由の原則とは、①契約相手方を自由に選ぶことのできる「契約選定の自由」と、②価格のような契約内容を自由に決めることのできる「契約内容の自由」からなる、近代法の根幹を成す原則である。その背後には、自律した個人が自由意思で行う活動は最大限尊重されなければならないという、私的自治の思想が横たわっている。[6]

　具体的に説明すると、野球観戦に出かけた筆者が球場でコーラを飲みたくなったとき、自動販売機ならば1本150円で買えるところ（球場の外のスーパーで事前に買っておけば、100円で買えたかもしれない）、売り子から買うと同じ分

---

4) 村上裕章「森友学園問題から見えてくる法的問題——随意契約・公文書管理・情報公開」法律時報90巻2号（2018）64頁。

5) 最判平成23年6月14日裁時1533号24頁は、契約相手方を選定する行為は抗告訴訟の対象となる行政処分には当たらないと判断した。

6) 来栖三郎『契約法』有斐閣（1974）9頁。ただし、殺人を依頼する契約であるとか、相手方の奴隷となる契約などは、さすがに公序良俗に反するものとして無効である（民法90条）。

量なのに500円するとしよう。このとき、筆者が500円出して売り子からコーラを購入することは違法ではない。

このような価格差が付けられている場合、大抵、商品には何らかの付加価値（コーラがよく冷えている、購入する際に可愛い売り子とお話ができるなど）が備わっており、経済学者ならば、高い値段の付けられたコーラを選択した筆者の行動を何とかして合理的に説明しようとすることだろう。しかし、売り子は不愛想で、コーラは冷えておらず、炭酸も抜けていて、一言で言えばまずいコーラであったとしても、筆者の選択に違法性の問題は生じ得ない。これは経済的な合理性の問題とは無関係であり、自分のお金を何に使おうと勝手だからである。別に千円出そうが一万円出そうが、この事理は変わらない。自由意思に基づく決定は、それがいかに非合理な内容であったとしても、尊重されるのである。

ところが、行政契約の場合、納税者である住民から預かった資金を用いる関係上、契約自由の原則を謳歌することはできない。この文脈において、契約自由の原則は、①契約相手の選定には公平性・公正性が求められること、②公共工事を発注する際には最少の経費で最大の効果が得られる内容で行うことという2点において修正される。①は、行政は不合理な理由なく相手方を差別的に取り扱うことが禁じられるという、平等原則（憲法14条1項）の帰結である。②は、公金を用いて活動を行う以上、行政資源は最も効率的に活用しなければいけないという最少経費最大効果原則（地方自治法2条14項）の帰結である。したがって、行政が500円のコーラを購入したことに合理的な理由がなければ、契約の締結および代金の支払いは違法となる[7]。公共工事適正化法3条が、入札・契約の過程および契約の内容の透明性確保、公正な競争の促進、談合の排除について定めているのは、このような趣旨で理解される。

第3節　「やすきに流れる」選択への問題提起

このような規律が及ぶとなると、現場の行政職員はいかなる行動を選択するようになるか。すぐに思い浮かぶのは、最も安い価格を提示した事業者から商

7）宇賀克也『行政法概説I［第6版］』有斐閣（2017）382頁以下。地方公共団体の場合には、住民監査請求（地方自治法242条）および住民訴訟（同法242条の2）において、契約締結の差止め、代金支払いの差止め、執行機関・職員に対する損害賠償請求、相手方事業者に対する不当利得返還請求などが請求される。これに対して、国の場合には、会計検査院の指摘を受けたり、政治責任が追及されたりすることはあるものの、法的責任を問うための制度は用意されていない。

品を購入する（「事業者に対して工事を発注する」に置き換えても構わない。以下に同じ。）ことである。同じ性能ならば、最も安い価格を提示した事業者から商品を購入することが、②効率的・効果的である（最少の経費で最大の効果が得られる）し、①このような選択は合理的な区別であるから、平等原則にも違反しない。行政は、同じ品質のコーラを買うならば、スーパーから購入しなければならないけれども、スーパーで購入することで行政の義務は充足されることも確かなのである。

　しかし、このような選択は、「コーラがすべて同じ品質である」という前提の下においてのみ成り立つことには、重々注意しなければならない。品質が優れているのならば、行政が値段の高い店からコーラを購入することも、①公平性・公正性の原則および②最少経費最大効果原則には違反しないのである。たしかに、行政が他の店よりも高い値段でコーラを買うならば、味が良い、良く冷えている、売り子が……など、それなりの付加価値が備わっていなければならない。しかし、逆に言えば、それなりの付加価値が備わっていることを的確に説明できるのならば、行政が高い店からコーラを買うことも法的に正当化されるし、場合によっては、むしろ高い店からコーラを買うべき局面も存在するのである。とはいえ、コーラの場合は品質がほぼ一律に保持されたメーカー品であるから、個人の好みの差を措けば、多くの場合は、値段を決め手とすることが合理的な選択となる。

　日本学術会議は、平成29年9月29日に行った提言「公共調達における知的生産者の選定に関わる法整備」（以下、「学術会議提言」とする。）において、企画、計画、コンサルテーション、設計（意匠・技術）、デザイン（意匠、図案、造形）、技術、芸術活動の分野における公共サービス――端的に言えば、公共施設の設計――の選定が、なお価格偏重の下に行われている実務の現状について、懸念を表明している。これらの分野においては、美観性（デザイン）、機能性、集客性、長寿命性、意欲喚起性、経済性など、事の性質上、調達によって得られ

---

8) 設例では、同じメーカー内の製品間での品質の一定性もさることながら、多くの場合は、競合するメーカー間での製品の品質もあまり変わらないものと仮定する。学術会議提言13頁においても、「什器、パソコン、電話機、コピー機などのオフィス用品、オフィスの清掃などの単純な役務、内容が定型的な公共工事」のように物品やサービスの仕様を明確に特定することができ、それらの品質にほとんどバラつきがみられないようなときは、契約が価格競争入札で行われることになじむとする。

9) 学術会議提言の背景として、仙田満「知的生産者の公共調達に関する法整備――会計法・地方自治法の改正を日本学術会議で提言した経緯」都市住宅学104号（2019）121頁、福井秀夫「知的創造物はどう選ぶべきか――価格競争原則の転換を」都市住宅学104号126頁。

464 第 2 章 公共調達の法理

る成果（品質：Qualität）は多様であるにもかかわらず、かなりの割合において、価格競争において落札者が決定されているというのである。[10]

むろん、手頃な価格で高い品質の調達が行われれば理想的ではあるが、地震大国であるわが国では、設計段階において耐震性について念入りに技術的な検討が行われる必要があり、総合的なデザイン、機能性、耐久性も含めて相応の人的・物的・時間的資源を投入すれば、自ずから設計料は高額にならざるを得ない。高い品質を求めるならば、相応のコストは覚悟しなければならないのであって、[11]その厳然とした事実を——意識的にせよ無意識的にせよ——等閑視した結果が、無機質で平凡なデザインの公共建築物が濫立する現状なのではなかろうか。デザインが平凡なだけならばまだしも、設計の見通しの甘さにより工事開始後に建設価格が当初の見積もりを大幅に超過したり、施設完成後に事故や故障が頻発したり、まだ耐用年数が過ぎていないのに大規模修繕が必要になったりすれば、目も当てられない。公立学校の校歌の作曲を公共調達にかけたところ、最も安価で引き受ける作曲家が選ばれたという逸話（Anekdote）も、笑い話では済まされないのである。[12]「公共工事の品質確保の促進に関する法律」（平成17年法律第18号）3条2項が、「経済性に配慮しつつ価格以外の多様な要素をも考慮し、価格及び品質が総合的に優れた内容の契約がなされること」を要請している意味を、私たちはもう一度受け止めなければならない。

むろん、行政職員が価格という指標を重視するのは、理由のないことではない。納税者である住民に対し、公金支出の妥当性について説明責任を果たさなければならない関係上（公共工事適正化法7条～9条）、明快な数字によって表現された価格という指標を用いれば、選定が恣意的に行われていないことを最も客観的かつ説得力をもって説明できるからである。[13]しかし、よく考えずに最安価の事業者に発注した結果、他の事業者ならば得られたはずの施設の優れたデザイン性、機能性、耐久性などが犠牲になっていたとしたら、由々しきことである。学術会議提言の背景には、行政職員は値段の安さと説明のし易さとい

---

10) 学術会議提言2頁によると、土木・造園・都市計画・建築についてみたとき、都道府県では圧倒的に価格競争入札が多く、プロポーザル方式は1％にも満たなかった。政令指定都市の場合はもう少しプロポーザル方式の採用比率が高かったものの、それでも約10％にとどまっていた。

11) 学術会議提言1頁。福井・前掲129頁は、「評価の確立した天才に対しては、仮に公的発注であっても、選択の根拠、費用と発揮される効果の双方を厳正に納税者に説明した上で、十分な報酬を支払い、随意契約によって発注する方がよほど適切である」とする。

12) 仙田・前掲121頁。

13) 学術会議提言2頁のアンケート結果による。

う、二重の意味での「やすきに流れて」いるのではないかという疑問がある。

第4節　公共調達と地方自治法・会計法

第1款　一般競争入札の原則

　以上を念頭に置いて、主に地方自治法における公共調達の規律についてみていくことにしよう。公共調達の相手方を選ぶ方法について、地方自治法は、一般競争入札、指名競争入札、随意契約またはせり売りを用意しており、原則として、一般競争入札の方法を採用すべきとされている（地方自治法234条1項・2項[14]）。不公正な入札は住民訴訟の対象となるし、長や議員が彼らと癒着した企業に公共工事を発注するように口利きをする条件で金品を授受したりすれば、収賄罪で処罰される（刑法197条）。一般の職員が入札談合に関与すれば、「入札談合等関与行為の排除及び防止並びに職員による入札等の公正を害すべき行為の処罰に関する法律」（官製談合防止法、平成14年法律第101号）により損害賠償を請求され（同法4条）、職員の懲戒事由となる（同法5条参照）。

　老朽化した市庁舎の耐震改修工事を実施するとき、300万円で工事が可能だとするA社、500万円かかるとするB社、700万円かかるとするC社、1000万円は必要になるとするD社の4社が名乗りを上げたとしよう。一般競争入札とは、特に入札する業者に制限をかけず、最も安価な価格を提示した業者を選定する方法（これを最低価格自動落札方式とよぶ。）をいう（市が土地を売却する場合ならば、反対に、最も高値を付けた会社を選定する[15]）。この事案では、A社が落札して、工事を請け負うことになる。

　しかし、相場からいって、300万円ではあまりに安すぎる場合がある。この点、欠陥工事や設備の瑕疵で世間の耳目を集めた事業者が、市庁舎や体育館などの公共施設の工事を落札している事例が実に多い。よくよく事情を聞くと、価格のみで落札者を決定するので、文字通り「安かろう、悪かろう」という品質の事業者が落札してしまうのだという。こうした事態を防ぎ、必要な最低水準の品質を保つために設定されるのが、下限としての最低制限価格（最低落札価格

---

14) 国の場合は、会計法29条の3第1項で価格競争入札の原則が定められており、同法29条の6第1項で最低価格自動落札方式を採用することが明記されている。

15) 地方自治法施行令167条の2の解釈として、阿部・前掲注（3）426頁以下、阿部泰隆『最高裁上告不受理事件の諸相2』信山社（2011）253頁以下。

とも）である。市当局が耐震改修工事の実施に最低でも400万円はかかると考えたのならば、400万円が最低制限価格として設定され、この価格を下回ったA社は外されて、B社が落札する。

これに対して、入札参加者の談合が行われれば、理論上はいくらでも落札価格を吊り上げることが可能になるため、上限として設定されるのが予定価格である（地方自治法234条3項）。予定価格は、仕様書、設計書等の内容、取引の実例価格および需給状況、履行の難易、数量の多寡、履行期間の長短等を考慮して、契約の締結に応ずる限度額として定められる。予定価格が事前に公表されるか否かは時と場合によって異なるが、事前公表されていない場合には、いかにして予定価格を上回らないギリギリの限度まで近付けて競争を行うかが、入札参加者の腕の見せどころとなる。事実、地方公共団体に対して行われる情報公開請求のかなりの割合が、公共工事の予定価格を探るために建設事業者から行われる調達関連の請求であることは、その関心の高さを裏付けている。

正確に定義すれば、入札者に制限をかけず、最低制限価格と予定価格の範囲内において、行政にとって最も有利な価格を提示した事業者との間で契約を締結するのが、一般競争入札ということになる。暴力団関係者や過去に不正を起こした者などを排除したり（地方自治法施行令167条の4）、事業規模（同令167条の5）や経験・技術的適性（同令167条の5の2）によって入札参加資格を絞る制限付き一般競争入札も幅広く行われているが（参加資格を定めたときは、長はその旨を公示する必要がある）、こうなると、機能的には指名競争入札とほとんど違いがない。

16）松本英昭『新版逐条地方自治法［第9次改訂版］』学陽書房（2017）914頁。国の場合には、最低制限価格は設けられていない。また、地方公共団体の調達契約であっても、政府調達協定の適用を受けるもの（特定調達契約）については、最低制限価格を設けることができない（地方公共団体の物品等又は特定役務の調達手続の特例を定める政令9条）。

17）松本・前掲911頁以下、成田頼明ほか（編）『注釈地方自治法［全訂］』第一法規（加除式）4691頁（碓井光明）。

18）予定価格に対する落札額の割合が、落札率である。予定価格が100万円のとき、97万円で落札されれば、落札率は97％ということになる。公共工事の場合、一般には95％を上回るようなときに情報漏洩が疑われるとされるが、事業者も情報公開請求などを駆使して予定価格を精確に予測してくるため、一概には言えない部分もある。

19）資格要件の詳細については、松本・前掲905頁以下。

20）水戸地判平成26年7月10日判時2249号24頁は、一般競争入札の参加資格を災害協定を締結した事業者に絞った運用について違法と判断した事例であり、論点は後述する最判平成18年10月26日と酷似している。

第4節　公共調達と地方自治法・会計法　　467

第2款　指名競争入札

　指名競争入札は、あまりに資力の低い事業者や過去に問題を起こした事業者などの入札を制限して、信頼できる業者のみを指名して入札に参加させる運用である。設例で言えば、B社はB社で、よその町で過去に手がけた工事に手抜きが見つかったようなとき、当面の間、公共工事の受注からB社を外す（指名停止）ために行われる。入札の参加資格の段階で絞りをかける以外の手続は一般競争入札と同様であり、選定の過程では、最低価格自動落札方式が採られる。

　しかし、指名競争入札には、いかなる基準で入札できる業者を指名するかという大きな問題がある。行政が恣意的な基準を制定すれば、低価格で質の高い工事を提供する優良な業者が締め出されかねないからである。そこで、指名競争入札が可能なのは一般競争入札が不適切なときなどに限られる（地方自治法施行令167条各号参照）。

　最判平成18年10月26日判時1953号122頁は、徳島県旧木屋平村（現在の美馬市）が、村内業者では対応できない工事を除いて、村内業者のみを指名する運用をしていた事案である。原審（高松高判平成17年8月5日判例自治280号12頁）は、この村が山間僻地の超過疎の村であり、台風等の自然災害の被害に悩まされているところ、村の経済にとって公共事業の比重が非常に大きく、また台風等の災害復旧事業には村民と建設業者の協力が重要であることからすれば、原則として村内業者を指名する運用は合理性を有するとした。これに対して、最高裁は、指名競争入札に当たり、「①工事現場等への距離が近く現場に関する知識等を有していることから契約の確実な履行が期待できることや、②地元の経済の活性化にも寄与することなどを考慮し、地元企業を優先する指名を行うことについては、その合理性を肯定することができるものの、①又は②の観点からは村内業者と同様の条件を満たす村外業者もあり得るのであり、価格の有

21）指名停止については、抗告訴訟の対象となる処分性は認められないとするのが下級審裁判例（札幌地判平成17年2月28日判例自治268号26頁など）であるため、指名停止を受けた事業者に不服があるときは、国家賠償を請求するか、あるいは指名を受けるべき地位の確認を求める当事者訴訟を提起する以外にない。成田ほか編・前掲4699の2頁（碓井）。

22）詳細は、松本・前掲917頁以下。国の場合は、会計法29条の3第3項において、「契約の性質又は目的により競争に加わるべき者が少数で第一項の競争〔一般競争入札のこと──筆者注〕に付する必要がない場合及び同項の競争に付することが不利と認められる場合においては、政令の定めるところにより、指名競争に付するものとする。」とされている。その他にも、同条第5項において、「契約に係る予定価格が少額である場合その他政令で定める場合」に指名競争入札に付すことができる旨、定められている。

利性確保（競争性の低下防止）の観点を考慮すれば」、このような運用について
常に合理性があり裁量権の範囲内であるということはできないとした上で、当
該事案においては「村内業者」を判定するための客観的・具体的基準である指
名基準や運用基準が設定・公表されておらず、恣意的な運用が可能であって、
法の趣旨に違反すると判断した。[23]

　一般競争入札・指名競争入札を問わず、競争入札は公明正大で住民に選定結
果を説明しやすい点が長所であるが、手続が煩瑣であり、経費がかかる点が短
所として指摘される。[24]

第3款　例外としての随意契約

　随意契約とは、市が最初から意中のD社を選定して、契約を結んで工事を行っ
てもらうことをいう。随意契約は、構造的にみても契約当事者間の癒着
（Korruption）からくる不正の温床になりやすいため、例外的にのみ認められる。
地方自治法施行令167条の2は、「その性質又は目的が競争入札に適しないも
のをするとき」（同条1項2号）など、随意契約が認められる局面を限定列挙し
ている。[25]典型的には、世界中でD社のみが可能な特殊技術を有しており、そ
の技術を存分に活用したい場合などが想定されている。

　ただし、最高裁は、随意契約を選択する局面を、もう少し鷹揚に認めている。
最判昭和62年3月20日民集41巻2号189頁は、ごみ処理施設の建設工事請負
契約の締結に際し随意契約が選択された事件に当たり、現在の地方自治法施行
令167条の2第1項2号の要件について、「競争入札の方法によること自体が

---

23) 事案の具体的事情の下では指名回避が違法とされたわけであるが、①②という理由から、地元業
者を優先する指名自体には一応の合理性が認められた点は留意すべきである。極端な運用をすれば
裁量の逸脱・濫用と評価されて違法となるけれども、指名における裁量自体は認められたのであり、
見方を変えれば、指名基準やその運用に係る基準を設定・公開して、時と場合に応じて柔軟に村外
業者も指名しておけば、通常は村内業者を優先しても違法ではないという含意が読み取れないこと
もない。小澤道一「判例解説（最判平成18年10月26日）」自治研究84巻4号（2008）131頁（144頁）。
また、木村琢麿「判例解説（最判平成18年10月26日）」民商法雑誌136巻3号（2007）388頁（396頁）
は、この事件の原告は、実質的に村内業者と同視されうる事業者であり、具体的判断に関する先例
的意義は、それほど広くないとする。板垣勝彦『保障行政の法理論』弘文堂（2013）528頁も参照。
24) 松本・前掲904頁。入札談合等の不祥事が頻発したことで、一般競争入札の原則を徹底する動き
はより強まっている。阿部・前掲注（3）424頁は、競争入札のデメリットとして、ダンピング入
札が起きやすいこと、事業者の施工管理が困難であることを挙げる。
25) その詳細は、松本・前掲921頁以下。国の場合は、会計法29条の3第4項において、「契約の性質
又は目的が競争を許さない場合、緊急の必要により競争に付することができない場合及び競争に付
することが不利と認められる場合においては、政令の定めるところにより、随意契約によるものと
する。」とされている。その他にも、同条第5項において、「契約に係る予定価格が少額である場合
その他政令で定める場合」には随意契約によることができる旨、定められている。

不可能又は著しく困難とはいえないが、不特定多数の者の参加を求め競争原理
に基づいて契約の相手方を決定することが必ずしも適当ではなく、当該契約自
体では多少とも価格の有利性を犠牲にする結果になるとしても、普通地方公共
団体において当該契約の目的、内容に照らしそれに相応する資力、信用、技術、
経験等を有する相手方を選定しその者との間で契約の締結をするという方法を
とるのが当該契約の性質に照らし又はその目的を究極的に達成する上でより妥
当であり、ひいては当該普通地方公共団体の利益の増進につながると合理的に
判断される場合も……該当する」と述べた。そして、このような場合に該当す
るか否かの判断は、「契約の公正及び価格の有利性を図ることを目的として普
通地方公共団体の契約締結の方法に制限を加えている……法及び令の趣旨を勘
案し、個々具体的な契約ごとに、当該契約の種類、内容、性質、目的等諸般の
事情を考慮して当該普通地方公共団体の契約担当者の合理的な裁量判断により
決定されるべきものと解する」とした。最高裁によれば、随意契約を選択する
か否かの判断は、契約担当者の合理的な裁量判断に委ねられているのである。[26]

　法律の学説の多くは、客観的な価格という指標を最重視する立場から、最判
昭和62年3月20日に対して批判的である。[27] しかし、公共調達をめぐり近年提
起されている問題と突き合わせると、最高裁が現場の行政職員の裁量によって
随意契約を選択し得る余地を比較的幅広く認めたことは、——その当時の意図
はどうであれ——評価されるべきであったのかもしれない。

第5節　総合評価方式、プロポーザル方式

　価格偏重の実務に対する問題が認識される中で、価格以外の指標を考慮する
ことのできる様々な手法が編み出されてきた。それが、総合評価方式やプロポー
ザル方式である。総合評価方式とは、価格の他にも運用の条件や技術的な要素
（施設の品質や施工方法等）を含めて点数を付けることで総合的に評価し、その
中で最も高得点を獲得した業者を契約予定者として選定する方式である。[28] 法

26）なお、法令の制限に違反して締結された随意契約の私法上の効力については、最判昭和62年5月
　　19日民集41巻4号687頁が、違法であることが明白である場合や法令の趣旨を没却する特段の事情
　　がある場合には、私法上も無効となるとしている。
27）榊原秀訓「判例解説（最判昭和62年3月20日）」地方自治判例百選［第4版］90頁および当該判
　　例解説に引用された文献を参照のこと。
28）松本・前掲915頁以下。

令上の根拠は、「当該契約がその性質又は目的から地方自治法第234条第3項本文又は前条の規定〔注——最低価格自動落札方式のこと〕により難いものであるときは、これらの規定にかかわらず、予定価格の制限の範囲内の価格をもつて申込みをした者のうち、価格その他の条件が当該普通地方公共団体にとつて最も有利なものをもつて申込みをした者を落札者とすることができる」と定める地方自治法施行令167条の10の2に求められる[29]。つまり、総合評価方式は、最低価格自動落札方式を採らず、様々な要素を「総合的に評価して」落札者を決定する、競争入札の1つという位置付けなのである。なお、総合評価を行う場合には、いかなる基準で落札者を決定するかについての基準（落札者決定基準）を事前に設定する必要がある（地方自治法施行令167条の10の2第3項）。行政は、契約予定者と改めて価格交渉をした上で、契約により工事を発注する[30]。たとえば、D社の提示する工事価格は高額であるけれども、デザインが優れているとか、機能的で使いやすく安全性も高いとか、環境やバリアフリーに配慮した工事を実施する用意があるなど、多少の価格差を補って余りある魅力が備わっているようなときには、総合評価方式を用いることで、総合点で最も高い点数を獲得したD社に発注することが法的に正当化される[31]。

　プロポーザル方式は、物品購入契約のように誰が契約相手となっても同様の結果となるものではなく、建築の設計のように、内容や結果が設計者によって異なる場合を想定して編み出された手法である。平成3年3月に建築審議会が出した「官公庁施設の設計業務委託方式の在り方に関する答申」においては、設計者の創造性、判断力、経験等を審査する方式として、①設計競技方式（コンペ方式。提出された具体的な設計案を審査し、設計者を選定する方式）、②狭義のプロポーザル方式（提出された設計対象に対する発想、解決方法等の提案を審査し、設計者を選定する方式）、③書類審査方式（当該業務の工程計画、設計チームの構成、設計者の経歴、作風等に関する資料を提出させ、必要に応じて面接・ヒアリングによる審査を行って設計者を選定する方式）を挙げている。近年の実務では①〜③を適宜組み合わせたものが「プロポーザル方式」とよばれており、本章でもこの用語法に倣う。企画競争入札とよばれるものも、基本的には同様である。法的な根拠は地方自治法施行令167条の2第1項2号の定める「その性質又は目

---

29) 国の場合は、会計法29条の6第2項により、「価格及びその他の条件が国にとって最も有利なもの……をもって申込みをした者を契約の相手方とすることができる」と定める。
30) 碓井光明『公共契約法精義』信山社（2005）155頁以下。
31) 成田ほか編・前掲4701の2頁（碓井）。

的が競争入札に適しないものをするとき」にあり、随意契約の一種とされている[32]。

　こうした運用の変化は、仕様発注から性能発注への転換の流れとも――厳密に軌を一にするものではないが――多くの場合関係する。というのも、行政があまりに仕様を詳細に決めて、評価項目を画一的な枠の中に収めてしまうと、結局のところ価格一本の決定と変わらないからである（むろん、公共調達の目的物の性格如何によっては、そのような発注方式で用を足す場合も多いであろうから、仕様発注を一律に否定する趣旨ではない）。受注をめざす事業者の創意工夫を、デザインや機能性を含めて最大限に評価することを意図するならば、行政は期待される性能を提示するにとどめるべきであり（性能発注）、その性能をいかにして発揮するかも含めて、具体的なことは事業者の提案に委ねるのが望ましい。このように、総合評価やプロポーザルは、性能発注との親和性が高いのである。

　なお、環境やバリアフリーへの配慮といった政策目的（第二次目的）を評価する手法には、①総合評価やプロポーザルの中で評点の一要素とする方法、②指名競争入札において指名の条件とする方法、③一般競争入札の入札参加資格とする方法などが考えられるが（①②③が併用されることも少なくない）、いずれにしても――実務上の手続的差異はともかく――機能的には違いがないので、本章では区別しないこととする（なお、政策目的の考慮は重要な論点なので、第6節において後述する）。

　しかし、こうした苦心の産物である総合評価やプロポーザルにも、問題がないわけではない。第一は、評価の際の考慮事項の軽重（配点）をいかに付けるかという基準設定の問題である。高い配点が付けられるのは、発注者＝行政が重視する事項である証でもあるから、配点はその裁量によって決める以外にない。その一方で、総合評価方式を採用したところで、一般的には価格の評点が半分程度を占めるため、他の指標ではすべてP社が上回っていたのにもかかわらず、Q社が価格評点において大逆転するという事例も後を絶たない（むろん、こうした帰結について、それはそれでやむを得ないという評価もあり得よう）。一応、国土交通大臣からは「公共工事に関する調査及び設計に関する入札に係る総合

32）成田ほか編・前掲4705の5頁（碓井）。競争入札の一種である総合評価方式と、随意契約の1つの方法であるプロポーザル方式は、法形式上は異なるとはいえ、理論的なメリット・デメリットは両者の間であまり変わりはないので、特に注記する場合を除き、本章では取り立てて区別しないことにする。

評価落札方式の標準ガイドライン」（以下「標準ガイドライン」という。）が示されてはいるが、地方公共団体を拘束するものではない。配点をいかに行うかによって選定の成否が大きく左右されるにもかかわらず、評点の配分について誰もが納得できる手法は確立されていない――確立しようがない――のである[34]。これに対して、競争入札の最低価格自動落札方式は、価格一本という極めて明快な指標を用いていた。

　第二は、実際の評価（何点を付けるか、いずれを優れていると判断するか）において、主観的な要素を排除できないことである。特に、狭い業界であり、寡占市場が形成されている場合には、行政と事業者との間で癒着が生じやすい。学識経験者委員の意見を聴くとは言っても、特にデザインの評価などは、応募者と繋がりの深い委員の意見によって左右されるのではないか。これに対して、最低価格自動落札方式は、価格一本で決めるから、実に客観的かつ優劣が付けやすく、恣意が入り込む余地はなかった。

　第三は、総合評価やプロポーザルでは様々な事情を総合勘案するので、どうしても選定過程が不透明になりやすいことである。これに対して、最低価格自動落札方式は、価格による比較であるから、業者同士で談合がなされた場合などはともかく、適正に入札が行われる限りにおいては、誰の目から見ても優劣は明白であった。

　総合評価やプロポーザルの消極的な面ばかり並び立てたが、弱点を的確に意識しなければ、改善のための手段を練ることはできないからである。一言でまとめれば、総合評価やプロポーザルの弱点は、選定過程に恣意的判断が混じりやすい点に集約される。ただし、恣意的判断と主観的判断とは――その区別は微妙ではあるが――区別されるべきものである。筆者などは、総合評価やプロポーザルが主観的な評価から完全に訣別することは構造上不可能であることを率直に認めた上で、行政職員には、主観的な評価ではなぜいけないのか「開き直って」住民に説明する勇気が求められると考えるが、この辺りは、公的な意思決定から極力主観的な要素を排除することを是とする（排除しなければならないとする――そのようなことは実際上不可能であり、芸術・建築の分野では尚更なのだが。）わが国の社会・文化に深く根付いた意識の問題でもあり、一朝一

---

33)「公共工事に関する調査及び設計に関する入札に係る総合評価落札方式の実施について」（平成20年11月5日国官会第1354号・国地契第38号）

34）福井・前掲133頁は、価格点の比率は諸外国に倣って10％以下とすべきであるとする。

夕に状況が改まることは期待できないだろう。[35)

　だが、適正な手続を通じて透明性を高める——行政と事業者との間で一定の「距離（Distanz）」を確保する[36)]——ことで、行政の恣意的判断を排除することは、かなりの程度まで可能である。そのための有効な手段が情報公開であることは、言うを俟たない。住民が事業者の選定から契約締結に至るまでの過程に厳しい視線を注ぐことで、恣意的判断は未然に防がれる。第一、芸術・建築における優劣の評価においては、手続的な適正によってその正当性を担保する以外にないのである。ただし、総合評価やプロポーザルを用いた契約締結の過程においては、事業者の技術情報やノウハウの流出に結びつきかねないような微妙な情報にまで、開示請求が及ぶことが少なくない。名古屋高判平成23年7月8日（平成22年（行コ）第33号）季報情報公開・個人情報保護46号57頁は、一般廃棄物中間処理施設のプラントの発注をめぐり行われた開示請求について、プラントの構造などは、法人等情報（ノウハウ）に関係する情報であるとして、非開示決定を妥当であると判断した。[37)]むろん、住民としては、行政と特定の事業者が癒着するなどして、不透明な経過で発注が行われたのではかなわないから、いかなる選定基準・経緯で総合評価をクリアしたのか、情報公開を求めるのは当然の要求である。不必要に情報を非開示とすれば、恣意が疑われても仕方がない。情報公開の要請と法人等情報の保護との調和をいかにして探るかについては、なお検討を要する課題である。

第6節　公共調達と政策誘導

　総合評価やプロポーザルにおける評価項目との関係で、環境親和性や雇用の創出といった政策誘導の論点にもふれておく必要があろう。[38)]公共調達は、そ

---

35) この点、ドイツでは、伝統的に随意契約が優勢であった。民間事業者のノウハウを柔軟に採り入れるという視点からは、官庁と事業者の間での事後的な交渉によって発注事業の条件等を変更できる余地を残しておくことが望ましいとされたからである。競争入札の手法では、公正な競争を確保するという目的の下に、事前に官庁が発注事業の条件等を厳密かつ詳細に公告しなければならないため、運用が硬直的となって契約の妙味が失われると考えられた。このドイツ的思考は、競争的対話（Wettbewerblicher Dialog）というプロセスをふんだ上での競争入札を導入するように強く求めるEUとの間で軋轢を生んだ。詳細は、岸本太樹『行政契約の機能と限界』有斐閣（2018）341頁以下。
36) 板垣勝彦「ドイツ公法学における「距離」概念について」自治研究89巻10号（2013）46頁。
37) 板垣勝彦「判例解説（名古屋高判平成23年7月8日）」季報情報公開・個人情報保護46号（2012）32頁。
38) 誘導行政については、中原茂樹「誘導手法と行政法体系」塩野宏先生古稀『行政法の発展と変革（上）』有斐閣（2001）565頁、板垣・前掲注（23）63頁以下、宇賀・前掲133頁以下。

474　第2章　公共調達の法理

の市場に与える影響の大きさから、ただ単に行政活動にとって必要な物品を調
達するというだけでなく、そこに様々な政策目的ないし思惑が絡まり合うこと
も珍しくない。たとえば、再生紙のような環境親和的な製品を優先的に購入す
ることにすれば、物品の調達によって、行政活動の円滑な遂行に資するという
だけでなく、環境負荷の低減にも貢献することになる。物品の調達から得られ
る副次的な効用をどのように評価するかは、公共調達が市場全体に占める割合
が高いほど、その重要性が増す。[39]

　ベネディクトは、公共調達が市場のコントロールに果たす役割について、「第
二次目的（Sekundärzwecke）」という言葉を用いて整理する。[40] すなわち、調達
行政の第一次目的（行政の機能遂行能力を確保する目的）は、行政活動の用に供
する財・サービスを、なるべく高い品質（Qualität）で、まさに調達すること
にある。手続参加者平等取扱いの原則（ドイツカルテル法97条2項）、経済性（最
安価落札者優先）原則（同法97条5項）、専門知識、給付能力、信頼性などの適
性基準（参照、同法97条4項）、透明性原則などは、第一次目的を達成するため
の原則である。

　これに対して、第二次目的というのは、「発注手続において追求され得る、
その他のすべての目的」を指す概念であり、公益目的全体の観点からはむしろ
第一次的ともいえる目的なのだけれども、調達目的それ自体からみると副次的
な目的のことを指す。たとえば、ある公共事業の発注に際して、長期失業者・
障害者の雇用、若者の職業訓練、男女雇用機会の均等化、環境負荷の軽減に貢
献するかといった要素を高く評価すれば、受注を目指す事業者は、これらの政
策課題に積極的に取り組む方向へと誘導されるであろう。[41] 欧州裁判所1988年
9月20日判決は、公募の際にいかなる要素を高く評価するかについての基準
が周知されていることを要件に、第二次目的を考慮することは適法であるとし
た。ドイツの国内法も、長期失業者の雇用創出について、法律に根拠を有する
ことを条件として（参照、ドイツカルテル法97条4項後段）、考慮要素に加える

---

39) Basedow, J., "Der Staat als Nachfrager", in : Blaurock, U.(Hrsg.), "Der Staat als Nachfrager",
　2008, S.59 (S.62 f.).

40) Benedict, C., "Sekundärzwecke im Vergabeverfahren", 2000, S.17; Schulze-Fielitz, H., "Grundmodi
　der Aufgabenwahrnehmung" in : GVwR Bd.1, 2006, Rn.143.

41) Benedict, a.a.O., S.19 は、古典的な事例として、地域振興、景気の制御、中間層への助成、失業対策、
　研究や技術革新への支援、若者の就労支援などを列挙する。ドイツ特有の事情として、東独地域か
　らの引揚者やナチスに迫害された人々の社会適応の支援なども挙げられている。碓井・前掲注（30）
　332頁は、アメリカの研究から着想を得て、これを「付帯的政策（collateral policy）」と名付ける。

第6節　公共調達と政策誘導　　475

ことを認めている[42]。

　しかし、あまりに第二次目的を重視しすぎると、経済性原則や事業発注の公平性を損なうことにもなりかねないため、第二次目的を考慮する動きには警戒が欠かせない。第二次目的に期待されるのはあくまで副次的な機能であり、いかに第一次目的との折り合いをつけるかが、政策立案者の課題となる。行政裁量の視点からみると、第二次目的は、「許される程度・範囲での他事考慮」と言い換えることが可能かもしれない。前掲最判平成18年10月26日は、経済性原則以外に地域振興という要素を考慮することについて、両者の折り合いをつけた事例とみることができよう[43]。

　国、独立行政法人等、地方公共団体（以下、「国等」とする。）は、購買者として多大な影響力を有するため、雇用の創出、環境親和性、循環経済への寄与に対する期待はますます高まっている。最も早い時期の立法としては、「官公需についての中小企業者の受注の確保に関する法律」（昭和41年法律第97号）3条が、国や公庫等に対して、中小企業者の受注の機会の増大を図る努力義務を課している。「国等による環境物品等の調達の推進等に関する法律」（グリーン購入法、平成12年法律第100号）3条以下、「国等における温室効果ガスの排出の削減に配慮した契約の推進に関する法律」（環境配慮契約法、平成19年法律第56号）3条・4条は、環境負荷の低減ないし温室効果ガスの排出削減に資する原材料、物品、製品、役務を選択する努力義務を課す[44]。近年では、「国等による障害者就労施設等からの物品等の調達の推進等に関する法律」（平成24年法律第50号）3条以下が、国等に対して、障害者就労施設等から優先的に物品等を調達する努力義務を課していることが注目される。随意契約が許容される局面においても、障害者支援施設からの物品買入れ（地方自治法施行令167条の2第1項3号）や新たな事業分野の開拓を図る者が生産した新商品の買入れ（同項4号）といった保護奨励目的が正面から認められていることには、注意しなければならない[45]。標準ガイドラインにおいては、標目として、環境の維持、

42）EuGH, Urt. vom 20.9.1988, Rs-31/87, Slg. 1988,4635, Rn.28 ff.
43）福井・前掲133頁は地元業者優先について厳しく批判する。
44）宇賀・前掲389頁以下。阿部・前掲注（3）430頁によると、グリーン購入法は、調達すべき物品・役務について一定の環境性能を規律するのに対して、環境配慮法は、最善の環境性能を有する物品・役務を調達するしくみを規律する点で趣旨が異なる。すなわち、グリーン購入法の場合、一定の燃費基準をクリアした自動車はすべて調達対象になり得るのに対して、環境配慮法の場合は、価格と環境性能の両面からみて、費用対効果の高いものを調達することが求められる。
45）碓井・前掲注（30）226頁以下。

施工への配慮、特別な安全対策、省資源・リサイクル対策などが掲げられている。

　ただし、混同してはいけないのは、本章の主題はあくまで①目的物そのものの品質を高い水準に保つための公共調達のあり方であって、「第二次目的」のように、②公共調達から得られる副次的な効用についての的確な考慮のあり方ではないことである。上手に喩えるのは難しいが、本章の話題は、競技場の設計を公共調達で行うときに、いかにして価格の安さだけでなく、競技者にとっての使いやすさ、観客にとっての見やすさや安全性、建物としての美しいデザイン、耐久性、保守管理のしやすさを併せ持った設計を選ぶことができるかにあり、いずれの設計を採用すれば環境負荷の低減や雇用の創出に役立つかといったことではない。

　とはいえ、①と②の２つの視点が、総合評価やプロポーザルにおいてあまり区別されることなく評価項目として並べられていること、公共調達において第二次目的に寄せられる期待が決して小さくないことも、率直に認める必要はあろう。ここでは、①と②が本来区別されるべきものであることを指摘するにとどめる。[46]

第7節　展　望

　公共調達における落札方式の変化は、行政の説明責任を高める。そして、高度な説明責任が求められるがゆえに、現場の行政職員にしてみると、総合評価やプロポーザルは面倒なものとして回避されがちである。一般競争入札には問題が多いことが認識されながらも、やはり価格という客観的な指標――納税者に対する説明のしやすさ――の威力は大きい。説明責任（アカウンタビリティ）が高度化する現在、現場の（気の弱い、面倒くさがりな）職員にとって、説明のしやすさは大きな魅力に映ることだろう。しかし、説明の煩（住民に対する説明、上司に対する説明、長や議員に対する説明、メディアに対する説明）さえ厭わなければ、大抵のことは現場の裁量で何とかなるものである。[47]　現場の行政職員に

46）竹林・前掲160頁は、あくまで政策誘導は最低限であるべきで、公共インフラの整備という第一次目的こそ肝要であるとする。

47）事業者が許認可の申請に当たり直面する「法律の壁」「制度の壁」とよばれるものの大半も、その正体は、説明責任を厭う行政職員の個人的な資質によるところが大きい。法律の建付けというものは、一切の例外を許していないことの方がむしろ珍しいのである。

とって必要なのは、最少限の法的知識を身に付けることと、面倒くさがらずに説明するだけの気概と根気良さである。競争入札と総合評価・プロポーザルの長所と短所を見極めて、最適な選定手法を用いることが求められる。

第3章

契約による猟友会への有害鳥獣駆除の委託

第1節　問題意識

　イノシシ、シカ、カラスといった鳥獣による食害は、農林業の大敵である。農水省によると、有害鳥獣による農作物被害額は毎年200億円前後にも上るという[1]。有害鳥獣の駆除は、地元の地方公共団体に課せられた公的性格の強い任務である[2]。しかし、多くの市町村では、有害鳥獣の駆除は契約（行政契約）を通じて地元猟友会に委ねられている。これは、契約を通じた権力的事実行為の民間委託の古典的事例である。

　契約を通じた民間委託は、公共サービス改革法（平成18年法律第51号）や指定管理者制度（地方自治法244条の2第3項）の導入で脚光を浴びている。とりわけ、権力的事実行為や行政処分についてまで民間委託が可能となったことが注目され、行政が契約を通じて民間事業者の任務遂行をいかにコントロールしていくかが課題となっている[3]。ただし、権力的事実行為の委託については、あまり注目されてこなかったとはいえ、有害鳥獣の駆除において連綿と行われてきた実績がある。

　本章では、行政契約の解除はいかなる場合に認められるのかについて、町長が猟友会に対して鳥獣保護法[4]所定の従事者証の返納を命じた行為の違法性が争われた釧路地帯広支判平成23年3月24日（平成21年（ワ）第166号）判時

---

1) 農業災害補償法（昭和22年法律第185号）による共済金の交付制度は、平成29年の法改正により農業保険法と名称が改められて、自然災害による減収のみならず、価格低下についても補償の対象とされるようになった。旧法下の研究として、北村喜宣「保護鳥類による農作物被害への制度的対応」エコノミア45巻1号（1994）21頁。ウィスコンシン州の政策の紹介として、北村喜宣『行政法の実効性確保』有斐閣（2008）96頁以下。
2) 地域ぐるみの対応が求められることについて、山端直人「集落ぐるみのサル追い払いによる農作物被害軽減効果　三重県内6地区での検証」農村計画学会誌28巻（2010）273頁。
3) 碓井光明『行政契約精義』信山社（2011）283頁以下。
4) 平成26年の法改正により、名称が「鳥獣の保護及び管理並びに狩猟の適正化に関する法律」へと改められた。「管理」とは、いわゆる間引きのことである。神山智美『自然環境法を学ぶ』文眞堂（2018）137頁。

2112号103頁（以下、本章を通じて「本判決」とする。）を通じて検討する。

　また、有害鳥獣駆除の担い手不足への対策、ジビエ料理のような「地産・地消」の取組み、最新技術を用いた駆除の試みなど、有害鳥獣駆除を取り巻く現代的な論点にもふれることにしたい。

第2節　事案の概要

　この事件は、①鳥獣の保護及び狩猟の適正化に関する法律（以下、「鳥獣保護法」または単に「法」とする。）9条8項にいう「従事者」であったXら2名（両者とも北海道猟友会新得支部A部会に所属するハンターであり、X_1が副部会長、X_2が部会長である。）に対して、Y（新得町）の町長が従事者証の返納を求めた行為（行為1、行為2）の違法性と、②Yの町長以下の公務員が報道機関に対してXらに契約違反があったかのような告知をした行為（行為3）によって名誉を傷つけられたとして、行為3の違法性について、Xらが国家賠償法1条に基づく損害賠償を請求した事案である。なお、③Xらの質問に対してYの町長が具体的回答を拒否した行為の違法性については、本章では省略する。

　法9条1項は、「……鳥獣による生活環境、農林水産業又は生態系に係る被害の防止の目的……で鳥獣の捕獲等……をしようとする者は、……〔同項所定以外の場合には——筆者注〕都道府県知事の許可を受けなければならない」と規定する。本件では、地方公共団体であるYが、ヒグマ、エゾシカの捕獲等について、北海道知事からこの許可を受けている[5]。続いて、法9条8項は、「第1項の許可を受けた者のうち、国、地方公共団体……は、環境省令で定めるところにより、……都道府県知事に申請をして、その者の監督の下にその許可に係る捕獲等……に従事する者（以下「従事者」という。）であることを証明する従事者証の交付を受けることができる」と定める。

　つまり、Yの監督の下でヒグマ、エゾシカの捕獲等に従事する者（従事者。具体的には、Xらのような猟友会に所属するハンターを指す。）が、知事から証明

5）したがって、判決文中の「被許可者」とは、Yのことである。地方公共団体が被許可者となるというのは珍しいしくみであるが、本章の基となった報告を行った行政判例研究会の席上では、本来は狩猟を行う入会団体に法人格を付与した財産区のような特別地方公共団体を念頭に置いたものではないかとの指摘を受けた。なお、北海道環境生活部の事務処理の特例に関する条例2条により、キツネ、カラス、ドバトの捕獲等に関する許可権者はY町長となっている。

書（従事者証）の交付を受けるというしくみになっているわけである[6]。Yの町長は、個別のハンターが所属する猟友会の各部会との間で、平成8年から平成19年まで毎年度、有害鳥獣駆除等の業務委託契約を締結してきた（以下、これを「本件委託契約」または単に「契約」とする）。そして、Xらを始めとする各部会に所属するハンターは、この業務委託契約に基づき、個別の従事者として、知事から従事者証の交付を受けてきた（本件で紛らわしいのは、Xらが知事から交付された従事者証の返納を、Yの町長が求めている点である）。平成20年度の業務委託契約の内容は、以下の通り。

「ア　委託業務（1条）

　Y町長は、有害鳥獣（ヒグマ）による、人畜、農作物の被害を防止するため、巡視及び捕獲業務をA部会会長……に委託し、A部会会長……はこれを受託する。

イ　捕獲物処理（3条）

　A部会会長……は、有害鳥獣（ヒグマ）を捕獲した場合、Y町長の立会いのもと「埋設処理」する（捕獲物を食用等に使用してはならない[7]。）。

ウ　委託期間（4条）

　業務の委託期間は、平成20年5月2日から平成21年3月31日までとする。

エ　報告（6条）

　A部会会長……は、上記アに定める業務に従事したときは、巡視及び捕獲状況報告、写真等を速やかにY町長に報告しなければならない。

オ　駆除従事者（8条2項）

　駆除に従事するハンターは、Y町長及びA部会会長……の指示に従い、安全かつ災害の未然防止に最善の注意を払わなければならない。

カ　解除（10条）

　Y町長は、A部会会長……がこの契約を履行しないとき、又は、履行の見込みがないと認められるときは、いつでもこの契約を解除することができる。」

　しかし、平成20年3月以降、A部会は度重なるトラブルに見舞われた。裁判所の事実認定に関わるため、詳細は次節で後述するが、概要は以下のとおりである。まず3月末、XらとA部会の会員であるCおよびDは、エゾシカを駆

6）なお、キツネ、カラス、ドバトに関しては、前記条例により、Yの町長から従事者証の交付を受けることになる。

7）有害鳥獣駆除に籍口した乱獲や密猟を防止するための規定であると推測される。加藤峰夫「有害鳥獣対策の現状と問題点」エコノミア45巻1号（1994）41頁（47頁）。

除する際に、一般の住宅付近で発砲を行った[8]。A部会は、Yの農林課長からの厳重注意を受け、Xらは、4月末に住民説明会を行って謝罪した。

　ところが6月上旬、A部会は、ヒグマの駆除に関して、再び不祥事を起こした。具体的には、従来は箱わなを設置する際にはYと事前協議をしていたのに、A部会はこれを怠り、また付近に箱わなが設置されている旨を周知する看板を立てなかった、ヒグマの殺処分をY職員の立会いなしに行った、ヒグマを食用に供した、などである。Y町長は、平成20年6月24日、A部会会長に対し、本件委託契約8条2項の不履行を理由に、同10条に基づき、委託契約を解除するとの意思表示をした。Y町長は、平成20年6月30日付けで、A部会に対し、会員のヒグマの従事者証の返納を求めた（これが、"行為1"である）。ハンター達は、従事者証を返納すれば、法9条10項により義務付けられた従事者証の携帯・提示を行うことができなくなるから、事実上、従事者としての地位を失うことになる。

　ヒグマの駆除に関する不祥事については、以下の新聞報道がなされた。平成20年6月24日の十勝毎日新聞には、A部会が、ヒグマの駆除に関して、事前連絡や協議をせずにわなを設置したなどの行為があったため、Yが本件委託契約解除を含めて検討していることなどの記事およびY町長の「契約に基づかない行為があったとすれば、重い判断をせざるを得ない」とのコメントが掲載された。同月25日の十勝毎日新聞には、A部会の上記の行為を原因として、Yが本件委託契約を解除したことなどの記事およびY町長の「契約の中身が守られなかったのは残念。ぜひ地域住民、町との信頼関係の中で行って欲しかった。」などのコメントが掲載された。同日の北海道新聞には、A部会が、ヒグマの駆除に関して、近隣住民への配慮等の安全管理を怠っていたとして、Yが、本件委託契約を解除したことなどの記事が掲載された（以下、これらの記事を「本件各記事」という）。Xらは、本件各記事は、Yの町長以下の公務員が報道機関に対してXらに契約違反があったかのような告知をした行為（これが"行為3"である。）をもとに掲載されたものであり、これはXらの社会的評価・名誉を毀損する違法行為であると主張している。

　それにしても不祥事とは重なるもので、今度は6月下旬、Dが河川敷に捕獲

8）加藤・前掲45頁によると、一般にシカ類は膝より雪が深くなると動きがとれなくなり、採餌もできず、そのまま寒風に晒され続ければ凍死する。したがって、エゾシカの生息域は比較的積雪量が少ない道東部に集中しているという。ただし、近年の暖冬小雪傾向により、その生息域は拡大しているとみられる。

482　第3章　契約による猟友会への有害鳥獣駆除の委託

した鹿を放置するという事件が起きてしまった。Y町長は、7月11日付で、Dに対して、今後Yが被許可者として行うすべての有害鳥獣駆除等について従事者とはしない旨を通知した。それにとどまらず、Y町長は、7月31日付で、XらおよびCに対しても、ヒグマ以外の鳥獣の従事者証の返納を求めた（これが"行為2"である）。Xらは、行為1と行為2については、Y町長に返納を命じる正当事由がないにもかかわらず行われたもので、違法であると主張している。

猟友会新得部会

協議せず わな設置
町、契約解除含め検討

【新得】町上佐幌地区で事前連絡や協議をせずにクマの捕獲わなの設置と処分を行ったとして、町は有害鳥獣駆除の委託契約者である北海道猟友会新得支部新得部会（鳥浅明良部会長）に対し、24日午後にも当事者を呼び、協議後、契約解除も含めた町の考えを伝える。浜田正利町長は「契約に基づいた対応があった」と言いつつ、重い判断をせざるを得ない」としている。

有害鳥獣駆除は4月1日から9月30日の期間に行われ、許可を受け、町は同支部新得部会、同支部田足・トムラウシ部会の2者と業務委託契約を結んでいる。

問題となっているのは、新得部会のメンバーがクマの捕獲わなを新得・相談せずに設置した点と、今月9日付で処分の事後報告を受けた点。町によると、本来、わなの設置は有害鳥獣駆除の新得部会と農作物の被害報告や町に寄せられた時に設置場所を含め協議する。クマの場合は目撃情報や農作物の被害報告が新得部会や町に寄せられた時に設置場所を含め協議する（処分する）時も町と警察が立ち会いのもとで行うとしている。町農林課では「駆除の進め方など信頼関係の下で調整しながら進めたかった」としている。

平成20年6月24日　十勝毎日新聞

協議なく捕獲わな設置で町
新得部会の契約解除

【新得】北海道猟友会新得支部新得部会（鳥浅明良部会長）が、町上佐幌地区で事前協議なくクマの捕獲わなを設置し処分した問題で、同部会と有害鳥獣駆除の業務委託契約を結んでいる町は24日午後、同部会に対し正式に契約解除を伝えた。

問題となっているのは、新得部会のメンバーがクマの捕獲わなを協議なく町に連絡・相談せずに設置した点と、今月9日付で処分の事後報告を受けた点。さらに契約書に記載のなくクマの捕獲わなを設置しても聞き取り調査では確認できなかった（農林課）。町によると、わな設置は有害鳥獣駆除の原則とし、目撃情報や農作物被害報告が新得部会や町に寄せられた時に、設置も含め態勢を協議する。止め差しや町の立ち会いの下で行うとしている。

町は、これらの点を踏まえ、住民の安全確保を怠ったなど「契約条項の不履行に当たる」とし、最も重い判断に踏み切ったとする。今後町は、クマ駆除を認める従事者証を、一方の委託契約者である田足・トムラウシ部会との新たな有害鳥獣駆除の契約締結についても早急に協議したい考え。浜田正利町長は契約の中身が守られないなど「残念。ぜひ地域住民、町との信頼関係の中でクマ駆除をもっていきたかった」とし「行政と協議し、関係機関と協議し、有害鳥獣駆除という目的達成のため最善の方法を考えていきたい」とコメントしている。

平成20年6月25日
十勝毎日新聞

第3節　判　旨

　釧路地裁帯広支部は、まず、次のように述べた。

　「（2）……鳥獣保護法及び鳥獣保護法施行規則には、従事者の選定に関する規定はない。……許可権者としての北海道及びＹは、それぞれ、鳥獣捕獲許可取扱要領で、被許可者が従事者を適切に指導及び監督することとしているのであるから、従事者に鳥獣保護法等に違反した事実があった場合、捕獲等又は採取等の許可の取消し（鳥獣保護法10条2項）といった行政上の責任を問われることはもとより、民事上、刑事上の責任を問われる可能性もある。

　したがって、被許可者による従事者の選定及び選定の取りやめについては、上記監督を実効あらしめるという観点からも、被許可者の極めて広範な裁量に委ねられており、上記裁量の逸脱がない限り、違法行為となることはないというべきである。そして、……被許可者の従事者証の返納を命じる行為についても、同様に、上記裁量の逸脱がない限り、違法行為となることはないというべきである。」

　そして、釧路地裁帯広支部は、行為1、行為2および行為3について次のように述べ、それぞれの違法性を否定した。

　「（3）行為1について

ア　……（ア）　Ｙは、従前から、従事者を選定する基準として、新得町内に住所があり、かつ、狩猟免許を保有していることとしていた。そして、……Ａ部会……との関係では、実際には、……Ａ部会……から従事者候補者の名簿を提出してもらい、原則として、上記基準を満たす限り、名簿に登載されている者を従事者として選定していた。……

イ　……Ａ部会は、従前から、……箱わなの設置についてＹと事前協議していたにもかかわらず、Ｙと事前協議をしないで、Ｙが把握していない場所に……箱わなを設置しており、……箱わなを設置していることについての周囲への周知看板を設置しなかった……。

　またＹは、従事者に対して、ヒグマが箱わなにかかったときは、日時を問わず、直ちにＹに連絡することとし、連絡を受けたＹの担当者等が臨場し、殺処分に立ち会っていたにもかかわらず、6月5日夕方に捕獲してから同月9日朝までＹに連絡せず、同月7日までにヒグマにえさを与えるなどした後、同日朝、

Ｙの職員の立会いなしで殺処分した……。

　さらに、本件委託契約によれば、捕獲物を食用等に供してはならないとされており（本件委託契約３条）、本件ヒグマ指示書〔従事者証を交付する際にＹから渡された、ヒグマの捕獲事業に関する指示書のこと──筆者注〕にも、保護鳥獣は土中埋設し、食用等に利用しないことと記載されているにもかかわらず……、Ｘらは、捕獲したヒグマをＡ部会会員の食用に供した……。

　このような事実関係に照らすと、Ｙ町長が、駆除に従事するハンターが、Ｙ町長の指示に従い、安全かつ災害の未然防止に最善の注意を払うことができず（本件委託契約８条２項）、Ａ部会会長が、本件委託契約を履行しない又は履行の見込みがないとして（本件委託契約10条）、本件委託契約を解除した上、従事者証の返納を命じた行為（行為１）は、被許可者としての裁量を逸脱した行為とは認められない。

　なお、Ｘらは、ヒグマが箱わなに捕獲されれば、周辺地域は安全性が高まると主張し、Ｘらは同旨の供述をする。しかし、箱わなにヒグマが捕獲された場合でも、周囲に別のヒグマがいる危険や、捕獲されたヒグマが逃げ出す危険があるとの文献もあ〔る〕……。

河川敷にシカの死骸放置

猟友会新得部会のハンターか

新得署が聴取

　【新得】トムラウシ地区のニペソツ川河川敷で25日早朝、シカの死骸（しがい）が放置されているのを付近住民が見つけ、新得署に通報した。

　死骸は同日午後、北海道猟友会新得支部新得部会のハンターを特定し、廃棄物処理法違反などの疑いもあるとみて任意で事情を聴いた。

　同地区では４月にも道路上でシカが撃たれて放置され、その死骸がクマが運んだ形跡があったことで、特に通学路となる道路沿いの駆除作業を同部会や町に要請したばかり。トムラウシ町内会の関谷

達司会長は「住民は安心して暮らしたいだけなのに、それがから河川敷に投げ捨てられたような状況」と話している。同署による関係者によると、ハンターは同日早朝、同地区内で有害駆除としてシカを仕留めた後、車でシカの一部を引きずった状態のまま午前６時ごろ、富村牛小中学校前路上で積み直し、東方面に向かった。戻った車にシカが積まれていなかったことを不審に思った住民が調べたところ、市街地から約5㌔離れた同川河川敷でシカの死骸を見つけ、同署に通報した。

　放置現場は、高さ十数㌢の判断待ちと情置姿勢をみせている。町は、新得署の判断待ちと情置姿勢をみせている。町は「新得署の処理の仕方など安全善理の問題で、24日付で町とのクマ駆除に関して業務委託契約を解除している。町は「新得署の処理ができていなかったとすれば、シカ駆除に関する従事者証の返還も含め対応していく」としている。

　同部会は、わなの設置や処理の仕方など安全善理の問題で、24日付で町とのクマ駆除に関して業務委託契約を解除している。

平成20年６月26日　十勝毎日新聞

そもそも、ヒグマの危険性を最終的に判断するのは従事者であるＸらではなく、被許可者であるＹであり、少なくともＹが、ヒグマが箱わなに捕獲されたときに、捕獲されたヒグマを生きたまま放置しておくと、助けようとする親グマや子グマが近づいてきて凶暴化するため、直ちに殺処分し、埋設する必要があると判断して、従事者に対して直ちに報告することなどを求めており、……そのことが全く根拠のないこととはいえない以上、従事者がこれに従わなかった場合には、被許可者が従事者としての選定を取りやめたとしても、被許可者としての裁量を逸脱したとはいえないというべきである。

　また、Ｘらは、ヒグマは食用に供しても問題ないと主張するが、捕獲物を食用等に供してはならないということが本件委託契約の内容となっており……、本件ヒグマ指示書にも記載されているのであるから、従事者がこれに従わなかった場合には、被許可者が従事者としての選定を取りやめたとしても、被許可者としての裁量を逸脱したとはいえないというべきである。」

　「（4）行為2について

ア　……（ア）　ＸらとＡ部会会員であるＣ及びＤは、平成20年3月23日から、エゾシカの駆除に従事した。その際、近隣住民が、自宅前で発砲が行われたとして、警察に通報、届出をした。

　Ｙの担当者〔が当事者に事情聴取した上で、――筆者注〕……Ｙの農林課長は、Ｘ₂及びＣを通じて、Ａ部会に対し、厳重注意をするとともに、再度、事件が起これば、当事者にはＹの有害鳥獣駆除等に従事することを辞めてもらう旨伝えた。

（イ）　Ｘら及びＣは、平成20年4月25日、Ｙ町役場において、近隣住民代表及びＹの担当者に対して説明会を開き、そこで、Ｘ₁は、Ｘ₂がＡ部会会長として同日付けで作成した、「地域の住民に迷惑をあたえた事に対しまして深く反省をいたしております」、「Ａ猟友部会は、農家の目線にそって活動」していきたいなどと記載してある書面を読み上げた。

（ウ）　Ｄは、平成20年6月25日、トムラウシ地区で、捕獲した鹿を河川敷に放置し、警察から事情聴取された。

　〔Ｙ町長からＡ部会に対してなされた、当面の間の有害鳥獣駆除の自粛要請、及びＤによる鹿の放置に関する対応への質問を受けて、〕……Ｘら……は、……同年7月11日付けの書面によって、Ｙ町長に対し、Ａ部会として、トムラウシ町内会に謝罪し、Ｄに対して謹慎（狩猟禁止）6か月の処分を科すこと

を決定し、Ａ部会会員に対して指導を徹底する旨、回答した。

　……Ｙの担当者は、Ａ部会にはＹの実施する有害鳥獣駆除等業務の指示等を実践してもらえないと判断し、これに基づき、Ｙ町長は、Ａ部会の役員であるＸら及びＣに対しても、今後Ｙが被許可者として行う有害鳥獣駆除等について従事者として依頼できないとして、ヒグマ以外の鳥獣の従事者証の返納を求めた（行為２）。

イ　Ｘらは、平成20年４月頃、有害鳥獣駆除等の従事の際に、近隣住民との間でトラブルを起こし、同月25日、説明会を実施して、Ａ部会として、地域の住民に対して反省の意を表明したにもかかわらず、同年６月にはヒグマを放置し……、同月25日には、Ａ部会会員が鹿を放置するという事件を起こしている。

　……このような事情に照らすと、Ｙの担当者が、Ａ部会は団体として会員に対して指導監督すべき立場にあるにもかかわらず、Ａ部会会員による上記のトラブル等が発生していることからすれば、Ａ部会には上記指導監督が十分にできないと判断し、Ａ部会の役員であるＸらにも一定の責任があると考えることには相応の理由があるというべきであって、Ｙ町長が、Ｘらに対し、従事者証の返納を命じた行為（行為２）は、被許可者としての裁量を逸脱した行為とは認められない。」

「（5）行為３について

　情報提供者が、故意又は過失により、新聞社に第三者の社会的評価を低下させる情報を提供し、その結果、第三者の名誉を毀損する新聞記事が報道され、これにより第三者の社会的評価が低下した場合、当該第三者が、その情報提供行為について、情報提供者に対し、不法行為責任を問うためには、情報提供者の情報提供と第三者の社会的評価の低下との間に相当因果関係が必要である。

　もっとも、一般に、新聞記事は、新聞社の取材と編集の過程を経て作成されるものであるから、情報提供者が提供した情報又は発言内容等が、そのままの形で記事内容となるということはできず、情報提供者としてもそのような事態を予見していないのが通常である。

　したがって、被取材者の情報提供を原因として第三者の名誉を毀損する新聞記事が報道され、これにより第三者の社会的評価が低下したとしても、原則として、情報提供者の情報提供と第三者の社会的評価の低下との間に、相当因果関係を認めることはできず、情報提供者が、第三者の社会的評価を低下させる

情報をそのままの形で記事内容とすることを、新聞社と予め意思を通じた上、取材を受けたなどの特段の事情が認められる場合にのみ、上記相当因果関係を認めることができるというべきである。

これを本件についてみると、上記特段の事情の存在について、これを認めるに足りる証拠はない。

したがって、仮に本件各記事がＸらの名誉を毀損するものであるとしても、Ｙ町長その他Ｙの公務員の報道機関に対する情報提供行為（行為3）と、Ｘらの社会的評価の低下との間に、相当因果関係があるということはできない。」

第4節　ヒグマに関する従事者証の返納命令について（行為1）

最初に、ヒグマに関する従事者証の交付権限を有するのは道知事であるのに、Ｙ町長が個々のハンターに対して従事者証の返還を求める行為は、いかなる根拠に基づいて正当化されるのかについて確認しておきたい。これは、Ｙ町長が被許可者として（業務委託契約などを通じて）個々の従事者に指示・監督を及ぼす立場であった以上、従事者の契約違反によりこれを解除し、彼らに対して従事者証の返納を求める行為は、正当な権限に基づくものと理解すべきであろう。施行規則7条7項3号でも、被許可者（Ｙ）は従事者の住所、氏名、職業を記載した申請書を都道府県知事に提出すべきことが定められており、従事者が不祥事を起こした際には、被許可者はその監督責任を問われる立場にあることが認められる。[9]

さて、Ａ部会は、ヒグマの捕獲等に関して、業務委託契約の条項に明確に違反する行為を行った。もし、これが契約の両当事者が私人同士の関係であれば、条項に公序良俗への違反（民法90条）でも認められない限り、Ａ部会は契約を解除されても文句は言えない。契約の内容自体が、両当事者が十分に納得した上で締結したものとみなされるからである（私的自治の尊重）。しかし、本件の

---

9) なお、町長が個々のハンターに対して従事者証を付与し、あるいはその返納を求める行為が行政処分に該当するか否かは、難問である。大田区ごみ焼却場判決（最判昭和39年10月29日民集18巻8号1809頁）の定式で判断すると、ハンターに対して鳥獣保護法上の従事者たる地位を付与・剥奪するという点を重視すれば、直接に私人の法的地位を変動させるものといえようが、本判決も言及しているように、被許可者と従事者の関係について法令は何の規定も置いておらず、行政契約に基づく義務の履行および解除と理解するのが妥当であろう。

488　第3章　契約による猟友会への有害鳥獣駆除の委託

一方当事者は、地方公共団体であるＹであった。このような行政契約の場合には、契約内容そのものについても、一定程度の合理性を備えていることが求められる。公共団体が契約を締結する相手方を選ぶ際には平等原則の適用があるし、契約違反があった際の解除の判断も、違反事由の軽重と契約解除という重大な効果との間において、均衡を保つことが要請される（比例原則）。行政は、契約という私法形式を用いる場合であっても、法治主義に支配されるのである（「私法への逃避」の否定）。そう考えると、本判決が、被許可者Ｙによる従事者Ｘの選定および選定の取りやめについて、「従事者の監督を実効あらしめるという観点からも、被許可者の極めて広範な裁量に委ねられており」とする点には、もう少し慎重な言葉遣いを求めたい。[10]

だが、具体的な事例判断としてみると、本判決は、実にきめ細やかに契約内容の合理性について認定している。本件でＡ部会が業務委託契約に違反したとされる事実は、次の数点に整理される。①箱わな設置に関するＹとの事前協議の懈怠、②そのことを周囲へ周知する看板の設置の懈怠、③ヒグマが捕獲された際のＹへの報告の懈怠、④Ｙ職員の立会いなしでの殺処分、⑤ヒグマを食用に供したこと。それぞれについて、裁判所の判断を参照してみると、①に関しては、契約に明文の規定は見当たらないものの、箱わなの設置場所について十勝支庁に事前届出をしなければならない関係から、従前からＹと猟友会支部との間で事前協議を行う慣行となっていたとのことであり、この慣行には合理性が認められる。②は、箱わなの設置が周囲に知らされていなければ端的に危険であるから、契約８条２項の安全配慮義務に違反することになろう（同条項の合理性は、論じるまでもない）。裁判所は、③④について、箱わなに捕獲されたヒグマを生きたまま放置しておくと、助けようとする親グマや子グマが近づいてきて狂暴化するため、直ちに殺処分し、埋設する必要があるとのＹの主張に関し、「そのことが全く根拠のないこととはいえない」として、③Ｙへ報告し、④Ｙ職員立会いの下に殺処分すべしとの、契約３条の規定内容の合理性を認定している。

なお、⑤に関して、本判決は、捕獲物を食用等に供してはならないことが契約３条の内容となっていた旨について、事実関係を確認するにとどめている。

---

10) 本判決には引用されていないが、汚物取扱いのような行政代行的な性質を有する業の許可に際しては行政の自由裁量が認められるとした最判昭和47年10月12日民集26巻8号1410頁が、この言い回しに影響を与えた可能性がある。

獲物を食用に供するかどうかは、地域の狩猟の伝統に関わる重要な事柄であろうし、ハンターにとっては、(アニサキスのような寄生虫の危険はあるにせよ) 食事の内容について、行政にとやかく指示される筋合いはないとも思われる。が、合意の上で契約した (という事実が認定された) 以上は、やはり契約条項への一義的かつ明白な違反を咎められるのは、やむを得ないであろう。また本件は、①②③④の違反事実だけで契約解除の効果を正当化するには十分な――そして、違反事実と解除という重大な効果との間に、比例原則からの大きな逸脱も認められない――事案であり、⑤は付加的な理由付けにとどまるために、本判決はあえて⑤の内容の合理性にまで立ち入らなかったのだとも考えられる。

第5節　所属部会員の不祥事に関する部会全員の「連帯責任」について (行為2)

　Y町長が、(Xらを含む) A部会のすべての会員に対して、ヒグマ以外の従事者証の返納を求めるに至った直接のきっかけは、Dによる河川敷への鹿の放置である。このように、短期間に部会に関わる不祥事が相次いだとはいえ、会員の一部が起こした不祥事に対して、A部会の全員の従事者証を返納するように求める行為――いわば、A部会の会員全体に「連帯責任」を負わせる行為――には、正当性が認められるのか。

　Xらは、次のような理由から、行為2の違法性を主張する。すなわち、A部会は所属するハンターを指導監督する団体ではないし、部会長等の役員には、部会員を指導監督する法的な役割・権限がない。またY町長は、部会にではな

---

11) たとえば、藤村久和「アイヌの動物観」河合雅雄＝埴原和郎 (編)『講座［文明と環境］第8巻 動物と文明』朝倉書店 (1995) 135頁によると、アイヌにとってヒグマの解体や腑分けは、神から授かったヒグマを再び神へと還す重要な儀式だという。なお、伝統的な祭礼行事に利用するための捕獲を行うには、法9条1項および施行規則5条5号により、その目的を明示した上で環境大臣または都道府県知事の許可を得る必要がある。法の建前としては、害獣駆除目的で捕獲したヒグマを祭礼に「流用」することは許されないということか。

12) 従事者証の返還を求める行為の妥当性は、比例原則における「効果の重大性」という考慮要素に照らして考えると、害獣駆除がA部会の会員の生業といかなる程度密接に関連するかにも依る。しかし、平成20年6月25日の「北海道新聞」によると、クマ駆除の委託料はA部会全体に支払われる額として年間7万5千円とのことであり、個々のハンターは狩猟の他に本業を有していると考えるのが自然であろう。この推測は、Xの主張が「ハンターとしての名誉」を傷つけられた点を中心に組み立てられており、財産的損害に関する主張・立証が見当たらないことからも裏付けられる。

13) ここで「連帯責任」というのは、民法432条以下のそれではなく、仲間のした行為の責めを集団で負わされるという日常用語の意味である。

くて、あくまで選任された個々のハンターに対して有害鳥獣駆除を委託している。それなのに、A部会の役員であったXらも含めて「連帯責任」を負わせることには、正当な理由がない、と。

これに対して、本判決では、近隣住民との発砲トラブル、A部会としての説明会の開催と謝罪、ヒグマ放置事件、といった一連の不祥事の後に、Dによる鹿放置事件が発生したことが指摘されている。続けて、近隣住民とのトラブルの際に、YはA部会に対して厳重に注意するとともに、再度事件が起これば、当事者にはYの有害鳥獣駆除等に従事することを辞めてもらうとの旨を伝えたこと、Dによる鹿放置事件の後、A部会会長であるX₂に対し、Yの指示があるまでの間、駆除の自粛を要請したこと、この事件についてのA部会としての対応を質したこと、といった事情も認定されている。これらの事情から明らかになるのは、たしかに形式的なYの事務委託の相手方は個々のハンターであっても、実質的にみると、Yは、A部会が自身に所属するハンターを内部の自治によりとりまとめ、不祥事が起きた際には内部で自浄作用が働くことに期待して、A部会全体に対して駆除の事務を委託してきたことである。

Xの主張にあるように、A部会の部会長であるX₂、副部会長であるX₁には、法律上の権限として、各会員に対する指導・監督権（これには、当然、懲戒権も含まれよう。）が付与されているわけではない。もちろん、A部会の内部では、入会、脱退、指導、監督などに関する規約が定められているものと思われるが、これはあくまで私法的な団体の内部における自治にとどまる。しかし、有害鳥獣の駆除という公的事務の処理を委託する関係では、この自治が、公的な性格を帯びることになる。つまり、A部会内部の自治が適正に行われ、不祥事に対して自浄作用が働いているかどうかが、Yにとって有能な受託者を選定するという観点から、決定的に重要となるのである。

たしかに形の上では、従事者証はA部会ではなく個別のハンターに対して交付されている。しかし、実際の害獣駆除は、複数人が協力して行わなければ困難である。また、従事者である個別のハンターに指導・監督を及ぼす上では、猟友会を径路とするのが行政の便宜にもかなう。これらを考慮して、被許可者による従事者の指導・監督は、猟友会を通じて行われているのが実情である。そして、そのような実務の運用には、合理性が認められる。度重なる不祥事を受けて自浄作用を発揮することが求められていたA部会に対し、Dによる鹿放置事件を契機として、もはやA部会内部の自浄作用には期待できず、害獣駆除

という公的事務を委託する相手方としてＡ部会は相応しくないと判断して、会員全員の従事者証の返納を求めたＹ町長の行為は、その裁量を逸脱しているとまでは認められないと思われる。

第6節　町職員の報道機関への情報提供について（行為3）

　Ｘの請求を棄却した判決の結論は、妥当であろう。だが、その論理構成には疑問がある。当然ながら、本件各記事は、町長以下のＹの職員が報道機関に対してＸらに契約違反があったという趣旨の告知（行為3）をしなければ掲載されることなどあり得ず、行為3と本件各記事の掲載との間に単純な条件関係は認められる。ところが本判決は、本件ではＹの町長・職員による情報提供とＸらの社会的評価の低下との間には相当因果関係が認められないから、Ｙに不法行為責任を問うことはできないとした。その理由は、「一般に、新聞記事は、新聞社の取材と編集の過程を経て作成されるものである」ことに求められている。しかし、この理由付けは説得力に乏しい。

　たしかに、報道内容の基本部分は官公庁からの取材を基にしていても、新聞各社は、情報の「取り上げ方」の大小や「伝え方」のニュアンスを通じて、各々の個性・独自性を発揮していくものである。だから、新聞各社は、情報の「取り上げ方」や「伝え方」にこそ創意工夫を凝らすのであるし、その努力の意義は決して否定されてはならない。しかし、そのことと相当因果関係の存否とは、論理的には別の話である。たとえば、鹿の放置事件を伝えた北海道新聞と十勝毎日新聞の同日の記事を見比べれば、報道内容の基本部分にさほどの違いは見受けられない。相当因果関係の判断において重要なのは、この基本部分について告知すれば、数日後にはこの基本部分が新聞各社の記事として伝えられるかもしれないという意識（ならびにその予見可能性）が、Ｙの町長以下の職員に認められるか否かではないか。

　この点について、本判決は、「情報提供者が提供した情報又は発言内容等が、そのままの形で記事内容となるということはできず、情報提供者としてもそのような事態を予見していないのが通常である」とする。しかし、この理解は甚だ疑問である。現在のわが国で行われている官庁への取材を基にした新聞報道の実態を考慮すれば、それこそ——あらかじめオフレコ取材であると断ったときのように——特段の事情でも認められない限り、むしろ予見可能性が存在す

るのが通常であろう。この事件でも、Ｙの町長以下の職員にとって、自身が告知した内容の基本部分が近日中に新聞に掲載されることは、容易に想定できたと思われる。最高裁の判例も、事実の適示の相手方が特定・少数であった場合でも、伝播可能性がある場合には「公然と」事実を適示したことに該当するとして、刑事の名誉毀損罪（刑法230条1項）の成立を認めている。このような刑法の名誉毀損罪に関する法理は、不法行為に基づく損害賠償（民法710条・723条）にも同様に妥当する。

　本判決の論理構成では、行政が報道機関に対して情報を告知し、その情報を基にした記事が掲載されて私人が損害を被ったケースについては、たとえば新聞が官公庁の「公式見解」をそのまま掲載するような特殊な場合を除いて、損害賠償請求が成り立つ局面がおよそ想定できないことになる。このような帰結は、極めて不合理である。それに本件では、従来の裁判例に倣って、相当因果関係を認めた上で名誉毀損における「真実性の証明」の枠組み（刑法232条の2）を用いて判断しても、請求棄却の結論を得ることは可能であったと思われる。すなわち、人の名誉を毀損する事実が公表された場合でも、その事実が公共の利害に係わり、専ら公益を図る目的で公表され、かつ、右事実が真実であると証明されたとき（または相当な理由があって真実と信じたとき）は、不法行為は成立しないという判断手法である。告知の内容は、害獣駆除という公共の利害に係わる事実であるし、告知自体が専ら公益を図る目的でなされている。さらに、一連の不祥事について、おおよその事実関係はＡ部会も争っていない以上、告知した事実が真実であることの証明も容易であったと考えられるからである。

---

14) 仮にＹの町長以下の職員が本当に事態を予見していなかったのだとしても、告知内容が記事になることは容易に予見可能であり、予見しなかったことに過失が認定できよう。
15) いわゆる伝播性の理論であり、大判昭和3年12月13日刑集7巻766頁は、特定人に対して人の名誉を毀損すべき文書を郵送した場合、真にこれを秘密にすることを要求して他に発送することを厳禁したのでもない限り、公然性が肯定されるとした。
16) 参照、平井宜雄『債権各論Ⅱ　不法行為』弘文堂（1992）47頁以下。
17) 参照、西田典之＝橋爪隆『刑法各論［第7版］』弘文堂（2018）127頁。
18) 大阪高判昭和60年6月12日判時1174号75頁。
19) 一級建築士が構造計算プログラムに表示されたワーニングメッセージを削除したことについて、国交省が「構造計算書の偽装」として公表したことの違法性が問われた事案について、大阪地判平成24年10月12日判時2171号92頁は、「構造計算書の偽装」と表現したことは違法でないとした。板垣勝彦『住宅市場と行政法─耐震偽装、まちづくり、住宅セーフティネットと法─』第一法規（2017）119頁。

第7節　有害鳥獣駆除をめぐる新たな動き

　鳥獣による被害の深刻化を受けて、平成19年に議員立法により「鳥獣による農林水産業等に係る被害の防止のための特別措置に関する法律」（平成19年法律第134号、以下、「特措法」という。）が制定された。特措法では、①農林水産大臣による基本方針の策定（同法3条1項）、②市町村による被害防止計画の作成（同法4条1項）および鳥獣被害対策実施隊（実施隊）の設置（同法9条1項）、③市町村に対する財政支援（同法8条）と各種の権限委譲（たとえば、同法4条2項3号・同条3項）、④人材の育成・確保に係る措置（同法15条・16条）などが定められている。

　特措法は、制定されて10年少々の間に、早くも2度の改正が行われた。平成24年改正では、④人材の育成・確保について、狩猟者の激減・高齢化を受けて、⑦鳥獣被害対策実施隊員として対象鳥獣の捕獲に従事している者（附則3条1項）と⑦被害防止計画に基づき対象鳥獣の捕獲に従事している者（同条2項）については、銃刀法の技能講習に係る規定の適用が除外されることとなった。また、⑤捕獲した鳥獣の食品等としての利用を促進する規定が盛り込まれた。ジビエ料理のような「地産・地消」の取組みを支援するために、食肉処理加工施設の整備充実、食品加工技術の普及、加工品の流通の円滑化を

20）策定に当たっては、鳥獣保護管理法3条1項の基本指針と整合性をとるとともに（特措法3条3項）、環境大臣と協議することが求められる（同条4項）。

21）平成28年10月時点で、被害防止計画を作成したのは1,444市町村、実施隊を設置したのは1,093市町村に上る。竹内太郎＝田辺省二「効果的な鳥獣害対策とは」日経グローカル323号（2017）10頁（11頁）。

　自然を生きる動物にとって行政区画は関係ないので、人材・財源確保の視点からも、広域連携が模索されるべきである。平成27年に三重県いなべ市内で捕獲されたツキノワグマを滋賀県内に離したところ、同じ個体が岐阜県内で確認されたという事案もある。神山・前掲144頁。

22）狩猟免許の保持者は平成26年で19.4万人にとどまり、最盛期であった昭和50年（51.8万人）の4割程度である。そして、60歳以上がその3分の2を占める。小又祐介＝横山絢子「法令解説：農林水産業等における鳥獣害の防止に関する施策を拡充」時の法令2030号（2017）25頁（26頁）。

23）下野久欣「法令解説：鳥獣による農林水産業被害の防止施策を効果的に推進」時の法令1919号（2012）43頁（50頁以下）。

24）ジビエ料理に限らず、皮革製品やペットフードとしての利活用も期待されている。竹内＝田辺・前掲19頁。

図る趣旨である。[25]

　平成28年の改正では、④について、銃刀法上の技能講習の免除期限が延長されるとともに、⑤食品等利用について、安全性の確保（特措法10条の2第1項）[26]、利用促進措置（同条2項）、関係者間の連携強化（同条3項）が謳われた。とりわけ、血抜きなど捕獲方法の技術的指導や販路開拓、ブランド化を推進するための人材の育成（同法15条）が規定されたことが注目される。[27]

　伝統的には、有害鳥獣駆除対策として、案山子の設置、漁網による田畑の囲い込み、爆音器、忌避剤等が用いられてきた。しかし、鳥獣がすぐに慣れてしまうため、効果に乏しいことが指摘されていた。一定程度の効果を挙げてきたのは電気柵の設置であるが、その設置・管理費用と維持にかかる労力が大きく、全面的な採用には障壁がある。[28]近年では、ドローン、赤外線監視カメラ、侵入センサー、太陽光発電システムなど最新のICT技術を活用した取組みが広がっており、こうした試みが着実に実を結ぶことに期待したい。[29]

25）下野・前掲49頁。なお、農林水産省が30市町村に対して聞き取り調査を行ったところでは、捕獲した鳥獣を食肉として利用しているのは全体の1割にとどまり、大半は捕獲現場で埋設処理するか、あるいは廃棄物処理場で焼却処理されているということで、本章の事案との関連でも興味深い。小又＝横山・前掲27頁。

26）食肉処理加工施設についてHACCP適合施設としての認定を得ることや、獣種、捕獲日、捕獲地域、解体日などの必要情報をラベルに記載したトレーサビリティの導入も重要な課題である。竹内＝田辺・前掲17頁。参照、黒川哲志「食品安全とトレーサビリティ」高橋滋＝一橋大学大学院法学研究科食品安全プロジェクトチーム（編）『食品安全法制と市民の安全・安心』第一法規（2019）137頁。

27）小又＝横山・前掲30頁以下。

28）加藤・前掲44頁。

29）竹内＝田辺・前掲20頁。

第4章

大規模災害時における市道の管理

第1節　問題意識

　道路の管理は地方公共団体の重要な役割であり、その設置・管理に瑕疵があったために私人に損害を及ぼした場合、設置・管理を担う地方公共団体は、国家賠償法（国賠法）2条1項に基づき損害賠償責任（営造物責任）を負う。判例法理では、事故が起きた以上、免責は基本的に認められない。道路を通行の用に供する以上、そこには100％の安全性が求められるのであり、事故の可能性が払拭できない状況の下では、道路を通行止めにする以外に選択肢は設けられていないのである。

　しかし、大規模な地震の直後の、作業に当たる人員、予算、時間が限られている状況下でも、この原則を貫くことは可能だろうか。本章では、東日本大震災の3週間後に生じた市道の陥没事故について、市に対して国賠法2条の責任が問われた福島地郡山支判平成26年6月20日（平成24（ワ）第120号）判時2233号131頁の検討を通じて、この問題に取り組むこととする。この事件は、Y市内の市道（本件道路）を通行中のダンプトラック（X車両）が路面の下の陥没に落ち込んで損傷したこと（本件事故）について、Y市の設置・管理責任を問うたものである。

　判決の論理はやや込み入っているので、最初に要約する。X車両は、通常の利用方法で本件道路を走行中に、突然陥没した道路に落ち込んで損傷したのだから、客観的にみて、本件道路は「通常有すべき安全性」を欠いていた。陥没の主たる原因は、東日本大震災（およびその余震）の地盤変動と液状化により、路面の下が空洞化したことに求められる。しかし、事故発生当時、Y市は、法令・通達をふまえて震災発生後3週間という限られた期間内で実施することができる措置を講じており、道路の管理状況が不十分であったとはいえない。震災発生後、Y市内では道路の陥没等の損壊が多数生じていたものの、Y市が本件事故現場において認識可能であった道路陥没の危険性は一般的抽象的なもの

496　第4章　大規模災害時における市道の管理

にすぎず、その危険性を具体的に認識・予見することはできなかった。具体的な予見可能性および結果回避可能性がなかった以上、本件道路についてY市に「管理の瑕疵」があったとは認められない。以下、詳細に検討する。

第2節　事案の概要

　平成23年3月11日午後2時46分、三陸沖を震源とする最大震度7の地震（東日本大震災）が発生し、Y市（福島県本宮市）においては震度6弱が観測された。本件事故が発生した同月30日までの間においても、Y市の観測地点で震度2が26回、震度3が9回、震度4が1回というように余震が継続的に発生し、Y市内では、道路に亀裂が生じたり陥没や沈下が起こったりするなど、道路の損壊が多数の箇所において生じていた（水平方向および上下方向に地殻変動が生じ、たとえば、Y市の近隣である郡山市西田町にある基準点では水平方向に1.58m、上下方向に−0.19mの変化が、二本松市針道にある基準点では水平方向に1.87m、上下方向に−0.15mの変化が生じた）。

　運送業を営む有限会社であるXの従業員Aは、平成23年3月30日午前8時頃、X所有の中型貨物自動車（車両重量6,470kg、最大積載量1,400kg、車両の長さ728cm、同幅217cm、同高さ340cmのダンプトラックであり、事故当時、1.4t程度のおがくずが積載されていた。以下「X車両」という。）を運転して、Y市が管理する市道青田原・西原線（実延長872.3mの2級幹線市道。以下「本件道路」という。）を走行していたところ、Y市青田字青田原≪番地略≫付近において、本件道路の同所に生じた「たばこの箱を縦に2個並べた程度」の陥没にX車両が落ち込んで、後輪のシャフトが曲がるなど損傷するという事故が発生した（以下「本件事故」という）。

　本件道路の本件事故現場付近における幅員は約4m余りであり（同事故現場の北西側部分の幅員は4.5m、南東側部分の幅員は4.1mである。）、主に農村部の生活用道路として利用されているが、交通量は少ない。また、本件道路には、交通規制は設けられていなかった。

　Xは、Y市の当該道路の設置・管理の瑕疵により損害を被ったと主張して、国賠法2条1項に基づき、損害賠償金の一部請求として修理費など50万5,130

円およびその遅延損害金の支払いを求めた。[1]

第3節　判　旨

　福島地方裁判所郡山支部は、次のように述べて、Ｘの請求を棄却した（確定）。

(1) 管理の瑕疵について

　「ア　国家賠償法２条１項にいう「公の営造物の設置又は管理の瑕疵」とは、営造物が通常有すべき安全性を欠いていることをいい、当該営造物の使用に関連して事故が発生し、損害が生じた場合において、当該営造物の設置又は管理に瑕疵があったといえるかどうかは、当該事故当時において、当該造営物の構造、用法、場所的環境及び利用状況等諸般の事情を総合考慮して個別具体的に判断すべきである（最高裁昭和45年８月20日第１小法廷判決・民集24巻９号1268頁、最高裁昭和53年７月４日第３小法廷判決・民集32巻５号809頁等参照）。

　本件においては道路の瑕疵が問題となっているところ、本件事故が発生したのは、Ｙ市内において震度６弱を観測した東日本大震災の発生後３週間程度が経過した後であることを考慮したとしても、本件事故当時においては、本件道路は２級幹線市道として東日本大震災の発生前と同様に道路として利用されていたものと認められ、また、本件道路の幅員及びその利用目的、原告車両の車種、車幅及び重量、発生した陥没の大きさ等に鑑みると、その通常の利用方法の範囲内と認められる態様においてＸ車両が本件道路を走行する中で、同車両の直下の道路が突然陥没して、同車両がその陥没に落ち込んで損傷が生じたというのであるから、本件道路は、遅くとも本件事故が発生する頃までには、客観的に道路が通常有すべき安全性を欠く状態に至っていたものと優に認められる。」

　「イ　次に、Ｙ市は、本件事故現場の道路が陥没し、本件事故が発生することについて予見可能性がないなどとして、Ｙ市には本件道路の管理について瑕疵はないと主張する。

　この点、国家賠償法２条１項は「管理の瑕疵」と定めており、客観的に管理可能な状況のもとにおける管理の瑕疵を前提としているものというべきであっ

---

1) なお、Ｘは、本件事故の原因として、平成７年９月頃から実施された配水管敷設工事によって、本件事故現場が道路として必要な強度を備えていなかったことも主張しているが、この主張は裁判所に事実認定として退けられているため、本章では省略する。

498　第４章　大規模災害時における市道の管理

て、道路の使用に関連して事故が発生し、損害が生じた場合においても、道路
管理者にとって当該事故を予見することができず、その回避可能性がなかった
と認められる場合には、「管理の瑕疵」はないと解するのが相当である。

　これに対し、Ｘは、国家賠償法は無過失責任を定めたものであり、予見可能
性がないことは免責事由に該当しないなどと主張する。しかしながら、無過失
責任といっても、解釈上、不可抗力などといった免責事由は認められているの
であって、同法２条１項の「管理の瑕疵」については、上記のとおり、客観的
に管理可能な状況のもとにおける管理の瑕疵を前提としているものというべき
であるところ、本件のように造営物が道路である場合に関していえば、事故時
には客観的に通常有すべき安全性を欠いているものと認められるとしても、道
路管理者において当該事故を予見することができず、その回避可能性がなかっ
たことを主張立証した場合には「管理の瑕疵」がないと解するのが相当である。」

　「ウ　そこで、以下、Ｙ市において本件事故を予見することができず、その
回避可能性がなかったといえるかどうかについて、Ｙ市による本件道路の管理
状況等諸般の事情を総合考慮して個別具体的に検討をする。」

(2)　予見可能性及び結果回避可能性について

　「ア　東日本大震災発生前のＹ市による道路の管理状況について

　（ア）　道路管理者による道路の維持・管理に関しては、道路法42条（道路の
維持又は修繕）に「道路管理者は、道路を常時良好な状態に保つように維持し、
修繕し、もつて一般交通に支障を及ぼさないように努めなければならない。」（同
条１項）と定められているほか、通達として「道路の維持修繕等管理要領」
……が発出されるなどしている。

　（イ）　本件において、Ｙ市は、上記の法令や通達を踏まえて、……その管理
する市道について、……Ｙ市の職員及び臨時職員が道路パトロールを実施し〔主
として道路パトロールを行う職員が１名、道路パトロール及び軽微な道路維持
修繕を行う臨時職員が３名おり、毎日、１日当たり数十km以上の道路のパト
ロールを行うなどして道路の調査を行っている──筆者注〕、交通に支障が生
じるような道路の不具合が発見された場合にはオーバーレイ〔路面上にアス
ファルトをかぶせて修繕すること──筆者注〕その他の修繕作業を行うなどし
ているものと認められる。

　そして、上記のようなＹ市による道路の管理状況のもと、本件事故現場にお
いては、東日本大震災までの間に、５年以上前にオーバーレイその他の修繕が

行われたことは認められるが、その他本件全証拠によっても、本件事故の原因である陥没又はその兆候等の異常が存在しており、これが発見されたものとは認められない。

　（ウ）　Ｘは、東日本大震災前におけるＹ市による道路の管理状況について、各市道における道路パトロールの頻度が月１回程度にとどまるものと思料されることなどから、その管理の状況は上記（ア）の法令や通達に則っていないなどと主張している。

　しかしながら、下記イの本件事故現場における道路の陥没の原因等にも鑑みると、Ｙ市が道路パトロールの頻度を一定程度増すことにより本件事故現場における道路の陥没又はその兆候等の異常を発見できたものと認めることはできない。」

「イ　本件事故現場における道路の陥没の原因について

　（ア）　Ｙ市は、本件事故現場における道路の陥没を東日本大震災に起因するものと主張している。すなわち、東日本大震災の本震及び余震により、本件事故現場のアスファルト面の下の土や砂の隙間が詰まって沈下したことによって生じたものと認めるのが相当であるとしている。

　そして、このようなＹ市の主張については、一定の裏付けが得られている。すなわち、……①上記アのとおり、東日本大震災までの間において、Ｙ市による道路の管理状況によっても、本件事故現場における道路の陥没及びその兆候等の異常を発見することができなかった、②Ｙ市内において、東日本大震災の発生後に本件事故現場と同様の道路の陥没が生じた箇所がある、③Ｙ市内において、本件事故現場と同様に、東日本大震災の発生後しばらく経過してから道路の陥没等が生じた箇所がある、④本件事故は、……重量のあるＸ車両が通過したのを契機として、本件事故現場において道路の陥没が生じたことによるものであるなどといった事実関係が認められる。

　（イ）　（省略）〔配水管敷設工事に瑕疵がなかったことの認定——筆者注〕

　（ウ）　上記の（ア）及び（イ）の事情等に鑑みると、Ｙ市が主張するように、本件事故現場の陥没は、東日本大震災により地盤が変動し、また、東日本大震災の本震及び余震による揺れにより液状化が生じ、本件事故現場の路面の下が空洞化したことが主たる原因であると推察される。」

「ウ　東日本大震災発生後のＹ市による道路の管理状況について

　（ア）　前記事実関係等によれば、Ｙ市は、東日本大震災の発生後に、それま

でと同様の上記アの道路パトロール等を実施していたほか、Ｙ市の建設部建設課の全職員12名と４、５名の協力を得て、東日本大震災により道路に生じた損壊箇所の応急措置等に当たるとともに、Ｙ市の上下水道課においては、平成23年３月23日から同月31日頃までの間に、Ｙ市内の全マンホール及びその周辺並びに同市内の下水道管が埋設されている全路線の道路部分について調査や点検等を実施したものであるが、このようなＹ市による道路の管理状況等のもとにおいても、本件事故現場付近に道路の陥没又はその兆候等を示す異常を発見することができなかったことが認められる。

（イ）　Ｘは、東日本大震災発生後のＹ市による道路の管理状況につき、災害対策基本法や日本道路協会の「道路震災対策便覧」等に鑑みると不十分であり、適切に調査等を実施していれば本件事故現場における道路の異常を発見することができたと主張している。

もっとも、東日本大震災発生後には、……Ｙ市内において多数の道路の損壊が発見され、Ｙ市はその対応等に当たる必要があったところ、前記事実関係等によれば、Ｙ市は、上記（ア）のとおり、通常の道路パトロール等に加え、Ｙ市の建設部建設課の全職員と４、５名とで損壊した道路の応急措置等に当たり、加えて、Ｙ市の上下水道課がＹ市内の全マンホール及びその周辺並びに同市内の下水道管が埋設されている全路線の道路部分について調査や点検等を実施したというのであり、さらにそのマンホールの調査結果も踏まえた上で第２次調査等を順次実施する計画を立てて実行に移していたことが認められる。

このようなＹ市による道路の管理状況等を踏まえると、少なくとも東日本大震災の発生後から本件事故発生までの間についていえば、Ｙ市は、約３週間という限られた期間内において実施することができる措置等を講じていなかったなどということまではできず、その他本件全証拠によっても、東日本大震災発生後のＹ市による道路の管理状況が不十分であったとか、本件事故現場における道路の陥没又はその兆候等の異常を発見することができたなどと認めることはできない。」

「エ　上記アからウの事実関係等によれば、本件事故発生当時、本件事故現場においては、東日本大震災の影響により道路が陥没する危険性が生じていたものと推察されるところ、Ｙ市は、東日本大震災の発生前後において、法令及び通達を踏まえて上記ア及びウのとおり道路を管理していたことが認められ、少なくとも本件事故発生までの間についていえば、東日本大震災発生後３週間

という限られた期間内において実施することができる措置等を講じていなかったなどということはできず、Y市による道路の管理状況が不十分であったなどと認めることもできない。

　そして、そのようなY市による道路の管理状況を前提として、東日本大震災発生後のY市内では道路の陥没等の損壊が多数の箇所で生じており、本件事故現場においても、道路の陥没が生じるような一般的抽象的な危険性があり、その限度ではY市はこれを認識又は予見することができたものとは認められるけれども、それ以上に、外形上、道路の陥没の危険性があることを具体的に窺い知るような事情等が存在したものとは認められないのであって、Y市が本件事故現場における道路の陥没の危険性を具体的に認識又は予見することはできなかったものというべきである。

　すなわち、Y市は、本件事故発生までの間において、本件道路を含むY市管理の市道について可能な範囲内での管理を実施していたのであるが、本件道路に関して本件事故の発生原因となるべき事象が生じていたことを具体的に知り又は知り得る可能性はなかったというほかなく、本件事故はそのような中でX車両が本件事故現場を通過したのと同時に発生したものであって、Y市には本件事故の発生を阻止又は回避する余地はなかったと言わざるを得ない。」

　「オ　以上によれば、本件事故は、Y市においてこれを予見することができず、その回避可能性がなかったといえ、Y市が本件道路の管理を怠った瑕疵により発生したものということはできないのであって、Y市には本件道路について「管理の瑕疵」があったものとは認められない。」

(3)　「したがって、Y市は、本件事故の発生につき、Xに対して国家賠償法2条1項による責任を負うということはできない。」

第4節　本判決の論理

　本判決は、結論を導くに当たり、2つの最高裁判決を引用している。1つめは、高知落石判決（最判昭和45年8月20日民集24巻9号1268頁）であり、①公の営造物の設置・管理の瑕疵とは、営造物が通常有すべき安全性を欠いていることをいう、②国賠法2条の責任は無過失責任である、③道路の営造物責任については、国・公共団体が、予算措置に多額の費用がかかることを理由に免責を主張しても認められない（予算抗弁の排斥）という3つの原則を示した基本

502 第4章 大規模災害時における市道の管理

判例である。2つめは、最判昭和53年7月4日民集32巻5号809頁であり、公の営造物の設置・管理の瑕疵は、事故当時における当該営造物の構造、用法、場所的環境および利用状況等諸般の事情を総合考慮して個別具体的に判断すべきであるとした判例である。

　本件事故現場が、道路として「通常有すべき安全性」を欠いていたことは否めない。しかし結論的には、具体的な予見可能性と結果回避可能性が認められないとして、Y市に「管理の瑕疵」はないとして、国賠責任が否定された。ここで国賠法2条の「（設置又は）管理の瑕疵」について考えてみると、学説は、(a)瑕疵とは設置・管理者による客観的な損害回避義務への違反を指すとする義務違反説（行為違反を問題とする点で国賠法1条の規制権限不行使と考慮要素が重なり合う）、(b)瑕疵は行為ではなく物的欠陥に着目して決せられるべきであるが、設置・管理作用の不完全に起因する物的欠陥であるときのみ責任が生じるとする客観説、(c)国賠法1条が行為責任であるのに対して国賠法2条は状態責任であり、物的欠陥が存すれば責任が生じるとする営造物瑕疵説へと分かれる[2]。判例を整合的に説明する際には(a)説が強みを発揮するとされ[3]、本判決も、管理行為が十分であったかが問題とされている点で、少なくとも(c)説に立っていないことは明らかである。本判決は、(a)説と(b)説のいずれからも説明可能であるが、損害回避義務（作為義務を構成する予見可能性・結果回避可能性）を正面から問題としている点は、(a)説に親和的といえよう。いずれにせよ判例は、国賠法2条について、無過失責任とはいいながら、主観的要素を排除しておらず、予見可能性・結果回避可能性が認められない場合には、賠償責任は生じない[4]。対象物の客観的状態以外の要素、つまり管理者の対応を重視することは、管理者の責任を拡大する方向に働く一方、損害回避が期待できないときの免責事由ともなりうる[5]。

　だからこそ、本判決は、震災発生直後のY市における道路の管理状況を詳細に認定しているのである。すなわち、①Y市では、道路パトロール等に加え、建設部建設課の全職員12名のほか4、5名の協力を得て、その損壊箇所につ

---

2) 瑕疵論争は用語法が錯綜している。参照、宇賀克也『国家補償法』有斐閣（1997）247頁以下。
3) 宇賀・前掲251頁。
4) 阿部泰隆『行政法解釈学Ⅱ』有斐閣（2009）522頁は、客観的に管理可能な状態における管理の瑕疵を問題とする以上、純然たる無過失責任というよりも、「薄められた過失責任」と理解すべきであるとする。
5) 塩野宏『行政法Ⅱ［第6版］』有斐閣（2019）359頁以下。

いて応急措置を施すなどしたが、本件事故現場において異常は発見されなかった。②Y市の上下水道課は、市内のすべてのマンホールと下水管の調査・点検を行い、本件事故現場についても確認作業が行われたが、いずれによっても異常は発見されなかった。ここまで手を尽くしても異常が発見できなかったのだから、道路陥没の具体的な予見可能性を認めることはできず、結果回避可能性も、予見可能性を前提に成立するものである以上、否定されるというわけである。

第5節　道路の陥没（穴ぼこ）と国賠法2条の「瑕疵」

⑴　道路の陥没（穴ぼこ）——多くは長時間の反復・継続な使用が原因——

　道路の陥没（穴ぼこ）は、長期間の反復・継続的な使用による経年劣化が原因で徐々に形成されることが多く、ほとんどの事案では、平時からの道路管理の瑕疵が問題とされる[6]。道路管理者が日常的に路面を監視・補修していれば、事故の防止は困難ではないため、瑕疵が否定されることは少ない（たとえば、福岡地小倉支判平成13年8月30日判時1767号111頁——町道にできた直径約70cm、深さ約5cmの楕円形のアスファルトの窪みに原動機付自転車の後輪が入って転倒した事例）[7]。

　瑕疵が否定された事例の第一は、穴ぼこの深さが浅いかその規模が小さく、通常の運転技術を身に付けた者が通常の注意を払って運転すれば事故を防ぐことができたと認定されたものである（大阪地判昭和54年2月22日交通民集12巻1号275頁、大阪高判昭和55年7月25日高裁民集33巻3号150頁）。そもそも「通常有すべき安全性」が欠けていたとはいえず、使い方（運転の仕方）が悪かっ

---

6)　事例の詳細な紹介として、小早川光郎＝青柳馨（編著）『論点体系判例行政法3』第一法規（2016）478頁以下（齊藤充洋）。

　　平成25年の道路法・同法施行令改正により、道路の維持・修繕の技術的基準の中に、道路の修繕を効率的に行うための点検に関する基準が含まれることとなった。すなわち、道路法施行令35条の2第1項では、同法42条2項にいう技術的基準として、①道路の構造、交通状況または維持・修繕の状況、地形、地質または気象の状況等（道路構造等）を勘案して、適切な時期に、目視等の適切な方法により行うこと、②点検等により道路の損傷、腐食その他の劣化等を把握したときは、道路の効率的な維持・修繕が図られる、必要な措置を講ずることとされた。

　　これは、道路の予防保全の観点を重視し、劣化が進行してから修繕を行うのではなく、事前の備えとして構造物の点検を定期的に行い、損傷が軽微なうちに計画的な修繕を行っておくという趣旨である。高田龍「法令解説：道路の老朽化や大規模災害に備えた道路の適正な管理を図る」時の法令1947号（2014）4頁。

7)　宇賀・前掲276頁、小幡純子『国家賠償責任の再構成』弘文堂（2015）268頁。

たという理由付けである。

　第二は、陥没から事故発生までに僅かな時間的間隔しか認められないとされた事案である。札幌高判昭和54年8月29日訟月26巻3号382頁では、道路パトロール後極めて短時間のうちに何らかの外力が加わったことで路面の圧雪が剥離して陥没が生じたとされ、瑕疵は否定された。津地四日市支判平成25年3月29日判時2186号67頁は、町道下に埋設された暗渠に生じた亀裂から水が流出したことで道路が陥没し原動機付自転車が転落したという事案において、町にとって道路陥没の予見可能性はなく、道路陥没が町に通報された午前6時45分は職員の登庁時刻でなかったことからすれば、通報後直ちに事故現場へ赴くことができなかったとしてもやむを得ないとして結果回避義務違反を否定している。[8]著名な最判昭和50年6月26日民集29巻6号851頁（1時間前に走っていた自動車が道路工事の標識板、バリケード、赤色灯標柱を倒したことにより、後続車が工事現場に突っ込んで死亡したことについて瑕疵を否定した事例）と同じ思考であろう。

(2)　被害者側の過失の介在（過失相殺）

　また、穴ぼこ事案では、被害者がいかに注意を払っても事故を防ぎようがない落石事故とは異なり、穴ぼこに足を取られてハンドル操作を誤ったり、速度超過で走行していたことが被害を拡大させるなど、被害者側の過失が介在することで過失相殺が認められるケースが──特に二輪車において──少なくない。[9]仙台地判昭和35年9月6日下民11巻9号1837頁は、飲酒の上、速度超過で運転していた原動機付自転車が転倒死亡した事例について、国賠責任を認めつつも、80％の過失相殺を行っているし、東京地判昭和58年10月25日判時1096号78頁は、制限速度を約10km超過していた自動二輪車が前方不注意も相俟って転倒受傷した事例において、やはり国賠責任を認めつつも、15％の過失相殺を行っている。路面不良があるからといって、利用者全員が事故を起こすわけではなく、事故の原因は、道路上の欠陥の重大性と利用者の走行方法の相関関係によって決まるため、危険を知らせる標識板の設置の有無も含めて、

---

8) 長尾英彦「判例解説（津地四日市支判平成25年3月29日）」中京法学48巻1＝2号（2013）67頁。
9) これは段差においても同様であり、大阪地判昭和59年7月24日判タ537号218頁（6.5～10cmの段差における自転車の転倒事故について、事故の原因は操作の不手際にあるとして瑕疵を否定）、東京地判平成9年9月25日交通民集30巻5号1430頁（2～3cmの段差における自転車の転倒事故について、高低差が僅かであったことから瑕疵を否定）などがある。小早川＝青柳編著・前掲481頁以下（齊藤）。

第 5 節　道路の陥没（穴ぼこ）と国賠法 2 条の「瑕疵」　505

過失相殺による柔軟な解決が志向されるところである。[10]

(3)　道路の交通量・制限速度

　道路の交通量の多寡や制限速度の高低も、瑕疵判断に影響しうる。京都地判昭和 54 年 4 月 10 日判時 942 号 91 頁は、道路の穴ぼこの瑕疵は一律にその深さによって判断すべきものではなく、その道路の地理的条件、構造、利用状況を考慮して総合的・相対的に判断されるものであるとして、山間部で交通量の少ない簡易舗装の道路について瑕疵を否定した。[11]　対照的に、前掲東京地判昭和 58 年 10 月 25 日では、首都高速道路という、多種多様の車両が相当の高速で走行する交通量の多い自動車専用道路であることから、道路が通常備えるべき安全性は一般の道路に比して一層高度のものが要求されるとする。交通量が少ない農村部の生活道路である本件道路の場合、制限速度もそれほどではなく、通常有すべき安全性の程度は低めに設定されるということであろう。[12]

(4)　自然条件

　本件の争点とはなっていないが、濃霧、雪、夜間などの自然条件については、設置管理者に対してそれらの諸条件に合わせた安全対策――注意情報の提供を含む――を採るべき義務を生ぜしめる。[13]　大阪高判昭和 50 年 10 月 23 日訟月 21 巻 12 号 2441 頁は、濃霧の中車両 7 台が起こした玉突き事故について、道路通行の安全性はそれをとりまく自然現象を抜きにしては考えられず、自然現象に起因する交通事故等発生の防止措置を講ずることも道路管理権の一作用であるとして、瑕疵を認めている。

　他方、本件のように余震が頻発している状況下では、自然条件の悪化は、運転者に対して相応の注意を求める事由にもなり得る。大阪高判昭和 50 年 9 月 26 日訟月 21 巻 12 号 2622 頁は、積雪地帯ではない地域で一過的に広範な積雪が生じた事案において、道路通行の安全性を確保する責任は、タイヤチェーンを取り付けるなど、利用者側に負わせるべきであるとした。[14]　高速道路キツネ侵入事件にかかる最判平成 22 年 3 月 2 日判時 2076 号 44 頁が道路管理の瑕疵を否

---

10) 小幡・前掲 268 頁。段差の事案であるが、約 10cm の高低差にハンドルをとられて衝突事故が生じた事案について、那覇地判昭和 61 年 7 月 9 日交通民集 19 巻 4 号 945 頁は、事故現場の手前に「前方段差あり」「徐行」と表示された標識板が設置されていたことから瑕疵を否定した。

11) その控訴審が、前掲大阪高判昭和 55 年 7 月 25 日であり、同様に瑕疵を否定しているが、理由付けに若干の変化が見られる。

12) 阿部・前掲 522 頁は、高知落石判決の法理は幹線道路で落石の予見可能性がある事案についてのものであり、交通量の少ない田舎の道路の事案にはそのまま適用されるべきではないとする。

13) 小幡・前掲 287 頁。

14) 宇賀・前掲 274 頁以下。

定したのは、「動物注意」の標識が設置されていた北海道縦貫自動車道においては、利用者にも小動物の侵入を想定した適切な運転操作が期待されるとの趣旨からであると思われる[15]。

(5)　本件の先例的価値

　本件は、㋐自然災害（地震）が要因となり突発的に穴ぼこが生じたという点、さらに、㋑被害者側に過失が認められない点で、先例的価値を有する。突発的な事故であり、被害者側に過失がない点では、穴ぼこ事案の中では特異であり、むしろ落石事故との共通点が多い。そこで、落石事故や水害も含めた自然災害と国賠法2条の責任についても併せて考えてみることにしたい。

第6節　自然災害と国家賠償責任

(1)　自然災害が国家賠償責任を惹起する局面

　自然災害は行政が引き起こすわけではないから、直接には国賠責任の問題にならないとも思われる。しかし、自然災害と営造物の設置・管理の瑕疵が相俟って被害を生ぜしめた場合には、国賠責任が生じる。高知落石判決においても、落石の直接の原因は長雨という自然災害（および長年の風化）であるし、河川の氾濫は自然災害そのものだが、国賠責任が認められる[16]。

　落石の場合、それ自体は自然災害であるが、落石の予見可能性が認められる場合には[17]、防護柵や防護覆を設置することで結果回避も可能であるため、道路の設置・管理の瑕疵が認定されることになる[18]。

　水害の場合、公の営造物である堤防はもともと自然災害である洪水から堤内地を守るための危険防御施設であるから、結果回避可能性の視点が前面に押し出される。すなわち、未完成の状態の堤防ならば未完成なりの「過渡的安全性」でもやむを得ない（大東水害判決：最判昭和59年1月26日民集38巻2号53頁）。しかし、改修済み堤防が当初計画通りの性能を備えておらず水害を回避することができなければ、設置・管理の瑕疵が認定されることになる（多摩川水害判決：

---

15)　小幡・前掲288頁。
16)　阿部・前掲534頁は、道路と河川とでは、外因的危険の除去という問題が生ずる限界事例では似てくるが、一般的にはかなり大きな差があるとする。
17)　高知落石判決の事実認定では、しばしば落石や崩土があり、通行人・車は、いつなんどき落石や崩土が起きるかもしれない危険に脅かされていたことが指摘されている。
18)　小幡・前掲270頁。

最判平成 2 年 12 月 13 日民集 44 巻 9 号 1186 頁[19]）。

(2) 「通常有すべき安全性」からのアプローチ

　設計強度を上回る自然災害により公の営造物が破壊されて事故が起きても、「通常有すべき安全性」を欠いていたとはいえず、国賠法 2 条の責任は問われない。かつてはあまり考えられてこなかった問題であるが[20]、阪神淡路大震災以降、建造物の設計強度を上回るという大規模災害が相次いでいる。神戸地尼崎支判平成 15 年 1 月 28 日判タ 1140 号 110 頁は、地震により阪神高速道路の高架橋脚が倒壊し、自動車が転落して運転者が死亡した事故について、橋脚の倒壊は設計震度を上回る地震力に因るものであり、道路が「通常有すべき安全性」を欠いていたとはいえないとした。「通常有すべき安全性」は、利用者の期待する水準（期待可能性）によって変動し得るのである。

　札幌地判平成 20 年 12 月 17 日判タ 1307 号 140 頁は、台風で増水した河川に架かる橋の取付道路の路体流出により自動車が転落した事故において、道路・河川の管理者である北海道の「管理の瑕疵」（および通行止め規制をしなかった国賠法 1 条の責任）が追及された事案であり、道路・河川管理の要素が複合的に絡まっている。札幌地裁は、①橋・取付道路は通常予測し得る災害の発生を防止するに足る安全性を備えており、②この事故は「通常想定し得ない降雨量に達した集中豪雨による洪水流という不可抗力を原因として発生した」ものであって、予見可能性がなかった以上、道路の通行止め規制を行わなかったことが著しく不合理であったとはいえないとして、国賠責任を否定した。

(3) 予見可能性・結果可能性からのアプローチ

　前掲札幌地判平成 20 年 12 月 17 日で注目されるのは、①「通常有すべき安全性」だけではなく、②予見可能性・結果回避可能性がなかったことも理由に掲げたことである。高知落石判決も、不可抗力ないし結果回避可能性のない場合について、免責の余地を認めていた。不可抗力とは、「外部からの事変であっていっさいの方法を尽くしても損害の発生を防止しえないようなもの」（小学館『日本大百科全書』〔淡路剛久執筆〕）とされ、要するに結果が回避できない場合をいう。

19）　宇賀・前掲 258 頁、小幡・前掲 298 頁以下。

20）　伊勢湾台風高潮決壊事件における名古屋地判昭和 37 年 10 月 12 日判時 313 号 4 頁は、「計画堤防高の決定その他堤防の設計において妥当であり、設計どおり堤防が築造され、かつその後の補修等管理に欠けるところがなければ、堤防は通常備うべき安全性を保有していたというべきであつて、それが築造当時予見され得なかつた高潮等により決壊することがあつても、それは不可抗力による災害と認めざるを得ず、堤防の設置または管理に瑕疵があつたということはできない」とする。阿部・前掲 528 頁は、このような場合はもともと管理の範囲外とも言えると評価する。

無過失責任であっても、結果回避可能性がない場合は免責される。防ぎようのなかった災害の責任まで負わされるのは不合理だからである。ただし、①「通常有すべき安全性」の程度と、②予見可能性・結果回避可能性は、密接に関連する。その営造物にとって、通常予見される規模の——50年や100年に1度といった——災害に耐え得る（事故という被害を回避する）程度に設計・設置・管理を行うことこそが、「通常有すべき安全性」を備えているということだからである。

第7節　おわりに
——災害に直面した際の行政の行為規範——

(1)　行為規範の視点

　Y市が震災後の限られた期間・人員において、可能な限りできることを尽くしていたことが、本判決において実質的な免責の決め手となったことは確かであろう。もちろん、免責は行政にとっての"努力賞"ではないから、一生懸命頑張ったからといって国賠責任が免除されるという関係にはない。本判決が採用したのは、限られた期間・人員でくまなく点検を行っていても本件事故が予見できなかったという理由により、具体的な予見可能性と結果回避可能性を否定して国賠請求を退けるという論理構成であった。

　本判決で注目すべきは、今後の自然災害における行政の行為規範を示した点である。これは、国賠法2条および判例法理に内在する欠点を補充する働きがある。まず、判例の採る無過失責任および予算抗弁の排斥の法理には、行政の責任を高めて被害者の救済に資するという利点がある。しかし、功利主義的な発想からは、ややもすると、(A) 事故防止に必要な費用と (B) 損害賠償額×発生リスク（期待値）とを天秤にかけて、(A) が (B) を上回る限りでは事故防止に費用をかけるインセンティブが働きにくくなるという欠点がある。

　判決もふれているように、Y市において、東日本大震災が発生した後、平成24年7月までの間に施工された道路の損壊による復旧工事は、延べ600路線、

21）不可抗力の概念も多義的である。学説の整理につき、参照、小幡・前掲289頁以下。本章では、義務違反説の理解を採る。
22）行政の行為規範について、小幡・前掲282頁以下。
23）予算制約論については、宇賀・前掲260頁以下と小幡・前掲290頁も参照。阿部・前掲522頁は、高知落石判決は道路について一種の危険責任を認めたものと理解すべきであるとする。

総額約5億円に及んだ（Y市の面積は88㎢であり、福島県全体の150分の1程度である）。むろん、実際の行政の担当者が、事故が起きた際に損害賠償を払った方が安上がりだからとして補修を怠ることはありえない。しかし、やはり運用面での心理的な懸念ないしモラルハザードの端緒は取り除いておくべきである。

(2) 通行止めにすれば済む問題なのか

次に、国・公共団体が根本的に国賠法2条の責任を背負いたくなければ、大事をとって道路を通行止めにする以外にない（飛彈川バス転落事故：名古屋高判昭和49年11月20日判時761号18頁、函館バス転落事故：札幌高判昭和47年2月18日判時659号22頁[24]）。しかし、幹線道路の通行の復旧は被災地にとって生命線（ライフライン）そのものであり、大事をとりすぎて、被災地の復旧の足かせになるようなことがあってはならない[25]。この種の事案で「管理の瑕疵」が認められるとなれば、今後の災害において、行政による道路の通行再開の判断に影響を与えかねないと思われる。

この点、前掲札幌高判昭和47年2月18日は、通行者の生命、身体、財産の安全を確保し得ない状況下で一般交通の確保に腐心することは本末転倒であり、災害で失われた生命、身体は回復不可能なものであることに思いを致せば、万一の場合に備えたため一般交通上ある程度の犠牲を強いる結果を見ることもやむを得ないとする。

しかし、復旧によって救われる生命の価値もまた、かけがえのないものであることには変わりがない。東日本大震災からの復旧途上の幹線道路は、平時ならば考えられないほどの相当な凸凹が存する状態でも、見切り発車として通行止めを解除していた。国賠法2条の法理にあてはめると、「通常有すべき安全性」の程度を低めに設定することが考えられて良いと思われる。

---

24) 飛彈川バス転落事故判決は、予見可能性の程度が定量的ではなく定性的で足りるとした点でも重要である。阿部・前掲530頁。小幡・前掲285頁、288頁。

25) 参照、宇賀・前掲278頁。

　　東日本大震災により漂着した船舶を自衛隊が道路脇に移動させた際に損壊したことについて、その所有者から国家賠償が請求された事案について、仙台高判平成24年12月12日判例自治375号76頁は、必要性、緊急性、相当性の見地からみて、被災工作物等の除去その他必要な措置（災害対策基本法64条2項）として違法ではないとして、請求を棄却した。

　　平成26年2月に関東甲信地方を襲った豪雪により多数の車両の立ち往生が発生し、交通を遮断した事態を受けて、同年、災害対策基本法が改正され、緊急車両の通行の妨げとなる放置車両に関しては、やむを得ない限度での破損を容認し（同法76条の3第2項）、通常生ずべき損失を補償することとされた（同法82条1項）。脇奈七「災害時の放置車両・立ち往生車両対策」時の法令1978号（2015）35頁。

(3) 予測・リスクと行政の進むべき道

　科学技術の発達により、地震、土砂災害、噴火など、かつては諦める以外になかった恐るべき自然の猛威・リスクについても、そのメカニズムが明らかとなり、一定程度の予測が可能となってきた。その反面、行政は、これまで予見可能性・結果回避可能性がないとされてきた事故についても、想定しなければならなくなった。[26]リスク行政（Risikoverwaltung）、リスク制御の問題である。[27]行政の責任が重くなる中で、本判決は、事件としては世間の注目を集める大規模なものではなかったけれども、限られた資源・人員の中でできることをやるという、大災害に直面したとき行政が取り組むべき現実的かつ具体的な行為規範を裁判所が示したものとして、一定の評価を与えたい。[28]

26）霧島屋久国立公園内の遊歩道を散策中に突然の陥没により噴気孔に転落死した事故について、福岡高判平成5年11月29日判タ855号194頁は、予見不可能を理由に遊歩道の設置管理に瑕疵はないとしたが、今後、火山学が進歩していくにつれて、予見可能性が認められることになるかもしれない。

27）山本隆司「リスク行政の手続法構造」城山英明＝山本隆司（編著）『融ける境　超える法5　環境と生命』東京大学出版会（2005）3頁、下山憲治『リスク行政の法的構造』敬文堂（2007）、戸部真澄『不確実性の法的制御』信山社（2009）。筆者の問題意識としては、板垣勝彦『保障行政の法理論』弘文堂（2013）28頁以下。

28）松尾剛行「都市行政とAI・ロボット活用」久末弥生（編）『都市行政の最先端——法学と政治学からの展望』日本評論社（2019）138頁以下は、技術の進歩により、道路の劣化、亀裂、空洞についてAIを利用したインフラ監視システムが実用化された場合の国賠2条の責任の帰趨という、興味深い論点について考察する。

　宇賀克也＝小幡純子（編著）『条解　国家賠償法』弘文堂（2019）509頁以下（松本充郎）も、本判決の結論を支持する。

初出一覧

第1部　地方自治の将来

第1章「地方自治の本旨と国の関与」自治実務セミナー 661号（2017）

第2章「地理的な「選択と集中」の法的可能性」都市住宅学96号（2017）

第3章「これからの「中小都市」はどうあるべきか──特色ある条例の制定を──」政策法務 Facilitator Vol.36 2012年10月号

第4章「濫用的な情報公開請求などを通じて市の業務を繰り返し妨害した者に対する損害賠償および差止め請求が認容された事例」（大阪地判平成28年6月15日判時2324号84頁）自治研究94巻3号（2018）

第2部　地方公共団体の組織、長と議会

第1章「自治体周辺法人の法的考察」地方自治叢書31号（2019）

第2章「内部統制に関する方針の策定等」宇賀克也（編著）『2017年度　地方自治法改正のポイント』第一法規（2017）所収

第3章「地方公共団体の長等の損害賠償責任の見直し等」宇賀克也（編著）『2017年度　地方自治法改正のポイント』第一法規（2017）所収

第4章「教員採用試験に関する大規模な不正について損害賠償金を支払った公共団体からの求償権行使の制限」（最判平成29年9月15日判時2366号3頁）行政法研究25号（2018）

第5章「専決処分の許容性について──特に「議会において議決すべき事件を議決しないとき」要件に着目して」（千葉地判平成25年3月22日判時2196号3頁）横浜法学23巻2号（2014）

第6章「地方議会・議員の活動にかかる経費──議員報酬、政務活動費を中心に──」財政法叢書34号『政治活動と財政法』日本財政法学会（2017）

第7章「一般質問における発言をとらえて町議会の行った議員除名処分が取り消された事例」（名古屋高判平成25年7月4日判時2210号36頁）自治研究93巻8号（2017）

第8章「鳴門市競艇従事員共済会補助金支出事件」（最判平成28年7月15日判時2316号53頁）自治研究94巻7号（2018）

第3部　国と地方公共団体、地方公共団体相互の関係

第1章「条例による事務処理の特例と都道府県の是正要求権限」小早川光郎先生古稀『現代行政法の構造と展開』有斐閣（2016）所収

第2章「辺野古と沖縄の未来——国と地域社会の法紛争——」獨協大学地域総合研究10号（2017）

第4部　まちづくりと地域産業

第1章「民泊推進条例の提案——イベント民泊や農家民宿といった「お試し民泊」から始めよう——（1）（2・完）」自治研究95巻1号・2号（2019）

第2章「国家戦略特区を活用した藤沢市の農家レストランの試み」都市住宅学101号（2018）

第3章「地方自治と所有者不明土地問題」日本不動産学会誌122号（2017）

第4章「商工協同組合の粉飾決算・破産において県に指導監督権不行使の違法を認めた事例」（佐賀地判平成19年6月22日判時1978号53頁）自治研究87巻2号（2011）

第5章「竹バイオマス事業に対する補助金支出と公益上の必要性」（熊本地判平成26年10月27日判例自治398号13頁）地方財務742号（2016）

第5部　地域環境

第1章「ソーラーパネル条例をめぐる課題——太陽光発電設備のもたらす外部不経済の解消に向けて——」横浜法学27巻1号（2018）

第2章「空き家条例とごみ屋敷条例」都市住宅学104号（2019）

第3章「地方自治法2条14項のいわゆる最少経費最大効果原則」（名古屋地判平成16年1月29日判タ1246号150頁）会計と監査2008年11月号

第4章「地方公共団体による指定ごみ袋の一括購入・一括販売方式の合憲性（1）（2）」（静岡地下田支判平成21年10月29日判タ1317号149頁）会計と監査2010年11月号・12月号

第6部　民間委託・公共施設管理

第1章「指定管理者制度15年の法的検証」横浜法学28巻1号（2019）

第2章「公共調達の法理——価格競争入札と総合評価・プロポーザル方式——」都市住宅学104号（2019）

初出一覧　　*513*

第3章「猟友会に対して鳥獣保護法所定の従事者証の返納を命じた行為等の違
　　　法が争われた事例」（釧路地帯広支判平成23年3月24日判時2112号103頁）
　　　自治研究88巻4号（2012）
第4章「東日本大震災の3週間後に生じた市道の陥没事故と国家賠償法2条」
　　　（福島地郡山支判平成26年6月20日判時2233号131頁）自治研究91巻12
　　　号（2015）

＊　（判決名）が付されているのは、判例研究である。収録に際しては、論文
　の形式に改めた。
＊　いずれも、収録に際して大幅な加筆・修正を行った。
＊　文中で断りがない限り、本書のデータは平成31年4月30日を基準とする。

判例一覧

大正

- 大判大正 7 年 12 月 19 日大審院刑事判決録 24 輯 1569 頁 …………………… 156

昭和

- 大判昭和 3 年 12 月 13 日刑集 7 巻 766 頁 ………………………………… 492
- 福岡高判昭和 25 年 9 月 11 日高民集 3 巻 3 号 136 頁 …………………… 171
- 札幌高判昭和 25 年 12 月 15 日行集 1 巻 2 号 1754 頁 …………………… 180
- 最判昭和 26 年 4 月 28 日民集 5 巻 5 号 336 頁 …………………………… 170
- 長崎地判昭和 27 年 7 月 4 日行集 3 巻 6 号 1255 頁 ……………………… 172
- 最判昭和 27 年 12 月 4 日行集 3 巻 11 号 2335 頁 ………………………… 172
- 青森地判昭和 28 年 1 月 7 日行集 4 巻 1 号 130 頁 ……………………… 172
- 最大決昭和 28 年 1 月 16 日民集 7 巻 1 号 12 頁（米内山事件）………… 171
- 岡山地判昭和 28 年 3 月 10 日行集 4 巻 3 号 560 頁 ……………………… 171
- 最判昭和 28 年 11 月 20 日民集 7 巻 11 号 1246 頁 ……………………… 185
- 青森地判昭和 29 年 10 月 6 日行集 5 巻 10 号 2383 頁 …………………… 171
- 千葉地判昭和 30 年 3 月 25 日行集 6 巻 3 号 668 頁 ……………………… 172
- 最判昭和 30 年 4 月 19 日民集 9 巻 5 号 534 頁 ……………………………… 77
- 最判昭和 30 年 9 月 30 日民集 9 巻 10 号 1498 頁 ………………………… 145
- 名古屋地判昭和 31 年 4 月 16 日行集 7 巻 4 号 958 頁 …………………… 183
- 秋田地判昭和 31 年 6 月 18 日行集 7 巻 6 号 1591 頁 …………………… 180
- 最判昭和 32 年 7 月 9 日民集 11 巻 7 号 1203 頁 ……………………… 101, 315
- 最判昭和 34 年 7 月 14 日民集 13 巻 7 号 960 頁 ………………………… 146
- 最大判昭和 35 年 3 月 9 日民集 14 巻 3 号 355 頁 ………………………… 172
- 最判昭和 35 年 3 月 18 日民集 14 巻 4 号 483 頁 ………………………… 145
- 最判昭和 35 年 7 月 1 日民集 14 巻 9 号 1615 頁 ………………………… 147
- 仙台地判昭和 35 年 9 月 6 日下民 11 巻 9 号 1837 頁 …………………… 504
- 最大判昭和 35 年 10 月 19 日民集 14 巻 12 号 2633 頁 ……………… 171, 186
- 最大判昭和 35 年 12 月 7 日民集 14 巻 13 号 2964 頁 …………………… 172

判例一覧　　*515*

- 大阪高判昭和36年12月4日民集18巻6号1035頁……………………147
- 名古屋地判昭和37年10月12日判時313号4頁（伊勢湾台風高潮決壊事件）
　　………………………………………………………………………507
- 最大判昭和38年6月26日刑集17巻5号521頁（奈良県ため池条例判決）……395
- 最判昭和39年4月7日集民73号35頁…………………………………167
- 最判昭和39年7月7日民集18巻6号1016頁…………………………147
- 最判昭和39年7月14日民集18巻6号1133頁…………………………152
- 最判昭和39年10月29日民集18巻8号1809頁（大田区ごみ焼却場判決）……487
- 最大判昭和40年4月28日民集19巻3号721頁………………………172
- 最大判昭和42年5月24日民集21巻5号1043頁（朝日訴訟最高裁判決）……17
- 最判昭和44年12月18日民集23巻12号2467頁………………………288
- 最判昭和45年8月20日民集24巻9号1268頁（高知落石判決）……………501
- 最判昭和46年6月24日民集25巻4号574頁…………………………141
- 札幌高判昭和47年2月18日判時659号22頁（函館バス転落事故）……509
- 最判昭和47年9月8日民集26巻7号1348頁…………………………288
- 最判昭和47年10月12日民集26巻8号1410頁………………………488
- 最大判昭和47年11月22日刑集26巻9号586頁………………………427
- 最判昭和48年3月13日民集27巻2号271頁…………………………349
- 大阪地判昭和49年4月19日判時740号3頁…………………………211
- 最判昭和49年5月30日民集28巻4号594頁（大阪府国民健康保険審査会事件）
　　………………………………………………………………170, 228
- 最判昭和49年7月19日民集28巻5号790頁（昭和女子大学事件）…………171
- 名古屋高判昭和49年11月20日判時761号18頁（飛騨川バス転落事故）……509
- 最大判昭和50年4月30日民集29巻4号572頁（薬局距離制限規定違憲判決）
　　………………………………………………………………………426
- 最判昭和50年6月26日民集29巻6号851頁…………………………504
- 最大判昭和50年9月10日刑集29巻8号489頁（徳島市公安条例判決）
　　…………………………………32, 150, 248, 294, 364, 391
- 大阪高判昭和50年9月26日訟月21巻12号2622頁…………………505
- 大阪高判昭和50年10月23日訟月21巻12号2441頁…………………505
- 最判昭和51年7月8日民集30巻7号689頁…………………………119
- 最判昭和52年3月15日民集31巻2号234頁（富山大学事件）………………171

- 青森地判昭和52年10月18日判時895号65頁‥‥‥‥‥‥‥‥‥‥‥‥‥‥138
- 最判昭和53年2月23日民集32巻1号11頁‥‥‥‥‥‥‥‥‥‥‥‥‥‥‥156
- 最判昭和53年7月4日民集32巻5号809頁‥‥‥‥‥‥‥‥‥‥‥‥‥‥502
- 大阪地判昭和54年2月22日交通民集12巻1号275頁‥‥‥‥‥‥‥‥‥503
- 青森地判昭和54年3月30日判時940号30頁‥‥‥‥‥‥‥‥‥‥‥‥‥180
- 京都地判昭和54年4月10日判時942号91頁‥‥‥‥‥‥‥‥‥‥‥‥‥505
- 札幌高判昭和54年8月29日訟月26巻3号382頁‥‥‥‥‥‥‥‥‥‥‥504
- 大阪高判昭和55年7月25日高裁民集33巻3号150頁‥‥‥‥‥‥‥‥‥503
- 最判昭和56年1月27日民集35巻1号35頁（宜野座村工場誘致事件）‥‥75, 351
- 福岡地判昭和57年3月24日刑事裁判資料246号546頁‥‥‥‥‥‥‥‥‥51
- 奈良地判昭和57年3月31日行集33巻4号785頁‥‥‥‥‥‥‥‥‥‥‥146
- 最大判昭和57年7月7日民集36巻7号1235頁（堀木訴訟最高裁判決）‥‥‥17
- 福岡高判昭和58年3月7日判時1083号58頁‥‥‥‥‥‥‥‥‥‥‥‥‥248
- 最判昭和58年4月8日刑集37巻3号215頁‥‥‥‥‥‥‥‥‥‥‥‥‥268
- 東京地判昭和58年5月11日判タ504号128頁‥‥‥‥‥‥‥‥‥‥‥‥109
- 東京地判昭和58年10月25日判時1096号78頁‥‥‥‥‥‥‥‥‥‥‥504
- 最判昭和59年1月26日民集38巻2号53頁（大東水害判決）‥‥‥‥‥‥506
- 最決昭和59年5月8日刑集38巻7号2621頁‥‥‥‥‥‥‥‥‥‥‥‥‥51
- 札幌高判昭和59年5月17日判時1156号160頁‥‥‥‥‥‥‥‥‥‥‥‥51
- 大阪地判昭和59年7月24日判タ537号218頁‥‥‥‥‥‥‥‥‥‥‥504
- 最判昭和59年12月21日集民143号503頁‥‥‥‥‥‥‥‥‥‥‥‥‥167
- 最大判昭和60年3月27日民集39巻2号247頁（大島訴訟）‥‥‥‥‥‥427
- 大阪高判昭和60年6月12日判時1174号75頁‥‥‥‥‥‥‥‥‥‥‥493
- 最判昭和61年2月27日民集40巻1号88頁‥‥‥‥‥‥‥‥‥‥‥‥‥100
- 秋田地判昭和61年4月30日判例自治22号38頁‥‥‥‥‥‥‥‥‥‥‥184
- 那覇地判昭和61年7月9日交通民集19巻4号945頁‥‥‥‥‥‥‥‥‥505
- 最決昭和62年3月12日刑集41巻2号140頁（新潟県議会事件）‥‥‥‥‥51
- 最判昭和62年3月20日民集41巻2号189頁‥‥‥‥‥‥‥‥‥‥‥‥468
- 最判昭和62年4月10日民集41巻3号239頁‥‥‥‥‥‥‥‥‥‥‥‥201
- 最判昭和62年5月19日民集41巻4号687頁‥‥‥‥‥‥‥‥‥‥‥‥469
- 京都地判昭和62年7月13日判時1263号10頁‥‥‥‥‥‥‥‥‥‥‥189
- 最判昭和63年1月26日民集42巻1号1頁‥‥‥‥‥‥‥‥‥‥‥‥‥350

判例一覧　　*517*

・最判昭和63年3月10日判時1270号73頁‥‥‥‥‥‥‥‥‥‥‥‥‥‥‥‥‥164

平成

・最決平成元年11月8日判時1328号16頁（武蔵野マンション事件）‥‥‥‥22, 60
・最判平成元年11月24日民集43巻10号1169頁（宅地業法最高裁判決）
　‥‥‥‥‥‥‥‥‥‥‥‥‥‥‥‥‥‥‥‥‥‥‥‥‥‥‥‥‥‥‥‥77, 208, 310
・福島地判平成2年10月16日判時1365号32頁‥‥‥‥‥‥‥‥‥‥‥‥‥‥‥328
・最判平成2年12月13日民集44巻9号1186頁（多摩川水害判決）‥‥‥‥‥507
・最判平成2年12月21日民集44巻9号1706頁‥‥‥‥‥‥‥‥‥‥‥151, 154
・最判平成3年3月8日民集45巻3号164頁（浦安町ヨット杭撤去事件）
　‥‥‥‥‥‥‥‥‥‥‥‥‥‥‥‥‥‥‥‥‥‥‥‥‥‥‥‥142, 218, 350
・浦和地判平成3年3月25日判例自治86号62頁‥‥‥‥‥‥‥‥‥‥‥‥‥‥264
・最判平成3年11月28日集民163号611頁‥‥‥‥‥‥‥‥‥‥‥‥‥‥‥‥‥65
・最判平成3年12月20日民集45巻9号1455頁‥‥‥‥‥‥‥‥‥‥‥‥‥‥119
・最判平成3年12月20日民集45巻9号1503頁‥‥‥‥‥‥‥‥‥‥‥‥‥‥201
・東京地判平成4年2月7日判時臨増平成4年4月25日号3頁
　（水俣病東京訴訟第1審判決）‥‥‥‥‥‥‥‥‥‥‥‥‥‥‥‥‥‥‥‥216
・仙台地判平成4年4月8日判時1446号98頁‥‥‥‥‥‥‥‥‥‥‥‥‥‥‥211
・最判平成4年10月29日民集46巻7号1174頁（伊方原発判決）‥‥‥‥‥‥162
・最判平成4年11月27日判時1441号151頁‥‥‥‥‥‥‥‥‥‥‥‥‥‥‥‥51
・最判平成4年12月15日民集46巻9号2753頁（一日校長事件）‥‥‥‥‥‥98
・最判平成4年12月15日民集46巻9号2829頁‥‥‥‥‥‥‥‥‥‥‥‥‥‥427
・奈良地判平成5年2月9日判例自治112号80頁‥‥‥‥‥‥‥‥‥‥‥‥‥211
・最判平成5年5月27日判時1460号57頁‥‥‥‥‥‥‥‥‥‥‥‥‥‥‥‥198
・東京地判平成5年10月20日判時1492号111頁‥‥‥‥‥‥‥‥‥‥‥‥‥173
・福岡高判平成5年11月29日判タ855号194頁‥‥‥‥‥‥‥‥‥‥‥‥‥‥510
・最判平成6年6月21日集民172号703頁‥‥‥‥‥‥‥‥‥‥‥‥‥‥‥‥173
・最判平成7年2月28日民集49巻2号639頁‥‥‥‥‥‥‥‥‥‥‥‥‥‥‥‥4
・最判平成7年4月17日民集49巻4号1119頁‥‥‥‥‥‥‥‥‥‥‥‥‥‥188
・最判平成7年6月23日民集49巻6号1600頁（クロロキン判決）‥‥‥‥‥208
・最判平成8年3月15日民集50巻3号549頁（上尾市福祉会館事件）‥‥79, 457
・浦和地判平成8年6月24日判時1600号122頁‥‥‥‥‥‥‥‥‥‥‥‥‥117

- 最大判平成 8 年 8 月 28 日民集 50 巻 7 号 1952 頁‥‥‥‥‥‥‥‥‥‥232
- 盛岡地判平成 9 年 1 月 24 日判タ 950 号 117 頁‥‥‥‥‥‥‥‥‥‥‥249
- 最判平成 9 年 8 月 29 日民集 51 巻第 7 号 2921 頁‥‥‥‥‥‥‥‥‥‥428
- 東京高判平成 9 年 9 月 16 日判タ 986 号 206 頁（東京都青年の家事件）‥‥79, 457
- 東京地判平成 9 年 9 月 25 日交通民集 30 巻 5 号 1430 頁‥‥‥‥‥‥‥504
- 最判平成 9 年 9 月 30 日判時 1620 号 50 頁‥‥‥‥‥‥‥‥‥‥‥‥‥164
- 大阪地判平成 9 年 10 月 16 日判例自治 263 号 28 頁‥‥‥‥‥‥‥‥‥189
- 名古屋地判平成 10 年 3 月 27 日判時 1672 号 54 頁‥‥‥‥‥‥‥‥‥‥152
- 最判平成 10 年 4 月 24 日判時 1640 号 115 頁（茅ヶ崎市商工会議所事件）‥‥‥‥74
- 山口地判平成 10 年 6 月 9 日判時 1648 号 28 頁（日韓高速船事件第 1 審判決）
  ‥‥‥‥‥‥‥‥‥‥‥‥‥‥‥‥‥‥‥‥‥‥‥‥‥‥‥‥‥‥‥98
- 東京地判平成 10 年 7 月 16 日判時 1687 号 56 頁‥‥‥‥‥‥‥‥‥‥‥327
- 大阪高判平成 10 年 12 月 1 日判タ 1001 号 143 頁‥‥‥‥‥‥‥‥‥‥181
- 最判平成 11 年 1 月 21 日民集 53 巻 1 号 13 頁（志免町マンション事件）‥‥‥‥22
- 最決平成 11 年 3 月 10 日刑集 53 巻 3 号 339 頁（おから事件）‥‥‥‥‥‥394
- 金沢地判平成 12 年 1 月 20 日（平成 11 年（行ウ）第 1 号）裁判所 HP‥‥‥67
- 釧路地判平成 12 年 3 月 21 日判例自治 206 号 27 頁‥‥‥‥‥‥‥‥‥‥138
- 静岡地判平成 12 年 5 月 25 日判タ 1047 号 171 頁‥‥‥‥‥‥‥‥‥‥328
- 名古屋高金沢支判平成 12 年 8 月 30 日（平成 12 年（行コ）第 2 号）裁判所 HP
  ‥‥‥‥‥‥‥‥‥‥‥‥‥‥‥‥‥‥‥‥‥‥‥‥‥‥‥‥‥‥‥67
- 大阪地判平成 12 年 9 月 20 日判時 1721 号 3 頁（大和銀行代表訴訟判決）‥‥‥‥64
- 横浜地判平成 12 年 10 月 27 日判時 1753 号 84 頁‥‥‥‥‥‥211, 297, 358
- 熊本地判平成 13 年 5 月 11 日判時 1748 号 30 頁（ハンセン病国賠訴訟）‥‥‥‥315
- 広島高判平成 13 年 5 月 29 日判時 1756 号 66 頁‥‥‥‥‥‥‥‥‥‥‥327
- 東京地判平成 13 年 6 月 14 日（平成 11 年（行ウ）第 234 号）裁判所 HP‥‥‥‥198
- 国地方係争処理委員会平成 13 年 7 月 24 日勧告判時 1765 号 26 頁
  （横浜市勝馬投票券発売税事件）‥‥‥‥‥‥‥‥‥‥‥‥‥‥‥‥‥229
- 福岡地小倉支判平成 13 年 8 月 30 日判時 1767 号 111 頁‥‥‥‥‥‥‥‥503
- 大阪高判平成 13 年 9 月 21 日（平成 12 年（行コ）第 41 号）‥‥‥‥‥‥‥171
- 東京地判平成 14 年 2 月 14 日判時 1808 号 31 頁
  （国立マンション国賠訴訟第 1 審判決）‥‥‥‥‥‥‥‥‥‥‥‥‥‥351
- 新潟地判平成 14 年 3 月 28 日判例自治 233 号 91 頁‥‥‥‥‥‥‥‥‥‥329

判例一覧　519

・横浜地判平成14年6月19日判例自治240号55頁

　（葉山町公共下水道建設差止住民訴訟）‥‥‥‥‥‥‥‥‥‥‥‥‥403, 412

・横浜地判平成14年6月26日判例自治241号67頁‥‥‥‥‥‥‥‥‥‥‥123

・最判平成14年7月9日民集56巻6号1134頁（宝塚パチンコ条例判決）‥‥‥51

・徳島地判平成14年9月13日判例自治240号64頁

　（阿南市水道水源保護条例判決）‥‥‥‥‥‥‥‥‥‥‥‥‥‥‥‥‥214

・横浜地判平成14年10月23日判例自治349号6頁‥‥‥‥‥‥‥‥‥‥‥‥47

・札幌地判平成14年11月11日判時1806号84頁（小樽公衆浴場入浴拒否事件）

　‥‥‥‥‥‥‥‥‥‥‥‥‥‥‥‥‥‥‥‥‥‥‥‥‥‥‥‥243, 443

・最判平成15年1月17日民集57巻1号1頁‥‥‥‥‥‥‥‥‥‥‥‥‥‥317

・神戸地尼崎支判平成15年1月28日判タ1140号110頁‥‥‥‥‥‥‥‥‥507

・名古屋地判平成15年1月31日判例自治245号29頁‥‥‥‥‥‥‥‥‥‥165

・東京高判平成15年3月26日判例自治246号113頁‥‥‥‥‥‥‥‥‥‥‥47

・東京地判平成15年10月31日（平成14年（行ウ）第422号）裁判所HP‥‥‥‥46

・最判平成16年1月15日民集58巻1号156頁（倉敷チボリ公園事件）‥‥‥74, 144

・名古屋地判平成16年1月29日判タ1246号150頁‥‥‥‥‥‥‥‥‥‥‥403

・徳島地判平成16年1月30日判例自治267号19頁‥‥‥‥‥‥‥‥‥‥‥164

・大阪高判平成16年2月24日判例自治263号9頁‥‥‥‥‥‥‥‥‥‥189, 193

・青森地判平成16年2月24日判例自治266号26頁‥‥‥‥‥‥‥‥‥‥‥165

・東京地判平成16年4月13日判例自治265号25頁‥‥‥‥‥‥‥‥‥‥‥162

・東京高判平成16年4月14日判例自治266号29頁‥‥‥‥‥‥‥‥‥‥‥165

・最判平成16年4月23日民集58巻4号892頁（はみ出し自販機事件）‥‥‥‥109

・最判平成16年4月27日民集58巻4号1032頁（筑豊じん肺判決）‥‥‥‥‥216

・横浜地判平成16年4月28日判例自治268号35頁‥‥‥‥‥‥‥‥‥‥‥183

・京都地判平成16年9月15日（平成15年（行ウ）第1号）裁判所HP‥‥‥‥163

・札幌高判平成16年10月20日判タ1208号167頁‥‥‥‥‥‥‥‥‥‥‥161

・奈良地判平成16年12月15日（平成14年（行ウ）第14号）裁判所HP

　‥‥‥‥‥‥‥‥‥‥‥‥‥‥‥‥‥‥‥‥‥‥‥‥‥‥‥‥162, 164

・最判平成16年12月24日民集58巻9号2536頁

　（紀伊長島町水道水源保護条例判決）‥‥‥‥‥‥‥‥‥‥‥‥‥‥‥214

・大津地判平成17年2月7日判例自治268号74頁‥‥‥‥‥‥‥‥‥‥‥328

・札幌地判平成17年2月28日判例自治268号26頁‥‥‥‥‥‥‥‥‥‥‥467

- 札幌地岩見沢支判平成17年4月7日判時1918号39頁··························173
- 佐賀地判平成17年4月20日判例集未登載·····························304
- 名古屋地判平成17年5月30日（平成15年（行ウ）第63号）裁判所HP·······165
- 最決平成17年6月24日判時1904号69頁·····················78, 456
- 高松高判平成17年8月5日判例自治280号12頁················467
- 函館地判平成17年8月22日（平成15年（行ウ）第2号）裁判所HP·······163
- 最決平成17年11月10日民集59巻9号2503頁·····················158
- 最判平成17年11月10日判時1921号36頁（日韓高速船事件上告審判決）
······················68, 98, 319, 326
- 東京高判平成17年12月19日判時1927号27頁
（国立マンション国賠訴訟第2審判決）·················141, 351
- 最判平成18年1月20日民集60巻1号137頁（天理教事件）··············50
- 青森地判平成18年2月28日判時1963号110頁·····················64
- 最大判平成18年3月1日民集60巻2号587頁（旭川市国民健康保険条例事件）
······················416, 424
- 最判平成18年3月30日民集60巻3号948頁
（国立マンション民事差止め訴訟最高裁判決）·················364
- 神戸地判平成18年5月11日判例自治286号54頁················328
- 最判平成18年7月14日民集60巻6号2369頁（旧高根町簡易水道事業条例事件）
······················23, 352
- 大阪地判平成18年7月19日判タ1248号167頁·····················160
- 大阪地判平成18年9月14日判タ1236号201頁·····················438
- 青森地判平成18年10月20日判タ1244号149頁················166
- 岡山地決平成18年10月24日（平成18年（行ク）第20号）裁判所HP
（倉敷市民会館事件）·················440
- 最判平成18年10月26日判時1953号122頁·················409, 467
- 東京高判平成18年11月8日判例集未登載·····························163
- 横浜地判平成18年11月15日判タ1239号177頁
（かわさき港コンテナターミナル事件）·················67
- 最判平成19年1月25日民集61巻1号1頁（積善会暁学園事件）··············456
- 札幌高判平成19年2月9日（平成17年（行コ）第14号）裁判所HP·······161
- 福岡高判平成19年2月19日判タ1255号232頁·················68, 327

判例一覧　　*521*

・福岡地判平成19年3月1日判タ1277号215頁‥‥‥‥‥‥‥‥‥‥‥‥‥328
・横浜地決平成19年3月9日判例自治297号58頁‥‥‥‥‥‥‥‥‥‥‥‥438
・千葉地判平成19年3月9日判例自治304号15頁‥‥‥‥‥‥‥‥‥‥‥‥138
・最判平成19年3月20日判時1968号124頁（パチンコ出店阻止事件）‥‥‥‥49
・東京高決平成19年3月29日（平成19年（行ス）第16号）裁判所HP‥‥‥438
・仙台高判平成19年4月26日（平成18年（行コ）第20号）‥‥‥‥‥‥‥163
・青森地判平成19年5月25日判例自治311号19頁‥‥‥‥‥‥‥‥‥‥‥165
・大阪地判平成19年6月6日判時1974号3頁（大和都市管財第1審判決）
　　　‥‥‥‥‥‥‥‥‥‥‥‥‥‥‥‥‥‥‥‥‥‥‥‥‥‥‥‥302, 312
・佐賀地判平成19年6月22日判時1978号53頁（佐賀商工共済国賠訴訟）
　　　‥‥‥‥‥‥‥‥‥‥‥‥‥‥‥‥‥‥‥‥‥‥102, 117, 141, 302
・東京地判平成19年7月20日判タ1269号232頁（日弁連事務局事件）‥‥‥‥50
・高松高判平成19年8月31日（平成19年（行コ）第8号）裁判所HP‥‥‥‥48
・最判平成19年9月18日刑集61巻6号601頁（広島市暴走族追放条例事件）
　　　‥‥‥‥‥‥‥‥‥‥‥‥‥‥‥‥‥‥‥‥‥‥‥‥‥‥‥‥‥‥267
・大阪高判平成19年9月28日（平成18年（行コ）第102号）裁判所HP‥‥‥439
・佐賀地判平成19年10月5日季報情報公開・個人情報保護29号22頁‥‥‥‥48
・岡山地決平成19年10月15日判時1994号26頁（岡山シンフォニーホール事件）
　　　‥‥‥‥‥‥‥‥‥‥‥‥‥‥‥‥‥‥‥‥‥‥‥‥‥‥‥‥‥‥439
・さいたま地判平成19年10月31日（平成19年（行ウ）第1号）裁判所HP‥‥48
・大阪地判平成19年11月22日判タ1262号181頁‥‥‥‥‥‥‥‥‥‥‥‥189
・大阪地判平成19年11月22日判例自治305号86頁‥‥‥‥‥‥‥‥‥‥‥193
・東京地判平成19年12月7日（平成19年（行ウ）第335号）裁判所HP‥‥‥198
・札幌地判平成19年12月12日判時2006号93頁‥‥‥‥‥‥‥‥‥‥‥‥173
・仙台高判平成19年12月19日判例自治310号11頁‥‥‥‥‥‥‥‥‥‥‥162
・仙台高判平成19年12月20日判例自治311号10頁‥‥‥‥‥‥‥‥‥‥‥165
・大阪地判平成20年1月17日判例自治311号45頁‥‥‥‥‥‥‥‥‥‥‥189
・最判平成20年1月18日民集62巻1号1頁‥‥‥‥‥‥‥‥‥‥‥‥‥‥403
・最決平成20年3月3日判時2004号158頁（薬害エイズ刑事事件判決）‥‥‥317
・神戸地判平成20年4月10日判例自治315号20頁‥‥‥‥‥‥‥‥‥‥‥189
・さいたま地判平成20年5月27日（平成19年（わ）第779号）裁判所HP
　（ふじみ野市プール事故事件）‥‥‥‥‥‥‥‥‥‥‥‥‥‥‥‥‥‥451

522 判例一覧

- 東京高決平成20年7月1日判時2012号70頁（三井ダイレクト損保事件）⋯⋯50
- 東京高判平成20年10月1日訟月55巻9号2904頁⋯⋯⋯⋯⋯⋯⋯⋯⋯⋯⋯212
- 内閣府情報公開・個人情報保護審査会平成20年11月5日答申
  （平成20年度（行情）第308号）⋯⋯⋯⋯⋯⋯⋯⋯⋯⋯⋯⋯⋯⋯⋯⋯⋯⋯48
- 札幌地判平成20年12月17日判タ1307号140頁⋯⋯⋯⋯⋯⋯⋯⋯⋯⋯⋯⋯507
- 東京地判平成21年3月24日判時2046号90頁
  （日比谷公園大音楽堂使用承認職権取消事件）⋯⋯⋯⋯⋯⋯⋯⋯⋯⋯⋯458
- 名古屋地判平成21年3月26日判タ1320号85頁⋯⋯⋯⋯⋯⋯⋯⋯⋯⋯⋯⋯163
- 最判平成21年4月28日判時2047号113頁⋯⋯⋯⋯⋯⋯⋯⋯⋯⋯⋯⋯⋯⋯⋯110
- 最判平成21年7月7日判時2055号44頁⋯⋯⋯⋯⋯⋯⋯⋯⋯⋯⋯⋯⋯⋯⋯⋯161
- 最判平成21年7月10日判時2058号53頁⋯⋯⋯⋯⋯⋯⋯⋯⋯⋯⋯⋯⋯⋯⋯379
- 横浜地判平成21年7月15日判例自治327号47頁⋯⋯⋯⋯⋯⋯⋯⋯⋯⋯⋯⋯438
- 横浜地判平成21年10月14日判例自治338号46頁⋯⋯⋯⋯⋯⋯⋯⋯⋯⋯⋯⋯425
- 最判平成21年10月15日民集63巻8号1711頁（サテライト大阪判決）⋯⋯265
- 静岡地下田支判平成21年10月29日判タ1317号149頁⋯⋯⋯⋯⋯⋯⋯⋯⋯416
- さいたま地判平成21年12月16日判例自治343号33頁⋯⋯⋯⋯⋯⋯⋯⋯⋯205
- 最判平成21年12月18日民集63巻10号2754頁⋯⋯⋯⋯⋯⋯⋯⋯⋯⋯⋯⋯⋯454
- 最判平成22年3月2日判時2076号44頁（高速道路キツネ侵入事件）⋯⋯505
- 最判平成22年3月23日判時2080号24頁⋯⋯⋯⋯⋯⋯⋯⋯⋯⋯⋯⋯⋯⋯⋯⋯162
- 熊本地判平成22年3月26日判時2092号49頁⋯⋯⋯⋯⋯⋯⋯⋯⋯⋯⋯⋯⋯164
- 最判平成22年3月30日判時2083号68頁⋯⋯⋯⋯⋯⋯⋯⋯⋯⋯⋯⋯⋯⋯⋯155
- 最決平成22年4月22日判時2078号3頁⋯⋯⋯⋯⋯⋯⋯⋯⋯⋯⋯⋯⋯⋯⋯⋯160
- 自治紛争処理委員平成22年5月18日勧告地方自治752号70頁⋯⋯⋯⋯⋯279
- 佐賀地判平成22年7月16日判時2097号114頁（佐賀商工共済事件）
  ⋯⋯⋯⋯⋯⋯⋯⋯⋯⋯⋯⋯⋯⋯⋯⋯⋯⋯⋯⋯102, 117, 141, 316
- 最判平成22年9月10日民集64巻6号1515頁（茨木市事件）⋯⋯⋯⋯76, 188
- 横浜地判平成22年10月6日判例自治345号25頁⋯⋯⋯⋯⋯⋯⋯⋯⋯⋯⋯⋯48
- 東京地判平成22年12月22日判時2104号19頁（国立マンション住民訴訟）
  ⋯⋯⋯⋯⋯⋯⋯⋯⋯⋯⋯⋯⋯⋯⋯⋯⋯⋯⋯⋯109, 141, 315
- 神戸地判平成23年1月26日（平成20年（行ウ）第11号）⋯⋯⋯⋯⋯⋯⋯193
- 津地判平成23年2月24日判例自治348号42頁⋯⋯⋯⋯⋯⋯⋯⋯⋯⋯⋯⋯⋯189
- 釧路地判平成23年3月8日判例自治360号42頁⋯⋯⋯⋯⋯⋯⋯⋯⋯⋯⋯⋯166

判例一覧　　*523*

- 釧路地帯広支判平成23年3月24日判時2112号103頁‥‥‥‥‥‥‥‥‥‥‥‥478
- 大阪地判平成23年4月27日判時2130号31頁（信楽高原鉄道判決）‥‥‥‥‥77
- 仙台高判平成23年5月20日判例自治360号7頁‥‥‥‥‥‥‥‥‥‥‥‥‥‥‥162
- 東京地判平成23年5月26日訟月58巻12号4131頁‥‥‥‥‥‥‥‥‥‥‥‥‥‥47
- 大阪高判平成23年6月3日（平成22年（行コ）第139号）裁判所HP‥‥‥‥198
- 最判平成23年6月14日裁時1533号24頁‥‥‥‥‥‥‥‥‥‥‥‥‥‥‥438, 461
- 奈良地判平成23年6月30日判タ1383号220頁‥‥‥‥‥‥‥‥‥‥‥‥‥‥‥162
- 名古屋高判平成23年7月8日季報情報公開・個人情報保護46号57頁‥‥‥473
- 東京高判平成23年7月20日判例自治354号9頁‥‥‥‥‥‥‥‥‥‥‥‥‥‥‥48
- 最判平成23年10月27日判時2133号3頁（安曇野市トマト園事件）‥‥‥‥‥67
- 東京高判平成23年11月30日訟月58巻12号4115頁‥‥‥‥‥‥‥‥‥‥‥‥‥47
- 最判平成23年12月15日民集65巻9号3393頁‥‥‥‥‥‥‥‥‥‥‥‥‥‥‥153
- 横浜地判平成24年1月31日判時2146号91頁‥‥‥‥‥‥‥‥‥‥‥‥‥‥‥‥78
- 福岡高判平成24年2月16日（平成22年（ネ）第844号）
  D1-Law判例28180569（佐賀商工共済求償訴訟）‥‥‥‥‥‥‥102, 117, 316
- 最判平成24年2月28日民集66巻3号1240頁‥‥‥‥‥‥‥‥‥‥‥‥‥‥‥‥18
- 横浜地判平成24年4月18日（平成22年（ワ）第5215号）
  D1-Law判例28180987‥‥‥‥‥‥‥‥‥‥‥‥‥‥‥‥‥‥‥‥‥‥‥‥‥‥346
- 最判平成24年4月20日裁民240号185頁（大東市事件）‥‥‥‥‥‥‥‥‥‥103
- 最判平成24年4月20日民集66巻6号2583頁（神戸市事件）‥‥‥‥‥103, 142
- 最判平成24年4月23日民集66巻6号2789頁（さくら市事件）‥‥‥‥‥‥‥103
- 東京地判平成24年7月9日訟月59巻9号2341頁‥‥‥‥‥‥‥‥‥‥‥‥‥‥212
- 東京高判平成24年7月26日（平成24年（行コ）第150号）‥‥‥‥‥‥‥‥‥198
- 新潟地判平成24年8月20日（平成21年（行ウ）第9号）‥‥‥‥‥‥‥‥‥‥165
- 甲府地判平成24年9月18日判例自治363号11頁‥‥‥‥‥‥‥‥‥‥‥‥‥‥138
- 広島地判平成24年9月26日判時2170号76頁‥‥‥‥‥‥‥‥‥‥206, 297, 359
- 大阪地判平成24年10月12日判時2171号92頁‥‥‥‥‥‥‥‥‥‥‥‥‥‥‥493
- 仙台高判平成24年12月12日判例自治375号76頁‥‥‥‥‥‥‥‥‥‥‥‥‥509
- 大阪地決平成24年12月28日（平成24年（ヨ）第1273号）‥‥‥‥‥‥‥‥‥40
- 名古屋地判平成25年1月24日（平成23年（行ウ）第38号）
  D1-Law判例28221134‥‥‥‥‥‥‥‥‥‥‥‥‥‥‥‥‥‥‥‥‥‥‥‥‥175
- 最判平成25年1月25日判時2182号44頁‥‥‥‥‥‥‥‥‥‥‥‥‥‥‥162, 166

- 徳島地判平成25年1月28日判例自治383号18頁‥‥‥‥‥‥‥‥‥‥193
- 東京高判平成25年3月13日判時2199号23頁‥‥‥‥‥‥‥‥‥‥‥346
- 甲府地判平成25年3月19日判例自治382号40頁‥‥‥‥‥‥‥‥‥162
- 千葉地判平成25年3月22日判時2196号3頁‥‥‥‥‥‥‥‥‥‥‥128
- 最判平成25年3月26日裁時1576号8頁‥‥‥‥‥‥‥‥‥‥‥‥‥110
- 東京地判平成25年3月26日判時2209号79頁（北総鉄道訴訟）‥‥‥‥129
- 津地四日市支判平成25年3月29日判時2186号67頁‥‥‥‥‥‥‥‥504
- 東京高判平成25年5月30日判例自治385号11頁‥‥‥‥‥‥‥‥‥139
- 横浜地判平成25年6月19日判時2205号23頁‥‥‥‥‥‥‥‥‥‥166
- 東京地判平成25年6月25日（平成23年（ワ）第41759号）
　　　　D1-Law 判例29026193‥‥‥‥‥‥‥‥‥‥‥‥‥‥‥‥‥‥457
- 名古屋高判平成25年7月4日判時2210号36頁‥‥‥‥‥‥‥‥‥‥173
- 東京高判平成25年8月29日判時2206号76頁‥‥‥‥‥‥‥‥128, 135
- 高松高判平成25年8月29日判例自治383号16頁‥‥‥‥‥‥‥‥‥193
- 東京高判平成25年9月19日判例自治382号30頁‥‥‥‥‥‥‥‥‥162
- 熊本地判平成25年10月11日（平成25年（行ウ）第3号）‥‥‥‥‥110
- 福岡地判平成25年11月18日（平成19年（行ウ）第70号）裁判所HP‥‥‥163
- 広島高判平成25年12月19日（平成24年（ネ）第579号）
　　　　D1-Law 判例28220156‥‥‥‥‥‥‥‥‥‥‥‥‥‥‥217, 297
- 最決平成26年1月16日（平成24年（オ）第898号、同年（受）第1093号）
　　　　D1-Law 判例28273576‥‥‥‥‥‥‥‥‥‥‥‥‥102, 118, 316
- 名古屋地判平成26年1月16日判時2296号50頁‥‥‥‥‥‥‥‥‥159
- 徳島地判平成26年1月31日判例自治414号28頁‥‥‥‥‥‥‥‥‥194
- 東京地判平成26年3月20日（平成25年（行ウ）第638号）
　　　　D1-Law 判例29026840‥‥‥‥‥‥‥‥‥‥‥‥‥‥‥‥‥‥439
- 大阪地判平成26年3月26日判例自治394号18頁‥‥‥‥‥‥‥‥‥164
- 宮崎地判平成26年4月11日（平成25年（ワ）第125号）‥‥‥‥‥‥438
- 東京地判平成26年6月10日判時2309号138頁（明治大学事件）‥‥‥‥50
- 福島地郡山支判平成26年6月20日判時2233号131頁‥‥‥‥‥‥‥495
- 水戸地判平成26年7月10日判時2249号24頁‥‥‥‥‥‥‥‥‥‥466
- 高松高判平成26年8月28日判例自治414号32頁‥‥‥‥‥‥‥‥‥194
- 大阪高判平成26年8月29日（平成26年（行コ）第52号）裁判所HP‥‥‥413

判例一覧　*525*

・東京地判平成26年9月3日判例自治399号15頁‥‥‥‥‥‥‥‥‥‥‥‥166
・熊本地判平成26年10月27日判例自治398号13頁‥‥‥‥‥‥‥‥‥‥‥319
・最決平成26年10月29日判タ1409号104頁‥‥‥‥‥‥‥‥‥‥‥‥‥‥‥160
・最決平成27年1月15日（平成26年（行ツ）第13号、同年（行ヒ）第22号）
　　D1-Law判例28230594‥‥‥‥‥‥‥‥‥‥‥‥‥‥‥‥‥‥‥‥‥‥‥128
・大分地判平成27年2月23日判時2352号36頁‥‥‥‥‥‥‥‥‥‥‥‥‥110
・高知地判平成27年3月10日判時2322号49頁‥‥‥‥‥‥‥‥‥‥‥‥‥‥66
・大分地判平成27年3月16日判例自治429号35頁‥‥‥‥‥‥‥‥‥‥‥‥113
・札幌地判平成27年5月26日判時2312号43頁‥‥‥‥‥‥‥‥‥‥‥‥‥166
・福島地判平成27年6月23日判時2287号39頁‥‥‥‥‥‥‥‥‥‥‥‥‥122
・東京地判平成27年7月23日判時2315号37頁‥‥‥‥‥‥‥‥‥‥‥‥‥‥66
・鹿児島地判平成27年9月8日（平成25年（ワ）第221号）‥‥‥‥‥‥‥458
・福岡高判平成27年10月22日判例自治429号53頁‥‥‥‥‥‥‥‥‥‥‥113
・長野地伊那支判平成27年10月28日判時2291号84頁‥‥‥‥‥‥‥‥‥349
・最判平成27年11月17日判例自治403号33頁‥‥‥‥‥‥‥‥‥‥‥‥‥197
・静岡地判平成27年11月18日（平成27年（わ）第31号）
　　D1-Law判例28234363‥‥‥‥‥‥‥‥‥‥‥‥‥‥‥‥‥‥‥‥‥‥‥451
・青森地判平成27年11月27日（平成26年（行ウ）第4号）
　　D1-Law判例28261716‥‥‥‥‥‥‥‥‥‥‥‥‥‥‥‥‥‥‥‥‥‥‥438
・東京高判平成27年12月22日判例自治405号18頁‥‥‥‥‥‥‥‥‥‥‥104
・名古屋高判平成27年12月24日判時2296号42頁‥‥‥‥‥‥‥‥‥159, 163
・国地方係争処理委員会平成27年12月28日決定‥‥‥‥‥‥‥‥‥‥9, 223
・大分地判平成28年1月14日判時2352号13頁‥‥‥‥‥‥‥‥‥‥‥‥‥110
・神戸地判平成28年3月29日医療判例解説66号64頁‥‥‥‥‥‥‥‥‥‥458
・札幌高判平成28年5月20日判時2314号40頁（札幌ドームファウルボール訴訟）
　　‥‥‥‥‥‥‥‥‥‥‥‥‥‥‥‥‥‥‥‥‥‥‥‥‥‥‥‥‥‥‥‥457
・佐賀地判平成28年5月27日（平成27年（行ウ）第3号）‥‥‥‥‥‥‥442
・大阪地判平成28年6月15日判時2324号84頁‥‥‥‥‥‥‥‥‥‥‥‥‥‥36
・国地方係争処理委員会平成28年6月20日決定‥‥‥‥‥‥‥‥‥‥10, 231
・最判平成28年6月28日判タ1429号77頁‥‥‥‥‥‥‥‥‥‥‥‥‥‥‥158
・最判平成28年7月15日判時2316号53頁（鳴門市競艇従事員共済補助金支出事件）
　　‥‥‥‥‥‥‥‥‥‥‥‥‥‥‥‥‥‥‥‥‥‥‥‥‥‥‥‥‥‥‥‥‥76

- ・最判平成28年7月15日判時2316号58頁・・・・・・・・・・・・・・・・・・・・・・・・・・・・・・・195
- ・福岡高判平成28年9月5日判時2352号25頁・・・・・・・・・・・・・・・・・・・・・・・・・・・110
- ・京都地判平成28年10月13日（平成26年（行ウ）第34号）・・・・・・・・・・・・・・・・452
- ・大分地判平成28年11月11日（平成27年（ワ）第29号、同第130号）・・・・・・・・364
- ・最判平成28年12月13日（平成28年（オ）第580号、同年（受）第734号）
  D1-Law判例28250221・・・124
- ・最判平成28年12月20日民集70巻9号2281頁・・・・・・・・・・・・・・・・・・・・・・・・・・・10
- ・大分地判平成28年12月22日判例自治434号66頁・・・・・・・・・・・・・・・・・・・・・・・110
- ・横浜地判平成29年1月30日判例自治434号55頁・・・・・・・・・・・・・・・・・・・・・・・442
- ・名古屋高判平成29年2月2日判例自治434号18頁・・・・・・・・・・・・・・・・・・・・・・・186
- ・横浜地判平成29年3月8日判例自治431号31頁・・・・・・・・・・・・・・・・・・・・・・・458
- ・福岡高判平成29年6月5日判時2352号3頁・・・・・・・・・・・・・・・・・・・・・・・110, 120
- ・高松高判平成29年8月3日（平成28年（行コ）第26号）・・・・・・・・・・・・・・・・・200
- ・高松高判平成29年8月3日判例自治437号20頁・・・・・・・・・・・・・・・・・・・・・・・201
- ・最判平成29年9月15日判時2366号3頁（大分県教委事件）・・・・・・・・・・・・・・・110
- ・水戸地判平成29年10月20日（平成27年（行ウ）第12号）
  D1-Law判例28262074・・・438
- ・最判平成30年4月26日判時2377号10頁・・・・・・・・・・・・・・・・・・・・・・・・・・・・・186
- ・東京高判平成30年8月8日（平成30年（ネ）第1239号）・・・・・・・・・・・・・・・・・455
- ・仙台高判平成30年8月29日判時2395号42頁・・・・・・・・・・・・・・・・・・・・・156, 186
- ・佐賀地判平成30年9月28日（平成28年（行ウ）第1号）
  D1-Law判例28264612・・・442
- ・最判平成31年2月14日民集73巻2号123頁・・・・・・・・・・・・・・・・・・・・・・・・・・・173
- ・国地方係争処理委員会平成31年2月19日決定・・・・・・・・・・・・・・・・・・・・・228, 230
- ・熊本地判平成31年3月4日（平成28年（ワ）第175号）
  D1-Law判例28271433・・・321
- ・札幌地判平成31年3月5日（平成28年（ワ）第1063号）裁判所HP・・・・・・・・457

令和

- ・国地方係争処理委員会令和元年9月3日勧告・・・・・・・・・・・・・・・・・・・・・・・・・・・12

事項索引

あ

ICT技術 …………………………………… 494
空き家 ……………………………… 240, 381, 390
空き家条例 ……………………………… 390
空家等対策の推進に関する特別措置法
……………………………………… 296, 391
空き家バンク ……………………………… 269, 291
按分説 ……………………………… 164, 166

い

一部事務組合 ……………………………… 23
一括購入・一括販売方式 ……………………… 416
一般競争入札 ……………………………… 465
一般廃棄物 ……………………………… 417, 428
イベント民泊 ……………………………… 241, 259
入会権 ……………………………… 349
インフラ行政 ……………………………… 13

う

訴えの利益 ……………………………… 172

え

営造物責任 ……………………………… 457, 495
エージェンシー問題 ………………………… 451
エスカレーション ………………………… 452
SPC ……………………………… 444
NPM …………………………………… 51, 79, 82

お

公の施設 ……………………………… 78, 436
屋外広告物法 ……………………………… 353

か

会計管理者 ……………………………… 100
会派 ……………………………… 161
開発許可 ……………………………… 283, 357
外部不経済 …… 289, 295, 335, 350, 353, 381, 390
過失相殺 ……………………………… 116, 504
合併処理浄化槽 ……………………………… 23, 404
借上げ公営 ……………………………… 271
過料 ……………………………… 264, 265, 401, 450
簡易宿所営業 ……………………………… 244
環境影響評価法 ……………………………… 359

環境審議会 …………………………………… 380
監査 ……………………………… 64, 80, 87, 441
監査委員 …… 64, 81, 87, 100, 105, 106, 320, 441
関与 ……………………………… 5, 19, 229, 279
管理不全不動産 ……………………………… 390

き

議員の資格の決定 ……………………………… 185
議員報酬 ……………………………… 151, 152, 168, 172
議会 ……………………………… 100, 127, 150, 170, 188
議会運営委員会 ……………………………… 181
議会基本条例 ……………………………… 151
機会費用 ……………………………… 412
規格方式 ……………………………… 431
機関委任事務 …… 6, 19, 150, 211, 226, 294
機関訴訟 ……………………………… 228
基金 ……………………………… 344
技術基準 ……………………………… 357
技術的助言 ……………………………… 12, 257, 294
規制行政 ……………………………… 408
規制権限の不行使 ……………………………… 205, 311, 458
期末手当 ……………………………… 76, 151, 155, 196
急傾斜地法 ……………………………… 206, 296, 356, 358
求償権 …… 96, 99, 104, 109, 117, 315, 457
求償制限 ……………………………… 116, 118
給水契約 ……………………………… 443
給付行政 ……………………………… 13, 319, 408
給与条例主義 …… 75, 188, 192, 196, 198
行政契約 ……………………………… 460, 488
行政財産 ……………………………… 442
行政指導 ……………………………… 265, 352, 363, 367, 396
行政不服審査法 ……………………………… 170, 222
競争の導入による公共サービスの
改革に関する法律 ……………………… 460
協定 ……………………………… 438, 440, 448
共同相続 ……………………………… 287
共有 ……………………………… 287
許可制 ……………………………… 369, 429
距離（Distanz）……………………………… 451, 473

く

国地方係争処理委員会 ……………………… 8, 223, 228
クラウドファンディング ……………………… 342

け

計画担保責任 ……………………………… 351
景観侵害 ……………………………… 353, 376
景観法 ……………………………… 353, 373, 382

経済活動の自由 …………………………… 416
形式的当事者訴訟 ………………………… 295
軽犯罪法 …………………………………… 267
契約自由の原則 ……………………… 443, 461
下水道 ……………………………………… 404
欠格事由 …………………………………… 185
権限の委任 ………………………………… 211
建築確認 …………………………………… 456
建築基準法 ……………… 244, 253, 257, 354, 440
憲法の私人間効力 ………………………… 243, 443
権利放棄議決 ……………………………… 103
権力分立 …………………………………… 2

こ

行為規範 ……………………………… 508, 510
広域連合 ……………………………… 23, 269
公営競技 …………………… 57, 60, 63, 75
公営住宅 ……………………………… 61, 446
公害防止協定 ……………………………… 379
公企業 ……………………………………… 409
公共施設 …………………………………… 436
公共施設等運営権　→コンセッション方式
公共調達 …………………………………… 460
耕作放棄地 ………………………………… 339
公有水面埋立法 …………………………… 222
個人情報保護 ………………………… 71, 449, 455
国家戦略特別区域（国家戦略特区） ……… 249,
　　　　　　　　　　　　　　　274, 276
国家賠償 … 76, 109, 173, 206, 302, 456, 479, 495
固定価格買取制度　→ FIT
固定資産税 …………………………… 290, 386
ごみ袋有料化条例 ………………………… 416
ごみ屋敷条例 ………………………… 29, 296, 390
コンセッション方式 ……………………… 446
コンパクトシティ ………………………… 23
コンプライアンス ………………… 82, 313, 451

さ

再公営化 ……………………………… 342, 449, 455
財産区 ……………………………………… 479
最少経費最大効果原則 ………… 59, 97, 327, 403,
　　　　　　　　　　　406, 408, 431, 462
再生可能エネルギー ……………………… 336
最低価格自動落札方式 …………………… 465
裁定的関与 ………………… 9, 170, 226, 230
債務保証 …………………………………… 65
三位一体の改革 …………………………… 27

し

市街化調整区域 ……………… 257, 274, 277, 283
時効取得 …………………………………… 288
自主条例 ……………………………… 32, 364
自主立法権 ………………………………… 150
地すべり等防止法 ………………… 206, 356, 358
自然災害 …………………………………… 506
自治基本条例 ……………………………… 31
自治事務 ……………………………… 150, 294
自治体周辺法人 …………………………… 57
執行停止 …………………………………… 224
指定 …………………………………… 437, 460
指定確認検査機関 ……… 58, 62, 70, 78, 440, 456
指定管理者 …………… 58, 62, 70, 78, 436, 440, 460
指定ごみ袋 ………………………………… 416
指定都市 …………………… 25, 85, 204, 302
指定法人 ……………… 58, 62, 66, 69, 78, 440
私的自治 ……………………………… 461, 488
使途基準 …………………………………… 161
指名競争入札 ……………………… 409, 417, 467
収支報告書 …………………………… 157, 160
重大な過失（重過失） …………………… 315
住宅宿泊事業法 ……………………… 239, 252, 270
銃刀法 ……………………………………… 493
住民自治 ……………………………… 3, 171
住民訴訟 …… 65, 79, 96, 103, 109, 160, 192,
　　　　319, 403, 412, 442, 457, 462, 465
受益者負担金 ……………………………… 14
シュタットベルケ ………………………… 342
守秘義務 …………………………………… 449
情報公開 ……………………… 71, 449, 466, 473
情報公開条例 ……………………………… 29
消防法 ……………………………… 244, 251, 257
使用料 ……………………………… 439, 447
条例 ……………… 28, 150, 286, 350, 416, 438
条例による事務処理の特例 ……… 205, 211, 297
処分性 ……………………………………… 438
除名 ……………………………… 170, 183, 184
所有者不明土地問題 ……………………… 287, 381
信義誠実の原則（信義則） ……………… 116
新公共管理
　（New Public Management）　→ NPM
審査請求 ……………………………… 223, 224
申請に対する処分 ………………………… 438
森林法 ……………………………… 217, 356, 358

す

随意契約	468
水害	506
水道法	22

せ

制裁的公表	367, 370, 396, 400
政治倫理条例	151
生存権	16
生存配慮	13
性能発注	471
政務活動費（政務調査費）	157, 158
是正の指示	10, 216, 232
是正の要求	9, 207, 212, 215, 294, 297
専決処分	127, 137, 438
任意代理的――	127
法定代理的――	127
専売制	427, 429

そ

総合評価方式	469
ソーラーパネル	335
ソーラーパネル条例	29, 364
即時強制	295, 382, 386, 399
租税法律主義	424
措置命令	376, 382, 391, 395
損益相殺	123
損失補償契約	58, 65, 67, 327

た

第三セクター	15, 58, 61, 66, 74, 77, 326, 332
代執行（関与としての代執行）	231
退職金返納命令	120
退職手当	189, 190, 197
第二次目的	408, 411, 471, 474
太陽光発電	335
宅地造成等規制法	206, 296, 297, 356
団体自治	3, 171

ち

地産・地消	342, 479, 494
地籍調査	287, 289
地方議会　→議会	
地方公営企業	57, 62, 73, 76, 188, 190
地方公共団体財政健全化法	65, 68
地方公社	57, 77
地方交付税交付金	330

地方三公社

地方三公社	60, 64, 72
地方自治の本旨	3, 171, 434
地方制度調査会	25, 80, 96, 104
地方独立行政法人	58, 61, 65, 72, 73, 77, 454
中核市	25, 204, 302
中小企業等協同組合	307
中小企業等協同組合法	303
長	81, 82, 127, 319, 441, 448
町村総会	3
調達行政	408
懲罰事由	175, 179, 181
聴聞	454
陳謝	174, 179
賃貸借契約	251

つ

通常有すべき安全性	501, 507
通達	6

て

定期建物賃貸借	247, 252
手数料	417, 418, 424, 425, 431
電気事業法	354

と

登記	287
特定空家	296, 391
特定目的基金	269
特別区	25
都市計画法	253, 257, 277, 283, 356
土砂災害防止法	206, 297, 357
土地改良法	404
土地収用法	288
特許	447
特区民泊	249
都道府県	85, 302

な

内部統制	31
内部統制体制	80, 86, 102, 126, 318

に

二元代表制	150
二重行政	25
日照権侵害	359
New Public Management　→NPM	
認知的・試行的先導性	2, 28

の

農家民宿	241, 255
農家レストラン	274
農業集落排水施設	404
農業振興地域の整備に関する法律	274, 338
農地転用	277, 338
農地法	218, 277, 279, 297, 338, 358
農用地区域	274, 277, 338

は

廃棄物	393
廃棄物処理法	292

ひ

PFI	70, 443
東日本大震災	336, 495
表見法理	144, 146
平等原則	462, 488
費用便益分析	411, 413
費用弁償	151, 154
昼窓手当	188
比例原則	7, 182, 184, 408, 429, 430, 489
品質（Qualität）	411, 464, 474

ふ

FIT	335, 341
賦課金	338
不可抗力	507
不作為の違法確認の訴え	10
部分社会の法理	170
不明裁決	288, 293
不利益処分	454
ふるさと創生	30
ふるさと納税	12, 269
プロポーザル方式	470
文書提出命令	160
分担金	14, 405

へ

並行権限	219
平成の大合併	26, 27, 436
辺野古紛争	220

ほ

法定受託事務	19, 150, 225, 231, 290
法律先占（専占）論	150
法律の留保	7
補完性の原理	2, 27, 28, 289
保障責任	14, 69, 309, 440
補助金	75, 98, 129, 144, 158, 190, 269, 319, 326, 337, 406, 412
補助金の交付	189

ま行

まちづくり条例	372
みなし仮設	271
民営化	14, 57
民間委託	214, 437, 453, 456, 478
民宿	248
民泊	240
無過失責任	501
無料低額宿泊所	245
名誉毀損罪	492
メガソーラー	341
目的外使用許可	442

や行

有害鳥獣の駆除	478
誘導行政	337
郵便局	16
有料シール方式	432
癒着（Korruption）	468
ユニバーサル・サービス	13
要綱	282
要支援者	393
横浜市勝馬投票券発売税事件	9
予算抗弁の排斥	501
予定価格	466
4号訴訟	96, 109, 130, 192, 319

ら行

ライフライン	509
落札率	466
ランドバンク	291
濫用的情報公開請求	36, 44
リスク行政	510
立証責任	167
略式代執行	295, 377, 382, 386
利用許可	439
猟友会	478
旅館業法	242
旅館・ホテル営業	243
旅行業法	270
臨時的任用職員	196
連携協約	269

わ

ワンストップ・サービス ································ 340

著者紹介

板垣　勝彦（いたがき　かつひこ）

昭和56年	福島市に生まれる
平成11年	福島県立福島高等学校卒業
平成16年	東京大学法学部卒業
平成18年	東京大学法科大学院修了
平成19年	東京大学大学院法学政治学研究科助教
平成22年	国土交通省住宅局住宅総合整備課主査
平成23年	山梨学院大学法学部講師
平成25年	横浜国立大学大学院国際社会科学研究院准教授
	現在に至る

博士（法学）

〔著書〕『保障行政の法理論』（弘文堂、平成25年）
『自治体職員のためのようこそ地方自治法』（第一法規、初版は平成27年、改訂版は平成30年）
『住宅市場と行政法―耐震偽装、まちづくり、住宅セーフティネットと法―』
（第一法規、平成29年）
『「ごみ屋敷条例」に学ぶ条例づくり教室』（ぎょうせい、平成29年）
『公務員をめざす人に贈る行政法教科書』（法律文化社、平成30年）

サービス・インフォメーション

――――――――――――――――――通話無料――――

① 商品に関するご照会・お申込みのご依頼
　　　　　TEL 0120（203）694／FAX 0120（302）640
② ご住所・ご名義等各種変更のご連絡
　　　　　TEL 0120（203）696／FAX 0120（202）974
③ 請求・お支払いに関するご照会・ご要望
　　　　　TEL 0120（203）695／FAX 0120（202）973

● フリーダイヤル（TEL）の受付時間は、土・日・祝日を除く
　9:00～17:30です。
● FAXは24時間受け付けておりますので、あわせてご利用ください。

地方自治法の現代的課題

令和元年12月30日　初版第1刷発行

著　者	板　垣　勝　彦
発行者	田　中　英　弥
発行所	第一法規株式会社
	〒107-8560　東京都港区南青山2-11-17
	ホームページ　https://www.daiichihoki.co.jp/

自治法現代課題　ISBN 978-4-474-06975-6 C0032　（7）